国家哲学社会科学成果文库

NATIONAL ACHIEVEMENTS LIBRARY
OF PHILOSOPHY AND SOCIAL SCIENCES

国家所有权的行使与保护研究

孙宪忠　等著

中国社会科学出版社

作者简介

孙宪忠 1957年生，陕西人。1980年至1990年先后在西北政法学院（今西北政法大学法律系）、中国社会科学院研究生院读取法学学士、硕士和博士学位，为新中国第一届民法学博士。1993年至1995年在德国汉堡马克斯－普郎克外国和国际私法研究所从事博士后研究。1999年被中国法学会命名"中国杰出中青年法学家"。2006年获得国务院政府特殊津贴。

现任第十二届全国人民代表大会代表，中国社会科学院长城学者，中国社会科学院高级职称评审委员会委员，法学研究所研究员，中国社会科学院研究生院教授、博士生导师。兼任中国法学会学术委员会委员，全国工商联法律委员会委员，中国民法研究会常务副会长及国内多所大学兼职教授。发表独立专著8部，主编以及合作专著20余部，在《法学研究》《中国法学》等杂志发表论文100余篇，译文10余篇，报刊文章50余篇。在德国、日本、韩国以及我国台湾地区的重要刊物发表论文10余篇。受邀担任全国人民代表大会常务委员会法律工作委员会民法典以及物权法的立法专家。主持中国社会科学院重大项目和国家社科基金重大项目多项。共有7项科研成果获得中国社会科学院优秀科研成果奖。代表作品有《德国当代物权法》《论物权法》《中国物权法草案建议稿》《争议与思考——物权立法笔记》《中国物权法总论》《物权法的实施》（上、下卷）等。

《国家哲学社会科学成果文库》出版说明

为充分发挥哲学社会科学研究优秀成果和优秀人才的示范带动作用，促进我国哲学社会科学繁荣发展，全国哲学社会科学规划领导小组决定自2010年始，设立《国家哲学社会科学成果文库》，每年评审一次。入选成果经过了同行专家严格评审，代表当前相关领域学术研究的前沿水平，体现我国哲学社会科学界的学术创造力，按照"统一标识、统一封面、统一版式、统一标准"的总体要求组织出版。

全国哲学社会科学规划办公室
2011 年 3 月

目　　录

Contents

序 言
为什么要从制度科学性入手?

一 问题的提出

在中国,大体上从中学教育阶段开始,基本上每一个人都已经接受了关于国家财产所有权这个法律概念的相关知识。而且人们从一开始接受国家所有权概念的时候,就已经习惯地把这个概念所包含的法律意义与它所包含的崇高的政治意义和道德伦理价值牢牢地联系在一起。所以在中国,每一个受到教育的人,哪怕是受到比较少的教育的人,都知道国家财产所有权这个神圣的法律概念,而且也知道这种权利是全中国人民的根本利益、整体利益和长远利益的体现,大家都必须爱惜、尊重这一权利,甚至要用生命去捍卫这一权利。这些基本的认知,不仅写在一代又一代从中小学教材到大学教材的相关教科书里,而且也贯彻在我国的各种政治文件里。甚至中国一篇又一篇的文学艺术作品,都是在用歌唱一般的语言,数十年来不断地赞扬这种财产权利的伟大和崇高。既然国家财产所有权如此神圣,那么不论什么人都会产生一种期待,希望国家所有权在法律上具有完美的制度设计,使得它在国计民生中稳妥地予以运行,不会轻易地与其他合法权利发生碰撞,也不会轻易地被贪官污吏以及其他不良分子侵害,更不至轻易地遭致流失甚而无法追回。

那么,我国现行国家财产所有权的法律制度,是不是能够满足我们几代中国民众这些非常正常的期待?对于这个问题,肯定会有学者或者立法机关的工作人员拿出我国的现行法律,比如《宪法》、《民法通则》、《物权法》、《企业国有资产法》等重要的法律,指出这些法律中一些经常在政治宣传中使用的条文，说明我国这一方面的立法制定得多么完好甚至精妙。但是，事实告诉我们，中国国有财产所有权的法律制度的运作，效果应该说相当不佳。一个基本的问题，就是国家所有权项目下的资产长期地大规模流失。十年前，在本课题立项并开始研究的时候，也就是在 2004 年，官方报道的中央企业清产核资清出的各类资产损失就已经高达 3521.2 亿元。但是专门研究这一问题的学者认为，3500 多亿元看起来很多，但这是经过清产核资已经确认的数字；而实际上这些已经确认的数字并不是国有资产流失数字的全部，甚至恐怕不过是冰山一角罢了，全国那些尚待确认的国资损失估计将达数万亿元规模。① 同样是在 2000 年初，来自有关政府部门的说法尤其让我们感到震惊：如此巨大的财产损失中只有 1/4，即大约 800 亿元可以被追回，其余的部分已经永远丧失无法追回了。② 近年来的反腐浪潮中，媒体报道的侵吞国有资产的案件源源不断，上至共和国的巨贪，从成克杰、胡长清到刘志军，甚至国家领导人级别的周永康，下到很多地方性小官员等，都犯下了严重侵吞国家财产的罪恶。多年来严厉的刑罚惩戒至今也没能让其绝迹。即使那些并不掌握类似巨大公权的地方官员们，也可以非常轻易地将国有资产纳入私囊。土地部门、公路建设部门、自然资源垄断部门等涉及商业利益的公权部门，腐败的官员基本上就是前赴后继。③ 一些控制自然资源的官员的腐败大案，比如被媒体称为土地系统"三最"的贪官案，④仅仅媒体报道出来的事实，就让人觉得具有强烈的丑恶传奇色彩。再如山西一个县级煤炭局局长贪污数亿元在北京、海南等地购置 35 处房产这样的案件，仅仅披露出

---

① 对此请参阅记者杨大鹏、实习生熊贝妮的报道《央企清出国有资产流失 3500 亿　专家称是冰山一角》，载《经济参考报》2005 年 11 月 8 日。关于国有资产流失方面的类似数字，在中国并不是每年都公布的，我们采择到的信息来源于 2004 年，近年来的信息无法采择。

② 对此请参阅记者白天亮的报道《央企清出不良资产 3500 余亿元　预计可追回 800 亿》，http：//finance. sina. com. cn，2005 年 11 月 8 日，人民网——《人民日报》。

③ 此中最典型者，为河南省交通厅连续四任厅长的贪腐大案。对此可以参阅人民网甘肃频道中国共产党新闻网甘肃分网 2012 年 10 月 16 日刊登的《反腐倡廉四任厅长牵手落马　制度在纵容官员贪腐》的新闻。

④ 所谓"三最大案"，指媒体报道的土地系统"级别最低、数额最大、手段最低劣"的一个腐败大案。该案主犯为东北某市国土资源分局女局长，其腐败行为令人发指。关于此案，见 2010 年 12 月 22 日中新网的报道《辽宁"土地奶奶"飞扬跋扈　巨贪判死刑将提上诉》。关于此案最后的报道，是 2011 年 11 月 9 日人民网关于《辽宁抚顺女贪官罗亚平被执行死刑》的文章。

来的事实就已经让人瞠目结舌。① 在本项目成果定稿修改过程中，我们又看到了媒体报道的关于公共资产被侵吞的大案，而这些腐败大案要案，都与国有资产所有权的控制秩序有关。此外公共财产的浪费情形，总结起来也是十分惊人。不要说全国各地已经普遍存在的公共建设工程中，价值数亿元的桥梁、道路，常常也是拆了建、建了拆那些严重的浪费，就是一些社会公益财产，其浪费以及滥用也是十分严重。② 甚至那些作为好人好事来报道的新闻中，我们也可以看到公共财产被官员随意处分的情形。③

　　但是面对如此严重的公共资产问题，社会大众也许已经看到了一个让人非常不解的事实：面对如此多的国有资产被侵害，或者不当使用，却没有谁能够站出来，以保护国家所有权的名义，要求排除侵害，返还被侵吞、被浪费的资产。大家也许看到了，这些公共财产保护案件，从来没有形成"维权"的案件，因为从来没有发生过这样的诉讼。我国的法律，不论是宪法还是民法，都没有赋予任何一个机关或者个人来行使所有权人的保护自己财产的权利。近年来，有一些关于解决这一问题的讨论，一些人试图以公益诉讼的方法来提起保护国有资产所有权的诉讼，可是无一成功。面对那些保护国有资产所有权的高谈阔论，人们不得不承认的一个事实是，国有资产所有权的侵害保护案件，在中国作为一种财产保护的案件其实是不可诉的。有学者指出，当前的国家所有权制度有一个严重的缺陷，那就是在它受侵害时，全

---

　　① 对此请参阅新华社记者刘云等撰写的《科技煤炭局长家财数亿》的报道，载 2010 年 6 月 7 日《人民日报》等媒体。报道中说："一个小小的县煤炭局局长，居然在北京、海南等地有房产 35 处，家财达数亿元。"该案犯之所以能够获得如此巨大的赃款，当然和他担任地矿局局长、安监局局长、煤炭局局长的身份密切相关。该案的披露甚至在境内外产生巨大影响。香港《南华早报》网站 2010 年 6 月 14 日发表题为《官员的 5 亿元赃款只是冰山一角》的文章，文章在对该官员的腐败表示震惊的同时，还揭示说："有许多像郝鹏俊这样的官员正在滥用职权、聚敛财富，只不过没有被抓到而已。"

　　② 杜放、魏董华：《新华社调查 1.7 万亿彩票资金去向：部分用于盖楼买游艇》，2014 年 12 月 7 日，http：//news. ifeng. com/a/20141207/42662838_0. shtml。

　　③ 对此有兴趣者，可以参阅 2012 年 3 月 28 日《中国青年报》的一篇报道：《媒体称申纪兰面子大几句话向副总理要到 500 万》。该报道称，山西省一个女劳模，在国家副总理来访时，向副总理提出了"批点钱办个企业"的要求。该副总理大笔一挥，批给她的村子 500 万元人民币，支持其办企业。该企业是在山里办轧钢厂，规模小、效益差、高耗能、环保落后、缺少核心产品竞争力的项目，最终只能淘汰。本课题研究提出的问题在于，这笔钱也是一笔巨款，它的处分显示出"国家所有权"行使方面严重的无秩序的法律问题，非常值得我们思考。

体人民的个体成员无权请求司法救济。① 其实，不仅人民中的某一个或者某些成员无权提出司法救济，就是政府机关哪怕是专门代表国家行使司法诉权的检察院也无权提出保护国家所有权的司法救济。

　　一边是连篇累牍的诗歌一般的高唱赞歌，一边是源源不断难以杜绝的侵害和流失，中国国有资产的所有权制度，到底出现了什么问题？我们不禁要问，为什么在政治上无比神圣的国有资产，实际上却成了这些控制资产的官员或者工作人员最容易获取的"唐僧肉"？这当然是制度建设问题，当然是指导这些制度建设的法律理论问题，但本课题主持人在多年追踪这个问题的过程中发现，最主要的问题，其实是我国的国家所有权制度基本上是在高度政治性目标的基础上建立起来的，从这一制度建立之初，决策者就很少考虑到法律科学性的要求，尤其是没有考虑到民商法关于物权法的基本原理的运用。然后，我国社会又在不断地盲目颂扬这种带有严重缺陷的法律制度，一代又一代的政治人和法律人也在自圆其说地支持这种制度，却从来没有人认真思考这一制度建设的科学性问题。现有的国家所有权理论和制度，就是在这样的历史背景下，不断被这些自圆其说的方法抬高和放大，使得这样一种制度越来越政治化、神秘化。而国家财产所有权制度的高度政治化、神秘化，反过来又妨害了人们对它予以科学化的研究，更妨害了人们依据民商法科学原理纠正其缺陷，对其进行真正的完善和改造。

　　在我国整体的经济体制已经市场化的情况下，文本上的国家所有权和现实完全不符，因此，仅仅追求从现有的理论和法律文本的意义角度来讨论它的保护，事实上就成了一个难以实现的目标。因此保护国有资产，必须有根本的转变。我们必须从根本上认识到现有法律制度的缺陷，以及支持这种制度背后的指导思想也就是法学理论的缺陷，必须从指导思想的科学化和制度科学化入手，才能够解决神圣的公共资产所有权的保护问题。

二　从一个国际性案例说起

　　首先来看一个国际性的案例，它有助于我们了解我国法学界常常坚持的

---

① 对此可以参阅王军《国家所有权的法律神话》，中国政法大学 2003 年博士学位论文，第 1 页。

国家所有权的理论和世界公认的财产所有权理论及制度间的差别。

　　这个案例发生在我国企业和埃及企业间，时间是在我国《物权法》制定初期。① 根据穆斯林"清真"的信仰，我国某穆斯林地区一个国有企业被认可向埃及出口羊肉。但是，在货物交付时该国有企业出口的羊肉上没有阿訇所做的标志，因此这些肉被埃及方面视为不洁物而扔进大海。随即，埃及方面的进口商向我国出口企业索赔，而我国的该出口企业认为出口的羊肉符合国际卫生标准，不能被视为不洁物，因此拒绝赔偿。埃及方面随即请求埃及法院将停泊在埃及某港口的我国某远洋运输集团公司的两艘巨型集装箱货轮扣押，并计划用这两艘巨轮偿债。显然，羊肉出口企业和远洋运输集团公司是完全不同的两个企业，因此无论如何埃及法院不应该扣押这些船只。但是，埃及法院却找到了扣押我国远洋运输集团公司货轮的理由：该羊肉出口企业是中国国有企业，中国的远洋运输集团公司也是中国的国有企业，依据中国《宪法》、《民法通则》以及中国数十年一贯的学者解释，这两个企业都只有一个法律上的主体即中国国家，所以这两个企业是一个所有权人名义下的财产。因此，中国羊肉出口企业所欠债务，可以理解为中国国家的债务；这一债务当然可以用其名义下的财产——中国远洋运输集团公司的轮船来承担。

　　在这个案件中，埃及法院扣押中国某远洋运输集团公司的两艘巨轮，所使用的道理并不复杂。对此我们简单想一想就可以明白。如果张三借了你一笔钱而不偿还，你当然可以向法院提出请求扣押张三拥有的任何财产，来促使他向你还债。在法律上，所有权人要以自己的全部财产来承担对债权人的责任，这是一条基本的规则，法学原理称为"所有权人的无限责任"。在中国的法律中，国有制企业的所有权属于国家，这一点规定在上面我们提到的所有的法律中，因此，按照中国法律，"国家"作为所有权人，当然应该以自己全部的财产来承担法律责任，埃及法院的做法没有任何错误。

　　可是，类似案件如果发生在其他市场经济体制的国家里，那会怎么样

　　① 该案例来源于我国民法学界的前辈费宗祎大法官。2000 年，中国最高立法机关讨论"物权法草案"时，学者间就如何规定"国家财产所有权"问题发生争议，本课题主持人提出，我国物权法必须放弃前苏联法学关于国家所有权的"主体统一性和唯一性"观点。这一看法受到一些大学教授的批评，而费宗祎先生肯定了本课题主持人的论证，并举出这一他当时正在处理的案件来说明其观点。在此对费宗祎老先生表示衷心感谢。

呢？对此我们可以肯定地说，这种将一个企业的法律责任强制另一个企业承担的情形绝对不会发生。因为，其一，市场经济体制下，不论投资人是政府还是私人，投资者对于企业只享有股权或者股东权，而不享有所有权。股权表明，投资人对于企业的责任是有限责任，即投资人仅仅以自己投资到企业的资产来承担企业的债务或者其他法律责任，此外投资人的其他财产并不会为企业承担法律责任，而所有权人对于自己的债务负担无限责任。在民商法的基本原理中，这些都属于非常基本的道理，一个稍稍学习过法律的人都会明白。其二，企业在法律上是独立的主体，它对自己的全部财产拥有所有权，因此它应该以自己的财产承担无限责任。所以，一个企业的法律责任，也不会转移到另一个企业身上。

可是恰恰以上两点市场体制下的法律原理在中国立法中一直难以得到贯彻。中国立法却一直坚持，作为投资人的国家对企业并不享有股权，而是享有所有权。不但改革开放前的法律这样规定，改革开放后的法律也是这样规定；虽然 2005 年的《公司法》修正案似乎模糊地改变了这样的提法，[①] 但是，2007 年的《物权法》却没有明确地承认作为投资人的国家的股权，它还是模糊地承认国家对于投资企业的所有权。[②] 2008 年制定的《企业国有资产法》，甚至放弃了《公司法》和《物权法》那种模模糊糊的态度，明确地宣告"国家"对于国有制企业的财产享有所有权。[③] 在此情形下，国有制企业的财产权利一直成为法律上规范的难点。改革开放初期，我们就已经认识到前苏联计划经济体制下公有制企业没有独立主体资格和独立财产权利的缺陷，因此从"放权让利"入手，逐步强化公有制企业的主体资格及其财产权利。对此，我国立法在《民法通则》中改变了计划经济体制下关于国有制企业享有行政管理色彩的"经营管理权"的一贯提法，规定它享有独立的"经营权"；但是，

---

①　对此请参阅我国 1993 年《公司法》第 4 条第 2、3 款"公司享有由股东投资形成的全部法人财产权，依法享有民事权利，承担民事责任"，"公司中的国有资产所有权属于国家"的规定，以及 2005 年该法修正后这一条文的规定："公司股东依法享有资产收益、参与重大决策和选择管理者等权利。"

②　对此请参阅我国《物权法》第 55 条的规定："国家出资的企业，由国务院、地方人民政府依照法律、行政法规规定分别代表国家履行出资人职责，享有出资人权益。"

③　对此请参阅该法第 2 条的规定："本法所称企业国有资产（以下称国有资产），是指国家对企业各种形式的出资所形成的权益。"以及第 3 条："国有资产属于国家所有即全民所有。国务院代表国家行使国有资产所有权。"

在我国建立市场经济体制后，"经营权"仍然无法满足企业的需要，尤其是不能解决企业进入国际市场的权利基础问题（上述案件就是一个典型的例子），因此我国《公司法》规定，国有制企业开始享有"法人财产权"。① 公有制企业财产权利名称的演变，其实是企业一系列分类制度演变的缩影，目前立法所使用的"法人财产权"这个概念，虽然从英美法系的角度可以将其理解为财产所有权，但是，立法者通过《物权法》、《企业国有资产法》一再强调，国有制企业不能享有所有权，国家对投入企业中的资产永远享有所有权。

我国立法这种明确地在政府投资的法权关系的法律制度建设中，不采取国际通行的民商法学概念而非要自行其是的做法，揭示了立法者在处理国家所有权法律问题时，遇到了他们自己也难以逾越的障碍。

数十年来，我国的法律工作者，包括立法机关的工作人员，对于民商法学中的法人理论、投资关系的一般原理以及其中的概念系统，应该都是非常熟悉的。而且我们都知道，中国国有企业投资形成的法权关系中所使用的概念，就是和国际上普通的做法不一致。为什么非要和国际通行的法理不一致呢？就是因为新中国成立初期引进的前苏联法学就是这样做的，而且我们中国人从那个时期就确认了前苏联法学作为正宗社会主义法学的牢不可破的地位。② 新中国照搬前苏联法学后至今，数代中国法律人都将其奉为圭臬，以致现在的中国法学界还不能跳出其窠臼。

在前苏联法学关于国家财产所有权的学说中，有一个非常关键的理论，即"国家所有权的统一性和唯一性学说"。这个学说的含义是：国家所有权只有代表全体人民的意志和利益的国家才能享有，中华人民共和国是国家所有权的统一的和唯一的主体，这是国家财产所有权的最基本的特征。③ 为什

---

① 对国有制企业在改革开放后的财产权利的演变有兴趣者，请参阅孙宪忠《关于中国政府投资企业的物权分析》，《中国法学》2011 年第 4 期。

② 对此有兴趣者，请参阅孙宪忠《中国近现代继受西方民法的效果评述》，《中国法学》2006 年第 3 期。

③ 这一概念是我国法学界数十年来一致使用的。从改革开放初期的民法学教材，即当时聚集民法学界最主要的学者编写、署名为"法学教材编辑部《民法原理》编写组"编著的《民法原理》（法律出版社 1983 年版，第 149 页以下），到当前被普遍使用的民法学教材，比如魏振瀛的《民法》（第四版），（高等教育出版社 2010 年版，第 245 页以下）等，以及此期间内出版的博士学位论文、硕士学位论文等，在提及国家所有权概念一词的含义时，其基本内容几乎没有改变过。这一概念使用如此"经典"和普遍，就连维基百科（汉语版）、百度、搜搜等网站，也采用这些提法。

么要作出这样的规定？这种理论的创立者认为，国家是国家所有权的统一的和唯一的主体，是由全民所有制的性质决定的。国家财产是社会主义全民所有的财产，其所有权的行使必须根据全国人民的意志和利益，而只有国家才能真正代表人民的意志和利益。同时，由全民所有的财产组成的全民所有制经济是国民经济的主导力量，决定着整个国民经济的发展速度和方向；只有由国家统一行使所有权，国家才能对整个国民经济进行宏观调控，实现组织经济的职能。① 一般认为，国家所有权这种定型的理论，来源于前苏联法学家维涅吉克托夫 1948 年撰写的《论国家所有权》，这一理论在得到斯大林高度评价后，遂成为社会主义国家里定性国家所有权的经典理论。

这种极高的政治定调的基础，仅仅只是为了给计划经济体制下的中央政府提供充分的财产支配权，以便于贯彻"国家"计划——其实仅仅只是中央政府的计划。为了贯彻这一指导思想，科学意义上的民法规则已经被放弃。从现在获得的大量资料看，在前苏联，这种体制下的公共资产的行使与保护也遇到了巨大的问题。在我国采用前苏联独创的国家所有权理论后，中国的国有经济首先遇到的巨大问题是无法进入国际经济秩序，从上面所举的案例我们可以看出这一点。而且我国应该看到，这一案例还是发生在我国国内经济体制尚未完全市场化的情况下，这种"国家所有权的统一性和唯一性学说"那时就已经表现出了无法自圆其说的窘态。目前，我国的经济体制已经完全市场化，而且我国也完全加入了国际经济体制。此时，我们怎么能够仅仅总是想着理论上的自圆其说，而不想着实质上的改进？

事实上，这种力图自圆其说的国家所有权的理论，在改革开放初期，就已无法应用于国内的经济生活实践。因为市场经济条件下任何交易都是权利的移转，商品交易就是标的物所有权的移转。可是，那时候，我国法律坚持规定，国家对企业占有的财产有所有权，实际上占有并时刻可以处分这些资产的企业只有经营权，这就是"两权分离"的理论。这种理论被当做社会主义企业权利理论的经典，因为它既能维护"国家所有权的统一性和唯一性学说"，也能够为企业经营提供"足够"的权利，因此"两权分离"被规定

---

① 见前注所引用的著作。

在1986年颁布的《民法通则》中。① 但是,这一理论从一开始就是难以自圆其说的。当一个国有企业从他人手中购买一件物品时,物品的权利本来是所有权,但是企业自己只能获得经营权;当企业向别人出卖一件物品时,企业本来只拥有经营权,但是他人买到的却是所有权。唯一的例外是国有企业间的交易,其中只发生经营权的转移。这种企业对于自己占有和处分的资产的权利时而大时而小,时而是这种权利时而是那种权利,如同斯芬克斯之谜一样的变换,既违背交易常识,又违背法理。② 所以,坚持"国家所有权的统一性和唯一性"学说,首先是给国有制企业的市场实践带来完全无法逾越的障碍,正如我们在这里所举的出口羊肉的这个案件所说明的那样。而坚持民商法的"股权—所有权"理论时,这些障碍会自然消除。

　　值得我们思考的是,从改革开放初期开始,我国法律处理"三资企业"的法权基础时,即规定这些企业对于自己占有的财产是享有所有权的。③ 这就是说,立法者对于"三资企业"法人的所有权规则,采认了"股权—所有权"的民商法原理。可是,立法者对于中国的公有制企业为什么不能这样做呢? 这种立法上的作茧自缚,到底是为什么?

　　现在,我国接受前苏联法学的"国家所有权的统一性和唯一性"学说的背景已经无人提及,可是,我国各种涉及公有制财产的法律却还是坚持着这样一种理论,即使我国的经济基础已经发生了根本的变更。立法上的这一做法,无视国有企业在市场经营中的法律需要,无视我国公有制资产体制发生的重大变更,完全违背了经济基础决定上层建筑的基本原理。过去中国法学界有学者认为,在《民法通则》制定时期,立法规定国家对于国有企业的所有权,是国有企业唯一可行的制度设计,④ 但是这样的观点

---

　　① 对此请参阅《民法通则》第82条:"全民所有制企业对国家授予它经营管理的财产依法享有经营权,受法律保护。"

　　② 孙宪忠:《公有制的法律实现方式问题》,原文载于《法学研究》1992年第6期;亦发表于作者文集《论物权法》(修订版),法律出版社2008年版,第491页以下。

　　③ 我国《中外合资经营企业法》第2条;《中外合作经营企业法》第3条;《外资企业法》第4、5条。

　　④ 佟柔、周威:《论国营企业经营权》,《法学研究》1986年第3期;佟柔、史际春《从所有权的动态考察看我国的全民所有制》,见《中国法学会民法学经济法学研究会1989年年会论文选辑》,第12页。

在当时国家经济体制还是计划经济体制时就已经很难自圆其说了，何况我国现在经济体制变了，"国家"的角色变了，"国家所有权"的理论和制度也都应该变了。

三　"全民"以及"国家"的主体资格考察

按照《物权法》，"国家所有权"的本来含义是"全体劳动人民的所有权"或者"全体人民的所有权"，或者简称"全民所有"。① 但是我们首先必须了解的是，这里的"全体人民"或者"全体劳动人民"，都只是一个抽象的概念，它并不是我国社会每一个公民的聚合体，这个财产所有权和我国社会具体的每一个公民都没有法律上的联系。2006 年 6 月 2 日，《中国青年报》的一则报道就给我们明确地揭示了这里的道理。该报道反映的是这样一个案件：湖南省衡阳市律师罗某某用特快专递方式向衡阳市中级人民法院提起诉讼，要求衡阳市国资委确认原告对国有资产占有的份额。原告认为，既然法律规定"全体人民"是国有财产所有权的真正主人，那么自己作为全体人民的一分子，就应该享有明确的财产利益。这个案子不出意料，原告被判决败诉，原因就是全体人民并不是一个个具体的民众相加组成。借用媒体的话，他天真地把一个虚名当成了实在的权利。罗某某因此而被称为"最天真的老板"。这个案件的发生给我们提供了一个思考的机会，让我们来看看在我们的政治伦理上极为重要的"全体人民"的权利和具体人民之间的利益关系。但是法院给出的否定答案，也就是从前苏联法学得出的结论，未免让很多人灰心丧气。

"人民"一词，是我国现实生活中最常出现的政治术语。不过，这个名词在我国古代就已出现，它有两层含义，一为人生的意思；二为平民、百姓的意思。西方早期哲学家如柏拉图等也曾使用过"人民"，和古代中国同样，都旨在表述一个群体阶层，近代以后，"人民"一词被广泛使用，和"国民"、"公民"等混用，表达的含义是社会全体成员的意思。马克思理论出现之后，以"人民"与"阶级敌人"相区别，我国宪法确定的人民，就

---

① 《物权法》第45条：法律规定属于国家所有的财产，属于国家所有即全民所有。

是广大劳动群众。在法治国家原则提出后，这一概念已经基本上和公民的概念融为一体。"人民"一词不仅包括了工人、农民和知识分子，还包括了一切拥护社会主义的爱国者和拥护祖国统一的爱国者。

"人民"一词是一个政治性概念，在不同的历史时期承载着不同的含义和任务，表达的是一种政治诉求。它首先是一个政治概念，具有特殊的历史性含义。虽然我国现实中还有人强调人民与敌人相对的政治含义，但是在法治国家原则下，我们应该认识到，依据法律面前人人平等原则，将何种群体纳入人民群体或排除在人民群体之外，既不是法律所应当关注的，也不是法律能够解决的。至于说到我国《宪法》、《物权法》所采用的作为一种特殊法律主体的"全体人民"或者"全体劳动人民"，则更是无法从法律制度建设的角度能够解决的政治概念，"全体人民"无法享有、无法行使具体民事权利，包括所有权，更无法承担义务和责任。这就是说，即便强行将"全体人民"作为一个法律概念来规定，它也无法承担起民法对主体的要求。

在我国的政治生态中，"全体人民"仅仅只是一个整体的概念，任何单个的人都不能被称为"人民"，任何单个"人民"个体既不能行使"人民"整体的权利，"人民"整体的权利也无法量化给单个成员个体。"人民"整体所享有的权利和行使权利的方式，都不能量化为人民中的单个个体。[①] 但是，如果否定了具体的一个个老百姓，那么"人民"这个名词本身就不是人民了。关键是我国法律给这个抽象的"人民"、"全体人民"赋予了极高权利，那么这时候，这些法律上所谓的"人民"或者"全体人民"，就已经脱离了我国法律制度设立的初衷。

事实上，很早以来，我国法律就已经借助于前苏联法学的引进，把"全体人民的财产所有权"转换成为"国家所有权"。但是，这个法律概念的置换至少是不严谨的。无论从哪个角度看，人民都不能转换为国家。因为"国

---

① 在 2005 年出现的"物权法政治风波"中，关于"人民"概念的理解也引起了争议。本课题负责人参与设计的"物权法立法方案"中，提出了对具体的人民的财产权利应该"一体承认、平等保护"的原则。但是这一设想受到一些学者的批判，他们认为，具体的个人是"私人"，其权利不可以和"人民"的财产权利平等保护。关于这个问题，有兴趣者请参阅孙宪忠《争议与思考——物权立法笔记》，中国人民大学出版社 2006 年版，第 219、225 页以下。

家"一词，在法学上具有国际法和国内法上的双重意义，但不论是从国际法还是从国内法的角度看，"国家"一词都不能和"全体人民"一词在法律上相互混同。比如从国际法的角度看，国家指的是"生活在地球表面的确定部分、在法律上组织起来并具有自己政府的人的联合"[1]，或者更精确地说，国家是指"持久地占有一处领土的人民，并且由共同的法律或者习惯束缚在一起成为一个政治上的实体，通过组织起来的政府为媒介，行使统治领土范围内所有的人和事务、与地球上的其他团体社会宣战、缔结和约和加入国际组织独立的主权"。[2] 从这些比较精确的论述中，人们总结出了"国家"这个概念所包含的三个必要因素：领土、居民与主权。在国际法上判断一个政治实体是否形成为国家时，人们都会使用这三个要素来予以衡量。这一意义上的国家，也被称为抽象意义的国家。[3] 国际法上所谓的"人民"，只是"国家"这一法律概念的组成因素之一，在国际法上谈到国家时，并不可以仅仅指这一国家的人民，而不论其主权和领土。

因此在国际法律理论和实践中讨论国家权力时，人们常常讨论的是"主权"，而并不是指"所有权"一词。国家与国家间涉及法律争议，一般都是主权争议，所以国际法上言及国家权力基本上都是指主权。[4] 比如，我们在说到国家对于领土的权力时，就是使用"主权"一词。主权是对外国而言的，不是对本国人民而言的，因为本国人民是主权的组成部分。主权对于外国人有排斥力，而对本国人没有排斥力，外国人进入本国领土包括领海和领空的时候需要获得国家主权机构的认可，本国人民则可以任意进入本国，可以在本国从事各种事务。从这些法律科学应有的概念出发，我们可以发现国际法意义上的国家权力尤其是主权不能和所有权相互混用的最简单的道理：

---

① 《牛津法律大辞典》，光明日报出版社 1988 年版，第 851 页以下。

② "A people permanently occupying a fixed territory bound together by common-law habits and customs into one body politic exercising, through the medium of an organized government, independent sovereignty and control over all persons and things within its boundaries, capable of making war and peace and of entering into international relations with other communities of the globe." *Black's Law Dictionary*, Fifth Edition, ST. Paul Minn. West Publishing Co., 1979, p. 1262.

③ *Deutsches Rechtslexikon*, Band 3., Verlag, C. H. Beck, 1994, Seite 490 – 491.

④ 国际法意义上使用国家所有权一词，仅仅限于国家对于相邻疆界的共有等极少见的情形。这些意义上的所有权，和民法意义上可以由权利人处分的所有权含义也还是不一样的。

所有权是一种典型的民法上的财产权利，国家所有权即使对于本国民众也是不可以占有使用的。

在国内法上，国家是相对于被统治的居民而言的各种统治机构的总称。在中国的政治生活中、在各种法学教科书中人们常常使用的"国家机器"一词，就是指这一含义。其含义是社会的统治者所建立的一整套立法、执法和司法的机构，包括军队、警察、法庭、监狱等。① 因此，在国内法上，"人民"这个概念，无论如何也不是国家机器的组成部分。在当代世界上，即使是那些声称自己最为民主的国家，也不可以把国家和人民的概念混为一谈，因为人民对国家的权利，即使在法律上构造得极端民主，或者说在理论上解释得极端民主，那也不可能改变人民整体处于国家机器的统治之下这个简单的事实，也不可以改变人民处于被国家治理的对象的地位。也就是因为这样，当代民主与法制国家都要制定宪法，借以限制国家机器滥用公共权力。②

从上面的分析可以看出，"国家"无论在哪一种法律意义上都不可以和"全体人民"等同。同时，在"国家所有权"和"全体劳动人民所有权"这两个概念间简单地画等号，同样是不科学的。

如上所述，国际法意义上的"国家"，法学上称为"抽象国家"；而民法意义上的财产所有权制度，必须遵守主体特定和客体特定的原则，③ 从民法基本的科学原理法律关系学说出发，法律关系的主体必须明确肯定，因此抽象的"国家"只能在主权和所有权无法分清的个别情况下（比如钓鱼岛属于中国所有），才能够成为所有权的主体。而完全抽象的"全体人民"这样的概念，无法成为民法财产所有权的主体。这一点，并非我们今天这样分析——即使是在前苏联时代，属于苏联体系的一些东欧法学家就发现了人民无法成为财产所有权主体的法学问题，比如原捷克斯洛伐克民法学家凯普纳

---

① 对此请参阅"百度百科"、"维基百科"等对于国家以及国家机器的解释。

② 在苏联法学中有一种观点认为，在社会主义国家里实现了绝大多数人对少数人的统治，人民已经成为国家机器的一部分了。这些观点被我国坚持苏联法学的学者继续沿用，对此可以参阅孙国华《法学基础理论》，天津人民出版社1988年版，第108—114页。无论如何，这一观点都只是一种法律童话，而不是法学的科学表达，因为该理论显然把国家治理应该解决的基本问题卡通化了。

③ 对此见中国《物权法》第2条对于"物权"概念的表述，对此进一步的法理问题，有兴趣者可以参阅孙宪忠《中国物权法总论》（第二版），法律出版社2009年版，第26、32、292页等。

就认为："全民所有是直接的社会所有，所有者虽为全体人民，但在法律上并不是一个所有者。"① 在这些学者看来，不论是依据法理还是依据现实分析，都不应该承认"全民所有"这个概念的现实存在。

实际上，抽象的"国家"和具体的财产所有权是无法发生法律连接的。在法律实践中，只有具体的主体比如自然人、法人等才能够对具体的财产行使特定的民事权利尤其是所有权这样的物权，而抽象的"国家"无法享有具体的物权。如果立法非要坚持"国家所有权"指向具体的特定物，那么就会导致法理和司法的混乱。媒体上曾经报道的《毛主席去安源》油画所有权归属案，② 就说明了这个问题。这个案件的简要情况是："文化大革命"时期出现的"油画《毛主席去安源》是由原北京画院院长刘春华独立完成绘画，因此，刘春华应为油画的唯一作者，享有著作权"（引号内的文字为原文引用法院判决书文字），该油画曾长期由中国革命历史博物馆收藏，20世纪80年代中国革命博物馆放弃此画的收藏，将此画交给作者。1995 年10月7日中国嘉德国际拍卖有限公司受刘春华委托对油画《毛主席去安源》进行了公开拍卖。建行广州市分行（现并入建行广东省分行）以550万元人民币通过竞买购得此画，并将油画交归中国建设银行收存。1995 年博物馆起诉至法院，以该油画应该由国家享有所有权为由，主张收回此画。法院最后的判决中认定，油画《毛主席去安源》目前存放在建设银行，而建设银行属于国有，因此该油画的国有状态没有改变，国家财产并未实际受损。因此，博物馆以维护国家财产所有权不受损失的名义，请求刘春华和建行返还油画的诉讼请求法院不予支持。这个案件非常值得人们思考。案件中所说的油画，其实际的占有已经三易其主，其中一段占有转移是以巨额货币支付作为代价的。这些事实，居然被法院判决书认定的"国家所有权没有实际受损"一句话所掩盖。但是法院不这样判决又能怎么样呢？这个判决结果从民法科学意义来说显得十分滑稽，但我们必须看到的是，该案判决正好说明了本书强调的一个基本法学原理：所有权的主体、客体都必须是具体的、明确

① 转引自王利明《物权法论》，中国政法大学出版社1998年版，第454页。
② 案件来源：http：//www. sina. com. cn，2002年4月1日，新华网。本书对于案件的表述多来源于媒体上报道的法律文书，故文字略欠流利。

肯定的；抽象的主体无法形成民法意义上的所有权主体。这个法学原理来源于民法的基础理论法律关系学说，民事法律关系的主体必须明确肯定，否则无法确定真正的权利人。

国际法上的国家概念是"抽象主体"，它也许可以对抽象的客体享有所有权，但是这种所有权并不具有民法科学的意义；抽象主体无法对具体特定物享有所有权，正如本案所示，其实前文列举的出口羊肉的案件也证明了这个道理。本案中真正享有所有权的，是具体的自然人和法人。在《毛主席去安源》油画的案件中，历史博物馆主张自己可以享有或者自己可以代表抽象的"国家"享有所有权，并且自认为自己可以主张本案标的物所有权的观点，虽然有其可以理解的理由，但是从法理上看，这个主张从一开始就是没有根据的。

多年来，本课题负责人在多项研究中均指出了"国家所有权"中的"国家"无法形成具体财产所有权的主体这个严肃的立法缺陷问题。① 也许是立法者注意到了这些讨论，因此我国《物权法》第45条在规定"全民所有权"时采用了这样的表述："法律规定属于国家所有的财产，属于国家所有即全民所有。""国有财产由国务院代表国家行使所有权；法律另有规定的，依照其规定。"这一规定虽然似乎明确了国家所有权其实属于中央政府这一点，但是，国务院在这里仍然还只是一个名义上的所有权人，物的实际支配关系远远复杂于这个名义上的规定。如上所述，《物权法》意义上的物，是具体的特定物；而具体的支配这些物并且行使着实在的处分权的人（在国有财产方面基本上是法人），才是真正的所有权人。物权法原理也认为，所有权的典型表现就是处分权，享有完全的法律资格处分标的物者，就是所有权人。因此《物权法》第45条第1款的规定并没有反映公共资产支配关系的现实。当然，该条文最后关于"法律另有规定的，依照其规定"一句，似乎又为未来的改革留下了余地。但是我们必须指出的是，将"全民所有"改为国务院所有，这个问题十分重大，在法理和实践上留下很多争议

---

① 对此有兴趣者，可以参阅孙宪忠《中国财产权利制度的几个问题》、《确定我国物权种类及内容的难点》、《公有制的法律实现问题》，这些论文可以从《论物权法》（修订版）（法律出版社2008年版）中查阅。另外的研究如《物权法制定的现状以及三点重大争议》、《物权立法尚未解决的十六个问题》等，可以从《争议与思考——物权立法笔记》（中国人民大学出版社2006年版）中查阅。

的空间。

四 "国家"所有权内的利益冲突

在民法上，一个所有权人内部可以有一些分支，但是因为所有权作为最终支配权的特质，所有权人的各个分支间不会发生利益的冲突。如上所述，我国法学界引用前苏联法学的观点认为，之所以要坚持国家所有权的统一的和唯一的主体的特点，是因为全国人民的意志和利益的一致性，而只有国家才能真正代表人民的这种统一的意志和利益。而且这种意志和利益没有根本上的冲突，因此，统一、唯一的国家所有权的建立是毫无疑义的。[①] 但是，我国国家所有权在实践中的运作却完全不是这样，这些依据拉普捷夫学说产生的中国国家所有权的理论解说，从实践的角度看实在是非常脱离现实的。

仅仅就一般认为的"统一"的政府而言，我们首先可以看到中央政府和地方政府财产利益的重大不一致。自 1995 年以来我国开始实现分税制，承认地方政府与中央政府各自有独立的征税权。而分税制的基础就是中央利益与地方利益明显区分。税收在法律上就是政府取得所有权的方式，故实行分税制说明我国实际上已经承认了地方政府独立的所有权，至少地方政府取得了税收的所有权。

如果从投资的角度看，中央和地方的利益区分更为清晰。当前我国投资划分为中央投资和地方投资多个层次，因此形成的企业分别被称为"央企"和地方企业。作为国务院职能部门的中央政府国有资产委员会，事实上只是掌握着支配央企的权力。地方企业属于地方政府掌管，上级国资委，即使是中央政府的国资委，对它们也只有指导权力，而没有直接掌控其企业的权力。在没有实行中央投资和地方投资的区分前，全部国有制企业统统称为国企，法律规定政府对它们享有统一的国家所有权。可是，这一点已经被实践

---

① 参见孙国华《法学基础理论》，天津人民出版社 1988 年版，第 108—114 页；许崇德：《中国宪法》，中国人民大学出版社 1989 年版，第 119 页；佟柔：《民法原理》，法律出版社 1983 年版，第 134 页。

证明是非常失败的。① 中央政府和地方政府的投资利益不一致，地方政府间的投资利益就更不一致。十多年以前，媒体报道了北京市投资十多亿元人民币新建了京塘港，而临近的天津港运力却下降了30%②这件事情，当时人们还以为少见多怪，可是这样的现象早已习以为常了。现在统一的"国企"已经不存在了，投资关系上统一的国家所有权又从何说起呢？

在自然资源的所有权方面，虽然国企垄断地位强烈，但是从媒体报道的一些事实看，中央政府和地方政府间的争夺也是很激烈的。比如，关于陕西北部油田的享有和开采权利，就发生了中央政府支持的中石油集团公司和地方政府支持的地方油田延长集团间的争夺。而这样的问题，同样发生在中央政府和四川、黑龙江、新疆等地区间。③ 据媒体报道，中石油集团以国家对自然资源享有统一所有权为由，主张自己应该对这些地区的油田享有统一采矿权；可是地方政府同样以自己是政府，政府行使国家所有权为依据，主张自己享有采矿权。除了石油、煤炭等自然资源的利益争夺外，各地还发生了很多关于水资源、森林资源、土地资源方面的争夺。从这些情况我们可以看出，即使是一般认为高度统一的中央政府和地方政府间，财产权利方面的统一利益关系也是不存在的。

至于政府和民间的利益争夺，在中国社会就更加普遍了。我国的征地、拆迁制度多年来深为社会诟病，其主要的原因是政府经营土地的目标逐渐转化为土地财政，从而发生严重的与民争利的情形。④ 至于一些沿海地区的地

---

① 对此可以参阅的案例有：《中原"航空母舰"搁浅剖析》，《沿海时报》1998年3月2日第5版报道，"国家"在郑州市郊投资18亿元人民币，因投资关系不清，导致企业"建成"日，竟是企业破产时，如今企业负债已经达到30亿元。具体案情也可参考孙宪忠《物权法的基本范畴及主要制度反思》，《法学研究》1999年第5—6期。

② 《环渤海：如何振翅高飞》，《光明日报》1997年12月3日。

③ 对此可以参阅《第四大石油公司隐情：陕西省政府与中石油交锋》，《南方周末》2005年9月29日。

④ 因为我国新拆迁条例，即《国有土地上房屋征收与补偿条例》在2011年颁布生效，关于制定该条例的各种争议以及立法的解决，也都是刚刚发生不久的事情，对此有兴趣者可以比较方便地参阅到这一方面的资料。不过，对该条例制定的法理方面的问题，有兴趣者可以参阅孙宪忠《政府经营土地应以当事人角色出现》，《中国社会科学报》2010年9月21日。至于政府征地、拆迁与民众间发生的一系列重大争斗的事件，在我国媒体上已经有大量的报道，有兴趣者也可以很方便地查阅。

方政府和渔民争夺海洋利用利益的案件，[①]以及近年来一些地方政府试图垄断太阳能、风能等政策文件的出台，都体现了政府与民间争利的普遍事实。从媒体报道的相关地方政府出台的文件看，政府方面之所以试图垄断占有海洋、太阳能、风能的依据，就是他们认为根据我国法律，国家享有对于这些自然资源的所有权，而政府依据法律可以代表国家行使所有权。但是政府出台垄断太阳能、风能的事情，从古到今在世界上其他国家还没有出现过，因为从法理上说，这些资源自古以来都是法律上所谓的"无主物"，政府只是对它们行使主权意义的行政管理。可是我国地方政府出台的政策文件，却依据国家所有权统一性要取得这些资源的物质利益。这一点说明我国一些地方政府在与民争利方面已经走向了极端。

我国法学界，尤其是宪法学界、法理学界，当然也包括民法学界，面对这种现实应该首先考虑其中的法理问题和法制建设问题。比如，我们应该思考，中国虽然是一个社会主义国家，但是它为什么还存在着政府与民争利的现实？这到底是合理的还是不合理的？如果是不合理的，那么我们应该从法律制度建设的角度怎样防止（至少是限制）政府与民争利？在这样的现实面前，如果法学还是坚持全体人民利益的一致性、执政者和政府自然而然地代表人民利益这样的理论，那么，这些完全不符合实际的法学，定会妨害我们建立科学的法律制度，定会损害人民的期待，定会损害法治国家原则的整体实现。

现实生活中，只要涉及利益，便会发生争夺，即使中央政府和地方政府间、各个地方政府间也是如此，民间的利益争夺就更普遍了。人类社会的各个民族发展至今，历时长的数万年，历时短的上千年或者数百年，人与人之间存在利益争夺可以说是普遍存在的。法律上为化解这一问题发展起了所有权制度，以此发挥"定分止争"的作用。所以我们可以看到，世界上的国家，不论大小和历史长短，其法律中都有所有权制度，因为大家都要"定分止争"，确定财产支配秩序。中国社会不是天堂，中国人并非人人圣贤，不同利益主体间存在利益争夺是非常正常的。就是因为有利益不一致和争夺，

---

① 对此可以参阅孙宪忠《物权法》（第二版），社会科学文献出版社 2011 年版，第 46 页"政府出租渔港案"。

我们才要制定《物权法》。如果法律上的所有权制度不能发挥"定分止争"的作用，那么我们要它何用？

不过我们从这些实际分析中可以得到一个确定的启示就是：多年来我国法学界一直强调的"全体人们利益一致性"完全不存在。因此，"统一性、唯一性"的国家所有权制度建立的社会基础也是完全不存在的。

五　小结：问题归纳及其答案

（一）问题归纳

显然，公共资产地位崇高作用重要，这一点我们毫无争议地赞同。但是我国公共资产法律制度的建立有缺陷，支持这种制度的法学理论有缺陷。因此我们必须作出理论和制度的创新。为达到这一目的，我们应该仔细认真地分析现行制度与支持这些制度的理论，缺陷到底在哪里。从民法科学尤其是物权法关于所有权的科学原理看，我国法律依据"国家财产所有权的统一性、唯一性"理论建立的国家财产所有权制度的缺陷可以简单归纳为"五个不明确"。

1. 主体不明确

我国宪法和物权法等法律规定的"全体人民"或者"全体劳动人民"无法成为法律关系主体。人民是个抽象的人的群体，在任何时候都无法满足所有权主体必须明确肯定这个法学上最基本的要求，也不符合民法科学关于法律关系主体的基本定义。

如上所述，我国法律在"全体人民"明确接受无法成为所有权主体的情况下，将其又转化为"国家所有权"。这个做法和前苏联法学相一致。但是这个转化不论在法理上还是在实践上都留下了巨大的疑问。这一点将在法律的历史上留下长期的争议。至少我们可以看到的是，全体人民的所有权转化为国家所有权的过程，在法律上存在很多不明确的地方。

即便如此，说到"国家所有权"中的主体"国家"这个概念，从法律科学上分析，也存在主体资格方面的问题。上文已经分析清楚，国际法意义上的国家为抽象国家，它无法对具体财产行使所有权或者其他财产权利（如上所述，抽象国家对于抽象财产的所有权，从国际法的角度看也许是可以成

立的）。而国内法意义上的国家，其实只是统治社会领导人民的各种各样的
国家机关。这些机关单位无法统一地享有或者行使民法意义上的财产所有
权，因为"国家"在国内法领域里，只是职权分明的不同层级的立法机关、
执法机关即政府，司法机关如法院、检察院，特别国家机关如军队等。这些
机关在我国《民法通则》中被称为"国家机关法人"，罗马法以来的民法称
为"公法法人"。每一个公法法人都具有自己独特的政治功能，他们或居于
朝廷庙堂，或分散在边疆各地，其占有支配的财物更是各种各样，如果将他
们占有支配财产的法权关系强制性地套入"统一、唯一的国家所有权"的
理论和制度框架中，则这些公法法人的财产法律关系定会不清不楚，失去法
律规范最一般的基础。

我国《物权法》第45条在规定"国家所有权"时，事实上也在努力地打
破"统一、唯一主体"论的束缚。该条文的第2款规定："国有财产由国务院
代表国家行使所有权；法律另有规定的，依照其规定。"这个规定为我们在国家
所有权理论构造方面解放思想，甚至按照民法科学重建这一制度创造了根据。

2. 客体不确定

即使是除去《物权法》第48、49、50条所列举的、在法律和法学上根
本无法界定的"资源"，① 当前"国有财产"项下的资产也就是"实产"有
谁知道有多少？在"统一、唯一"的"国家"名义下，那些具体的财物是
怎样产生与消灭的？有多少财物是不是像上文列举的《毛主席去安源》这
幅油画的命运一样，已经被交易多次，还被确定为"国家所有权"没有
流失？

3. 权利不确定

也就是所有权的支配关系不确定。从"统一、唯一主体"理论出发，
远在云贵高原、西部边陲、北国沙漠的一个小镇上的政府办公楼也需要国
务院享有所有权，身在北京的一个部委的职工食堂里的几棵白菜也需要国
务院享有所有权，这实在是有些不可思议。《物权法》明确规定物权是对

---

① 中国《物权法》第48条："森林、山岭、草原、荒地、滩涂等自然资源，属于国家所有，但法
律规定属于集体所有的除外。"第49条："法律规定属于国家所有的野生动植物资源，属于国家所有。"
第50条："无线电频谱资源属于国家所有。"

特定物的权利，这一点是建立科学的财产支配秩序的法律技术基础；可是我们在探讨中国国有资产的支配秩序时会发现，这个秩序实在是不明确的，因为从法律上的所有权人"国务院"，到具体的物品控制人之间尚有不知道有多少环节，财产的具体支配关系到底是什么样的？那些公共资产物品的占有、使用、收益、处分的权利到底是谁在行使的？物权法规范对这些物品的支配秩序到底应该怎样建立？对这样的问题，上述"统一、唯一主体"学说是无法给出答案的。确实，当前我国《物权法》虽然对于国有企业的财产权利做出了规定——虽然这些规定还十分的勉强和模糊（对此可以看该法第 67、68 条的规定，这些规定模模糊糊地承认了法人所有权）——可是对于千千万万个"事业单位"这些实际占有着巨大的国有资产的法人的财产权利，却完全没有做出规定。比如，一所大学、一个中国科学院的研究所、一个公立医院对于它所占有使用的财产享有什么权利？这个问题从《物权法》中找不出答案。这些单位占有、使用财产，也在经常处分财产，可是他们对于财产的权利却在国家的基本法律中找不到依据。

正如上文的分析所言，所有权的支配秩序不明确时，在这种财产受到侵害的时候，却没有一个主体能够提起排除妨害、保护财产的法律权利。这是公共财产最容易受到侵害的关键所在。

4. 义务不明确

因为国家所有权被高度政治化的缘故，多年以来在中国形成了将尽可能多的财产归结为国家所有权的做法，这一做法在很多人看来具有政治上非常崇高，至少是不会犯错误的好处。我国的许多立法规则都是这一观念的产物，立法者在解决一些难以解决的财产归属问题时，都会非常轻易地把这些财产规定为国家所有。但是立法者在确定这些立法规则时没有想到的是，作为所有权人，在立法上是要承担相应义务的。这个义务，就是所有权人的物导致他人权利受损而应该承担的责任，比如建筑物以及工作物致人损害的法律责任、宠物犬伤人所有权人的责任，甚至栽培植物致人损害的法律责任等。[①] 因此，不科学地扩大国家所有权客体的范围，从某些不明就里的人看

---

① 对此见《民法通则》第 126、127 条，《侵权责任法》第十、十一章。

来似乎是"觉悟很高",但是无形中也增加了国家应该承担的法律责任的范围。比如当前《物权法》把一些传统民法中的无主物规定为国家所有,将国际法上主权控制也规定为所有权控制,这种做法就导致了国家必须承担一些莫名其妙的法律责任的问题。①本来依据传统民法理论,国家并不应该因为主权的拥有而承担民事责任,但是作为所有权人却必须承担这些责任。如果不承担这些责任,则国家或者政府的行为会受到民众的责难。所以,这些立法实际上反而给国家和政府造成了麻烦。

5. 责任不明确

如上所述,国有财产支配秩序中,法律上的所有权人和实际享有处分权的主体严重不一致,其中的很多环节上财产的控制权和法律责任是不明确的。这里最不可以化解的法理缺陷是,依据抽象国家不可诉的规则,国家事实上不能够作为国内法上的原告,也不可以作为被告。因此,在"国家"财产大量受损的情况下,无法确定真正的责任人来提起保护国家财产的诉讼;同样,在国家财产致人损害的情况下,"国家"也不会承担责任。近年来,不少学者在探索代表"国家"行使具体诉权的可能性问题,但是至今无法实现理论突破。这就构成了中国最为严重的法律实践问题。

(二) 出路: 从理论科学到制度科学

从上面的分析我们可以看出,"统一、唯一主体"的国家所有权理论实际上给我国的公共财产权利的享有、行使以及保护带来了极大的障碍。因此我们必须尽早废止这种不合时宜的理论。

多年来本课题主持人一直从事物权法学基本理论的探讨,其中包括关于

---

① 对此可以参阅北京市某地的"地道战"遗址案。因地道年代较久,部分发生垮塌,使得地道附近不少居民住房墙壁倾斜,发生倒塌危险。居民因此将地道管理部门起诉至法院,要求消除危险并给予赔偿。这一诉讼,就是本章此处阐述的"物的侵权责任"问题。但是,居民的诉讼陆续被法院驳回,法院的判词认为,"地道是国家的文物,其所有权属于国家。地道管理处并不是所有权人,无法承担法律责任"。"国家作为所有权人,不能作为被告"。关于这一案件,可以参阅《北京青年报》2004年5月28日的报道 (记者程婕、安金宝、姚学文)《焦庄户居民,"地道官司"败诉》;"正义网"2004年5月27日的报道 (通讯员安学文):《"地道战"遗址危及民宅 居民索赔被法院驳回》;《北京晚报》2004年5月28日的报道《地道战遗址穿过农宅 村民起诉纪念馆被驳回》。另外,2010年湖南某地也发生了民众因为河道突然涨水淹死亲属而提起的以政府作为河道的所有权人的侵权案件,原告的请求也被法院以国家不可以作为被告的理由驳回。

国家所有权理论与实践的探讨。对于苏联法学的"统一、唯一主体"的国家所有权理论，也经历了绝对接受、实践碰壁、理论反思、认真研讨、基本否定这一过程。我们痛切地认识到，为了建立真正符合现代化国家治理体系下的公共资产的支配秩序，必须在这一方面建立科学化的制度。在此，不可以将苏联法学高度政治化包装，更不可以以其作为社会主义理论的经典，以此妨害我国的法律制度建设。

废止"统一、唯一主体"的国家所有权理论，并不是绝对地否定国家所有权这个概念本身。正如上文分析所言，在一些特殊情况下，"国家"仍然可以作为所有权的主体，比如在国际法上，国家对于相邻疆界的共同所有权、对于无人居住的海岛的所有权等。在国内法上，国家也可以享有对于一些总括性财产的所有权，比如对矿藏的所有权等。

废止"统一、唯一主体"的国家所有权理论的要点，是把"国家所有权"的含义回复到社会公认的"公共财产"这个概念，然后，在公共财产治理秩序中，利用当代民法技术规则中的法人制度，尤其是公法法人制度，明确承认实际行使公共财产占有、使用、收益和处分权利的法人享有公共财产所有权。这一观点采纳了德国民法学术中的"公法法人财产所有权"理论，[①] 借以使得财产实际控制秩序从主体、客体、权利、义务和责任的各个方面明确化。

公法法人所有权理论，在法理上的科学性刚好和"国家所有权的统一性和唯一性学说"的公共财产所有权理论的不科学性形成鲜明对照。在公法法人所有权理论下，公共财产权利的主体、客体、权利、义务和责任都是明确肯定的。法律制度上的优势，也保障了公共财产权利保护方面的优势，因为在具体的财产受到侵害时，一定会由具体占有使用这一财产的法人承担保护这些财产的责任。

在中国《物权法》的制定过程中，本课题负责人已经就此提出了自己的观点并且进行了一定的展开。在立法机关讨论这一问题时，人们对于"公法法人所有权"理论的主要质疑，是该理论有可能导致公共财产被私有化的

---

① 对"公法法人财产所有权"理论有兴趣者，可以参阅孙宪忠《德国当代物权法》，法律出版社1997年版，第23页。

结果。当时，本课题负责人已经就此疑问做了观点阐述。显然，质疑公法法人所有权导致公共财产私有化的观点，首先是对"公法法人"这个概念不甚理解。公法法人根据宪法、行政法或者公法法人组织法设立，法律规定公法法人的财产只能用于公共事务或者公益事项，本质上不是私有。当代民法，法人更多只是一种明确财产权利、义务和责任的法律技术手段，而不是确定财产最终归属的依据。法人所有权其实也是这种法律技术的产物，它的基本依据是明确具体物的处分权及其法律责任，这一点在会计学上被称为"独立核算"。即使是在民法法人制度设计中，人们也不认为法人所有权是财产最终归属的依据，因为股权才是这样的依据。在公法法人理论指导下，公共财产支配秩序只会发生权利、义务和责任不断清晰的结果，在任何情况下都不会发生私有化的结果。

中国《物权法》制定过程中的这些讨论，对于该法的发展发挥了一定的积极作用。比如，该法第 45 条关于"全民所有权"的第 2 款规定："国有财产由国务院代表国家行使所有权；法律另有规定的，依照其规定。"该款的后半部分，至少承认统一、唯一的主体外，还有其他主体的存在。我们认为，理解这个条款意义重大，它实际上为我们破解公共财产所有权的享有、行使以及保护的难题，开放了一个门户。我们对于本课题的研究，也是以此为基础展开的。

最后，我们还是希望我国社会的有识者想一想，在建立和完善我国的公共财产支配秩序的时候，到底是依据"统一、唯一主体"学说这种童话式的分析，还是依据一种科学的法学理念？相信在阅读下文的分析后，各位会得出自己的结论。

第一章

公法法人

本书"序言"提出公法法人所有权理论，因此首先应该阐述什么是公法法人。公法法人，也称公法人，它是民法上法人制度的一种特殊的类型。

大体而言，法人与自然人不同，自然人的存在不依赖于法律，是自然规律作用的结果。而民法上法人的存在则系法律的拟制，为法律拟制人，故称为法人（Juristic person, Juridical person）。法律有公法与私法之分，而私法主要是民法；所以依据公法而成立的法人称为公法法人，依据民法而成立的法人称为民法法人。这种分类方法为大陆法系各国所普遍采纳，只是这一分类的意义、方法及其存在价值长期以来仍有争议。如有学者认为，"严格来说，民法法人是最纯粹的民法上的法人。公法法人得为法人，应指其涉及民法领域时的主体性一面，而不指其行使公权力的一面"①。另有学者指出，法人的人格仅限于市民社会的生活而不及于政治国家的生活，所谓的"公法法人"只有在参与民事法律关系时才称为法人，而在公法领域，它们就不是以法人身份出现了。② 也有学者认为，公法法人也会参与涉及民事交易的法律行为，尤其是随着社会的发展、国家赔偿责任的明确，在国家执行公务并承担经济责任成为现代行政的基本要求时，承认公共部门的民法法人身份已经成为一种必然趋势。③

一般认为，公法法人在涉足民法领域时同样必须遵循法人的一般规则，

---

① 龙卫球：《民法总论》（第二版），中国法制出版社 2002 年版，第 335 页。
② 江平主编：《法人制度论》，中国政法大学出版社 1997 年版，第 22 页。转引自葛云松《法人与行政主体理论的再探讨——以公法法人概念为视角》，《中国法学》2007 年第 3 期，第 83 页。
③ ［法］奥里乌：《行政法与公法精要》，龚觅等译，辽海春风文艺出版社 1999 年版，第 162—163 页。

与民法上的法人一样享有相应的民事权利能力和民事行为能力，并须按照民法的规则承担相应的民事责任，即具有民法上的主体资格。法人制度作为商品经济的产物，其主要功能在于明确交易中的财产责任，在公法法人参与民事法律关系时，其只能享有与其他民事主体平等的法律地位，否则就不应该是民法调整的对象。比如，公共权力机关参与政治生活时，就无法表现出其民事主体的各种特征，其政治活动属于公法调整的范畴。公法法人的存在意义也只是在其参与民事法律关系时才被纳入民法的视野，在其从事公权力行为时则不属于民法规制的范围，因而也谈不上法人的身份问题。

与大陆法系国家相比，英美法系国家虽无明确的公民法的划分，但这并不妨碍英美法系国家相应的公法法人制度构建。相反，无论是大陆法系国家还是英美法系国家，其立法都在借鉴公法法人制度以规范政府行为、明确政府责任，改革政府运作模式的做法已成为当今世界行政改革的发展趋向。在英美法系国家，有关公法法人的制度建设甚至比大陆法系国家更为彻底。随着两大法系市场规则的逐步融合，顺应市场经济体制建设的需要，借鉴西方国家公法法人制度建设方面的先进经验以完善我国的公法法人制度是一条有益的途径。

第一节　概述

一　历史考察

（一）古罗马时期的公法法人制度

公法法人主体制度的起源可以追溯到罗马法。罗马法较早提出了公法与私法的划分，但由于那时政治国家与市民社会的分离还不明显，对于公法与私法相互区分的客观基础还缺乏深入细致的分析，因此，早期罗马法既无法人之名亦无法人之实，更谈不上公法法人与民法法人的划分问题。

法人这一制度的真正形成应该是在罗马帝制时代。帝制时代，罗马团体大概有六种：公团体、宗教团体、慈善团体、商业团体及实业团体、政治党会、共同利益组合。其中，公团体就是国家组织，如政府以及城镇类，为一种政治团体。它们与私团体的不同处在于掌握政权。在罗马法上，宗教团体多为国家所创设，以维持国教为目的，属于官厅组织。慈善团体也盛行于帝制时代，性质上属宗教组合的一种，受国家的保护，因而称为准公团体。①
至于商业团体及实业团体则为私人团体的典型形式，公共利益组合大致可归
入私团体的范畴。由此，罗马团体总体上来说可以分为两类，即公团体与私
团体。公团体类似于公法法人，私团体则具有现代民法法人的某些特征。上
述团体划分的标准在于其是否掌握公权，凡是掌握公权的团体即被归入公法
法人，相反则被归入民法法人的范畴。

根据构成基础的不同，罗马法上的团体可分为社团与财团两类。社团是
以自然人的集合为基础而成立的民事主体，其以共同利益为目的，能够独立
享有民事权利、承担民事义务。包括：①国家。国家是全体人民的集合体，
被承认为具有独立的人格。②地方政府。指国家管辖范围内的行政区域或自
治团体，如行省、市、自治市、殖民地等。地方政府被视为法人始于共和国
末年。③商业或实业社团。这有点类似于现代意义上的公司。罗马地处地中
海，航运发达，以船舶为载体而成立的货物运输团体逐步具有了现代意义上
的公司的雏形。④政治社团。在罗马国家以及地方政府以外，还存在一些以
公共利益为目的的政治性团体。共和国末期，政党纷起，各种政治团体、结
社等也都得到法律的认可。

财团与社团相对而言，是以财产为基础而成立的民事主体，得以其财产
享有权利和承担义务。与社团不同，财团是先有财产的存在，社团是先有人
的存在。财团主要有：①寺院。人类社会早期大抵相同，基本上都是神法社
会，特别是在愈蒙昧、愈原始的情况下，神灵对于人类社会的存在起着很大
的影响作用。罗马社会也是如此，由此造成寺院林立，信众很多，使得其经
常得以集聚钱财。②慈善团体。帝政初年，为救济贫困孤儿，皇帝设立财
团，费用由国家负担，享有人格，为罗马最初的财团法人。公元 5 世纪以
后，凡以慈善事业为目的而捐助的财产均被认为具有人格，可以获得权利能
力并承担相应的义务。③待继承的遗产。为保护继承人的利益，避免遗产被
作为无主物而被他人据为己有，罗马法学家从实际需要出发，将待继承的遗
产视为死者的代表，使其承担权利和义务，成为一种虚拟的主体。②

---

① 黄右昌：《罗马法与现代》，丁玫勘校，北京大学出版社 2008 年版，第 60 页。

② 周枏：《罗马法原论》，商务印书馆 1994 年版，第 270—271 页。

从那时起，法律上就有了公法法人和民法法人相互区分的制度雏形。法人依其设立依据不同分为公法法人和民法法人，民法法人依其构成基础不同又可分为社团法人和财团法人。将国家、地方政府以及政治社团等归入社团的范畴实质上也即承认了上述主体的民法法人地位。而将上述主体与商业或实业团体并列表明上述主体同样可以作为民法上的法人，与民法法人一样可以从事民事法律行为，并承担相应的民事法律后果。

当然，对于罗马法上是否存在公法法人，学者的见解在今天仍然存在较大分歧。有的认为，罗马法原则上只承认公法法人。罗马法上的团体观念，不存在于民法，而存在于公法。于公法，罗马国家为权利主体，但国家并非民法上的 Person。① 也有学者认为，国家为主权所有者，超越任何团体及个人。故在古代罗马法中，以国家为法人者，盖未有也。②

在此，有必要指出的是，虽然罗马时代市民社会与政治国家的分裂还不明显，公民法的划分还不明朗，在当时的历史条件下还不可能对法人制度作出全面的阐述，但罗马法从客观需要出发，已经提出了抽象人格的理论，适应了社会经济发展的需要。在此基础上，各团体因其功能与使命不同，有些团体以私益为目的，有些团体则专门从事社会公共事务，这种功能与使命上的区分造成两种团体在构建依据与行动规则上都存在明显的差异，由此形成两种不同性质的法人分类体系，为后世公民法法人的分立提供了理论与实践依据。

（二）实证法学兴起与公法法人制度变迁

16 世纪时经验主义哲学兴起，并对传统自然理性提出了强烈的挑战，由此引起了法学思维的方法由理性主义向实证主义的转变。经验主义哲学认为超出经验的本体论问题应当取消，而科学的使命就是发现经验世界中的规律。

在此基础上，受牛顿力学影响的理性法学逐渐兴起，它试图将法学从习惯法中解脱出来，使其走上法律科学化的道路。因为理性法学讲求法律概念的科学性和准确性，并且以概念的统一性和差异性作为法律分析的基本手

---

① 梁凤云：《关于行政主体理论的几个问题》，《公法研究》2005 年第 1 期，第 46 页。
② 丘汉平：《罗马法》，朱俊勘校，中国方正出版社 2004 年版，第 160 页。

段，因此后世也称为概念法学。① 概念法学借鉴经验归纳的逻辑方法，力图从人类个体行为中发现带有一般性的规律，并将其运用于法律规范中。其具体方法是，先将具有关联性的事物统一为一个整体并冠以抽象的法律术语，由此归纳出了"人格"、"能力"以及"行为"等一系列概念；而后根据结构的观念将这些法律术语整合为一个统一的系统。在概念法学的上述实证分析方法的作用下，公法学中首先引入了法人概念，并由此催生了国家法人说，开创了公法上的主体概念以及以此为核心的公法体系。

这其中，德国学者戈勃最早提出国家法人的概念。根据黑格尔等人所创设的国家抽象法人格，戈勃从法人制度的角度出发，第一次将国家从法人的角度进行了分析，明确了国家这一人格在法学上的意义，从而创立了国家法人的概念。

在概念法学后，德国学者基尔克立足于现实主义立场，通过对德意志民族生活状况的现实考察，提出了社会法理念。根据其社会法的思想，基尔克得出了团体人格客观存在的社会现实，肯定了自治性团体如乡镇、市等的法律地位，并将其统称为公法法人。

19 世纪后，随着政治、经济、科学、文化等的发展，国家的职能已经不再局限于公共权力的行使，对政府大量的非权力性公务行为进行规范、调整成为其职能发展的新方向。伴随着这种变迁，一种新的公务概念正在逐渐取代主权的概念而成为公法的基础。②

在这一背景下，大量以履行公共服务职能为目的的组织应运而生，这些组织与传统的以层级隶属关系为特征的官僚机构不同，它们具有一定的意志自主性，基于公务分权学说而具有相应的公法法人资格。19 世纪末，《德国民法典》在塑造民法法人概念的同时，明确了公法法人的身份（《德国民法典》第 31 条和第 42 条第 2 款规定民法典适用于公法法人，第 89 条将公法法人分为公法社团法人、基金会、公法设施）。③

（三）当代公法法人制度发展概况

进入 21 世纪后，随着各国民众对公共产品或服务需求的日益增加，政

---

① Wieacker, Privatrechtsgeschichte der Nerzeit, 2. Auflage 1967, Verlag C. H. Beck, §§157.
② 李昕：《公法法人概念缘起的法哲学思考》，《哲学动态》2008 年第 12 期，第 40—43 页。
③ ［德］米歇尔·施托莱斯：《德国公法史》，雷勇译，法律出版社 2007 年版，第 561 页。

府面临着前所未有的压力与挑战。为满足公众的需要，政府规模不断扩张，但扩张后政府的效率非但未能提高，反而造成财政负担的加重以及财政状况的恶化，致使政权存在的合法性及正当性遭到质疑与挑战，迫使各国政府转变政府职能谋求出路，由此加快了政府改革的步伐。

秉承大陆法系的我国台湾地区 1994 年实施了"省县自治法"及"直辖市自治法"，1997 年实行"精省改革"并于 1999 年修改前述二"法"。根据上述法律的规定，"直辖市、县市、乡镇市"具有法律所赋予的公法法人地位。上述地方自治团体与当局间系立于分立的关系，"中央"仅于"宪法"及"法律"授权的范围内，始能对地方自治团体行使监督权。[①]

在日本，为因应政府职能转变的需要，国家和公共团体行政主体被赋予法人的资格（《日本地方自治法》第 2 条第 1 款）。按照日本学者的解释，所谓公共团体，是指在国家下并由国家赋予其存在目的的法人。具体可分为地方公共团体、公共组合、独立行政法人和特殊法人等类型。[②] 其中，独立行政法人是比较典型的公法法人类型，又可分为独立行政法人与特别独立行政法人。

在大陆法系国家中，有必要提一下前苏联法学在当代的巨大变化。曾经很长一段时间，前苏联学者不承认公法与私法的划分，并且认为在经济计划的实施过程中区分公法法人和民法法人，从民事法律后果来看，并无任何实际意义。但是，值得注意的是，与 1922 年和 1964 年的《苏俄民法典》相比不同的是，现行《俄联邦新民法典》将俄罗斯联邦、俄罗斯联邦各主体、地方自治组织也列为由民法调整的主体，这是俄罗斯第一次以法典的形式确定公法法人在民事法律关系中的地位。根据现行《俄罗斯新民法典》的规定，现代俄罗斯民法中的"国家"概念已不再是不可分的统一和唯一的概念，而是不同级别多种主体的综合体。从俄现行民法典的规定来看，国家机关、地方自治机关以及法人不仅可以相关的公法组织的名义参加民事法律关系，还可以自己的名义独立参加民事法律关系，区别它们行为的标准是其所

---

① 翁岳生：《行政的概念与种类》，载翁岳生编《行政法》，中国法制出版社 2009 年版，第 21—22 页。

② ［日］南博方：《行政法》（第六版），杨建顺译，中国人民大学出版社 2009 年版，第 11 页。

代表的是公法组织的行为还是自己的行为，这些行为是以谁的名义并是否在法律文件（公法文件）规定或在所代表的相应公法组织的授权的权限范围内。①

俄罗斯现行民法典的上述规定表明，国家机关也好，地方自治机关也好，不仅可以以公法法人的名义参与民事法律关系，而且可以以民法法人的名义参与民事法律关系。而无论是以公法法人身份参与民事法律关系，还是以民法法人身份参与民事法律关系，都必须遵循民法的规定，只是在权利能力与行为能力方面因相关文件或授权范围的限制有所不同，而法人的权利能力或行为能力本来就是各不相同的。这种不同并不影响其以平等的主体身份参与民事法律关系、享有民事权利和承担民事义务。

与大陆法系各国旨在通过公法法人制度提升政府效能的改革相呼应，英美法系国家近年来也在大力推行政府公务民营化的改革，其中公法法人制度的推行是其主要方面。在新右派政府改革理念的主导下，欧美国家在建构政府组织时，渐渐发展出所谓的"半自治政府组织"（Quasi-autonomous non-governmental organization）或"公私混合型组织"。② 这种组织形态大部分的预算仍来自政府的补助，但不再像一般行政机关那样受到严格的层级限制，而是具有相当程度的独立性，并被赋予相应的主体资格。如在英国，为避免官僚习气、僵化的行政程序、权力过于集中等，英国公法法人制度的改革涉及几乎公共事务的各个方面，除各级政府实行公法法人运作模式外，还包括诸如工商企业公法法人、行政事务公法法人、实施管制的公法法人、咨询及和解性质的公法法人等运作模式。③ 在美国，除联邦与州为公法法人外，在地方政府层面有公法法人地方政府与准公法法人地方政府的区分。此外，根据美国法律的规定，行政机构可以采取公司组织形式，即所谓的政府公司。政府公司是一个法人，享有法人的各种权利。④

---

① 鄢一美：《俄罗斯当代民法研究》，中国政法大学出版社 2006 年版，第 173 页。

② 施能杰：《行政法人组织的发展分析》，发表于"行政法人理论与实务研讨会"，行政院人事局主办，台北：2005 年 10 月，转引自陈昭钦《行政法人法草案重点说明》，《研考双月刊》2009 年 6 月第 33 卷第 3 期，第 88 页。

③ 参见王名扬《英国行政法》，北京大学出版社 2007 年版；张越编《英国行政法》，中国政法大学出版社 2004 年版。

④ 王名扬：《美国行政法》，中国法制出版社 2005 年版，第 187—190 页。

二 公法法人与相关概念辨析

为了准确、全面地把握公法法人制度，这里有必要对各国公法法人制度建设方面的诸多不同用语进行简要的对比分析。

（一）公法法人与民法法人

公法法人与民法法人相对而立，两者的区别主要表现在：①设立依据不同。公法法人以宪法、行政法、组织法等为依据，一般需立法机关的批准或上级机关的同意方能成立；民法法人多以准则主义为原则，基本上实行意思自治。②运作目的不同。公法法人以公益为使命，其目的由国家授予，并由法律明确规定，一般情况下非依法律程序不得任意变更；民法法人以利润最大化为目标，追求的是自己的私益。其运作目的根据意思自治原则确定。③资金来源不同。公法法人的初始资金一般来源于财政的拨款，后通过税收、征收、没收、罚款、使用费收入等方式取得财产；民法法人的初始财产来源于股东的出资，之后则主要依赖于公司的盈利。④组织机构不同。民法法人根据民商法的规定设立，股东会或股东大会为法人的权力机关，董事会为法人的执行机关，监事会为法人的监督机关，其主要负责人分别由股东大会或股东会、董事会、监事会等依法指定或确立。公法法人与民法法人不同，根据其成立依据不同，组织机构也各不相同，或由上级任命，或由选举产生。但是，政府公司类的公法法人则应当按照民法的机构运作模式来构造。⑤权利能力不同。公法法人享有公权力，履行公义务。这是民法法人所不具有的权利能力。当然，在公法法人从事民事活动时，公法法人与民法法人的权利义务是对等的。⑥解散根据不同。公法法人不具有民法法人所具有的自我解散的自由，公法法人若无存在必要时，其解散需符合设立时的准据法的规定。民法法人的解散可分为强制解散与自行解散两种情形。民法法人可以自行规定解散的事由，可以约定其自身存在的期限等，于约定情形出现时可自行解散。

公法法人与民法法人虽有上述不同，但两者在逻辑上作为法人这一上位概念的两个分支，理论上必须遵循法人制度的一般规定。就形式上而言，两者都有自己的名称、组织机构和场所，都具有自己独立的财产或经费；就实质上而言，两者都能够以自己的名义起诉、应诉，都能够独立承担民事责任。二者都具有民法上的主体资格，享有相应的民事权利能力和民事行为能力。

（二）公法法人作为民事主体

公法法人可以参与民事生活，成为民事主体。因此民法典规定公法法人的主体资格，其实只是其民法上的主体资格，而不是其公法上的资格。这一方面的典型规定，是《德国民法典》第31、42、89条规定了公法法人制度。

按照我国学者的通常解释，公法法人是指依据公法，如宪法、行政法、组织法等设立的以公益为目的的具有政权职能性质的组织，其范围类似于德国民法上的公法社团，反映在我国《民法通则》上即机关法人、事业单位法人、社会团体法人等。必须明确的是，我国《民法通则》规定的这些公法法人，其实是从民法的角度对其主体资格的规定，因此对这些公法法人不可以仅仅从公法根据的角度加以理解。同时要明确的是，我国的公法法人制度与其他国家的公法法人制度不同。仅从机关法人的角度来看，在我们国家，各级国家行政机关是否具有公法法人的地位分歧很大。总的来说，我国行政法学界的很多著述认为除国家、各民族自治区域、各特别行政区等具有公法法人的身份以外，其他各级国家行政机关的公法法人地位是不成立的，这可能主要是基于我国中央集权的行政架构以及科层管理体制所得出的结论。这些结论的作出，没有考虑到我国公法法人甚至国家也要参与民法活动，因此也要享有民法权利、承担民法义务和责任这些基础性的问题，在法学上不足以采认。

但在民法学界，基于中央与地方财政分权的现实等客观存在的因素，各级国家行政机关具有公法法人的地位。同时，有必要注意的是，与世界上其他国家的公法法人制度相比较，我国的公法法人范围要宽泛得多，因为它不但包括具有科层组织性质的各级国家机关，而且也包括不具有科层性质的其他从事公共服务行业的组织。

（三）公务法人

公务法人是法国法的用语，其设立源于行政分权。17世纪时，英国思想家洛克第一次比较系统地论述了分权理论。他认为，一个国家具有三种权力：立法权、行政权和对外权。为了防止权力的过分集中而违反社会或政府的目的，洛克主张这三种权力必须分开，由不同的机构和人员掌握，以实现互相制衡。① 与洛克不同的是，孟德斯鸠将国家的权力分为立法权、行政权和裁判权三种。1748 年，在其所著的《论法的精神》一书中，孟德斯鸠系统地阐述了"裁判权"的概念，并由此确立了立法、执行和司法三个部门的划分。在洛克和孟德斯鸠等人的基础上，卢梭进一步对权力分立理论进行了阐述，并确立了现代社会立法、行政与司法三权分立的学说。

在国家权力横向划分的同时，纵向分权也在同时进行。以行政权为例，在实行联邦制的国家中，中央与地方的行政权互相独立；而在单一制国家里，地方的行政权限则来源于中央政府的授予。与此同时，分权与政府职能的划分也在同步进行。一方面一些公共产品或服务的供应仍须由政府承担，政府仍须履行这些产品或服务的供应职能；另一方面，对于适宜由其他公共机构承担的公共产品或服务的供应，逐渐转向由相应的公共机构负担，以减轻政府的压力。这种不以地域而以某项公共事务或公共服务为基础的公共机构，即法国法上所谓的"公务法人"。②

从公务法人产生的过程及其职能界定来看，公务法人是指在国家与地方行政机关以外的，享有独立地位并承担公共事务职能的法人。

（四）行政法人

行政法人的概念为日本与我国台湾地区所采用。根据日本《独立行政法人通则法》的规定，所谓独立行政法人，指的是政府对于那些已无必要由行政部门直接管理，但又不能完全交由民间机构实施的公共事业，在以立法方式将其目的、任务和业务范围做出明确界定后，授予承担这些事务或事业的公共组织以独立的法人资格，使它们在业务经营、资金运用、人事管理等方面享有充分的自主权。《日本地方自治法》第 2 条第 1 款规定，国家和公共团体行政主体都是法人。所谓公共团体，是指在国家之下并由国家赋予其存在目的的法人，分为地方公共团体、公共组合、独立行政法人和特殊法人等类型。③ 而具有行政主体性的法人，包括独立行政法人、国立大学法人、政

---

① ［英］约翰·洛克：《政府论》（下），叶启芳、瞿菊农译，商务印书馆 1964 年版，第 91 页。
② 左然：《公务法人研究》，《行政法学研究》2007 年第 1 期，第 33 页。
③ ［日］南博方：《行政法》（第六版），杨建顺译，中国人民大学出版社 2009 年版，第 11 页。

府关系特殊法人、公共组合、地方性公社和独立地方行政法人共六种。此外，还存在两种性质存在争议的法人，即认可法人和指定法人。①

根据上述法律的规定，在日本，具有行政主体地位的公法法人包括中央政府、都、道、府、县、市、町、村等，除中央政府外，各地方自治团体同时具有公法法人和行政主体双重身份，公法法人与行政主体具有很大的重合性。

台湾地区的公法法人制度受日本影响比较大，根据学者的归纳，台湾地区公法法人具有如下特征：独立的法律人格；自治事项；自主组织/人事/财务决定权（但不得违反成立该公法法人法律规定，而此类法律具有合理性/合宪性）；母体机关只享有依法律所赋予的监督权；公法法人享有诉讼权。②此外，与日本相类似，台湾地区颁布了"省县自治法"等相关"法律"明确了地方公共团体同时既是公法法人，又具有行政主体的身份。

基于上述规定，在日本以及我国台湾地区，各级政府的公法法人地位是存在的。

（五）公法法人与行政主体

公法法人概念在历史上常常是行政主体的代名词。③ 法国的行政主体与公法法人基本上是等同的。但是，有必要注意的是，从前面关于法国公务法人产生的过程与职能角度来看，公务法人与行政主体仍有较大的差别，公务法人虽得为行政主体，但公务法人的行政主体地位与机关法人的行政主体地位是不同的。前者基于授权，而后者本身即具有行政职权。

在德国，除各级行政机关具有公法法人的地位以外，德国行政法学上承认个体在其权利义务范围内，亦得为行政主体。

前述日本以及我国台湾地区，各级政府的公法法人地位是存在的，公法法人与行政主体的身份具有较大的重合性。

在我们国家，行政主体包括行政机关和法律法规授权组织。作为法律上的人，行政主体如行政机关属于公法法人的一种，即《民法通则》所规定

---

① ［日］盐野宏：《行政组织法》，杨建顺译，北京大学出版社2008年版，第65页。

② 黄锦堂：《行政组织法基本问题》，载翁岳生编《行政法》，中国法制出版社2009年版，第336页。

③ 王名扬：《法国行政法》，中国政法大学出版社1988年版，第39页。

的机关法人。至于法律法规授权组织，如《民法通则》上所规定的事业单位法人以及社会团体法人均可归类为公法法人。只是区别不同情形，有些事业单位法人、社会团体法人实质上属于民法法人的范畴，或者正在向民法法人转变。

第二节　主要国家及地区的相关制度

一　大陆法系

（一）德国的公法法人制度

德国最先将国家解释为公法法人，19 世纪中叶以后，随着其他公法法人的发展，公法法人被区分为三种具体类型：公法社团、公营造物和公法财团。其共性是：①具有法人地位，可以以自己的名义起诉和应诉。②为国家通过高权行为所创造。不存在根据事务自然性质和私人自由意思成立的公法法人。③承担或履行公共职能。

1. 公法社团

公法社团是由成员组成的且其存在不受成员变化影响的公法法人。[1] 具体可以分为以下几种类型。

（1）属地性（或称地域性）公法社团。主要指国家和地方自治团体。国家为以全体国民为成员的社团法人。地方自治团体以乡镇最为典型。

（2）属物性公法社团。指的是基于人们对某一不动产的所有权或某种产业的所有权或经营权而组成的社团法人，如工业总会、商业总会等。

（3）属人性公法社团（或身份性公法社团）。它是成员按照一定身份组成的公法社团，如律师协会、医师协会等。

（4）联合性公法社团。指的是以公法法人为社员所组成的社团，如乡镇联合会、联邦律师总会、联邦商业总会等。

2. 公营造物

公营造物是指为履行特定公共目的而成立的一个结合人与物的组织体，

---

① Staudinger/Weick，1995，§89，Rn11，转引自周友军《德国民法上的公法法人制度研究》，《法学家》2007 年第 4 期，第 141 页。

为具有法律上的主体性和权利能力的非社团组织。[1] 如联邦与各州银行、邮政、铁路、公路、图书馆、监狱等。

3. 公法财团

公法财团是国家或其他公法社团为履行公共目的，根据公法规定捐助一定财产而成立的组织体。例外情况下，在获得国家同意后，公法财团也可经由民法上的捐助行为而设立。[2]

（二）法国的公法法人制度

在法国，除国家外，地方团体和公务法人都属于公法法人的范畴。[3] 但是与德国身份性公法社团或属人性公法社团不同的是，法国行政法院的判例认为同业工会只是一个职业团体而不是一个公务法人，因而不是公法法人。[4]

1. 行政主体的公法法人地位

有学者认为，在法国，所有行政主体皆为公法法人。[5] 也有人认为，在法国行政法上，国家是一个不可分的整体，各国家机关不具有法人地位。[6]

2. 地方自治团体的公法法人地位

公务有国家公务与地方公务之分。法律承认某个地方的公务不是国家的公务，实际上就等于承认这个地方是和国家不同的实体，可以独立地享受权利和负担义务，和国家一样是一个公法法人。而且地方团体作为一个独立的公法法人不妨碍它同时作为国家的行政区域。法国所有的地方团体都同时是国家的行政区域。[7]

3. 公务法人的公法法人地位

随着行政业务本身多元化与专业化，以及外部民主化的要求，大量的公务机构被国家和地方团体设立。1856 年，法国民事最高法院的一个原则性

---

[1]　Larenz/Wolf, a. a. O. , S. 166.

[2]　周友军：《德国民法上的公法法人制度研究》，《法学家》2007 年第 4 期，第 141—142 页。

[3]　王名扬：《法国行政法》，北京大学出版社 2007 年版，第 1 页。

[4]　1942 年 7 月 31 日 Monpeurt 案判决，1943 年 4 月 2 日 Bouguenan 案判决，王名扬：《法国行政法》，北京大学出版社 2007 年版，第 33 页。

[5]　王名扬：《法国行政法》，北京大学出版社 2007 年版，第 38—39 页。

[6]　葛云松：《法人与行政主体理论的再探讨》，《中国法学》2007 年第 3 期，第 81 页。

[7]　王名扬：《法国行政法》，北京大学出版社 2007 年版，第 35 页。

判例将该词仅限于公法法人概念，而不再包括民法法人。①

（三）日本的公法法人制度

根据《日本地方自治法》的规定，国家和公共团体行政主体都是法人。公共团体分为地方公共团体、公共组合、独立行政法人和特殊法人等。所谓地方公共团体是指以国家的一定地域为基础，由该地域的居民所构成的统治团体。换言之，地方公共团体，一方面具有作为统治团体的性质；另一方面，又具有作为事业团体、作为社会性服务的提供者的地位。② 依《日本国宪法》第94条规定，地方公共团体享有自治权。公共组合是指由特定行业的人员所组成的以行业利益为本职的社团法人，如健康保险组合、农业共济团体等。独立行政法人，是指由中央各省厅的业务执行部门独立出来的法人。特殊法人，则是指由国家或者地方公共团体出资设立的法人。特殊法人是伴随着给付行政的发展，基于公共事业应当通过公共手段来实施的设想而设立的法人。③

独立行政法人，按其职员是否具有国家公务员身份，分为特定独立行政法人和独立行政法人两种类型。前者职员具有国家公务员身份，后者则不具有。实际上，前者即国家机关，类似于我国的机关法人；后者实际上即机关法人以外的以公益为目的的组织体，堪比我国的事业单位法人或社会团体法人。

（四）我国台湾地区的公法法人制度

为改革古典行政管理模式僵化、保守、官僚主义、效率低下等弊端，20世纪80年代兴起的新公共管理理论以企业经营管理模式为指引，致力于打造企业型政府，促成了台湾地区行政法人制度的诞生。

行政法人是指"国家"及"地方自治团体"以外，由"中央"目的事业主管机关，为执行特定任务，依法律设立的公法法人（《行政法人法草案》第3条）。行政法人为具有公法性质的法人，但又不完全等同于公法法人或机关法人。按照前述行政法人制度改革的初衷，行政法人旨在引进企业

---

① 王名扬：《法国行政法》，中国政法大学出版社1988年版，第41页。
② ［日］盐野宏：《行政组织法》，杨建顺译，北京大学出版社2008年版，第100页。
③ ［日］南博方：《行政法》，杨建顺译，中国人民大学出版社2009年版，第13页。

经营精神，提高政府在公共产品或服务提供方面的专业化及效能，但政府毕竟不同于企业，因此，在行政机关外另外设立行政法人以遂行行政目的。

行政法人的制度特色，在于其系将原属于科层制上下级严格区分与监督并经由绵密法令而控制的行政体制，转换为分权并进行绩效管理。[①]

台湾地区的公法法人制度除上述行政法人的规定外，尚有地方政府层面的公法法人。自 1994 年"省县自治法"及"直辖市自治法"、1997 年"精省改革"并于 1999 年修改前述二"法"成为"地方制度法"以来，"直辖市、县市、乡镇市"具有法律所赋予的公法法人地位。[②]

二 英美法系

(一) 英国的公法法人制度

在英国，公法法人主要是指在中央行政机关和地方行政机关以外，享有独立人格并从事特定公务的行政机构。这类机构又称为半自治的国家行政组织或半自治的非政府组织。[③] 与大陆法系国家或地区设立公法法人制度的初衷类似，在英国，公法法人制度的改革也旨在去除官僚主义习气、僵化的行政程序，避免权力过于集中以及提高政府的效能等。一般而言，只要政府认为适当，它就可以把某个行政机关组成为一个公法法人。

英国的公法法人一般说来可以分为四类：①工商企业类公法法人。第二次世界大战以后，大量的新兴公共事务的出现使得政府不得不设立一些新型机构以应对公共事务的发展需求，由此导致公法法人组织形式的广泛流行。其中，政府在对经济生活的干预方面，主要是通过工商企业公法法人实现的。②行政事务性公法法人。行政事务性公法法人类似于政府机构，负责制定与执行某些公益事业的政策和职务。如各区域内的卫生机构、伦敦港务局、泰晤士河管理局等。③管制类公法法人。与行政事务公法法人的区别在于，管制类公法法人的主要工作不是执行具体某项业务，而在于制定和实施

---

① 黄锦堂：《行政组织法基本问题》，载翁岳生编《行政法》，中国法制出版社 2009 年版，第331 页。

② 翁岳生：《行政的概念与种类》，载翁岳生编《行政法》，中国法制出版社 2009 年版，第21—22 页。

③ 王名扬：《英国行政法》，北京大学出版社 2007 年版，第 67 页。

一些行业行为标准，其更接近于一般的行政机关。如自然环境保护委员会、价格管理委员会、工资委员会、独占行为和企业合并管理委员会等。所谓制定和实施行为标准，例如发给许可证、实行刑事追诉等。④咨询及和解类公法法人。在英国政府机关中存在很多咨询与和解机构，其中，有些咨询机构具有法人地位，例如种族平等委员会、仲裁及和解委员会等。①

上述公法法人所具有的共同特征是：①人格独立。可以以自己的名义享有权利承担义务，可以以自己的名义参与诉讼，能够独立承担法律责任。②财产独立。无论是工商企业类公法法人还是其他类型的公法法人都有属于自己的财产，无论该财产是通过自负盈亏取得的，还是通过经费方式取得的，都与行政机关的财产没有任何关系。③运作独立。公法法人得以自己的名义进行活动，对中央和地方一般权限的行政机关保持一定程度的独立。当然，这种独立不能违背国家的法律法规和政策以及公共利益的目的。

在英国，除上述公法法人外，地方政府也被认为是一个法律人格者，具有法人地位，独立存在并能以自己的名义享有权利和承担义务。某种意义上，在英国的立法中，公共机构、公共当局以及公法法人三个概念，并没有截然的区分。②

（二）美国的公法法人制度

在美国，根据地方政府是否具有充分的法人资格，地方政府可以分为公法法人地方政府和准公法法人地方政府。公法法人地方政府和准公法法人地方政府的区别在于两者的存在目的和产生方式不同。公法法人地方政府是根据居民的自愿行为而设立的，一般又称为自愿的地方政府单位。准公法法人不是根据居民自愿行为而设立的，它们由州宪法或州法律所设立，因此它们常常称为"非自愿的"地方政府单位。从其存在目的角度看，公法法人地方政府设立和存在的目的是为了本区域内居民的利益。准公法法人的地方政府的设立与存在目的在于代理州政府执行职务，实质上是州行政的工具。

根据地方政府执行的功能的多少不同，地方政府可以分为一般目的的政府和特别目的的政府。一般目的的地方政府往往执行多种功能，行政职务范

① 王名扬：《英国行政法》，北京大学出版社 2007 年版，第 69—70 页。
② 张越：《英国行政法》，中国政法大学出版社 2004 年版，第 315 页。

围广泛。这类地方政府是历史上最早成立的地方政府，为基本的地方政府，包括郡、市、镇政府在内。特别目的的地方政府是指那些只执行一种功能或相近的几种功能，职务范围单纯的地方政府，如学校区、特别行政区等。[①]

与我国的县级政府不同，在美国，县承担着双重角色：一方面，县是州政府的行政管理分支；另一方面，县又是独立的地方政府单位。[②] 这意味着，县在美国地方政府体系中具有独立的公法法人地位。这种情形同样适用于美国的自治市、乡镇等地方政府单位。根据美国各州宪法或自治宪章的规定，美国地方政府享有很大程度的自治权。在联邦制的体制下，各级地方政府与联邦政府间不存在像我们国家那种上下级政府之间严格的科层制隶属关系，相反，各地方政府主要的是地方居民的自治机关。州也是如此，美国各州都有自己的宪法，具有独立的公法法人地位。

第三节　我国相关制度

一　行政机关的公法法人地位

长期以来，在我们国家，国家—单位—个人这一纵向调控体系主导着我们的政治、经济和社会文化生活。各种单位的运作逻辑几乎完全是行政化的，所有的单位都只是从属于国家的"单位"而已，并且企事业单位实际上成为行政单位的附属物，或者说是特殊形式的行政单位。[③]

改革开放以后，特别是随着社会主义市场经济体制的建立、财政分权等措施的推行，客观上，各级地方政府的主体地位得到了凸显。按照世界各国有关公法法人制度的规定来看，国家作为公法法人为一普遍情形，虽然有些国家并未明文规定，但是中央政府作为按照公法设立的组织体，其公法法人地位应无异议。问题在于，各级地方政府能否成为公法法人，各国规定殊有不同。一般而言，在联邦制国家，联邦政府与州政府等都具有公法法人的地位，在美国，地方政府亦有公法法人地方政府与准公法法人地方政府之分。

---

① 王名扬：《美国行政法》，中国法制出版社 2005 年版，第 262—263 页。
② ［美］文森特·奥斯特罗姆、罗伯特·比什、埃莉诺·奥斯特罗姆：《美国地方政府》，井敏、陈幽泓译，北京大学出版社 2004 年版，第 4 页。
③ 李洪雷：《其他承担行政任务的主体》，载《当代中国行政法》，第 415—416 页。

但是，在单一制国家，各级地方政府的公法法人地位还需具体情况具体分析。

就我们国家而言，学者一般认为各自治区域，如自治区、自治县、自治乡镇，各特别行政区，如香港、澳门特别行政区等具有公法法人地位。但是其他各级地方政府能否作为公法法人，观点并不一致。有人认为，在现行体制下，下级机关所决定的事务仍然是上级机关的事务，它只是作为上级机关的地方机关而被授权处理事务，自己不是一个行政主体，[①] 不具有公法法人的地位。

我们认为，上述观点是站不住脚的。第一，从国家赔偿法的角度来看，国家赔偿的义务机关是具体的行政机关，赔偿费用也是由各级政府具体负责的，至于赔偿费用的来源也是地方政府的财政支出。虽然名义上是由国库支付，但是，这里的国库应该指的是地方政府的"国库"，而非国家意义上的"国库"，两者有着本质的区别。第二，承认自治地方政府等的公法法人地位而不承认其他各级地方政府的公法法人地位，将自治政府与其他各级地方政府区别对待有违法律面前平等的原则。第三，这种观点是将中央集权过于放大的结果。我们国家虽然与其他国家不同，实行的是集中统一领导的管理体制，但这并不意味着各级地方政府只是贯彻落实中央政府各项政策的工具。相反，区域发展的不平衡，各地区经济、政治、社会、文化等的差异决定了各地方政府在中央政策的贯彻执行上必须从本地区的实际出发，各地方政府应该是一个能动的政府，而不是一个个机械的工具。虽然在具体的权利能力上与自治地方政府等有一定的差异，但其本身能够独立享有权利和承担义务是其作为公法法人的主要方面。第四，从财政分权的角度来看，中央政府与地方政府各有自己的财产，中央有属于自己的企业，地方也有属于自己的企业；中央有国税收入，地方有地税收入；中央政府的财政支出由全国人大决定，地方政府的财政支出由地方人大决定。除此以外，为平衡各地方政府公共产品或服务的供应水平，中央政府对某些地区、某些突发事项、某些特定的对象，或为政策实施的需要等，还存在对地方政府的转移支付，这也是地方政府收入的来源之一。当然，除了上述收入外，各级地方政府还可通

---

① 王名扬：《法国行政法》，中国政法大学出版社 1997 年版，第 43 页。

过制定行政法规、规章等设置处罚权,罚没收入也是各级地方政府的收入来源。所有这些收入都构成各级地方政府财产所有权的组成部分。拥有独立的财产所有权是各地方政府享有公法法人资格的一个有力证据。第五,坚持上述观点在实践中是有害的。譬如,辽宁庄河千人下跪事件,具体的责任单位应该是辽宁庄河市政府,但按照上述观点,辽宁庄河市政府不具有公法法人地位,该市政府所决定的事务是上级政府的事务,而上级政府即辽宁省人民政府所决定的事务又是其上级政府,即中央政府的事务。按此逻辑,村民应该以国家为被告起诉中华人民共和国中央人民政府,由此,从行政法的角度来分析,作出具体行政行为的机关不是被告,没有作出具体行政行为的反而成了被告,这与行政诉讼法的规定不相符合。不承认各级地方政府的公法法人地位既不符合法理,也不利于实际操作。

当然,我们在这里所说的行政机关的公法法人地位主要是指各级政府的公法法人地位,而不是指行政机关内部的某个部门或派出机构。作为行政机关内部设置的部门或派出机构则不具有公法法人地位,其责任由行政机关或派出行政机关承担。

二　事业单位公法法人地位

根据《事业单位登记管理暂行条例》第2条规定,事业单位是指国家为公益目的,由国家机关举办或由其他组织利用国有资产举办的,从事教育、科技、文化、卫生等活动的社会服务组织。《事业单位登记管理暂行条例实施细则》第4条规定,事业单位是指由国家机关举办或由其他组织利用国有资产举办的,从事教育、科技、文化、卫生、体育、新闻出版、广播电视、社会福利、救助减灾、统计调查、技术推广与实验、公用设施管理、物资仓储、监测、勘探与勘察、测绘、检验检测与鉴定、法律服务、资源管理事务、质量技术监督事务、知识产权事务、公证与认证、信息与咨询、人才交流、就业服务、机关后勤服务等活动的社会服务组织。

从上述规定与实际情形来看,我国的事业单位不但非常庞大,而且非常复杂,主体性质也非常难以界定。从设立主体来看,有国家机关举办的事业单位和其他组织举办的事业单位之分。从设立的层次来看,既有中央国家机关举办的事业单位,又有地方各级国家机关举办的事业单位。其他组织利用国有资产举办的事业单位亦同。从行业划分的角度来看，几乎涉及社会生活的方方面面，几乎每个行业都有自己的事业单位。从是否以营利为目的的角度来看，既有营利性的事业单位，也有非营利性的经营组织。此外，事业单位还包括不同层级单位联合举办的事业单位，同一层级、不同行政区域单位联合举办的事业单位等。

与政府等机关法人不同的是，事业单位一般不具有行政管理的职能，其成立的主要目的在于发展国民经济、改善人民生活以及增进社会福利等。但由于其同样需要根据宪法、行政法、组织法等公法的规定设立，且其目的主要在于公共服务的职能等，因此，与国外从事相应服务的组织具有公法法人地位一样，事业单位大多具有公法法人的地位。

但是，需要注意的是，改革开放以后，相当一部分的事业单位已经退出了事业单位的行列，有的事业单位虽然没有进行企业法人登记，但由于采取企业化的管理方式，事实上已经与企业没有区别。

另外，实践中还出现了一些与行政机关行使相同行政职权，但却被定性为事业单位的机构，典型的如证监会、保监会、银监会等。将这样的单位定性为事业单位，主要是出于政治上的考虑，即在形式上缩小国家行政机关和公务员的队伍，从而体现行政改革的成果。①

三　社会团体公法法人地位

社会团体和事业单位一样是中国所特有的概念。根据《社会团体登记管理条例》第2条规定，所谓社会团体，是指由中国公民自愿组成的，为实现会员共同意愿，按照其章程开展活动的非营利性社会组织。与上述机关法人和事业单位法人不同的是：①社会团体系自治团体，由成员根据意思自治的原则成立；②设立目的不在于公益，而在于会员的利益；③社会团体遵循的是会员共同制定的章程，会员大会是社会团体的最高权力机关；④根据《社会团体登记管理条例》第9条第5项的规定，申请成立社会团体须有合法的资产和经费来源，社会团体的资产主要是会员会费的缴纳。因此，总体而

---

① 李洪雷：《其他承担行政任务的主体》，载应松年《当代中国行政法》，中国方正出版社 2005 年版，第 420 页。

言，社会团体系民法性质的法人。与此同时，根据社会团体的官方化程度的不同，社会团体有官办社会团体、半官办社会团体和民办社会团体三种类型。① 对于官办社会团体，基于其设立主体的不同、经费来源的不同以及公益性的差异，按照世界各国的普遍做法是将其归入公法法人的行列。

但是，这种公法法人由于非依公法设立，其设立目的主要在于实现会员利益而非社会公益，而且其行动所遵循的也主要是会员共同制定的章程，因此，其与本书所探讨的公法法人应是两个概念，虽然根据国外某些国家法律的规定可以将其归类为公法法人，但不是本书所探讨的公法法人。

从前述关于各国公法法人制度建设的规定中可以看出，在法治成熟的国家里，公法法人制度突出的特点是强调从民事活动的角度，确定公法法人财产的独立性、结构的非隶属性、自己责任的原则等。而《民法通则》有关机关法人、事业单位法人、社会团体法人等主要是从行政管理的角度来规定的，这就是我国公法法人制度的明显不足。根据《民法通则》的规定，上述法人的财产被界定为经费，但是，从物权法学的角度看，公法法人财产独立性的本质却不是经费，而是由经费形成的特定物。而且，经费意味着上级机关对下级机关在财政上的控制，这种控制被人们理解为其不具有自己独立的财产。实质上就货币这一动产本身的属性而言，经费一旦进入下级机关的控制范围，一旦转化为具体的特定物，就是下级机关的财产。这是由货币这一动产因占有而发生所有权转移的特殊的规定性所决定的。

从结构角度来说，除行政机关外，国外的公法法人更多指的是从事公益职能的团体。这些团体依据公法设立，但是各团体间不具有隶属的性质。无论是联邦制国家，还是单一制国家，这些公法法人都是独立存在的法人，其财产的支配、业务的开展等不受行政机关的干涉。而在我们国家，法律常常强调机关法人存在上下级的隶属关系，下级机关在财产的支配以及业务的开展方面经常会受到上级机关的干扰。这种行政关系的强调，无法解释行政机关也要独立从事民事活动的权利义务和责任问题，也无法解释行政机关外的大量公法法人的民事权利义务和责任的规则问题。

---

① 李洪雷：《其他承担行政任务的主体》，载应松年《当代中国政法》，中国方正出版社 2005 年版，第 422—423 页。

　　从责任归属的角度来看，国外公法法人实施民事法律行为给其他主体所造成的损害等由其自己承担责任，这种情形符合法人自己责任的法律原则。在我们国家，由于上下级政府间的隶属关系，公法法人因贯彻或执行上级政府的命令、指示等而造成的损害，法律解释上是由上级政府承担责任，但是实际生活中常常是责任不明。

　　此外，从范围上来说，在我们国家，包括各级政府在内的各种公共权力机构，是否应该成为公法法人、其财产与法律责任的独立性问题，到目前为止仍是一个分歧很大的问题。因为公共权力机构的体制改革进展缓慢而且情况各异，所以各种不同的公共权力机构拥有财产的情形不同，法律责任也有不同。一般来说，地方政府实质上拥有财产比较完全彻底的支配权与排他权，中央机构的财产独立性比较差。由于意识形态等方面因素的影响，主流法学不肯承认各种公共权力机构的公法法人地位，而是用其公权上的主体身份掩盖了其公法法人的身份。这种做法造成的后果就是财产支配权与法律责任的不明确，公共财产保护制度无法落实到民法中，也就落实不到现实中。

第四节　公法法人的主体资格

一　民事主体资格的一般规则

　　民事主体指的是能够参加民事法律关系，享有民事权利、承担民事义务的人。公法法人是否应该以及享有什么样的主体资格，这是由其能够参加的民事活动的情形来决定的。在民法一般理论中，什么样的人能够作为民事主体，关键要看其是否具备相应的民事权利能力、民事行为能力以及民事责任能力，即是否具有民法上的资格。所以，在探讨民法法人的主体资格时，需要对民事主体的一般资格有所阐述。

　　享有民事主体资格首先必须具有民事权利能力。所谓民事权利能力是指享有民事权利和承担民事义务的资格。权利能力，实际上是法律规定的民事主体资格。根据《民法通则》第10条的规定，自然人的民事权利能力一律平等。对于法人而言则要受其经营范围的限制，如企业法人的权利能力范围表现为其经营范围。

　　享有民事主体资格还必须具有相应的民事行为能力。所谓民事行为能力是指能以自己的行为享有民事权利和承担民事义务的资格，也就是民事主体本身参与民事活动的能力。民事主体要想取得具体的资格必须具有相应的民事行为能力。不具有民事行为能力或只具有有限的民事行为能力，其主体资格的实现只能是有限的、不全面的或非实在的。这反映在自然人上，完全行为能力人享有完整的民事主体资格，限制行为能力人只具有有限的民事主体资格。对于法人而言，从抽象意义上讲都具有平等的民事主体资格，但是公法法人和一般民法法人不同，因为公法法人的主要职责是从事公法上的活动，因此，公法法人不能像一般民法法人那样拥有广泛的民事活动的能力。

享有民事主体资格还必须具有相应的民事责任能力。所谓民事责任能力是指承担民事责任的能力或资格。民事主体对其行为的法律后果是否具有责任能力因其行为能力的限制而不同。具有完全行为能力的自然人具有当然的民事责任能力，限制行为能力人则只具有有限的责任能力，而无民事行为能力人则不具有责任能力。对于法人而言，其责任能力的大小取决于其责任财产的多寡。

二 公法法人的权利能力

法人的社会本质是团体，不是自然人，因此也不是伦理意义上的人。因此特征，法人并无自己的意识，从而也没有心理学意义上的意志。因此，不能将法人完全等同于自然人。"坚持法人权利能力无限制与无差别……是一种机械类推的错误……法律概念在适用于不同的领域与对象时必须要作适当的变迁，而不需也不能做同一化的处理。"[1]

与自然人相比，法人作为民事主体的资格属于法律拟制，所以其权利能力要受拟制条件的限制。根据《民法通则》第37条的规定，法人应当具备下列条件：①依法成立；②有必要的财产或者经费；③有自己的名称、组织机构和场所；④能够独立承担民事责任。首先，基于第一项的规定，法人须依法成立。此处的"法"根据后续关于法人分类的规定应该既包括民法如公司法，又包括公法如宪法、行政法、组织法等。由于依据的法律不同，因此其权利能力各不相同。如公司法规定的公司成立条件与组织法规定的机关

---

[1] 蒋学跃：《法人制度法理研究》，法律出版社2007年版，第117页。

法人成立条件是不同的，这种不同所造成的后果应该从法学上归纳为权利能力的差异。其次，从财产构成的角度来看，《民法通则》第 37 条第 2 项规定，法人有必要的财产或者经费。这一规定，说明无论是作为民法法人也好，作为公法法人也好，只要具备财产（经费本身即是财产）就可以依法取得法人地位，拥有法人资格。但是，由于财产构成的基础不同，法律规定的财产的占有、使用、收益及处分的方式有明显的差别，这也造成公法法人与民法法人权利能力不可能相同。比如，一般的政府机构可以用其资产来购置办公用品，却不能用这些资产来购买股票。这些差别也是权利能力的差别。再次，从设立目的来看，民法法人以营利为目的，公法法人以履行公共职能为目的，目的的差异同样造成公法法人与民法法人权利能力上的差异。最后，民法法人是意思自治的产物，公法法人是公权意志的产物。从这些分析我们可以清楚地看出，公法法人参加民事活动的前提条件或者法律基础是有明确的法律规定的。对此我们也可以说，公法法人的权利能力不同于民法法人。

基于上述，公法法人因其在民事人格生成的原因、财产形成以及团体性质实现等方面同民法法人不同，因而其权利能力具有特殊法律规定，总是和特定的法律规范联系在一起。[①] 民法法人的权利能力取决于私权自治，而公法法人的权利能力则基于公法性质的设立行为，该设立行为将公法法人的权利能力限定在公共职能上，在这一限定范围外，公法法人的活动被认为是无效的，因为公法法人在限定的职能领域外，根本就没有权利能力。

一般而言，学者在论述民法法人权利能力的范围时总会提到民法法人的经营范围问题，认为民法法人的权利能力取决于其法人章程特别是经营范围的规定。而公法法人因为不以营利为目的，当然不存在经营范围的问题。实质上这种观点是值得商榷的，尤其是从市场经济体制的一般规则来看，这种观点的分析并不准确。正如前文所言，法人是拟制人，受拟制条件的限制，其权利能力并非天生如自然人一样，是普遍的、平等的、一致的。相反，因拟制条件的不同，法人的权利能力各不相同。就公法法人而言，由于其设立依据、财产构成、设立目的等不同，因而在权利能力上与民法法人会有很大的差别。这主要是由于两者在职能分工上有很大区别。与民法法人提供的主

[①]　李洪雷：《德国行政法学中行政主体概念的探讨》，《行政法学研究》2000 年第 1 期。

要是个性化的产品不同，如民法法人常会有自己的商标，公法法人提供的主要是公共产品或服务，如政策的制定、贯彻与落实，维护公共安全与社会稳定，以及对关系国计民生的行业的参与或规划甚至直接干预等。上述产品或服务即构成公法法人权利能力的范围。在我国，市场经济体制已经完全建立，对民法法人尤其是公司设定经营范围的限制已经十分稀少，用这一点来区别公法法人和民法法人显然是不可以的。

实质上，在权利能力问题的讨论上，自然人拥有的只是形式意义上或是宣示意义上抽象的平等的普遍一致的权利能力，而法人权利能力的规定则更具有实践意义。值得注意的是，对于法人而言，权利能力的规定更多的是实践层面而非理论层面，法律有关权利能力的规定在法人层面已经没有多少指导意义，也即其权利能力的规定已经淡化了。对于公法法人而言，权利能力与行为能力的规定相较于自然人而言则相去甚远。与民法法人经营范围限定权利能力的规定不同，公法法人的权利能力主要体现在其所承担的公共职能上了。

三 公法法人的行为能力

行为能力概念价值在于，在法律伦理上，建立特定法律主体与其行为，及其行为引起的权利变动后果间的理性的逻辑。因为自然人的行为能力必然要受到其主体的认知能力的约束，一个未成年人在认识不到其行为性质的情况下所为的行为，依据伦理，就不能发生和成年人一样的法律后果。就法人而言，其行为能力的理论和制度规则，当然没有这些自然伦理方面的因素，但是，在确定法人法律责任时，行为能力问题意义显著。

法人的民事行为能力指的是法人能以自己的行为享有民事权利和承担民事义务的资格。其中"以自己的行为"其实就是法人以自己的意思独立进行民事活动。与自然人不同的是，法人的意思是通过法人的机关表现出来的，法人拟制说或法人实在说都将法人机关的意思归属为法人自己的意思。法人具有自己的意思并具有相应的表示能力，亦即法人可以同自然人一样具有相应的民事行为能力。

在此，有必要注意的是，与自然人、民法法人相比，公法法人的意思受其拟制条件的限制比前两者要明显得多。由于公法法人在人格生成的原因方面不同，其意思自治与独立性体现得不如自然人、民法法人那么明显，但这并不能否认公法法人在其成立后意思自治与独立性存在的意义，否则公法法人就不可能成为真正的民事主体。而实际上从公法法人契约能力与侵权能力等的规定中可以看出公法法人意思独立的存在。

如同前述所言，公法法人同样存在自己的权利能力范围，只是其权利能力不是体现在经营范围，而是体现在其所承担的公共职能上。法人的职能也限定了公法法人相应的行为能力范围，两者应当是一致的。实质上，自古以来，虽然法律均规定公法法人只是公益法人而不是营利法人，但是公法法人从来都没有脱离过经营的欲望，在国外和历史的法律文献中，经常出现公法法人将公共资产用来放贷的情形。不过，现代法治国家强调公共权力机构的法治化，公共权力机构用其资产营利行为的合法性范围，已经在法律上压缩到极端。但是这种情形在苏联系列的社会主义国家里，公法法人只可以是公益法人而不是营利法人的规则被彻底否定，因此，后来这些国家的公法法人似乎从来都不能脱离对利益的追逐，有时候他们甚至表现出强烈的追逐利润的冲动。这种情形损害了社会主义国家建立公共权力机构的道德基础，也损害了人们对国家机关的信赖。在我国，从改革开放以来的经营土地，到现在城市化过程中的经营城市，公法法人始终没有脱离经营的理念。而提供公共产品或服务一直都是公法法人经营的范围，如公共政策的制定与执行、公共设施的购买与管理、公共安全的维护与保障等。

与自然人不同的是，公法法人的行为能力与其权利能力具有一致性，有什么样的权利能力就享有什么样的行为能力。自然人因其年龄、智力、精神健康状况等不同在行为能力方面存在很大的差异。

与民法法人不同的是，公法法人的行为能力严格遵循其权利能力范围的限制，超越职能范围的行为应属无效，而民法法人超越经营范围的行为并不当然无效。为促进市场经济流转，一般情况下，民法法人超越经营范围的行为为有效。

四　公法法人的民事责任能力

法人的民事责任能力是法人民事行为能力的一种特殊形式，指的是法人承担民事责任的能力或资格，即法人对自己的行为所产生的法律后果独立承担民事责任的资格。民事责任的承担，在民法规范中意义重大，因为并不是所有的民事主体都要为自己的行为承担责任。例如未成年人的民事责任就是其监护人来承担的。在民法上，一般法人的法律责任也是有其特点的，这个特点就是我们在后面要详细谈到的"有限责任"制度，但是在我国，公法法人的法律责任问题尚有很多不明确处，如上所述，现有制度设计及其所依赖的理论在这一点上造成了诸多法律困境。

《民法通则》第106条规定，公民、法人违反合同或者不履行其他义务的，应当承担民事责任。法人具有独立人格是以其独立的财产为前提和基础的，无论法人财产源于自然人的出资、捐助，还是国家的拨款、授权经营，都已实际演化为法人能够独立支配以至于独立处分的财产，而形成自己独立的团体财产。这决定了法人能够以团体的名义参加民事活动，并独立承担民事责任。法人独立承担责任，这是法人作为民事主体的基本资格。

在公法法人理论与实践中，是否承认其独立法律责任是一个长期以来争议不休的问题。近一两年，美国底特律市政府、芝加哥市政府宣告破产的情形，已经在我国有很多的报道。这件事情说明，在美国法律中，公法法人承担的法律责任也是有限责任，在其资不抵债的情况下，它也会发生民法法人的破产情形。[1]

根据《民法通则》的规定，各级政府因为具有独立的经费，因而完全具有作为独立参与民事法律交往的能力和责任基础，具有法人的资格。实质上，作为责任保证的基础，各级政府不但享有经费这种稳定的收入，而且各级政府的信用也构成其责任保证的基础。相比民法法人收入的或然性、临时性，各级政府的收入更具有稳定性、长期性，而且其某些收入取得的强制性更非民法法人所能比拟。各级政府作为市场经济的直接或间接的参与者，与自然人、民法法人相比，能够提供更大的信用保证，因而更加具有承担责任的能力。当然，这种能力与自然人、民法法人一样并不是绝对的，在其丧失债务清偿能力的情况下，公法法人同样面临着债务违约的可能，同样必须承

---

[1] 对此请参见张培发《底特律破产和芝加哥复兴给顺德的启示》，《南方日报》2013年7月26日。此外，可以参见《底特律为何破产？芝加哥为何成功转型？》，http://www.360doc.com/content/13/0728/17/10983756_303165155.shtml，2013年7月28日。

担相应的违约责任，其主体资格的存续同样面临丧失的危险。

公法法人与自然人、民法法人一样，在侵害其他民事主体的合法权益的时候必须承担相应的侵权责任。《民法通则》第121条规定，国家机关或者国家机关工作人员在执行职务中，侵犯公民、法人的合法权益造成损害的，应当承担民事责任。"通则解释"第152条规定，国家机关工作人员在执行职务中，给公民、法人的合法权益造成损害的，国家机关应当承担民事责任。

在承担民事责任的方式方面，公法法人与自然人、民法法人一样，无论是承担违约责任还是承担侵权责任并无区分。公法法人一旦违约同样必须承担支付违约金、返还财产、继续履行或赔偿损失等责任。公法法人侵犯公民、法人合法权益的同样必须承担停止侵害、排除妨碍、消除危险、恢复原状、赔礼道歉等责任。

公法法人必须以其财产承担相应的违约责任或侵权责任，由于成员与公法法人的相对独立性，这种责任应系无限责任。但是，区分具体情形仍有探讨的必要。一般而言，在单一制国家或实行中央集权的国家，公法法人的设立人在公法法人丧失清偿能力的情况下需承担补充责任，而在联邦制国家，公法法人在丧失清偿能力的情况下，则面临破产的后果。由于任何国家都难以容忍无政府状态的存在，因此，只要公法法人继续存在，其责任承担便具有无限性。

五　公法法人的破产能力问题

法人的破产能力实质上是法人责任能力的延伸，是法人丧失债务清偿能力所应承担的法律后果。民法法人因丧失债务清偿能力常常面临破产的问题，民法法人破产在市场经济条件下也是常见的社会现象。

公法法人是否适用破产的规定，不同国家规定不尽相同，同一国家对不同公法法人的破产规定也不完全一样。如德国《破产条例》第12条规定，不得对于联邦、州及其所设立公法法人财产适用破产程序。对于处于州的监管下并且有关州法明确规定了其无破产能力的公法法人，同样不得适用破产程序。另据德国各州的立法，自治地方性质的市镇作为地域性公法法人也适用同样规则。与《破产条例》相对应，《德国民事诉讼法》第882a条第2

款规定，对于公法法人履行公共职能所必需财产不得适用强制执行程序。这似乎意味着公法法人无破产能力。但是，需要指出的是，公法法人无破产能力也并非绝对。特别是在当今世界各国纷纷陷入主权债务危机的情况下，学界和实务界对于引入国家破产制度等机制以抑制政府财政投机不乏争论。与德国相同的是，美国《破产法》同样禁止联邦及州政府破产，但在市县层面上则广泛适用破产程序的规定。实际上自1937年以来，美国先后已有600多个地方政府申请破产，在过去30年中申请破产的地方政府近250个，2008年金融危机以来，约有15个城市申请破产，时至今日，美国地方政府因债务违约申请破产的数量正在大幅增加。据美国媒体2012年7月16日的报道，加州多座城市破产消息相继传出，继斯多克顿、圣伯纳丁诺及马莫斯湖三市后，还有八座城市16日通知市政债券市场，它们正面临重大的财政难关。① 为了弥补债务，一些地方政府除了降低工资和提高税收外，甚至关闭和变卖了标志性建筑、文物和博物馆，在濒临破产的底特律，包括警力、照明、道路维护和清洁等服务的预算，纷纷遭到削减。

需要指出的是，美国地方政府破产本身属于地方财政破产，仅仅是地方政府失去清偿债务的能力，并不等于政府职能破产，这种破产与企业破产不同，企业破产有可能导致企业倒闭，地方政府破产了，地方政府还要生存下去，还要履行自身职能，因为任何地方都不允许出现无政府状态。在美国，政府破产不会剥夺政府的法人资格，但政府同样要付出沉重的代价。政府破产后，除了警察处理紧急公务需要少量公车外，80%以上的公车应当拍卖抵债；政府办公当然还需要办公室，但若原先是别墅式、花园式、宾馆式的办公楼，都要拍卖还债，政府办公室可以去租用一些廉价的旅社或腾空的旧居民楼或旧厂房、旧校舍等。②

公法法人破产是否仅适用于地方政府，在目前主权债务危机愈演愈烈的情况下，中央政府破产的情形实际上是客观存在的。在本轮金融危机中，希腊政府除了其所履行的主权职能外，财政上实际已经破产。

作为具有双重身份的公法法人而言，虽然其设立依据、职能配备、财产

---

① http://news.sohu.com/20120717/n348371958.shtmlweile.

② http://news.enorth.com.cn/system/2011/11/12/008120003.shtml.

构成、运行目的等方面与民法法人不同，但在参与民事法律关系方面与民法法人并没有本质的不同，在其丧失债务清偿能力的情况下如果允许其民法资格继续存在无疑会使债权人处于完全不利的地位，为保护债权人利益应允许其破产清算，维护正常的市场交易秩序。这本身对于促使公法法人谨慎、适当地履行自身的职能来说也是一个有益的促动。相反，如果任由其民法资格继续存在，不但不利于社会诚信机制的建立，而且将会严重损害市场机制的建立，并进而导致更多的背信行为，使整个经济秩序陷入混乱的状态。

本章小结

在历史上，公法法人主体制度的起源最早可以追溯到罗马法，在概念法学实证分析方法的作用下，公法学中首先引入了法人概念，并由此催生了国家法人说，开创了公法上的主体概念以及以此为核心的公法体系。公法法人理论的产生满足了从民法的角度解决公共权力机构参与民事活动的法律制度建设的需要，因此目前世界上绝大多数国家都采纳了这一理论并建立了相关法制。从两大法系的国家的立法看，它们均采用公法法人制度以规范政府行为，明确政府责任，改革政府运作模式。随着两大法系市场规则的逐步融合，顺应市场经济体制建设的需要，借鉴西方国家公法法人制度建设方面的先进经验以完善我国的公法法人制度是一条有益的途径。

在我国，基于中央与地方财政分权的现实等客观存在的因素，我国的各级国家行政机关应当具有公法法人的地位；我国的大多数事业单位虽然不具备行政管理职能，但同样要根据公法的规定设立，且其目的主要在于公共服务的职能等，我国的事业单位大多具有公法法人的地位。但是依据法理，如果我国的社会团体真如其章程显示，是群众自愿建立的社团，那么它们不应该具备公法法人的地位——但是在现实中，我国的社会团体中，也有一部分是依据公共权力设立的，而且也承担着社会管理的职责，这些社会团体目前还是应该定义为公法法人。

公法法人的权利能力基于公法性质的设立行为，该设立行为将公法法人的权利能力限定在公共职能上，公法法人在限定的职能领域外，没有权利能力；公法法人的行为能力严格遵循其权利能力范围的限制，超越职能范围的行为应属无效；在承担民事责任的方式方面，公法法人与自然人、民法法人一样，无论是承担违约责任还是承担侵权责任并无区分；公法法人在参与民事法律关系方面与民法法人并没有本质的不同，在其丧失债务清偿能力的情况下，为保护债权人利益应允许其破产清算。

第二章

公法法人财产所有权

　　讨论公法法人所有权问题，应该首先对所有权的一般理论有清晰的把握。众所周知，所有权是物权法、民法甚至一切法律立法的核心。在任何一个国家的法律制度中，所有权都是核心性的权利类型。因此我国《宪法》、《民法通则》、《物权法》等很多法律都规定了所有权，其中也涉及公共财产的所有权。所有权的法律制度在我国法律中以特殊的凝重远远超出其他法律制度。这种立法上的做法体现了我国立法者特别重视这种权利的指导思想。

　　《物权法》规定了所有权概念，立法解释的含义是："权利人对自己的不动产和动产享有全面支配的权利。"①这一概念和1986年制定的《民法通则》关于所有权的概念，从立法技术的角度看有所不同。《民法通则》对于所有权的定义，是列举其权能"占有、使用、收益和处分"（该法第71条）。而《物权法》的立法解释显示了抽象定义的特点，这在立法上是一个进步。其实，我国《物权法》的做法与传统民法一致。所有权为自物权，也就是对自己的物的权利。这是所有权的基本含义。但是在社会日常用语中，所有权是一个多义词，人们在确定一切"归属关系"时都会使用"所有"或者"所有权"这个概念。这一点并不奇怪，因为现实生活用语和准确的法律理解当然是有差距的。同时必须指出的是，所有权其实也是一个法律技术上创制出来的概念，因为所有权是确定财产支配秩序的主要法律手段，它在发挥这一作用时必须遵守"特定主体对于特定物的支配权"这个法律规则，所以，在确定所有权的主体的时候，也就是在确定特定物的归属的

――――――――――

　　① 《中华人民共和国第十届全国人民代表大会第五次会议文件汇编》，人民出版社2007年版，第170页。

时候，民法必须依据处分权，把能够自主行使处分权的主体确定为所有权主体。也就是因为这样，法人才能够成为所有权主体，因为法人可以独立自主地行使处分权并承担法律责任。民商法中才普遍地建立了法人所有权制度，承认和保护不论是公司法人还是其他法人，都对自己支配的财物可以独断性处分。对于法人的投资人或者法人的成员的权利，民商法认可和保护其成员权的存在。股权，就是公司法人的成员权的体现。

但是在理解我国的所有权制度的时候，我们首先会遇到所有制问题的困扰。根据中国法学界很多人的理念，所有权必须从所有制的角度去理解。所有制分为国家所有制、集体所有制和私人所有制，所有权也被区分为这三种类型。按照这种区分，法人所有权是无法得到承认的。我国改革开放至今一直受到这种理论的困扰，而这种理论曾经严重地束缚着公有制企业财产权利的法律制度建设。①但是所有制到底是什么？实际上指导我国法律制度建设的意识形态，对此表述标准也是前后不一的。1956 年的"社会主义改造"中，自然人或者法人以实物或者货币进行投资、入股方式产生的经济组织比如城镇信用合作社、消费合作社、手工业合作社等，均被确定为公有制组织，享受公有制的法律地位。②但是今天以同样方式组建的经济组织，却被定义为民营企业或者私营企业，属于非公有制性质的组织，不能享受公有制企业的待遇。近年来我国开放了股权市场，公有制企业大规模上市交易，其实这只是股权的交易，交易的结果导致非公有制经济成分进入公有制企业中，甚至达到控股的程度。所以，我们认为，必须按照我国市场经济体制的发展来重新理解公有制和所有权这些基本问题。如果不这样，那就根本无法清理公共财产的法律秩序，当然也无法建立公法法人所有权制度。

所有制的科学意义是马克思的创造，马克思始终坚持区分生产关系范畴的所有制和上层建筑范畴的所有权。他认为所有制是一定的生产关系的总和，要说明所有制，就必须把社会的全部生产关系描述一番。③所以，按马克思的本意，所有制就是渗透在社会的生产、分配、交换和消费领域里并且

---

① 对此请参见孙宪忠《物权法的基本范畴及主要制度反思》，《中国法学》1999 年第 5、6 期。
② 法学教材编辑部《民法原理》编写组：《民法原理》，法律出版社 1983 年版，第 149 页。
③ 《马克思恩格斯全集》第 1 卷，人民出版社 1995 年版，第 191 页。

起决定作用的经济基础。既然这样，我们根据马克思的观点，就当然可以知道，所有制不能简单地和上层建筑领域里的所有权等同一致。但是，中国人接受的观念，是斯大林的所有制理论。在 20 世纪 30 年代，斯大林改变了马克思关于所有制和所有权的关系的论断，他把生产关系的分析方式归纳为著名的"三段论"，即生产资料的所有制形式即所有权、分配关系即生产中人与人之间的关系。这个观点的核心，就是一种所有制必然反映为一种所有权；而一种法律上的所有权，也必然反映着一种所有制的理论。①这种理论可以称为"照相式反映论"，即法律形态的所有权是生产关系的机械式反映（如同照相一样）的结果。前苏联人的这种"创造"，目的是为建立高度集中的计划经济寻找理论基础。在高度集中的计划经济体制下，国家需要用单纯的而且是极大强化的行政手段操纵企业。

从社会经济基础控制的角度看，马克思提出所有制这一观念，很显然是科学的，而且对于分析社会生产关系是十分必要的。我们可以看到，所有权作为法律权利可以是所有制的实现方式之一，而且在历史上是基本的，有时甚至是唯一的所有制的实现方式，但是从现代社会经济发展造成的生产模式看，按照马克思的看法，当然不能排除其他的所有制实现方式。比如，股权控制作为生产关系中一项有效的控制方法，它在实现所有制需要方面，从社会化大生产的角度看，实际上发挥着比所有权更大的作用。股权控制的基本特点，是不再控制具体的物，而是控制生产经营；它不仅可以用来实现一些具体的人控制一个具体企业，而且可以用来实现一些人对于更多企业的控制。从民商法的角度看，股权控制可以表示为现代化企业中的"股权—所有权"结构模式，股权拥有者通过法人治理模式操控着企业的生产经营；而企业中具体的设施以及产品等物品，其法律形态上的所有权属于企业，企业对这些物品行使占有以至于处分的各项具体支配物的权利。企业的这些权利，是其作为民事主体的标志和象征。企业也可以用自己的资产来进行进一步的投资，从而使得自己成为股东，而其与其他民事主体共同投资形成的企业，同样享有法人所有权。这样的"股权—所有权"结构，不仅仅在国外是普遍的，在我国现在也是普遍的。

---

① 参见《苏联法律辞典》第一分册，法律出版社 1957 年版，第 110—112 页。

从这些分析我们可以看到，简单地依据前苏联的法律意识形态，把所有权简单地区分为公有或者私有的做法，不但是非常不合时宜的而且是不合法理的。一些依据前苏联法学建立的歧视甚至否定私有的所有权、否定法人所有权的理论，并不符合我国改革开放至今的社会实际。所有权不过就是一个确定财产支配秩序的法律手段，这个法律手段和财产控制终极的力量并不能简单的相等。一般的法人所有权是这样，公法法人所有权也是这样。

第一节　相关理论分析

一　马克思关于国家"虚幻共同体"的讨论

国家是在分工的基础上逐步产生和发展起来的。分工首先是出于性别、年龄、技能等先天条件差异而形成的自然分工，由于上述差异，人们在生产劳动过程中逐步形成了不同的社会共同体，并由此形成了不同共同体内部的公共利益和私人利益以及共同体间公共利益与私人利益的划分。[1] 而国家共同体正是为了解决私人利益与公共利益、个人利益与普遍利益间以及不同共同体利益间的矛盾而产生的，是这种矛盾发展的必然结果。"国家是建筑在社会生活和私人生活间的矛盾上，建筑在普遍利益和私人利益间的矛盾上的。"[2]

随着分工的不断深化，自然分工逐渐被自发分工所取代，与自然分工所不同的是，自发分工不再是基于性别、年龄等先天因素的分工，而是代以协作管理为主要特征的有意识有目的的社会分工。在这一取代过程中，少数社会精英开始专门从事社会的组织、管理等与公益有关的活动。而其他绝大多数人则逐渐远离了对公共事务的参与权。久而久之，社会公职人员逐渐演变成为公共利益的承担者与维护者，并成为社会的统治阶级。而公共利益也由此脱离了单独的个人利益获得了相对的独立性，并由此导致个人利益和共同利益的分裂。[3] 这一分裂的结果是国家共同体与社会的对立，以及国家共同

---

[1]　郭湛、谭清华：《公共利益：马克思唯物史观的解读》，《哲学研究》2008 年第 5 期，第 18 页。

[2]　《马克思恩格斯全集》第 3 卷，人民出版社 1995 年版，第 386 页。

[3]　秦龙：《浅析马克思关于国家作为"虚幻共同体"的思想》，《政治学研究》2008 年第 1 期，第 14 页。

体的相对独立性。

这种独立的相对性表现为国家这一共同体的两面性：一方面，国家共同体以普遍利益或公共利益的面目出现以解决个人利益与公共利益以及不同共同体利益间的矛盾，体现其作为解决社会冲突、维护社会稳定的角色，并从而证明其存在的正当性与合法性。在这个意义上说，国家共同体所代表和实现的公共利益是现实的，体现了社会所有个人及共同体生存和发展的需要，符合人类的共同利益。但是另一方面，国家共同体是从社会发展出来的，从其诞生始就不是独立于社会各共同体的，就没有摆脱私人利益与各共同体利益，特别是阶级共同体利益的纠葛。国家共同体实质上是占统治地位的阶级共同体用来维护和实现本阶级共同体利益的工具。国家共同体所代表和实现的公共利益，实质上是居于统治地位的阶级共同体的公共利益。这种公共利益对于其他共同体，特别是被统治的阶级共同体来说，是虚幻的、不真实的。① 可以明确的是，国家共同体本质上是统治阶级的共同体，国家共同体的利益实质上是统治阶级共同体的利益，国家共同体并不是全体国民的共同体，国家共同体的利益也并非全体国民共同体的利益。而且，有必要明确指出的是，这里所探讨的国家共同体所代表或实现的公共利益更多的不是物质利益，而是维护社会稳定的政治利益。

"每个人的出发点总是他们自己"，② "个人总是并且也不可能不是从自己本身出发的"。③ 自然人如此，由自然人组成的法人亦如此。公法法人虽由国家公职人员所组成，但公职人员并非不食人间烟火的圣人，其一切行为的出发点和归宿点仍然是他们自己，只是他们实现自身利益的途径或手段更具有隐蔽性或欺骗性而已。而就公法法人这一共同体本身而言，其存在与发展同样需要对各种各样的物质资料的所有权，离开了这些物质资料，公法法人本身既不能存在，也难以运行。虽然从形式上来说，公法法人代表社会公共利益，但代表社会公共利益并不意味着其没有自身的利益。相反，在大多数情况下，其自身利益与其所代表的公共利益是相冲突的。公法法人与私人

---

① 郭湛、谭清华：《公共利益：马克思唯物史观的解读》，《哲学研究》2008 年第 5 期，第 19 页。
② 《马克思恩格斯全集》第 1 卷，人民出版社 1995 年版，第 119 页。
③ 《马克思恩格斯全集》第 3 卷，人民出版社 1960 年版，第 274 页。

不同本身意味着其与私人的对立，否则就没有其自身存在的必要。此外，即使就其所代表的公共利益来说，也只是少数占统治地位的阶级共同体的利益，而绝不是整个社会共同体的利益。

二 "经济人"与政府的"经济人"角色

经济学家发现，具体的自我利益通常优先于抽象的公众利益被予以考虑。官僚，几乎与其他每个人一样，也在他们的工作中努力实现个人的成功和满足感。[①] 而且，除非政治家都是只关心公众利益的利他主义者，否则必将有更多的在工作中关心自己利益胜过仅仅使选民满意的政治家。

在自利经济人的逻辑前提下，特别是在生产力发展水平比较低下的东方国家里建成了社会主义后，仅仅因为驱逐了资本家这一剥削阶级，就开始欢呼雀跃地庆祝全体人民共同管理、全社会的利益和谐一致的伟大时刻的到来，似乎是过于天真了一些了。因为，阶级剥削只是经济剥削的一种形式，不是它的全部内容；阶级压迫也只是政治压迫的一种形式，同样也不是它的唯一形式。[②]

政府也是经济人，"政府是由人来管理的，政府的行为最终也只能是追求最大个人利益的人们相互作用的结果"。[③] "所有的经济行动无不是个别的经济行动者为了满足自己的理念上或物质上的利益而加以企划和遂行。即使经济行动是以从事经济行动的团体或经济团体，或经济规制团体的秩序为取向，也是如此。"[④] 20 世纪 60 年代公共选择学派的奠基人布坎南也认为，在公共决策或者集体决策中，实际上并不存在根据公共利益进行选择的过程，而只存在各种特殊利益间的"缔约"过程。政府的自利性和公共性同时存在，其中公共性以显性方式表现，自利性则以隐性方式表现，公共性的巨大

---

① ［美］尼尔·布鲁斯：《公共财政与美国经济》，隋晓译，崔军校译，中国财政经济出版社 2005 年第 2 版，第 164—165 页。

② 于喜繁、丛娟：《所有制与经济体制悖论》，中央编译出版社 2009 年版，第 118 页。

③ ［美］Y. 巴泽尔：《产权的经济分析》，费方域、段毅才译，上海三联书店 1997 年版，第 142 页。

④ ［德］韦伯：《韦伯作品集Ⅳ——经济行动与社会团体》，康乐、简惠美译，广西师范大学出版社 2004 年版，第 187 页。

功能往往掩盖了自利性存在的事实。① 自利性实质上也是政府的基本属性。

在市场中，个人的行为是理性的，他们可能宣称自己的经济行为都是为了别人好，但首要的考虑是他们自己效益最大化或利润最大化。在政治生活中个人的行为也是理性的。他们可能宣称是为了谋求集体利益、社会利益、公共利益，但是他们也有个人利益的理性的考虑。不能否认不为自己考虑、光为他人考虑的人是存在的；但这只是一种偶然的存在。政府不是完全中立的力量，它是一定社会力量的代表，是为了一定力量服务的。政府官员也是社会中的官员，他们也不可能完全集中精力，一心一意为了公共利益服务。因为他们也有生存的问题、发展的问题，也同样有自己的利益考虑。②

实质上，有关政府利益与其他利益间的矛盾与冲突，毛泽东在《关于正确处理人民内部矛盾的问题》中就曾指出：我们的人民政府是真正代表人民利益的政府，是为人民服务的政府，但是它同人民群众间也有一定的矛盾。这种矛盾包括国家利益、集体利益同个人利益间的矛盾，民主同集中的矛盾，领导与被领导间的矛盾，国家机关某些工作人员的官僚主义作风同群众间的矛盾。③ 在这里，国家利益同集体利益、国家利益同个人利益间的矛盾实质上反映的就是政府的利益与其他利益间的矛盾。政府的利益不同于集体利益，更不同于个人利益，政府有其自身的利益，这种利益与其他主体的利益并不完全一致，因而是矛盾的。这恰好证明了政府利益的存在，这种利益在某些方面就是政府自身的利益，而不是集体或个人的利益。从另一个层面上讲，作为政权主体的地方人民政府虽然是国家政权的基层组织，但并不仅仅代表国家利益；与此同时，各地方人民政府虽然是辖区的行政权力机关，但也并非本地区社会利益的不折不扣的执行人。

利益总是隶属于一定的主体，不同的主体具有不同的利益。马克思主义关于无产阶级政府没有任何自身利益的论断应被理解为一个目标而非现实。从理论上说，马克思明确提出"政府不存在自身利益"的前提条件是个人间的利益差别和利益对立基本消失，"利益共同已经成为基本原则"。而我

---

① 涂晓芳：《政府利益论——从转轨时期地方政府的视角》，北京航空航天大学出版社 2008 年版，第 5 页。

② 同上书，第 5—6 页。

③ 《毛泽东选集》第 5 卷，人民出版社 1977 年版，第 364—365 页。

国目前还处在社会主义初级阶段，利益差别、利益分化甚至利益冲突还普遍存在。从实践角度看，任何约束求利行为的制度设计都是以承认利益的客观存在为前提的，否认政府自身利益的存在，也就否认了约束政府部门求利行为的制度设计的必要性。①

政府间的利益冲突突出反映在以下两个方面：一是同级不同政府间的利益冲突，即横向政府间的区际利益冲突问题。不同地区政府都追求本地区的经济社会发展，相应地出于人力、资源、资金、技术等方面的分配不均衡的状况，不可避免地会引起各政府间对上述资源的争夺。改革开放以来，各地在引进外资方面纷纷提供如降低税收标准等各种优惠待遇以吸引资金、技术等的落户等行为就充分表明了各政府间利益的不一致。二是上下级政府间的利益冲突，即纵向不同层级政府间的利益冲突。《中国青年报》曾经报道过的"馒头门"事件表明不同级别政府以及同一级别不同地方政府间的利益并不是完全统一的利益，而是相互独立的利益，这种独立实质上就是它们各自本身的利益。

如前文所言，分工导致少数人逐渐脱离了具体直接的生产劳动，成为社会的管理者并逐渐走向专业化，这一少部分人随之逐步掌握了巨额的社会资源从而成为高居于社会上的与普通人相脱离的力量。而正是由于这一脱离，国家从它产生时起就是一个具有自身特殊利益的机构。无论是资本主义国家还是社会主义国家，国家都是具有独立于社会利益但是又享有特殊利益的机构；这种特殊利益更直接地表现为官僚阶层的利益。

政府不只是一个抽象的概念，在现实中，政府都是由专门从事管理或主要从事管理的人组成。组成政府的人会借助政府的强制力来实现自身的利益，这时政府权力就完全表现为同人民大众的"分离"。在某种意义上，他们执掌政府本身并不是目的，真正的目的只不过是通过政府来更好地实现他们自身的利益。在此过程中，公共性特征就起了一种很好的粉饰作用，他们利用其特殊地位，给人们造成一种假象，似乎他们都是为社会、国家、集体

---

① 周志忍：《经济全球化挑战与政府观念》，《中国行政管理》2001 年第 1 期，第 13 页。

谋福利的。①

　　事实上，我们往往过分地强调了中央政府与地方政府利益的兼容性，而忽视了地方政府利益的相对独立性及其与中央政府利益间的冲突，以至用中央政府利益代替了地方政府利益。② 而实际上，这两者间的利益常常是不一致的。即使在如同我们这样的实行社会主义制度的国家里，也存在中央政府的利益与地方政府的利益以及各地方政府利益间的相对独立性，而这种相对独立性在各自的范围内实质上又具有绝对性的特征。

三　公共财政理论的支持

　　在西方宪政史上为控制国家权力的专断与独行，防止权力的过度集中与垄断对社会所造成的危害，人们发明了分权的制度设计。这一设计最初主要局限在横向分权制约上，即立法、司法与行政间的分权制约。其根本的宗旨就是通过把控制各部门的权力置于这些部门外的其他部门手中，③ 以实现对权力的监督与制衡。这一横向分权的制度设计有效地在横向层面上实现了对权力集中或垄断的控制，但是，仅有横向的分权制衡，没有纵向的分权与制约，并不能完全防止权力的集中或垄断。这是因为，横向分权制约只是在水平面上防止了权力的集中与垄断，但在垂直面上却无法防止权力走向集中和垄断。只有在横向分权的基础上实行中央与地方的分权，才能有效地发挥分权制约体制的作用。④

　　从实践角度看，中央与地方分权的必要性还可以从所有权高度集中所带来的不利后果中得到印证。所有权高度集中的后果必然是监督管理难以及时到位，从而造成管理的低效率。表现为代理人的决策要经过层层上报、层层审批的行政管理程序来完成，造成决策缓慢，难以根据市场供求状况做出灵活快速反应。依靠行政报批形式传递信息，渗入了传递者的主观偏好，各项指标水分很大，并随着传递环节的增加，真实度越来越低，形成各环节信息

---

　　① 涂晓芳：《政府利益论——从转轨时期地方政府的视角》，北京航空航天大学出版社 2008 年版，第 143—144 页。
　　② 同上书，第 191 页。
　　③ ［法］孟德斯鸠：《论法的精神》（上册），张雁深译，商务印书馆 1961 年版，第 154 页。
　　④ 薄贵利：《中央与地方管理研究》，吉林大学出版社 1991 年版，第 79 页。

不对称。且随着管理链条的拉长，不对称程度越来越高，上下级间互相蒙哄、虚夸、浮夸经营业绩，隐瞒经营失误现象严重，决策者依据失真的信息很难做出正确的决策。所有权高度集中的另一个后果是国有资产在交易上的较高社会成本。由于地方政府只有管理权而无国有资产的交易权，国有资产的交易要按照政府的管理体制层层审批上报，其交易效率极为低下，而且交易成本很高。①

纵向分权真正成为一种制度，成为遏制权力集中的工具，则是在美国立宪时期。杰斐逊反对权力过分地集中在联邦政府手中，主张除一部分必须由联邦政府集中的权力以外，应当把国家权力分散到地方各级政府，以便组成真正相互牵制、互相平衡的政府制度，以更有效地防止中央政府走向专制。②

作为权力的重要表现形式，财政分权对于权力制约具有重要意义。有关财政分权的理论可以追溯到20世纪50年代，1956年美国经济学家蒂布特发表了《地方公共支出的纯理论》一文，标志着财政分权理论的兴起。按照公共财政理论，公共产品具有一定的层次性和地域性，根据受益范围的不同可以将其区分为全国性公共产品和地方性公共产品。受益范围遍及全国的是全国性公共产品；受益范围仅限于特定地域的是地方性公共产品。

正是由于公共产品的受益范围存在差别，其提供才可以由相应级别的政府去承担，才有了财政分权的可能。因此，从公共产品供给效率角度来看，必须按其受益范围和利益强度的大小，根据谁受益、谁供给的原则确定政府层次，实现效率最大化。③ 生产公共产品是有成本的，必须有相应的财权，以获得可靠、稳定的收入来源，这是政府存在的经济基础。④

地方财政与地方政府职能直接关联，甚至与国家体制和国家职能有密切关系。在体制上，通常是有一级政府就有一级财政。在大多数国家，是否具有一级独立财政往往是判定是否为一级政权的标志，财政层级一般也是政权的层级。⑤ 在中国，政权级次分为中央、省（自治区、直辖市）、市（自治

---

① 李松森：《中央与地方国有资产产权关系研究》，人民出版社2006年版，第189—190页。
② 刘绍贤主编：《欧美政治思想史》，浙江人民出版社1987年版，第317—318页。
③ 刘剑文：《中央与地方财政分权法律问题研究》，人民出版社2009年版，第30页。
④ 同上书，第33页。
⑤ 任进：《比较地方政府与制度》，北京大学出版社2008年版，第230—231页。

州）、县（不设区的市、自治县）和乡镇五级。1985 年以前没有乡（镇）级财政，1985 年 10 月，中共中央、国务院通过《关于建立乡财政的决定》，自此，中国财政的层级与政权层级相一致。

四　公法法人履行公共职能的需要

我国《宪法》规定国家采取社会主义制度，国有财产即全民所有的财产由国家所有，按理，国家应承担服务国民的公共职能。对此，《宪法》规定了国家所应承担的多项义务，如国家应保障各少数民族的合法权利和利益，维护和发展各民族的平等、团结、互助关系，帮助各少数民族地区加速经济和文化的发展（第 4 条）；发展社会主义的教育事业，普及初等义务教育，发展中等教育、职业教育和高等教育，发展各种教育设施，扫除文盲，对工人、农民、国家工作人员和其他劳动者进行政治、文化、科学、技术、业务的教育，推广全国通用的普通话（第 19 条）；发展自然科学和社会科学事业，普及科学和技术知识，奖励科学研究成果和技术发明创造（第 20 条）；发展医疗卫生事业，发展体育事业（第 21 条）；发展为人民服务、为社会主义服务的文学艺术事业、新闻广播电视事业、出版发行事业、图书馆博物馆文化馆和其他文化事业，开展群众性的文化活动，国家保护名胜古迹、珍贵文物和其他重要历史文化遗产（第 22 条）；培养为社会主义服务的各种专业人才，扩大知识分子的队伍（第 23 条）；加强社会主义精神文明的建设（第 24 条）；推行计划生育（第 25 条）；保护和改善生活环境和生态环境，组织和鼓励植树造林，保护林木（第 26 条）；维护社会秩序，镇压叛国和其他危害国家安全的犯罪活动，制裁危害社会治安、破坏社会主义经济和其他犯罪的活动，惩办和改造犯罪分子（第 28 条）等。

但是，上述职能的履行有多少是由"国家"完成的，有多少是由中央政府完成的呢？这里所说的国家究竟是主权意义上的国家，还是民法意义上的各级国家机关呢？实际上，除了有关国家主权、安全、外交等方面的职能外，许多公共服务的职能都是由各级地方政府在具体负责组织实施，而由此所支出的费用也基本上是由地方财政支出。国库很少承担地方在上述职能履行方面的支出。例外的是，国库会对某些地方、某些对象、某些事项、特定期间等进行特定的转移支付或其他方式的资助，但主要的还是由地方各级政府负担。

以《草原法》为例，《中华人民共和国草原法》第26条至第32条规定了县级以上人民政府应尽的各种义务，诸如增加草原建设的投入（第26条），鼓励与支持人工草地建设、天然草原改良和饲草饲料基地建设，提高草原生产能力（第27条），支持、鼓励和引导农牧民开展草原围栏、饲草饲料储备、牲畜圈舍、牧民定居点等生产生活设施的建设（第28条），鼓励选育、引进、推广优良草品种（第29条），有计划地进行火情监测、防火物资储备、防火隔离带等草原防火设施的建设，确保防火需要（第30条），对退化、沙化、盐碱化、石漠化和水土流失的草原，划定治理区，组织专项治理（第31条），根据草原保护、建设、利用规划，在本级国民经济和社会发展计划中安排资金用于草原改良、人工种草和草种生产（第32条）等。《草原法》规定了县级以上人民政府所应承担的上述种种义务，不但没有明确承担上述义务的物质基础，反而在第32条规定了县级以上人民政府要在本级国民经济和社会发展计划中安排资金用于草原建设。从民事法律关系的角度来说，权利、义务与责任不相统一。由此造成的后果是，事不关己高高挂起，草原建设的投入得不到保障。

曾经发生的四川道孚草原火灾事件便是一个血的教训（火灾一分钟内导致22人遇难）。道孚草原火灾发生后，记者调查发现，当地虽然设有多个防火灭火责任部门和单位，但扑火主要靠铁锹、塑料拖把、水桶类的工具。鲜水镇孜龙村的村支书罗尔布赶去灭火时，拿的是家里的扫帚。灭火过程中，扫帚被火烧坏，他脱下身上的衣服沾水绑在木棍上，继续扑火。在当地，很多村民有宗教信仰，认为山火会烧死很多动物，这是大罪孽，所以只要有火灾，都会自发来救火。前去参加灭火的当地某部独立营62人的灭火队伍携带的灭火工具主要是铁锹、塑料拖把、水桶以及数量有限的防毒面具。道孚县林业局出动的30多人灭火队，携带的灭火工具主要是"2号工具"，他们把绑着塑料片或钢丝的拖把叫作"2号工具"。独立营最主要的灭火工具也就是这种拖把。

在道孚县，专门设置的防火部门至少有三个：县林业局防火办、道孚林业局防火办（道孚林业局过去是军工企业，现在是甘孜州属的国有企业）、道孚县农牧局防火办。前两者主要负责的是林地的防火灭火，后者主要负责草地的防火。但是，在道孚，不管是什么火，只要发生火灾，大家都很默契地相互配合。除此之外，包括前面提到的独立营经常会参与帮助地方灭火，还有一支森林警察部队。在道孚，只有森林武警配备有稍微先进一点的风力灭火机和灭火弹。但当时森林武警并未携带仅有的先进装备赶到现场。即使是草原防火办这样的防火部门，也只是一个存在于纸上的机构，没有经费，没有编制。资料显示，道孚县是一个贫困县，2008 年，道孚县地方财政一般预算收入完成 2088 万元，农牧民人均纯收入仅为 1773 元。经费不足不仅在道孚农牧局存在，在道孚县林业局同样存在。

大火发生两天后，道孚县官方发布消息称，该县通过六项措施抓实冬季森林防火工作，其中的一项是加强队伍建设，建立健全防扑机制。所谓的防扑机制，即调整充实一支 80 人的森林消防应急队伍，配备服装、橡胶拖把、水壶、灭火弹等，各村分别建立一支不少于 50 人的义务扑火队伍，建立完善森林火灾联防联勤机制。2010 年 12 月 7 日，农业部拨付给设在道孚县农牧局的县防火办 369 万元，用于购置防火设备和培训、宣传工作等。①

事故发生后，有网友在网上建议应该购买什么样的防火设备，什么样的防火办法更加有利于草原火灾的防范，问题在于购买这些设备、采取这些措施的资金来源在哪里呢？谁愿意为草原防火投入资金呢？靠无私奉献吗？还是靠群众的崇高觉悟？显然不切实际。而如果仅仅依靠群众的自力救济，那还需要政府做什么呢？究其根源，造成此类事故的悲剧在于各级政府间责、权、利不明确，地方缺乏积极性。过去那种纯粹靠行政命令解决问题的方式在今天的市场经济条件下已经很难奏效，要解决这个积极性的问题关键还在于必须明确地方政府的财产所有权，确认其支配权。在此基础上，按照责、权、利相统一的原则，明确其所应承担的责任。

五　公地悲剧的启示

公地悲剧的理论，最早可追溯到古希腊哲人亚里士多德的断言，即"凡是属于最多数人的公共事物常常是最少受人照顾的事物，人们关怀着自己的所有，而忽视公共的事物；对于公共的一切，他至多只留心到其中对他个人

---

① http://www.sina.com.cn，《新京报》2010 年 12 月 9 日。

多少相关的事物"。① 1965 年，奥尔森在其所著的《集体行动的逻辑》中指出，集体行动的逻辑就是个人理性不是实现集体理性的充分条件，其原因是理性的个人在实现集体目标时总有搭便车的倾向。一个国家的兴衰往往取决于分利集团的情况，分利集团的自然倾向是宁可牺牲国家前途而为自己谋取利益。

受亚里士多德等人的启发，英国学者加雷特·哈丁于 1968 年提出了著名的"公地悲剧"理论。加雷特·哈丁设想了一个向一切人开放的牧场，在这个牧场里每个人都可以无节制地放牧，因为任何人都无权排斥他人对公共牧场的使用，而由于每个人都千方百计地追求自己的最大利益，结果造成牧场的退化，牧民破产，这就是所谓的"公地悲剧"。类似的，在中国古代有一个和尚挑水吃、两个和尚抬水吃、三个和尚没水吃的故事，实际上也是用于形容搭便车所造成的"公地悲剧"现象。

由于每一个参与者都出于自身效用最大化的考虑，尽可能多地使用公共资源，同时又都试图把外部的不经济性强加给群体当中的其他成员身上，结果造成资源的过度使用。而如果人们能够在某些由集体决定的、对个人选择的限制上达成一致，则所有参与者的处境都能变得更好。② 上述限制的目的就在于把相关的外部性加以内部化，而对于"公用地"来说，这种排他性的限制的实现就是要在不同的使用者间分割共有资源，用具体确定的分配额中私有的、各自独立的财产取代共同使用。这种限制即通过赋予某个或某些主体对公共资源的所有权以排除他人对公共资源的过度使用。在所有权主体确定的前提下，他人的使用或为许可使用，或为独占使用，或为其他，总不可能再是一般使用或自由使用。此种所有权即对公共资源的排他性所有权，或为私人所有，或为公法法人所有。这一制度安排的优点在于：①在上述情形下，所有权人不再具有过度使用资源、使用效用最大化的动机，因为任何过度使用首先损害的是所有权人的利益；②所有权人的行为容易受到效用最大化考虑的引导，因为任何偏离效率的行为都会产生由该决策者直接并全部

---

① ［古希腊］亚里士多德：《政治学》，吴寿彭译，商务印书馆 1965 年版。

② ［美］詹姆斯·M. 布坎南：《财产是自由的保证》，载［美］查尔斯·K. 罗利《财产权与民主的限度》，刘晓峰译，商务印书馆 2007 年版，第 32 页。

承担的机会成本；③私有产权能够有效地保护所有权人不受市场"盲目力量"的支配，或者断开个人与市场的"盲目力量"的联系。①

公地悲剧的理论实际上给我们的启示是，公共资源的自由使用不但不利于公共资源服务于公众目的的实现，而且最终容易导致每个人都无法得到公共资源的满足。为解决因公地悲剧所造成的公共产品的供应短缺问题，有必要在公地上成立私的财产所有权。只有产权明晰以后，公地的悲剧才能彻底地消除。在我们国家，为贯彻具有中国特色社会主义市场经济的要求，明确公共资源的公法法人财产所有权应为必要。

公地上成立公法法人的私的财产所有权，不但是为了公众能够更好地利用公地，而且有利于通过明确公法法人的权利、义务与责任，加强对公地的保护。因为在没有任何人负责的情况下，公地得不到保护，公众的利益也得不到保护。在英国，公地悲剧发生后，一些贵族开始通过暴力手段非法获得土地，将公共土地用围栏圈占，据为己有，这就是我们通常所说的羊吃人的圈地运动。但是我们所没有看到的是，在"圈地运动"的阵痛过后，英国人惊奇地发现，草场变好了，英国人作为整体的收益提高了。由于土地产权的确立，土地由公地变为私人领地的同时，拥有者对土地的管理更高效了，而为了长远利益，土地所有者会尽力保持草场的质量。同时，土地兼并后以户为单位的生产单元演化为大规模流水线生产，劳动效率大为提高。英国正是从"圈地运动"开始，逐渐发展成为日不落帝国的。

以我们国家而言，长期以来由于受意识形态的影响，片面强调社会主义公有制，将公有制作为实现国家所有、全民所有的唯一形式，结果导致在公地上人人都有，又人人都没有的现实。由于人人都不关心国有或全民所有的财产的使用、维护等，结果造成国有财产流失而人人都不负责的情形。公地悲剧实际上在我们国家更具有现实意义与指导意义。但是，囿于现行政治体制与意识形态等的制约，又少有人敢于对这种公地悲剧从根源上给予纠正。

从物权科学法理的角度来看，物权是对物的绝对支配并排斥他人干涉的权利。物权的绝对性与对世性要求物权主体必须特定、客体必须特定、权利

---

① ［美］詹姆斯·M. 布坎南：《财产是自由的保证》，载［美］查尔斯·K. 罗利《财产权与民主的限度》，刘晓峰译，商务印书馆 2007 年版，第 43 页。

必须特定，只有主体、客体、权利特定以后，物权才能确立，物权也才能得到切实的保护。实践当中，那种一味坚持国家所有、全民所有的观点，其中有不少成分是在打着国家所有、全民所有的旗号而为牟取个人私利做掩护的。这种瞒天过海的做法才是对国有财产或全民所有财产真正最大的危害。国有资产流失的巨大黑洞与持这种观点的人不无关系。

当然，明确"公地"的公法法人财产所有权并不意味着公众公益的丧失，相反，"公地"公法法人财产所有权更有利于公众公益的实现。因为，这种所有权与民法上的绝对所有权还有很大的不同，即其负担公益的使命。公法法人可以对公地享有处分权，但公地上的收益权仍归公众。至于公众收益的数量或程度则由公地承载的压力所决定。当超出公地承载压力的时候，公法法人有权做出适当调整，或收费，或许可，或采取其他方式。总之，为保证公地能持续为公众所利用，必须明确其公法法人财产所有权的归属。

六　物权法理角度的分析

（一）对前苏联民法所有权理论的反思

按照前苏联民法学者的观点，"国家同时既是政治权力的代表者（主权代表者），又是财产所有人，并且，密切联系着政治权力来行使所有权"。在国家所有的范围上，"任何财产都可以属于国家所有，所以，国家所有权的客体是多种多样的"。在国家所有的内容上，由于国家具有主权者和财产所有者的双重身份，国家可凭借其所掌握的主权而任意规定国家作为所有人所享有的各项权能，从而使国家所有权的内容具有"无限的"、"无所不包"的、"国家认为必须怎样对待财产就怎样对待"的特点。[①]

首先，前苏联国家所有权理论没有注意到国家作为主权者和国家作为财产所有人身份上的差异。作为主权者，国家对于其管辖范围内的领陆、领空以及领海等拥有不可侵犯的国家主权，但对于诸如领空、领海等空间或海洋却并不享有所有权。国家虽然可以联系着政治权力行使所有权，但于民法层面，国家所享有的所有权必须是与私人相同性质的所有权，否则其享有的就只能是主权，而不是所有权。

---

① ［苏］格列巴诺夫：《苏联民法》上册，法律出版社 1984 年版，第 318、307、327 页。

其次，从国际法上看，国家只是一个抽象的概念，由领土、主权和居民三个要素构成。国家既不是具体的主体，也不是具体的客体，而是人与财产等要素的综合体。从物权主体、客体与权利必须特定的角度来说，国家无法达到上述三个特定的要求。因此，国家所有权的理论是经不起物权法理的审视的。从国内法上看，国家是由一个个具体从事某种社会管理或者统治职能的机关，比如各种立法机关、执法机关、司法机关等所组成的。为了保障各个具体的国家机关管理社会或者服务社会的职能，必须赋予其相应的财产所有权。

最后，前苏联国家所有权的理论是建立在公有制基础上全体劳动人民利益一致性上的。这一前提只是一种假设，全体劳动人民有共同的利益，但主要是存在更多的不同的利益。马克思主义有关矛盾的普遍性与特殊性的理论告诉我们，矛盾的普遍性是存在于特殊性当中的。就形式上来说首先是矛盾的特殊性，而矛盾的普遍性只是人们从特殊性当中所归纳出来的结论。现实生活是以特殊性为特征，而不是以普遍性为特征的。实际情形是，不但全体劳动人民的利益不一致，中央政府与地方政府间的利益不一致，各地方政府间的利益也不一致。

有必要指出的是，前苏联国家所有权理论的上述缺陷在体制变革后的《俄罗斯新民法典》中得到了比较彻底的纠正。根据俄现行民法典的规定，民事法律关系的参加人包括：①自然人（俄罗斯公民、外国公民和无国籍人）；②法人（俄罗斯法人和外国法人）；③国家和行政区域组织（俄罗斯联邦、俄罗斯联邦各主体、地方自治组织）。上述民事法律关系的参加人，在俄罗斯民法典里被统称为"人"。与此同时，在所有权和他物权制度中，俄罗斯新民法典不再使用"所有制形式"这一经济范畴中的概念。新民法典第 212 条第 2 款规定，"财产可由公民、法人以及俄罗斯联邦、联邦主体、地方自治组织所有"。并且上述一切主体——公民、法人、国家和地方自治组织——拥有同一内容的所有权。[①]

（二）物权特定三原则与公法法人财产所有权的法理解说

物权为对物的直接支配并排除他人干涉的权利。所谓直接即权利人的不

---

① 鄢一美：《俄罗斯当代民法研究》，中国政法大学出版社 2006 年版，第 26 页。

依他人意志而直接对物的使用、收益或处分。所谓排除他人干涉即物权人得排除他人意思介入而且必须能够排除他人意思介入。而要实现上述直接支配与排除他人干涉的利益，物权的主体、客体、内容必须是特定的。只有在这三个因素特定的情况下，才能确定一个具体的物权法律关系。而物权法也正是通过对一个个具体的物权法律关系的规范，从而达到规范整个经济秩序的目的的。[①]

　　基于上述物权法律关系特定的要求，所有权人必须是一个特定的人、具体的人，而不能是抽象的人、现实中无法确定的人。因为只有确定的、具体的人才能够承担起民法上的权利义务以及责任。所有权问题主要是法律技术的考虑，所有权制度要求必须是明确的主体支配明确肯定的客体。全民所有或国家所有更多地体现在观念层面上或政治层面上，但在法律层面上，要实现对国有财产或全民所有财产透明的监督必须建立民法层面的管理秩序，即利用民法的手段明确财产的归属，从会计学、民法学的角度明确谁在占有、使用、收益和处分这些财产，以及在行使这些权利的过程中究竟由谁承担相应的义务或责任。全民所有或国家所有等的理念只具有道德伦理上的意义，从法律评价的角度讲，必须演化成一个规则，实现对这一财产的正当使用和保护，这就必须借助物权特定的原则，使特定主体有足够的权利，同时必须承担足够的义务。从民事法律关系学说来讲，到底谁是民法上的主体正是法律关系学说所要解决的问题。虽然从道德上讲，国家所有或全民所有的地位被拔得很高，但人民并不能具体占有这个财产，其怎样被占有、被使用都必须借助物权特定的法理来解释才能得出正确的结论。国家或者全民由于不具有特定的特征，不可能形成对物的直接支配，也不可能享受具体的民事权利，承担具体的民事义务，因而也无法成为诉讼的主体，不可能成为民法意义上的物权主体。

---

　　① 孙宪忠：《怎样科学地看物权法》，载《争议与思考——物权法立法笔记》，中国人民大学出版社 2006 年版，第 190 页。

第二节　相关理论的历史变迁

从国家起源的角度来看，人类社会从自然分工到自发分工的结果是各种人类共同体的出现，其中一部分人在逐渐脱离具体直接的生产劳动后成为各共同体的代表，并进而形成了现代意义上的政治国家。各共同体虽然一方面仍是组成其成员的利益的化身，但另一方面在由个人向共同体异化的过程中，个人的利益与共同体的利益又存在明显的对立，即存在共同体相对独立的过程。这种相对独立相对于私人或自然人的利益而言又具有绝对性的特征。各共同体为维护其存在及运转需要对资源或其他财产拥有所有权，以保证其人格的实现。因此，在人类社会出现了私有制以后，随着阶级共同体的出现，为维护这一共同体的存在，就有必要享有财产的所有权，这是共同体存在的物质基础。

当然，在人类社会早期，国家这一抽象人格还未形成的时候，有关公法法人财产所有权的思想还只是存在于人们的实践当中，其理论上的划分与制度上的形成只是近代以来的事情。

一　19 世纪

实际上在罗马法时期，人们就已经提出了公共财产理论和制度的雏形。查士丁尼《民法总则》对公共财产进行了很有意义的划分。[①] 在罗马法的基础上，人们把公共财产区分为绝对公用物、相对公用物、公法法人私有物等。这些理论对后来的公共财产制度发挥了世界性的影响。

近现代关于公产和私产的区别的系统理论是在 19 世纪初，由民法学者提出来的。法国第戎法学院院长 V. 普鲁东受罗马法理论的启发，曾经对公产理论首次作出了系统的阐述。[②] 普鲁东将政治共同体的财产区分为公产与私产两部分。其中供一般公众使用的财产，如道路、河川等，为公产，属于

---

① 对此有兴趣者，请参见［罗马］查士丁尼《民法总则》中的"物法"部分。该书中文版见商务印书馆 1997、2005 年版。

② ［法］V. 普鲁东：《公产论》，1833 年。

非生产性财产；而为政治共同体自己所用的财产属于共同体的私产，如公立学校的物品等。与私人的财产属于私人所有一样，政治共同体可以对共同体的私产使用、收益或处分。但是普鲁东关于公产与私产划分的理论最初并没有得到大多数人的支持，相反，否定将公产作为所有权标的的理论在19世纪时占据了支配地位。其主要论据在于：所有权具有排他性，而公产必须供公众使用，任何人都有对于公产的非排他性使用权；从收益的角度来看，公产不能被用来产生收益，否则会造成公产的私用以及公产的流失，甚至腐败，不利于市场公平竞争机制的形成。从公产的处分角度看，公产于公共使用期间行政主体无权处分。

之所以会造成上述现象，其根本原因在于旧制时期国王对公产与私产的统一所有权所产生的不良影响。君主体制时代，国王不仅拥有私产，而且将供公众使用的财产亦划归自己所有，实质上取消了公产的存在，使其完全成为国王个人的财产。这有点类似于我国封建时期"普天之下，莫非王土；率土之滨，莫非王臣"[①]的规定。而对于这种极端的个人所有权，法国大革命给予了完全的否定。为了保障人民对于公产的共同利益，否认行政主体对公产享有所有权成为理所当然。

二　20世纪

20世纪以后公产理论有了很大的发展。首先，公产的范围不断扩大，不仅包括因自然性质而为公众使用的财产，而且包括为了公共利益由行政主体指定作为公用的财产在内。其次，20世纪的公产所有权理论认为，公务执行除需要人的手段以外，还必须有物的手段，公产即是公务执行的物的手段。最后，这一时期的理论认为，行政主体对于公产不能仅仅被动地保存和维修，而必须采取更加主动的措施。公产制度不完全排除政府可以取得收益。公产制度和经济收益不是对立的。[②]

有关公产理论的上述发展成果在法国1946—1947年民法改革起草委员会的建议中得到体现。根据该建议，行政主体的下列财产属于公产：①公众

---

① 《诗经·小雅·谷风什·北山》。

② 王名扬：《法国行政法》，北京大学出版社2007年版，第238页。

直接使用的财产；②公务使用财产。

20世纪时，否认行政主体对公产享有所有权的学者，主要有 L. 狄骥和G. 热兹。按照狄骥和热兹的观点，公产所有权理论是把民法上的所有权观念移转到行政法中的结果，这种移转没有正当理由。但是，总的来说，20世纪时占支配地位的学说认为公法法人享有公产等的所有权，这其中尤以奥里乌为代表。

在奥里乌看来，否定公产所有权其根据不外是公产的法律地位和私人所有权的观念不同。而这种不同仅具有相对的性质。一方面，在当代社会私人所有权的个人主义色彩和绝对性质已经大为削弱；另一方面，所有权所包含的使用、收益与处分权能在公产中同样存在。行政主体不仅对公产享有使用权，而且越来越多地从公产的利用中取得收益。公产在公共使用期间严格限制其转让，而这种限制本身就证明其所有权的存在。① 而狄骥和热兹作为实证主义社会法学派，由于其不承认传统法学中的权利观念和法人观念，当然也就不可能有公产所有权的观念。②

法国法院关于公产所有权的判例和学说一样，也曾有过不同的观点。在19世纪时，法院倾向于认为行政主体对公产没有所有权。例如1869年最高法院在一个判决中只承认行政主体对公产的保护和看管权利。③ 20世纪以后，法院判例开始明确承认行政主体对公产享有所有权。不仅如此，法院还允许行政主体提起关于公产所有权的诉讼。④ 由此证明公产所有权的存在。

19世纪和20世纪公产所有权理论的不同不是由于学者的偏好，而是由于两个时期的背景不同造成的。19世纪时，旧制度下国王对公共财产享有所有权所产生的不良影响，仍然存在于一般人的记忆中。革命以后，在公产制度建立初期，为了保障人民对公产可能享受的权利和利益，否认行政主体对公产的所有权。20世纪以后，国王对公共财产享有所有权所留下的不良

---

① ［法］M. 奥里乌：《公法和行政法纲要》，1914年法文本，第664—668页。王名扬：《法国行政法》，北京大学出版社2007年版，第246页。

② 王名扬：《法国行政法》，北京大学出版社2007年版，第246页。

③ ［法］J. M. 奥比、R. 杜科扎德尔：《行政法》、《公有财产》，1983年法文版，第344页注5。

④ ［法］J. M. 奥比、R. 杜科扎德尔：《行政法》、《公有财产》，1983年法文版，第344页；德洛巴德尔：《行政法论》（第二册），中国政法大学出版社1980年版，第146页；王名扬：《法国行政法》，北京大学出版社2007年版，第246页。

影响已经消失，一种和 19 世纪不同的法律观念开始出现。人们认为公产不仅是为了公共利益而存在的财产，同时也是一种集体的财富，需要充分发挥集体财富的经济效益。否认行政主体对公产的所有权，可能妨碍行政主体开发公产。[①]

在我国，现阶段有关公法法人是否享有财产所有权仍然是有争议的。当然，改革开放初期前，我国法学和法律制度对于公法法人所有权持坚决的否定态度。但随着改革开放的发展，否定公法法人所有权的观念开始出现转变，首先是承认地方公共团体（包括地方政府）独立支配的财产客观存在并且不断增加这一事实的人越来越多。但是基于国家统一和唯一所有权理论的观念作为主导性的法律意识形态的情况没有改变，因此否定公法法人财产所有权的观点依然占据主导地位。总体而言，依据前苏联法学，不顾及现实的观点居多。当然，其中也有一些学术观点考虑到了地方政府拥有独立财政和独立财产的现实，也提出了改进现有制度的设想。如有学者认为，虽然地方公共团体（包括地方政府）所支配的财产无论在改革开放之前还是之后客观上都是存在的，在实行社会主义市场经济体制后尤其是在国家实行分税制以后，地方公共团体支配的财产在不断增加，但是国有财产支配主体过于宽泛，极易造成国有财产的流失和部门间的分配不公。我国目前能够支配国有财产的主体，从中央到地方基层单位，数量非常大，各支配单位客观上有着自己本单位的利益，为了实现这种利益，相当多的国有财产支配者将非税国有财产视为本单位的财产予以分配，既造成了国有财产的流失也造成了部门间严重的分配不公。据此，从尊重中国的现实并着眼于未来的基本政策出发，必须坚持国家一体所有即国家统一所有的基本制度，放弃国家所有（也称中央所有）、地方所有的思路，确立中央政府和地方县以上政府的国有财产管理部门对于经营性国有财产的代表机关资格，规定国库的设置及其管理体制，具体规定代表机关的行为规则。[②]

上述观点在看到中国目前公法法人财产所有权客观存在的现实的前提下，将国有财产的流失归结于支配主体过多，而不是从财产所有权的角度，

[①] 王名扬：《法国行政法》，北京大学出版社 2007 年版，第 247 页。

[②] 屈茂辉：《制定中国国有财产法的基本思路》，《湖南社会科学》2004 年第 1 期，第 74 页。

从明确权利、义务与责任的角度来解决问题，实际上又回到了国有财产一体所有的老路。所以这种观点不是一种明智的选择。

三　当代

关于公共财产的现代法学理论，多来源于启蒙思想时代。基于孟德斯鸠纵向分权理论、现代西方国家有关横向分权理论，以及提高政府效能，去除封建官僚管理体制所带来的弊端，改变公共产品或服务的法制基础的公共治理学说，世界上多数国家都开展了公法法人制度的改革。与公法法人制度建设最密切的财产所有权制度也产生了相应的革新。承认公法法人财产所有权一方面减轻了中央政府在公共产品或服务提供方面的拖累，另一方面也有效地解决了中央政府的财政负担问题。同时，通过市场的手段而不是通过国家统一调配的手段等提供公共产品或服务也极大地提高了政府服务公众的效率。

这些理论的出发点在于，一方面基于人民主权理论必须建立廉洁高效的政府，但是另一方面也要确定政府的民法责任。所以公法法人理论、公法法人所有权理论都是现代国家治理普遍采纳的科学法理。其中，民法的法理在其中发挥了核心作用。在世界上，由于公共权力系统内的分权制衡，公法法人财产所有权不仅是一个客观存在的事实，而且也是物权特定法理的内在要求。从两大法系世界各国的实践情形来看，公法法人财产所有权理论正在被人们普遍而广泛地接受。我国法学界虽然还有一些人坚持国家所有或全民所有的理论，但可以明确地说，我国的这些学术观点基于前苏联法学建立，和世界上多数国家普遍承认的法理不相符合。

第三节　相关理论和制度在我国

新中国成立初期，经济体制和法律体制受到前苏联影响巨大，这一方面的显著特点，就是建立与资本主义国家完全不同的国家所有权或全民所有权，并将这种所有权制度紧密地与生产资料的所有制形式联系起来，否定了民法领域中所有权的私权属性。不仅如此，我国还逐渐形成了一种非常特殊的意识形态，那就是，将所有权问题与民众的政治觉悟挂钩，上升到政治伦理层面，作为政治先进与落后的评判标准，从而歪曲了所有权制度对于人类文明进步的积极意义。在这一思想的指导下，我国的所有权制度，包括国家所有权的理论逐渐背离了科学的物权法理，也背离了历史发展的民权化趋势。非常遗憾的是，我国的相关意识形态将抽象意义上的国家或马克思所批判的虚幻共同体看成了所有权归属的唯一合法的主体。这就是前苏联法学的典型特征。我国长期以来也是受到这种思想的影响在物权制度建设上却步不前。改革开放以后，我们开始逐步承认了法人财产所有权，但于国家所有权问题上却并没有多大的突破，仍然停留在传统计划经济体制下的国家所有或全民所有的层次上，即使《物权法》的颁布也没能从根本上转变人们的观念，不承认公法法人财产所有权客观存在的现实。但是，应当注意的是，有识之士对此还是进行了很多有意义或有价值的探索。无论是从丰富国家所有或全民所有的角度，还是从改造国家所有或全民所有的角度，传统的国家所有或全民所有的理论都正在经受前所未有的检验。对于学者们的积极探索加以梳理不但有助于我们了解我国国有财产所有权理论发展的现状，而且对于发展国有财产所有权理论具有重要意义。

一 我国法学界的观点综述

在形成中国特色的国家所有权制度之后，我国法学界出现了很多试图从法理上解释这种权利的法学观点。我们在这里选择一些曾经有过相当影响的观点叙述如下。

（一）私人所有的观点

2006 年 6 月 2 日，《中国青年报》的一则报道将国有资产的归属问题摆在了社会公众的面前，引发了社会公众的普遍关注。该报道称湖南省衡阳市律师罗秋明用特快专递方式向衡阳市中级人民法院提起诉讼，要求衡阳市国资委确认原告对国有资产占有的份额。

实质上，公众对于国有资产的归属问题早在改革开放初期就有这样或那样的反映，只不过没有能够上升到法律层面，或没有能够通过法律途径加以表达。而罗秋明律师的这一诉讼最终也未能被法院所采纳。借用媒体的话，他天真地把一个虚名当成了实在的权利。罗秋明律师因此而被称为"最天真的老板"。

国有财产的私有所有权是否就没有相应的理论依据呢？回答是否定的。

哈耶克就曾指出，那种认为诸如社会、国家（乃至任何特定的社会制度或社会现象）等社会集合体是客观事实的观点纯属谬误，甚至还是幻想；因为这些集合体或这些社会结构对于我们来说从来就不像自然单位那样是给定的，而且他们对于观察者来说也不是给定的确定的客体。社会这类集合体不仅不是给定的客观事实，而且还是人的心智建构。① 从认识论的角度看，国家实体化者混淆了思维中的存在和现实中的存在。② 既然国家、社会、集体类的概念都是人们心智的建构或者思维中的存在，那就说明，现实中存在的只能是具体的人，所有权也只能是具体的人的所有权。在团体、法人等概念产生以前，也就是一个个具体的个人的所有权。在法人制度产生以后，所有权是自然人或法人的所有权，同样不存在所谓的国家所有权。

当然，将国有财产份额化并平均分配到个人，实质上是一种庸俗的平均主义的观点。自罗马法以来，国有财产大都为不可融通物，并且不可能平均地量化到每个人所有。由此，在国有财产的所有权问题上，按份共有不能解释国家所有的本质。而如哈耶克等人那样完全否定社会、国家的现实性，将国家作为虚幻的团体或思维中的存在也忽视了国家作为统治阶级共同体的客观存在，是私有所有权绝对思想的体现。

（二）全民所有的观点

全民所有实质上是私人所有观点的一个变种。通俗地说，全民所有即"你有我有全都有"，而实际上是都没有，有的只是国家所有。而国家所有如前文所批判的，国家并不是一个具体、明确、特定的主体，无法实施直接支配的权利，因而无法实现所有。

物权为对物的直接支配并排除他人干涉的权利。首先，于"全民所有"情形，全民直接支配实不可能，都来支配实际上都不能支配；于排他性，全民所有即大家都有，而又要排除他人所有，自相矛盾。其次，全民所有非单独所有，按份共有已如上述所说无法解释国有财产所有权。若系共同共有则如何解释共同共有的基础又是问题，此与其他国家有关共同（或公同）共有关系的规定及适用不相符合。最后，"全民"并非一个法律上的概念，全

---

① 哈耶克：《个人主义与经济秩序》，邓正来译，三联书店 2003 年版，第 44 页。
② 李凤章：《国家所有权的解构与重构》，《山东社会科学》2005 年第 3 期，第 95 页。

民所有也非法律上的所有，而更多的是具有政治意义上的所有，反映的是所有制而不是所有权。

全民是一个无法实施具体的占有行为的虚拟主体，任何占有行为都必须由具体的个人实施。为了使一切人共有的物的概念脱离价值宣示的语境而进入可操作的法的领域，必须赋予这种物的部分以与个人的占有能力相适应的地位。[①] 由于人民是个抽象的概念，它不可能对国有资产拥有真正的所有权，成为国有资产所有权的实在主体，而至多不过是国有资产所有权的形式主体。[②]

（三）国家所有的观点

有学者认为，由于不可能由社会成员直接占有社会生产资料，单个社会成员也不可能代表全体社会成员支配生产资料，因此，必须通过一个社会中心来实现对全民的生产资料的支配。在国家依然存在的情况下，这个社会中心只能是国家。因此，社会主义全民所有制在法律上表现为国家所有权，有其客观的必然性。[③]在这种观点的坚持者看来，由于当前及今后很长一段时间，分工不可能消灭，国家不可能消亡，还不可能实现马克思所设想的直接社会所有制，即不可能实现个人的存在就是社会的存在，因此个人不可能占有全部生产资料的总和。个人的占有只能以这样的方式表现出来，即个人不能作为整个社会的联合体占有财产，而只能通过这个联合体即国家的占有而占有财产。这种占有属于间接占有方式。[④]

我们不能赞同上述观点的理由在于，这种观点始终看不到公法法人的作用及其法律机理。它不过是坚持无法实现的"全民所有"的大前提下，退而求其次地试图找到公共财产的主体。这种观点的无法自圆其说处在于，所谓间接占有作为占有的一种形式，虽然一般情况下可以由其他主体代行占有而实现所有权，但在"国有"之下"全体人民"却永远无法行使占有回复权，无法使自己成为真正所有权人。而一般情况下所有权可以随时行使占有的回复权而实现直接占有。而如果所有权主体不能实现占有回复权，实质上

---

① 徐国栋：《罗马法与现代意识形态》，北京大学出版社 2008 年版，第 180 页。
② 裴建国：《也谈我国国有资产所有权的主体》，《海南师院学报》1997 年第 3 期，第 97 页。
③ 佟柔：《中国民法》，法律出版社 1990 年版，第 136 页。
④ 王利明：《论国家所有权主体的全民性问题》，《中南政法学院学报》1990 年第 4 期，第 18 页。

就不仅仅只是失去了占有，而是等于已经没有了所有权。依据这种理论来解释"全民所有"和"国家所有"之间的关系，不但在实际上非常困难，而且在理论上也是无法成立的。因为，占有人无论如何不可以独立自主地行使处分权，也无法行使所有权。而且间接占有，必须要有所有权人和直接占有人、间接占有人间的法律关系支持，这个法律关系必须符合主体特定、标的物特定这些物权关系的基本要求。显然，全民所有权转化为国家所有权，已经是明确的所有权转化，不是占有法律关系能够予以解决的。所以这一观点法理上是站不住脚的。

进而，为了证明国家作为国有财产所有权主体的现实存在性与合理性，有学者提出，除了自然人是实实在在的具体指代，所有自然人聚集而构建的组织体都是抽象的，既然从来没有因为法人的抽象性而怀疑它的主体性，那么国家的抽象性也不应该成为其主体判断的障碍。[①] 而且国有财产的雄厚性也从另一个方面决定了国家作为民事主体能够独立承担因违反合同或实施侵权行为所产生的民事责任。[②] 因此，国家可以作为国有财产所有权的主体。

对此，我们认为，法人虽为拟制人，但其一经按照法律规定成立，就成为一个实在、具体的人，而不再是一个抽象的人。从其作为"人"的角度来说，其有自己独立的意思能力、行为能力和责任能力。上述观点将法人界定为抽象的人的出发点首先是错误的，并将此作为进一步论证国家作为国有财产所有权主体的合理性的前提，在逻辑上是不成立的。至于国有财产以及其雄厚性问题本身缺乏足够的论证，国有财产指哪些财产、何以雄厚都难以考证。

与国家所有观点不同的是，学者认为，在国家和构成国家的人民间的关系上，国家是不存在的，它不是实体，而是我们为了认识国家这一社会结构形式而在心智中的一种建构。因此国家所有权也是不可能存在的。[③] 从支配权法律关系的角度看，"国家所有权"的法律制度建立有一个最大的缺陷，就是名义上的国家所有权，其实是由各种各样的实实在在的民事主体行使

---

① 朱涛、唐志容：《国家的物权法主体地位——从国家所有权性质探析》，《南京审计学院学报》2007年第4卷第1期，第71—72页。

② 佘志勤：《略论我国国家的法人资格及其特征》，《法律科学》1995年第1期，第75页。

③ 李凤章：《国家所有权的解构与重构》，《山东社会科学》2005年第3期，第96页。

着，因此，名义上的所有权人和实在意义上的所有权人严重地不一致。名义上只有一个所有权人，大家的利害关系都是一致的，但是实在意义上的所有权人之间利益并不一致，即使是中央政府和地方政府间，也存在利益的冲突。① 从国际法的角度看，国家拥有对内、对外的最高统治权，它是一个抽象的概念，由领土、居民和主权这三个要素构成。国家既不是一个具体的主体，也不是一个客体，而是人的因素、财产的因素综合体。但是从国内法的角度看，国家不再是抽象的，而是一个个具体的从事某种社会管理或者统治职能的机关。各个具体的国家机关作为公法法人，担负着管理社会或者其他公法职能，法律为了保障这些公法法人的运作，就必须将它们占有的财产的所有权交给它们，以满足它们管理社会事务、为社会公共利益服务的需要。②

客观上讲，国家所有权实质上是意识形态的产物，是社会主义国家为了与资本主义国家相区别而在意识形态作用下对所有权制度的重新构造。其是把政治上的管理权与财产上的支配权混淆了，反映了别人支持的都是我们反对的理念。

（四）国家权力机关所有的观点

有学者认为，国家权力机关不仅可以代表人民享有政治权力，而且可以代表人民享有和行使所有权。理由在于国家权力机关不但能够集中体现人民的意志，而且，国家权力机关具有完善的机构和工作程序。③

前苏联法学的一个重大弊端就在于将行政权力与财产权利相混淆，并且总是试图用行政权力来解释财产所有权。上述观点显然也是受到了前苏联法学这一弊端的影响。

从公司法的角度看，权力机关类似于股东大会，然而股东大会虽系公司的权力机关却并不拥有公司法人的财产所有权。另外，权力机关所有与全民所有只有形式上的不同而无本质上的区别。从上述权力机关所有的表述来看，权力机关实质是代表人民享有所有权，本质上仍是全民所有，这在前面

---

① 孙宪忠：《物权法立法涉及意识形态的争议评价》，载《争议与思考——物权法立法笔记》，中国人民大学出版社 2006 年版，第 319—320 页。

② 孙宪忠：《应该勇敢地推进物权法的制定工作》，载《争议与思考——物权法立法笔记》，中国人民大学出版社 2006 年版，第 355 页。

③ 裴建国：《也谈我国国有资产所有权的主体》，《海南师院学报》1997 年第 3 期，第 98 页。

的评述中已经指出其理论上的缺陷，在此不再重述。

（五）国务院（或中央政府）所有的观点

将国有财产归为国务院所有或中央政府所有的理由在于，中央政府作为最高国家行政机关能够反映人民的意志，因而可以成为国家所有权的主体。这实质上与前述国家权力机关所有的观点大同小异，问题在于由谁反映人民的意志。国家权力机关所有认为权力机关是民意的代表机关，中央政府所有认为中央政府能够反映全体人民的意志和利益。关于权力机关所有的观点前面已经讨论过，在此不再重复。

关于国务院或中央政府所有的观点主要体现在《物权法》第 45 条的规定当中，该条第 1 款规定，法律规定属于国家所有的财产，属于国家所有即全民所有。同条第 2 款规定，国有财产由国务院代表国家行使所有权；法律另有规定的，依照其规定。如果说该条第 1 款的规定还仍然坚持国家所有或全民所有这种不科学的物权制度设计的话，那么该条第 2 款的规定则有了显著的进步，虽然态度仍显暧昧，但毕竟在承认公法法人财产所有权的问题上向科学的物权制度迈进了一大步。在此，也有必要注意的是，《物权法》虽然相比《民法通则》等的规定前进了一大步，但与《公司法》的规定相比却又倒退了一大步。较早出台的《公司法》承认了公司对国有财产的所有权，而后出台的《物权法》在此问题上却又几乎回到了起点。此外，从该条的规定来看似乎只承认国务院或中央政府的所有权，而不承认其他各级政府或公法团体的财产所有权，未免又会陷入所有权"统一"或"唯一"的窠臼。

针对国务院所有或中央政府所有的观点，不同意见认为，"政府行使国家所有权"或者"国有财产所有权归国务院"虽然解决了国有财产所有权主体缺位的问题，但同时又会产生如下新的问题，一是全民会对国有财产产生淡漠感，因为国有财产从"自己的"变成了"别人的"；二是国有财产有可能被降格成"政府部门的私有财产"，"政府行使国家所有权"可能会为蛀虫瓜分国有财产提供"法律依据"。①

从物权特定的角度来说，国家所有权由国务院或中央政府行使解决了物

---

① 舒圣祥：《国有财产：从"全民所有"到"政府所有"》，《就业时报》2007 年 3 月 29 日第 6 版。

权主体特定、客体特定、权利特定、责任归属特定等的问题，虽然这一方案有其局限性，也就是未体现出各地方政府的财产所有权，有其不完善的地方，但对于淡漠感或可能会为蛀虫瓜分国有财产提供法律依据的担忧则是没有根据的。国有财产归国务院或中央政府所有并不意味着国有财产不再为全民所用，相反，为了更好地实现国有财产服务公益的职能，有必要在公地上成立私的所有权。而这种所有权从税收的角度来说必须履行其用于民的目的，公众实质上对这种所有权的行使并没有产生淡漠感，相反其关注的热情从来就没有减少过，无论是"三公"腐败还是其他腐败现象都是公众关注的焦点。至于国有财产归政府所有会为蛀虫瓜分国有财产提供法律依据则更没有依据。国有财产归属确定的意义在于责、权、利的明确，只有归属确定，责任追究才能落到实处。亚当·斯密曾经指出，地方政府和州政府管理地方收入和州收入，固然有时不免发生弊病，但是，这种弊病若与管理和花费一个大帝国收入所时常发生的弊病相比，实在算不上什么。况且，与后者所生的弊病比较，前者的弊病，容易矫正多了。[①]

在中央政府所有权问题上，值得关注的一个案例是，《读者》杂志 2011 年第 8 期刊登了这样一篇文章：《克里姆林宫是谁的?》。该文指出，在俄伊凡一世 600 多年前所立的一份遗嘱中，伊凡一世将克里姆林宫留给了其长子莫斯科大公谢苗独立继承。在伊凡一世后，1547 年伊凡四世在俄国建立起留里克王朝，如今其后裔主张其先人一手打造的占地 28 公顷的建筑群应"物归原主"，政府没有向他们购买过这件财产，联邦当局没有享有其财产的权利，政府必须支付该财产的租金以及财务赔偿。对此诉讼，莫斯科一地方法院已同意受理此案，法院要求政府必须提供土地登记文件等产权证明，而俄罗斯政府也委托了律师，正式打起了官司。该案例起码说明以下几个方面的问题：①克里姆林宫或是私人财产或是俄联邦政府的财产，但起码不是地方政府的财产，俄联邦政府的财产既不是私人的财产，当然也不是地方政府的财产，俄联邦政府的财产与地方政府的财产并不是同一的，同时，地方政府的财产也不是联邦政府的财产。②俄联邦政府如果不能提供土地登记等

———————————

① ［英］亚当·斯密：《国民财富的性质和原因的研究》（下卷），商务印书馆 2009 年版，第 302 页。

产权文件，则属于非法占有，应当归还克里姆林宫的所有权。无论你是联邦政府也好，是地方政府也好，取得不动产的所有权都必须经过登记的法定程序，登记是不动产物权取得的唯一合法方式，即使对于联邦政府也是如此。③俄联邦政府作为公法法人能够以自己的名义通过民法的途径维护自身的财产所有权及其他合法权益。即可以作为独立的民事主体参与民事法律关系，并承担相应的法律后果，而且其在参与民事法律关系时与自然人、民法法人处于平等的法律地位。

（六）机关法人所有的观点

机关法人是一个具有中国特色的法人概念，在其他市场经济国家，法人一般分为公法法人与民法法人两种类型。公法法人系依公法设立的法人，民法法人是依据民法设立的法人。在公法法人当中，联邦制国家的法律一般规定联邦以及地方政府具有公法法人地位，如英美法系当中的美国、大陆法系当中的俄罗斯等；而在单一制国家的法律规定中一般只承认中央政府的公法法人地位，地方各级政府则不具有公法法人的地位。但是，实际情形似乎又不完全如此。结合我国法律的实际规定来看，我国有关机关法人的规定并不完全指的是中央政府，各级地方政府同样具有公法法人的地位。根据《民法通则》第50条的规定，有独立经费的机关从成立日起，具有法人资格。这就意味着各级政府具有公法法人的主体地位。既为法人当然应当享有法人财产所有权。

但是，与此相对应的观点认为，各级国家政府机关不能作为我国国有资产所有权的主体。国家政府机关的性质（执行机关）、地位（在权力机关的领导和授权下进行活动）和功能（对国家各项事务进行管理，行使管理权），都决定其不能，也不可能真正代表全体人民对国有资产享有和行使所有权，成为国有资产所有权的主体。国家政府机关代表人民所有，成为国有资产所有权主体，说到底是一种违宪和违法的行为。而且，国家政府机关作为国有资产所有权的主体，必将导致政企不分、以政代企的状况。①

该种观点实质上是片面地夸大了机关法人的政权职能，而忽视了机关法人同样可以作为民事主体的一面。作为执行机关，享有和行使管理权能只是机关法人作为公法主体的一面，此外，机关法人作为人同样有其私的一面，

---

① 裴建国：《也谈我国国有资产所有权的主体》，《海南师院学报》1997年第3期，第97—98页。

同其他民法主体一样需要拥有财产所有权，这一点前面从有关公法法人存在与运行的物质需要等角度已经做了阐述。

在机关法人所有问题上还有一种观点认为，机关法人财产权实际上由国家、机关法人、公务员所享有。其中，国家享有所有权；机关法人代表国家享有财产支配权，而执行职务的公务员享有财产使用权。概言之，机关法人对其财产享有基于占有或控制的权利，但该权利不是所有权而是支配权。[①]问题是，依据民法原理，所有权就是支配权；我国《物权法》第2条也规定，物权的本质是支配权，所有权当然也一样。所以该观点于法理不符。不是所有权的支配权，到底是什么权利？用益物权、担保物权，还是占有？总的来说，这一观点因不知支配权的确切定义，所以对所有权的含义也是不清楚的。

与前述国务院所有或中央政府所有的观点相比较来说，机关法人所有肯定了机关这类法人拥有自己的财产，承认了机关法人的私有所有权。但是，囿于当时计划经济体制和旧有意识形态的影响，实际上这一规定并未体现出太多的实践价值。其重要的制度贡献应该是在《物权法》颁布后才展现出来。

（七）公共所有的观点

近年来有关公共所有的观点讨论得比较热烈，持这种观点的学者认为，国家所有权是一种本质上不同于私人所有权的所有权制度，实质上它属于公共所有权，是借鉴私人所有权制度建立起来的代表和实现公共利益的所有权制度安排。在公共所有权当中，除了国家所有权外，还包括集体所有权。[②]

上述观点实质上主要还是受《俄罗斯财产所有权法》相关规定的影响。

---

① 王继远：《我国机关法人财产立法保护初探》，《特区经济》2009年4月，第248页。

② 张建文：《转型时期的国家所有权问题研究：面向公共所有权的思考》，西南政法大学博士学位论文（2006年），第32页。张建文博士的这篇博士学位论文已经正式出版，读者可参阅其正式出版物。持同样观点的学者还有程淑娟、张力等，如程淑娟认为，国有财产无论从资源还是财产意义方面，都不是用来满足某个阶级或阶层的利益，而是用于满足全社会的需求。因此，我国全民所有制的经济基础已经决定了我国的国家所有权属于公共权利的性质。国家所有权和集体所有权即是我国的公共所有权（程淑娟：《论我国国家所有权的性质》，《法律科学》2009年第1期，第79页）。张力则从公共所有权制度存在的意义角度论述了公共所有权制度的合理性（参见张力《社会转型期俄罗斯的公共所有权制度——兼论公共所有权与私人所有权的制度关系》，《法律科学》2009年第2期，第127页）。另外，日本学者冈村司认为，所有权可分为个人所有权及公共所有权两种，公共所有权为国府县市町村等公法法人的所有权，公共所有权为国民所共有（参见［日］冈村司《民法与社会主义》，刘仁航、张铭慈等译，中国政法大学出版社2003年版，第18—19、32—33页）。

1990年12月通过的《俄罗斯财产所有权法》将所有权规定为"公共所有权"与"私人所有权"两大类型。其中公共所有主要由国家所有与"市政所有"所构成，私人所有则是由法人所有与公民（自然人）所有组成的。

首先，在我们看来，公共所有权的观点存在的最大问题仍然是主体不具体、不特定，其形式虽然与"全民"所有或"国家"所有不同，但实质上并未突破全民所有或国家所有理论的局限性，只不过是用一个抽象的概念代替另一个抽象的概念而已。其次，正如前面所述，公共所有由国家所有与"市政所有"构成，而在俄罗斯国有财产法的规定当中，联邦及联邦各地方自治团体都拥有自己的财产，并且其各自的财产是独立的，不存在所谓的公共所有权。公共所有实质上是由具体的"国家"所有和具体的市政所有来表现的。再次，公共所有究竟系按份共有还是共同共有，还是总有，从学者的探讨当中看并不是很明确，因此，其是否系民法意义上的所有权尚存在疑问。最后，何为公共，多大范围算是公共？如果没有范围，公共就是一个不确定的概念，不能作为法律上的用语；如果其范围确定，公共就是具体的、特定的人的利益，此又与公共相违背。归根结底，这种机械套用公共所有观点以解释国家所有权的理论并未能科学地揭示物权法理的要求，并不是一个科学的所有权制度建设。

（八）信托所有的观点

信托所有为英美法系国家所采纳。从其制度设计来看主要涉及三方当事人，即委托人、受托人和受益人。其中委托人即依据信托合同将财产移转给受托人所有的人，受托人即依据信托合同享有委托人委托财产的所有权并须依据信托合同将信托收益交付受益人的人，受益人指信托合同指定的享有信托利益的人。委托人可以为受益人。委托人、受托人以及受益人基于信托合同而形成的法律关系被称为信托法律关系。根据信托法律关系，受托人在不履行义务而致受益人权益遭受损害的情况下，受益人得以诉讼方式保障其受益权的实现。

从上述信托法律关系的规定来看，委托人实际上已经丧失了信托资源的所有权，而对于受托人来说，其虽然取得了信托资源的所有权，但这种所有权并非完全意义上的私有所有权，因为在信托所有的情况中，委托人或受益人享有信托资源的享益权，并且在受托人不履行信托义务的情况下有提起诉讼以实现信托收益的权利。受托人虽然得处分信托财产，但同样要受到委托人或受益人享益权的限制。这种所有权与大陆法系自然人或法人所享有的绝对的所有权相比具有相对的性质。其积极意义在于既实现了保护所有权的目的，又达到了物尽其用的目的。从其适用的领域而言，更适合于"公地悲剧"的解决。

在英美法系国家，信托所有被较多地运用于资源性财产（或自然资源）所有权的归属问题上，而对于行政性财产中的动产、财政财产等则主要运用的是公法法人私有财产所有权的规定。例如，在美国联邦和州对各自的行政性财产中的动产或财政财产拥有各自独立的财产所有权，这种财产所有权并非信托所有权，而是公法法人的私有财产所有权。现在的俄罗斯情形也是如此，联邦与州各自拥有自己的私有财产权，而且这种财产所有权不仅是对如货币这样的动产的所有权，还包括如车辆等行政性财产的所有权。

从我们国家的角度来看，类似森林、山岭、草原、荒地、滩涂等自然资源的所有权归属问题上，以信托所有规定其所有性质可以更好地解决在此问题上的很多争议。

（九）分级所有的观点

《物权法》虽然规定国有财产由国务院代表国家行使所有权，但是实际情形是，国有财产并非完全由中央政府所有，各级政府都在享有或行使国有财产的所有权。如实践中的"省属国有企业"、"市属国有企业"、"县属国有企业"等，这些企业虽也被冠以国有的名义，但其所有权却并不属于中央政府，而是按照谁投资谁受益的原则由地方各级政府享有投资者权益。

之所以造成上述状况，其原因就在于，国务院所代表以及行使的国家所有权与各级政府所行使的国家所有权并非一个所有权，而是多个所有权，这些所有权无论是在主体上还是在范围上都不是统一的，而是各自独立存在的。而从更深的层次上来说，国家在国际法上是统一的、唯一的，而在国内法上代表国家的主体却不是唯一的，这些主体的利益也不是统一的。"馒头门"事件不但证明中央与地方的利益不统一，地方与地方以及同一地方不同部门间的利益也不统一。

无论是从历史的角度还是从现实的角度，"大一统"的国家所有权都只存在于人们的理念中，现实当中从来没有存在过统一的国家所有权，即使在高度集权的计划经济时代也是如此。

从世界范围看，中央与地方分级所有的国家所有权制度也是普遍存在的现象。无论是采取联邦制的美国、俄罗斯，还是采取单一制的法国、日本等，各级政府都有自己的财产所有权。如媒体报道的美国联邦政府财政危机事件也只是联邦政府的事，与地方没有关系。而在我们国家，财政分权的背后实际上就是各级政府财产所有权的相对独立。

（十）公所有权的观点

公所有权说或行政法上的所有权说为我国行政法学者张树义所提倡，[①]其主要内容为，公有即特定范围内的人们"共同"所有但是每个人又没有排他利用权和处分权的一种物的所有状态，通常称为全民所有权或公共所有权。公有与私有的区别在于：公有没有实际主体，公有的客体是为公共利益或全体利益而存在的。公有与国家所有的区别在于：公有系公权，国家所有系私权；公有的主体是全民，国家所有的主体是国家；公有的客体是不可交易的公共财产，国家所有权的客体是可以交易的公共财产；公有由公法规范，国家所有由民法规范。[②]

上述公所有权的观点如张树义先生所指出的，属于行政法上的所有权，而不是民法上的所有权，因此，当然与民法上的所有权不同。公有或全民所有或公共所有更多的只是主权意义上的所有，其只不过是利用了民法所有权的技术手段分析了这种公有的性质。这种分析很容易造成主权意义上的所有权与民法意义上所有权的混淆。将公有的客体界定为不可交易的公共财产，国家所有权的客体界定为可以交易的公共财产，这种划分具有积极意义，其注意到了公有与国有在客体方面的差异并须适用不同的制度规制，是一个很大的进步，但是在有关公有与国家所有权主体与客体的结合以及制度的构建上尚有很多未能探讨的地方。此外，这种所有权因其非民法上的所有权，所以不是本书探讨的问题。

（十一）集合共有的观点

该观点认为，解决公有制下的财产所有权归属问题只要将公有制的内容

---

① 张树义：《行政法与行政诉讼法》，高等教育出版社 2002 年版，第 55 页。
② 张纯：《我国国家所有权形态："公有"的法理探源》，《探索》2007 年第 11 期，第 103—104 页。

自然地融入现代社会的财产归属与财产利用相分离的财产关系中，并跳出大陆法系共有制度的固有模式，借鉴英美法系融合日耳曼法系共有制度产生新的共有形式的方法，重新构建大陆法系的共有形式，并以集合共有来解释和处理公有财产，一切问题就都将迎刃而解。按照该学者的解释，大陆法系中的传统共有可简略为"分别所有与共同占有的结合"，共有人集体不享有共有物的所有权，而集合共有正好相反，共有人集体享有共有物的所有权；传统共有的共有权是指"共同占有"，而集合共有的共有权是指"共同所有"，集合共有是真正的"共同所有"。①

这种既跳出大陆法系又借鉴英美法系还能融合日耳曼法系共有制度的共有实在是一种超级的想象，如果不是文字上的游戏，起码也把所有权的概念搞乱了，集合共有与全民所有究竟有何本质的区别、集合共有与日耳曼法系的共有如何融合等问题皆不得而知。将传统的共有解释为"共同占有"是不符合法律规定的，无论是按份共有还是共同共有，所有权人所拥有的都是所有权而不是占有权。认为集合共有是真正的"共同所有"其结果只能是谁都没有。

（十二）总有

所谓总有，即不具有法律上人格团体，以团体资格而为所有物共同所有。典型的如村落共同体的所有形态。此总有，一方面为质的分割，对于共同体财产管理处分支配权利，属于村共同体，其管理及处分，应得团员全体同意或经基于团体规约多数之决。一方面实际的使用收益的权利，属于各村民个人。各村民权能，依量的分割而享有，由团员地位而流出，非独立的直接的对于物而成立。依团体统制规范，按其身份得丧，而其权能亦随同发生与消灭，不得离开其身份而就其权能为继承让与或处分，其物管理处分，属于团体全体的权能，各团员无请求分割权。

总有权为各团员对于物经济的权能，非如个人所有，以个人利益为标准，乃以团体利益为先。唯于全体利益与个人利益一致范围，而许团员个别权行使。其个别权乃为全体利益所统制利用权，故总有权为绝对的私有权与

---

① 胡吕银、谢红：《公有制实现的理论与制度探寻》，《扬州大学学报》（人文社会科学版）2008年第3期，第31页。

绝对的国家所有权中间的形态。在日本民法，以有共有性质入会权为总有权（《日本民法典》第263条）。入会权谓某村住民于一定山林原野，依其村习惯上的规则，共为收益权利。其收益内容，为藻类、秣草、肥草等杂草采取，枯枝、落叶、杂木等薪炭用木采取，建筑用材、石材等采取等。中国习惯上亦有类似总有形态，如祀产、祠堂、学田，其他宗族共同财产、会馆。[①]

从上述规定来看，总有类似于共同所有，各共有人以其成员资格享有共有权。但总有又不同于共同共有，因共同共有以具有共同关系为基础，总有当中成员间的关系系经济社会关系，与民法上的共同关系不同，其成员变化并不影响总有的变化。这种所有与我国法律上规定的集体所有有相似的一面，并非严格的法律意义上的概念。总有的观点于近代公司法人所有权制度建立以后已经日渐失去其存在的价值。

关于国有财产所有权的归属问题还存在许多其他的观点，如公共地役权的观点、总有的观点等。由于地役权归根结底属于在他人不动产上所享有的役权而非所有权，因此，在这里就不再提及了。

上述讨论，实事求是地看，既反映了我国公共财产所有权理论研究的复杂的现状，也在一定程度上或者说从不同角度或不同侧面丰富和发展了国有财产所有权理论，也可以说，对国有财产所有权理论和制度进步作出了特定历史阶段的贡献。但是，这些观点也反映了该理论研究难以解脱的内在困境。随着市场经济的不断发展以及物权科学法理的演进，从苏联引进的国有财产所有权理论的内在问题不断清晰地展现出来，它为我们找到科学的理论做了有益的铺垫。如果不是这些理论，我们恐怕无法接受公法法人财产所有权理论。公法法人所有权理论并不是我国学术界排斥的那样政治上存在重大瑕疵，相反，它较好地吸收了马克思主义关于国家作为虚幻共同体思想的合理内核，有机地结合了法人财产所有权理论、政府的经济人角色以及财政分权制度改革的成果等，历史地继承并科学发展了马克思主义唯物史观，是目前解析国有财产所有权理论比较成熟的工具。当然，该理论应当是一个开放的理论，需要不断融入许多新的内容以更好地完善自己的体系。如果我们看不到、不愿用民商法的规则——法人治理这种模式来精确地解决这个问

---

① 史尚宽：《物权法论》，中国政法大学出版社2000年版，第153—154页。

题，不承认法人所有权的理论，不许可在我国物权法中建立法人所有权制度，那我们永远也走不出旧体制旧理论的困境。在《物权法》的制定过程中，关于这个问题的争议以及该法不采纳科学理论的做法，已经给我们留下了很大的遗憾。[①]

二 公法法人所有权的观点

如上所述，在欧洲民法学著述中，普遍承认"公法法人所有权"的理论，美国法律实践中也出现了应用公法法人所有权理论的案例。从民法科学化的角度看，这是唯一可行的解决我国公共财政支配秩序面临的现实问题的法律道路。从近现代民商法法学发展的道路看，随着国家治理体系的现代化、科学化发展，人们已经越来越认识到，精确的社会治理，必须要借助于民法科学中的法律关系理论，必须借助于特定主体、特定客体、特定权利义务关系，来落实国家治理的各项指标。也就是因为这样，法人，尤其公法法人在这里承担了巨大的社会责任。

马克思曾经指出，国家真正作为整个社会的代表所采取的第一个行动，即以社会的名义占有生产资料，同时也是它作为国家所采取的最后一个独立行动。那时，国家政权对社会关系的干预在各个领域将先后成为多余的事情而自行停止下来。[②] 而在生产自由平等的联合体的基础上按新方式来组织生产的社会，将把全部国家机器放到它应该去的地方，即放到古物陈列馆去同纺车和青铜斧陈列在一起。[③] 相应地，在国家还不能真正作为整个社会的代表采取行动，在生产还未实现自由平等的情况下，国家还无法以社会的名义占有生产资料，国家还有其自身的利益，这种利益更多地表现为众多国家机器的利益，这就是我们所说的通俗意义上的机关法人的利益或事业法人的利益，也即公法法人的利益。

公法法人作为国家政权的组成部分因而享有公法上的地位，而在其参与民事法律关系时，其又是一个独立的民事主体，具有独立的人格。这种人格

---

① 孙宪忠：《物权法立法尚未解决的十六个问题》，载《争议与思考——物权法立法笔记》，中国人民大学出版社 2006 年版，第 238、241 页。
② 《马克思恩格斯选集》第 3 卷，人民出版社 1995 年版，第 631 页。
③ 《马克思恩格斯选集》第 4 卷，人民出版社 1995 年版，第 174 页。

是以财产为基础的，这不但是维持其自身存在的需要——正如人需要消耗食物一样，公法法人也需要各种各样的营养——而且也是其履行公共职能的需要。各公法法人所承担的提供公共产品或服务的职能要求其必须首先享有生产资料等的所有权。

基于主权意义或宪法意义而言国家是统一的、唯一的，这是毋庸置疑的。然而在民法意义上，公共权力机构从事民事活动的时候，它们就不是统一的、唯一的了。这个道理实在再简单不过了。因此国有财产的所有权并不是统一的，国有财产的所有权主体也不是唯一的。我国法学界必须明白，主权与所有权是不一样的法律概念。从主权与所有权的角度来看，拥有主权并不一定拥有所有权。香港、澳门、台湾是我国主权意义下的领土，但具体到个别情形，无论是香港、澳门还是台湾都还存在私有土地的情形。主权或宪法意义上的所有权与民法意义上的所有权是属于不同范畴的概念，发挥着不同的规制功能。用主权取代所有权如上所述是行不通的，而拥有民法上的所有权也并不能说明就相关不动产拥有主权。《北京人在纽约》一剧中女主人公购买了美国的一座岛屿，她拥有该岛屿土地的所有权，任何人不得侵犯其财产所有权，但其却在美国的主权管辖下。

第一，承认公法法人财产所有权首先符合物权特定的要求。公法法人也是民法上的人，它取得独立人格首先必须财产独立。财产是人格的保证，没有财产人格是无法存在的。我国传统上否定各级政府的公法法人地位，造成实践中的很多做法难以用物权法理来解释。一方面我们现行的很多规定总是试图否定各级政府的财产所有权，另一方面，各级政府享有财产所有权又是客观存在的事实。计划经济体制下如此，市场经济体制下更是如此。中央政府有所谓"央企"，地方政府也有所谓的国有企业，但实际上属于地方政府出资也由地方政府受益。承认各级政府财产所有权既是现实的需要，也是物权法理的要求。

第二，承认公法法人财产所有权有利于明确政府的责任。法人以其财产作为责任的保证。各级政府作为公法法人在参与民事法律关系时，其同样面临着承担各种各样的民事责任的问题。政府作为经济人在实现其利益或实现其目标时也会侵害其他民事主体的合法权益，而且有可能是最大的侵权者。承认各级政府财产所有权有利于明确责任的主体，便于确定各级政府所应承担的各种法律后果。如果仅仅承认中央政府的财产所有权,在诉讼角度便会造成很多烦累。

第三,承认公法法人财产所有权有利于提高政府服务的效能。公法法人能够更准确更及时地了解本地居民的需求,在公共产品或服务的供给上更能贴近本地的需要。公共产品根据不同的层次、不同的地域,有全国范围性质的公共产品,也有地域范围性质的公共产品。不同层次、不同地域公共产品的供给有必要由不同层次、不同地域的政府来实现,笼统地由全国或中央政府提供既不现实也不可能。我国是一个地域辽阔、民族众多、区域发展极不平衡,风俗习惯、文化传统多种多样的国家,不分层次、不分地域地讲公共产品的供给既不能有效提供民众所需,同时也不利于政治上的治理。

第四,承认公法法人财产所有权有利于调动各级地方政府的积极性。以前,我们将国有财产统一规定为国家所有(中央政府所有),各级地方政府不享有财产所有权。这样规定的后果是,各级地方政府除了伸手向中央政府要钱,"跑部钱进"外,由于不享有财产支配权,各级地方政府没有取得财产的积极性。因为,是否取得、取得多少都是中央的,与己无关,自己完全类似于一个打工仔,或像一个长工。这种取消地方各级政府财产所有权的制度建设在新中国成立至改革开放初期,曾经严重制约了地方各级政府的积极性。毛泽东时代实际上也曾经注意到这个问题,但限于时代的局限性没能很好地解决这一问题。改革开放后,放权让利、财政分权等一系列改革实际上承认了各级地方政府的财产所有权,如同农村大包干一样,财政包干以后,各级地方政府创造财富的积极性也得到了很大的提高,国民收入因而取得了显著的增长,这不能不说是财产所有权制度的贡献。

第五,承认公法法人财产所有权有利于规范政府的行为。承认公法法人的财产所有权并不意味着公法法人可以任意处置其财产,这需要对不同类型财产以及不同类型财产的使用目的等加以区别对待。对于公法法人的私有财产而言,公法法人完全享有民法上的处分权能;对于公法法人所享有的信托性质的财产,公法法人有一定的处分权,但使用收益受有限制。从公法法人财产所有权变动的角度来说,公法法人财产所有权的取得必须坚持取得依据法定、取得程序法定、取得标准法定等;公法法人财产所有权的消灭必须坚持严格的审批手续等。在公法法人财产所有权的维护方面,公法法人对于其管领或控制的财产负有不可推卸的责任或义务。

第四节 公有财产法制的类型化分析

在此，有必要指出的是，本书关于公法法人财产所有权问题的研究仅仅侧重于从物权的角度所进行的分析。财产广义上包括物权、债权、知识产权等，有鉴于本书讨论的局限，对于债权、知识产权等财产所有权的归属问题不再涉及。

国有财产，有的国家称为公产，有的国家称为公物。称公产者强调的是物的所有权归属，称公物者偏重于物的使用价值。①

依照大陆法系国家的公物理论，公物又称为"公产"，指的是，或者服务于行政活动（比如行政机关办公大楼、消防部门的消防设施），或者是行政主体支配下的直接服务于公共利益并供公众无须许可（比如街道、道路、广场）或根据特定的许可（比如学校、高等学府）使用的物品。②

无论是公产还是公物，只是研究视角不同，对象是一致的，即都是针对国有财产而言的。在此有必要指出的是，公产或公物皆属于行政法学上的概念，在传统民法理论中，物主要被区分为动产或不动产，没有公产的概念。

一 公产（公物）的类型化分析

公产基于不同的标准可以区分为不同的类型。

（一）动产公产与不动产公产

以公产的表现形式可分为动产公产与不动产公产。动产公产是指能够移动且移动不至损害其价值的公产，如公务车辆等；不动产公产是指性质上不能移动或虽可移动但移动会损害其价值的公产，如铁路、桥梁、办公用房等。在财产权形成过程中，土地成为国有是与土地的重要性联系在一起的。英国学者安德尔指出，土地是古代社会最重要的财产，而土地又是一种特殊

---

① 参见［德］汉斯·J.沃尔夫、奥托·巴霍夫、罗尔夫·施托贝尔《行政法》（第二卷），商务印书馆2002年版，第455页。

② 肖泽晟：《公物法研究》，法律出版社2009年版，第8页。

的财产，其特殊性在于它的"可易见性"、"固定性"和"安全性"。① 由于这三个特征，一方面，土地不能随人，亦不能被隐藏和变形，从而能够为政治权力和军事权力所支配；另一方面，政治统治者需要以土地作为其权力存在的基本条件，土地不仅提供了一个政治单位的领土范围，而且统治者要依赖对土地的占有而组织军队。② 土地因而成为最为重要的不动产。这一点在计划经济时代并没有得到充分的重视，那时土地国有，舆论宣传也是地大物博，获得土地基本是无偿的，土地本身没有多少价值。但是，现在不同了，随着人口的增长，工业化、城镇化的发展等，土地越来越成为稀缺资源，土地作为不动产的价值也在不断提升。

（二）国有公产、集体公产与私有公产

以公产的所有权归属可分为国有公产、集体公产与私有公产。这种分类模式明显带有中国特色，现行《物权法》在财产的归属问题上采取的也是将其归纳为国家所有的财产、集体所有的财产以及个人所有的财产。上述分类所存在的最大的问题是国家或集体都是一个抽象的概念。而为了解决这一问题，《物权法》不得不在第45条第2款规定，国有财产由国务院代表国家行使所有权。至于集体则不是法律意义上的概念。而且虽然《物权法》规定了农民集体所有的不动产和动产属于本集体成员集体所有；城镇集体所有的不动产和动产，依照法律、行政法规的规定由本集体享有，但实际情形是，现在所谓的集体财产几乎是名存实亡。与此形成鲜明对照的是国外在公产所有权的归属方面明显采取的是公法法人所有的标准。例如，法国将公产划分为国家公产、省级公产、市镇公产以及殖民地公产（殖民地公产在各殖民地独立后不复存在）；日本学者则以其国家财产法和地方自治法将公产分为国有财产和公有财产。

（三）自有公产与他有公产

以公产的归属与管理权是否一致可分为自有公产与他有公产。自有公产又称为公有公产，他有公产又称为私有公产。自有公产的管理权人同时为该公产的所有权人，他有公产则是指公产的管理权人并非所有权人。我国刑法

---

① ［英］安德尔·里佛：《论财产》，麦克米兰教育有限公司1986年版，第81页。
② 王利明：《国家所有权研究》，中国人民大学出版社1991年版，第45页。

上有将在国家机关、国有公司、企业、集体企业和人民团体管理、使用或运输中的私人财产以公共财产论的规定（《中华人民共和国刑法》第91条第3项）。此外，于行政征用情形下，私人财产处于行政机关使用控制下，应当以公产论，属于行政主体的他有公产。自有公产与他有公产的区别实际在于分析公产的实际使用状态。

（四）自然公产与人工公产

根据公产实体成立过程不同可将公产分为自然公产与人工公产。自然公产是指以其自然状态的原样即已具备供公用的实体物，例如，河川、海岸、湖泊等。人工公产则是指通过人力的加工，由行政主体提供公益目的使用的实体物，例如，道路、公园、桥梁等。自然公产与人工公产的区分实益在于其公共使用目的设定程序上有所不同。一般而言，自然公产的设定不需要特定的行为，只要其事实上处于供公共使用的状态即已构成公产，而人工公产则通常须有明确的表示行为，如举行通车典礼，发布公告、通知，剪彩等。例外的也可通过某些事实行为或默示行为等方式完成其设定行为。实践当中多流行明示的形式，尤以各种典礼、剪彩等为主要形式。

自然公产与人工公产的区分在实务当中更多地被区分为资源性财产与行政财产等。资源性财产即自然公产以其本来的存在状态供公众使用收益，行政财产则是通过人类加工所取得的财产。此外，实务当中，行政主体的财产还包括财政财产。与自然状态的资源性财产以及人工形成的行政财产（主要是不动产）不同的是，财政财产主要表现为现金、有价证券等动产形式。

（五）融通性公产与不融通性公产

以公产有无专属性可分为融通性公产和不融通性公产。凡公产得移转其所有权为私有的，是融通性公产。不融通性公产则不能为私人所有，如河川、湖泊、飞机战舰等。融通性公产与不融通性公产的区别实益在于流转上的限制或禁止。于融通性公产得为转让并实现收益，于不融通性公产不得转让。这里的转让指的是向私主体的转让。行政主体间的调配与此处的流转有着本质的区别，虽同样会引起物权的变动，但不属于此处所要讨论的流转。

（六）公务使用公产、公众用公产与投资用公产

根据公产用途的不同，公产被区分为公务使用公产、公众用公产以及投资用公产。所谓公务使用公产指的是专门供公法法人从事公务活动所使用的

财产，如公务车辆的使用者只能是公务人员等。公务使用公产得排斥公众的使用，而为公法法人所单独使用。公众用公产是指由公法法人提供给公众使用的公产。公众用公产仍属于公法法人，但是使用上不得排斥公众的使用，其设立也主要是为了公众的使用，如各级机关的行政服务中心等。投资用公产是指由公法法人所享有的用于投资的财产。公法法人作为经济人虽不能如民法法人一样作为市场竞争主体，但作为市场竞争规则的制定者与执行者，为贯彻各项规则的具体落实，在利用政策手段的同时往往还需要利用一些经济手段干预市场。特别是在关系国计民生、国家安全与稳定的领域，公法法人仍有直接参与的必要，因而有投资用公产存在的必要。

公物是对国有财产的另一种界定，与公产只是视角不同，在类型的划分上与公产大致相同，其区分的标准也基本上是一致的，诸如动产公物与不动产公物；自有公物与他有公物；国有公物、公有公物、私有公物；自然公物与人工公物等的区分，在此不再一一类比了。

总之，在国有财产的分类及归属问题上，各国虽或有交叉，或有重叠，但基于各国用语及归属的规定不同有时很难采用统一的标准加以分析。有鉴于此，想要了解各国关于国有财产的具体分类及归属情形，还有待于对各国国有财产分类及归属情形进行具体分析。

在此，有必要指出的是，在我们看来，根据物权特定的法理，公产或公物实为行政法上或宪法意义上的概念。从物权法的角度上讲实质上仍属于行政主体的私产，只是各自研究的视角不同。在行政法或宪法等公法意义上国有财产被称为公产，而在民法领域里，国有财产实质为各级政府的私产。而其之所以被冠以公产的名义只不过在于强调其使用、收益与处分上所负担的公益职能。对民法而言，公产并没有法律上的意义而只有描述性的意义。

二　大陆法系

（一）法国国有财产的类型化分析

法国 1957 年《国家财产法》第 2 条规定："国有财产中，由于本身性质或由于政府指定的用途而不能作为私有财产的属于公产。其他的财产属于私产。"

1. 私产及其归属

法国《国家财产法》第 2 条所说的"私产"是指属于"公法法人的私产",而不是指属于个人所有权的私有财产,也就是"属于公法法人所有但又不属于公产"的那些财产。这样的私产可以进入法律意义上的商业交易,(公法)法人对这些财产享有所有权,可以转让这些财产,可以用其设置利于个人的物权,个人也可以依时效取得这些财产。对于这一类财产,以下两点值得注意:一是要由行政法的规则来确定哪些公务员对这些财产行使管理权和处分权,按照什么样的条件行使管理权和处分权(《国家财产法典》2006 年 4 月 22 日由《公法法人财产总法典》取代);二是行政法的规则禁止无偿转让这类财产,禁止债权人对这些财产实施扣押,因为,法律上不存在可以对行政部门实施的"强制执行途径"。①

2. 公产及其归属

在我国,有学者从公产的具体表现形式角度将公产划分为共用公产、公用公产及与公产接触的物体。其中道路、公园等供公众直接使用的公产为共用公产;为政府机关、文化馆所等公务使用的公产为公用公产;和公产接触的物体包括公路下层的底土和上层的高空、火车站的人行道等不可分割的补充物,以及公路两旁的里程碑、街灯等有益的附属物。②

这种分类方法就其标准而言谈不上科学,这主要反映在分类标准不统一上。另外,这种分类强调的是公产的使用而非所有,反映不出公产的所有权状况。因此,从公产所有的角度来说,这种分类不具意义。

另有学者依据公产的空间地理位置将法国的公产划分为海洋公产、河川湖泊公产、空中公产、地面公产等。其中海洋公产包括领海,以及和领海的位置及作用有关的各种自然物及人造物在内,不包括经济区和大陆架。河川湖泊公产包括:①政府指明可以通航或放排的河川、湖泊和运河;②上述河川、湖泊和运河,从政府列名的表上除名以后继续维持通航或放排时,由政府咨询最高行政法院后以命令规定为公产;③为了保证航行、农业、工业、

---

① 〔法〕弗朗索瓦·泰雷、菲利普·森勒尔:《法国财产法》,罗结珍译,中国法制出版社 2008 年版,第 666 页。

② 黄军、李琛:《国家所有权的分类立法分析》,《探索与争鸣》2005 年第 5 期,第 106 页。

居民用水以及防洪等目的，经政府指定作为公产的河川和湖泊。河川和湖泊不必全部作为公产，政府可以根据情况只以其中一部分作为公产。属于公产部分的河川如有支流，支流也是公产。公产的范围包括河底、湖底、满水时的河岸和堤岸。河中的水流不是公产，政府对于流水只有用益物权，没有所有权。公产河川内部的冲积地属于国家私产。通航河川的码头、港口、水闸等属于公产。关于空中公产的归属问题，法国的领空是否属于国家的公产，在法国学术界曾经有过不同意见。有人根据《法国民法典》第522条的规定"土地所有权包括该地上空和地下的所有权"，认为空间的所有权属于地面上的土地所有者。有人认为空间属于无主物，只受国家警察权的管辖。有人根据《法国民法典》第714条的规定"不属于任何人的物体其所有权属于大众"，认为空间是共有物。当前学术界的意见认为法国的领空属于国家的公产，只是空间公产的范围如何仍然没有确定。地面公产包括：①国有道路、省有道路、市镇道路（乡村小道除外）、道路的底土及其附属物，例如桥梁、人行道、排水系统、支墙、界碑、信号标志、广告牌、路灯、道旁树木等道路公产。②行政主体经营的铁路及其附属物，例如车站、桥梁、过道等。③供公众使用的墓地、菜市场、教堂、体育场、散步休息场所以及图书馆的藏书和文献、博物馆的展览品等。④除上面列举的公产中有一部分可供公务使用外，其他公产中供公务使用的公产甚多，不胜枚举。重要的有：要塞、军港、兵工厂、公立医院、公立屠宰场、通信设施等。①

　　无论是共用公产、公用公产还是海洋公产、河川湖泊公产等，从法国《国家财产法》的有关规定来看，上述公产似乎并非公法法人的财产。但是，有必要注意的是，根据法国公法法人财产所有权制度的演变，法国民法理论及法院的判例都已明确承认行政主体对公产的所有权。只是这种所有权性质上为私有所有权还是信托所有权并不是很清楚。依我们的见解，从可以转让以及个人可以时效取得行政主体的私产的角度判断，法国法上所谓的私产应指的是行政主体的私有动产，而不包括不动产，因为不动产是严格禁止转让的，且不适用时效取得制度。就法国法上所谓的公产而言，无论是共用公产、公用公产还是与公产接触的物体，以及地面公产，主要指的是不动

---

　　①　王名扬：《法国行政法》，北京大学出版社2007年版，第244页。

产，对于上述不动产，理论与实务虽都承认行政主体享有所有权，但这种所有权在性质上不同于私有所有权，因为行政主体不能像私人那样随意处分其所有权，而处分权是所有权作为私权的核心要素，行政主体在这里所享有的所有权是受到公益限制的所有权，也即公众享有受益权，而行政主体享有的是有条件的处分权，因此，与海洋、湖泊公产等相同具有信托所有权的性质。至于空中公产则难以用民法物权理论加以解释，因为物权为对物的支配权，空间领域非为人类能够直接加以控制和支配，不属于民法上物权的范畴，因而也谈不上所有的问题。

关于公产或公物的分类，动产与不动产以及有形财产与无形财产是《法国民法典》对财产最基本和最重要的分类。此外，还有消耗物与非消耗物（《法国民法典》第587、1874条）及可替代物与不可替代物的划分。所谓消耗物，是指某些不经消灭不可使用的物，其消灭或为物理上的消灭（如食品），或为法律上的消灭（如金钱，其使用须以放弃对其物理上的占有为条件）；所谓非消耗物，是指某些虽经使用甚至重复使用而并不归于消灭的物（如土地）。在消耗物与非消耗物间还存在一种中间类型的物，即消费物。消费物不因初次使用而消灭，但它消灭的速度极快，如小汽车、家用电器等。消费物常因陈旧过时而被废弃。①

对于消耗物如货币而言，如果不承认公法法人对其获得的财政拨款、转移支付等享有所有权，则公法法人在利用（实际上等于处分）上述财产的情况下就属于无权处分，对于无权处分，公法法人负有返还的责任，这无论是在理论上还是在实践中都是很难解释的。消耗物是如此，消费物也是如此。至于非消耗物，如土地及建筑物等，公法法人享有的是受公益限制的所有权，公众有使用收益权，公法法人享有的是有条件的处分权，其性质类似于信托所有权。

而事实上，从财产性质的确定来看，对公产与私产间界限的划分是相当困难的。对此，法国的经济学家有许多论述。但仅就最基本的划分标准而言，其原则却又是简单的：当财产直接为公众使用或服务于公众时，其即为公产的一部分。

---

① 尹田：《法国物权法》，法律出版社2009年版，第94—95页。

在法国，财产都是有主物。无主物的产生或基于物的属性（公有物），或基于某种事实状态（无主财产）。而就无主财产而言，在法国不存在无主不动产，这是因为，缺乏所有人的不动产依法应属于国家（《法国民法典》第713条）。此外，如果土地所有人为规避地产纳税而丢弃土地，该地产应属公共财产（《法国普通税法》第1401条）。

实际上，唯有动产才可以成为无主财产。动产成为无主财产有两种类型。

①某种财产从未发生过权利归属，但该财产可以产生所有权。例如，猎取的动物或钓到的鱼，这些在罗马法上被称为无主物的财产即无主财产不属于任何人，但可为任何人捕获。②某些财产虽曾有过所有人，但被原所有人丢弃，此即抛弃物，如今天常见的人们丢弃的垃圾。[①]

（二）德国国有财产的类型化分析及其归属

与法国不同，德国将国有财产界定为公物。按照德国法的规定，公物是指由行政机关为遂行行政目的而提供公用，并适用行政法规之物。公物有广义上公物与狭义上公物之分。广义上公物又被称为公产或官产，是指由国家或自治团体直接或间接供行政目的使用之物，包括财政财产（或收入财产）、行政财产（或公用物）、共用财产（或共用物）。狭义上公物仅指行政财产及共用财产，不包括财政财产。[②]

公用物与共用物通称为公共物，在所谓的公共物上存在特殊的公共所有权的学说，广为人们所接受。即使是那些服务于公共使用之途（如街道、道路、水路）或服务于真正的国家目的（如用于行政管理的建筑物、学校）的物，仍存在于公法团体（如国家、市镇）的民法所有权中。当然，在对该物公法规定范围内，这类所有权的民法内容要受到排挤。例如对某一街道的所有权，只能在通过行政行为而废除其作为街道的用途时（公法用途废除），才能转让给私人，以供其自由使用与处分。而公共物所有权人，也不得禁止——不同于《民法典》第903、905、1004条规定——因公共使用而产生的

---

① 尹田：《法国物权法》，法律出版社2009年版，第102—103页。
② 涂怀莹：《行政法原理》，台湾五南图书出版公司1987年版，第459—460页；陈新民：《行政法学总论》，台北三民书局1997年版，第335页；陈敏：《行政法总论》，台湾三民书局1998年版，第840页。

影响。对于公共物，除适用民法物权法外，还适用于行政法法律；而在有疑问且民法效力范围并未完全丧失时，在适用上以行政法规范为准。①

从德国法的上述规定来看，财政财产属于行政机关的私产，行政机关对其享有私有所有权，与私人所享有的所有权并无二致。但是，对于公用物与共用物即所谓的公共物，虽存在于公法团体的民法所有权当中，但从该所有权所受限制来看，行政机关享有的是使用、收益权归公众所有的信托所有权。行政机关虽得处分但必须于公用或共用用途废止后方可进行。在公共物公用或共用用途废止后虽得为行政机关的私产，但区别动产与不动产，于动产行政机关享有私有所有权，于不动产，行政机关享有的仍属于信托所有性质的所有权。如行政机关的办公大楼，在其公用用途废止后，行政机关并不能随意处分其所有权，而必须坚持公益的目的，其用途的变更或所有权的移转都要受到公众使用、收益目的的限制。

在德国有所谓的宪法上的所有权说，所谓宪法上的所有权指应享受《基本法》第14条，对所有权所提供保障的所有财产利益。该条所指所有权保障，经由联邦宪法法院，在可追溯至黑格尔氏法哲学学说基础上，所作的司法解释，已与个人人格自由理念紧密相连。所有权应保障基本权利承担者，在财产法范畴中，享有一个自由空间，以使其独立而负责人格，能得以形成与发展。个人必须拥有获得财产利益的可能性，对其财产利益，能单独地按自己的意愿进行使用，并予以处分。故而，赋予单个权利人此种权限权利，也就是宪法上的"所有权"。

属于宪法上所有权概念者，不仅为民法上的所有权，如同限制物权而仅含有受限制用益权能与变价权能的其他权利，亦包含于其中。宪法上的所有权，其客体也不仅仅是物，无形财产权、在不可把握客体上所成立的版权，也受《基本法》第14条保护。所有权保障，还包括对集合物、财团以及企业的保护。②

（三）意大利国有财产的类型化分析及其归属

《意大利民法典》将国有财产区分为两大类：一是可处分的国有财产；

---

① ［德］鲍尔、施蒂尔纳：《德国物权法》（上册），张双根译，法律出版社2004年版，第14页。
② 同上书，第518页。

二是不可处分的国有财产。对可处分的国有财产的法律调整方法与私人财产并无二致，国家作为所有权人与私人所有权人具有平等的法律地位。不可处分的国有财产由公共财产以及其他不可处分的国有财产所组成，公共财产包括海岸、江河、公路、机场、文化历史遗产、公墓和市镇的集市等。其他不可处分的国有财产主要是指林木、矿藏、具有历史考古艺术等价值的物品、组成总统薪俸的财产、军事设施、公共机构的办公设施等。由于不可处分的国有财产具有公法因素，故其所有权在民法上是不完全的，且这种不完全性或者公法因素的含量与财产的公益性程度相关。①

从《意大利民法典》的具体规定来看，意大利国有财产的类型及归属情形大概如下。

1. 国有财产

《意大利民法典》第822条（国有财产）第1项规定，海岸、湖边、湖岔、港湾、河川、溪流、湖沼以及依与此有关的法律规定为公的其他水域和国防用的工作物，属于国家，而且成为国有财产的一部分。同条第2项规定，其属于国家的场合，如道路、汽车公路、铁路、飞机场、水路、依与此有关的法律规范被认定有历史的、考古学的或者艺术价值的不动产、博物馆、美术馆、记录保存所、图书馆的搜集品以及依法律适用国有财产的固有规定的其他财物，同样为国有财产的一部分。第823条（国有财产的法律上的状态）第2项规定，作为国有财产的一部分的财物的保护属于行政官厅。行政官厅有或者依行政手段采取适当处置，或者依本法典所定利用关于维护所有权及占有的通常方法的权能。第932条（埋藏物）第3项规定，关于历史的、考古学的、古代人类学的、古代生物学的及关于有美术重要性的标的物的发现，遵照特别法的规定。第933条（海中的漂流物、海滨的植物及航空机的遗物）第1项规定，向海中抛弃的物、由海中向海岸冲来的物，以及沿着海岸生长的草木的权利，依特别法规定。同条第2项规定，关于航空机的发现及航空机的遗物，同样应依特别法的规定。第945条第1项规定，在河川或溪流的河床形成的岛屿及土地的结合，属于国有财产。

这里的国有财产从其归属的角度来看应属于中央行政官厅的财产。

---

① 黄军、李琛：《国家所有权的分类立法分析》，《探索与争鸣》2005年第5期，第106—107页。

2. 国家、县及市镇村的固有财产

根据《意大利民法典》第 826 条（国家、县及市镇村的固有财产）第 1 项规定，属于国家、县及市镇村的财物而不属于前数条所示的财物的种类时，分别构成国家、各县及市镇村的固有财产。同条第 2 项规定，依与此有关的法律规范构成国有的森林、矿山、煤田及泥炭矿而其转让性已从基地的所有人剥夺时，由某人或以某种方法在地下发现的历史的、考古学的、古人类学的、古生物学的及在美术方面有重要性的物品，构成共和国领导人经费的财物，兵营，武器，军用飞机及战舰，为国家的不得转让的固有财产的一部分。同条第 3 项规定，政府机关事务所的建筑物与其备品一起，或供公共使用的其他财物，按其所属，为国家或分别为县及市镇村的不得转让的固有财产的一部分。第 827 条（无主不动产）规定，不为任何人所有的不动产，属于国家的固有财产。

根据《意大利民法典》第 828 条（固有财产的财物在法律上的状态）第 1 项规定，构成国家、县及市镇村的固有财产的财物，以没有关于此种财物的特别规定及另外的规定为限，适用本法典的规定。

3. 县及市镇村的财产

《意大利民法典》第 824 条（适用国有财产规定的县及市镇村的财物）第 1 项规定，与第 822 条第 2 项所示的同种财物，其属于县或市镇村场合，适用国有财产的规定。同条第 2 项规定，市镇村的墓地及市场，适用与上述同一的规定。第 826 条（国家、县及市镇村的固有财产）第 1 项规定，属于国家、县及市镇村的财物而不属于前数条所示的财物的种类时，分别构成国家、各县及市镇村的固有财产。同条第 3 项规定，供政府机关办公事务所的建筑物与其备品一起，或供公共使用的其他财物，按其所属，为国家或分别为县及市镇村的不得转让的固有财产的一部分。

从意大利国有财产的规定来看，可处分的国有财产基本为动产，但专属于国家所有的动产，如具有特别历史考古价值的文物，或具有特定用途的动产如武器弹药等，以及其他禁止流通的动产如毒品等，属于国家所有或官厅所有，私人不能取得所有权。而不可处分的国有财产基本为不动产，对于不动产，无论是中央官厅还是县及市镇村等都必须维持其公用或共用的目的，其不可处分并非完全不能处分，而是其处分要受到公益目的的限制，实质上也属于信托所有的性质。

（四）日本国有财产的类型化分析及其归属

在日本，国有财产的界定交替使用公产与公物的概念。所谓公物是指由国家或公共团体基于公共目的而提供公众使用的有体物。[1]

日本有关公物的法律主要有两个：一个是《国家财产法》，另一个是《地方自治法》。公产被区分为行政财产和财政财产。[2] 行政财产是指由国家或公共团体为公的目的所使用的财产，包括公用财产、公共使用财产、皇室用财产、企业用财产等。行政财产外的财产统称为财政财产（又称普通财产）。包括国有或公有的现金、有价证券等。在学理上，公物有最广义、广义与狭义的区分。最广义的公物概念包括行政财产与财政财产两大部分。广义的公物概念则仅限于行政财产。而狭义的公物概念仅指公共使用物。所谓公共使用物，是指作为行政主体的国家或者地方公共团体提供于公共使用的公物，比如道路、河川、海岸、公园、广场等。学界普遍采用的是广义上的公物概念。[3]

公物根据所有权主体的差异，分为国有公物、公有公物、私有公物；根据公物管理主体与所有权主体是否统一，分为自有公物与他有公物。[4] 公物是自有公物，这是通常的理解。[5]

在日本，物除了直接提供用于公共行政的情形以外，还间接地被作为推行行政目的的手段而使用。例如，国家政府机关及地方公共团体机关的土地、建筑物、桌子，职员用的电脑、铅笔等物品即是这种情形。没有这些物，行政则无法推行，这是不言而喻的。[6]

从动产与不动产区分的角度来看，对于桌子、电脑、铅笔等类的公物宜

---

① ［日］盐野宏：《行政法》，杨建顺译，法律出版社1999年版，第742页。

② 财政财产又被称为普通财产。参见［日］和田英夫《现代行政法》，倪建民、潘世圣译，中国广播电视出版社1993年版，第157页。

③ 朱维究、王成栋：《一般行政法原理》，高等教育出版社2005年版，第206页，另可参见［日］和田英夫《现代行政法》，倪建民、潘世圣译，中国广播电视出版社1993年版，第157页；黄军、李琛《国家所有权的分类立法分析》，《探索与争鸣》2005年第5期，第107页。

④ ［日］和田英夫：《现代行政法》，倪建民、潘世圣译，中国广播电视出版社1993年版，第157—158页；［日］盐野宏：《行政组织法》，杨建顺译，北京大学出版社2008年版，第247页。

⑤ ［日］盐野宏：《行政组织法》，杨建顺译，北京大学出版社2008年版，第250页。

⑥ 同上书，第235页。

承认国家政府机关及地方共同团体机关对这些物的私有所有权。因为，如果不承认其私有所有权，则国家政府机关或地方公共团体在消耗此类动产的过程中便存在无权处分的情形，而物又被实际消耗掉了，按照无权处分的规定，国家政府机关或公共团体应负返还原物或赔偿损失的责任，不利于国家政府机关或公共团体履行公共职能。对于财政财产，如现金、有价证券等，基于这种类型动产的特殊性，其以占有为所有权的表现形式，国家政府机关或公共团体当然享有私有所有权。而对于国家政府机关及地方共同团体机关所占用的土地、建筑物则不能简单地以私有所有权加以界定。无论是国家政府机关还是地方公共团体机关都不能随意处分其所占有的土地及建筑物等不动产，而必须受到公众使用、收益目的的限制，应以信托所有来解释。

从日本现行的法律规定看，在公物的归属问题上并不当然地否定私人的所有权。所有权属于私人的公物，即私有公物（他有公物）的存在，被视为公物管理法（《道路法》第 4 条，《河川法》第 2 条）及财产管理法（《国有财产法》第 2 条，《自治法》第 238 条第 1 款第 4 项）的前提。①

（五）前苏联及俄罗斯国有财产法制分析

1. 前苏联国有财产归属的特征

（1）主体的统一性或唯一性。根据前苏联学者的解释，国家是全部国家财产统一的和唯一的所有人，也是每个单独客体的所有人，不管责成什么样的国家机关（联盟的、共和国的、地方的）来行使国家的权能，也不管一定的财产综合体固定给国营的企业、生产联合企业还是国家机关和其他组织，国家不与任何人分享所有权。国家财产依照某种根据可以从一个国家机关移交给另一个国家机关（例如，根据行政命令从一个部的管辖移交给另一个部管辖），或者从一个经济组织移交给另一个经济组织（例如依照供应合同），在所有权上并不发生任何变化：国家一如既往，始终是财产的所有人。

（2）客体的广泛性。根据前苏联法律的规定，任何财产都可以属于国家所有。因此，国家所有权的客体是多种多样的。

苏联《宪法》第 11 条规定，土地、矿藏、水流、森林为国家所专有的客体。此外，列入国家所有权的重要客体的，还有各种企业、生产联合企业

---

① ［日］盐野宏：《行政组织法》，杨建顺译，北京大学出版社 2008 年版，第 250 页。

和其他经济组织。企业、生产联合企业和其他经济组织，是国家所有权的复合客体，包括企业名称权、商标权、发明权等。苏联的国家档案是国家所有权的特殊客体，为数众多的历史文物——历史古迹所在地的建筑艺术作品、古城堡、革命文物、军事纪念物、古代遗物及其他①等——都属于苏联国家所有权的客体。

（3）权能的无限性。前苏联高度行政化的国家所有权性质决定了其所有权的权能也是多种多样的，除了民法上的占有、使用、收益、处分等权能外，各种各样的管理权能也是苏联国家所有权权能的重要特色。

2. 俄联邦以来国有财产的分类及归属问题

在俄罗斯由计划经济体制转向市场经济体制的过程中，传统民法理念得以回归，传统民法的所有权观念得以复兴。按照罗马法有关"公权"和"私权"的划分，《俄罗斯联邦民法典》将公民和法人规定为具有私权性质的所有权主体，将国家以及市政组织界定为具有公权性质的所有权主体。在国有财产所有权归属问题上，俄联邦、各加盟共和国、各自治州、各自治区、各民族区以及莫斯科市、圣彼得堡市等，都为国家所有权的主体。②

在土地这一重要自然资源所有权的归属问题上，俄联邦一改过去国家垄断的状况，承认土地的私有权以及建立于其上的他物权。土地所有权归属的上述重大变化是俄罗斯在总结过去几十年经验的基础上结合科学的物权法理得出的结论。实践证明，土地国家唯一或统一所有不仅未能实现土地资源的合理开发和利用，而且还造成了土地资源的大量闲置、浪费，甚至破坏。取消国家对土地资源的垄断，确认土地多元主体不仅有利于土地的开发和利用，而且对于保护土地、促进土地产权市场的形成、增进农民的积极性等都具有重要意义。实质上，我们国家现行物权法将农村土地使用权期限延长至30年（有些土地的使用期限甚至更长），在某种意义上虽未明确农民对土地的所有权，但这种长期使用权也有类似所有权的性质。

基于上述认识，俄联邦土地法规定，土地不仅可由联邦、各加盟共和

---

① ［苏］B. П. 格里巴诺夫、C. M. 科尔涅耶夫：《苏联民法》上册，中国社会科学院法学研究所民法经济法研究室译，法律出版社1984年版，第317—322页。

② 鄢一美：《俄罗斯当代民法研究》，中国政法大学出版社2006年版，第253页。

国、各自治州、民族区所有，公民和法人亦可拥有对土地的所有权。正如对其他财产的所有权一样，上述主体对于土地同样具有使用、收益和处分的权利。当然，这种权利的行使是以不违背国家主权为前提的。①

作为一系列改革的成果，1993 年 12 月 12 日通过的《俄罗斯联邦宪法》第 8 条 2 规定："在俄罗斯联邦，私有财产、国有财产、地方所有财产和其他所有制形式同等地得到承认和保护"；第 9 条 2 规定："土地和其他自然资源可以属于私有财产、国有财产、地方所有财产和其他所有制的形式。"1995 年 10 月 18 日俄罗斯通过的《俄罗斯联邦水法》将俄罗斯联邦水体所有权形式分为水体国家所有权（其又包括水体联邦所有权、水体联邦主体所有权两种）、水体地方所有权和水体私人所有权。2001 年 10 月 25 日《俄罗斯联邦土地法典》颁行，该法第 1 条规定："将国家土地所有制划分为俄罗斯联邦所有制、俄罗斯联邦各主体所有制和市政组织所有制，根据这一原则，由联邦法律规定这种划分的法律基础和程序。"上述规定奠定了中央与地方分别所有的国家所有制的基本格局。当然，这里的所有制，指的是所有权。②

相应地，这些成果也为《俄罗斯联邦民法典》所继承，该法第 214 条规定，凡"不属于公民、法人或任何地方自治组织所有的土地和其他的自然资源，都为国有财产"。这里的国有包括俄联邦所有，俄联邦各主体所有，自治州、自治区等所有，实质为各公法法人所私有，只是这种私有带有信托所有的性质。各公法法人享有处分权，而公众则享有使用、收益权。

俄联邦和俄联邦各主体作为国有土地所有权的主体，有其身份上的特殊性，他们不仅是国有土地所有权的主体，同时也是国家主权的代表。俄联邦和俄联邦各主体的国家主权及于其境内的全部领土，而所有权仅及于构成联邦财产和联邦主体的那部分土地。俄联邦和联邦各主体在出售国有土地时，以国有土地所有权的主体出现，而在划分联邦"国有"和联邦主体"国有"土地时，则以主权者的身份出现。③

---

①　鄢一美：《俄罗斯当代民法研究》，中国政法大学出版社 2006 年版，第 255—256 页。

②　常健、饶常林：《当代俄罗斯国家所有制：法律形成与特点评析》，《首都师范大学学报》（社会科学版）2009 年第 4 期，第 69 页。

③　鄢一美：《俄罗斯当代民法研究》，中国政法大学出版社 2006 年版，第 331 页。

土地等自然资源的所有权归各公法法人所有，税收等财政财产也属于各公法法人所有。俄罗斯坚持在国家和地方事务上实行"辅助原则"，凡地方能办的事情都由地方处理，相应的费用也由地方承担，这些费用的来源也都是地方的税收。联邦不承担地方的债务，地方也不承担联邦的债务，各自财产相对独立。

（六）我国台湾地区财产的类型化分析及其归属

"公物"一语在台湾地区非实定法上的概念，只是学理上的用语。与日本学者的分类标准一样，在台湾，公物也被区分为最广义上的公物、广义上的公物以及狭义上的公物。在内容上，最广义上的公物包括财政财产、行政财产以及公共使用财产三类。财政财产又称收入财产，此种财产系指行政主体所有金钱物及其收益，用以作为行政费用或财源者，如公库现金、有价证券、"国有"山林土地及其他经济上可供公众利用天然力及可利用财产，如可供作建材的土石、泥沙等。在台湾，财政财产系行政主体的财产，其必须以本来具有经济交易价值为限，始得依"国有财产法"处分，若原属公共使用财产，即不得擅为变更，甚或处分。① 行政财产系指行政主体为达行政目的，直接供各机关公用的物件，如办公厅舍、职务宿舍、各种办公用品、电脑设备、消防队设备等，又如各县市政府所设置垃圾焚化炉或所开发垃圾掩埋区，亦属行政财产。公共使用财产系指行政主体为遂行政目的，直接供诸一般市民使用有体物。公共使用财产又分为三种形态，一为一般使用公物，二为特别使用公物，三为营造物利用公物。形式上，与日本不同的是，在行政财产与财政财产外，加了一个公共使用财产，这在日本是被包括在行政财产内的。两者只是形式上不同，内容上没有本质的区别。

广义上的公物系指行政主体直接供行政目的之用，包括前述的行政财产与公共使用财产。此种公物不以所有权为区分标准，而以是否直接供行政用为标准。例如行政机关可能租用民间房舍以为办公厅舍，或县市政府可能无偿借用私人土地以开辟供公众使用公园，此时该公园亦属公有公共设施；甚或因公用地役关系所形成"既成巷道"亦属。

狭义上的公物系指行政机关遂行行政任务所提供的公物，包括直接供一

---

① 参见李惠宗《公物法》，载翁岳生《行政法》，中国法制出版社 2009 年版，第 423 页。

般人民通常利用或特别利用之公用财产。

行政财产系属行政机关内部使用物，其成立及运作系组织法的问题。一般公物法所称公物系指功能上供公众一般使用公物。供一般人民使用公物虽有公有与私有区别，但在公物法上，不问其民法上所有权归属。[①]

三 英美法系

在以自由市场经济为特征的英美法系国家的法律概念中不存在所谓的公产（或公物）。就自然资源的所有权而言，英美国家普遍适用的是公共信托理论。依据该理论，政府受托于国民党享有自然资源的所有权，而公众则有权对自然资源进行非排他性的使用收益。

根据美国各州的公共信托理论，公共信托资源，如河流、湖泊、公园、湿地等都是以信托的方式为了人们的利益而由州加以控制，州在法律上享有对信托资源的所有权，而人们则可以为航行、钓鱼、商业和娱乐等公共目的而使用这些资源。并且，在州不履行义务时，公众可以提起基于公共信托的诉讼。也就是说，州对信托资源的所有权是受到限制的，州不能为了私人利益（无论是政府的还是个人的）而处置这些财产。[②]

从上述有关公共信托理论的描述来看，政府享有资源性财产的所有权，只是这种所有权受两个限制：一个是不享有收益权；另外一个是其处分权受公共信托用途的限制。

对于行政性财产而言，供政府机关使用的电脑、桌椅、纸张、车辆等动产属于各公法法人私有所有权的范畴，而供政府机关使用的土地、房屋及其他建筑物等不动产则仍有适用信托所有的必要。对于上述不动产，联邦及州等的处分权需要受到信托契约的约束。

对于财政性财产而言，美国宪法和法律规定联邦及各州、各地方自治团体的财产皆属于其自身所有，联邦的财产与州及各地方自治团体的财产是分立的，各自有各自的收入渠道，各自有各自的支配权，不受联邦政府的干涉。

---

① 林锡尧：《行政法要义》，法务通讯杂志社 1998 年增修版，第 503 页。
② 肖泽晟：《公物法研究》，法律出版社 2009 年版，第 75 页。

在英国，虽然大部分的财政收入归中央政府所有，但各地方政府的经费一经确定后亦归其所有，非依法律程序，中央政府不能收回其拨付。对于行政性财产，区分动产与不动产有适用私有所有权与信托所有权的不同。至于自然资源的所有权实行的则是公共信托所有权的规定。

四　我国国有财产的类型化分析

在我们国家的《民法》、《行政法》中并没有关于公产或公物的规定，相应地也不存在诸如资源性财产、行政财产、财政财产（收入财产）等的划分。现行《宪法》、《民法通则》以及大量的行政法规有关国有财产的规定也大都是从客体的角度采取了——列举的方式确定具体财产的归属。这种立法模式实际上还是计划经济体制下国家统一所有的反映。

根据《物权法》的规定，下列财产属于国家所有：①矿藏、水流、海域（第46条）；②城市的土地以及法律规定属于国家所有的农村和城市郊区的土地（第47条）；③森林、山岭、草原、荒地、滩涂等自然资源（法律规定属于集体所有的除外）（第48条）；④法律规定属于国家所有的野生动植物资源（第49条）；⑤无线电频谱资源（第50条）；⑥法律规定属于国家所有的文物（第51条）；⑦国防资产以及法律规定为国家所有的铁路、公路、电力设施、电信设施和油气管道等基础设施（第52条）。

《物权法》第41条是关于国家专有财产的规定。国家专有是指只能为国家所有而不能为任何其他人所拥有的财产。国家专有的财产包括但不限于以下各项：①国有土地；②海域；③水流；④矿产资源；⑤野生动物资源；⑥无线电频谱资源。

对于上述国有财产或国家专有财产的规定，实际上多是不清不楚的宣告，一旦作为权利界定的依据时，则多有冲突。以滩涂为例，如果滩涂属于土地，则按照《土地管理法》等的规定，滩涂所有权既可以属于国家，也可以属于农民集体；而如果将滩涂归属于海域，则滩涂的所有权只能属于国家，因为海域属于国家。①

---

① 陈甦、丁慧：《试论海滩在法律上的性质》，转引自李永军《海域使用权研究》，中国政法大学出版社2006年版，第9页。

　　《物权法》第五章是有关国家所有权和集体所有权、私人所有权的规定。从其编排体例上来看，该章第 45 条至第 57 条是有关国家所有权的规定，其中包括了国家机关、国家举办的事业单位对其直接支配的不动产和动产，以及国家对由国家出资的企业享有的出资人权益。按照此逻辑，国家机关对其直接支配的不动产和动产以及国家举办的事业单位对其直接支配的不动产和动产均属于国家所有的范畴。国家机关与国家举办的事业单位以及国家出资的企业与国家间似乎更类似于委托管理的关系，国家机关、国家举办的事业单位以及国家出资的企业对其直接支配的不动产和动产并不享有所有权。但这又与此部分条文的表述存在矛盾。所有权是完全的支配权，用益物权、担保物权虽然也是支配权，但都不享有处分的权利。而根据上述条文的规定，国家机关、国家举办的事业单位有权依照法律和国务院的有关规定处分其直接支配的不动产和动产。此处的处分虽然要受法律或国务院有关规定的限制，在内容上其意思自治受到限制，但能否因此就否认国家机关、国家举办的事业单位不享有所有权，我们认为，这在法理上是说不通的。首先，民法法人在处分其所有权时同样要受到法律法规等的限制，而且不但要受相关法律法规的限制，诸如公序良俗、权利滥用禁止等亦对民法法人所有权的行使加以限制。其次，这里将国家机关、国家举办的事业单位对其占有的不动产和动产规定为直接支配。何为"直接"，又如何理解"支配"，学者认为，所谓"直接"系指：①物所有人得径行使用其物；②物权人在其支配领域内得依自己意思，无须他人意思或行为介入，即使权利发生效用，以获得权利内容利益；③物权人随时得依自己意思与行为支配其客体。所谓"支配"者，指依权利人意思，对物加以管领处理而言。此种管领或处理，不只是法律行为，且包括事实上的使用、处分等。所有人对所有物得为使用、收益、处分及排除他人干涉，即为对客体支配典型。① 基于以上认识，机关法人对其直接支配的不动产和动产应当享有所有权。

　　在机关法人财产所有权中，有一种类型的动产，即我们称为公款的货币。货币与一般的物不同，货币所有权与占有合二为一，即货币的占有人即被认为是货币的所有人，占有人可行使货币权利。货币所以会出现这种情

---

① 谢在全：《民法物权论》上册，中国政法大学出版社 1999 年版，第 15—16 页。

况，主要在于以下原因：①这是由货币的职能决定的。货币作为流通手段，它充当了商品交换的媒介。货币充当流通手段，起的是一般等价物的作用，注重的是它的流通性，在法律上和事实上不注重也不可能识别其个性，这样，就必须使货币的占有与所有权合一，以加强其流通性。否则，如果承认在货币占有外尚有法律上所有权的存在，则商品流通不可能顺利进行。当然在某些情况下，人们已经把货币特定化了，这时货币的所有权与占有就可以同时成立，但此时货币只有货币名。例如货币收藏者基于研究、爱好收藏的货币，注重的是某些特定货币的单独特征，在占有外当然可以有独立的所有权存在。再如，将货币包好封存，在这些情况下货币实已不能发挥其流通手段的职能。②这是交易上的需要。在商品流通过程中，货币不断地从买方手中转到卖方手中，不断地作为购买手段与各种商品调换位置，使商品离开流通领域进入消费领域，而它自己则始终作为购买手段在流通领域中发挥作用。这种货币流通是每日每时以千万计地发生的，如果货币的占有与所有权可以发生分离，那么，卖方（借贷方）在接受货币时，就得一一调查交付货币的人（占有人）是否享有所有权，否则难免遭受不测损害。这样，不仅给交易带来极大的不便，而且会危及交易的安全。

由于货币的所有权与占有合二为一，因此，货币占有的取得，即为货币所有权的取得；货币占有的丧失，即为货币所有权的丧失。由此可以得出结论，货币所有权一般没有追及的效力，也即除了一些特定的情形——如收藏家收藏的具有独特特征的货币、因人的行为或其他原因特定化的货币——货币所有人一般没有返还原物请求权（物权请求权），而只有请求返还等额货币的请求权（债权请求权）。

在货币占有人自行占有货币时，占有人即为所有人，而当其将货币交与他人占有，如借贷，货币所有权也当即发生转移，因此，货币原则上不能成立间接占有。这里还应当注意的是依占有辅助人占有的情况，例如职工、雇佣人员管领单位、雇主的货币。从法理上说，占有辅助人仅能持有，而不是占有，因此，他持有单位、雇主的货币时，单位、雇主仍是占有人，当然也就是所有人。但是，如果职工、雇佣人将单位、雇主的货币与自己的货币混在一起时，单位、雇主则丧失其货币的所有权，而只能享有同等数额货币的返还请求权。

除货币这一动产外，有价证券也是机关法人财产所有权的组成部分之一。有价证券使财产权利表示于证券上，权利人只要持有证券就可以行使权利。同时，由于权利与证券的结合，证券的让与即发生权利让与的效力。[①]

有学者认为，诸如政府官厅的建筑物、警车等行政财产，因为其与公共利益有关，为了保护公共利益的完整，其不得成为法律行为的客体。[②] 这种观点究其实质，在于认为公法法人对于上述财产不享有处分权。在我们看来，公法法人对于上述财产，无论是动产还是不动产，并非不享有处分权，这种处分权虽然受到这样或那样的限制，但是并不能完全否定公法法人的处分权。实践当中，公法法人将其所有的上述不动产或动产用于交易的情形是存在的。就我们所了解的情况来看，近年来，相当多的政府法人在两房建设过程中，通过市场交易的形式将旧有办公大楼等不动产推向市场实现了价值转换，这实际上也证明各公法法人对其占有的不动产同样享有处分的权利。就某些禁止流通物如警车而言，虽然在其供公务使用期间不得转让、抵押等，但在废除其公务使用目的后其同样可以被交易或处分。昆明公车改革当中，相当数量的原公务使用车被通过拍卖的形式交易也是典型的例证。

本章小结

本章对我国曾经出现过的、到现在还有一定影响的国家财产理论进行了总结分析。这些观点主要有：私人所有说、国家所有说、全民所有说、权力机关所有说、中央政府所有说、机关法人所有说、公共所有权说、信托所有说、分级所有说以及公法法人财产所有权理论。上述国有财产所有权归属的观点从不同角度或不同侧面分析了国有财产所有权理论，虽然客观上也有丰富国有财产所有权理论的结果，但是其中不乏理论基点不可靠、论述过程以偏概全的观点。随着市场经济的不断发展以及物权科学法理的演进，我们都会认识到，关于国有财产所有权的理论必须要有根本的重新思考。众说纷纭，并不能说明理论上的繁荣。可以看到这些观点中，一些说法以自圆其说

[①]　钱明星：《物权法原理》，北京大学出版社 1994 年版，第 234—237 页。
[②]　梁慧星：《中国物权法草案建议稿》，社会科学文献出版社 2000 年版，第 218—219 页。

为目的，看到了别的观点的缺陷，但是自己也走不出旧理论的困境。

相比较而言，公法法人财产所有权理论较好地吸收了马克思主义关于国家作为虚幻共同体思想的合理内核，有机地结合了法人财产所有权理论、政府的经济人角色以及财政分权制度改革的成果等，历史地继承和科学发展了马克思主义唯物史观，是目前解析国有财产所有权理论比较成熟的工具。前苏联国家所有权理论与科学的民法理论相违背，应该摒弃。

从两大法系世界各国的实践情形来看，随着法人制度发展成熟而成为普遍采纳的法律制度，公法法人制度也逐渐成为民法上普遍承认的特别主体，公法法人财产所有权理论也正在被人们普遍而广泛地接受。公法法人财产所有权制度具有重要的理论意义及实践价值。公法法人财产权制度体现了国家共同体利益与公共利益的差异，体现了中央和地方各级政府利益的相对独立性。公法法人财产权制度体现了纵向财政分权的要求，对于权力制约具有重大意义。第一，承认公法法人财产所有权符合物权特定的要求。第二，承认公法法人财产所有权有利于明确政府的责任。第三，承认公法法人财产所有权有利于提高政府服务的效能，各级政府履行公共职能的需要离不开对财产的所有权。所有权高度集中的后果必然是监督管理难以及时到位，从而造成管理的低效率。第四，承认公法法人财产所有权有利于调动各级地方政府的积极性。第五，承认公法法人财产所有权有利于规范政府的行为。

第三章

权能分析

第一节　概述

一　所有权的概念、特征

（一）所有权的概念

在民法学上，物权作为绝对权的一种典型形式，其主要特点就是权利人自主形成支配或者处分标的物的意思，并能够贯彻实施这一意思。这就是权利人的"意思绝对"的特点。这一特点，表现为物权的以直接支配标的物为内容的特征。所谓"直接"：①物所有人得径行使用其物；②物权人在其支配领域内得依自己意思，无须他人意思或行为介入，即使权利发生效用，以获得权利内容利益；③物权人随时得依自己意思与行为支配其客体。所谓"支配"者，指依权利人意思，对物加以管领处理而言。此种管领或处理，不只是法律行为，且包括事实上使用、处分等。所有人对所有物得为使用、收益、处分及排除他人干涉，即为对客体支配典型。[1]

所有权的标的物均具有利用价值和交换价值，所有权即以对标的物此两种价值的全面支配，为其支配权内容。[2]

《中华人民共和国物权法》第39条规定，所有权人对自己的不动产或者动产，依法享有占有、使用、收益和处分的权利。

（二）所有权的特征

1. 所有权为对物的支配权

---

[1]　谢在全：《民法物权论》上册，中国政法大学出版社1999年版，第15—16页。

[2]　同上书，第30页。

《中华人民共和国物权法》第2条第3款规定，本法所称物权，是指权利人依法对特定的物享有直接支配和排他的权利，包括所有权、用益物权和担保物权。这里的支配是完全支配，而非如用益物权、担保物权的一面支配。这里的支配同时也是最终意义上的或彻底意义上的支配。与其他物权人的支配相比，所有权人可以完全独立地形成自己支配物的意思，并贯彻这一意思。[①]

2. 所有权为对物的排他性支配权

排他是所有权作为对物的支配权的题中应有之义。所有权为支配权，倘若不能排他便不存在支配的问题。既为支配权，所有权人得享有排除他人干涉，自己决定所有权命运或其行使的权利。

3. 所有权为对物的完全支配权、统一支配权

所有权系就标的物为一般的支配完全权，即所有权系就标的物为占有、管理、处分、使用、收益等全面的且一般的支配物权。所有权为一般的支配权，为他物权权源，此点与地上权、永佃权、典权、地役权等同，唯就使用收益特定方面，于一定范围为物支配物权不同。[②]

所有权系就标的物有统一支配力，而非物使用、收益、处分等权能总和。……乃于一定限制内得为其所欲为单一的权利。[③] 所有权对其客体，虽有占有、使用、收益及处分等各种支配权能，但所有权非此各种支配权能集合，而系各该权能所由派生单一体，为浑然整体权利。学理称此为所有权整体性（单一性、浑一性）。[④]

有必要指出的是，上述有关所有权特征的规定完全是从私有所有权的角度出发所做出的定义。至于公法法人财产所有权权能，则有必要针对不同类型财产做出类型区分。对于公法法人享有的私有所有权而言，公法法人与私人一样享有完全、统一的支配权；但对于公法法人信托所有的财产而言，民法上所有权权能的完全性或统一性的适用例外。对于公法法人所占有、使用或收益的不动产，公众虽可享有使用收益权，但公法法人同样享有处分权，

---

① 孙宪忠：《中国物权法总论》，法律出版社2009年版，第123页。

② 史尚宽：《物权法论》，中国政法大学出版社2000年版，第61页。

③ 同上。

④ 谢在全：《民法物权论》上册，中国政法大学出版社1999年版，第120页。

并进而享有所有权。

随着所有权社会化的发展，所有权的社会性逐步引起人们的重视。"所有权乃是一项根本性基本权利，并与人格自由保障具有内在关联。在全部基本权利中，所有权所担负的任务，乃于财产法范畴中，确保基本权利承担者享有一个自由空间，进而使其能构建自我负责的生活。"①

二 所有权的权能

关于所有权的权能有积极权能说与消极权能说之分。罗马法上有所谓"对所有物的完全支配权"，后世注释者将所有权概括为从积极方面对其物有为各种行为的权利，如使用、收益和处分等；在消极方面有禁止他人对其物为任何行为的权利。②

所有权积极的作用可分为事实的作用与法律的作用。其中，占有为事实的作用；使用谓不毁损其物或变更其性质，而依物用法以供需用事实作用；收益谓收取天然及法定孳息。使用及收益合称为用益。所有人收取天然孳息，为事实的收益；收取法定孳息，为法律的收益；变更或消灭其物为事实的处分；变更、限制或消灭对于物权利来说为法律的处分。③

（一）所有权积极权能的学说

所有权积极权能是指所有人对其所有的财产行使占有、使用、收益和处分的权利。关于所有权的积极权能主要有以下学说。

1. 二权能说

二权能说认为所有权的权能可以概括为实际利用权和价值取得权两种权能。

这种观点实际上是照搬了商品的二重属性，即使用价值和交换价值。使用价值即满足人们利用需要的价值，交换价值即实现物所包含的一般人类劳动的价值。由此，所有权的权能相应地体现为对物的实际利用权和价值取得

① ［英］R. W. 费尔夫：《西方文化的终结》，丁万江、曾艳译，江苏人民出版社2004年版，第56页。

② 周枏：《罗马法原论》，商务印书馆1994年版，第299页；史尚宽：《物权法论》，中国政法大学出版社2000年版，第62页。

③ 史尚宽：《物权法论》，中国政法大学出版社2000年版，第62—63页。

权。政治经济学上的术语为法学所借鉴与运用本来并无不可，而且一切有益的成果本应相互借鉴，但是法律制度本身的构建除了需要借鉴其他学科的有益成果以外还有其自身的特点。二权能说偏重于物的使用与处分两个方面，忽视了所有权中的占有与收益权能，造成了所有权权能结构不完整。如果说在简单商品经济条件下，所有权的权能主要表现为实际利用权和价值取得权尚有意义，但在发达市场经济条件下，人们拥有商品的主要目的不再是自己使用，也不再限于物物交换，而更重要的是要利用商品取得收益或增值，二权能说已经严重不能满足经济发展的现状与法律制度本身的需要了。

2. 三权能说

三权能说认为，所有权的权能包括所有人得对其财产享有使用、收益和处分权能。

有学者研究认为，罗马法上所有权的权能只包括使用权、收益权和处分权。①使用权是指不变更物的性质而按物的用途对物加以利用的权利。②收益权是指收取所有物的天然孳息、加工孳息和法定孳息的权利。③处分权是指处理所有权标的的权利。它是所有权的最根本的权能。处分可分为绝对处分（指不从他人处取得利益的处分，如拆毁旧房等）与相对处分（指为了交换一定的利益而处分其所有物，如买卖、互易；全部处分即将所有权全部移转他人；一部处分如在所有物上设定用益权、地役权或出让部分房屋所有权等）。处分一般归所有人行使，但是也可由非所有人行使，如质权人、抵押人虽不是所有人，但在一定条件下也可以处分之物或抵押物以偿债。① 现今学者有关使用、收益、处分的解释基本上与前相同。如我国台湾学者王泽鉴先生认为，使用指依物用法，不毁损其物或变更其性质，以供生活上需要而言；收益指收取所有物天然孳息及法定孳息而言；处分包括事实上处分及法律上处分，前者指有形的变更或毁损物本体，后者包括债权行为（如租赁买卖）及物权行为（如所有权移转、抛弃、担保物设定）。②

在罗马法上，家长、家主可以将一些财产交给家属或奴隶经营某项事业，家属或奴隶在授权的范围内有使用、收益和处分的权利。这种权利的大

---

① 周枏：《罗马法原论》，商务印书馆1994年版，第300页。
② 王泽鉴：《民法物权·通则·所有权》（第一册），台湾三民书局1992年版，第131—132页。

小和范围依授权而定，可以包括处分权，也可以不包括处分权。但对于改良行为（改变某物，使提高价值的行为）、保存行为（管理行为，也包括对物的追夺行为）和紧急处分行为，家属和奴隶一般不经家主同意即可进行。①

至于占有，在罗马法上不被认为是权利，罗马法一般认为，占有是事实，而不是权利。但它是物权的主要构成因素之一，它对于物权的设定、取得和丧失都有重大的关系。② 马克思也认为，私有财产的真正基础，即占有，是一个事实，是不可解释的事实，而不是权力。只是由于社会赋予实际占有以法律的规定，实际占有才具有合法占有的性质，即私有财产的性质。③

受罗马法的影响，现行《法国财产法》所采取的也是三权能说。根据法国学者对法国财产法的解释，所有权由相互联系的三项特权（权能）组成，换句话说，所有权由"使用物的权利"（使用权）、"收益的权利"（享益权）以及"处分物的权利"（处分权）组成。前两项特权与第三项特权分开时，构成"用益权"；后两项特权在《民法典》第 544 条有明文表述："所有权是最绝对地享用与处分物的权利，但法律与条例禁止的使用除外。"④

有学者指出，占有权能在除俄罗斯和受俄民法影响的国家外的其他大陆法系国家如德国、法国、日本等，是不被承认为所有权的权能的。将占有列入所有权的权能结构中，是 20 世纪 30 年代我国在移植大陆法系国家民法学过程中的"创新"，现在已经成为海峡两岸民法学界关于所有权权能理论的通说，鲜有质疑者。1986 年颁布的《民法通则》第 71 条的规定，是该理论成果最终在立法上的体现，当前的物权立法也继承了《民法通则》的该立法成果。⑤

实际情形是否如此呢？虽然罗马古代的法学家一致认为，占有是事实，但是到了帝政后期，已经有学者开始主张占有是一种权利，也像物权一样，

---

① 周枏：《罗马法原论》，商务印书馆 1994 年版，第 301 页。

② 同上书，第 297 页。

③ 《马克思恩格斯选集》第 1 卷，第 407、382 页。

④ ［法］弗朗索瓦·泰雷、菲利普·森勒尔：《法国财产法》上册，罗结珍译，中国法制出版社 2008 年版，第 186 页。

⑤ 张建文：《转型时期的国家所有权问题研究：面向公共所有权的思考》，西南政法大学博士学位论文，2006 年，第 143 页。

可以援用救济程序加以保障。①

3. 四权能说

四权能说认为，所有权的积极权能除了上述三权能说所列举的使用、收益和处分权能，还包括占有权能。

罗马法虽认为占有是事实，但在法律上仍产生如下效果：第一，占有是所有权的基础，如先占、交付、时效取得等都以占有为前提；第二，占有受令状和"普布利西亚那诉"的保护；第三，在"物件返还诉"中，占有人处于被告的地位，故须由主张所有权的原告负举证责任，如果原告不能证明其权利，则作为占有人的被告即可胜诉，继续保持对标的物的占有；第四，善意的占有人可获得占有物的孳息，对占有物的毁损亦不负赔偿责任；第五，占有人有"留置权"；第六，占有人有权以自己的力量保护其占有。②

虽然占有权能因所有权虚有化或观念化而失其重要性，但仍不能因此否认此种所有权最基本与固有权能的存在。③ 应肯定占有为所有权的一项基本权能。物使用、收益皆以占有为必要。④

此外，承认占有作为所有权的一项权能的意义还在于，占有是物权的公示方式之一。动产物权的变动以占有为主要公示形式。在所有物权中，除抵押权不以占有为首要条件外，其他绝大部分的物权都需要以占有作为前提条件。因此，占有作为所有权的一项权能有其积极的意义。

4. 五权能说

五权能说认为，所有权的积极权能不仅包括上述的占有、使用、收益和处分权能，而且还包括管理权能。持五权能说的观点主要是在分析国有财产所有权的权能结构中认为国有财产的权能结构应当包括管理权能。这一观点，是我国经济体制改革中期基于上述"两权分离原则"而提出的，目的在于既保留国家对企业财产的所有权，又要满足"搞活企业"的需要。这种观点并未在学术界产生太多影响。关于此部分内容，我们将在后续公法法人财产所有权的权能结构中再做分析，此处不再赘述。

---

① 周枏：《罗马法原论》，商务印书馆1994年版，第407页。
② 同上书，第411页。
③ 谢在全：《民法物权论》上册，中国政法大学出版社1999年版，第123页。
④ 王泽鉴：《民法物权·通则·所有权》（第一册），台湾三民书局1992年版，第132页。

5. 所有权各积极权能间的关系

所有权的各项权能于效力上是否存在差异，是否存在一种权能吸收他种权能的情形，对此，有学者认为，物权的各种权能间不是一种并列的关系，权能的外延大小有别，而且存在一权能兼容另一权能、权能间相互重叠的情况。当权利人的行为包含两种权能形态，而其中一种可以兼容另一种的时候，应当认为前者代表着整个物权。如使用权能兼容占有权能，则此时的占有权能已不具有独立表现所有权的价值，使用权能包含占有的要素，这时就由使用权能代表着整个所有权，无须再提占有权能。当所有权表现为某一权能时，其他权能不是一种实在，只是所有人以后再行选择的可能性，此时说所有权与其他权能分离，是无聊的。至于说各种权能同时分离于所有权，更为离谱，所有权不能表现在特定的行为上，还有什么实际的意义？①

我们认为，所有权的各项权能在顺序上是有一定的差异的。无论是使用权能、收益权能，还是处分权能都必须以占有为前提，无论是直接占有还是间接占有。但是，如果说所有权的各项权能间存在效力大小不一、可以兼容，我们难以苟同。按照上述学者的观点，使用权可以兼容占有权能，与此同时，使用与事实上的处分又有着必然的联系，那么是否也兼容了处分权能呢？如果如上述学者所说的可以兼容，那么所有权就只剩下使用权能了，岂不荒唐。使用以占有为前提，在此情形下，使用与占有是同时存在的。

（二）所有权消极的权能

所有权为对物的完全支配权，排除他人干涉为所有权作为支配权的应有之义，所有权只有在能够排除他人干涉的情形下才能成为完全的支配权。所有权的这种排除他人干涉的权利被称为所有权的消极权能，但虽为消极权能，得对任何人主张。其排除的方法主要为所有人物上请求权。

所谓干涉，指对所有权不法直接侵害、干扰或妨害而言。消极干涉（如兴建大厦遮掩阳光、妨阻接受电信）和精神的干涉（如开设娼院影响邻居生活）无法认定为侵害所有权。法律实务上，可以依据侵权责任立法的规定，认定行为人背于善良风俗，加损害于所有人，而所有权人可以请求损害

---

① 孟勤国：《物权二元结构论——中国物权制度的理论重构》，人民法院出版社 2004 年版，第 17 页。

赔偿。①

关于排除他人干涉的规则，《台湾民法典》第 765 条、《德国民法典》第 903 条、《瑞士民法典》第 641 条第 2 项等都有明确规定。但是也有明确限制，对于有些干涉法律认为所有权人负有容忍义务的，所有权人不得请求排除，对于有些干涉习惯上认可的，一般也不能请求排除。

（三）所有权社会化问题

近现代以来，民法学说特别强调关于行使所有权的规则改进，提出了所有权的行使，只有在符合公共利益时其个人行使所有权的行为方为正当的理论和制度建设。在罗马法中，就有关于所有权人基于自己的任意行使所有权的规则；近代以来，由于强调所有权主体尤其是自然人的个性解放，法律包括民法在内都强调所有权人行使权利的任意。这一规则在法律进入社会主义法学时代之后已经被抛弃。原因在于，社会主义法学观念强调个人利益与社会利益的协调，所以法律虽然规定所有权为自物权，但是所有权的行使必须符合社会公共利益的要求。这就是所谓的所有权社会化观念。《德国魏玛宪法》于 1919 年首次明文规定，所有权的行使必须符合社会公共利益。这一规则为第二次世界大战之后的世界各国普遍采纳，如 1948 年《意大利共和国宪法》第 42 条第 2 项，以及战后《日本宪法》第 12、13 条等；1949 年德国制定的《基本法》第 14 条第 2 项，也来源于魏玛宪法的这一规定。

所有权的社会化问题，在确定公法法人的民事权利尤其是所有权行使方面，也有重要的意义。因为公法法人利益并不一定就是社会公共利益，因此公法法人行使其所有权，必须和社会公共利益相协调。这些理论对我国法律发展有相当的参考价值。

第二节 占有权能

一 所有权人的占有

（一）纯粹事实状态的占有

占有乃指对物件的事实上的支配、管领。罗马古代的法学家曾经认为占

---

① 王泽鉴：《民法物权·通则·所有权》（第一册），台湾三民书局 1992 年版，第 132 页。

有是事实，但与此同时又承认占有具有一定的法律效果。罗马法中的帝政后期，有的学者开始主张占有是一种权利，也像物权一样，可以援用救济程序加以保障。[①] 当代民法基本上都承认，所有权的权能中，占有是一项基本的权能。

但是，在分析所有权的占有权能时，必须把它和纯粹事实状态的占有相互区分。比如，《德国民法典》规定占有为事实，其第 854 条规定："物的占有，因对物有实际的控制而取得。"法国亦是如此，《法国民法典》第 2228 条规定："对自己掌管物或行使权利的持有或享有，或者对他人以我的名义掌管物或行使权利的持有或享有，谓之占有。"此外，《瑞士民法典》第 919 条规定："凡对某物有实际支配权的，为该物的占有人。"而日本民法则规定占有为权利，《日本民法典》第 180 条规定，占有权，因以为自己的意思，事实上支配物而取得。这种基于纯粹的事实状态的占有，常常是非所有权人的占有，甚至是无权占有，和基于所有权的占有是完全不同的两种法律制度。基于所有权的占有，是行使所有权的方式，所有权人依据占有宣示自己的所有权，并且因此而享有所有权的利益。

这种纯粹事实状态的占有，依据法理，也有予以保护的法律价值。这个问题与公法法人财产所有权问题有一定的联系，因此在此予以简要论述。在传统民法学中，占有已经有了比较成熟的体系划分。人们首先将其划分为直接占有与间接占有、有权占有与无权占有、善意占有与恶意占有、自主占有与他主占有等。对这些不同的占有的保护根据，基本上依据占有的外观事实，也有少数是基于占有的心理状态。占有保护的基本方式同物权保护一样，有返还占有、排除妨害等。但是，因为占有只是基本外观事实，而不是基于法律上的权利，因此对其保护的时效很短，而且返回以及赔偿的条件比较严格。

（二）所有权权能的占有和事实上占有的主要差别

所有权是最受法律保护的权利，作为财产利用所必备的自然条件，其占有权能是一切财产利用活动的起点。所有权人占有自己的物，受法律充分承认和保护。其占有的方式，也由所有权人自己意思独断。由所有权生长出这样或那样的财产利用关系，也受法律承认和保护。在所有权归属关系明确的

---

① 周枏：《罗马法原论》，商务印书馆 1994 年版，第 407 页。

情况下，无论其财产在天涯海角，所有权人即使没有进行实际占有，财产的归属状态和所有权也不受影响。

物权法学上所说的事实状态的占有，仅仅依据占有的外观成立。关于这种占有，我国《物权法》在第五编第十九章有规定。这种占有不是所有权的权能，而只是一种受法律承认和保护的事实，比如，一个人拾到他人遗失之物、因为租赁和借用占有他人之物、因为承担运送责任占有他人之物、因为授权占有他人之物、因为夫妻关系占有他人之物，等等。但是如果其占有被他人侵夺，则他人的占有也可以进入占有保护的状态。因此，占有保护首先还是要明确占有的权源。支持占有的权源，法律上称为"本权"，包括所有权这些物权，也保护债权比如租赁和借用合同，也包括人身关系比如夫妻关系等。占有也可以依据公法发生，比如依据公共权力授权而予以占有。这些建立在本权之上的占有，依据本权和占有之间的法权关系，确定占有的保护。当然，没有任何本权的占有也是存在的，比如拾得他人遗失物、获得无主物都属于这种情形。甚至小偷盗窃也成立占有，也有临时保护的必要，以防止他人抢夺，目的是建立临时性的保护措施，使得物品最后能够回归本权人。真正无本权的占有，仅仅享有在法律承认的期间内受保护的权利。但是这种保护具有临时性，并不发生对抗原权利人的效果。

二 所有权人出让其占有

所有权人可以依据自己的需要，将物交付他人占有。这种占有，可以是物权法意义上的占有，比如在标的物上设立用益物权，以及设定质权。设定用益物权和质权之后，标的物就应该由他人占有。同时，所有权人也可以依据债权法律关系将标的物交给他人占有，比如使用借贷关系（租赁和借用）、承揽关系、运送关系，等等。依据婚姻家庭法律，夫妻可以相互占有对方的房屋等。依据知识产权法、商法等民法特别法，也可以成立特别法上的占有。这些占有关系，依据当事人之间的合同或者其他法律关系来予以规范。

占有人与所有人之间的关系大体如下：

首先，从所有人的角度看，在出让其标的物的占有之后，所有权人已经脱离了占有，其所有权的表征，既可以通过不动产登记来实现，也可以通过他人的占有来实现。在不动产登记的情况下，出让占有一般不会构成对所有权的妨害，因为不动产登记具有强大的物权公示效果。但是在动产占有出让的情况下，占有出让有可能给所有权人构成致命的伤害，因为动产所有权的法定公示方式就是占有。如果将动产占有交付他人，则占有人有可能以其占有行使所有权人权利甚至是处分权，这就构成了对所有权人的致命伤害。现代社会尤其强调这种情形下的"善意保护"，强调对于第三人的保护。这样，所有权人的自我保护应该成为法律制度建设上的大问题。

其次，在出让占有的情形下，占有人也会获得形式上保护的足够外观，产生物权排他效力。这也就是说，社会对于占有人，也应该像对待物权人一样予以足够的承认和保护。一方面，对于侵权行为，占有人有权采取一切合法的措施，这也是占有人对所有人必须履行的义务之一。另一方面，占有人也必须承担所有人对一般非物权人所负的全部义务。事实上，一般非物权人直接面对的总是财产的占有人，动产以占有推定所有的规则，使得占有人、所有人的区别对一般非物权人没有任何意义，在不动产上，所有人往往也躲在占有人的后面，一般非物权人日常打交道的是占有人，只有在法庭类的特殊场合，所有人露面才是必要的。因此，占有人与一般非物权人的关系和所有人与一般非物权人的关系几无区别，从某种意义上说，是财产归属关系在财产利用领域中的延伸和转换。[①]

三　占有的标的物

所有权人行使的占有，与事实的占有存在本质差别。但是在物权法上，占有为动产物权尤其是动产所有权静态的公示方式，占有的标的物为特定物，以有体物为限。标的物可以是动产或不动产、有价证券、其他任何法律上承认的物。

但是，因为占有与本权的发生根据不一样，所以，不得为本权客体者，有时候可以成为占有的客体。例如公共河道水流，虽然不可以成为一般民众所有权的客体，但是一般民众可从公共权力机关获得授权，经特许获得使用权，因此可以成立特别的对于公共权力支配物的占有。当然，这种占有的本

---

① 孟勤国：《物权二元结构论——中国物权制度的理论重构》，人民法院出版社 2004 年版，第 202—204 页。

权是公共权力的授权。

有些物的一部分脱离了整体，从物权法原理的角度看是不许可的；但是从占有的角度看是成立的。依据物权法学原理，物必须为特定物、独立物，所以所有权以及其他物权的支配对象都是独立存在的物。物的一部分无法成为物权法上的标的物。然而，从占有的角度看，如果是事实占有，也可以存在于物的一部分之上，这种情形称为部分占有。

基于物权法学原理，集合物可以作为总括性的整体，成为一个所有权的客体。比如，一个仓库里的存储物统一纳入登记造册之后，成为一个所有权的客体。但是，有学者认为：集合物不得为一物而为占有客体，占有存在于集合物各个物上，盖集合物非一个有体物也。[1] 这些学者认为，集合物不是一个物，应该分别从特定物的角度考虑其法权关系。

有外国学者认为，即使是共同物，仍然不排除（其中的部分）可以为人所占有，甚至可以被私人据为己有，被私人取得所有权。在特定范围内收集起来的空气，虽然不一定改变它的实质，但却可以不再是共同物。[2]

从所有权和事实占有的区分的角度看，标的物为法律禁止物时，相关法律制度的规定也不相同。比如，法律绝对禁止持有物，例如鸦片，可以成为某些特许的主体的所有权的客体，但是不得为一般民法主体的占有客体。但是，相对的禁止持有物，例如以贩卖目的或以其他特定目的禁止持有淫秽的文书图画，不妨碍以其他目的为持有。于其范围，得于其物上成立占有。[3]当然，一般民事主体也可以因为某些特殊的原因而取得其所有权，比如因为继承取得这些特殊标的物所有权的情形，就是合法取得。

另外，无主物虽然一时尚无确定的所有权，但是可以成立事实上的占有客体。但是此时，需要确定占有人的意思。因为他人抛弃物为无主物，拾得人无所有意思者，不成立先占，而唯取得占有。[4]但是在一般情况下，法律推定此时占有人有取得标的物所有权的意思，因此成立先占取得所有权。在

---

① 史尚宽：《物权法论》，中国政法大学出版社2000年版，第541—542页。
② ［法］弗郎索瓦·泰雷、菲利普·森勒尔：《法国财产法》上册，罗结珍译，中国法制出版社2008年版，第11页。
③ 史尚宽：《物权法论》，中国政法大学出版社2000年版，第542页。
④ 同上。

这种情形下，确定物是不是无主物，成为法律上一个非常重要的问题。现实生活中，如何确定一个物为抛弃物而不是遗失物、不是漂流物等，在法律上存在颇多争议。总体而言，这种情形下首先要确定的是标的物脱离占有所有权的意思表示，其次要确定占有人自己的意思表示。依据民法的客观主义原则，这些复杂的问题，最后还是要通过客观原则得到解决。

必须指出的是，对于这些传统民法关于标的物与所有权、与占有之间的关系的制度，我国民法采取了极为简化的规制，那就是，不承认无主物的存在。自《民法通则》以来，包括《物权法》在内，法律均规定，所有权人不明的物，在城市的归国家所有，在农村的归农民集体所有。一些法律解释的著作甚至根据《物权法》第 49 条关于"法律规定属于国家所有的野生动植物资源，属于国家所有"的规定，把一切处于自然状态的物品都定义为国家所有。这种极端的做法不但非常不理智，而且事实上绝对做不到。

自罗马法以来，人们就承认用益权、役权类的物权也可以占有，或者至少可以"准占有"，就是"权利的占有"。事实上这样的法学分析，已经陷入了"概念重复"的逻辑弊端。所以，德国法学以来，关于物权包括所有权以及占有的标的物，严格限制为有体物。对所有权、永益物权、担保物权的占有，就是权利的本身享有，法理上不形成占有。但是，在法律上也存在着"对其他权利的事实上的行使"，例如，事实上行使的债权、亲权或者其他无形权利、无形动产、无形物等。[①]

四　公法法人的占有

公法法人作为民事权利主体，作为所有权人，当然可以成为占有的主体。事实上，公法法人的所有权形态和占有问题更有研究和依法规制的价值，因为许多物品对于一般的民事主体属于法律禁止的物，但是对于公法法人而言也不成为禁止的物。比如武器，不但军事法人可以拥有和占有，公法法人中的司法机关也可以拥有和占有。另外，从我国公共财产权利行使和保护的角度看，在所有权规则或者物权规则不明朗的情形下，从占有保护的角

---

① 〔法〕弗郎索瓦·泰雷、菲利普·森勒尔：《法国财产法》上册，罗结珍译，中国法制出版社2008 年版，第 226—230 页。

度处理相关法律问题，理论上是可行的，实践上也是多见的。

作为公法法人，对其标的物行使所有权或者占有时，必须建立的法律规则，首先是从法人治理结构的角度看，确立法人意思机关。一般法人，法人董事为法人机关，其机关行为法律上为法人本身行为，法人亦得依其机关直接为物占有，故法人亦得为占有主体。[1]但是就公法法人而言，一般而言，其首长就是法人机关。所有权行使的意思和取得占有的意思，均以机关首长的名义发生效果。

从所有权行使的角度看，对于资源性财产而言，公法法人的占有方式可谓多种多样，譬如确定坐标、砌墙、围栏、设置禁区、划定保护区、规定出入口等，既有直接占有的情形，也有间接占有的情形。对行政性财产，如办公场所、设施、设备、楼堂馆所等多以直接占有为其通常情形，概上述财产以公务使用为其主要目的，而使用必须以直接占有为前提。对于财政性财产，如税收、罚没收入等以国库方式实施占有。

于公法法人占有情形，占有辅助人的作用不可忽视。对于机关法人而言，公务人员直接占有公法法人的财产，其地位系占有辅助人，于其职责、权限范围内代替法人实施占有。

此外，公法法人的财产还可通过公法法人对分割财产的经营权与业务管理权的占有权实现（间接占有），也可由主权管辖来实现。[2]

第三节　使用权能

对公法法人财产所有权使用权能，事实上我国法学界已经有些分析。这些分析，借鉴了国外法学界的分类，将公法法人的财产从使用权能的角度区分为公共使用、公务使用以及投资用财产。虽然这种分类方法不尽科学，但作为分析的手段或工具仍有参考的价值。

---

[1]　史尚宽：《物权法论》，中国政法大学出版社 2000 年版，第 541 页。

[2]　张力：《社会转型期俄罗斯的公共所有权制度——兼论公共所有权与私人所有权的制度关系》，《法律科学》2009 年第 2 期，第 130 页。

一 使用的含义

（一）使用的含义

关于使用的界定，学者间并无太大的差异，如史尚宽先生认为，使用谓不毁损其物或变更其性质，而依物用法以供需用事实作用。[①] 王泽鉴先生认为，使用指依物用法，不毁损其物或变更其性质，以供生活上需要而言。[②] 谢在全先生认为，使用指不毁损物体或变更其性质，而依其用法，以供生活上需要而言，可谓纯为事实上作用，而未达于收取天然孳息阶段。[③] 中国大陆学者关于使用的界定基本上与台湾地区学者的见解相同，不再一一列举了。

概而言之，使用具有以下特点：一是必须按照物的通常的使用方法加以利用，不得以毁损的方式使用；二是使用的结果不得造成物的性质的变更。

使用（使用物的权利）作为所有权的要素之一，也以积极的和消极的两种方式表现出来。从积极方式来说，使用物的权利是指利用物的权利，以便满足自己的意愿，或者为了对物进行经济上的开发。从消极方式来说，使用物的权利同时也是"不使用物的权利"，也就是"不利用物的权利"。需要补充的是，对于人们（在物的利用方面）"采取过分消极态度的可能性"也存在各种限制，至少在社会物资短缺的状况下，出于总体利益的考虑，也会对"物的不使用"进行限制，这种限制甚至发展到要采取某种形式的"统制措施"。[④]

（二）使用的分类

使用根据不同的标准可以划分为不同的类型。

1. 根据使用主体的不同，财产利用有两种基本形式：一是所有人自己利用财产；二是所有人将财产交给他人利用

对于资源性的财产、投资性的财产而言，财产为他人利用为其通常情

[①] 史尚宽：《物权法论》，中国政法大学出版社 2000 年版，第 62—63 页。

[②] 王泽鉴：《民法物权·通则·所有权》（第一册），台湾三民书局 1992 年版，第 131 页。

[③] 谢在全：《民法物权论》上册，中国政法大学出版社 1999 年版，第 123 页。

[④] ［法］弗郎索瓦·泰雷、菲利普·森勒尔：《法国财产法》上册，罗结珍译，中国法制出版社 2008 年版，第 187—189 页。

形。如《民法通则》第 80 条第 1 款规定，国家所有的土地，可以依法由全民所有制单位使用，也可以依法确定由集体所有制单位使用，国家保护它的使用、收益的权利；使用单位有管理、保护、合理利用的义务。该法第 81 条第 1 款规定，国家所有的森林、山岭、草原、荒地、滩涂、水面等自然资源，可以依法由全民所有制单位使用，也可以依法确定由集体所有制单位使用，国家保护它的使用、收益的权利，使用单位有管理、保护、合理利用的义务。同条第 2 款规定，国家所有的矿藏，可以依法由全民所有制单位和集体所有制单位开采，也可以依法由公民采挖。国家保护合法的采矿权。对于行政性财产或公务使用财产而言则主要以自己使用为主。

2. 按照使用的人数的不同，可以分为集体的共同使用和个别的独占使用

对于公共使用财产而言，集体共同使用为原则，个别的独占使用为例外。《法国民法典》第 714 条第 1 款规定，不属于任何人的物，得为所有的人共同使用。公法法人的财产中，信托财产或资源性财产的所有权虽为公法法人所有，但其利用权归公众，任何人得自由使用，并于其使用权利遭受损害的情况下得以诉讼保护其使用权。财政财产或收入财产按其本来目的也应是供公众共同使用的，如我们在税收宣传中所说的，税收取之于民、用之于民。但于实际使用过程中，其具体使用的方向、使用的对象比较复杂。公务使用财产以供公务使用为其本旨，但在不妨碍公务使用的情况下，公众亦得使用，而且有些公务性财产必须提供公众使用，如现在政府部门所设置的行政服务大厅等。

独占利用包括普通的独占利用和特别的独占利用。前者是指公物的设置目的本来就是供公众个别的使用，如对公墓的利用；后者是指公物的设置目的本来是供公众自由利用，但例外地设定独占利用的情况。获得特别独占利用的许可有时也称为公物利用特许，指的是公物管理者基于相对人的申请，准予其从事某种损害公物本来公共使用途的活动的行为。特别独占利用不属于一般利用与自由利用的范畴，它与自由利用存在本质区别：①这种利用既然属于超出公物目的的使用，即是例外的使用，因而不适用自由利用的规则。利用者必须首先从公物管理机关获得许可，并取得独占利用权后方能利用。这种独占利用权不是利用人的既得权利，公物管理机关不仅可以自由决

定是否给予独占利用权，也可以随时废除独占利用许可。②这种利用不能适用免费利用的原则，公物管理机关必须向利用者征收一定费用才符合有效配置公共资源的原则，并避免图利特定人造成市场主体间的不公平地位。③特许使用人负有设置除害设施的义务。④这种利用只能由特定人单独利用，因而不适用平等利用的规则。

特别独占利用许可是公物管理机关在不违背公物的公共使用目的的情况下单方面允许私人例外地单独占用公物的一部分，可分为固定的特别独占许可与临时的特别独占许可。①

特别独占使用和共同使用完全不同。其一，这种使用是例外地使用，不适用自由使用原则。使用者必须从行政主体取得独占使用权利，否则就是违法使用。其二，这种使用不适用免费原则，使用者必须缴纳费用。这种收费符合近代公产观念。其三，这种使用由特定人单独使用，不适用平等使用原则。②

一般地说公物应被提供于公共使用，但是，公共使用物和公用物的本来用法是不同的。道路、河川等公共使用物，以提供于不特定多数的公众利用为其本质。与此相对，以国家政府用的办公大楼及国立、公立学校的校舍等为对象的公用物，实际上，特别是法律上，是以由限定范围内的人利用为前提的。关于国家政府的建筑物，虽然外部的各种人员也进入，但是，其主要的目的是作为公务员的勤务场所而提供的。此外，关于公用物，无论是国家政府用设施，还是国立、公立的学校设施，都不存在与对于公共使用物的公物管理法相对应的意义上的特别管理法。③

3. 按照公物使用的权源分，可分为一般利用、许可利用、特许利用、习惯利用、民法利用

公物一般利用，又称普通利用或自由使用，指在不妨害他人利用的情形下，任何人均得以合于公物设置目的方式加以利用。根据公物法一般理论，公共使用物的使用关系，通常以一般使用（自由使用）为基本使用，进而与此相对照，被创制出许可使用、特许使用（特别使用）。

---

① 肖泽晟：《公物法研究》，法律出版社 2009 年版，第 182—185 页。
② 王名扬：《法国行政法》，北京大学出版社 2007 年版，第 271 页。
③ ［日］盐野宏：《行政组织法》，杨建顺译，北京大学出版社 2008 年版，第 263 页。

一般使用，是指不需要任何意思表示，而对公众承认公物利用的情形（道路交通，河川的航行，海岸的海水浴、散步等）。这被作为公共使用物的基本存在方式来定位。许可使用，基本上也属于自由使用的范畴，不过，是在事先设定行为禁止，基于申请予以许可而解除该禁止的制度下的使用。特许使用，是指从公物管理者那里获得特别使用权的设定而使用公物的情形。在道路上架设电线杆、埋设煤气管道，是其典型事例。特许使用非自由使用，而是就该公物特定人承认特定的排他性利用。不过，即使在这种情况下，由于是公共使用物，其排他性还是有界限的。

自由使用"限于对一般人承认使用的自由，而不是设定使用的权利"。具体地说，即使由于道路的废止而不能自由使用，以前的利用者也不能主张该自由使用权而指控该废止行为违法，即其不具有道路废止处分的原告资格。

自由使用权的内容本身是并不确定的，是随着场所和时代的变化而可变的。公物法一般理论也承认这一点。在这种意义上，有必要以不妨害他人的自由使用为基本的前提，并以社会的发展、价值的多样化为前提，对自由使用的内容进行灵活的解释。[①]

当具体的使用方法是公共使用目的以外的情况时，为调和利用人之间可能发生的冲突，防止公物的利用给社会公共秩序造成障碍，或为了加强公共设施的管理，特别是确保其利用秩序，有时必须加以限制或经许可始得为公物利用。其形态有二：①限制利用。为防止公物受不当的利用或增进公物利用效能，主管机关基于公物警察权或公物管理权，得限制特定人为公物利用。如"道路交通安全规则"第79条第1款规定："货车载重不得超过核定总重量或超过所行使桥梁规定载重限制。"②特别利用。可分为基于公物警察权与基于公物管理权两种：公物警察许可利用，如兴修房屋或其他工程，经许可者，始得使用道路，但仍不得超出限制等；公物管理许可利用，如进入公园门票、进入展览会场入场券，旨在设定一定限制，以调和利用人之间可能发生的冲突。[②]

---

① ［日］盐野宏：《行政组织法》，杨建顺译，北京大学出版社2008年版，第264—266页。

② 参阅李惠宗《公物法》，载翁岳生《行政法》，中国法制出版社2009年版，第440—446页；［日］盐野宏《行政组织法》，杨建顺译，北京大学出版社2008年版，第267页；［日］室井力主编《日本现代行政法》，吴微译，中国政法大学出版社1995年版，第405页。

　　这种对公众用公物的使用，先实行普遍的禁止，然后基于相对人申请予以许可而解除禁止的行为，与独占使用特许不同。在日本行政法上，前者意味着对自由的恢复；后者意味着对相对人权利的赋予。① 另外，在范围上，许可利用权限定在性质上临时使用公物的情况，如果超越其范围而持续占用公物，则应归入公物使用特许或者独占使用许可。②

　　在公共使用物的使用许可中附加附款，已成为通例。期限是被附加使用许可的典型事例。对公物使用者赋课占用费及使用费的缴纳义务，也是作为附款的负担之一。此外，在现行法制中，个别公物管理法上设置了有关占用费征收的特别规定（《日本道路法》第 39 条、《日本河川法》第 32 条）。不过，在这种情况下，占用费是作为和使用许可不同的独立处分而构成的（由于在《日本河川法》中，占用许可权者和占用费征收权者相分离，故这一点是明确的），因而不是附款的问题。③ 我国《物权法》第 119 条规定，国家实行自然资源有偿使用制度，但法律另有规定的除外。

　　公共公产的一般许可使用又称临时特别使用。原则上，公共公产应以自由使用为原则，但在超过自由使用的限度内，为保证公产能够为公众所公用，必须对其设立许可以保证每个人可以使用。因此，这种使用常以收费使用为其主要形式，一般不适用免费的原则。当然，于许可使用情形，在使用的期限上既可以是长时间的占用，也可以是临时性的使用。④

　　公共公产的特别许可使用是指经由特别许可后，将原为一般公众共同使用的公产规定为特定主体所使用。与自由使用的区别在于，特别许可使用为一种法定权利。与一般许可使用的区别在于，后者不取得任何既得权利，不可能获得法律救济，而特别许可使用则是一种法定权利，有权利必有救济。特别许可使用类似排他性的独占使用，这种使用权由法律法规明确规定。⑤

　　公物特许利用通常基于公物管理权所产生，有时并课以特许利用附款或特别的负担：①缴纳使用费；②除害设施或损失补偿义务；③修筑负担；④

---

① ［日］盐野宏：《行政法》，杨建顺译，法律出版社 1999 年版，第 775 页。
② 肖泽晟：《公物法研究》，法律出版社 2009 年版，第 179 页。
③ ［日］盐野宏：《行政组织法》，杨建顺译，北京大学出版社 2008 年版，第 268 页。
④ 朱维究、王成栋：《一般行政法原理》，高等教育出版社 2005 年版，第 262 页。
⑤ 同上书，第 264 页。

特许利用权期限。与许可使用不同，特许使用在于自由的恢复和权利的赋予。

习惯利用，指未经特许，仅依习惯承认特定人在公物上有特别利用权情形，常见于公流水及其他自然公物，因在自然状态上，即可供公众利用，故附近居民恒以其为天然利益，不俟许可而利用。

民法利用，通常认为在不妨碍公共利用的情况下，管理者与第三人设定民法上的利用关系。如在车站设立餐厅、在火车上刊登广告等。唯因该公物仍不失其公共使用性质，故仍受一般公法原理拘束。如依平等原则，民法上利用人不得恣意地对一般人为差别待遇；依比例原则，该利用权人不得将公物全部占用，致妨害一般人的自由利用等。[①]

4. 目的内使用与目的外使用

公物利用可有合于公物功能使用，如道路行车、公园游憩等；合于公用本来目的的使用，如道路以供通行用，并非用以设置摊贩；河川供河水汇流用，非用以倒置垃圾。唯公物功能本身若有多项，自不限于须合于主要目的，如车站主要供上下车用，但亦无妨供设餐饮站；道路虽主要供人车通行，但并不妨供暂时停车用。依管理者、指导或依习惯或依法令规定而使用。[②]

就行政公物（或行政财产）而言，其供行政主体使用属于目的内使用，而供公众公共使用则属于目的外使用。

在我们国家，公共国有财产所有权的使用权能，根据公共国有财产的种类的不同，具有不同的实现方式。公务使用、事业用、企业用公产原则上都是由国家依法划拨给特定的国家机关、事业单位以及特定的国有企业使用，国家机关的公务使用财产在例外情况下可以依照财产的性质和用途由非国家者使用，如允许前来办事的公民进入国家机关的办公大楼并使用楼内的某些设施，但须服从相应公务使用公产的管理规则。[③]

赋税作为一种经费、一种财物，它的用途与其他经费或财物是不同的，

① 参阅李惠宗《公物法》，载翁岳生《行政法》，中国法制出版社 2009 年版，第 443—446 页。

② 同上书，第 438 页。

③ 张建文：《转型时期的国家所有权问题研究：面向公共所有权的思考》，西南政法大学博士学位论文（2006 年），第 158 页。

它仅仅被用来维持国家机器的运转（政府拨款赈灾、兴修水利和兴建其他为全社会服务的设施，不属于直接维持国家机器本身，但是从广义上说，不行使这些社会公共职能，政府就维持不下去，因而这些开支也具有维持国家机器运转的意义）。[1]

像目的外使用的许可类的财产的使用关系，基本上全部使用民事法的规定。当然，在其使用方法上，存在来自该行政主体的公物的实体法上的制约，这被解释为公物法理的归结。[2]

（三）使用法律关系

财产于所有人自己利用的情况下，所有人和利用人合一，利用财产的后果完全由所有人承受，不影响他人的利益，因此，有所有权，就已足够。但是在所有人将其财产交给他人利用的情形中，法律关系就不那么简单了。所有人和不特定的义务人之间，插进了一个利用人，利用人原本是不特定的义务人中的一员，但由于所有人将财产交给其利用的事实，摇身一变成了一个有权支配财产的权利主体。对所有人，其所负的义务由原来的一般的消极义务变成了特定的积极义务，而对不特定的义务人，其俨然成为所有权的代表，要求他人像尊重所有人那样尊重自己，由此形成了所有人与利用人、利用人与不特定的义务人、所有人与不特定的义务人间的复杂关系。[3]

在他人利用的情况下，利用人不是一般的所有权义务主体，作为实际占有和利用财产的人，其不能像一般非所有人那样只尽不作为义务，而必须恪尽职守地管好所有人财产。所有人也不能像对待一般非所有人那样随心所欲，其必须承认利用人的权益并约束自己的行为。如《法国民法典》第599条第1款规定，所有权人不得以其所为，也不得以任何方式，损害用益权人的权利。同条第2款规定，用益权人亦不得在用益权终止时就其自称的对用益权所作的改善要求任何补偿；即使物的价值因此改进而有所增加。当然，使用人的权利仍是一种可获得法律救济的权利。包括：①申请使用权及使用权。公产主体不能任意拒绝公民对公产的使用申请。②损失赔偿补偿请求

---

① 李延明、刘青建、杨海蛟：《马克思恩格斯政治学说研究》，人民出版社 2002 年版，第 98 页。

② ［日］盐野宏：《行政组织法》，杨建顺译，北京大学出版社 2008 年版，第 272 页。

③ 孟勤国：《物权二元结构论——中国物权制度的理论重构》，人民法院出版社 2004 年版，第 10 页。

权。公产使用人因使用公产而受有损害时，得向公产主体请求赔偿。[①]

总而言之，所有人与一般的非所有人间，是特定的权利主体与不特定的义务主体的关系，而所有人与利用人间，却是互负权利义务的特定主体关系。[②]

二　使用的设定与变更

（一）使用的设定

行政主体的财产只在供公众使用或公务使用时才构成公产，否则属于私产。某项财产是否构成公产根据行为主体的意思而定。就公产管理而言，行政主体认定某项财产负有公共使用的使命的意思表示，称为公共使用的设定。

行政主体设定公共使用既可以是明示的形式，也可以是默示的形式；既可以通过法律行为，也可以通过事实行为；既可以由政府直接决定，也可以由法律直接规定。根据公产的不同性质，法律规定也不尽相同。

就自然公产公共使用的设定而言，只要某物事实上处于供公众使用的状态，不须经过行政主体的特别许可即可构成公产。这实际上是一种默示的或事实的公共使用的设定。自然公产的构成不需要特定的设定行为，是为原则，有时也会有例外，例如，在法国可通航的河流是否构成公产，是由政府用命令加以规定的，而不是根据事实状态来决定的。

人造公产的公共使用的设定和自然的公产不同，通常要有明确表示行为，例如行政主体通告某个桥梁何时开始使用、某图书馆何时开始开放。这种表示也可能通过一系列的事实显示出来，例如行政主体通过举行落成典礼的形式将某项公产移交使用。听任使用同样也属于公共使用的设定，这种事实状态就使某物成为公产。这类人造公产的公共使用设定采取默示方式，和自然公产一样。人造公产的公共使用的设定，有时可能由法律规定。例如法国现在的道路分类，根据情况有时由法律规定，有时由政府用命令规定。

[①]　朱维究、王成栋：《一般行政法原理》，高等教育出版社 2005 年版，第 283—284 页。

[②]　孟勤国：《物权二元结构论——中国物权制度的理论重构》，人民法院出版社 2004 年版，第 63 页。

公共使用的设定，原则上由公产所有者行政主体自由决定，是公产所有权的一种表现，法律也可能规定例外，例如供宗教用的礼拜堂，即使不是国家的财产，它的设立和废除也由法律或政府的命令规定。

（二）使用的变更

公共使用的变更包括主体的变更、客体的变更以及内容的变更等。使用主体的变更既包括行政主体间的变更，也包括原由公众使用变为经特别许可使用的主体间的变更。行政主体间的变更是指原由某一行政主体所使用的公产转由其他行政主体使用。这常常意味着所有权的移转。由公众使用转为特别主体使用须经特别许可，未经许可，任何人都不得享有排他使用权。使用客体的变更通常指公产的重置。使用的内容的变更包括但不限于原有用途已经没有必要时而移作他种使用。

在法律没有规定的情况下，国家使用其他行政主体的公产，或通过协商的方式，或通过国家采取公用征收的方式取得所有权。否则国家不能取得其他行政主体的公产所有权。在我们国家传统意义上的调拨处置权仍然存在，国家或其他行政主体如果想要使用其他行政主体的财产往往是一件比较容易的事情。

在国家没有法律根据时，是否可以强迫要求其他行政主体改变原来的公共使用目的，用以达成国家所要达成的公共使用目的？19世纪末期，法国权限争议法庭认为国家没有这种权力，因为这种强迫实际上等于剥夺其他行政主体对公产所有权的行使，国家不能没有法律根据而具有这种权力。[①]

法国最高法院和最高行政法院没有采取权限争议法庭的观点，认为国家具有这种权力，但是二者所持的理论不同。最高法院在判决中认为全部公产的所有权是统一的，只有一个所有权，以国家为所有者。但公共使用设定的权力分别由国家和其他行政主体行使，然而国家具有一个普遍性权利，可以为了公共利益改变其他行政主体设定的公共使用目的。这种改变没有侵犯他们的公产所有权。

公产统一理论没有为最高行政法院所采取。最高行政法院在1909年的一个判决中认为国家、省和市镇都是各自公产的所有者。公共使用的使命是

---

① 王名扬：《法国行政法》，北京大学出版社2007年版，第250—252页。

所有权以外的一种役权，国家是这个役权的最高决定者。国家为了公共利益强迫其他行政主体改变原有的公共使用使命，用以完成国家的公共使用目的，没有侵犯后者的所有权。因为他们在国家的公共使用目的被废除以后，自动地恢复对公产的所有权。他们对国家不能要求所有权被剥夺的损害赔偿，如果他们确实受到损害，有权要求根据公共工程损害原则得到补偿。

最高法院的公产所有权统一的理论，实际上取消了除国家以外的其他行政主体对公产享有的所有权，与实际情形不符。最高行政法院认为公产的公共使用的失迷，是所有权以外的一种役权，实际上是混淆了公法上的所有权和民法上的所有权。这个观点和最高行政法院对公产的一般观点不调和。因为最高行政法院认为公产的公共使用的设定和废除，在法律没有规定时，是根据所有权而采取的，不受民法的支配。这个所有权显然是公法上的所有权。[1]

三 使用的原则

《行政单位国有资产管理暂行办法》第19条规定，行政单位应当认真做好国有资产的使用管理工作，做到物尽其用，充分发挥国有资产的使用效益；保障国有资产的安全完整，防止国有资产使用中的不当损失和浪费。公法法人的财产基于其用途的不同可分为公务使用公产、公共使用公产、投资用公产，结合不同类型公产的划分，其具体的使用原则应当有所不同。

（一）公共公产的使用原则

公共公产的使用传统上受三个原则支配，即自由使用原则、免费使用原则、平等使用原则。

1. 自由使用原则及其限制

原则上，公共使用财产或公众用财产以自由使用为原则。公众在不妨碍他人自由使用的前提下得自由使用公共使用财产。但实际情形是，财产无论是公共使用的还是公务使用的，都是有限的，与人们需求的无限性相比永远是有限的，此外人们的同时使用未免会产生撞车的现象。因此，自由使用不可能是不受限制的使用，只是相对于不需要特别的许可而言（一般的许可使

---

[1] 王名扬：《法国行政法》，北京大学出版社2007年版，第252—253页。

用也被认为是自由使用）。这些限制表现在：首先，自由使用必须是合目的的使用。目的范围外的使用应是被禁止的，或必须是经过允许或特许的。合目的的使用并非可以任意使用，而是要受到公产设定目的限制。其次，自由使用必须是合法使用。自由使用必须符合有关公产管理的规范。这些规范或由法律规定，或由公产设定主体规定。如《中华人民共和国集会游行示威法》第25条规定，集会、游行、示威应当按照指定的时间、路线、时速行驶，并悬挂明显标志等。[①]

2. 免费使用原则及其限制

一般而言，对于自然公产，原则上公众得自由使用，而对于人造公产则通常以收费使用为原则。比较而言，人造公产由于加入了人力改造的成本，为维持其持续供公众使用的目的有必要对此付出及后续付出的成本予以补偿。从费用抵偿的最低限度出发，对人造公产的使用收取适当的费用是允许的，这既可以避免人造公产在供公众使用过程中的滥用以及搭便车的心理等，又可维持公产的持续公用。当然，对于人造公产允许收费使用应由法律或法规明确规定，包括收费的范围、收费的方式、收费的标准、收费的期限、收费的对象等各个方面。即使是自然公产，即使是仅仅从资源环境保护的角度，对自然公产的使用也常常会涉及收费使用的问题，免费使用至少在今天资源日益短缺的情况下只是一种理想的状态。

历史上，流水、土地等自然资源被看成人类天然享有的权利，但是在人类社会进入私有制社会以后，土地、流水等莫不成为人们可以支配的财产，而不再仅仅是物。随着公产观念的改变，认为公产是一种共同的财富，行政主体必须尽量发挥公产的经济效益，赞成对共同使用收费的主张越来越多。[②]

在自然资源使用制度改革前，国家曾长期以行政手段无偿提供土地资源、水资源等自然资源给企业、事业单位使用。这种无偿使用既无法实现资源的优化配置，同时又由于大量的资源收益留在使用者手中，使得国家缺乏

---

① 王名扬：《法国行政法》，北京大学出版社2007年版，第270页；朱维究、王成栋：《一般行政法原理》，高等教育出版社2005年版，第260页。

② 王名扬：《法国行政法》，北京大学出版社2007年版，第270页。

调剂余缺的力量，自然资源的公有制在很大程度上被虚化。改革以后，自然资源实行有偿使用制度，国家掌握了自然资源的收益，就有了足够的财力进行宏观调控，组织社会生产。在过去的使用制度下，自然资源使用者既没有压力也没有动力，多占少用、早占晚用、占优用劣、占而不用甚至乱占滥用，严重浪费了宝贵的自然资源。同时，占有资源较多且质量优越的企业，与占有较少、质量较差的企业实际上处于不平等竞争的地位。通过有偿、流动的自然资源使用制度，将自然资源的使用权作为生产要素交由市场调节，才能合理配置自然资源，实现最大的资源利用效益。与此同时，我国《土地管理法》、《水法》等法律也规定了自然资源的无偿使用作为有偿使用基本原则的例外。如《土地管理法》第 2 条、《水法》第 7 条的例外条款。这主要是因为通过划拨等方式无偿取得土地等自然资源的使用情况仍然有存在的必要性。一些公益事业、公共建设仍然需要有相应的扶持。农村集体经济组织和农民已有的使用水资源等自然资源的权益应当得到维护，以避免增加农民的负担。这也是促进农业和农村持续、稳定、健康发展，实现全面建设小康社会的目标以及构建和谐社会所必需的。无偿使用作为例外和补充，其适用范围和条件是受到严格限制的。如《土地管理法》第 54 条，对划拨土地明确规定为四种情形。《城市房地产管理法》第 39 条对划拨取得土地使用权的房地产的转让规定了限制条件。①

3. 平等使用原则及其限制

平等使用是法律面前人人平等的具体表现。对于共用物，任何个人甚至国家都不能对其予以控制，它必须向所有的人开放，所有的人都有权使用，只要每个人的使用没有妨害到其他人的权利，就不得禁止任何人接近或利用它们。②

但平等也不是一个绝对的原则，仍然须区别情况对待。如根据载客数量的不同收取不同标准的过桥过路费、根据不同的年龄段收取不同的公园使用费等都不违背平等使用的原则。而一刀切，不区别使用主体、使用对象、使

---

① 胡康生：《中华人民共和国物权法释义》，法律出版社 2007 年版，第 264—265 页。
② 黄风：《罗马民法导论》，中国政法大学出版社 2003 年版，第 170—172 页；肖泽晟：《公物法研究》，法律出版社 2009 年版，第 7 页。

用频率、使用程度等的使用往往会造成真正的不平等。而对于相同情况的使用者适用不同的制度，更是违背平等使用原则的。①

按照宪法平等权保障的要求，对于公物来说，所有人有得到许可和使用的平等权利。但为了防止某些人的利用会对公共秩序带来损害，或为了保障公物设置目的的有效实现，规定适当的许可条件来限制公物的利用却是必要的。②

（二）公务使用公产的使用原则

公务使用公产的使用应坚持以下原则：公益的原则、平等使用的原则、费用补偿原则、公开透明以及节约的原则。

1. 公益的原则

公务使用公产原则上为公务人员从事公务所用，因此以维持其独占使用为原则，但从公务的目的而言，公务的最终受益者为公众，公务的实施应以维护公众的利益为宗旨，公务使用公产应以维护公益为原则。当然，为维护公益还有必要保证公务的使用，否则公益也很难实现。

2. 平等使用的原则

公务使用公产虽为公务人员使用，但基于公益的目的应平等地提供于公众使用，不应有所歧视。以往那种门难进的现象应坚决杜绝。公务使用公产须平等供公众使用是公务使用公产应有的负担。

3. 费用补偿的原则

公务使用公产或行政财产为公法法人享有所有权的财产，该公产虽可为公众使用，但为维持其持续使用以及正常使用等，对于使用过程中造成公务使用公产的折旧或损耗应及时予以弥补，否则，一旦耗尽不但不能维持持续使用，更谈不上供公众正常使用。而且，公务使用公产的灭失也会影响公务的推行。因此，对因公务使用公产使用过程中的折旧或损耗加以适当的收费是必要的。而实践当中，公务使用公产使用收费情况也是普遍存在的。问题在于，对于公务使用公产使用收费既要严格依照法律制定的标准执行，同时

① 王名扬：《法国行政法》，北京大学出版社 2007 年版，第 270—271 页；朱维究、王成栋：《一般行政法原理》，高等教育出版社 2005 年版，第 262 页。
② 肖泽晟：《公物法研究》，法律出版社 2009 年版，第 179 页。

必须坚持公开、透明的原则，接受公众的监督。于其使用收费超过公务使用公产更新周期的情况下应适当调整收费标准。

4. 公开透明以及节约使用的原则——以政府采购为例

我国《政府采购法》第3条规定，政府采购应当遵循公开透明原则、公平竞争原则、公正原则和诚实信用原则。

财政财产的来源主要是税收，公众缴纳税收的目的是获得政府提供的公共产品或服务。于财政财产的使用上，公众应当具有知情权，因此，公开透明的原则是财政财产使用的一个基本原则。

按照政府采购是否具备招标的性质，政府采购可分为招标性政府采购和非招标性政府采购。招标性政府采购是指通过招标的方式，邀请所有供应商或一定范围内潜在的供应商参加投标，政府通过事先确定并公布的标准选择供应商的一种采购方式。根据邀请范围的不同，招标性政府采购主要可分为竞争性政府采购，即所谓的公开招标，以及选择性招标采购或邀请招标采购两种方式。其中，公开招标应作为政府采购的主要采购方式。《中华人民共和国政府采购法》第27条规定，因特殊情况需要采用公开招标以外的采购方式的，应当在采购活动开始前获得设区的市、自治州以上人民政府采购监督管理部门的批准。

采取公开招标采购旨在通过市场竞争取得价格低廉、质量优良的商品或服务。与此同时，因政府采购所具有的广告效应，政府采购对象的选择某种意义上也为商家做了广告。因此，政府采购必须切实避免因采购引发的不正当竞争行为或垄断行为，给所有符合条件的供应商以公平竞争的机会。

实践中，恐怕最大的问题是上述采购中的条件设定问题。我们曾经组织过一次会议，为了既能节约经费，又能办好事情，我们选择了一家价格低廉，但服务质量并无多大差距的宾馆作为与会人员下榻的场所。会议结束后，在涉及相关费用的报销问题上发生了很大的麻烦。财务部门认为，由于该项费用的发生未经过政府采购渠道因而不能报销。根据当地政府采购所选定的范围，下榻费用少则六七百元，多则上千元，会议所支出的230多元与其相比差额巨大，但因为不在政府采购的范围就不能予以报销。而这些政府采购选定的对象都是四星级以上的宾馆，大多数属于五星级。高消费本来就应属于禁止之列，但在此事件中，低消费反而是出力不讨好的事情。这种政府采购一方面剥夺了其他供应商公平竞争的市场机会，另一方面实际上也是腐败的一种表现。与此同时，这种政府采购也助长了某些行业的垄断行为，不利于市场竞争的开展。

公平正义比阳光还灿烂，这是温家宝总理在 2010 年全国人大例会结束后记者招待会上说过的一句话。这句话当然也适用于政府采购。针对政府采购中的违法违规行为，任何团体和个人都有监督、控告的权利。但是，实践中，仍然存在大量的暗箱操作现象。擅自采用公开招标以外的方式招标或采购，擅自提高采购标准，以不合理的条件对供应商实行差别待遇或者歧视某些或某个供应商等都违背了公平正义的原则。

政府采购本质上属于民事法律行为，政府虽为行政管理的主体，但在政府采购中，政府与相对人处于平等的地位，任何一方不得强迫他方提供不符合自己意愿的商品或服务，任何一方都必须信守诚实信用的原则。这包括在投标过程中对所有供应商一视同仁，不区别、不歧视；在中标成交后及时签订采购合同；在合同履行过程中恪尽自己应尽的义务等。而差别对待、歧视某些或某个供应商，中标后不与中标供应商签约，或者在签约后不按合同约定履行合同义务等都是不符合诚实信用原则的行为，应予以避免，构成违约的应承担违约责任，违反行政法规的应承担行政责任，构成犯罪的应承担刑事责任。

（三）投资用公产的使用原则

投资用公产的使用应坚持效益的原则、安全的原则、效率的原则。

1. 效益的原则

政府的岁入在扣除政府本身的消耗（这种消耗是法律规定的为预算批准的消耗，包括人员工资福利的消耗、固定资产投资的消耗等）以外，对其剩余部分必须加以有效的利用，以实现这部分资产的保值、增值。这就是投资用公产的使用问题。财产只有在运动中才能获得增值，躺在国库里的财产是不会自动增值的。实际上，世界各国没有哪一个国家会把财产放在国库里任由它贬值，因为，今天的钱总是比明天的钱值钱。而闲置不用本身就是一种浪费。我国《宪法》第 14 条第 2 款明文规定，国家厉行节约，反对浪费。

2. 安全的原则

投资用公产属于公产，属于公法法人的财产，与属于私人所有的财产不同，它承担着服务公益的使命，因此，其使用往往受到诸多的限制，其中安全性是对投资用公产使用的一个重要限制。法律往往规定投资用公产只能投资于某些特定的行业或领域,如投资于政府债券、与国计民生有重大关系的项目等,而不能投资于某些风险大、回收不确定的领域。值得借鉴的是,在美国,公共机构可利用的投资范围是巨大的,投资可分为债权投资和股权投资两大类。近年来,越来越多的公共机构将其一部分投资组合投资于持有不动产,这些代表了产生收益的投资而且倾向于高度投机。在许多公共投资者看来,这是一种抵补通货膨胀压力且提供长期稳定投资的合理投资项目。①

从财政财产的角度,投资用公产主要来源于课税。正如税收宣传所言,取之于民、用之于民,而不能仅仅用于官,特别是不能主要用于官。这就要求投资用公产必须以服务公益为主要目的。各种各样惠及民生的工程应是这种资产的主要投资方向。在我们国家,投资除了要顾及国家政策发展的需要以外,对贫穷落后地区的扶贫性投资更是其公益原则的体现。长期以来,我们国家在支援中西部、边疆偏远地区、少数民族地区等方面的投资一直是非常巨大的。事实上,世界上很多国家也都是这样做的。这不仅是政治稳定的需要,也是公益原则的需要。

3. 效率的原则

近年来,从国家、地方公共团体的财政状况出发,出现了追求重视效率性的国有财产行政的转换趋势,作为其一环,关于政府办公大楼等的公用财产,在目的外使用的制度外,试图导入向民间借贷的制度。② 根据这种改革,将政府办公大楼等的剩余部分用于民间借贷的制度作为《日本国有财产法》第18条第2款的一个项目添加了进来(《日本国有财产法修正案》第18条第2款第4项)。③

四 使用的限制

无论是自然人还是民法法人,其私有所有权都是以自由使用为原则的,

---

① [美]B. J. 理德、约翰·W. 斯韦恩:《公共财政管理》,朱萍、蒋洪等译,中国财政经济出版社2001年版,第206页。

② 参见《财政制度审议会国有财产分科会国有财产制度部会答复·关于今后的国有财产的制度及管理处分的存在方式——面向效率性重视的改革》,2006年1月18日;《关于为了推进国有财产的效率性的活用而部分修改国有财产法等的法律案》,日本第164次国会,政府提出。

③ [日]盐野宏:《行政组织法》,杨建顺译,北京大学出版社2008年版,第271页。

在不妨碍他人权益的情况下，他人不得妨碍其自由使用权的行使。由于公法法人在设立依据方面、财产构成方面以及运行目的等方面的差异，其财产的使用会受到诸多限制。

（一）一般规定

《中华人民共和国预算法》第28条规定，地方各级预算按照量入为出、收支平衡的原则编制，不列赤字。除法律和国务院另有规定外，地方政府不得发行地方政府债券。第30条规定，各级预算支出的编制，应当贯彻厉行节约、勤俭建国的方针。同条第2款规定，各级预算支出的编制，应当统筹兼顾，确保重点，在保证政府公共支出合理需要的前提下，妥善安排其他各类预算支出。第47条第2款规定，各级政府、各部门、各单位的支出必须按照预算执行。《预算法实施条例》第37条规定，政府财政部门应当加强对预算拨款的管理，并遵循下列原则：①按照预算拨款，即按照批准的年度预算和用款计划拨款，不得办理无预算、无用款计划、超预算、超计划的拨款，不得擅自改变支出用途；②按照规定的预算级次和程序拨款，即根据用款单位的申请，按照用款单位的预算级次和审定的用款计划，按期核拨，不得越级办理预算拨款；③按照进度拨款，即根据各用款单位的实际用款进度和国库库款情况拨付资金。第38条规定，各级政府、各部门、各单位应当加强对预算支出的管理，严格执行预算和财政制度，不得擅自扩大支出范围、提高开支标准，严格按照预算规定的支出用途使用资金，建立健全财务制度和会计核算体系，按照标准考核、监督，提高资金使用效益。《行政单位国有资产管理暂行办法》第22条规定，行政单位不得用国有资产对外担保，法律另有规定的除外；第23条规定，行政单位不得以任何形式用占有、使用的国有资产举办经济实体；第24条规定，行政单位拟将占有、使用的国有资产对外出租、出借的，必须事先上报同级财政部门审核批准。未经批准，不得对外出租、出借。《中央行政事业单位国有资产管理暂行办法》第21条规定，未经批准，各部门不得出租、出借国有资产。出租、出借国有资产应当严格控制，从严审批。

（二）公共使用公产的使用限制

首先，公共使用公产必须能够为公众共同使用，其使用上的公益性和非排他性要求尽量维持其公用性。但限于资源的有限性，以及为确保公共使用物的使用秩序等，如前文所言，有许可使用的限制。于许可使用的情形下，申请与许可是该种财产使用的程序性要件。

其次，公共使用公产的使用必须符合公共使用公产设定的目的，使用人不得以不合设定目的的方法使用，或只有在取得许可的情况下，才得为目的外使用。对于目的外使用应遵循严格的审批程序。

最后，使用人不得以破坏性的方式或其他不合正常使用的方式使用公共使用公产。为防止公共使用公产被滥用以及维持公共使用公产能够持续为公众使用，收费使用为其常态。此外，设置一定的使用期限、使用频率等也是保证公共使用公产能够持续为公众使用的常用手段。

（三）公务使用公产的使用限制

1. 目的限制

公务公产由履行有关公务的行政机关使用，使用的目的在于公务。一般而言，公务使用公产不得用于营利的目的，但是，改革开放以来，曾经有很长一段时间，公务使用公产被挪作他用的现象普遍存在。机关法人所建立的许多楼堂馆所主要的非为公务所用，而在于为机关法人从事营利活动。许多单位都因此而存在自己的小金库，成为社会诟病的一个把柄。

2. 用途限制

公务使用公产或行政公产一经设定后，其使用用途原则上不得转换，但也有例外。包括为更重大目的的使用而转换前的公产使用；转换前行政公产属于事实上提供公用，转换后变为法定提供公用的；原公共使用已经没有必要。考虑到行政公产的使用关乎公共利益，频繁变动不利于行政公产的有效使用，法律一般对于行政公产的使用目的有所限制。[①]

在日本，法律规定行政财产不能用于进行租赁、交换、出售、转让、信托，不能用于出资或对其核定私权，法律另有规定的例外。在不妨碍实现行政财产的目的及用途限度内，允许使用行政财产并获得收益。根据《日本国宪法》第89条（国家财产支出或利用的限制）规定，公款以及其他国家财产，不得为宗教组织或团体使用、提供方便和维持活动用，也不得供不属于公家的慈善、教育或博爱事业支出或利用。韩国对行政性国有财产的管理制

---

① 朱维究、王成栋：《一般行政法原理》，高等教育出版社2005年版，第239页。

度与日本相似。①

与民法法人的财产不同，为了充分发挥私物的效用，民法允许所有权人为了私人利益去设定民法上的物权关系，但公务使用公产上他物权的设定受到严格限制，原则上禁止在公产上为私人利益设定民法上的物权关系。②

3. 使用主体的限制

公务性公产原则上只能由从事公务的人员为公务目的使用，至于私人能否使用公务公产，因公产的性质而不同。有些公务使用公产私人不能使用，例如军事要塞、兵工厂等。有些公务使用公产存在的目的就是为了提供某种服务，例如铁路、飞机场等。受特许人在不违背公产的公用使命和法律规定的范围内，对公务使用公产有充分的使用权和收益权，可以取得由公产所能得到的一切经济效益。③

在法国，公产只有在得到准许后才能由私人占用，这种占用不论是单方行为还是依据合同，都只是暂时的（不确定的），并且始终可以解除合同。当然，近年来也有例外，如 1988 年 1 月 5 日的法律准许在特定条件下就地方行政部门及其机构的公产订立长期租约；1994 年 7 月 25 日法律（法国《国有财产法典》第 34－1 条至第 34－9 条）更加自由地开放了对国家公产设置物权的可能性，但期限不得超过 70 年，并且不能延展。④

有关公务性公产的使用问题，舆论批评者众，赞誉者寡。2006 年 10 月 25 日，《中国青年报》刊登了一篇有关公车使用的文章。文章列举了某局长司机老黄国庆七天的行程。10 月 1 日，局长朋友的儿子结婚，老黄到婚纱店将公车装饰为婚车，然后接送新人，忙了一天。10 月 2 日，老黄一大早起床，把去旅游的局长儿子一家三口送到机场，然后到邻近城市接局长的父母来该市过节。10 月 3 日，陪局长夫妇到城里购物。中秋节将至，晚上陪局长各处送礼。10 月 4 日，到邻近城市接局长的妹妹一家到局长家，晚上

① 刘国良、邵建云、汪异明：《国外国有资产管理体制研究》，《经济研究参考》1995 年第 3 期，第 46—47 页。

② 王克稳：《论国有资产的不同性质与制度创设》，《行政法学研究》2009 年第 1 期，第 18—19 页。

③ 王名扬：《法国行政法》，北京大学出版社 2007 年版，第 268 页。

④ ［法］弗郎索瓦·泰雷、菲利普·森勒尔：《法国财产法》，罗结珍译，中国法制出版社 2008 年版，第 663—664 页。

继续陪局长送礼。10月5日，送局长妹妹一家回家。10月6日，到机场接旅游归来的局长儿子一家。中秋节晚上，老黄终于在家吃了顿团圆饭。10月7日，送局长父母回老家。回来后送局长去酒店，把局长从酒店送回家后，已是夜里十二时多了。

上述事例并非个别，公车在很多人的概念中就是用公款购买的私车。而且不仅仅是用公款购买的私车，还需要用公款安排司机、维修保养、购买保险等。公车腐败，或车轮上的腐败已经成为激化干群矛盾的一个导火线。

据有关数据统计，早在"八五"期间，全国公车耗资720亿元，年递增27%，约为 GDP 增长速度的3.5倍。到了20世纪90年代后期，全国约有350万辆公车，包括司勤人员在内耗用约为3000亿元。在社会的强烈呼吁下，公车改革在2003年前后正式启动，各地纷纷采取了"卖公车、发补贴"的办法。然而，汽车在政府采购物品中始终占据前三位，2005年全国政府采购公车花了600多亿元，2006年则一举突破700亿元，占财政部预计实现的3000亿元全国政府采购规模的近1/4。

从辽阳市弓长岭区书记区长一年享受8万元车补待遇的公车改革怪现象可以看出，一些地方的车改不是为了公共财政节约行政支出，而是将公车福利直接变现。通过改革，本来备受质疑的公车私用，反倒利用货币补贴这一政策合法化了，公共资源不仅成了唐僧肉，甚至还成了某些地方公车改革的一大成果。动谁也动不了特权者的奶酪。据了解，在绝大多数国家，对公车的配备和使用都有非常严格的范围，一般只有内阁部长可以配备专车，但也仅限于执行公务。我国香港特区前特首董建华离任的当天，便不再乘坐公车。在我国这样一个人民生活还远不富裕、人均 GDP 排在世界百名以外的发展中国家，官员的公车消费水平却居世界前列，数倍甚至数十倍于发达国家，其根本原因就在于特权泛滥。

早在1988年，国务院机关事务管理局曾经发布过《中央国家机关汽车配备标准的规定》，按此规定，公务员的配车标准为：正部级干部配专车，副部级干部不配专车但保证工作用车。之后，1994年，中共中央办公厅、国务院办公厅又联合颁发了《关于党政机关汽车配备和使用管理的规定》，规定："部长级和省长级干部按一人一辆配备专车，现职副部长级和副省级干部，保证工作用车和相对固定用车。"这些规定与许多国家公务使用车的规定大体上是相当的。但实际情形是，这些规定早已名存实亡。

2010 年 3 月，在全国政协十一届三次会议上，民革中央提交了《如何破解公车改革困局》的提案。提案指出：我国公车制度中主要存在以下四个方面的突出问题。一是公务用车费用高，财政负担沉重。调查显示，每年一辆公务车的运行成本（含司机工资、福利）至少 6 万元以上，有的甚至超过 10 万元。二是公车私用现象严重。三是超编制超标准配备使用轿车问题屡禁不止。四是公车使用效率低，浪费惊人。目前，党政机关及行政事业单位公务使用车总量为 200 多万辆，每年公务使用车消费支出 1500 亿—2000 亿元（不包括医院、学校、国企、军队以及超编配车）。①

而与此形成鲜明对照的是，英国新任首相卡梅伦拒绝警车护卫，坚持步行上班，副首相也带头乘地铁上班。根据英国新政府财政大臣乔治·奥斯本的说法，削减政府"低价值"开支意味着内阁部长不再拥有专车和司机。公务人员将更多依赖步行、公共交通工具、与他人"拼车"或选择客机经济舱出行。公务人员非因公务使用公车在西方国家所引起的社会关注度比在国内要高得多，国内不可谓不高，问题在于高也无用。2010 年 10 月 14 日，据英国《每日电讯》报披露，欧洲理事会常任主席赫尔曼·范龙佩用配发的公务车将其与家人从比利时首都布鲁塞尔送至法国巴黎的戴高乐机场，前往加勒比海度假。经过调查，2010 年 8 月，欧盟的 3 辆 S 级奔驰轿车载着他、他的妻子、4 个孩子以及其中 2 个孩子的配偶，行驶 162 英里（约 260 公里）赶到戴高乐机场，然后乘坐航班前往加勒比海度假。接下来，范龙佩的轿车和司机一直在巴黎等待，直到他们度假结束后，又将他们从戴高乐机场接回布鲁塞尔。而如果是从出租车公司租用 3 辆 S 级奔驰轿车，再加上支付给司机的费用，总花费将达 4000 英镑（约合 4.2 万元人民币）。调查人员表示，范龙佩本人应该支付这笔费用。

在西方国家，为政府官员及政要配给的公车或专机，其使用有严格限制，挪为私用必须支付费用，严重违规者还会锒铛入狱。2006 年，时任澳大利亚总理的霍华德动用专机与家人赴墨尔本观看板球比赛，同机的两个儿子各自按照商务舱标准支付机票费用。意大利西西里岛墨西拿市市长朱塞

---

① http：//www. sina. com. cn，《京华时报》2010 年 11 月 22 日，记者邓杭。

佩·布赞卡，曾让公务车司机开车将他与妻子送到巴里市港口，回来时又让司机接他们回家。2002年2月，当地法庭以"侵吞公款罪"判处布赞卡13个月徒刑。布赞卡以自己支付了往返汽油费为由提出上诉。2003年10月，意大利最高法院作出裁决，判处布赞卡监禁6个月。[①]

在我们国家，在个别地方公车改革也已开始正式推行。2010年年初，云南省昆明市在西山、五华、盘龙、官渡4区启动"党政机关公务使用车专用车定额包干管理"试点工作。2010年1月15日，试点工作启动，列入试点的所有公务使用车全部停止使用，并登记造册，统一上缴。据统计，主城4区试点单位共上缴各类公车920辆，涉及221家单位5344人。与此同时，为保障各单位的公务交通，各区分别留用不超过100辆公车，组建起4个区级机关公务交通服务车队。只要是公务出行，都可使用。各区上缴的920辆公车除258辆用于组建公务交通服务队、66辆原值划拨执法部门、134辆报废外，其余462辆于2010年5月间被公开拍卖，占上缴车辆总数的50.2%。最终，拍卖成交441辆，拍卖总价1654.98万元，拍卖所得全部收归区财政，主要用于改善民生项目建设。根据统计测算，实行定额包干后，预计4区公务交通费年支出2588.72万元，比此前3年的平均数减少2051.32万元，降幅达35%。而且，纳入试点范围的单位不允许再审批购置新的公车，因此也将不再产生车辆购置费用。[②]

（四）投资用公产的使用限制

对于关系国家主权或安全的重点领域或重点行业或与国计民生有关的基础性行业等，公法法人有义务通过主动的投资掌握其所有权，而且也有必要由公法法人拥有所有权，这是公法法人的正当性与合法性所在。

实践当中，有些投资大、收益低、周期长的行业，私人或因资本问题，或因收益问题，或因周期问题等，不愿意投资这些行业，而这些行业又常常与国计民生息息相关。为保障这些产品或服务的供给，以及体现公法法人公益服务的职能，公法法人有必要承担起相应产品或服务的供给职能。

在我们国家，由于历史、地理或其他因素，长期以来区域发展不平衡，

---

① 新华网，2010年10月20日，中青在线，记者穆康德。

② http：//www.sina.com.cn，《人民网—人民日报》2010年12月20日。

产业分布不均匀，东部与西部、南部与北部、沿海与内地、城市与乡村等发展差距较大，加上民族众多，各民族发展水平不一样。为维护社会稳定，促进共同富裕与经济社会环境等的协调发展，出于政策等的考量，国家有必要在扶持边远、贫穷落后地区及少数民族地区等的发展方面做出积极的努力。这其中包括将大量的财政财产投资于上述地区或少数民族地区。

此外，出于产业政策的考虑，在投资用财产的使用上，国家经常运用投资这一杠杆实现宏观调控的目标，引导产业健康发展，提高其国际竞争力，同时实现淘汰落后产能的目的等。

原则上，投资用财产的使用应符合国家保障民生、有利公平竞争、促进社会和谐发展的宗旨，而不应以与民争利，垄断经营，扰乱社会政治、经济秩序为根本。实践当中，那种将公民纳税取得的收入用于经营城市、经营土地，获取高额利润的做法应予以纠正。

在公法法人财产所有权的使用权能上，除了上述限制以外，在使用的程序上也有严格的限制。这主要体现在预算公开与使用透明的要求上。

公法法人对其所拥有的财产的利用与民法法人不同，首先必须经过各级人大的批准，而且一般以预算所确定的支出范围为限，需要增加预算支出的也必须经过有关部门的批准。这一预算是向社会公开的，公民、法人以及其他团体可以对其进行监督。对违反预算所确定的支出范围或界限的支出，有关机关、团体或个人可以进行控告、举报等。

五　使用的废止

在法律没有特别规定时，公共使用的废除由设定公共使用的行政主体决定。废除的方式，根据情况可以采取明确的表示，例如宣告从何时开始停止使用。暂时的停止使用不能认为是公共使用的废除。也可以不采取任何特定的行为，用默示的方式表示废除。例如公产已处于不能使用状态，行政主体认为没有必要修理时，公共使用因此废除。[1] 公产在公共使用目的废除以后，如果仍属于行政主体所有时，就成为该行政主体的私产。[2]

---

[1]　王名扬：《法国行政法》，北京大学出版社 2007 年版，第 251 页。

[2]　同上书，第 282 页。

在公物法一般理论中，公用废止并不属于管理者的完全裁量，"由于管理者负有维持、保存公物，使该公物适合于其公共目的的义务，所以，不能自由地废止其公用，只有在其失去应该提供于公共目的必要的情况下，才能废止其公用"。①

在我们国家，公产公共使用或公务使用的废止往往需要经过相应的报废程序，在经过有权机关或部门的审核后，公产的公共使用或公务使用的使命终止。当然，这主要是针对不动产及价值较大的部分动产，如车辆、电脑等。对于日常办公用品，如纸张等消费物，其一经使用即告废止的情形，则是按照默示的方式确定其废止的。

第四节　收益权能

一　收益的内涵

公法法人是否可以利用其所拥有的财产从事收益活动，这在过去是一个严格禁止的问题。因为，我们国家传统观念认为，国有财产是全民所有的财产，是服务于全体国民的财产，因此，公法法人不能利用其所占有的财产为自己谋取利益。法律规定均禁止公法法人从事营利行为，公法法人属于非营利法人。

但是，这种观念在改革开放以后发生了很大的转变。而且，表现在实践上，公法法人从事营利活动的现象也比比皆是。特别是 20 世纪八九十年代以来，各级政府运用手中所掌握的"国有财产"大肆建设楼堂馆所，以服务机关建设为名纷纷破墙开店，经营企业或其他产业。在经过整顿后，各政府法人又变换名目，从经营产业到经营土地、经营城市，各种经营概念层出不穷。经营的理念不仅指导着民法法人的各项活动，也成为各政府部门运行的出发点。

在罗马法的所有权概念中，收益权在所有权的概念中并不突出，因为罗马社会仍然是简单商品经济社会。简单商品经济是在自然经济条件下所发生的简单商品交换，这种交换的目的，是为了满足所有人的生产和生活的消费

---

① ［日］盐野宏：《行政组织法》，杨建顺译，北京大学出版社 2008 年版，第 265 页。

而不是在生产的基础上追求价值。所以，在实际的生产过程中，所有人注重的是使用权，即获取物的使用价值的权利。而往往忽视了追求物的价值的权利，即收益权。同时，由于在自然经济条件下，生产规模狭小，生产方式简单，因而财产的所有人就是财产的实际占有和使用人。由于财产和所有人没有分离，因而于财产上所产生的利益就完全由所有人获取而不可能产生在所有人和作为实际的生产者的非所有人之间的利益的分配。因此收益权由所有人行使时，就会在观念上把它视为一种由使用权所派生出来的权能而不是一种独立的权能。

收益权的概念，是中世纪注释法学派在解释罗马法时提出的。注释法学派认为，在所有权的权能中应补充收益权的概念。这种观点主要是为了解释中世纪西欧封建社会所存在的双重所有权形式。即封建主所有的高级所有权以及同时存在的佃农的低级财产权或地权。某些封建主在宣布自己是土地的主人时，也同时承认农民对地面的权利。土地的领主所有和农民的世袭占有构成了中世纪西欧封建土地所有权的基本特征。由于这种双重所有权的存在，在中世纪欧洲基本上不存在自由的土地所有权，领主对土地享有的实际权利，是在土地上获取收益即占有农奴的剩余产品的权利。而农奴虽然对土地没有所有权，但也可享有获取部分剩余劳动产品的权利。这种现象决定了中世纪的欧洲一般都把所有权看成一种收益权，从而使收益权成为一种独立的权能。

在当代资本主义条件下，资本所有权已完全表现为一种收益权。特别是近代资本社会化运动的发展，股票和其他有价证券的权利已不能完全表现为对财产的占有、使用和处分权，而主要表现为对于价值和剩余价值的占有权。

所有权在经济上实现自己，除了获取物的使用价值（使用）和获取物的价值（处分）以外，还要取得用物化劳动所产生出来的新价值（收益）。①

二　收益的正当性问题

台湾地区《国有财产法》第 28 条规定："主管机关或管理机关对于公

---

① 王利明：《国家所有权研究》，中国人民大学出版社 1991 年版，第 133—135 页。

用财产不得为任何处分或擅为收益。但收益不违背其事业目的或原定用途者，不在此限。"①

在日本，由于公用物都是《国有财产法》或者《自治法》上的行政财产，所以，管理者"在不妨碍其用途或者目的的限度内，可以许可其使用（或者收益）"（《国有财产法》第18条第3款，《自治法》第238条第4款）。这一般被称为行政财产的目的外使用（或许可）。②

根据台湾学者的研究，行政行为依其所适用法规性质的不同，可分为公权力行政及私经济行政两种，前者系以公法的方式从事行政活动，后者则本于民法的规定，遂行行政任务。

私经济行政，又称为国库行政，系指国家立于私人的地位，适用民法规定所为的行为。一般可分为下列三种：①以民法方式辅助行政的行为；②行政营利行为；③以民法方式达到行政任务的行为。

行政营利行为，系指国家以民法方式参与社会上的经济活动，其主要目的在于增进国库收入，有时并兼负执行国家政策的任务。可分为两种形态：一为由"国家"或行政主体以内部机关或单位直接从事营利行为，如"国有土地"的标售行为、出售车牌的行为等。另一为"国家"或行政主体依"特别法"或"公司法"等规定，投资设立公司而从事营利行为，例如设立公营银行、钢铁公司、石油公司、造船公司、糖业公司等，均属此类。国家于从事此种行政营利行为时，系本于经济法而为运作，并以获得利润为目的，就此而言，其与私人企业并无不同，故亦受民法及经济法的拘束，例如民法、公司法、证券交易法或公平交易法等。③

内地同样有学者认为，应从广义上理解使用权。使用不仅是对物的效用的利用，还包括在物上获得经济利益，因而使用权应包括收益权。④

马克思曾经说过，单纯法律上的土地所有权，不会为土地所有者创造任

---

① 参阅李惠宗《公物法》，载翁岳生《行政法》，中国法制出版社2009年版，第426页。
② ［日］盐野宏：《行政组织法》，杨建顺译，北京大学出版社2008年版，第269页。
③ Vgl. wofff/Bachof/Stober., aaO., S. 58f，转引自翁岳生编《行政法》，中国法制出版社2009年版，第23、25—27页。
④ 王利明：《国家所有权研究》，中国人民大学出版社1991年版，第133页。

何地租。① 在所有人不能利用财产而财产又不能流动的情况下，所有人在法律上的所有权在经济上不能实现。这种所有在经济上往往是一无所有。即使所有人能够独占地利用，囿于其利用能力所限，也不可能实现财产的最大价值。为了有效地保护国有财产，首先要摈弃小农经济的财产观念，即只做财产的消极保护者，而不做财产价值的积极创造者的观念。消极的实物保护固然能够维护实物的完整性，但是如果忽略了动态利益的实现和保护，只能导致财产利益的损失和浪费，因而并没有真正有效地保护财产。②

根据我国现行的法律规定，也可以看出收益权能为公法法人财产所有权的应有权能。法律规定，国务院代表国家行使国有财产所有者权益，国务院在享有所有权的同时也负担对其保值增值的义务。而要保值与增值只有通过收益才能实现。

三　收益的实现

收益通过两种方式表现出来，其一是实际方式，其二是法律方式。从实际方式来说，所有权人可以本人收取物的孳息，然后随其意愿处分这些孳息；也有这样的情况，所有权人并不是直接获得物的收益，而是通过某种法律行为——管理行为甚至处分行为——来获得物的收益。③

在欧洲中世纪的封建社会，土地的多重等级占有和贵族民主制的实现，导致政府对其臣民的行政控制以及获取财政收入的权力都很有限。在封建的盛世，尽管国王可获得各种特权收入，但主要是"依靠王室庄园的收入，而不是依靠赋税的进款"④。为满足政府自身的消费以及追逐财富的欲望，国家时常举借私人债。大约在公元5—7世纪，公债在欧洲已经产生。国家参与民事活动，还表现在国王作为最大的领主，兼并土地有偿地出售给贵族，或出租国王的银矿以获取收益，甚至变卖王室的领地以充实财政收入。

在资本主义原始积累时，国家不仅通过发行公债参与民事活动，而且通

---

① 《马克思恩格斯全集》第25卷，第853页。
② 王利明：《国家所有权研究》，中国人民大学出版社1991年版，第305页。
③ ［法］弗郎索瓦·泰雷、菲利普·森勒尔：《法国财产法》上册，罗结珍译，中国法制出版社2008年版，第189页。
④ ［美］汤普逊：《中世纪经济社会史》下册，商务印书馆1984年版，第392页。

过创办所谓"公公司",从事各种政治、商业活动,如英国的东印度公司,美国的弗吉尼亚公司、马萨诸塞公司等,都由政府特许而成立,直接实现政府的意志和利益。它们实际上与政府没有严格的区别。[①]

政府广泛作为财产的所有人和交换者,是 20 世纪以来最显著的变化。政府像一个巨大的"水管"吸取税收和权力,吞吐着金钱、利益、服务、合同和特权。[②] 根据我国《预算法》第 19 条的规定,预算收入包括:税收收入;依照规定应当上缴的国有资产收益;专项收入;其他收入。预算法第 2 条规定,国家实行一级政府一级预算,设立中央,省、自治区、直辖市,设区的市、自治州,县、自治县、不设区的市、市辖区,乡、民族乡、镇五级预算。第 8 条规定,国家实行中央和地方分税制。第 20 条规定,预算收入划分为中央预算收入、地方预算收入、中央和地方预算共享收入。第 23 条规定,上级政府不得在预算外调用下级政府预算的资金,下级政府不得挤占或者截留属于上级政府预算的资金。第 29 条规定,各级预算收入的编制,应当与国民生产总值的增长率相适应。

《物权法》主要从两个方面推动行政机关直接促进社会物质财富增加:其一,行政机关代表国家出资设立企业,实现国有资产的保值和增值。但是必须指出,设立国企不能妨碍私企创造社会财富,国企应当只存在于非竞争性领域,也就是人们常说的"官不与民争富"。其二,行政机关在国家享有所有权的土地等自然资源上为申请人设立海域使用权、探矿权、采矿权、取水权、养殖权和捕捞权等用益物权,充分发挥土地等自然资源的效用,创造更多的社会财富。[③]

四　收益的限制

与以利润最大化为目的的民法法人不同,公法法人的收益行为受到法律的严格限制,具体体现为以下几方面。

一是收益许可限制。无论何种收益都需经过具有审批权限的政府或政府

---

① 王利明:《国家所有权研究》,中国人民大学出版社 1991 年版,第 257—258 页。

② 〔美〕瑞奇:《新财产》,载美国《耶鲁法律评论》1964 年第 73 期。

③ 应松年:《行政权与物权关系研究——主要以〈物权法〉文本为分析对象》,《中国法学》2007 年第 5 期,第 70—71 页。

部门的审批。公法法人作为经济人同样具有营利的冲动，总是试图增加自己的收入。如果对这种冲动不加限制的话，任由公法法人参与市场营利行为不但不利于公共产品或服务的提供，而且这种利润最大化的目标反而会影响其服务公益的使命。

二是收益标准的限制。无论是税收还是使用费的收取等都必须按照法律、行政法规规定的标准进行。税费的收取事关经济发展、社会稳定、民生福祉，必须与国民经济发展水平以及国民的承受能力相适应。公法法人必须严格按照规定的标准进行收取，严禁滥用职权提高或降低收益标准。

三是收益期限限制。收益只能在规定的期限内进行，超出法律规定的期限属于滥用职权的行为，必须受到法律的制裁。

四是收益用途限制。国家允许某国家机关或者事业单位利用公共国有财产进行收益，或是为了弥补预算经费不足，或是为了支持该事业发展，自然不允许该国家机关或者事业单位将该收益及依靠该收益取得的财产当作是该机关或者单位的私有财产，为该机关或单位的工作人员谋取财产利益。①

五是收益信息公开。根据《政府信息公开条例》第 10 条的规定，县级以上各级人民政府及其部门应当依照本条例第 9 条的规定，在各自职责范围内确定主动公开的政府信息的具体内容。政府支出必须公开，收益也必须公开。

六是预算平衡的限制。《预算法》第 28 条规定，地方各级政府按照量入为出、收支平衡的原则编制，不列赤字。利用公共国有财产进行收益的形式主要是指收取规费和收取租金。② 对于规费的收入，德国学者平特纳教授指出："规费必须遵循'费用抵偿原则'，不允许任何行政部门为其他项目取得盈余而相当显著地提高规费收入。规费必须尽可能与'真正给付'保持对等性。"③

---

① 张建文：《转型时期的国家所有权问题研究：面向公共所有权的思考》，西南政法大学博士学位论文（2006 年），第 160—161 页。

② 同上书，第 159 页。

③ ［德］平特纳：《德国普通行政法》，朱林译，中国政法大学出版社 1999 年版，第 186—187 页。转引自肖泽晟《公物法研究》，法律出版社 2009 年版，第 204 页。

五 收益权的消灭

公法法人的收益权因下列情形而消灭：①法律或法规取消收益许可；②收益期限届满；③收益项目取消；④滥用收益权或不按规定收益而被取消收益的情形；⑤法律规定的其他情形。

公产以服务公益为目的，以免费使用为原则，所以允许收益一方面是为维持公产正常使用的需要。使用总会有消耗，为弥补这种消耗必须不断地增加投入，适当地收取一定的费用既符合公益的目的，又不违背公产管理机关的职责。另一方面，公产的闲置本身就是一种浪费，允许其在不影响市场公平竞争的情况下适当收益符合公产保值增值的要求。对于那些关系国计民生的基础行业或产业，虽不能完全采取市场化的运作方式，但允许其收益以平衡财政收支是世界各国通行的做法。只是这种收益在其丧失正当性的情况下，其收益权自应不复存在。

第五节　处分权能

一 处分权概述

所有权本质，为所有人自由处分。①处分权，就是所有人对财产（生产资料和劳动产品）进行消费和转让的权利。②

在民法上，处分包括事实处分和法律处分。前者系就标的物为物质变形、改造或毁损等物理上的事实行为；后者系就标的物所有权的移转、限制或消灭等。③ 在法律效果上，于事实处分，所有权人可以实施与其使用权相一致的任何实际行为，还可以改变物的本体，甚至将物的本体毁弃④，事实处分会导致所有权的绝对消灭；而法律处分可以是所有权的全部转移，或者只是其部分权能移转。事实处分包括以下两方面内容：第一，在客观上使物

---

① 史尚宽：《物权法论》，中国政法大学出版社 2000 年版，第 2 页。
② 王利明：《国家所有权研究》，中国人民大学出版社 1991 年版，第 140 页。
③ 谢在全：《民法物权论》，中国政法大学出版社 1999 年版，第 124 页。
④ ［法］弗郎索瓦·泰雷、菲利普·森勒尔：《法国财产法》上册，罗结珍译，中国法制出版社 2008 年版，第 191—192 页。

归于消灭；第二，在客观上改变物的性状。法律处分也包括两个方面内容：一是以一定方式移转物的所有权，即物的易主；二是以一定方式暂时转让若干权能的一部分，即所有人在一定时空范围内出让物的使用价值而取得物的价值。①

变更与设定负担通常包括在广义的处分内。变更系指变更共有物本质或其用途而言，设定负担系指设定其他物权。②

二　公法法人是否享有处分权能

如前文所述，在所有权的积极权能中，无论是二权能说、三权能说、四权能说，还是五权能说，都认为处分权是所有权的必不可少的权能。但具体到公法法人财产所有权的处分权能，各国法律的规定与学者的见解有所不同。

有学者认为，按照法国法的观点，国家私产属于民法上的一般财产，因此，国家私产所有权的权能自然可以按照《法国民法典》第544条的规定看待，即具有罗马法的传统观念所认为的具有使用、收益和处分的权能。而对公产所有权的概念，尽管对其性质在法学理论上存有争议，但是不具有处分权能，特别是公产的不可转让性原则是没有疑问的。

但是，与此同时，该学者指出，尽管公产所有权的处分权能缺失，但公产的不能转让性则不具有绝对性，而只具有相对性。原因在于可以通过废止公产的公共使用使命，使公产转化为国家私产，从而使得该财产具有可处分性。所谓的公产不能转让仅仅是在公产的公共使用目的的废除以前，所有权不能转让。③如果公产不再作为公共使用时，公产当然可以处分。从这些讨论来看，所谓公产不能转让的目的，仅仅在于保护公产的公共使用；如果公产退出公共使用，则对其处分就毫无问题。

另外必须指出的是，在一般大陆法系国家，因为公共财产还应该划分为公产和行政主体的私产（比如行政主体拥有的员工工资等），所以，公法法

---

① 朱维究、王成栋：《一般行政法原理》，高等教育出版社2005年版，第237页。
② 谢在全：《民法物权论》上册，中国政法大学出版社1999年版，第287页。
③ 王名扬：《法国行政法》，中国政法大学出版社1988年版，第334—335页；《拿破仑民法典》第537条。

人不可以处分的，只适用于公产，不适用于行政主体的私产。公产在公共使用的使命废除以后成为私产时，不再受不能转让原则支配。

公产不能转让的第一个法律效果是公产的转让行为无效，不发生所有权转移的效果。这种情况下的所有权不能转移，从法律根据的角度看，不问转让的方式是出于行政机关主动的行为还是被动的行为。前者例如出卖或出于法律的规定，后者例如公用征收、强制执行等。民法中为私人不动产所有者利益而规定的共有分界墙等都不适用于公产。

公产不能转让的第二个法律效果，是禁止在公产上为私人利益设立民法上的物权关系，例如用益权、抵押权等。因为民法上的物权是对所有权的一种分割，不符合公产不能转让原则。至于公产成立以前所设立的物权是否继续存在，从理论上说，公产不能转让原则在公产成立以前不适用。私人在公产成立以前所取得的权利应当继续有效。

如果标的物上原来设定有私人的物权，而后此物变成公产时，台湾最高行政法院认为，公产成立以前的权利只在不妨碍公共使用目的范围内继续存在，对于不能存在的部分，可由行政主体给予补偿。关于这类案件的诉讼，分别由普通法院和行政法院管辖。物权的设立是否有效成立，由普通法院管辖，物权的继续存在是否和公共使用目的相抵触，以及补偿金额的争端，由行政法院管辖。

公产不能转让的第三个法律效果是公产不能作为取得时效标的。私人不能由于继续占有而取得公产的所有权。也不能由于继续占有而在公产上取得所有权以外的其他物权。[①]

在意大利，广义上的国有财产被分为国有公共财产和国有财产或者国有私产。国有公共财产所有权不具有处分权能，《意大利民法典》第 823 条明确规定，国有公共财产（国家公产）不得转让，不得为第三人的利益设定负担。根据该法典第 826 条规定，作为国家私产的国有财产又被分为不可处分财产和可处分财产，前者包括国家资源、文物、国家机关的财产等，后者

---

① 王名扬：《法国行政法》，北京大学出版社 2007 年版，第 262—264 页。

是指除前者以外的财产比如一般动产等。①

在日本立法中，国家对不同类型国有财产的权能划分没有采用日本民法关于所有权的权能理论，即使用、收益、处分的权能划分，而是采用了管理和处置的划分。② 国有财产的管理是指取得、维持、保护及运用，它具有和处置对等的地位。国有财产的处置是与管理相对而言的，它是指采取出售、交换（指交出）、转让、信托、销毁等手段，使有关的国有财产的所有权及其他财产权丧失的行为。这些行为其实就是民法意义的处分。③

在我国，有学者认为，在国有财产中首先要确定的是"国家专有"的财产。对此，无论是国家机关还是国家自己对于国家专有财产，如城市土地、水资源和矿产资源等公共国有财产的所有权，都一律禁止买卖、出租或者以其他方式非法转让。对于除国家专有财产以外的公共国有财产，如行政机关和事业单位所占用的公共财产以及供公众使用的公共财产，如河海湖泊、山川沼泽等，同样不具有处分权能。④

上述学者在否定国家机关处分权能的同时，认为国家对不同类型的国有财产享有不同的权能，对行政财产即国家公产（公物或者公共国有财产），只享有管理权能而不享有处置权能，对普通财产即国家私产，不但享有管理权能而且也享有处置权能。⑤

另有学者认为，公立机构对于划拨给它的财产和使用预算资金，以及利用划拨给它的资金购买的财产，也没有任何处分权。但是如果其设立文件规定其有权从事给它带来收入的活动（提供产品与服务），则因此而获得的收入和用这些收入购买的财产归机构自主处分并计入单独的资产负债表，达到接近国库企业的权利水平。⑥

---

① 张建文：《转型时期的国家所有权问题研究：面向公共所有权的思考》，西南政法大学博士学位论文（2006年），第148页。

② 同上书，第149页。

③ ［日］大塚芳司：《日本国有财产法律、制度与现状》，黄仲阳编译，经济科学出版社1991年版，第12—13页。

④ 张建文：《转型时期的国家所有权问题研究：面向公共所有权的思考》，西南政法大学博士学位论文（2006），第162页。

⑤ 同上书，第149页。

⑥ 张力：《社会转型期俄罗斯的公共所有权制度——兼论公共所有权与私人所有权的制度关系》，《法律科学》2009年第2期，第133—134页。

有学者在讨论国家土地所有权时提出，无论是各级政府部门还是乡、村集体组织，都不能自由处分土地，国有土地的所有权永远属于国家，集体土地所有权只因国家征收而消灭。土地所有权不存在转让的问题，能转让的仅仅是土地占有权，而且转让的条件和程序由政策法规明文规定，没有多少土地所有人的自由意志。土地所有权怎么也套不上传统物权理论所说的最完整、最充分、最全面的所有权概念，但仍是货真价实的所有权，只不过其所有权的价值和意义表现为收益权能和管理权能而已。①但是这种观点似是而非。因为从传统民法的角度看，在所有权上设立建设用地使用权等权利，恰恰就是处分的一种情形，即处分其部分权能。包括出租，也属于法律上的处分。

从传统民法的角度看，或者说从民法学的固有理论看，公法法人行使处分权的情形其实是非常普遍的。县级以上人民政府处分土地的情形，最典型的，就是国有土地建设用地使用权的出让或者划拨。当然，这不是所有权整体的处分，而只是部分权能的处分，但是无论如何这是所有权人行使的处分权。

从现行法律的规定看，《行政单位国有资产管理暂行办法》第5条规定，行政单位国有资产管理包括资产配置、资产使用、资产处置等。所谓资产处置，是指行政单位国有资产产权的转移及核销，包括各类国有资产的无偿转让、出售、置换、报损、报废等。范围包括：①闲置资产；②因技术原因并经过科学论证，确需报废、淘汰的资产；③因单位分立、撤销、合并、改制、隶属关系改变等原因发生的产权或者使用权转移的资产；④盘亏、呆账及非正常损失的资产；⑤已超过使用年限无法使用的资产；⑥依照国家有关规定需要进行资产处置的其他情形。处置系行政法上的用语，自民法角度来看，属于非依法律行为发生物权变动原因当中的一种。从形式上来说，处置需要有行政机关的决定或命令等，具有行政管理的色彩。但是，从内容上来说，这其实也是典型的处分。它作为物权变动的一种形式与民法上的处分效果没有区别，区别的只是法律根据的不同。

---

① 孟勤国：《物权二元结构论——中国物权制度的理论重构》，人民法院出版社2004年版，第185页。

　　总的来说，有关公法法人对其所有的财产是否享有处分权能的问题，我国法学界事实上并未厘清，制度建设并不完善。理论不清的是，我国法学界普遍地把公法法人行使处分权时应该获得审批这一点，理解为他们没有处分权。这个理解明显有误。因为，审批是行政管理关系，获得审批是在处理行政机构内部的关系。但是处分财物则是民事关系，对处分财物的关系人而言，这种处分发生的民法效果和一般的民事处分一样。比如，建设用地使用权的出让就是这样。依据我国法律，享有土地出让权的是市县一级政府，政府在出让土地之前，必须依据建设用地的数量报请审批，甚至要报请国务院审批，此时不发生任何民法上的法律效果。获得审批之后，市县一级政府要和土地受让人订立合同，办理土地的交付和登记等，完成建设用地使用权的设立手续，这就发生了民法上的效果。此时，市县一级政府行使的就是典型的民法上的处分权。

　　事实上因为公法法人财产的类型各异，公法法人行使其处分权能的方式是不同的。尤其是对公法法人的私产，一般比较容易地承认其享有处分权能。这一点应该成为人们的共识。比如，一个独立核算的机关法人，对于其员工的工资，在没有发给员工之前就享有独立所有权；发放给员工就是独立处分。以此为基础，我们可以知道，公法法人行使处分权的情形是非常符合法理的，也是很正常的。

　　总体而言，无论是对公共使用财产而言，还是对公务使用财产而言（有的国家称为普通财产），公法法人都可能行使处分权。而就投资性财产而言，如果没有处分权其就不能称为投资性财产。即使就法律上的处分而言，无论是公共使用财产、公务使用财产，还是投资用财产，其处分权都是不言而喻的。财产只有在运动中才能实现其价值。法律上的处分不以转让所有权为限，传统民法上设立用益物权与担保物权都是法律上处分的形式；在公法法人财产中，设立用益物权和担保物权的情形虽然不常见，但也绝对不能说没有，甚至在国际贸易中涉及国家担保的情形。公法法人所拥有的财产虽然以不得提供担保为原则，但于国际借款等特殊情形其适用仍有例外。在我国，公法法人的财产如土地，虽于所有权的整体处分或者绝对处分存在严格限制，但是国有土地可以出让，可以划拨，供他人利用收益，这种处分最为常见。上级政府向下级政府拨付财物，或者征缴财物，政府之间转移财物等，也发生民法上处分的结果。另外，政府捐赠、奖励财物给外国政府、给国内外的私人机构或者个人的，也是民法上的处分。

公立大学、图书馆、博物馆等机构作为公法法人，将其办公大楼、教学大楼等不动产予以转让或交易的现象也比比皆是。在我们看来，公务使用公产或公共使用公产的存在只具有象征意义，只是被人为贴上公务或公共的标签而已。

在法学上以及法律制度设计方面，否定公法法人对其财产的处分权能，主要是考虑到对于行政公产的事实处分有害于行政公产本身的设立目的。[①]但是在我们看来，这种担心是不必要的。国家设立公法法人是为了让其办理公务，那么就应有必要的财物；而且也必须让其按照物的本性、按照法律的要求使用这些财物包括处分这些财物。

在这个问题上，我们也看到了一些旧有意识形态的影响。过去的意识形态宣传，一直坚持执政的共产党人没有自己的利益，政府是人民的政府，人民政府的利益是人民的，政府自身是没有自己的利益的。依据这些宣传性的理论，有些人认为，如果承认公法法人的处分权，就意味着承认政府本身存在自己的利益，不承认处分权就意味着否认政府存在自己的利益。这些分析看似成立，其实是无法成立的。因为，执政党也罢，政府也罢，他们担负着国家治理的责任；在为民众办事的时候，必须要有经费的支出和物品的耗费，行使处分权是完全正当的。不过，为了建立廉洁高效的国家机关，我们应该建立严格、公开、科学的公法法人财产处分的制度，防止不当行使、滥用处分权的各种情形发生。我们不能避讳公法法人行使处分权，恰恰相反，我们必须承认其处分权，这样才能直面问题，用科学的规则解决公共财产处分秩序存在的严重问题。

三　处分的原则

与其他民事主体在行使所有权处分权时，享有自由处分权利的原则不同，公法法人行使处分权，并不享有处分自由的权利。恰恰相反，他们行使处分权，必须严格依据我国法律的规定，必须按照公法法人成立时法律确定

[①] 朱维究、王成栋：《一般行政法原理》，高等教育出版社2005年版，第237页。

的基本规则。这些规定多数都是强制性规则，违背这些规则的处分是无效的处分。

就公法法人中的"机关法人"而言，他们行使处分权时尤其是法律关注的重点领域。目前，根据我国相关立法，我国已经在这一领域建立了比较严格的制度。这些制度包括如下原则。

（一）法定的原则

对于公法法人的处分，最典型的情形是公共机构的合法支出。我国法律规定，这些支出必须纳入预算，而且我国法律规定的预算制度非常严格。我国《预算法》第39条规定，中央预算由全国人民代表大会审查和批准。地方各级政府预算由本级人民代表大会审查和批准。《预算法》第9条规定，经本级人民代表大会批准的预算，非经法定程序，不得改变。确须调整的，应当编制预算调整方案。中央预算的调整方案必须提请全国人民代表大会常务委员会审查和批准。县级以上地方各级政府预算的调整方案必须提请本级人民代表大会常务委员会审查和批准；乡、民族乡、镇政府预算的调整方案必须提请本级人民代表大会审查和批准。未经批准，不得调整预算。《预算法》第47条第2款规定，各级政府、各部门、各单位的支出必须按照预算执行。

（二）收支平衡的原则

公法法人的预算支出必须坚持量入为出、收支平衡的原则。无论是中央政府还是地方政府均不应该发生赤字运行，至少，发生的赤字应该在可以控制的范围之内。《预算法》第27条规定，中央预算中必需的建设投资部分的资金，可以通过举借国内和国外债务等方式筹措，但是借债应当有合理的规模和结构。第28条第2款规定，除法律和国务院另有规定外，地方政府不得发行地方政府债券。

（三）厉行节约的原则

《预算法》第30条规定，各级预算支出的编制，应当贯彻厉行节约、勤俭建国的方针。公法法人系受公众委托从事公务的法人，其财产来源于自然人以及民法法人。公众将其财产赋予公法法人目的是从公法法人处获得必要的公共产品或服务，公法法人亦应当以满足公众的需要处分其财产，任何浪费行为实质上都是对公众权益的侵犯。因此，公法法人必须严格依据批准的预算执行，杜绝铺张浪费行为。

（四）统筹兼顾、确保重点的原则

《预算法》第30条第2款规定，各级预算支出的编制，应当统筹兼顾，确保重点，在保证政府公共支出合理需要的前提下，妥善安排其他各类预算支出。矛盾有主要矛盾与次要矛盾之分，同一矛盾也有矛盾的主要方面与次要方面之分。预算支出同样必须抓主要矛盾、抓矛盾的主要方面。在处理好主要矛盾与矛盾的主要方面的同时兼顾次要矛盾与矛盾的次要方面，只有这样才能有效合理地解决政治、经济、社会文化等发展过程中所面临的各种问题。

（五）公开、公正、公平的原则

《行政单位国有资产管理暂行办法》第29条规定，行政单位处置国有资产应当严格履行审批手续，未经批准不得处置。同法第32条规定，行政单位国有资产处置应当按照公开、公正、公平的原则进行。与自然人、民法法人的所有权自由处分不同，公法法人处分其所有权的行为除了必须经过审查批准外，还应当坚持公开、公正、公平的原则。根据《政府信息公开条例》第9条的规定，行政机关对符合下列基本要求之一的政府信息应当主动公开：……需要社会公众广泛知晓或者参与的……其他依照法律、法规和国家有关规定应当主动公开的。在处分的方式上，《行政单位国有资产管理暂行办法》第32条规定，资产的出售与置换应当采取拍卖、招投标、协议转让及国家法律、行政法规规定的其他方式进行。《中央行政事业单位国有资产管理暂行办法》第27条规定，资产处置方式包括调剂、捐赠、转让、置换、报损、报废、对外投资等。其中，除调剂、置换、报损等方式带有明显的行政色彩外，其他处分方式与民法上的处分效果并无本质的区别，同样必须坚持主体平等的原则，在公平、公正的基础上进行。

在机关法人之外，我国还存在大量的其他类型的公法法人。这些法人，比如事业单位、社会团体、公立大学以及科研机构，等等。这些公法法人的活动经费，有相当的部分同样来源于国家预算，因此这些经费的使用，也就是他们对于财产处分权的行使，同样必须遵循《预算法》以及其他法律规定的制度。

现实的问题是，《预算法》等法律关于公共财产行使处分权的规定，虽然具有强制性的特点，但是在执行过程中却呈现出"软法"的特点。各级政府都出现了赤字运行，但是赤字产生的原因却大多不明。

另外，还必须引起注意的是，《预算法》只是解决了比较宏观的公共财产处分的问题，但是却无法解决具体的财产处分方面的重大问题，也就是微观方面的问题。现实生活中，那些具体的公共财产，也就是公物的命运，实在令人忧虑。比如，从近年来揭发的大量贪腐案件看，这一方面的问题相当严重。即使是那些不构成犯罪的案子，滥用公共财产的情形也是十分严重的。各地民众经常见到的政府部门在城市建设中随意规划、随意建造，道路桥梁重复投资、建了拆、拆了建，造成严重浪费的情形，这些浪费使用，就是不当处分。一些重大的以"国家"名义进行的涉外捐赠和投资，都存在不当处分的问题，这些问题都引起了民众强烈的关注和不满。关于这个问题的探讨，正是我们要在这里解决的问题：必须按照公法法人的逻辑构造，把具体物相关联的责任落实在具体人的身上，才能够切实弥补这里的制度缺陷。

四　处分的限制

在法律制度上，一般民事主体处分其所有权所遵循的原则是处分自由，只要不妨碍或损害国家、集体或第三人的利益，他人自无干涉的权利。自然人、民法法人对其财产享有自由处分权，是否处分、如何处分完全是私人的事情，私人可以按照其独立的意思为处分行为。但是公法法人就完全不同了，因为公法法人占有的财产来源不同、肩负的使命不同、运行的方式不同，因此他们处分其财产必须受到法律明确而且严格的限制。这些限制体现了公法法人的本质，是公法法人财产权利的典型特征。

就机关法人而言，这些限制一般表现在以下几个方面。

（一）预算限制

根据预算法的规定，中央政府预算不列赤字。地方各级预算按照量入为出、收支平衡的原则编制，同样不列赤字。在支出的编制上，预算法要求必须贯彻厉行节约、勤俭建国的方针。此外，中央以及地方各级预算必须经由本级人民代表大会审查和批准，支出必须按照预算执行。预算的限制要求中央及各级政府的支出必须在预算范围内进行，超出预算范围的支出需要调整，调整预算支出必须经过本级人大常委会或人民代表大会的审查和批准。预算的限制与民法上须经股东会或股东大会批准的限制具有相似性，批准的机关不同，但是批准的性质并无本质的区别。

（二）目的限制

《中央行政事业单位国有资产管理暂行办法》第26条规定，资产处置应当与资产配置、使用和回收利用相结合，逐步建立资产共享、循环利用机制。同法第28条规定，资产捐赠应当以支持公益事业或扶持贫困地区发展为目的。《预算法》第19条规定预算支出主要用于经济建设支出，教育、科学、文化、卫生、体育等事业发展支出；国家管理费用支出；国防支出；各项补贴支出；其他支出。与民法法人不同，行政单位除法律另有规定外不得对外担保，不得以任何形式用占有、使用的国有资产举办经济实体。公法法人以实现公益为目的，自不许其以其占有、使用的国有资产进行营利行为。

（三）方式上的限制

根据《中央行政事业单位国有资产管理暂行办法》第28条规定，资产处置优先选择调剂方式进行；无法调剂的，可通过转让、置换、捐赠等方式处置。调剂主要还是公法法人内部财产的重新分配问题，从民法角度来看并非财产的处分行为。至于上下级政府间的调剂行为并非不可，但并非常见。根据《预算法》第23条规定，上级政府不得在预算外调用下级政府预算的资金，下级政府不得挤占或者截留属于上级政府预算的资金。基于上述原则，调剂属于公法法人内部的行政处置行为，而非处分行为。

（四）审查和批准

公法法人行使财产处分权，具体工作人员即使在其职权范围内的，也要履行正常的审查程序。超越其职权范围的，则必须报请上级批准。这是公法法人财产处分权和一般民事主体的财产处分权最大的不同。如上所述，出让建设用地使用权虽然是市县一级政府的职权，但是出让土地必须根据土地的数量报请上级甚至国务院批准。依法应该履行审查和批准手续而未办理这些手续的，处分的行为是无效的。

机关法人之外的其他公法法人，其经费同样来源于政府预算的，处分其财产同样执行《预算法》等法律的规定。经费并非来源于政府预算的，也要参照机关法人的做法，处分财产应该履行审查和批准的手续。比如，公立大学接受的社会捐赠的财物，在将其予以使用和处分时，除了要遵从捐赠人的意愿之外，也要按照法律的规定，履行必要的审查和批准的手续。

五　处分权的行使

公法法人行使财产处分权的具体行使方式，也是一个值得探讨的课题。显然，我国法律应该对此建立详明的规则。"国有财产"种类无所不包，数量巨大，但是从民法科学的角度看，这些财物的支配关系必须落实到每一个具体的物品之上，因此法律应该从这一角度建立处分权的行使规则。

（一）公共财政实行分级预算

根据《预算法》第2条的规定，国家实行一级政府一级预算，所以我国共设立中央、省（包括自治区、直辖市）、设区的市（包括自治州）、县（包括自治县、不设区的市、市辖区）、乡（包括民族乡、镇）五级预算。同法第8条规定，国家实行中央和地方分税制。这表明中央和各级地方政府各有自己的财产收入，且根据同法第23条规定，中央及地方各级政府间预算资金属于各自所有，由其自行支配。中央及地方各级政府是各级预算的执行主体。另根据《中央行政事业单位国有资产管理暂行办法》第5条规定，行政单位国有资产管理的内容包括：资产配置、资产使用、资产处置、资产评估、产权界定等，中央及地方各级政府对自有财产享有处分权。

（二）财政支出实行政府采购

对于中央及地方各级政府所支配的货币财产或财政财产而言，主要是各种财政支出，包括经济建设支出，教育、科学、文化、卫生、体育支出等，所有这些支出实质上都是以政府采购的形式实现的。对于其他动产或不动产而言，其处分方式包括无偿转让、出售、置换、报损、报废等。

（三）财政支出的拨付、使用的审批

根据《预算法》第47条规定，各级政府财政部门必须依照法律、行政法规和国务院财政部门的规定，及时、足额地拨付预算支出资金。各级政府的支出必须按照预算执行。确需调整预算支出的必须严格经过人大常委会或人民代表大会的审批核准。对于其他动产或不动产，行政单位在处置时应当严格履行审批手续，未经批准不得处置。此外，根据《中央行政事业单位国有资产管理暂行办法》第36条规定以及《国有资产评估管理办法》等的规定，行政单位拍卖、有偿转让、置换国有资产的应当委托相关的评估机构对所涉及的财产进行评估。

民法上，处分有事实上处分与法律上处分之分。于公法法人而言，消费性财产或货币性财产因支出完成而丧失处分权。对于其他动产或不动产而言，因使用消耗或因支配物灭失而形成事实上的处分，因捐赠、转让、置换、投资等而形成法律上的处分。

（四）借鉴资料：美国政府的支出与控制

1. 美国政府支出概况

美国政府支出基本上可以分成两类：购买支出和转移支付。在政府购买中，有些支出形成了向政府雇员支付的工资和福利；由于政府雇员在生产政府服务的过程中，要使用一些由供应商提供的物品，因此有些政府支出会用来向供应商购买这些物品；由于有些私人机构可以根据合同生产政府服务，因此有些政府支出要用于向这些私人机构支付报酬。多数政府支出用于即期政府服务的提供，但是也有些政府支出是政府投资，用于对道路、建筑物和耐用设备等长期资本性资产的购买。

转移支付构成了另一种主要的政府支出。这种支出形成了受益人的收入，包括社会保障福利、实业保险和其他向低收入阶层支付的现金。这种支出在美国所有的政府支出中比重达到了40%。[①]

美国政府间的转移支付可分为无条件转移支付和有条件转移支付两种。无条件转移支付是指接受方政府能够自主决定用途的"整体援助"。接受方政府可以将此款项用于现存的项目，或建设新项目，或用于减少地方税（提供税收减免）。有条件转移支付是指用于特定支出用途或项目的转移支付。例如，对高速公路的转移支付款必须用于高速公路的支出。而且，有条件转移支付还可能受到大量其他限制条件或要求的制约。有条件转移支付常常需要做很多"官样文章"：接受方政府必须提供证据，证明转移支付款的用途；支付方政府对接受方政府进行审计，以确保转移支付款按规定的方式支出，并遵守所有的限制与要求。州与地方政府若想改变资金用途，必须向联

---

① ［美］约翰·L 米克塞尔：《公共财政管理：分析与应用》（第六版），中国人民大学出版社2005年版，第32、33页。

邦政府提出申请并经同意，这要耗费大量的时间。[①]

政府间转移支付的数量与金额十分巨大，是美国多级政府体制的重要特征之一。政府的最大支出项目并不是用于公共物品和服务方面的，而是用于将收入从一个群体再分配到另一个群体，[②] 如社会保障项目和对贫穷家庭的临时援助项目（福利）等。

2. 联邦政府的支出

二战以前，美国联邦政府支出的绝大部分一度都是国防支出，这一支出在 1945 年达到了 89.5%，之后是不断下降的，虽偶有上升，但总体来说，国防支出在预算中的统治地位已经不复存在。联邦债务利息支出所占的份额在不断增加，联邦财政赤字不断增长。其他功能性支出在联邦政府支出总额中份额比较小。司法管理支出的增长率特别高，但份额仍然很小。卫生和医疗支出的增长速度一直都很高，在支出总额中的比重也在不断扩大。许多人都认为，对于人民生活水平的提高来说，公共基础设施投资的增长是至关重要的；但实际的支出状况表明，实物资源增长的速度其实非常缓慢。

1990 年的《预算实施法案》创立了联邦支出的两种法定形式，即强制性支出和可选择性支出。对于强制性支出，政府不得以缺乏资金或者其他更加重要的用途为由，挪用这些基金。如果不对确认资格条件支出规则的规章制度进行修改，国会和总统也不能增加或减少一个既定年度中的强制性支出。由于这种支出是游离于拨款程序之外而不受控制的，因此国会和总统对年度支出的控制力就下降了。

联邦政府支出的其他部分就是可选择性支出，这些支出贯穿于年度拨款过程和 13 个拨款议案中。这些支出是支付给联邦项目（包括国防等）和联邦官僚机构的。

社会保障计划和医疗保健计划两项社会保险计划，是强制性支出中的主要内容。社会保障，是强制性支出中最大的单项支出。美国人口的老龄化导致了这种支出的增长。第二大类支出是医疗保健支出，这是联邦政府向老年

---

① ［美］尼尔·布鲁斯：《公共财政与美国经济》，隋晓译，崔军校译，中国财政经济出版社 2005 年版，第 619、621 页。

② 同上书，第 211 页。

人提供的保健项目。这两个项目都不需考察受益人的收入状况。也就是说，所有符合条件的人都可以根据补助公式得到补助，而不管其一般收入状况如何。①

3. 州与地方政府的支出

州与地方政府支出方向和联邦政府不同。联邦政府支出主要用于国防、社会保障和医疗三个方面。教育支出在州与地方中占最大份额，约为29%。州支出的其他重要项目包括高速公路、健康和医院等方面的支出。在地方支出中环境（包括卫生设施）、住房供给、警察、消防和教育等项支出都具有重要地位。②

4. 采购支出及其控制

公共部门的支出受制于漫长的程序和多方面的控制，这些控制主要是通过一些程序来对支持项目进行审批并保证实际支出与批准的项目相一致。对公共支出实行控制是由于公众的不信任。不信任主要有两个原因：①公众认为公共机构在花他们的钱。②人们认为公共部门的官员不会像个人和私人企业那样具有谨慎的使用资源的动机。

支出的愿望和控制支出的愿望是截然不同的。那些从事具体事务的人员，包括机构的具体操作执行人员往往倾向于扩大在这些事务上的支出；而从事于支出控制的往往是一些公众，他们希望支出最小化以及资金的运用精打细算。支出的压力使政府官员批准了许多事务上的支出，而控制支出的压力使政府官员建立和规范支出的程序。控制产生了耗时的支出程序。

支出决策主要是选择支出的目标以及达到这些目标的途径。支出控制是对某种活动的否定，不允许你将公共资源用于某些方面。支出控制主要是防止欺骗、浪费和滥用（用公共部门的资源来牟取私利）。

通过对支出加以限制来控制支出。支出限制通常是实质性的（哪些可以花钱）和程序性的（怎样付钱）。政策制定通过指明支出的类别来施加实质性限制。实质性支出限制通常是肯定表达的，资金应该或可以用于哪些项

---

① ［美］约翰·L. 米克塞尔：《公共财政管理：分析与应用》（第六版），中国人民大学出版社2005年版，第86—111页。

② ［美］尼尔·布鲁斯：《公共财政与美国经济》，隋晓译，崔军校译，中国财政经济出版社2005年版，第600页。

目。暗含的意思是除规定的项目外，不得使用资金。程序性限制一般以否定的形式表达。"除用于'某事'外不得使用财政资金。"程序性限制包括支出授权被决定和授予的方式，支出授权如何被下达、使用、检查和支付。

　　财政付款程序始于执行机构的支出决策。进行一项财政付款，必须有那些显示某个公共机构具有支付责任的文件。这些文件通常是一个收据，包括支出授权的证明，在具有复杂的会计账户的大的公共机构中，证明通常是支出账户的编码；在较小的单位中，则常常是某个人为某个机构或项目提出的支付要求。在任何状况下，收据都指明了要求付款的单位或个人，支出的类别、数量，付款事由，收款方的姓名地址。[①]

　　大多数政府活动都需要依靠向私人部门和非营利组织的购买来获取支持。公共活动的私人化不仅已经成为政府的一个重要组成部分，而且也是非营利组织的重要组成部分。公共组织的购买活动会引起如下三个问题：第一个问题是决定要买什么，即该组织要确定它的需求，并且计划好购买所需产品和服务的成本花费。第二个方面的考虑就是购买这些商品和服务的具体过程和程序，也即怎样购买。在如何有效和公平地实施购买制度方面，公共机构受到相当严密的监视，因为社会每个成员都关心公共组织如何使用他们自己的钱。你只要曾听说过"情人"合同或建筑回扣，就可以理解为什么公众对于政府购买持根深蒂固的怀疑态度。第三个也是最后一个问题是，公共机构必须考虑以最低的可能成本获取所需要的商品或服务。计算商品的成本是购买程序的一个重要组成部分。

　　在决定购买什么时，首先要考虑的就是该组织本年度所要采用的计划，即预算。在它所需要的物品中，哪些需要直接购买，哪些需要从其他部门采购。同样，它还应该确定所需的特定商品或劳务的数量。

　　在怎样购买的问题上，美国律师协会在其《政府采购示范法》中明确定义了如下几个方面：①清晰性；②一致性；③有助于增强公众信任；④公平公正地对待销售商；⑤厉行节约和购买价值最大化；⑥促进竞争；⑦保质保量。大多数情况下，任何公共采购体系的目标都是尽可能地以最低的成本

---

　　① ［美］B. J. 理德、约翰·W. 斯韦恩：《公共财政管理》，朱萍、蒋洪等译，中国财政经济出版社 2001 年版，第 152—160 页。

获得最合适的、质量最高的商品或服务。

根据美国法律规定，当采购金额超过一定限度时，许多公共机构都被要求必须采用竞争性公开招标的方法。

非竞争性协商采购方法适用于仅有单一来源的某种特定商品或服务的采购且竞争性竞价无意义的情况，或者采购机构已经尝试了竞争性招投标，但对结果不满意的情况。单一来源投标对多数公共机构来说是不经常采用的，但对一些大规模的采购机构（如国防部）和小规模团体来说却是常见的。这种合同之所以建立在非竞争性的基础上，仅仅是由于没有其他团体具有的像该利益集团那样与采购机构的下属成员打交道的机会。在某些情况下，联邦政府同样也会因项目的规模或特定技术要求或能力要求而不得不签订非竞争性采购合同。农村地方政府采取非竞争性协商法是因为那儿几乎找不到符合条件的投标者。

在因特定要求或情况紧急不允许对特定项目招标或再招标的情况下，非竞争性招标程序应当被认为是合理的。例如，州政府就旨在消除有害污染物的工程项目发出招标邀请。此时，该州政府可以采用某种形式的单一来源招标，以解决紧急的健康问题。有一点必须牢记：采购机构不能由于懒惰或其他个人原因而采用单一来源招标。单一来源招标法同样也为勾结或其他非法行为提供了滋生的温床。任何有关非竞争性招标的政策都应该对其使用和可能存在的滥用作出明确规定。①

5. 投资支出及其限制

如同影响财政的决策一样，机构必须首先认识其面对的法律约束。政策官员首先关注的是公共投资的安全性。在历史上，这一关注是基于公款的来源即纳税人，存在强烈的法律传统，即公共基金的使用权限于投资能提供最大保护的投资项目。这些限制经常只指向被认为是无风险的几类保管机构和投资，比如有担保存款单。即使是在多样化投资能减少风险的场合，法律限制仍会限制政府投资于某几类投资项目。在其他情况下，对州的限制较多，而对非营利组织和联邦政府的限制最少。财务管理者发现尽管灵活性在增加，但由于宪法和法定限制，联邦和州政府获取较高报酬率的能力受到

---

① ［美］B. J. 理德、约翰·W. 斯韦恩：《公共财政管理》，朱萍、蒋洪等译，中国财政经济出版社 2001 年版，第 163—172 页。

限制。

　　有关州和地方政府将钱投资于何处的问题还可能面临地理的约束。即使法律因素不限制公共机构，政治因素却常常要对之加以限制。许多法律限制因素是基于政治考虑而不是基于经济现实。在种族隔离法废除前，对有关南非投资的剥夺还是非常明显的。

　　地方政府和非营利组织每天都面对着这些或其他的政治现实。当他们考虑将短期闲置资金投资时，巨大的压力会迫使其将这笔钱投资于当地而非社区以外的金融机构。那些主张基于投资收益最大化、投资风险最小化投资策略的人常同那些主张基于社会或政治理由进行投资决策的人争论不休。许多州尝试着留出一部分养恤金为"社会"目的投资，比如基于州的经济开发项目或风险资本项目，但这遭到了来自担心收入减少而风险增大的财务管理者和养恤基金受益者们的强烈反对。法律的或历史的观点是将公众的钱看作由政府为雇员（如养恤基金）托管的资源，而政策则与其相背离。以收益最大化为目标的投资极大地限制了某些或许能有助于刺激当地经济的投资工具的使用。然而，密歇根州、阿拉巴马州或其他州已朝着这个方向行动。这些行动更有可能是用一般的投资基金，而较不可能用养恤基金，后者情况下估计雇员集团会提出反对。

　　此外，财务因素极大地影响着投资决策。大量的投资选择和金融市场的高技术特性要求公共机构增加经验。①

　　在美国，公共机构为了实现节约资金的目的，租赁被经常地运用到公立机构对财产的使用上。

　　租赁已经有了很长的发展历史，一位作家指出租赁早在公元前 1400 年在地中海西海岸租赁船被租给商人使用时就已经开始。尽管多年来公共机构和私人组织都使用租赁这种方法，但是它对公共机构和非营利组织的吸引力在近十年中稳步增加。

　　这种与日俱增的吸引力是因为租赁某种商品要比一次性付款购买省钱。在寻求随时间的推移将贬值的设备时，对于租赁、拥有购买权的租赁或一次

---

　　①　［美］B. J. 理德、约翰·W. 斯韦恩：《公共财政管理》，朱萍、蒋洪等译，中国财政经济出版社 2001 年版，第 198—199 页。

性付款购买的选择进行成本分析特别重要。这些设备包括机构的交通工具、办公设备、计算机及其他数据处理器和类似设备。选择租赁方式有一些成本上的优点：租赁能使人充分利用货币的时间价值，一次性付款会降低当前购买能力，而租赁却能将这些成本分摊至以后年度。正是由于租赁将购买成本分摊至以后各期，因此减轻了对营业活动经费预算的压力。租赁还能降低购买到有可能在将来不符合组织需要的物品的可能性，从而更加灵活。①

第六节　公法法人财产管理

一　管理权能

我国涉及国有资产管理的法律法规，即《中央行政事业单位国有资产管理暂行办法》。这一规则从名义上看适用于行政单位，但是从实践效果上看，该法规适用于一切公法法人。

关于资产的范围，该法规第 3 条第 2 款规定，行政单位国有资产包括行政单位用国家财政性资金形成的资产、国家调拨给行政单位的资产、行政单位按照国家规定组织收入形成的资产，以及接受捐赠和其他经法律确认为国家所有的资产，其表现形式为固定资产、流动资产和无形资产等。

关于国有资产的管理内容，该法规第 5 条规定，行政单位国有资产管理的内容包括：资产配置、资产使用、资产处置、资产评估、产权界定、产权纠纷调处、产权登记、资产清查、资产统计报告和监督检查等。

该法规第 7 条规定，行政单位国有资产管理，实行国家统一所有，政府分级监管，单位占有、使用的管理体制。第 9 条规定，行政单位对本单位占有、使用的国有资产实施具体管理。其主要职责是：①根据行政单位国有资产管理的规定，负责制定本单位国有资产管理具体办法并组织实施；②负责本单位国有资产的账卡管理、清查登记、统计报告及日常监督检查等工作；③负责本单位国有资产的采购、验收、维修和保养等日常管理工作，保障国有资产的完全完整；④负责办理本单位国有资产的配置、处置、出租、出借

---

① 〔美〕B. J. 理德、约翰·W. 斯韦恩：《公共财政管理》，朱萍、蒋洪等译，中国财政经济出版社 2001 年版，第 175 页。

等事项的报批手续；⑤负责与行政单位尚未脱钩的经济实体的国有资产的具体监督管理工作并承担保值增值的责任；⑥接受财政部的指导和监督，报告本单位国有资产管理情况。

在这一法规中，出现了"国家统一所有，政府分级管理"这个多年来贯彻于国有资产管理领域的原则。但是，这个原则的行使并没有发挥良好的效果。原因我们在前面已经多次讲到，"国家统一所有"实际上是做不到的，也是违背法理的。"政府分级管理"，事实上由政府行使了具体的处分权，政府并不仅仅是行使管理权，实际上也行使了所有权的基本权利。所以，有学者认为，国家对于不同类型的国有财产享有不同的权能，对行政财产即国家公产（公物或者公共国有财产），只享有管理权而不享有处置权能，对普通财产即国家私产，不但享有管理权能而且也享有处置权能。①所以，"国家统一所有，政府分级管理"这个原则应该及时予以改变。

实际上，根据我国现有法律，政府对于公共财产的管理权利的内容可以说是无所不包。根据一般的解释，政府行使的管理权的内容表现有如下。

（1）调拨与调剂。调拨是指将国有财产在不同的全民所有制单位（国家机关、事业单位、国有企业）间进行无偿划拨，以改变使用权或经营权的行为。调剂与划拨的含义基本相同，但是调剂所针对的是在公共单位内部长期闲置不用的资产所进行的划拨，而调拨则有可能是通过变动用途、变动类别等方式对正在使用的资产进行的划拨。

（2）变动类别。是指改变国有财产的种类，如把普通国有财产转化为公共国有财产，或者将公共国有财产转化为普通国有财产。变动的目的是希望更有效地使用国有财产。

（3）维持、变更和废止指定用途。主要是针对公共国有财产而言的。维持是指保障特定国有财产的指定用途在没有被废止前的持续存在。变更指定用途是指将某项公共国有财产的用途予以变更。废止指定用途是根据特定的目的按指定用途使用的公共国有财产，当该特定目的丧失或者已经成为不必要时，就废止相应的用途。

---

① 张建文：《转型时期的国家所有权问题研究：面向公共所有权的思考》，西南政法大学博士学位论文（2006年），第149页。

（4）移建与改建。移建，也叫迁建或者择地重建，改建为原地再建。

（5）登记。在登记问题上，国有财产的登记与私有财产的登记具有较大的不同：①在登记机关上，前者为国资部门，后者为特定的国家机关，如土地、房产、交通等管理部门；②在登记制度的价值趋向上，前者以明确国有财产状况，以利国有财产的有效使用和管理为主要目的，后者则是以保障和维护私人财产稳定和快捷流转为主要目的；③在违反登记义务所产生的责任上，公共国有财产的登记义务人违反登记义务，登记机关只能建议主管部门或财政部门对其停拨或缓拨有关经费，企业国有资产产权登记义务人违反登记义务，将导致行政处分和纪律处分，而对私人来说，在取得或者移转应登记的财产时，违反登记义务，可能会招致罚款等行政处罚，同时将会导致所实施的处分行为无效或者所取得的财产权没有对抗效力。

（6）产籍管理。

（7）全民所有制单位间的产权纠纷处理。[1]

从这些表述看，我国法律所说的国有资产管理的概念，实际上是无所不包的，它指行政机关对公共资产采取的一切行为。这些行为中，有行政管理行为，有民法上的处分行为，也有居高临下的裁判行为。所以，从严格的法律概念分析，这种"管理"实际上并不科学，也不能准确地发挥作用。

从科学的法理上看，如果法律强调公共资产同样也是具有民法上的财产属性的资产，那么，就应该按照民法的基本规则来建立其管理的制度。比如，对于公法法人的资产，完全可以借鉴一般法人治理结构的操作模式，将公共资产管理上的决策权、监督权和处置权相互区分，依据分工制衡的手段来达到有效管理的目的。

二 比较分析

在日本，学者认为日本国有财产法不但承认管理权能为国家所有权的内容，而且国家所有权的权能结构是由管理权能和处置权能所构成的二元结构。在日本国有财产法中，管理权能的内容包括了国有财产的取得、维持、

---

[1] 张建文：《转型时期的国家所有权问题研究：面向公共所有权的思考》，西南政法大学博士学位论文（2006年），第180页。

保护及运用等内容。依照日本国有财产法专家的观点，管理权能并非普通国有财产所独有，"可以说国有财产管理在本质上与私人财产管理毫无差异，《国有财产法》只是鉴于'财产属国有'这一特点在特别的范围内予以必要规定"。① 日本学者田中认为，公物管理权是指行政主体为实现公物本来的功能而供于公共使用或者公用的目的，而对公物拥有的特殊的概括性的权能。原龙助则认为，公物公所有权与私所有权的权利主体性质之分并无实益，公物的概念，实着眼于"由行政主体直接供公的目的使用"，然该物的所有权究竟为国有、公有或私有，则在所不问。②

台湾地区国有财产法认为国家所有权的内容既包括一般所有权所具有的使用、收益和处分权能，还包括取得和保管权能，即在普通所有权的权能外增加了取得和保管的内容。③

管理权究其本质是一种行政权力而非民事权利。④ 管理权的产生是社会分工以及协作劳动等发展的结果。在分工与协作劳动条件下，生产活动不再纯粹是个人的活动，而成为集体的行动，对于集体行动的协调权力即管理权。

但是，管理权只是所有权的一种行使方式，而并不是所有权的一项权能。这是因为：首先，管理权是分工与协作劳动的产物，只要有协作劳动的存在，管理权就永远是存在的。其次，管理权只是所有权在生产领域中的行使和发挥，而与所有权本身不同。最后，管理权还包括许多所有权所不能包括的权能。从管理的职能出发，管理权可分为计划权、组织权、指挥权、监督权、调节权等，在这些权利中都直接和间接地涉及了对财产实行占有、使用、收益和处分的内容，但是在内涵和外延上要比这些内容广泛得多。因此把管理权作为所有权的一项权能，并且用所有权概括管理权，显然是不可能的。

"经营管理权"学说首先混淆了行政权与财产权的界限。把国家机关的

---

① ［日］大塚芳司：《日本国有财产法律、制度与现状》，黄仲阳编译，经济科学出版社1991年版，第4页。

② 朱维究、王成栋：《一般行政法原理》，高等教育出版社2005年版，第198页。

③ 台湾地区《国有财产法》，2003年2月6日修正，第1条。

④ 佟柔主编：《论国家所有权》，中国政法大学出版社1987年版，第48页。

管理权与企业的财产权在经营管理权的概念和内容中完全混淆了。其根本原因在于不承认社会主义存在商品生产和交换，将全社会的生产经营活动完全置于国家的控制下，任何企业或单位都是国家的一个车间，从而导致国家所有权与企业经营权不分、将国家机关的管理权与企业的财产权混淆的状况。①

公产的管理权理论实际上是走出了公产的公所有权和私所有权之争，从功能意义的角度去观察而形成的新理念。

本章小结

所有权具有占有、使用、收益、处分的积极权能以及排除他人干涉的消极权能。

公法法人对于资源性财产一般以间接占有、他主占有为常态。对行政性财产，多以直接占有为其通常情形。因为行政财产以公务使用为其主要目的，而使用必须以直接占有为前提。对于财政性财产，如税收、罚没收入等以国库方式实施占有。对于机关法人而言，公务人员直接占有公法法人的财产，其地位属于法人工作人员占有，或者说是占有辅助人占有，于其职责、权限范围内代替法人实施占有。此外，公法法人的财产还可通过公法法人对分割财产的经营权与业务管理权的占有权实现（间接占有），还可由主权管辖来实现。

公法法人的财产基于其用途的不同可分为公务使用公产、公共使用公产、投资用公产。结合不同类型公产的划分，其具体的使用原则应当有所不同。公共公产的使用应遵循自由使用原则、免费使用原则、平等使用原则。公务使用公产的使用应坚持公益原则、平等使用原则、费用补偿原则、公开透明以及节约原则。投资用公产的使用应坚持效益的原则、安全的原则、效率的原则。由于公法法人在设立依据方面、财产构成方面以及运行目的等方面的差异，其财产的使用会受到诸多限制。

收益权能为公法法人财产所有权的应有权能，其主要表现在两方面：行

---

① 王利明：《国家所有权研究》，中国人民大学出版社 1991 年版，第 144、145—149 页。

政机关代表国家出资设立企业，实现国有资产的保值和增值；行政机关在国家享有所有权的土地等自然资源上为申请人设立用益物权，充分发挥土地等自然资源的效用，创造更多的社会财富。公法法人的收益行为受到法律的严格限制，具体体现为收益许可限制、收益标准的限制、收益期限限制、收益用途限制、收益信息公开以及预算平衡限制。

公法法人对于其财产所有权，无论是公共使用财产、公务使用财产，还是投资用财产，依法享有处分权都是不言而喻的。公法法人对公共财产行使处分权应当遵守法定原则、收支平衡原则、厉行节约原则、统筹兼顾确保重点原则、公开公正公平原则，同时也受到了预算限制、目的限制、方式限制。

管理权只是所有权的一种行使方式，而并不是所有权的一项权能，它还包括许多所有权所不能包括的权能。因此，把管理权作为所有权的一项权能，并且用所有权概括管理权，显然是不可能的。

第四章

所有权变动

第一节　物权变动的一般规则

传统民法学上的财产权利包括所有权在内，有发生变动的种种可能。民法理论和制度考察权利的变动，一要考察的是其变动的效果，二要考察的是其变动的根据。考察权利变动的效果，是要考察权利变动是否已经符合法律对某种权利的确切含义；考察权利变动的根据，是要考察支持这种权利变动的根据是否足够。这两个问题在公法法人的所有权变动规则方面不但是存在的，而且其特征还非常显著。

一　一般规则

所有权的变动，属于物权变动的典型情形和常见类型。关于物权变动，就是指物权的取得、变更、消灭而言。传统民法学说，将物权变动规定为物权发生、内容变更及消灭。[①]本课题主持人认为物权变动，指物权的设立、移转、变更和消灭。其中，物权的设立是指创设一个本来不存在的物权；物权的移转指将已存在的物权在民事主体间进行转让；物权的变更指在主体不变更的条件下改变物权的内容；而物权的消灭则指物权的终止。[②]中国《物权法》采纳本主持人意见，其"总则"部分的第二章，规定"物权的设立、变更、转让和消灭"。这些规定，都适用于所有权。

传统民法自罗马法以来特别关注物权取得问题。我国台湾学者比较习惯

---

① 王泽鉴：《民法物权·通则·所有权》（第一册），台湾三民书局 1992 年版，第 59 页。
② 孙宪忠：《中国物权法总论》，法律出版社 2014 年版，第 327 页。

运用物权发生的概念，物权发生，包括物权取得与物权设定。物权设定，自物权人方面观察，即属物权取得。[①]物权发生，指物权与特定主体结合而言，自物权人方面观察，为物权取得（广义包括设定），可分为原始取得及继受取得。原始取得，指非依据他人既存权利而取得物权。原始取得既非继受他人权利，故标的物上一切负担均因原始取得而消灭。继受取得，指就他人权利而取得物权，又可分为移转取得及创设取得。移转取得，指就他人物权依其原状而取得，如基于买卖、赠与而受让某车所有权，或基于继承而取得被继承人一切物权。创设取得，指于他人权利上设定用益物权或担保物权。[②]

物权变更，包括主体的变更、客体的变更及内容的变更。其中主体的变更涉及的是物权的取得与丧失问题，一般规定在物权的取得部分。物权变更一般指的是客体的变更以及内容的变更。客体的变更，指标的物在量上的增减。内容的变更，指的是物权内容有所改变，属于质的变更。如由所有权变为他物权，由用益物权变更为担保物权等。

物权消灭，就物权人而言，意味着物权的丧失。物权的丧失可分为绝对丧失与相对丧失。物权绝对丧失，指物权本体丧失其存在，物权无所依附，因而丧失。相对丧失，主要指的是物权因转让等行为而脱离原主体，成为他主体物权的客体。

二　法律根据

物权变动学说与制度，要点是权利变动的法律根据。这种法律根据，也被称为可以导致民事权利变动的法律事实。现实社会时时刻刻发生各种各样的事实，但是只有能够导致民事权利变动的事实，才被称为法律事实。传统民法学把权利变动的根据划分为公共权力、人的行为、自然事件、时间效力四种典型的情形。其中，依据公共权力发生的权利变动，指的是依据政府指令、法院判决等发生的权利变动。依据人的行为发生的权利变动，指的是依据民法上的人自己的作为或者不作为发生的权利变动。依据自然事件发生的权利变动，指的是因为自然事件发生，民法权利支配的对象发生变化，因而

---

① 谢在全：《民法物权论》上册，中国政法大学出版社 1999 年版，第 53 页。
② 王泽鉴：《民法物权·通则·所有权》（第一册），台湾三民书局 1992 年版，第 59—60 页。

权利也发生了变化。因为时间效力发生的权利变动，指法律为保护既定财产支配秩序，强制性规定某种法律关系因为时间延续到一定期间而导致权利消灭或者取得的规则，时效包括诉讼时效和取得时效。

权利变动的法律根据问题，自古以来就是法学家研究的重点领域，因此形成了很多有意义的学说和观点。比如在我国台湾，人们习惯于法律根据定义为法律事实，认为权利变动就是将法律适用于法律事实，而发生法律效果的一种社会现象。这些学者一般把法律事实分为人行为及行为外事实。人行为又可分为事实行为及法律行为。事实行为，指行为人无须表现其一定心理状态，仅须有此行为，即发生一定法律效果行为，如先占、遗失物拾得等。法律行为，指行为人欲发生一定法律效果，而将其意思表示于外部行为，法律即依其意思使发生一定法律效果，例如所有权移转、抵押权设定等。人行为外事实，例如死亡、天然孳息分离等。事实行为及行为外的事实所发生的物权变动，均系直接基于法律规定。[①]

史尚宽先生认为，物权的变动，为物权的法律效力发生。其生此效力法律要件，有物权行为及物权行为以外事件，如混同、时效、先占、遗失物拾得、埋藏物发现、添附、加工等。在民法以外者，为公用征收、没收等。[②]

法律事实可分为事件和行为两个方面，而行为又有法律上的行为与事实上的行为之分，由此，王泽鉴先生的定义可以说是比较忠实地将物权变动的结果与物权变动的法律事实有机地结合起来了。但是，有必要注意的是，在后续有关物权变动的分类里，王泽鉴先生还是将物权变动分为了依法律行为发生的物权变动和非依法律行为发生的物权变动两种类型。而史尚宽先生将物权变动归结为物权行为及物权行为以外事件本身也没有太大的瑕疵，只是于物权变动的原因上区分不是很详细。但是，有一点我们认为史尚宽先生的观点是可取的，这就是他将公用征收、没收等作为民法以外的物权变动的原因。公用征收、没收等实际上是公法上的取得方式，首先与民法上的法律行为不同，公用征收、没收等根本不问当事人的意思，更无须与其达成合意，属于单方、强制性的行为，主体间地位根本就不平等。其次，公用征收、没

① 王泽鉴：《民法物权·通则·所有权》（第一册），台湾三民书局1992年版，第60—61页。
② 史尚宽：《物权法论》，中国政法大学出版社2000年版，第18页。

收等与民法上的事实行为也不同，民法上只要有先占等的事实，不问当事人是否具有意思表示即发生物权变动的效力，公用征收、没收等本身属于公法上的行政行为。最后，公用征收、没收等与民法上行为以外事实更没有关联。民法上行为以外事实，如死亡、天然孳息分离等纯粹属于自然规律上的现象。因此，总的来说，公用征收、没收等与民法上的物权取得行为不具有可比性，完全属于民法外的物权取得，或称为公法上的取得。

在我国《物权法》的起草过程中，本课题负责人负责撰写该法学者建议稿的"总则"部分，在其中建议写入"物权变动"一章，而且建议将物权变动的法律根据区分为"依据法律行为发生的物权变动"和"非依据法律行为发生的物权变动"两大类型。其中，"依据法律行为发生的物权变动"，强调当事人的效果意思，强调物权公示原则，强调债权变动和物权变动的法律效果和法律根据两个方面的区分。这些规则成为我国《物权法》第二章第一节和第二节的制度内容。"非依据法律行为发生的物权变动"，指的是法律行为之外的物权变动，这些物权变动并非当事人意思自治的结果，而是公共权力、自然事件等造成的结果。非依据法律行为发生的物权变动，不遵守上述依据法律行为发生的物权变动的规则，而是遵守其法律根据成就时物权变动也随即发生效果的原则。这一部分内容，成为我国《物权法》第二章第三节的全部规则以及第九章部分规则的内容。

依法律行为发生的物权变动的原因是法律行为，法律行为的核心是意思表示，依法律行为发生的物权变动即依据当事人的意思表示发生的物权变动，也可称为意定的物权变动。物权取得基于法律行为的原因包括：①因买卖（包括强制拍卖）、互易而取得物权；②因赠予、遗赠而取得物权；③因设定行为而取得物权（不动产上抵押权、建设用地使用权、地役权、动产质权等）。在这里必须强调指出的是，依据法律行为发生物权变动时首先要遵守意思自治原则，必须根据当事人的效果意思来区分债权变动和物权变动的法律效果，这一点在民法分析和裁判方面至关重要。①

---

①　对此有兴趣者，可参阅奚晓明主编《最高人民法院关于买卖合同司法解释理解与适用》，人民法院出版社 2012 年版，第 77—78 页。涉及其中法理的理解，可以参阅孙宪忠《论物权变动的原因与结果的区分原则》（载《法学研究》1996 年第 5 期）。对此更为仔细的讨论，可参阅孙宪忠《中国物权法总论》一书的物权概念部分、物权变动规则部分、物权行为理论等部分，法律出版社 2014 年版。

非依法律行为发生的物权变动，指的是物权变动不问当事人意思如何，直接由法律规定而发生效果。非依法律行为发生的物权变动，具体可分为：①依据公共权力发生的物权变动，具体又可分为依据法院的判决、仲裁机构的裁决发生的物权变动，依据政府的指令发生的物权变动等；②因继承发生的物权变动；③因事实行为发生的物权变动，如自我劳动、先占、添附等；④因自然事件发生的物权变动；⑤时效取得；⑥征收与征用。①

与本课题主持人的见解相同，我国台湾法学界大体上也采取这样的分类方式。比如王泽鉴先生也将法院判决、法律规定、公用征收等作为非依法律行为的取得方式。②

值得注意的是，在法国民法体系中，物权变动只有依据非法律行为发生的类型，而没有依据法律行为发生的类型。这是因为，法国民法不承认物权与债权的区分，因此无法确定物权变动与债权变动的区别，也无法对依据法律行为发生的物权变动从法律根据的角度确定明确的规则。

三 不动产登记与动产交付原则的适用

在我国《物权法》规定不动产物权登记和动产物权交付原则之后，如何理解和适用这一规则，在理论和实践上还有疑问。不论对一般民事主体还是对公法法人而言，这些规则的理解意义显著。在此简要分析归纳一下。

（一）一般规则

在依据法律行为发生的物权变动中，一般情况下，不动产物权不登记不生效，动产物权不交付占有不生效。

不动产登记和动产交付，是我国《物权法》规定的两种基本的物权变动的公示方式。就公示原则对于物权变动所发挥的作用而言，世界上的立法，有实质性作用和形式性作用两种立法体例。所谓实质主义的公示，即不动产登记以及动产的交付，对于物权变动发挥决定性作用的立法体例。③这种立法体例被称为公示要件主义。德国民法、希腊民法、瑞士民法、奥地利

---

① 孙宪忠：《中国物权法总论》，法律出版社2014年版，第335页以下。
② 王泽鉴：《民法物权·通则·所有权》（第一册），台湾三民书局1992年版，第92页。
③ 史尚宽：《论物权法》，荣泰印书馆有限公司1979年版，第27页。对此中法理更细致的论述，可参阅孙宪忠《论不动产物权登记》，载《论物权法》，法律出版社2001年版，第439页以下。

民法、我国 1930 年民法等，均采纳公示实质主义的立法体例。中国《物权法》第 9、23 条也采纳实质主义的立法体例。《物权法》第 9 条规定："不动产物权的设立、变更、转让和消灭，经依法登记，发生效力；未经登记，不发生效力，但法律另有规定的除外。"关于动产物权，《物权法》第 23 条规定："动产物权的设立和转让，自交付时发生效果，但法律另有规定的除外。"这是一般的原则（当然也有例外的情形，下面会述及）。

所谓公示形式主义的立法体例，即不动产登记或者动产的交付，对于物权的变动不发挥决定其能否生效的作用，而只发挥证明其存在的作用；公示与否，对物权的变动并不在法理上形成实质性影响；但是如果进行了公示，那么这种物权可以对于第三人发挥对抗的作用。这种立法体例，被称为公示对抗主义，或者公示形式主义。法国民法等拉丁法系民法，以及日本民法等，采纳公示形式主义的立法体例。

不论是基于实质主义的公示规则，还是基于形式主义的公示规则，公示对于物权变动的影响，也都是仅仅限于依据法律行为发生物权变动的领域。对于非依据法律行为发生物权变动的领域，公示的方式对于物权变动无论如何不能发生实质主义的影响。世界各国，对于非依据法律行为发生的物权变动，历来都是按照原始取得的方式确定其法律上的效果。在市场交易和人民生活中，依据法律行为发生的物权变动为常规性的物权变动。

（二）例外情形

中国《物权法》在规定物权公示原则的一般效力的同时，多次指出"法律另有规定的除外"，表明在中国《物权法》中尚有法定的例外规则。以下依据不动产与动产的区别分而叙述。

不动产物权变动中的例外情形是：①《物权法》第 127 条规定农村土地承包经营权的设立，采取依据合同生效原则。这样做的原因是中国农村是个熟人社会，村民和村民之间都很熟悉；尤其重要的是，确定农民的承包方案并订立承包合同的时候，法律规定要开村民大会（《物权法》第 59 条）。农业土地承包经营权在合同订立的时候就已经同时公示了，所以法律规定这种权利可以依据合同而直接生效。②《物权法》第 158 条所规定的地役权的设立，也采取依据合同生效原则。地役权的设立不是因为它已经有公示，而是地役权一般情况下是不针对第三人的，所以地役权的设立一般情况下可以不纳入登记而生效。但是如果当事人希望纳入登记的，当然也可以许可。

动产物权变动的例外情形是：①《物权法》第 24 条规定的准不动产的物权变动，采取登记对抗主义的立法模式。该条文规定，车辆、船舶的物权变动，实行登记对抗主义。立法这一规定的原因，是中国目前在现实生活中，车辆、船舶非常之多。尤其在长江、闽江、珠江上有很多小船，民间转移非常频繁，要求物权变动统一登记生效是不可能的，因此立法不得已采取了登记对抗主义。②《物权法》第 188 条规定的建设中的准不动产抵押，和第 189 条规定的企业抵押，也采取了登记对抗主义原则。在企业抵押中财产众多，一下子也很难做到登记要件主义。尤其是企业占有物中有一些成品、半成品的情形，登记也不可能发生实际的效果。所以立法在这一方面采取登记对抗主义也是迫不得已。

（三）非依据法律行为发生物权变动情况下的权利变动生效与限制

我国《物权法》规定，在非依据法律行为发生的物权变动中，公示方式只是物权进一步处分的前提条件。如上所述，非依据法律行为发生的物权变动，在世界各国的立法体例中，都遵守原始取得的基本规则，认可物权的变动在公示之前生效。我国《物权法》第二章第三节规定的物权变动也符合原始取得的一般立法例。依据这些规定，依据公共权力、继承、事实行为等发生物权取得或者消灭的，物权的变动自这些法律根据成就的时候发生效果。但是如果权利人希望进一步处分其物权的时候，则必须先将其权利纳入不动产物权登记（第 31 条）。这一规定对于公法法人所有权的取得和其他变动意义显著，因为公法法人的所有权，大多数情况下都是依据这一规定发生的。当然，如果权利人并不希望进一步处分其物权的时候，就不动产物权而言，权利人可以不将其权利纳入登记。

但是从保护权利的角度看，将不动产物权纳入登记是非常必要的，作为公法法人，更应该利用不动产登记制度的优势，将自己的不动产纳入登记，以达到强化保护的目的。目前，我国一些行政法规规定，国家机关法人的不动产可以不纳入不动产登记，并且将这一点作为一个常规。这一点我们深以为不妥。

第二节　所有权取得

如上所述，财产所有权的取得，在法律制度设计方面属于非常重要的制度，因此我们必须对公法法人的财产所有权取得予以充分的关注。在讨论公法法人的财产所有权取得时，我们首先必须注意的是，不论是在法理上还是在法律实践中，公法法人都存在两种法律上的身份：因其负担公共职责而具有公法身份；因其参与民事活动而具有民法身份也就是民事主体的身份。即使是在负担公共职责时，公法法人也可以以特有的方式取得所有权。当然，作为民事主体时，他们也可以依据民法的方式取得所有权。有鉴于公法法人财产所有权主体身份的双重性、取得所有权方式的双重性，因此公法法人的所有权取得问题，应该是相关法律制度建立的重点。

一　依据民法取得

公法法人作为民事权利的主体，经常参与民事活动，依据民法（包括民法的特别法商法、知识产权法等）取得财产所有权的情形是很常见的。比如，公法法人从市场上购买办公用品等，就会取得这些标的物的所有权。但是，因为法律的特别规定，公法法人即使是从市场上购买办公用品，也要遵从特别的管制规则。因此，这些制度有很多特点。

（一）政府采购

传统民法中，购买乃是典型的法律行为，是依据民法取得所有权最普遍、最常见的方式。依据我国现行法律，公法法人需要从市场获得的办公用品等，绝大多数都要采取政府购买的方式从市场购买。政府采购，是为了防止公权滥用而建立的一项有效的法律制度，它仅仅适用于公法法人的购买。

《中华人民共和国政府采购法》第 2 条第 2 款规定，本法所称政府采购，是指各级国家机关、事业单位和团体组织，使用财政性资金采购依法制定的集中采购目录以内的或者采购限额标准以上的货物、工程和服务的行为。所谓采购，是指以合同方式有偿取得货物、工程和服务的行为，包括购买、租赁、委托、雇用等（我国《政府采购法》第 2 条第 4 款）。所谓货物，是指各种形态和种类的物品，包括原材料、燃料、设备、产品等（《政府采购法》第 2 条第 5 款）。所谓工程，是指建设工程，包括建筑物和构筑物的新建、改建、扩建、装修、拆除、修缮等（《政府采购法》第 2 条第 6 款）。所谓服务，是指除货物和工程以外的其他政府采购对象（《政府采购法》第 2 条第 7 款）。第 43 条第 1 款规定，政府采购合同适用合同法。采购人和供应商间的权利和义务，应当按照平等、自愿的原则以合同方式约定。

在各种交换商品和劳务的合同中，对另一方当事人来说，"政府的财产采取了私有财产的形式"。政府只是以一个财产的所有者和交换者的姿态出现的。国有财产权与国家主权的分离，使国有财产可以转让，由此也决定了国家可以作为民事主体活动。[①]

政府采购的范围既有动产，也有不动产。按照《中华人民共和国政府采购法》的规定，政府采购的对象包括货物、工程和服务。政府通过采购取得的货物、工程、服务及由上述材料加工而成的产品或服务的所有权属于政府所有。

政府采购属于机关法人取得财产所有权的行为。在这里我们可以清楚地看到，我国法律在这里使用的"政府采购"一词中所说的政府，其实是公法法人的含义，因为这里所说的政府，包括了政府，也包括了执政党的各级领导机构、人民代表大会常务委员会、法院、检察院等所有的公共权力机关，也包括了事业单位、人民团体，等等。只要这些购买的经费来源于财政方面的"行政拨款"，那么其使用就必须纳入政府采购。显然，因为"行政拨款"已经拨发给了公法法人，公法法人首先取得了这些拨款的所有权，那么也就应该取得依据这些拨款购买的物品的所有权。

（二）投资取得收益

世界上的各个国家，公法法人在担负公共职能时，都会参与投资，从而据此取得投资收益的所有权。即便是强调公权不得牟利的宪法原则的西方国家，也都会兴建大众交通等公营企业，或者参与其投资，因此而取得财产所有权。在法律制度发展进入社会主义时代之后，各国尤其是东方社会主义国家，因为信奉国家承担社会经济建设职能的宪法原则，以国家的名义直接组建各种企业尤其是国民经济的主导性企业，或者参与这些企业的投资，从中

---

① 王利明：《国家所有权研究》，中国人民大学出版社 1991 年版，第 261—262 页。

获得经营性收益的所有权，成为这些国家法律制度的显著特征。这些投资，一般称为"国家投资"、"政府投资"，它们与一般民法法人的投资以营利为目的有所不同，但这并不能否认公法法人有营利的权利。

我国宪法规定，我国是一个公有制为主导的社会主义国家。这一规定决定了我国的国民经济的主导性力量，是政府投资或者国家投资。因此在我国，投资取得在公法法人财产所有权的构成中还是占有相当大的比重。"国有企业"上缴红利，是我国国家收入最主要的来源之一。

（三）各种经营取得

公法法人除一般参与民事活动取得所有权之外，还会参与其他的经营活动，取得收入。自古以来，世界上很多国家都设立专门的机构来谋取经济利益，比如我国历史上的盐铁专营、近现代以来的烟草专营等。当前，我国还维持着盐业专营、烟草专营等政府专营制度，这些专营制度实际上是政府享有的专门商品的市场垄断。这种垄断在市场经济体制的其他国家也都存在过，比如，欧洲早期和亚洲的贸易，在英国、荷兰等国家，就建立了政府背景的垄断经营制度，甚至国王或者王室也参与了土地地租的经营。在《国民财富的性质和原因的研究》一书中，亚当·斯密指出，特别属于君主或国家的资源或收入源泉，由资财及土地构成。君主由其资财取得收入的方式，与其他资财所有者相同，计有两种，一是亲自使用这笔资财，二是把它贷与他人。其收入在前者为利润，在后者为利息，不过，以利润为王国收入的主要部分只是最初期、最幼稚政治状态下的事情。为了增加收入，各国君主往往从事其他许多商业，他们同普通私人一样，为改善其财产状态，也常常不惜成为普通商业部门的冒险家。[①]因为在封建社会时期，土地是一种比较确实和恒久的资源，所以王室利用自己拥有的土地从事经营，是非常可以理解的经济现象。所以，亚当·斯密说，一切越过了游牧阶段的大国的收入，都是以国有土地地租为主要源泉。往时欧洲各国君主大部分的收入，亦在很长时间内取决于王室领地的地租。在欧洲现代文明国家中，以国有土地地租为公家大部分收入的已不复存在；但君主拥有广大领地的情况，仍是一切大君主

---

① ［英］亚当·斯密：《国民财富的性质和原因的研究》（下卷），商务印书馆2009年版，第385、387页。

国共有的现象。①即使是当代，公共权力受宪政原则约束较为严苛，但是西方国家建立自然资源专营制度也是常见的。

除"专营"制度之外，我国还在其他一些领域建立了类似于专营的公有制企业垄断经营体制。这些公有制企业基本上都由政府操控，企业干部享有政府官员的级别和待遇，所以他们事实上具有公法法人的相当多的特点。比如，石油、天然气、大型煤矿、铁路、大型航空、金融等，关系国计民生的许多重点行业基本上都由公有制企业垄断经营。

但是，从世界各国市场经济体制发展的趋势来看，这种政府出面从事的专营或者以政府为背景的垄断性经营呈现越来越少的趋势。原因很简单，政府的专营或者以政府为背景的垄断经营，都是公共权力介入营利行为，虽然一时一事的背景下可以迅速地扩充财政，但是非常容易促成腐败，也容易妨害市场竞争，更为严重的后果是导致人民对政府失去信赖。总体而言，这种情形弊大于利。我们相信，这种政府专营、政府支持的企业专营以及垄断经营的情形，随着经济体制改革的发展，也应该会受到越来越多的限制，行业也应该越来越少。

在我国的垄断体制中，"土地一级市场的垄断经营"体制，近年来受到很多人的批评。中国《土地管理法》等法律规定，中国建立"土地一级市场的国家垄断经营"原则。这个原则的基本含义是：当农村土地转化为城市建设用地的时候，或者城市一般土地转化为市场性质的建设用地的时候，都必须经过"国家"土地所有权这一基础性权利的运作。② 这就是说，建设用地使用权必须在国家土地所有权基础上设立出来，必须由"国家"作为土地所有权人"出让"建设用地使用权。按照中国法律，在城市建设中，只有建设用地使用权这么一种权利才能独立地进入不动产市场（房屋所有权当然只有在获得建设用地使用权之后才能获得），因此，是否获得建设用地使用权其实是进入不动产市场的第一步。所以，"土地一级市场的国家垄断经营"制度和原则，其本质含义就是不动产市场的第一级市场，是由国家发动

①　［英］亚当·斯密：《国民财富的性质和原因的研究》（下卷），商务印书馆2009年版，第389、392页。

②　对此可参阅《中华人民共和国城市房地产管理法》第8条："城市规划区内的集体所有的土地，经依法征用为国有土地后，该幅土地的使用权方可有偿出让。"

的、主导的，当然它也是参与者。

由于城市土地所有权的国家垄断，形成了建设用地使用权设立过程由"国家"完全掌控的情形。哪些土地可以进入市场、何时进入市场，这些完全由"国家"决定。其中的核心是国家的建设项目审批以及由政府取得土地出让金，审批与否、收取多少出让金，都由"国家"单方面决定。

但是，"国家"在这里到底指的是谁呢？中国《城市房地产管理法》第14条第2款规定："土地使用权出让合同由市、县人民政府土地管理部门与土地使用者签订。"依据这个规定，市县一级政府行使土地出让权，也就是土地经营权。因此，建设用地使用权"一级市场"的经营，实际上垄断在市县一级政府的手里。所以在上面我们的分析中，说到"国家"经营土地的时候，我们加上了引号，表明地方政府而不是国家经营土地的意义。

按照中国法律，地方政府在出让土地时，有权利收取土地出让金。按照法律，只有在征收农民的耕地时，土地出让金的30%才要上交给中央财政；而其他的土地出让金一律留存在地方政府手里。土地经营因此成为中国特有的地方政府的"第二财政"。据有关机关披露，第二财政目前在中国成为地方政府的主要财源，在一线大城市里，地方政府收取的第二财政数额普遍相当于以税收为代表的第一财政。有些沿海城市的第二财政数额超越了第一财政。① 因为获取土地财政成为经营城市、经营土地的主要动力，政府积极主动地推动拆迁和征地，导致社会问题越来越多。这个问题必须从根本上予以纠正。

（四）时效取得问题

传统民法上建立时效取得制度，指的是依所有的意思，和平、持续、公开地占有某物达一定期间者，占有人取得某物的所有权。取得时效取得，为直接依法律规定取得，无须占有人有取得权利意思。② 取得时效性质上为法律事实，而非法律行为。时效取得，根据标的物的性质和时效的长短，可以

---

① 关于这个问题的详细讨论，请参阅孙宪忠等《物权法的实施》第二卷《城镇拆迁》，社会科学文献出版社2012年版，第一专题"政府经营土地的法律关系分析"，以及第二专题"经营土地理念的法学探讨"。

② 史尚宽：《物权法论》，中国政法大学出版社2000年版，第72页；谢在全：《民法物权论》上册，中国政法大学出版社1999年版，第147页。

简要地区分为不动产的时效取得和动产的时效取得。而不动产的时效取得，又因为不动产登记制度的设立，而区分为已登记不动产的占有取得时效和已占有的不动产的登记取得时效两种不同的情形。所谓已登记不动产的占有取得时效，指的是现时登记为不动产物权的享有人，虽未实际取得该项权利，但占有该不动产并依物权人身份行使其权利时，自其权利登记之日起，达到不动产的取得时效者（不动产的取得时效一般比较长，有的国家规定为 30 年，有的国家规定为 20 年），依时效取得的方式，取得该不动产的实际物权。但是，该时效可因异议抗辩登记而中断。

已占有而未登记不动产的占有时效取得，指的是以自主占有的意思，和平、公开、持续占有他人未经登记的不动产达到法律规定的不动产取得时效者，可以请求登记为该项不动产的所有权人。

动产的取得时效，指的是以自主占有的意思，和平、公开、持续占有他人动产达到法律规定的动产取得时效者，取得动产的所有权。

传统民法，为了消除不动产登记中产生的登记物权与事实物权之间的差异，消除动产的占有和真实所有权之间的差异，使法律上的所有权和真实的所有权归于统一，以稳定法律关系秩序，都建立时效取得制度。比如，《德国民法典》第 900 条（登记取得时效）第 1 款第 1 句："未取得土地的所有权而作为该土地的所有权人登记在土地登记簿时，如此项登记已经达到 30 年，而且此人取得对该土地的自主占有的，则此人取得土地的所有权。"《日本民法典》和我国台湾地区的民法典也都规定了这些制度。

从苏联传入的法学观点认为，取得时效不但与我国传统道德相违背，而且助长不劳而获，鼓励侵夺他人资产。不过，当前我国法学界大多数人认为，这种观点将现实社会的物的支配秩序简单化了，不符合物的占有原因多样化的实际，也不利于经济秩序的稳定。[①]因此我国多数法学家的观点是承认和建立时效取得制度。因此，即使我国《物权法》没有建立这一制度，我们也要在这里简要地讨论一下这种制度。

依传统民法学说，时效取得制度的要点是：①所有权的真实拥有状态和

---

① 《法学研究》编辑部编著：《新中国民法学研究综述》，中国社会科学出版社 1990 年版，第 186 页以下。

公示不一致。②占有人以自主占有为前提。③占有必须和平、公开、持续，达到法律规定的取得时效。④时效取得的后果，是所有权人获得不受真实所有权人的追夺的胜诉权。以上四点，是关于取得时效的一般内容。⑤取得时效可以中断，但在不动产法上，中断只能以异议抗辩这种可以公开认定的方式。这是不动产物权时效取得制度的特殊性。

如果我国法律在未来建立了时效取得的制度，那么公法法人当然可以依据这些规则成为权利的取得者。

但是反过来，公物是否可以依据民法上的时效取得的问题，是一个非常值得讨论的问题，因为主题涉及，我们在这里简要讨论几句。在这个领域，我国法律的规定十分简单，简单到甚至无法在实践中操作。在民法的传统学说中，通说认为公物既为供公众利用，因此不许他人因时效而取得。法国民法规定，公物不适用取得时效。瑞士民法规定，取得时效客体须非无主土地及公有物，因此公有物不得为时效取得。日本民法虽然没有这样的规定，但是日本判例显示，供公共使用物，非于公用废止后，不得为取得时效标的（日本大正十年二月一日大审院判例）。但是，法学界有前辈学者认为，民法学说上多以私人于所有权取得后，在未有公用废止期间，其公用仍然继续，不妨认有取得时效。① 在已经明确为"国有财产"的情形下，财产得否为时效取得客体？旧中国最高法院三五年上字第六一六号判例谓："行政机关间彼此占有事实，与私人占有国有财产情形不同，不能适用民法关于因占有而取得权利规定。"② 台湾"最高法院1983年台上五〇四〇判决"认为："公有公用物或公有公共使用物具有不融通性，不适用'民法'上取得时效规定。"

但是，这里的公物必须有严格的定义。自罗马法以来，民法上所认定的公物首先要有严格的范围限制，不能无所不包；其次，公物的取得自身比较规范有据，不可以立法规定任意取得社会物产，不能与民争利。罗马法本身对公物有严格限制：以其向社会民众开放的程度，公物大体上区分为绝对公有物，指必须无条件地由民众享用的物，比如海滩等；有限公有物，指定期

---

① 史尚宽：《物权法论》，中国政法大学出版社2000年版，第71页。
② 王泽鉴：《民法物权·通则·所有权》，台湾三民书局1992年版，第157页。

或者在一定条件下由民众享用的物，比如图书馆等；公法机关私有物，比如政府机关的办公场所等。① 所以公物首先的定义是要为公众享用，而不是将其定义为政府财产。另外，像我国《物权法》那样广泛地定义无主物均为公有的情形，世界上是没有第二例的。

在我国法律不承认"无主物"，认为一切自然状态的物都属于公物的情形下，社会的自然人或者法人占有这些"公物"的情形，绝对不会少见。在这种情况下，即使法律不承认对于这些"公物"的时效取得，自然人法人取得这些"公物"的所有权的情形照样会发生。对此情形，除认真采取科学法理纠正我国立法的偏执之外，恐无他法解决此问题。

（五）关于"无主物"的取得

传统民法对于无主物，建立先占制度，许可民事主体因自己占有的事实行为而取得所有权。这就是所谓的先占制度，就是许可最先占有无主物者取得物的所有权。这一制度建立的重要前提是，在法律上确定什么样的物为无主物，什么情形下成立先占。

在人类历史上，因为洪荒时期物的支配秩序并不完备，人的生活多取决于对自然界的土地的抢占，以及飞禽走兽的猎取，因此法律上的所有权大多起始于对物的自然占有而产生，因此先占成为较普遍采用的古老法制。可被占有的物包括土地，也可以是在地上、海上或天空获取物，甚至在战争中抢夺敌人的物品，发现海上产生的岛屿以及在土地上发现石头、宝石及各种有用之物，都可以成立先占，为首先占有它们的人取得所有权。罗马法早期的法律制度显示，在人类社会文明发展初期，战争期间或取得的敌对方的物，并不变成公有物，而是归先行抢占者所有。所以在那个时代，法律如何处理战争获得的"无主物"的规则，就显得非常复杂。② 根据罗马法，对自然所生物，包括海岛等，法律许可私人先占取得。

近现代以来，人来社会逐步认识到自然资源日趋稀缺，不论是土地还是

---

① 对此有兴趣者，可参阅［罗马］查士丁尼《法学总论——法学阶梯》，商务印书馆1989年版，第48页以下。

② D. 41，2，1，1保罗：《论告示》第54卷；D. 41，1，3，1盖尤斯：《论日常事务》第2卷；D. 48，13，15（13）莫德斯：《论刑罚》第2卷；D. 41，1，3，pr. 盖尤斯：《论日常事务》第2卷；D. 41，1，51，1杰尔苏：《学说汇纂》第2卷；D. 49，14，31马尔西安：《法学阶梯》第4卷。

自然界的飞禽走兽，面临人类社会人口爆炸的压力，均显得日益稀少。面对这一事实，首先出现了一些国家，通过立法规定河流、海滩淤积的土地一律属于公有，个人不得先占取得。另外，对于自然界的飞禽走兽，以及其他的动产，立法基本的做法是，从国家管理的角度限制自然人取得其所有权，但是并没有绝对禁止人们通过先占取得所有权。[1]依台湾现行法，先占标的物，限于无主动产，《台湾地区民法典》第 802 条规定"以所有意思占有无主动产者，取得其所有权"。另外，《日本民法典》第 239 条第 1 项、《德国民法典》第 958 条、《瑞士民法典》第 718 条，也都采取类似规定。[2]我国台湾法律规定，矿为国有，不适用先占规定（《矿业法》第 1 条、《土地法》第 15 条）。另外，依台湾《土地法》，无主土地当然为公有（该法第 10 条），所谓无主土地，即谓不属于私有土地。无主的土地及矿藏的所有权法定归于国家，这种立法被称为"不动产的国家法定先占主义"。[3]

我国《物权法》第 46 条至第 52 条所列各项财产不得为私人先占取得，而为国家所有或专有。除此以外的动产，国家以其占有辅助人实现先占并进而取得所有权亦未为法律所禁止。对于无主不动产，依据现行所有权与使用权相统一的规定，土地国有，无主不动产亦归国有或公法法人所有。

在"无主物"的规则下，还存在与此相关联的"拾得"制度。拾得，指的是对他人遗失物的占有。但是，对拾得之物，法律历来不认为它本来就是无主物。拾得之物只有确认无人认领时，才成为无主物。传统民法对无人认领的拾得物，许可拾得的自然人取得其所有权。在这一点上我国立法和世界上其他国家的立法，即使是苏联的立法都有不同。我国《物权法》第 113 条规定，遗失物自发布公告日起 6 个月内无人认领的，归国家所有。据我们有限的知识，把这些物品一律依法归属于国家，在世界上是唯一的。

我国《物权法》第 114 条还规定，拾得漂流物、发现埋藏物或者隐藏物的，参照拾得遗失物的有关规定。文物保护法等法律另有规定的，依照其规定。

---

① 孙宪忠：《中国物权法总论》，法律出版社 2014 年版，第 249 页以下。
② 史尚宽：《物权法论》，中国政法大学出版社 2000 年版，第 124 页。
③ 孙宪忠：《中国物权法总论》，法律出版社 2014 年版，第 249 页。

从我国《物权法》的规定看，我国立法在拾得漂流物、发现埋藏物或者隐藏物的制度建设方面，和传统民法有较大的差距。严格地讲，埋藏物不是无主物，它曾为人所有，而所有人也没有抛弃它的意思。罗马法最初规定埋藏物归土地所有人所有，因为古时财产为家族共有，买卖流通的情况很少，地下埋藏物被认为是祖先埋藏的，所以这样的规定是切合实际的。到共和国末年帝政初期，土地买卖多了起来，一地往往数易其主，埋藏物就不能认为是最后的土地所有人的祖先埋的了。同时，不给发现者以适当的利益，也不利于发掘宝藏。故哈德里亚努斯帝时正式规定：在自己土地上发现的埋藏物完全归自己所有；在他人土地上发现的，发现人只能得 1/2，另外 1/2 归土地所有人；在公有土地上发现，土地所有人又不明的，则全部归发现人。后来马尔库斯·奥勒利乌斯帝改为半数归国库。

此外，根据罗马法，埋藏物只能是无意中偶然发现的物，除土地永佃权人、地上权人、用益权人外，非经所有人同意，不能任意在他人土地上挖掘搜索，否则就是侵犯他人的所有权。君士坦丁一世时规定，不论在自己还是他人土地上发现埋藏物，发现者均应向国库申报，由国库以埋藏物的 1/2 作为奖励。如隐匿不报，一经查出，便没收充公。特奥多西乌斯一世将发现者的奖励改为 1/4。[①]

我国《物权法》有关埋藏物的规则，是适用第 113 条遗失物取得的规定。依据这一规定，关于埋藏物的基本规则是，也必须首先寻找和确认所有权人；如果所有权人无法确认，则物归属于国家。所以，"国家"在此时可以取得所有权。但是，依据公法法人理论，此时"国家"也罢，公法法人也罢，取得其所有权基本上是不可能的。因为，埋藏物并不直接为国家或者公法法人取得占有，这样的物品所有权如何转移为国家或者公法法人，理论上和实践上都是难解之谜。

（六）公法法人接受赠与、遗赠、参与继承

传统民法中，接受赠与是一种常见的取得所有权的方式。现实生活中，"国家"以及大量的公法法人都会接受赠与，因此而取得所有权。赠与也被称为捐赠，我们常常见到的，自然灾害时期，相关地区以民政部门为代表接

---

① 周枏：《罗马法原论》，商务印书馆 1994 年版，第 335 页。

受了大量的国际组织、友好国家政府、国内外机构、团体或个人的捐赠，包括我国香港、澳门、台湾等地政府及各界群众的捐款活动。赠与常常附有条件，多数以慈善为目的。所以，捐赠的款项常常被称为善款。

在我国，捐赠被法律定义为是一种"国家"取得所有权的方式。这种定义其实是不准确的。我们常常可以见到的给学校、给图书馆的捐赠，捐赠人的目的并不是要捐赠给"国家"，而就是要捐献给具体的法人。从这一点，也可以看出公法法人财产所有权制度建立的必要性和科学性。

相比较而言，接受遗赠则是一种特殊的取得所有权的方式，它指的是自然人以遗嘱的方式将自己财产的一部或全部在其死后赠送他人。遗赠在我国现实生活中有普遍的应用，也是公法法人财产所有权的重要方式。

此外，在民法中，公法法人也有参与民事继承，因此而取得财产所有权的可能性。传统民法，继承为主要的所有权取得方式之一。因为历史的复杂性原因，在古罗马时期，当继承人告缺或者被设立的继承人被法律认定为"不配者"的境地时，法律许可国库继承空落的财产。这样，国家以及公法法人就有可能成为民法上的继承人，以继承的方式取得私人财产的所有权。在罗马法中，国库不是以遗产继承名义取得财产，因而它并不继承死者的法律地位，这是真正的财产取得，其标的只包括盈余部分，即罗马人真正称为"财产"的那一部分，即积极财产的部分，国库并不承担继承中发生的纯粹的法律义务。此外，在优士丁尼法中，国库应当清偿死者安排的一切遗赠。①

根据我国现行法律的规定，无人继承又无人受遗赠的财产归国家所有，死亡人属于集体经济组织成员的，归集体经济组织所有。因为这一规定，公法法人就有可能成为继承人，取得自然人遗产的所有权。

（七）建造不动产取得所有权

传统民法中，一般的民事主体，包括自然人和一般的法人，都会因为自我建造不动产而取得所有权。公法法人也有可能从事自我建造的行为，从而取得其所有权。常见的情形是，公法法人经过审批，依据公共财政的拨款，或者自筹经费营建不动产，从而取得不动产的所有权。从上面的分析可知，

---

① ［意］彼德罗·彭凡得：《罗马法教科书》，黄风译，中国政法大学出版社 2005 年修订版，第399 页。

此时的所有权取得，常常是被冠以"国家"的名义，但是真正享有所有权利益的，总是具体的公法法人。

改革开放以来，我国地方政府常常以 BOT（Build, Operation and Transfer）方式，和国外甚至境外的法人从事公路、桥梁等基础设施的建设。BOT 合同，指的是项目投资人与业主（一般是政府）之间所达成的、投资人投入项目资金并进行建设（Build）、项目建设完成后并进行较长期限的经营（Operation）、从该项经营收费中取得投资回报、之后将该项目的建设成果转交给业主（Transfer）的合同。这些建设项目，一般是发展中国家的大型基础建设项目，比如高速公路、铁路、运河、机场等。利用这种合同营建大型项目对于双方均有良好的利益关系：投资人的投资有良好的回报，而业主方面既解决了大型基础设施建设的资金短缺问题，又解决了初期的管理经验缺乏的问题。BOT 合同在我国改革开放之后大量引进，对于我国的经济发展发挥了重大的作用。①

依据 BOT 合同，政府首先授予投资者以特许经营权，由民间负责募集资金来建设，在公物建成后，在特许经营期限内通过向公物利用人收取一定的费用，以收回投资和获取一定的利润回报，在规定的营运期限届满后，将该公物所有权无偿转移给政府。②显然，这里的政府是具体的政府，即特定的地方政府，而不是抽象意义的"国家"。因此这是一种特殊的公法法人所有权取得方式。

二　依据公法途径的取得

传统民法中，一般的自然人法人依据公法取得所有权的情形，不是常规性的情形。但是，公法法人依据公法取得所有权的情形，即使在传统民法中也是常见的。比如，公法法人所需的费用，世界各国都是来源于财政拨款，这就是一种最常见的公法法人的财产取得方式。公法法人以公法方式或通过公法途径取得所有权的情形主要包括法定取得、国有化、依政府指令的取得、公用征收、没收、罚款、罚金、税收、规费、使用费等取得方式。有学

---

① 孙宪忠：《中国物权法总论》，法律出版社 2009 年版，第 66 页。
② 肖泽晟：《公物法研究》，法律出版社 2009 年版，第 42 页。

者将宏观调控过程中中国人民银行因增发人民币而获得的财富以及为促进经济发展而通过发行国债所获得的财富也作为公物的主要来源。①国债取得为民法上的取得，这里不再讨论。但是从人民币增发而产生的价值增益由政府取得这一点看，这种取得应该属于公权取得，属于公法法人单方面的行为，不以公众的意愿为转移，可以确定它是公法上的所有权取得。以此而论，公法法人取得财产所有权的方式，种类应该是非常多的。

（一）以立法取得

以立法取得，指基于宪法、法律或者行政法规的规定等的取得，传统民法称之为法定取得，这是公法法人取得财产的一种古老的方式。自古以来，就有"国家"其实是政府或者君主作为公法法人，依据法律法令宣布某些社会财富属于国家所有，"国家"其实是中央政府或者地方政府由此取得财产所有权。

以立法取得，从民法的分类方式看，属于一种公法法人专有的原始取得。从古到今，尚未出现国家立法直接将财富的所有权规定为私人的情形，所以这种所有权取得方式，是国家（一般情形下为中央政府法人）的特权。另外，因为这种取得属于原始取得，所有权取得的生效，在于法律法规生效之日，而不在于物的产生之时，或者相关法律事实成就之时。这是以立法取得所有权的基本特征。

我国《宪法》、《物权法》、《土地管理法》等法律都规定大量的"国家"以立法取得的方式享有所有权的情形。比如《物权法》规定，"国家"以法定方式取得所有权的情形包括：矿藏、水流、海域（第46条）；城市的土地，法律规定属于国家所有的农村和城市郊区的土地（第47条）；森林、山岭、草原、荒地、滩涂等不属于集体所有的自然资源（第48条）；法律规定属于国家所有的野生动植物资源（第49条）；无线电频谱资源（第50条）；法律规定属于国家所有的文物（第51条）；国防资产以及法律规定为国家所有的铁路、公路、电力设施、电信设施和油气管道等基础设施（第52条）。

我国法律采取的大规模地以法律规定为"国家"取得所有权的情形，

---

①　肖泽晟：《公物法研究》，法律出版社2009年版，第36—38页。

从来没有人仔细思考和研究其原因和结果，也没有仔细研究其利弊得失。在我国，人们一致认为，对于一些权利渊源不明确，或者归属还不明确的财产，将其规定为国家所有权，这是社会主义思想的体现，至少在政治上不会受到质疑。但是在法学上，赋予某主体一项财产权利，同时也会赋予其相应的义务。比如，如果要把一切动植物的资源都规定为国家所有权，那么，立法者就不能只是看到这些动植物资源的经济价值，而且还要看到这些物品也可能造成侵权的情形。这也就是说，不能只想到给国家增加了权利，而且还要想到给国家增加的义务和责任。比如，立法者在建立一切动植物资源归属于国家的法律条款时，不能只是想到野生的老虎和大熊猫这些有价值的物品，而且还要想到苍蝇和蚊子这些有害的东西，也要想到这些害虫给人们造成侵害。如果立法者规定了这些动植物资源都是国家的，那么苍蝇和蚊子对人民的侵害责任就要由国家来承担。

与野生动植物资源的规定一样，我国宪法和法律都规定，水流属于国家所有。但是，水流也会造成损害。①罗马法以来，法学理论上，流水属于共用物，不为任何人所有，国家在管理河流方面可以行使主权，但是并不享有财产所有权。法律意义上的对水流的所有权也只是针对进入特定主体控制范围的水流，如水库里的水流、引水渠道内的水，才可以设定财产所有权。不为人们所控制的流水任何人都不享有所有权，这其中也包括国家。我国立法者在这些问题上不遵从法理，给国家和人民都带来很多的困惑不安。

实际上，上述的规定中，有些"所有权"就其内容看只能是主权意义的行政管理权。比如"国家"对水流的所有权、对野生动植物资源的所有权等，我国政府其实只是享有这些物品在中国境内时的行政管理权。一旦这些物品离开中国，我国"国家"并不能向邻国主张所有权人的权利。

在民法学说中，"国有化"是以立法取得所有权的一种特殊的方式。所谓"国有化"，指的是"国家"以立法的方式宣布将某些特定人群的私有物，或者特定种类的物品强制地收归国有的财产取得方式。国有化大多是无

---

① 本课题主持人在2011年曾遇到一个因为洪水暴发致人死亡、家属到法院追究政府的河道管理局的案子。这个案子中，原告以河道和水流归属于国家为由，认为河道突然来水淹死民众，政府作为所有权人应该承担责任。

偿的,但是国际上也有给予私人适当补偿的先例。所以,国有化的本质是强制性消灭某些特定人群的私有所有权,或者消灭某些特定物品的私人所有权。前者如新中国成立后以立法将大资产阶级、大地主的财产强制收归国有的情形;后者如 20 世纪中期拉丁美洲国家将石油、矿山的所有权强制收归国有的情形。

国有化并不是社会主义运动的产物。法国大革命时期就曾经对教会的财产实行国有化,法国也曾经以立法没收流亡贵族的财产。自由资本主义经济发展时期,法律一般来说比较强调私人所有权的绝对性,但是自从社会主义运动兴起之后,受这一运动影响较大的法国等国家,也不断出现取消生产资料私人所有权、建立社会享有生产资料所有权的呼声。因此我们可以看到,比如在法国,立法上一方面出现了对私人所有权进行的限制,①另一方面强制规定扩大公营产业,由公共部门(公共组织)取得原来私营的行业的财产所有权。法国 1946 年 10 月 27 日宪法序言甚至明确宣告:"任何财产,任何企业,在其经营已经取得或者正在取得国家共用事业或事实上的垄断地位时,都必须成为集体所有权财产。"这些产业,有电力行业等,1946 年 4 月 8 日法国国会通过立法,将法国全部电力行业的生产资料与输送电力的企业实行了国有化。这些企业的全部财产整体转给了"法国电力"(公司),以便为全国服务。这种立法趋势,一度曾经受到强力阻挠。但是 1981 年,法国再一次吹起了国有化强风,但是,法国宪法委员会对此持反对意见,它在这一时期重申了法国基本生产资料应该由私人运营,不得强制实行国有化。②

所以,从此可以看出国有化并不是中国的特产。对于我国过去曾经发生的国有化,我们应该看到这一措施在新中国成立初期的必要性,不可以轻率否定。但是,对于未来我国是否还可以继续进行国有化的问题,我们却要认真地从法治国家原则的角度上作出明确的回答:不!因为,依据我国《物权法》,人民依据我国法律取得的一切合法财产都应该得到完全的承认和保护,

①　这一时期《法国民法典》出现了"社会主义思想",即在作为典型自由主义所有权的第 544 条上,作出了一项重要的修改。该条文的原文是强调所有权为"最绝对的享用与处分财产的权利",修改的内容是"法律或条例禁止使用的除外"。增加的内容体现了社会对私人所有权的限制。

②　[法]弗朗索瓦·泰雷、菲利普·森勒尔:《法国财产法》上册,罗结珍译,中国法制出版社 2008 年版,第 142—143 页。

国家不可以因为财产占有的多少而对富裕者的财产实行国有化。另外，鉴于《联合国人权宣言》第 17 条已经明确宣布禁止"国有化"，①而且我国已经加入了这一宣言，因此我国政府不会再次对国内任何私有财产实行国有化。这既是我国政府根据中国《物权法》向自己的人民承担的义务，也是一项国际性义务。

（二）征税

征税是人类历史进入"文明时期"后，即系统性的国家和法制产生之后，为支撑国家和法制权力系统的运作而强制性地向国内居民收取财政收入。因征税而取得的收入被称为税收。在国家产生后，因为公共费用的必需，也就有了征税。从古至今，凡有国家者，就必然会有征税。我国历史上曾经出现过的农民起义军"不纳税"、"不征粮"的说法，事实上是不可能的。法制国家不可以把这种乌托邦式的呼声当作一种革命或者进步的思想。关于征税的必然性，有一个形象的说法："赋税，这是喂养政府的母奶。"②"是官僚、军队、教士和宫廷的生活源泉，一句话，它是行政权整个机构的生活源泉。"③政府收入主要是税收收入，其余部分是非税收入。④ 在封建社会，赋税就是国家财政的主要来源和赖以生存的经济命脉，而户口则是国家征收赋税的基本依据，对稳定国家财政收入具有重要意义。因此，封建国家都力图直接控制自耕农户，加强户口管理。⑤

征税的基本特点，首先是其强制性，公共权力机构征税，是以国家公共权力为支持的强制性行为。世界各国法律都规定，税收的取得由主权国家自己决定，被征收者并无参与决定的权利，也没有反对的权利。抗拒、偷逃、避漏征税，都是犯罪行为，要遭致强烈的惩处。也就是因为这样，征税必须有严格的法律规则，以防滥用税收给人民的权利造成损害。征税的另一个显著特征是，它只针对本国领土上的国民或者经营行为，因此它是一项体现主

---

① 该条内容是：（1）人人得有单独的财产所有权以及同他人合有的所有权。（2）任何人的财产不得任意剥夺。

② 《马克思恩格斯选集》第 1 卷，人民出版社 1995 年版，第 452 页。

③ 同上书，第 681 页。

④ ［美］B. J. 理德、约翰·W. 斯韦恩：《公共财政管理》，朱萍、蒋洪等译，中国财政经济出版社 2001 年版，第 65 页。

⑤ 法学教材编辑部、中国法制史编写组：《中国法制史》，群众出版社 1982 年版，第 217 页。

权的行为。自古以来征税行为都不能跨越主权支配的范围，征税可以针对本国域内的外国人及其行为，但是不能针对外国境内的本国人及其行为。征税的另一个显著特点是，征税具有国民普适性。符合征税条件的国民及其行为，上至国家元首，下至黎民百姓，均应承担纳税的义务。唯一的例外是近现代以来受社会主义思想的影响，国际上普遍推行累进税制，低收入阶层在所得税的征收体制中享有少纳税甚至不纳税的权利。

在法学理论研究成果中，关于征税的著述可以说是汗牛充栋。因为税制的复杂性，在大陆法系一些国家比如德国，税的立法差不多占到国家整体立法的少半数。对于征税的合理性，也有很多的理论研究。大多数研究成果，都是围绕着公共利益支出来展开的。亚当·斯密即认为，人民须拿出自己一部分私的收入，给君主或国家，作为一笔公共收入。正如一个大地产的公共租地者须按照各自在该地产上所受利益的比例，提供它的管理费用一样。①不过近现代以来，受启蒙思想运动的影响，人们一般认为，征税的基础其实是一种政治契约的关系。人民有个体利益也有公共利益，因此需要国家和官员作为"公仆"；人民根据这一政治契约应该缴纳税收。当然，人民也有权利知道税制的合理性，因此各种各样的税法的制定、各级征税部门的工作，都应该尽量做到民主和透明。

税收在传统立法中包括货币税收和实物税收，近现代以来，工商业发达国家逐渐统一为货币税收。

在单一制国家里，征税都是以"国家"的名义进行的。在联邦制国家里，中央税和联邦税有明确的区分。我国 1995 年之前实行"国家"统一征税，1995 年之后实行"分税制"，中央税（"国税"）和地方税有了明确的区分。因为征税就是取得财政所有权的手段，因此实行分税制，就是实行了中央政府所有权和地方政府所有权的区分。这一点，也是我们在本课题研究中坚持的一个基本的依据，即必须否定"国家所有权的统一和唯一学说"，实事求是地承认各种公法法人所有权。

我国的税收征管体制上建立的国税与地税的区分，实际上明确了中央与

---

① ［英］亚当·斯密：《国民财富的性质和原因的研究》（下卷），商务印书馆 2009 年版，第 393—394 页。

地方政府在税收收入方面各自的所有权。根据 1994 年 1 月 1 日颁布实施的《关于实行分税制财政管理体制的决定》的规定，由中央征税系统也就是"国税局"收缴的税包括：关税，海关代征消费税和增值税，消费税，中央企业所得税，地方银行和外资银行及非银行金融企业所得税，铁道部门、各银行总行、各保险总公司等集中缴纳的收入（包括营业税、所得税、利润和城市维护建设税），中央企业上缴利润等。由地方征税系统也就是"地税局"收缴的税包括：营业税（不含铁道部门、各银行总行、各保险总公司集中交纳的营业税），地方企业所得税（不含上述地方银行和外资银行及非银行金融企业所得税），地方企业上缴利润，个人所得税，城镇土地使用税，固定资产投资方向调节税，城市维护建设税（不含铁道部门、各银行总行、各保险总公司集中缴纳的部分），房产税，车船使用税，印花税，屠宰税，农牧业税，对农业特产收入征收的农业税（简称农业特产税），耕地占用税，契税，遗产和赠予税，土地增值税，国有土地有偿使用收入等。中央与地方共享收入包括：增值税、资源税、证券交易税。增值税中央分享 75%，地方分享 25%。其中大部分资源税作为地方收入，海洋石油资源税作为中央收入。证券交易税，中央与地方各分享 50%。

毋庸置疑，征税是我国最主要的财政收入的来源。我国目前国力增长，不但经济发展很快，而且国防、社会福利、文化、科学教育各方面的开支都很大，这些公共事业都离不开财政的支持。所以我们应该不断地对国民进行税制的宣传，对于征税采取合理的态度。应该指出的是，随着改革开放的发展，我国的税收结构已经发生了重大的变化。改革开放前我国的财政收入中，基本上都是公有制企业的贡献，而现在非公有制经济的贡献率已经非常大。[1]而且改革开放之前我国整体的税收中，烟、酒税曾经占有很大的比重，而现在的财政收入主要来源于现代化的工商业。当然，我国整体的税源也存在着不太合理的方面，那就是，在很多地方，房地产业的税收占据比重太大，比如据报道，2010 年海南省房地产业上缴的税收占到大约整个海南全

---

[1]　2011—2012 年的资料表明，非公有制经济（包括私营企业、个体经济、民营经济等）缴纳的税收，已经占据我国税收的 1/3。对此请参阅黄孟复主编《中国民营经济发展报告》（2011—2012 年），社会科学文献出版社 2012 年版，第 74 页。

省财政收入的 58%。① 2010 年上半年，浙江省房地产业税收收入对地方财政收入增长的贡献率达到了 63.7%。② 其他地方的情形虽然不至于这么严重，但是也比较类似。这种情形说明了我国国民经济的体系存在着比较严重的失衡问题，理应得到大力的关注和解决。

（三）罚款及没收

以"国家"的名义对社会的自然人的违法或者违规行为施加的惩罚中，罚款、没收是经济上的处罚措施。罚款和没收的所得，法律定义上是"收缴国库"，所以这也是一种特殊的"国家"取得所有权的方法。当然，在我国"分税制"的体制下，这些"国家"收入也会变成不同层级的政府财政，也就是变成公法法人所有。

罚款和没收，这种公法法人取得财产所有权的方式，其显著特点就是，它们只是针对违法或者违规行为采取的惩罚性措施，而不是常规性的社会管理措施。鉴于这些名词和含义我国社会公众已经比较熟悉，故不再做解释。因为这些措施都是针对那些依法应该受到惩罚的行为而做出的，所以，罚款和没收，其法律根据可以是刑法，也可以是行政法规。因此依据我国法律，罚款和没收，既可以作为刑事责任，也可以作为行政责任。实践中罚款及没收取得经常被通称为罚没收入，两者既可单独适用也可合并适用。

其实罚款和没收作为法律上的惩戒措施早已存在，而且国际上普遍采用。早在古罗马帝政时期，对于走私品、违禁品等法律规定罚没充公，即直接收归国库所有，而不需办理任何移转手续。在美国，罚款和没收被界定为对某些违反法律法规的行为进行的处罚，包括对重罪者和轻罪者的罚金；对延迟付款和归还图书者的行政性罚款；对公司没有遵守有关贸易限制、污染、做虚假广告、危害雇员健康和安全等错误行为而处的罚款。没收是财产的丧失，政府夺取那些非法获得的或非法使用的财产的所有权。一般而言，没收旨在禁止所不希望的行为而非取得客观的收入。③

我国法律对于罚款和没收的采用，不论是刑事责任还是行政责任，都规

---

① http：//www.sina.com.cn，《中国青年报》2011 年 2 月 23 日。

② http：//news.dichan.sina.com.cn，新浪房产 2010－7－26。

③ ［美］B.J.理德、约翰·W.斯韦恩：《公共财政管理》，朱萍、蒋洪等译，中国财政经济出版社 2001 年版，第 75 页。

定严格的条件和程序。以我国《草原法》的规定为例，买卖或者以其他形式非法转让草原的将被没收违法所得，并处违法所得一倍以上五倍以下的罚款（第64条）；未经批准或者采取欺骗手段骗取批准而非法使用草原的，将被处以草原非法使用前三年平均产值六倍以上十二倍以下的罚款（第65条）；非法开垦草原的将被处以违法所得一倍以上五倍以下的罚款（第66条）；非法在草原上采挖植物或者从事破坏草原植被的其他活动的将被处以违法所得一倍以上五倍以下的罚款（第67条）；非法在草原上进行采土、采沙、采石等活动的可对其处以违法所得一倍以上二倍以下的罚款（第68条）；擅自在草原上开展经营性旅游活动因而破坏草原植被的，可对相关人员处以违法所得一倍以上二倍以下的罚款（第69条）；等等。

（四）征收

"征收"一词，在我国法律中有较多的使用。其中核心的条文是《物权法》第42条的规定。该条文的规定是："为了公共利益的需要，依照法律规定的权限和程序可以征收集体所有的土地和单位、个人的房屋及其他不动产。""征收集体所有的土地，应当依法足额支付土地补偿费、安置补助费、地上附着物和青苗的补偿费等费用，安排被征地农民的社会保障费用，保障被征地农民的生活，维护被征地农民的合法权益。""征收单位、个人的房屋及其他不动产，应当依法给予拆迁补偿，维护被征收人的合法权益；征收个人住宅的，还应当保障被征收人的居住条件。""任何单位和个人不得贪污、挪用、私分、截留、拖欠征收补偿费等费用。"从这个条文的规定看，"征收"一词，指的是国家基于主权（具体体现为行政权）对集体或私人所有权的强制性剥夺，并取得其所有权以及其他权利的行为。具体而言，是国家为了公共利益，依照法律规定的程序和权限，强制性取得集体所有的土地和单位、个人的房屋及其他不动产的所有权的法律制度。

征收在名义上都是以"国家建设"的名义进行，但是在我国，因为"国有土地"的经营权事实上掌握在地方市县一级人民政府手中，因此，征收的利益事实上是地方政府的主要收入。这就是著名的"土地财政"问题。如上所述，根据我国《土地管理法》的规定，我国建立了"土地使用权一级市场的国家垄断"制度，这个制度的含义，就是依靠国家的"土地所有权"，将设立建设用地使用权也就是我国公众熟知的"出让建设用地使用权"这个环节由政府垄断。之所以如此，就是要在这个环节里，保障政府利用从土地使用权受让人手中收取土地出让金。依据我国法律，土地出让金的数额基本上均由地方政府取得，这就是"土地财政"，它已经成为地方财政的有效保障。不断谋求扩大土地财政收入很久以来已经成为地方政府的经济动力之一，因此由政府推动的征地和拆迁，也造成了比较多的社会悲剧。目前，我国已经通过很多立法对这种现象进行了严格的限制。①

在《物权法》第 42 条规定之外，该法还在第 121 条规定了用益物权的征收，第 132 条规定了农村土地承包经营权的征收，第 148 条规定了建设用地使用权的征收。在《物权法》之外，我国还在《土地管理法》等法律，以及《土地管理法实施条例》、2011 年国务院颁布的《国有土地上房屋征收和补偿条例》等行政法规中规定了征收。通过这些法律条文分析我们可以看出，征收主要是针对人们的不动产，尤其是不动产所有权以及其他物权；但是征收也可以针对动产所有权施行。

征收是政府行使国家主权性质的行政管理权，从人民手中强制性地取得财产所有权以及其他财产权利的行为。它的本质和前述税收的征收具有很多共同点。和征税不同的是，征税是一项常规性的行为，而且对于国民具有普适性；而征收并不是一项常规性的行为，它也不是针对国民具有普适性的行为，而是特别情况下针对特别的财产而为的行为。征收与征税的另一个显著区别是，征税并不给民众补偿，而征收必须要给民众补偿。征收与国有化的显著区别是，它不能有选择的只是针对某些特殊的人而实施之，国有化也不给予补偿而征收必须给予补偿。

征收具有如下几个特征：①以满足社会公共利益需要为目的，因此，这种财产取得都是以"国家"的名义。②并不针对特别确定的法人或者自然人，而是针对社会不特定的一个群体、一个阶层或者一个社会的人。③取得财产时并不问财产所有权人的意思，具有强制性。如果民法法人或者自然人拒绝交出财产，反而要承担法律责任。②

---

① 对此有兴趣者，可参阅孙宪忠等《物权法的实施》第二卷《城镇拆迁》，文献出版社 2012 年版。

② 孙宪忠：《中国物权法总论》，法律出版社 2009 年版，第 312 页。

　　征收土地是世界各国政府取得土地的常用办法，但在土地私有制国家里，只有在正常收买无法取得土地时才动用征收权。[1]我国因为处于发展初期，各项事业的发展需要比较高的速度，因此法律广泛规定征收也不为过。但是我们必须明确，虽然征收必须给民众补偿，但是征收是国家行使强制性公共权力，民众的权利丧失是在民众的反对性意愿不能发生效果的情形下发生的，所以《物权法》之所以规定征收，主要的目的还是从权利和利益保护的角度对征收的行为予以法律限制，保护民事主体的合法权益。因为中国属于发展中国家，公共建设的任务繁重，故经常应用征收制度。改革开放以来利用征收侵害民众利益的情况相当普遍，所以我国有多个法律法规都在规定征收，目的就是对这种行为给予明确的限制。[2]在《物权法》学者建议稿撰写时，本课题主持人提出征收的限制主要有三点：目的正当、程序正当、足额补偿。这些内容，已经基本上为我国法律采纳。

　　（五）行政收费

　　所谓行政性收费，指的是我国政府在为社会公众提供公共服务或者资讯、办理证件和权利证书、进行各种民事权利登记（包括不动产登记、工商登记、婚姻登记等）等时所收取的管理性质的费用。行政收费是一项正常的政府收入，因此而取得所有权的情形，在世界上都是合法的、正常的。政府虽然有责任为社会大众提供公共管理性质的产品和服务，但是政府付出这些产品和服务总是要有额外的负担，这些负担的成本理应由利益取得者支出。国家物价局、财政部（1988）价涉字278号《关于加强行政事业性收费管理的通知》规定："行政性收费是指国家机关、事业单位为加强社会、经济、技术管理所收取的费用。事业性收费是指国家机关、事业单位为社会或个人提供特定服务所收取的费用。"

　　目前，我国法律许可的行政性收费包括如下项目：①许可收费。例如：排污许可费、土地使用许可费、烟草专卖许可费等。②管理性收费。例如：个体工商户管理费、出租汽车管理费、计划外演出管理费、民办医疗机构管

---

　　① 胡康生主编：《中华人民共和国物权法释义》，法律出版社2007年版，第101—102页。

　　② 关于"征收"条款在中国《物权法》中创造设立的情形，有兴趣者可参阅孙宪忠《争议与思考——物权立法笔记》，中国人民大学出版社2006年版。该书中的《物权法总则建议稿》第23条，即为本课题主持人所创立的"征收"条款。

理费、公路（水路）运输管理费等。③证照收费。例如：居民身份证工本费、汽车驾照工本费、专业技术资格证书工本费、婚姻证书费等。④手续费、登记费。例如：中国国籍申请手续费、社团登记费、收养登记费、企业注册登记费、船舶登记费、不动产登记费等。⑤审查检验费。例如：进出境动植物检疫费、新药审批费、进口音像制品审批费、中药品种保护审批费等。⑥资源使用费。例如：城市排水设施有偿使用费、水资源费、无线电频率资源占用费、矿产资源补偿费等。⑦集资性收费。例如：港口建设费、车辆购置附加费、教育费附加、电力建设基金等。①

　　长期以来，我国行政收费存在较多混乱，这就是民众甚为反感的"乱收费"问题。根据国家发改委有关部门公布的一组数字，2005年全国行政事业性收费总额达4000多亿元，加上各种基金征收总额2000多亿元，人头均摊约为500元。②解决这一问题的基本方法，还是必须要把行政性收费纳入《行政许可法》管制的范围，必须尽快将未经许可的收费项目予以彻底清理。有关报道显示，2014年11月，财政部公布了包括行政事业收费、涉企行政事业收费以及政府性基金在内的三份清单，并明确表示，"目录清单之外的行政事业性收费和政府性基金，一律不得执行，公民、法人和其他组织有权拒绝缴纳"。这三份清单分别是《全国性及中央部门和单位行政事业性收费目录清单和全国考试考务费目录清单》（以下简称行政事业性收费）、《全国性及中央部门和单位涉企行政事业性收费目录清单》（以下简称涉企行政事业性收费）和《全国政府性基金目录清单》。清单共涉及200多项行政收费项目，其中涉及公安、海关、人防、旅游等36个部门的常规项目共有116项，这些费用有些是缴中央国库，有些是入地方国库，有些是中央国库与地方国库共享。③

---

①　章剑生：《行政收费的理由、依据和监督》，《行政法学研究》2014年第2期。
②　百度"行政收费"词条解释，2014年10月11日。
③　金微：《财政部公布行政收费清单　目录外可拒缴》，《每日经济新闻》2014年11月3日。报道说，全国考试考务费用目录清单显示，全国共有103项考试需要收费，其中专业技术人员职业资格考试考务费用69项、职业技能鉴定考试考务费用9项、教育考试考务费用25项。涉企行政事业性收费目录清单显示，共涉及国土、住建、交通等29个部门，共有87项收费，包括住房交易手续费、城镇污水处理费、土地闲置费、耕地开垦费等，其中部分收费项目对小微企业免征收。总体而言，我国的行政收费确实存在项目太多、收取方式不规范的问题。

从这些报道可以看出，我国依法整理行政收费的工作，还应该下大力气推进，否则难以获得民众的信赖。

（六）调拨与划拨

所谓调拨，就是上级政府依据行政指令把一个下级政府或者单位的财物转移给另一个下级单位的行为。而划拨，就是上级政府将自己的财产转移给下级政府或者一般的自然人、法人的行为。从公法法人的所有权取得的角度看，调拨和划拨是我国很有特色的财产所有权以及相关权利的取得方式，它们的共同特点就是无偿性，取得权利者不必支付任何代价。这些所有权取得是依据公共权力发生的，权利取得的生效并不依据民法上的规则。

调拨这种公法法人的财产取得方式，计划经济时代曾经普遍采用，被当作执行国家计划的一种常规性的方法。当时被调拨的资产，主要还是国有制企业占有的资产，这些资产在法律上都被认为是国家所有权的客体，可以由政府依据指令在企业之间调拨。当然，调拨的资产也可以是非企业的资产，比如机关单位、事业单位的资产，也可以由政府调拨。实事求是地说，在那种体制下，这些资产被调拨的企业或者机关、事业单位作为民事主体的资格都有显著的不足，因此讨论他们是否享有公法法人的所有权问题，可以说是毫无价值的。

在进入市场经济体制之后，调拨的制度发生根本转变。因为国有制企业已经成为独立自主的市场主体，政府作为投资人，对投入企业中的资产只享有股权而不再享有所有权，因此它无法将这些资产抽回，更不能将其调拨。对于公立大学等公法法人，法律上也要充分尊重它们的民事主体资格，对其资产的调拨也不可以随意为之。在现阶段，以调拨方式发生所有权取得的情形仍有存在的余地，只是其表现形式发生了变化，其中典型者如对口援建。近年来，国家加大了对中西部经济社会发展的支持力度。一方面是中央财政加大了对中西部地区的转移支付力度，另一方面是东部沿海经济发达地区也在中央政策的指引下，发挥各自特色或优势，对口援建相关的项目，范围涉及民生工程的各个方面。就对口援建而言，东部先进的技术、熟练的劳动力、各种物资不断地被输送到中西部偏远落后地区。这些人力、物力、财力实际上大都是由东部沿海经济发达地区以政府采购的形式获得，然后输送给中西部地区的。

所以目前，调拨作为资产处理的一种方式，虽然不能完全否定，但是使用的范围已经被极大地减缩。

划拨的使用，在过去的体制下应用也是比较广泛的。比如，在土地使用方面，过去常见的做法就是政府将一宗土地划拨给企业、机关单位、事业单位、人民团体等使用。从法律规定的角度看，也可以将土地划拨为自然人公民使用，但是从古至今，并无政府将土地划拨给老百姓的事实发生过。当前我国法律中，仍然承认划拨的作用。比如《土地管理法》第 54 条规定："建设单位使用国有土地，应当以出让等有偿使用方式取得；但是，下列建设用地，经县级以上人民政府依法批准，可以以划拨方式取得：（一）国家机关用地和军事用地；（二）城市基础设施用地和公益事业用地；（三）国家重点扶持的能源、交通、水利等基础设施用地；（四）法律、行政法规规定的其他用地。"

在市场经济体制下，各级政府具有了公法法人的身份和地位，各级政府以及同级政府相互间财产所有权相互独立，在所有权取得与消灭的过程中，各自所有权的客体都在不断地发生变化，此消彼长。

三　国外相关法制的比较

（一）美国政府财产所有权取得情形

在美国，立法根据自然资源信托理论将自然资源的所有权授予了美国联邦或州政府，而公众则拥有自然资源的使用收益权。这种情况和我国法律规定的"全民所有权"转化为"国家所有权"的结果有些类似。但是，在美国，法律并不许可政府利用这些所有权来取得其民法上的利益，自然资源的大部分必须交给社会的民众享用。

美国政府征收的一般性财政收入，也是来源于征税，主要来自对各种收入征收的所得税，以及对于商品交易和私人产权及其转让课征的交易税。来自收费和其他杂项（其中包括来自彩票、投资基金的利息和特许权的收入）的财政收入，在一般政府财政中的作用是比较小的。专项财政收入包括为联邦保险信托体制提供资金的薪给税。联邦薪给税，是各级次财政收入中的第二大财政收入来源；第一大来源是联邦个人所得税。但是，这种薪给税收入

不能用于政府的一般性用途。①根据收入基础的不同，美国政府的财政收入
一般可分为税收收入和非税收入（如转移支付、交易收入、罚没收入、赠
与、负债等）。政府的主要财政收入是通过实行强制权征收的缴款——税
收——筹集的，而不是通过商品和服务的销售获得。② 而就税收收入和非税
收入的具体情形来看，联邦与州以下地方政府的税收取得是不同的。

1. 税收收入

联邦政府的主要财政收入来源是所得税，联邦政府所得税的规模几乎相
当于州和地方政府课征的所有税收收入的规模。③ 根据美国人口调查局编辑
的《美国统计摘录》（1998 年）资料，所得税是税收结构中最重要的税种，
占总税收收入的 70%。联邦政府几乎完全依赖于所得税，所得税收入占其
收入的 92%。联邦政府的所得税包括人们所熟悉的个人所得税，依据工薪
总额征收的社会保障税、医疗保险税以及公司所得税。④

一般销售税是州和地方政府的主要财政收入来源；州和地方政府倚重一
般销售税的这种状况，使联邦政府每次想染指这部分财政收入时，都会遇到
政治阻力。但是，联邦政府的确对特定的商品课征销售税，这些商品包括汽
油、酒以及某些进口商品（关税）。⑤

联邦政府不征收财产税。因为根据美国宪法的规定，要课征任何直接
税，都需要按照人口将税收负担进行平均分配。如果一个州的人口数量为全
国人口的 1/20，那么这个州也应当缴纳这种税收的 1/20。这种分配效果会
导致联邦税收在贫穷的州税率高，在富裕的州税率低。但是，联邦税率的任
何差别在政治上都是不可行的，对于这一点《宪法》的作者们无疑是清
楚的。

与联邦财政收入体制以所得税为主体和地方财政收入体制以财产税为主

---

① ［美］约翰·L. 米克塞尔：《公共财政管理：分析与应用》（第六版），中国人民大学出版社
2005 年版，第 294 页。

② 同上书，第 293 页。

③ 同上书，第 294 页。

④ ［美］尼尔·布鲁斯：《公共财政与美国经济》，隋晓译，崔军校译，中国财政经济出版社 2005
年版，第 14—15 页。

⑤ ［美］约翰·L. 米克塞尔：《公共财政管理：分析与应用》（第六版），中国人民大学出版社
2005 年版，第 297 页。

体不同，州政府实行的是所得税。州的所得税通常与联邦税收比较类似。

　　商品和服务税，不管是一般性的还是选择性的，都是州财政收入中的最大单项收入来源，州政府也是这种税收的最大使用者。所有的州都有来自销售税或者毛收入税的财政收入，只有5个州（特拉华州、新罕布什尔州、蒙大拿州、俄勒冈州和阿拉斯加州）不征收一般销售税。还有6400个地方政府征收一般销售税；一般销售税在地方财政收入来源中的地位仅次于财产税。尽管从美国地方政府总的情况来看，一般销售税并没有超过财产税的迹象，但在有些地方，销售税是其主要的税收收入来源。①

　　各州都有自己独特的收入体系，这是从自身环境和历史发展而来的。例如，阿拉斯加州依赖于公司所得税，路易斯安那州依赖于采掘税，俄勒冈州依赖于所得税，新罕布什尔州依赖于选择性销售税。②

　　联邦和州政府之外，地方政府也有其独立的税收收入。财产税是由地方政府主要是县政府征管的主要财政收入来源，这可能是因为它是由地方政府独立课征的唯一主要的地方税种，其法定税率在不同地区可以有细微差别。③大约83000个地方政府的收入体系极其多样化。它们共同的特点是，均为被授权的州政府的地方性机构。收入方面，绝大部分依赖于政府间转移、财产税、收费及其他收入，各州的地方层次上都存在这些收入，但诸如所得税和销售税等其他收入措施却不是每个州的地方政府都有。这主要是因为州政府出于自身需要而保留这些措施自己使用。

　　在大多数情况下，收入结构随地方政府类型而有所不同。县和市作为一般目的单位，拥有最广泛的收入来源。尽管它们主要依赖于财产税和收费，但仍可以从政府间转移、公共设施收费、销售及所得税中取得可观收入。大概有20个州采用以镇作为一般目的单位，除了实际镇、市不分的新英格兰

---

　　① ［美］约翰·L. 米克塞尔：《公共财政管理：分析与应用》（第六版），中国人民大学出版社2005年版，第297—299页。

　　② ［美］B. J. 理德、约翰·W. 斯韦恩：《公共财政管理》，朱萍、蒋洪等译，中国财政经济出版社2001年版，第83—84页。

　　③ ［美］约翰·L. 米克塞尔：《公共财政管理：分析与应用》（第六版），中国人民大学出版社2005年版，第299页。

外，镇比县或市更多地依赖财产税。[①]

在美国，税款征收的强制执行采用除应纳税款外附加收费的方法，通常有滞纳金利息或追加罚款。延期申报个人所得税的处罚很高，罚款率从每月比联邦政府5%的短期利率高3个百分点直到最高为25%，甚至有可能更高。最低罚款也必须足以弥补国内收入署查找未填报的纳税人所花费的成本。

当纳税人被认为是故意延期支付时，可以处以追加罚款。还有其他一些处罚手段可以惩戒，诸如对财产的估价高于市场价格的行为，这也被称为估价偷税。例如，一名大学教授将他的旧教科书捐献给他所在的大学，并以此要求金额远大于捐献物实际价值的税收扣除。一旦这一欺骗行为被证实，税收当局将处以相当于其逃税额的50%的罚款。另外，还要对因欺骗而造成的未纳税额收取的利息加收50%的追加罚款。如果无法征收到欠缴税款，还可以采用多种手段得到这笔款项：扣押工资、设置扣押权、个人财产的查封以及银行存款冻结等。[②]

2. 收费收入

美国国会预算办公室将收费和税基比较狭窄的税收都称作收费，并将它们分成了四类：①使用费。使用费是政府销售许可证所形成的收入。这些许可证使人们可以去从事原本被限制或禁止的活动。其中包括：自然资源开采权使用费、过路费、保险费、租赁费、资源销售收入、联邦土地使用费、联邦公园准入费、邮政费，以及与规则无关的执照费和特许费。②规费。规费是根据政府的权力对一些源于政府权力的企业或者活动的管理而收取的费用。其中包括管理费和司法费；移民费、护照费和领事服务费；海关服务费；检测费、检查费、评估费；专利费、商标费和版权服务费；管理项目执照费。③受益税。受益税是对与特定政府服务的使用相联系的税基课征的税收（应税商品或服务与公共服务具有密切的匹配关系）。其中包括与交通运输相关的消费税（包括公路、航空、内河航运和港口等）和对与航运安全

---

① ［美］B. J. 理德、约翰·W. 斯韦恩：《公共财政管理》，朱萍、蒋洪等译，中国财政经济出版社2001年版，第84页。

② 同上书，第97页。

项目相关的燃料和设备课征的消费税。④责任税。责任税的课征目的是降低风险、抑止伤害性的活动，对遭到伤害的人员给予补助。其中包括对某些化学物质课征的税收并形成了危险物质信托基金；对某些燃料课征的税收并形成了地下储藏库泄漏信托基金；对原油课征的税收并形成了石油泄漏责任信托基金；对在国内采煤课征的税收并形成了煤肺病残疾信托基金；对儿童疾病疫苗课征的税收并形成了疫苗伤害赔偿信托基金。①

此外，执照税也是一种收费形式，它的税率单一，根据活动的类型划分成了不同的级别，并与企业收入相关。作为对企业和非企业的一种特权许可，执照税是由政府来课征的。执照税和使用费并不相同。如果个人和公司不购买由政府所提供的那些商品和服务，他们就可以不用缴纳使用费；而如果他们缴纳了使用费，就有权享用政府提供的相应商品和服务了。也就是说，使用费是和对某些商品和服务的享受特权间接地联系在一起的。

收费的好处在于，其一方面可以反映出公众对政府服务的偏好和需求，另一方面也可以带来生产和消费效率的提高。当然，只有当一种活动具备了以下两个必备条件时，用收费来为其融资才能发挥作用，即受益的可分性和收费的可能性。一般而言，一种商品或服务越是远离公共性，或者说越是接近私人产品，对这种物品或者服务收取费用的可能性就越大。

在美国，州政府所筹集的一般财政收入中，收费收入的比重约为12%。与其他级次的政府相比，地方政府拥有更多的收费机会，因为它们提供了更多可以使个人受益的服务；在1998—1999年度，收费收入占地方政府收入的22.3%。加上公用设施收入后，这一比重可以提高到35%。对于地方政府的财政收入总额来说，医院、排污设施、水、电等公用设施的收费收入格外重要。由于地方政府的税收收入通常会受到州政府的严格控制，因此地方政府更倾向于使用收费收入。

即便如此，政府绝大部分财政收入都来源于税收，而不是对公共物品和服务的收费。

---

① ［美］约翰·L. 米克塞尔：《公共财政管理：分析与应用》（第六版），中国人民大学出版社2005年版，第467—468页。

3. 公共垄断收入

在美国，政府拥有并经营私人企业、出售私人商品，而且形式多种多样，尽管这是与全球私有化的大潮流背道而驰的，但却是客观存在的现实。当然，政府所有只是个别现象，并不是普遍的规则。

（1）政府性公共事业收入。有些服务通常是由市政机构提供的，特别是自来水、电力、市内运输和天然气供应等。事实上，公用设施机构的支出经常会超过这些公用设施所能筹集来的收入。在这种情况下，政府必须得向公用设施的运营提供财政补助，或者对其运营中的赤字进行弥补。

（2）酒类商店的销售收入。在美国，有 17 个州还保持着另外一种与众不同的垄断形式：对酒类商店的垄断经营。在这些州中，部分或者全部酒精饮料的销售都是在州属商店中进行的。与公用设施的使用相比较，酒类商店还是可以为政府带来利润的。在新罕布什尔州，既没有一般销售税，也没有个人所得税，因此该州酒类商店的利润收入在州财政收入中占了很大的比重。

（3）博彩业收入。在 2000 年，美国合法博彩活动的营业总额超过了8250 亿美元。如此巨大的收入为政府提供了富有吸引力的筹集财政收入的机会。由州政府所经营的彩票目前已经成为美国州政府财政体制中一个标准的构成部分。[1]

4. 借款

政府向个人或者机构的借款是构成政府收入的一个组成部分。但也有学者认为，债务通常不被视为收入，因为它在最初能产生收入，但是其后便成了偿还的义务。[2]

（二）日本政府财产所有权取得情形

虽然同属于资本主义国家，但美国属于联邦制国家，而日本则属于单一制国家。日本的都、道、府、县作为类似于中国的省级政权，享有自治与独立的公法地位，因此它们虽不具有美国各州相对独立的法律地位，但是，却

---

① ［美］约翰·L. 米克塞尔：《公共财政管理：分析与应用》（第六版），中国人民大学出版社2005 年版，第 463—480 页。

② ［美］B. J. 理德、约翰·W. 斯韦恩：《公共财政管理》，朱萍、蒋洪等译，中国财政经济出版社 2001 年版，第 76 页。

有自己固定的来源或收入。

当然，在日本，行政财产首先可以依据民法取得。民法上的取得，又可以分为根据合同取得和非根据合同取得，前者包括购入、新营造、接受捐赠、交换、信托终了时将财产收归国库；后者包括解散法人的财产被处置后，剩余部分收归国库、时效取得、无主的不动产收归国有、没收财产、征用财产、实物税款、交换土地、根据城市规划法将土地收归国有。在日本这种政府民法上的取得，既可以是有偿取得的，如购入、新营建、交换、征用等；也可以是无偿取得的，如接受捐赠、按法律规定收归国库、时效取得。①

日本地方政府的财政来源主要有：地方税、地方交付税、国库支出金和地方债。①地方税：都、道、府、县和市町村可以根据地方税法的规定征收地方税。日本地方税的税目很多，都、道、府、县税有：企业税，都、道、府、县居民税，地方消费税，汽车税，轻油运送税，资产购买税，汽车购买税，都、道、府、县烟税和其他税；市、町、村税有：资产税，市、町、村居民税，城市规划税，市、町、村烟税和其他税。②地方交付税。是指为保证地方政府间财源均衡和有计划行政运营所需财源，将一定比率（已被法定的）国税作为地方的共有财源，根据一定的计算方法规定分配给各个地方政府的交付额，后者依据规定交付税金，以此从大城市等富裕地区向人口过疏地区进行税金重新分配，缩小因税源不均而导致的地方政府间的财力差距。地方交付税原本为地方政府独自的财源，因此，对地方交付税的用途未加任何限制。③地方债：《地方财政法》中有一个基本原则规定，即地方政府原则上应以地方债以外的收入作为其支出财源。但根据《地方财政法》第5条的规定，对于公共设施的建设和公营企业的经费等的投资性经费，地方政府可以发行地方债作为其财源。根据《地方自治法施行令》第174条，都、道、府、县发行地方债，需要总务大臣的认可，而市、町、村发行地方债，则需要都、道、府、县知事认可。通过这种认可制度，地方政府发行的地方债，可按政府保证债处理，即使是财力薄弱的地方政府也能以低利进行大量资金的调动，同时，将发行的地方债的部分偿还费计为准财政需要额，这也

---

① ［日］大塚芳司：《日本国有财产法律、制度与现状》，黄仲阳编译，经济科学出版社1991年版，第75—79页。

使地方政府能保证独立进行公共设施建设所需的财源。④其他财源。除上述外，地方政府财源还包括国库支出金和地方转让税。根据中央与地方责任共负原则，国库支出金分为三种：一是由作为负担者的中央政府向作为事业实施主体的地方政府支付的"国库负担金"；二是对地方政府所实施项目援助的"国库补助金"；三是对原为中央政府事务但因考虑事务本身的便利性和效率性而被委托给地方政府的"国库委托金"。上述国库支出金都是被交付给特定的事务项目的特定财源，不能用于其他目的。地方转让税，是指原本应属于地方政府的财源，但出于征收的便利而由中央政府统一征收并根据客观性标准（如公路总里程、面积等）进行转让的税。它是介于地方税与地方交付税之间的中介性财源。①

（三）德国政府财产所有权取得情形

德国法律依据大陆法系的传统和其《基本法》的规定，在政府以及其他公法法人享有的所有权问题上，严格区分公共权力和民法权利的作用空间和作用程序。但是，近年来，其传统的立法视角稍有改变，这就是它关于矿藏权利规则的改变。

关于矿藏的权利，其基本的规则是《德国民法典》第905条关于土地所有权的规定。依据这一规定，土地所有权人的权利可以扩展至地上地下无限制的空间，矿藏附属于土地，因此土地所有权人自然享有对于矿藏的所有权。土地所有权人取得地下的矿藏，是其行使所有权的一种方式，即取得土地收益。但是在进入20世纪后，由于认识到矿藏在国民经济中的重要作用，德国放弃了采矿自由的政策，而建立了矿藏的国家主权制度，即在不放弃土地私有所有权和部分矿藏的私有所有权的情况下，建立国家对部分矿藏的国有制和开采的政府批准制度。不过在德国，我们习惯所称的"国家"这种对于矿藏的权利归属于州政府，而不是归属于联邦政府。相关的立法也是州的法律。一直到1980年3月，德国才制定了联邦统一的矿藏法，将各州的做法制定为统一的规则。由此就产生了德国不动产所有权的一种特殊形式，即矿场所有权。依德国矿藏法规定，要进入设定矿场进行勘探的人或者法人，必须获得国家矿产管理局颁发的许可证；要进入设定矿场进行开采的人

① 任进：《比较地方政府与制度》，北京大学出版社2008年版，第248—249页。

或者法人，必须获得国家的批准并获得国家授予的矿场所有权。勘探许可证
发放和矿场所有权的授权是纯粹的行政行为。因此，占有指定矿场进行开
采，并对矿产进行处分的这种矿场所有权，是一种依据行政法设立的民法所
有权。也正因为此，该权利不可以由权利人随意转移给他人。①

德国地方政府财政收入主要有税收、联邦政府和州政府的拨款、收费和
接受捐赠及其他收入，其中税收是地方政府的主要收入来源，州政府拨款是
地方政府收入的第二大来源。①税收。在德国，地方政府税收分为联邦和州
法规定由地方政府征收的税和地方政府自行决定征收的税。根据《基本法》
第 106 条，地方政府有权征收财产税（土地和交易税）和地方消费与开支
税。据此，地方政府依联邦和州法征收的税有交易税、农牧业土地税和不动
产土地税。这些税收由地方政府根据联邦和州财政部门的通告确定和征收。
地方政府有权决定交易税和土地税的税率。通常，地方政府要将交易税的一
部分分配给联邦政府和州政府。除了国税即依联邦和州法规定征收的税以
外，地方政府有权征收地方消费和开支税，主要有养犬税、狩猎税、娱乐
税、饮料税（不含啤酒，只对直接消费的饮料的销售征收）、住宅许可税和
第二处住宅税等。根据《基本法》第 106 条规定，除了联邦政府和州政府以
外，地方政府也有权从所得税和增值税中获得一定份额的收入（共享税）。
地方政府从所得税中获得的份额根据《乡镇资金筹集改革法》第 1 条加以
确定，目前占所得税的 15%；同时，地方政府从增值税中获得的份额，目
前占增值税的 2.2%。州政府根据地方政府的具体情况和实际经济实力加以
分配。②上级政府拨款。即上级政府拨付地方政府的非偿还性资金。上级政
府拨款，主要由州政府根据地方政府财政平衡的州法规定或根据特别法律条
款分配给地方政府；联邦政府对地方政府的拨款也通过州政府预算安排。拨
款的数额和构成主要取决于不同州的结构和经济实力。上级政府的拨款主要
有下列类型：第一，一般性拨款，即不与用途相关而目的在于对不同地方政
府纳税能力加以平衡而拨付的款项。包括对履行强制性任务所承担费用的补
偿性拨款、资助学校用车费用的一般性拨款、道路维修的一般性拨款和对社
会救助机构和战争受害者救济机构开支的调整金。第二，投资拨款。包括不

①　孙宪忠：《德国当代物权法》，法律出版社 1997 年版，第 221—223 页。

与特别用途相关联的一般性投资拨款，以及用于校舍、幼儿园、消防设施、医院、道路、废物处理设施、供水和污水处理厂建设的专项投资拨款等。第三，补助拨款，即为解决地方政府行政预算中发生的特殊财政困难而拨付的款项。有的补助拨款也有用于弥补地方政府因投资造成财政困难时。③其他收入。地方政府可对其提供的服务收取一定费用。地方政府收费以各州的有关规定为依据。此外，地方政府还接受捐赠以补偿建设、维护和扩建公共设施费用。地方政府其他收入还有租金、许可证费、销售收入等。④借款。通常，地方政府在地方预算中的借款总额必须得到法定监督机构的批准。多数地方政府借款从信贷市场如银行和非银行金融机构获得，也可通过发行地方政府债券筹措；还有少量借款来源于联邦政府、欧洲复兴计划特别资金、州政府或其他地方政府。此外，地方政府还可从国外获得贷款。在德国，根据《基本法》第106条，各州的宪章法和有关州的法律规定，地方政府还有一项很大的收入来源——财政平衡金。财政平衡金的目的是加强乡镇的财政地位。①

（四）前苏联及俄罗斯政府

第一，在前苏联，引起各种不同种类和形式的所有权产生的最重要法律事实首先是生产活动的结果。依照前苏联民法的一般原则，产品确认归生产资料的所有人所有；如果产品是在国营企业里制造出来的，那就归国家所有；如果产品是集体农庄生产的，那就归集体所有。第二，社会主义国有化是无产阶级政权取得财产所有权的一种形式。第三，向集体农庄、合作社组织和其他社会团体以及公民征收的税、捐、规费，也归国家所有。第四，在某些特殊情况下，集体农庄和其他合作社组织的财产可以转归国家所有。这指的是把集体农庄改组为国营农场、把撤销的手工业合作社企业移交国家所有的情形。第五，国家所有权也由于征用和没收而产生。第六，无主财产转归国家所有，也是国家所有权产生的一个根据。财产没有所有人（如所有人放弃对物的权利，由于已过诉讼时效而丧失对物的权利，等等）或者所有人不明的，就认为是无主财产。依照《民法典》（指《苏联民法典》）第144条的规定，在六个月内无人认领的拾得物，无偿地归国家所有。依据该法典

---

①　任进：《比较地方政府与制度》，北京大学出版社2008年版，第251—253页。

第148条的规定，埋藏物归国家所有。国家所有权可以由于遗产转归国家所有（《苏联民法典》第527条第3款，第552条第2款）而产生。第七，有时候，财产的所有人对财产不给予必要的关心而使它遭到损坏或毁坏（所谓不经心管理的财产），这样的财产可以转归国家所有（《民法典》第141条、第142条）。

在前苏联，某些预算制机关除了预算拨款以外，还有一些专门收入，这种专门收入组成它们的专门（预算外的）资金。预算制机关由于对居民、企业和组织的文化生活服务（博物馆、展览会向参观者出售门票所得）、出租场所、辅助性企业的活动等，可以得到专门收入，如果这是它们的章程（条例）所规定的，或者是上级机关允许取得这种收入的则这些收入是许可的。[①]

苏联之后的俄罗斯联邦收入划分的主要方法是将收入分成分享收入和自有收入。"分享收入"指的是来自以下四个主要税种的收入：增值税、企业所得税、个人所得税和消费税，其在联邦政府和州政府间的分享比率是临时性的。州政府也有自有收入，自有收入日益成为各级地方政府的重要收入来源，而且可以被视为联邦以下地方政府可以控制的税种的前身。[②]

俄罗斯联邦地方自治机关的财政收入包括：①地方税收收入，占到地方自治机关财政收入的13.3%—58%不等。税收收入包括地方自治机关自己征收的税和地方自治机关与其他机关共享税。地方自治机关征收的共享税有个人所得税收入、利润税收入和增值税收入。在地方预算中，上述税收收入分别占到地方预算收入的21%、18%和9%。②其他收入来源有：联邦主体对执行国家职能的地方自治机关的财政转移支付收入；从地方资产私有化中取得的收入；地方资产租赁收入；借款收入；地方彩票收入；地方企业、机构和组织的利润收入；补助金和法定拨款；地方服务收费；地方自治机关对辖区内开发自然资源等进行的收费。[③]

---

① ［苏］B. П. 格里巴诺夫、C. M. 科尔涅耶夫：《苏联民法》上册，中国社会科学院法学研究所民法经济法研究室译，法律出版社1984年版，第285、308—316、354页。

② 政府间财产关系课题组编译：《政府间财政关系比较研究》，中国财政经济出版社2004年版，第203页。

③ 任进：《比较地方政府与制度》，北京大学出版社2008年版，第253页。

第三节　所有权的变更与消灭

一　变更

在传统民法中，财产所有权的变更问题也是很有制度意义的研讨问题。广义上的物权变更包括主体变更、客体变更以及内容变更。由于主体变更涉及的是物权的取得与丧失问题，因此，一般被作为取得与丧失问题来探讨。狭义上的物权变更仅指物权客体与内容的变更。客体的变更，指物权不失其同一性，仅为物权标的物在量上有所增减，即量的变更。如不动产的增建、扩建，动产的购买等行为都会增加物权人财产所有权所支配的范围。同样，不动产的毁损、灭失或人为的拆除，动产的处分等也会造成物权人财产所有权所支配的标的物的数量减少。但无论是增加还是减少，不动产或动产的变动都是在同一主体下的变动。

公法法人，包括机关法人、事业单位法人和人民团体法人等，其依法享有财产所有权，实际上也经常处于变更之中。比如，公法法人在自己占有的土地上从事建造不动产，就会使其不动产的所有权发生变更。按照我国法律规定，公法法人从事建设而产生的不动产，也应该纳入登记。

二　消灭

在传统民法学中，所有权消灭可分为两种：①所有权标的物，客观地失其存在，亦即客观的灭失，物权本身终局地归于消灭。②标的物未灭失，但物权本身终局归于消灭，他人并未因而取得其权利。[1]

所有权消灭由于法律行为原因的如：①抛弃。即以所有权人放弃所有的意思而消灭。抛弃为单独行为，是最为典型的物权行为。抛弃占有及动产所有权抛弃，无须向特定人为意思表示。其他权利比如证券权利、债权的抛弃，应向直接受利益人以意思表示（《台湾民法典》第834条第2项）。但不动产抛弃，非经登记不生效力（《台湾民法典》第758条）。与所有权一样，不动产的限制物权经抛弃者，其所有权为无限制所有权。不动产所有权

---

[1] 谢在全：《民法物权论》上册，中国政法大学出版社1999年版，第54—55页。

经抛弃者，成为无主物，属于国库。动产经抛弃者，成为无主物，得为先占标的物。②契约。此谓因约定物权存续期间届满；或当事人就存续期间未满地上权，合意提前消灭；或另以相当房地产，征得对方同意，消灭原有抵押权。③因撤销权行使（《台湾民法典》第836、846条）。

在民法之外，所有权可以因为公法上的原因而消灭，这就是所有权剥夺，即所有权不自愿地被剥夺的情形。所有权的强制丧失，如上述的征用、征收、国有化、没收等。

现代法律中，所有权也可以在物并未消灭而且所有权人也没有失去对物的占有的情况下发生消灭的情形。这就是，在汽车等工业制造品的所有权制度中，法律规定了强制性的使用年限，年限届满法律规定必须强制报废，因此所有权人的权利也因此被强制终止。这种情形，在民法上可以称为"所有权终止"。

在苏联，所有权也由于一些不能归入所有人本人的处分或使用行为的法律事实而终止。例如，所有权的客体由于自然灾害或者因第三人的过错而毁灭；依照规定程序强制变卖所有人的财产；收取所有人的财产（如由于不经心管理——《民法典》第141、142条，依照法院的刑事判决加以没收——《苏俄刑法典》第35条，等等）；对善意的财产取得人由于驳回所有人要求返还财产的诉讼而确认财产所有权（《民法典》第152条）等。①

公法法人所有权消灭的情形，基本上来说符合民法上所有权消灭的制度规则。但是公法法人因为占有和使用公物，法律关于公物的消灭，在法律上有更多的限制性规定。本课题负责人的研究认为，应该把一般意义上的公物作出明确的分类，不可能对公物建立一刀切式的公物消灭制度。应该把公物区分为：①绝对公用物，比如海滩等，公众使用的权利基础是永远不能消灭的；②有限公用物，即在限定的时间和范围内由民众享有的公物，比如机关法人、事业单位法人、人民团体法人占有的公物，比如图书馆等，它们可以根据公法的规则和设立的章程等消灭；③公法法人私有物，可以依据民法的规则消灭。

---

①　［苏］B. П. 格里巴诺夫、C. M. 科尔涅耶夫：《苏联民法》上册，中国社会科学院法学研究所民法经济法研究室译，法律出版社1984年版，第291—292页。

国外的研究认为，行政公产的废止是指行政公产丧失其公用性质。公务公产由于其成立并不以公用开始行为为其必要，故废止亦无须以行为作出，只要事实上废止其使用即可。公共公产的废止有两种方式：一种是自然废止，另一种是法定废止。自然废止是指以具备一定形体要件供一般公众使用的公共公产，因自然力或人为原因而灭失，回复到通常观念认为不可能继续提供公用或提供公用有显著困难的情形。其时，公共公产的功能已经丧失或不能满足公产设定目的，无须法律上任何程序即可废止。此种公用功能丧失必须为永久性，非暂时性的。自然废止的公产既可能是自然公产，又可能是人造公产（台湾学者一般将公产的消灭区分为法律上原因的消灭和事实上原因的消灭，基本类似）。公物的消灭，在公共使用物方面，由于其形态要素的永久性变化而消灭，或通过行政主体的意思表示（公用废止行为）而完成。此后，公法上的限制消失，而成为民法的对象。公用物的消灭，通过行政主体废止其使用而实现。[①]

法定废止亦称公用废止行为，是指行政主体以废止该公产直接供公共目的使用的意思而消灭其公用目的的行为。法定废止的公共公产一般经过了法定的设定程序，所以也必须经过同样的废止程序。如果公共公产是以法规、规章的形式设定的，仍应以法规规章的形式废止；如果公共公产是以公布等宣示行为设立的，则仍以宣示行为废止公用。[②]

本章小结

公法法人财产所有权的变动主要分为取得、丧失、变更以及消灭这些主要的制度。

公法法人取得财产所有权，其取得的方法可以区分为民法方式和公法方式。公法法人可以依据民法方法取得所有权的方式通常包括：政府采购、投资、经营、时效取得、先占取得、遗失物埋藏物的取得、继承、营造、接受

---

① ［日］和田英夫：《现代行政法》，倪建民、潘世圣译，中国广播电视出版社 1993 年版，第 160 页。

② 朱维究、王成栋：《一般行政法原理》，高等教育出版社 2005 年版，第 241—242 页。

捐赠遗赠。公法方式则包括法定取得、国有化取得、税收、罚款及没收、征收、收费、调拨、划拨等。这一部分内容，是我国建立公法法人所有权应该关注的重点。

公法法人所有权的消灭，也有传统民法中的一般方式，也有公法上的方式。大体而言，因标的物的自然消灭或者法定消灭（法定报废），是其常见的方式。但是，所有权也可以因为法律行为而消灭。其中放弃所有权即抛弃为单方法律行为，而通过合同将标的物交易出去，为双方法律行为。当然，如果以物作为投资而失去所有权但是同时取得股权的，也是典型的法律行为。在公物的消灭方面，必须区分物的分类，有些公物所有权永远不能消灭；有些公物的所有权是可以依据公法和民法来予以消灭的。

从物权特定法理以及保障物权流转稳定性的角度看，公法法人通过行使公共权力或进行民事活动所导致的不动产物权变动当然应该纳入强制登记的范畴。

第五章

所有权保护

第一节　概说

一　公共财产保护的责任落实

在传统民法中，财产所有权的保护是一个十分重要的问题。在一般的民事主体如自然人和法人看来，财产所有权是他们的现实利益、根本利益和重大利益，因此他们在遇到自己的财产所有权受到侵害的时候，会想尽一切办法来保护自己的权利。所以，在传统民法中，没有类似于我国现状中的公共财产保护的责任落实这样的问题。传统民法所依据自然人和法人的民法主体构造，从法律关系主体的角度看，已经是明确肯定的权利人、义务人和责任人，民法也就是这样，建立起了财产所有权的保护的细密的法律制度。但是，如本书的序言指出的那样，在我国公法法人的财产权利尤其是所有权的保护方面，我国法律的制度设计是存在重大缺陷的。这些缺陷表现在五个方面。为引入本章的分析，我们在这里将这五个方面再简要描述一下。①主体不明确。我国《宪法》和《物权法》等法律规定的"全体人民"或者"全体劳动人民"首先无法成为法律关系主体。此后，《物权法》又把这种财产所有权定义为"国家"所有，又转换为政府所有。人民是个抽象的概念，国家也是抽象的概念，甚至抽象的政府的概念也不符合民法科学关于法律关系主体的基本定义。由于这个规定，我国"国有财产所有权"面临着没有民法上的适格主体的情形。②客体不确定。我国《物权法》为"国家所有权"规定的客体，有土地、森林、草原、水流、矿藏、海洋、滩涂等重要不动产，还有数不清的动产；此外还有在法律和法学上根本无法界定的"资源",①而这些资源所指向的物,其实在传统民法中都是无主物。这一点我们已经在上文进行了细致分析。③权利不确定。由于"统一唯一国家所有权"理论的结果,具体财产数量之大无法计量,但是具体物品控制环节,或者说财产的具体支配关系无法清理。④义务不明确。由于国家所有权被高度政治化,立法者将尽可能多的财产以法律归属为国家所有权;但是立法者不清楚的是,国家作为所有权人,必须承担物的侵权责任,甚至动物、植物都应该承担责任。②因此盲目扩大国家所有权客体的做法,反而给"国家"增加了一些莫名其妙的法律责任。③⑤责任不明确。在"国家"财产大量受损的情况下,无法确定真正的责任人来提起保护国家财产的诉讼;同样,在国家财产致人损害的情况下,"国家"也不会承担责任。近年来,不少学者在探索代表"国家"行使具体诉权的可能性问题,但是至今无法实现理论突破。这就构成了中国最为严重的法律实践问题。

在分析上述"五个不明确"的前提下,本书著作者提出,我国公共财产保护方面的法律制度,最明显的缺陷就是公共财产保护责任无法落实这样的问题。依据苏联法学的"统一唯一国家所有权"学说,法律上的权利人、义务人和保护财产的责任人无法法律制度化,保护公共财产的各种设想均无法在实践中贯彻,因此才造成严重的公共财产流失、浪费等被侵害但是却又无法保护的问题。

所以,我们依据民法科学原理,提出引入公法法人的民法理论,有针对性地解决这五个方面的问题。前面我们已经对公法法人形成的法律机理进行了充分的讨论。对此我们首先要明白的是,公法法人所有权理论,并不是像有些人想象的那样,是要把公共财产私有化,从而造成具有高度敏感性的政治问题。恰恰相反,法人是一个法律技术概念,财产所有权也是一个法律技

---

①　中国《物权法》第48条:"森林、山岭、草原、荒地、滩涂等自然资源,属于国家所有,但法律规定属于集体所有的除外。"第49条:"法律规定属于国家所有的野生动植物资源,属于国家所有。"第50条:"无线电频谱资源属于国家所有。"

②　对此见《民法通则》第126、第127条,《侵权责任法》第十章、第十一章。实践中大家经常可以看到公路旁边的行道树被雷电击倒而造成路人损伤,"国家"也必须为此承担责任的案件。

③　对此本书"序言"部分已经提及"地道战"遗址案以及河道涨水淹死民众侵权案。事实上这一类的案件非常多,在此不再细数。

术性概念。我们在上面分析了法人这个制度的一些特点，尤其是公法法人的一些特点，从这些分析我们可以看出，公法法人这个制度的产生，完全是为了从法律关系的角度，解决公法法人参加民法活动而带来的主体资格问题。公法法人必须参加民事活动，必须发生对物的具体支配而形成的法律关系。这样，民法就必须解决公法法人在支配物的过程中的权利人、义务人、责任人的制度建设问题。因为包括所有权在内的物权，其基本特征是标的物必须是特定物，而且对所有权的标的物行使的使用、处分权，也都是具体的权利，因此，简要地说，一个政府机关购买的一支笔一棵白菜，没有必要像苏联法那样都要将其规定为"统一唯一国家所有权"——这样的规定反而不能解决特定物的具体支配权的法律制度设计和现实操作的问题。

从公法法人参加民事活动这个基点出发，我们就能够充分理解公法法人所有权制度的科学性和可行性的全部问题。

首先，如上所述，公法法人就是依据宪法、行政法等公法设立起来的法人，它虽然具有依据宪法和行政法律承担社会公共职责的本质特点，但是它们也从事民事活动，在民事活动中显示其作为民事法人的另一个方面的本质特点。公法法人从事民事活动的一个主要的方面，就是作为所有权人，通过法律的规定，通过民事活动和行政行为为自己取得所有权，行使所有权，并可以依法消灭自己的所有权。公法法人从事社会公共职责的这一方面，尤其是从事社会管理的机关法人所从事的活动，不是民事活动，它享有的权利、义务和责任不能也不必从民法的角度去理解。但是，公法法人从事民事活动的时候，比如他为自己取得所有权的时候、行使所有权的时候，他就会体现出他们作为民事主体的特点；当然，公法法人取得和行使所有权，首先要服从公法设立这种法人的原则，服从法人的章程。

当然，公法法人的所有权，这是一个从法律技术的角度建立起来的民法概念，正如一般的民法法人一样。比如，我们可以按照中国《公司法》的规定发起成立一个公司，公司成为法人，公司对其全部资产以自己的名义享有支配甚至处分权利。这种一般民法法人享有所有权的情形，就是民法法律技术上的概念。从这个概念出发，我们可以理解公法法人享有财产所有权的法理正当性和科学性。

关于一般民法法人享有所有权的正当性问题，可以参阅图5-1的分析。

```
┌────────────────┐
│ 股东对投入公司 │─────┐
│ 的资产拥有股权 │     ▼
└────────────────┘  ┌──────────────┐
                    │ 公司对其全部 │
┌────────────────┐  │ 资产享有所有 │
│ 股东，股权     │─▶│ 权           │─┐   ┌──────────────┐
└────────────────┘  │ 公司作为独立 │ ▼   │ 新成立的公司 │
                    │ 法人可以对外 │     │ 同样享有     │
┌────────────────┐  │ 投资使自己成 │     │ 独立的法人   │
│ 股东，股权     │─▶│ 为股东       │     │ 所有权，当   │
└────────────────┘  │              │     │ 然他也可以   │
                    └──────────────┘     │ 对外投资，   │
              ┌────────────┐             │ 使自己成为   │
              │ 股东股权   │────────────▶│ 股东         │
              └────────────┘             └──────────────┘
```

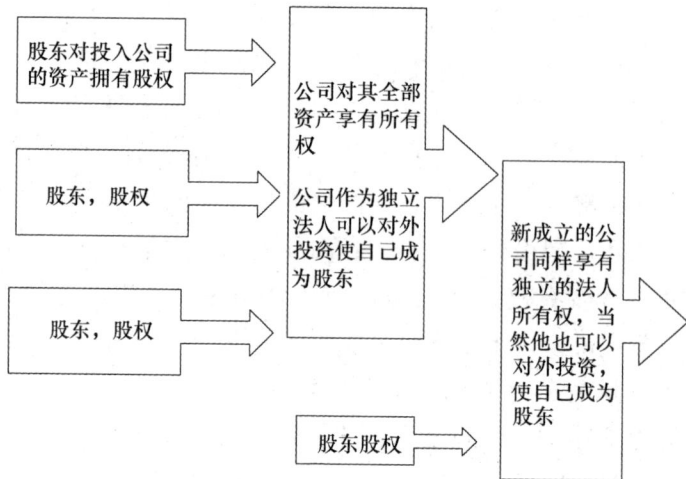

图 5 - 1　企业法人中的"股权—所有权"结构

图 5 - 1 要说明的是，股东发起成立公司后，他们对于投入公司的财产制享有成员权性质的股权；而公司对自己的全部资产享有独立的所有权。公司自己也可以作为股东，对别的公司享有股权。子公司也可以持有母公司的股票，成为母公司的股东。这种"投资人"的关系，形成了民商法科学中的"股权—所有权"结构。这种结构在现代公司治理结构中，在民法法人的制度构造中，都具有基础认知的意义，它属于现代民商法的常规知识。其中法人所有权问题在这一结构中具有基础的意义。如果不能理解法人所有权，那么就无法理解法人自己再投资，从而使自己也享有股权的情形。其实在多级公司结构中，法人所有权就是一个"独立核算"的法律技术概念，因此这个概念不论是从法学的角度还是从会计学的角度看，其科学性都毋庸置疑。

也就是从法人"独立核算"这个角度出发，我们也能够理解，公法法人的科学性基础也是这样。公法法人在参加民事活动的时候，就有一个财产运用的问题，从法律技术的角度看，公法法人所有权是完全可以成立的。

在民法科学上，建立主体制度、财产所有权制度，必须要有体系化的思考。不能只是规定了谁享有权利，还必须考虑主体如何准确地行使自己的权利、因行使对物的权利而应该对他人承担的法律义务的问题，以及由谁来承担具体保护物的利益而行使具体的诉权以及其他请求权的问题。从这些体系化的思考出发，我们就可以看到，在引入公法法人所有权的理论之后，上面所说的因为苏联法学理论上的"统一唯一国家所有权学说"所造成的五个显著问题，都会迎刃而解。

从公法法人所有权的这个科学的概念出发，我们首先可以看到的一个法律规则上的优势，就是能够把法律的权利、义务和责任落实到具体的人和物之上。和"统一唯一国家所有权学说"最大的不同之处在于，公法法人作为民事活动的主体，他的法律身份是明确肯定的，享有权利者、承担义务和法律责任者，不但是明确肯定的，而且就是同样的一些人。利用这一制度，就能够解决公有制财产权利行使和保护中的基本问题。在公法法人内部出现损害其占有的公共资产的时候，他们可以利用法律上关于"法人治理结构"的制度设计，来及时地限制甚至消除那些造成公共资产流失的行为；他们甚至可以把具体的法律义务和责任落实在具体的责任人的身上。在公法法人占有的公共财产受到侵害的时候，公法法人可以以自己的名义向法院起诉来保护自己的权利；当然在受到相关起诉的时候，他们也可以以自己的名义来应诉，从而保护自己的权利。

二 所有权保护的基本类型

论及公法法人的财产所有权保护方法，可以从侵害这一权利的角度来予以分析。对公法法人财产所有权的侵害可以有不同的分类。从侵害主体的角度看，国有财产的侵害主要来自两个方面，一是来自普通第三人的侵害；二是来自国有财产的代表人、经营管理人的侵害。从侵害的形态来讲，一种是普通的侵权行为；另一种是利用职务之便的侵害。[①] 从侵害的性质角度看，有的是违反民事法律的民事违法行为，有的是违反行政法规的行政违法行为，有的是触犯刑律的犯罪行为。所以保护所有权不是某一个法律部门的任务，而是各个法律部门的共同任务。[②]

对公法法人财产所有权的保护，依其所依据的法律来看，可以分为所有

---

① 高富平：《国家所有权实现的物权法框架》，《理论前沿》2007 年第 8 期，第 17 页。
② 钱明星：《物权法原理》，北京大学出版社 1994 年版，第 163 页。

权的公法保护与民法保护两大类型。所有权的民法保护，是指依据民事法律，通过追究侵权者的民事责任，以保护所有权人的所有权。所有权的公法保护是指依据宪法、行政法、刑法等法律法规，通过追究侵权者的行政责任或刑事责任，以达到保护所有权的目的。公法保护与民法保护无论是对于自然人、民法法人的所有权的保护，还是对公法法人财产所有权的保护都具有不可或缺的意义，两者相辅相成，缺一不可。就保护的主体而言，虽然公法法人在所有权的保护上享有某些民法法人以及自然人所不具有的优势，但是，对于公法法人来说，在其从事民法上的法律行为的时候，公法保护与民法保护与一般民事主体的保护并无不同。由于所依据的法律不同，公法保护与民法保护在具体的适用程序、究责方式等方面还是存在显著差异的。

第二节　民法上的保护

所有权的民法保护可以分为两种，一是所有权的自我保护，传统民法上称为自力救济；二是通过民事诉讼程序对所有权的保护，传统民法上称为公力救济。

一　自力保护

自力保护又称自力救济，是指所有权人于其权利受有侵害时以自己的力量恢复所有权完满状态的救济措施。所有权为对物的完全支配并得排除他人干涉权利，自力保护权或自力救济权是所有权排他性支配权的应有之义。公法法人于其财产遭受非法侵害时得以自己的力量排除侵害。而且，由于公法法人常常具有民法法人所不具有的警察权力，其常常可以通过制定各种规章制度并依此采取种种强制措施以确保自身财产免受损害，如划定禁区、设置警戒线、圈定保护区等以实现对自身财产所有权的保护，遇有损害的情况下，公法法人得采取罚款、没收等处罚方式保护其所有权，因此，相比较而言，公法法人财产所有权的自力保护方式更为有力，效果也更明显，保护也更为直接。

二 诉讼保护

诉讼保护是指权利人在其权利遭到侵害时请求司法机关通过司法裁决的方式保护其权利的救济方式。诉讼保护的发起在于权利人的请求，原则上无请求无诉讼，即所谓不告不理。于所有权保护而言，这些请求权包括：所有权确认请求权、原物返还请求权、排除妨害请求权、消除危险请求权、恢复原状请求权、损害赔偿请求权等。

（一）所有权确认请求权

《物权法》第33条规定，因物权的归属、内容发生争议的，利害关系人可以请求确认其权利。公法法人对其管领或控制的财产究竟享有什么样的权利、权利的范围如何、权利的边界在哪里等，这些问题都是必须要明确的，否则以公法法人特有的警察权力，如果任由其滥用极有可能侵害他人的合法权益。

在我们国家，长期以来，几乎所有的财产或被冠以国有财产或被冠以集体财产的名义，原则上，各级机关法人没有自己的财产所有权，所有的只是经营管理权。但是，这种状况在市场经济条件下已经受到了严峻的挑战，各级机关法人财产所有权事实上的存在也迫使法律制度对此有所突破。实践中，发生的诸如馒头门事件等，虽只是公法法人财产所有权存在的一个缩影，但从这一问题的处理中所反映出来的问题是，否认公法法人的财产所有权，公法法人于公务履行上所存在的物质匮乏的障碍无法得到有效解决。

公法法人的财产所有权问题不但发生在上下级公法法人之间，而且也发生在同级公法法人之间，上级有可能侵犯下级的所有权，下级也有可能侵犯上级的所有权，如截留、私分、挪用等。同级公法法人之间也会发生所有权争议。如曾经发生在很多地方的文化遗产归属纠纷，比如文化名人的归属地域的争议等。这属于公法法人财产所有权中知识产权的范畴。此外，公法法人的财产所有权归属争议还可能发生在与其他民事主体的关系上。

可以肯定的是，其他民事主体侵犯公法法人财产所有权的情形是存在的，但是相比较而言，公法法人侵犯其他民事主体所有权的情形更为严重。在公法法人与其他民事主体就财产归属发生争议的情形下，公法法人当然可以向司法机关提出确认物权的请求权。

（二）原物返还请求权

《物权法》第 34 条规定，无权占有不动产或者动产的，权利人可以请求返还原物。

《台湾地区民法》第 767 条规定："所有人对于无权占有或侵夺其所有物者，得请求返还。对于妨害其所有权者，得请求除去。有妨害其所有权虞者，得请求防止。"

根据台湾学者的归纳，原物返还请求权构成要件如下。

（1）请求权主体须为所有人。共有人对于第三人各得就共有物全部为本于所有权请求，但回复共有物请求权，仅得为共有人全体利益而为（第 821 条）。

（2）相对人须为无权占有人。①占有人指现在占有其物人。包括直接占有人和间接占有人。占有辅助人系受他人指示而占有，非属占有人，不得为请求对象。②无权占有。无权占有者，指无正当权源而占有其物而言，其发生原因如何，期间长短，占有人善意恶意，有无过失，均所不问。①

有必要注意的是，所有物返还请求权的时效规定对民法法人有适用的余地，而对公法法人财产所有权是否有适用的余地，是有争议的。如前所述，关于公法法人的财产是否得为时效取得，相当一部分的学者认为公产不能因时效而取得，当然，也有学者认为，在公产的公共使用使命终止后可以时效取得，实质上是承认私产可以时效取得。

私产或公法法人私有财产与私人所有财产在所有权的内容上是相同的，从权利平等的角度讲，民法上时效取得规定在公法法人私有财产上同样有适用的必要。只是对于公法法人信托所有的财产，基于公益目的，私人不得时效取得。

（三）排除妨害与消除危险的请求权

《物权法》第 35 条规定，妨害物权或者可能妨害物权的，权利人可以请求排除妨害或者消除危险。

所有权为完全支配权，于有妨害其圆满状态情事时，得请求排除。对于妨害其所有权者，得请求除去，谓所有权妨害除去请求权。有妨害其所有权

---

① 王泽鉴：《民法物权·通则·所有权》（第一册），台湾三民书局 1992 年版，第 138—140 页。

虞者，得请求防止，谓所有权妨害防止请求权。[①]

所有权妨害除去请求权要件如下。

（1）对于所有权妨害。所谓妨害，指以占有以外方法阻碍或侵害所有权支配可能性。其主要情形可归为六类：①对物实体的侵害。如无权占有他人土地兴建房屋。②可量物侵入。如丢弃肥料或垃圾于他人庭院。③无权使用他人物。如在他人墙壁悬挂招牌。④妨碍所有权行使。如停车于他人车库。⑤否认他人对物所有权。⑥土地登记错误、遗漏或不实。[②]妨害与损害不同，对他人所有权加以妨害者，无论有无过失，均负排除妨害义务。对他人所有权加以侵害，造成损害者，以具有故意或过失为要件，负损害赔偿责任。

（2）妨害的不法性。妨害须属违法，所有人始得请求排除。所有人有忍受义务者，无妨害除去请求权。忍受义务主要发生事由有三：①基于法律规定：如民法关于紧急避难、正当防卫、相邻关系规定。②基于定限物权：所有人对于定限物权人行使权利，有忍受义务。③基于债权：所有人对于债权人（如承租人）使用其物，亦负有忍受义务。须注意的是，所有人容忍义务，应由妨害者负举证责任。[③]

学理上认为，排除妨害请求权的行使不问妨害行为发生的原因，不问妨害人有无故意或过失，只要有妨害事实发生，所有权人即可主张排除妨害。相应地，行为人也不能以自己没有过错而主张免责。确立妨害排除请求权无过错原则，体现了所有权的绝对性与对世性，有利于所有权人实现对物的排他性支配权。

消除危险的请求权与妨害除去请求权的区别在于：此处的危险仅指险情，是种潜在的、尚未发生的妨害。此时，所有权人可以请求除去隐患，以避免自己的权利将来可能遭受损害。

立法上与实践中，有关妨害除去与危险消除请求权的情形还是很多的，如依据《中华人民共和国铁路法》第46条规定，在铁路线路和铁路桥梁、

---

① 史尚宽：《物权法论》，中国政法大学出版社2000年版，第64页。
② 王泽鉴：《民法物权·通则·所有权》（第一册），台湾三民书局1992年版，第148页。
③ 同上书，第149—150页。

涵洞两侧一定距离内，修建山塘、水库等影响铁路路基稳定或者危害铁路桥梁、涵洞安全的，县级以上地方人民政府有权责令停止建设或者采挖等活动。同条第2款规定，在铁路线路上架设电力、通信线路等必须经铁路运输企业同意。第3款规定，在铁路弯道内侧、平交道口和人行过道附近，不得修建妨碍行车的建筑物等。《中华人民共和国电力法》第52条第2款规定，在电力设施周围进行爆破及其他可能危及电力设施安全作业的，应经批准方可进行。第53条第2款规定，任何单位和个人不得在依法划定的电力设施保护区内修建可能危及电力设施安全的建筑物、构筑物，不得种植可能危及电力设施安全的植物等。

（四）恢复原状的请求权

《物权法》第36条规定，造成不动产或者动产毁损的，权利人可以请求修理、重作、更换或者恢复原状。

恢复原状的请求权与损害赔偿的请求权区别在于，恢复原状在于物理性质的恢复，即实物的恢复、功能的恢复，而损害赔偿请求权则在于价值上的补偿。恢复原状首先必须有恢复的可能，其次要有恢复的必要，于物实体上已不具备原来功能的情况下，也即没有恢复必要的情况下，权利人得请求损害赔偿。于有恢复可能的情况下，应先以恢复原状为必要，但若其成本超过恢复原状的代价，以损害赔偿为必要。

公法法人在其财产受有损害的情况下，于原物尚有恢复可能时应先请求恢复原状，在恢复原状已无必要的情况下，与私人一样可以提起损害赔偿请求权的诉讼。

（五）损害赔偿的请求权

《物权法》第37条规定，侵害物权，造成权利人损害的，权利人可以请求损害赔偿，也可以请求承担其他民事责任。

损害赔偿为价值上的补偿，以金钱补偿为其主要形式。对于公法法人财产所有权的保护而言，民法上的损害赔偿为一种方式，行政法上、刑法上的赔偿也有其存在的余地。但是，两者应选择适用，而不能同时使用。因为，公法上的责任往往要重于民法上的责任。

有必要注意的是，根据《物权法》第38条规定，上述保护方式，可以单独适用，也可以根据权利被侵害的情形合并适用。

此外，于物权实体法上，国家对自身的财产权力的维护主要是通过规定所有者如何向国家履行义务来体现的，而在这些义务中，行政的义务和财产的义务往往是相互融合的。①

第三节 公法上的保护

一 宪法保护

《宪法》第 12 条规定，社会主义的公共财产神圣不可侵犯。同条第 2 款规定，国家保护社会主义的公共财产。禁止任何组织或者个人用任何手段侵占或者破坏国家的和集体的财产。

《宪法》从消极义务的角度规定了任何组织或者个人不得侵占或者破坏国家的和集体的财产，从而从反面实现对公法法人财产所有权的保护。

有人认为，《宪法》有关公共财产神圣不可侵犯的规定是对国有财产的特殊保护。对此，有学者认为，公共财产的神圣不可侵犯性，并不能成为特殊保护论的法律依据。公共财产包括了国家和集体的财产。假如说除个人财产以外的整个公共财产都要受特殊保护，那么在我国当前全社会范围内的财产绝大部分都是公共财产的情况下，对公共财产的特殊保护只能使民法的所有权保护规则、时效规则和善意取得规则的适用范围大为缩小，甚至不可能发生作用。按照"特殊保护论"，认为国有财产优于集体和个人的财产并应对国有财产实行特殊的法律保护，只能助长"一大二公"的思想，不利于多种所有制结构的共同发展。② 实行特殊保护不仅不能有效地保护国有财产，反而会适得其反。例如，如果法律规定请求返还国有财产不受时效限制，反而会造成财产关系久悬不决的不稳定状态，助长企业"躺在权利上睡眠"，听任国有财产被侵占而不及时主张权利，甚至可能助长其放弃请求权，损害国有财产。③ 由此，现行《物权法》对各种财产所有权实质上采取的是"一体承认，平等保护"的原则。

---

① 王利明：《国家所有权研究》，中国人民大学出版社 1991 年版，第 7 页。
② 王利明：《论国家所有权的民法保护》，《中国法学》1991 年第 2 期，第 89—90 页。
③ 王利明：《国家所有权研究》，中国人民大学出版社 1991 年版，第 318 页。

二　行政法保护

行政法对公法法人财产所有权的保护主要体现在以下几个方面。

（1）通过确认物权来实现对公法法人财产所有权的保护。如《中华人民共和国矿产资源法》第3条第1款规定，矿产资源属于国家所有，由国务院行使国家对矿产资源的所有权。地表或者地下的矿产资源的国家所有权，不因其所依附的土地的所有权或者使用权的不同而改变。《中华人民共和国森林法》第3条规定，森林资源属于国家，由法律规定属于集体所有的除外。《中华人民共和国草原法》第9条规定，草原属于国家所有，由法律规定属于集体所有的除外。国家所有的草原，由国务院代表国家行使所有权。

（2）通过颁发许可证照等的方式以维护公法法人的财产所有权。如《矿产资源法》第3条第3款规定，勘查、开采矿产资源，必须依法分别申请、经批准取得探矿权、采矿权，并办理登记。《森林法》第3条第2款规定，国家所有和集体所有的森林、林木和林地，个人所有的林木和使用的林地，由县级以上地方人民政府登记造册，发放证书，确认所有权或者使用权。《草原法》第11条规定，依法确定给全民所有制单位、集体经济组织等使用的国家所有的草原，由县级以上人民政府登记，核发使用权证，确认草原使用权。

（3）通过确定享益份额来界定公法法人的财产所有权。如《土地管理法》第55条第1款规定，以出让等有偿使用方式取得国有土地使用权的建设单位，按照国务院规定的标准和办法，缴纳土地使用权出让金等有偿使用费和其他费用后，方可使用土地。同条第2款规定，自本法施行之日起，新增建设用地的土地有偿使用费，30%上缴中央财政，70%留给有关地方人民政府，都专项用于耕地开发。从此条的规定来看，中央与地方政府对土地财政的分成比例是三七开，相应地中央与地方的所有权份额也应该是三七开，中央与地方按份共有土地所有权，按份享有土地所有权的收益。至于收益的处分那是另外一回事。

（4）通过批准权限确认和保护各级机关法人的财产所有权。仍以土地法为例，《土地管理法》第45条第1款规定，征收下列土地的，由国务院批准：①基本农田；②基本农田以外的耕地超过35公顷的；③其他土地超过

70 公顷的。同条第 2 款规定，征收前款规定以外的土地的，由省、自治区、直辖市人民政府批准，并报国务院备案。上述规定既明确了机关法人拥有土地所有权并可以处分土地所有权，同时也有利于保护各级机关法人的财产所有权。

（5）公法法人可以通过行政处罚权等维护自身的财产所有权。公法法人与民法法人不同，往往享有民法法人所不具有的警察权力，可以制定相应的公产管理条例类的文件，确立行政处罚权，通过对侵权人的行政处罚维护自身的财产所有权。如《矿产资源法》第 39 条针对擅自开采，第 40 条对超越范围的开采，第 41 条对破坏性开采等行为分别规定了吊销相关证照、没收违法所得、罚款、追究刑事责任等处罚。《森林法》第 39 条规定了盗伐、滥伐林木的法律责任，包括没收违法所得，罚款、追究刑事责任。《草原法》第 61 条至第 73 条规定了草原违法责任，包括罚款、恢复原状、没收违法所得，直至承担刑事责任等。

相对于诉讼保护而言，行政上的保护具有自身的特点与优势。与法院通常只能提供事后保护不同，行政机关既能提供事后保护，也能提供事先保护。由于行政机关可以通过登记的方式来确认物权以实现对物权的事先保护，因此其保护往往更及时、更廉价，而法院的保护虽具有终局性，但在及时性方面不如行政机关。[1]

行政法方法对国有财产的保护作用不能忽视，特别在完全依国家主权取得财产的领域（如征税等），行政强制方法是保证国有资产实现的唯一可行的方法。[2] 当然，强调行政法保护方法也不应将其过分夸大，应防止滥用行政权侵害公民法人合法权益的情形。

三　刑法保护

有关公法法人财产所有权神圣不可侵犯的禁止性规定更多地主要体现在刑法对于国有财产所有权的保护。这不仅体现在罪名上规定的不同，更体现

---

[1]　应松年：《行政权与物权关系研究——主要以〈物权法〉文本为分析对象》，《中国法学》2007 年第 5 期，第 72 页。

[2]　王利明：《国家所有权研究》，中国人民大学出版社 1991 年版，第 293—294 页。

在对于侵犯国有财产所有权的处罚幅度上大有不同。

从所侵犯的客体的角度来看,《刑法》第五章共用了14个条文规定了侵犯财产的犯罪行为及其处罚。如《刑法》第263条规定的抢劫罪,第264条规定的盗窃罪,第268条规定的聚众哄抢公私财物罪,第275条规定的故意毁坏公私财物罪等。

如果说从客体的角度而言,《刑法》在保护公私财产所有权方面基本坚持了法律面前一律平等,但从主体的角度而言,《刑法》对侵犯公法法人财产的犯罪主体的惩罚力度明显要大于对私有财产的处罚力度。如《刑法》第382条规定的贪污罪,第384条规定的挪用公款罪、挪用特定款物罪,第396条规定的私分国有资产罪、私分罚没财物罪等。

除上述对公法法人财产犯罪的处罚规定外,《刑法》第九章对国家机关工作人员不作为或滥作为致使国有财产遭受损失的行为规定了渎职罪。如第397条规定了滥用职权罪及玩忽职守罪,第403条规定了滥用管理公司、证券职权罪,第404条规定了徇私舞弊不征、少征税款罪,第406条规定了国家机关工作人员签订、履行合同失职罪等。

本章小结

对公法法人财产所有权的保护,依其所依据的法律来看,可以分为所有权的公法保护与民法保护两大类型。

公法法人的财产所有权的民法保护可以分为两种,一是所有权的自我保护,传统民法上称为自力救济;二是通过民事诉讼程序对所有权的保护,传统民法上称为公力救济。公法法人于其财产遭受非法侵害时得以自己的力量排除侵害。由于公法法人常常具有民法法人所不具有的警察权力,其常常可以通过制定各种规章制度并依此采取种种强制措施以确保自身财产免受损害。公法法人也可通过民事诉讼行使请求权保护自己的所有权,这些请求权包括所有权确认请求权、原物返还请求权、排除妨害请求权、消除危险请求权、恢复原状请求权、损害赔偿请求权。

公法法人的财产所有权的公法保护包括宪法保护、行政法保护及刑法保护。我国宪法从消极义务的角度规定了任何组织或者个人不得侵占或者破坏国家的和集体的财产，从而从反面实现对公法法人财产所有权的保护。现行《物权法》对各种财产所有权实质上采取的是"一体承认，平等保护"的原则。行政法对公法法人财产所有权的保护主要体现在确认物权、颁发许可证照、确定享益份额、设定批准权限、行政处罚权、行政强制。《刑法》对公法法人财产所有权的保护主要通过罪名设定及刑罚处罚的方式进行，主要包括抢劫罪，盗窃罪，聚众哄抢公私财物罪，故意毁坏公私财物罪，贪污罪，挪用公款罪，挪用特定款物罪，私分国有资产罪，私分罚没财物罪，渎职罪，滥用职权罪及玩忽职守罪，滥用管理公司、证券职权罪，徇私舞弊不征、少征税款罪，国家机关工作人员签订、履行合同失职罪等。

　　上文，包括"序言"和前五章，讨论的是本课题要研究的一般性问题，即公共财产权利的行使和保护在我国法学理论、法治建设上面临的主要问题，以及我们提出的以公法法人所有权理论来重建公共财产所有权理论和制度的研究。这些研究的内容，包括关于公法法人作为民事主体的特殊法律问题，公法法人所有权理论的思考，公法法人所有权的权能，公法法人所有权的取得、变更以至消灭，公法法人所有权的保护等一般问题。下文，我们将就公法法人所有权的一些具体问题，从不同的财产类型的角度逐一进行细致的讨论。

第六章

国有企业投资人制度

第一节　问题的提出

前五章讨论了公法法人所有权的一般性理论和规则问题，本章开始讨论公法法人所有权针对具体财产的特殊性理论和制度建设问题。其中，第六章和第七章，讨论的是涉及"国家投资"其实是政府投资或者公共投资的理论和制度问题。本来，投资问题的理论和制度，在现代民商法体系中属于民法或者私法体系中的命题，政府投资设立形成的企业也就是公有制企业，其法律资格已经和民商法上一般的民法法人无异。但是在我国，立法上把这种投资规定为国家投资，而且还规定即使是投入企业的资产，国家也要享有所有权。①因此，在讨论中国的公共资产权利尤其是"国家所有权"的时候，必须要对这一部分投资财产权利的理论和制度作出讨论，所以，本项研究把这两个密切相关的问题放在一起讨论。此外，在我国还有很多中国法上特有的国家所有权，或者说公共财产所有权的问题，比如事业单位、博物馆、自然景观、公路、无线电频谱等的所有权问题，对这些理论上还不清晰、实践中颇多争议的所有权问题，我们将在下文逐一予以讨论。

---

① 对此，请参阅 2008 年颁布的《中华人民共和国企业国有资产法》第 2 条："本法所称企业国有资产（以下称国有资产），是指国家对企业各种形式的出资所形成的权益。"第 3 条："国有资产属于国家所有即全民所有。国务院代表国家行使国有资产所有权。"

一　为什么研究国有企业投资人问题

(一) 国有经济的重要性

国有经济在宏观上包括一切归国家所有的资产，因为所有制关系从广义上说就是生产关系的总和；在狭义上主要指国有企业，但是国有企业并不等同于国有经济，国有企业是国有经济在微观上的一种表现形式。① 中国是一个国有经济占主导地位、国有企业数量众多的国家，不管是在计划经济体制下还是在市场经济体制下，国有经济的重要性都是不言而喻的。在高度集中的计划经济时代，一切经济活动由国家计划和行政手段调节，一切财产都具有极强的公法属性。那时候的市场除了国有经济以外，几乎不存在其他的经济活动，企业都是以全民所有制的形式来进行经营管理。在那个时代，"国家"几乎就是所有企业的出资人。改革开放30多年来，中国逐步形成了以公有财产为主导的经济结构，非公有财产已经从原来受挤压、后来承认为正当但是只能发挥补充作用，到现在已经在很大领域可以和公有制经济并驾齐驱的财产结构模式。进入市场经济体制以来国有企业的出资模式已经发生了根本的变化，但是国有经济仍然是公有制经济的核心。

经济建设是中国社会主义建设的一个中心。依据宪法，公有制是体现社会主义优越性的基本制度，那么在坚持公有制前提下的经济建设，对于国有经济的实现形式的研究就成为一个永恒而且重要的话题，具有重要的现实意义。国有经济是中国社会主义基本经济制度赖以存在和发展的物质基础，是体现社会主义国家意志的重要经济力量，是中国人民生活水平稳步提高的根本保证。

在改革开放初期，学界有过激烈的争论，认为国有企业、国有经济和市场经济是不相容的，市场经济的基础就是市场经济，而国有经济是计划经济的基础。甚至有些学者将市场经济上升到政治层面，认为发展市场经济就是走资本主义路线。可是，事实证明，中国30多年的改革开放，使国有经济和国有企业基本适应了市场经济的发展需要。建立国有经济与市场经济相融

---

① 胡海涛：《国有资产管理法律实现机制若干理论问题研究》，中国检察出版社2006年版，第156页。

的经济体制，中国是比较成功的，而且从经济规模上来看，中国是世界上最大的。对于世界经济发展体制的探索，中国做出了很大的贡献。

有数据显示，1952—2008 年，中国国有资产的总量从 269.4 亿元增长到了 131828.7 亿元，1995 年以后出现了快速的增长，而且增长趋势还有加快的态势；1953—2008 年，中国国有企业上缴的税金从 53.4 亿元增长到 20927.5 亿元，国有企业上缴税金总额占全国税收总额比例，从 1952 年的 44.66% 变为 2008 年的 38.59%，远远高于同时期其他经济形式上缴的税金（这期间要除去 1988 年和 1989 年，这两年是国有企业改革过程当中最困难的时期）。[①] 到 2009 年，全国国有企业资产总额增加到 53.5 万亿元，销售收入达到 24.2 万亿元，税后归属母公司所有的净利润为 8726 亿元，上缴税金增加到 2.3 万亿元。[②]国有企业在抗击金融危机冲击、实现国民经济平稳较快发展中做出了巨大贡献，发挥了骨干和主导作用；在转变经济发展方式、带动地方经济发展中率先垂范，发挥了引领和带动作用；在国家和社会发展的关键时刻以及遭受自然灾害的特殊时期挺身而出，模范履行社会责任，发挥了顶梁柱的作用。

（二）国有企业投资人的现状

在国有企业如此多的光辉后面，不可忽视的是国有企业中隐藏的巨大问题。比如，企业内部法律关系不清晰、管理混乱、权责不明导致国有资产的巨额流失；投资人作为国有企业的股东没有实现股东应有的权利等。据统计，目前每年流失、损失的国有资产高达 800 亿—1000 亿元之巨。2008 年年度审计工作报告显示，包括中国航天科工集团公司等在内的 13 户中央企业由于决策失误、管理不善和违规操作等共造成国有资产流失 63.72 亿元。[③] 2011 年上半年，审计署披露了 17 家存在多项违规问题的央企。这 17 家央企多集中在电力、能源、重工和通信企业，存在的问题主要包括违规为员工谋

---

① 《徐传谌：国有企业税负维持在非国有经济 2—5 倍》，和讯网：http://news.hexun.com/2010 – 10 – 27/125292071.html，2011 年 12 月 20 日。

② 《全国国有资产监督管理工作会议在京召开》，人民网：http://finance.people.com.cn/GB/13679453.html，2012 年 1 月 9 日。

③ 蒋海勇：《企业国有资产法的立法修订建议——从国有资产保护视角》，《广西财经学院学报》2010 年第 6 期。

取高额福利，如电信科学技术研究院职工多分红利超 2000 万元、中国核工业集团公司擅发住房补贴逾 2000 万元、中国南方电网有限责任公司未按规定扣缴个税 3.3 亿元；以及项目未核就建，并存在违规业务及导致亏损等，如中国中钢集团公司下属公司所属公司炒股亏损 5000 万元等。① 2009 年，中石油下属子公司团购位于北京市朝阳区太阳星城三期的上千套住宅，中石油随后以内部价每平方米 8170 元出售给员工，远低于当时周边每平方米 23000 元的市场价。如今，这些当年的低价房正在高价流向市场。北京房地产市场出现以"中石油干部房"名义出售的该地区二手房，其中部分二手房户型每平方米售价达 42927 元，若以当年团购价计算其出售后的利润率超 400%。② 2010 年中石油利润 1676 亿元，相当于每天狂赚 4.59 亿元，市值列全球 500 强企业第一，却连年以亏损之名向国家申请补贴，国税局也在税收制度上为中石油大开绿灯。一边是实现巨额利润，另一边却声称连年亏损。③ 前几年媒体报道，中石化又在大张旗鼓地给自己的员工团购高档汽车。中石油、中石化、中海油这样的龙头国企，利用国家赋予的垄断地位，获取巨额的垄断利润，可是他们不仅没有给投资人带来回报，还要用各种理由向国家申请补贴，实在是一件难以理解的事情。这样的例子，简直不胜枚举，不得不让广大人民为之心寒。

国有资产分为经营性资产、行政事业性资产和资源性资产。④ 经营性资产投入企业后即成为企业法人所有权的一部分。本章研究的国有企业就是指由经营性资产所组成、以营利为目的的企业。该类企业分为非金融性企业和金融性企业。首先我们要说明的是，在这个问题上，尚未出现"统一唯一"的"国家"作为投资人，按照国家规定，仅仅"央企"之中，非金融性企业的投资人一般是属于国资委，而金融性企业的投资人是财政部。但是实际上非金融性国有企业与金融性国有企业的投资人存在严重的交叉，国资委下

---

① 《国资委回应央企薪酬违规事件　称反对铺张浪费》，人民网：http://finance.people.com.cn/GB/14705440.html，2012 年 1 月 9 日。
② 龙树：《中石油"团购房"是否存在利益输送》，凤凰网：http://news.ifeng.com/opinion/economics/detail_2012_02/20/12628120_0.shtml，2012 年 3 月 7 日。
③ 《每天赚 4.59 亿 中石油为何还要补贴?》，网易：http://news.163.com/11/0121/04/6QT5FT0F00014AED.html，2012 年 1 月 10 日。
④ 于吉：《企业国有资产法问题解答》，企业管理出版社 2008 年版，第 1 页。

属的企业中有金融性的企业，财政部下属的企业中也有非金融性的企业。原来的铁道部、中国人民银行也在投资企业。实际操作中投资人的混乱，给国有企业的管理造成了很大的困难。

就投资主体而言，实际上国有企业投资人就是公司制企业的股东。按照《公司法》第 4 条的规定，公司股东依法享有资产收益、参与重大决策和选择管理者等权利。现在国有企业存在大量的投资人权利无法实现的情况，投资人只管在前期将资产投入企业，然后，完全由企业来管理国有资产，投资人没有享有资产收益的权利，也不参与重大决策，股东权完全虚置。造成这种现象的主要原因就是国有企业没有严格按照公司法的构架来运作，离现代化的企业还相去甚远。国有企业具有浓厚的行政气息，国企老总的任命很多都是由各级组织部直接委派，带着行政头衔。投资人没有按照正常的公司化运作去参与到企业的经营管理中。

中国是一个公有制的国家，每一个纳税人都是国有企业的投资者，国有企业的首要目的当然也是牟利，但是最终的受益者应该是广大人民，国有企业投资人体制的现状实在堪忧。俗话说，千里之堤溃于蚁穴，更何况是在中国社会主义经济体系这座"大堤"中起着支柱作用的国有经济，遭遇如此的困境，早已不算是"蚁穴"了。

二　国有企业改革迷局如何破解

众所周知，全民所有制经济表现为全民所有制企业①所开展的经济活动。根据《宪法》②的规定，全民所有制企业在中国经济中具有神圣的地位。近年来，国有经济在宪法纲领性的指导下，发生了巨大的变化。在坚持公有制的基础上，中国成功完成了由计划经济向市场经济的转型。

1999 年 9 月召开的中共中央十五届四中全会通过的《关于国有企业改革和发展若干重大问题的决定》，确立了国有企业改制的方向——向现代企

---

① 全民所有制企业是指企业财产属于全民所有的，依法自主经营、自负盈亏、独立核算的商品生产和经营单位。全民所有制企业又称国有企业，但广义的国有企业还包括国家控股的股份有限公司、有限责任公司和国有独资公司，全民所有制企业只是国有企业的一种。

② 《宪法》第 7 条规定，国有经济，即社会主义全民所有制经济，是国民经济中的主导力量。国家保障国有经济的巩固和发展。

业转轨；改制的标准——向规范化公司转轨；改制的期限——在2010年前改制完毕。[①] 现在看来，虽然当时的目标并没有完成，但是大部分的国有企业已经完成了改制，进入了现代化公司的发展轨道。全民所有制的企业经过股份制改革后，经营形式、适用法律、国家与企业的法律关系都发生了变化。企业的经营形式变成了国有独资企业、国有独资公司、国有控股公司和国有参股公司，[②] 其中以国有独资公司居多。除了尚未完成股份制改革的国有独资企业以外，剩余几种公司形式都已经纳入《公司法》的调整范围。改制前企业与改制后的公司最重要的变化就是法律关系的变化，国家与企业间由出资关系变成了投资关系，其对国有企业的权利由所有权变成了股权。国家出资到政府投资，表面看来没有太大区别，但是法律内涵与投资主体已经发生了很大的变化。对于国有企业，《物权法》第55条规定了投资人权益，第67条规定了投资人的具体权利，第68条规定了企业法人所有权。[③] 这意味着国有企业的出资人，[④] 从法律地位上来讲，已经成为民商法意义上的投资人，受《公司法》与《物权法》调整。在现阶段的中国，出资人在法律上等同于所有者的概念，在公司中则等同于股东的概念。[⑤] 虽然《物权法》采纳了"政府投资"的民法理论，[⑥] 但是这一理论在实践中并没有得到贯彻实施，比如《企业国有资产法》第3条仍然规定了国家对企业国有资产享有所有权。

政府是国有企业的投资人，但是实际履行国有企业投资人职责的主体相当混乱。《企业国有资产法》第11条规定了国务院国有资产监督管理机构和

[①] 程和红、刘智慧、王洪亮：《国有股权研究》，江平审定，中国政法大学出版社2000年版，第2页。

[②] 国有参股公司严格来说应该称为"国家参股公司"或"政府参股公司"，不是国有企业，政府只是普通参股者，受到公司法规范。这类企业与一般竞争性企业无异，没有强制性社会公共目标，经济目标居主导。如果它们也提供公共服务，那是它们自觉履行社会责任的行为，应该予以鼓励和支持。对于这类企业，政府参股只是为了壮大国有经济的实力，除此之外，政府对这类企业没有任何其他附加的义务。本书所讨论的国有企业不包括国有参股公司。

[③] 孙宪忠：《"政府投资"企业的物权分析》，《中国法学》2011年第3期。

[④] 不包括尚未改制的国有独资企业，国有独资企业仍然受《全民所有制工业企业法》的调整。

[⑤] 朱宇：《国资委的"出资人"定位及法律制度完善》，硕士学位论文，湘潭大学，2008年5月10日。

[⑥] 孙宪忠：《"政府投资"企业的物权分析》，《中国法学》2011年第3期。

地方人民政府设立的国有资产监督管理机构履行国有企业的出资人职责，另外还规定国务院和地方人民政府可以授权其他部门、机构代表本级人民政府对国家出资企业履行出资人职责，从法律上给国有企业投资人主体的混乱埋下了伏笔。按照国务院的相关规定，经营性的国有资产中非金融性的国有企业由国有资产监督管理委员会（下称"国资委"）履行出资人职责，金融性的国有企业由财政部来履行出资人职责。国资委与财政部是否真的将非金融行业与金融行业的国有企业出资人职责集中起来了呢？经调查研究，实践中并非如此。非金融行业的经营性国有资产有很多并不属于国资委管，比如：中国民用航空局直属的首都机场集团、中国人民银行直属的中国印钞造币总公司、铁道部直属的中铁快运股份有限责任公司等；同样在金融行业领域，财政部也没有做到统一管理，国资委下属的中央国有企业，很多都有自己的金融公司，比如：国家电网直属的英大证券有限责任公司、招商局集团直属的招商银行等；铁道部也有自己的投资公司，如中国铁路建设投资公司。所以，一些所谓的"央企"，实际上是"央企"自己独资或者合资兴办的企业，投资人是企业而不是"国家"或者政府。

虽然近年来中国的经济飞速发展，人民的生活已经发生了翻天覆地的变化，而且国有企业作为市场经济大潮中的主力军之一，已经进行了巨大的变革，形成了多元化的经营模式，改变了股权结构，貌似一番生机勃勃的景象，但是实际上股份制改革并没有改掉国有企业的根本问题，仍然存在法律关系不明、政府角色不明、投资人权利不明、民事责任承担不明等问题。因此，破解国有企业改革的迷局需要从以下两个方面着手。

（一）确定政府投资制度

改革开放数十年来，中国在公有制企业体制改革方面所取得的一项基本成就，就是"政府投资"的理论和体制。只有坚持这一理论，公有制企业法律建设才能满足市场经济体制的基本要求。[①]政府投资是相对于国家出资来说的。与国家出资不同的是，政府投资具有两层含义：第一，《物权法》第55条、《企业国有资产法》第4条规定了政府投资，具体的投资人不是笼统的国家，而是具体的中央政府以及各级地方政府部门，中央政府与各级地

---

① 孙宪忠：《"政府投资"企业的物权分析》，《中国法学》2011年第3期。

方政府分别履行出资的职责，享有出资人权益，不再把所有对于国有企业的投资一概称为国家投资；第二，《物权法》第67条规定了出资人所享有的具体权利，包括资产收益、重大决策以及选择经营管理者的权利，其具体的权利内容与《公司法》第4条所规定的股东权一致。也就是说政府投资人从法律含义上来讲就相当于公司法上的股东，那么意味着政府作为投资者与国有企业间的权利关系是股权与法人所有权的关系。为了进一步推进中国的公有制企业改革以及相关的市场经济法律制度建设，我们必须打破旧意识形态的束缚，在公有制企业体制上全面贯彻《物权法》确立的政府投资理论。[①]

（二）明晰国有企业投资人

在确立政府投资制度的基础上，需要进一步明确的就是国有企业的投资人。从中国国有企业的现状中不难发现，投资人角色的扮演者是五花八门。投资人对于国有财产到底拥有的是一种怎样的权利，投资人的权利究竟应该由谁来行使，在学术上还值得讨论。

1. 地方政府作为投资人对于国有财产到底拥有什么权利

首先，我们要追溯一下地方政府作为投资人的权力来源。《物权法》第45条规定，国有财产由国务院代表国家行使所有权；法律另有规定的，依照其规定。国家所有权就是指全民所有。国家所有权的行使，应当由国务院代表国家在法律授权的范围内行使对国有财产的权利。按照《物权法》的规定，各级地方政府不享有国有财产所有权，这也是中国"国家所有权"的法律基础，在这个基础上，各级政府的国有财产所有权是不被承认的。全国人民代表大会常务委员会法律工作委员会编辑出版的《物权法》解释性著作称："国家实行国有企业出资人制度的前提是国家统一所有，国家是国有企业的出资人。中央政府与地方政府都只是分别代表国家履行出资人职责，享有出资人权益。不能把国家所有与政府所有等同起来，更不能把国家所有与地方政府所有等同。"[②]国务院国有资产监督管理委员会政策法规局副局长于吉称："国有资产由国家统一所有，实行分级代表。国务院是全国国

---

① 孙宪忠：《"政府投资"企业的物权分析》，《中国法学》2011年第3期。

② 王胜明主编，姚红、杨明仑副主编：《中华人民共和国物权法解读》，中国法制出版社2007年版，第118页。

有资产的所有者代表，也是中央政府投资兴办或持有股份的企业国有资产的出资者。地方人民政府是辖区内企业国有资产的管理者，又是其投资兴办的或持有股份的企业国有资产的出资者代表。国有资产实行分级代表，不是分级所有。"①这一学说，在法学界层面也得到有力呼应。法学家王利明教授提出："地方政府对其出资形成的企业资产，不能在法律上享有所有权。如果存在地方政府所有权，国家所有权就形同虚设了。但是，对于地方政府的出资，又不能不承认其享有出资人的权益。否则，就不存在对这些企业进行管理的法律依据。"②这些观点，都是按照苏联法学的"统一唯一国家所有权学说"来硬套公有制企业的投资人地位，它们的共同点，就是把投资人的股权强制性地用"统一唯一国家所有权"来理解。这些观点的生硬甚至别扭，上文已经有了很多分析。比如"序言"部分引用的"羊肉出口案件"中，完全不同的两个公司的资产被人家扣押，其实就是这种蹩脚的理论造成的后果。实践告诉我们，不要总想着自圆其说，而应该坚持科学的道理。

而且我们必须指出，这些官员和学者的解释、学说，都和中共中央的政策文件表现出强烈的不一致。中国共产党第十五届四中全会决议指出："政府对国家出资兴办和拥有股份的企业，通过出资人代表行使所有者职能，按出资额享有资产收益、重大决策和选择经营管理者等权利。"③按照这一观点，地方政府照样可以成为独立的投资人，而且他们可以和别人（甚至中央政府）兴办股份性质的企业，他们的投资权益完全独立。这一观点精神意义显著，和某些固守苏联法学的观点有显著的不同。必须注意的是，这一思想在中国共产党十六大的会议文件中得到了坚持。该文件提出："国家要制定法律、法规，建立中央政府和地方政府分别代表国家履行出资人职责，享有所有者权益，权利、义务和责任相统一，管资产和管人、管事相结合的国有资产管理体制。"④所以，这个文件已经明确了中央投资人和地方投资人的政

---

① 于吉：《企业国有资产法问题解答》，企业管理出版社 2008 年版，第 18 页。

② 王利明、尹飞、程啸：《中国物权法教程》，人民法院出版社 2007 年版，第 184 页。

③ 参见 1999 年 9 月中共中央十五届四中全会通过并发布的《中共中央关于国有企业改革和发展若干重大问题的决定》中关于各级政府投资权利的规定。

④ 参见 2002 年 11 月江泽民同志在中国共产党第十六次全国代表大会上做的《全面建设小康社会，开创中国特色社会主义事业新局面》的报告。

策和法律区分，也就是股权的区分。本课题研究的基本出发点，正是按照中国共产党的这些政策文件，来理解投资人尤其是公有制企业的投资人的理论和法律制度建设的问题的。

值得欣慰的是，中共中央文件的精神，和现代民商法学的观点是完全一致的。图5－1就说明了"股权—所有权"结构在民商法知识体系中的作用。用这一图示所指出的股权—所有权的区分理论来解释公有制企业的投资人制度，就能够充分理解中共中央的文件精神。

2. 投资人的权利究竟应该由谁来行使

长期以来，中国国有企业分别由许多部门管理，这些部门既履行公共管理职能，又履行出资人职能。两种职能混淆，实践证明是弊大于利，实际上政府很难同时履行投资人的职能和监管企业的职能。因此，在这种情况下，1995年以来，我国进行了相关制度的改革，在各级政府设立国有资产监督机构，专门承担监管国有资产职责，《物权法》《企业国有资产法》都是按照这种改革的精神制定的。按照这些立法，我国政府明确了各级政府的投资人地位，自上而下建立起了国有资产监督管理机构，健全权责明确、管理规范、上下协调、精简高效的中央和地方政府国有资产监督管理机构。形成国有资产监管的组织体系，是建立新的国有资产管理体制的一项重要内容，也是推动国有企业改革、解决国有资产多头管理和出资人不到位的一项根本措施。[①]这是建立以国资委为中心的非金融性国有资产监督管理体系的初衷。《企业国有资产法》明确规定，国有资产监督机构行使出资人的职责，把过去由相关部门分散行使的出资人职责逐步集中到国资委，除金融以外的经营性国有资产绝大多数纳入国资委统一监管范围，解决企业国有资产"产权"主体虚位的问题。[②]实践中应该严格执行法律规定，明确国资委的投资人地位，加快对不适格主体的清理步伐。

---

① 于吉：《企业国有资产法问题解答》，企业管理出版社2008年版，第30页。
② 同上书，第44页。

第二节　国企投资人法律地位的演变

　　要充分理解我国国有企业投资人法律制度的现状，应该对中国国有企业和国有企业投资人法律地位的演变进行仔细分析。这个演变，虽然可谓一波三折，充满了艰辛与坎坷，但是它也说明了我国改革开放的必然性和未来的必然趋势。从计划经济时期到市场经济时期，公有制企业的法律地位从计划指导下的"经济机关"演变到现代企业制度下的公司法人，对企业资产的投入从行政调拨、划拨到民商法意义的投资，对企业资产的保护从纯粹行政法意义的公法保护到现代的首先的民法保护，企业所享有的权利从所有权到股权等变化，都说明了我国经济体制改革的一个核心方面，就是为宪法上所说的"国民经济的主导力量"——公有制企业寻找和建立既适合中国国情又能够满足生产力稳定高速发展的法律制度。在我国 1992 年开始建立市场经济体制之后，这些问题都得到了比较完满的答案，那就是，企业必须是独立自主的市场主体，而政府对企业的资金注入必须按照现代企业制度的投资制度予以规范，而不能继续盲目地对企业主张其"统一唯一的国家所有权"。

　　我国法律对于政府"投资人"概念的使用，是历史上经验和教训的总结。得出这个结论实属不易。

一　改革开放之前

　　在计划经济时期，中国借鉴了苏联"创造"的"国家所有权"的理论，认为国家所有权是至高无上的，国家并不存在私人所有的企业。全民所有制只能由国家所有权来反映，企业的全部事务都来源于国家授权，国家是国有企业全部财产的"统一的"、"唯一的"所有权主体。[①] 国家主要是依靠行政手段、下达指令性计划的办法来管理、运用国有资产，国家所有权处于至高无上的地位。国有企业顺理成章地就成了国家机关的附属品。国有企业的出资人就是国家，这个时候的出资人是以行政主体的身份来出资建立企业的，

---

　　① 孙宪忠：《论物权法》（修订版），法律出版社 2008 年第 1 版，第 488 页。

政府投入企业资产的行为是调拨或者划拨，企业的权利也只能来源于国家的授权。[1]虽然国有企业在民法上作为权利主体，但是企业对于其占有的资产的运作，却基本上不属于民法的调整范围，而是按照行政命令来运作。企业的国有资产也由行政机关来支配，企业没有独立的法人财产权。

中国法学界照搬苏联的法学理论，引用苏联法学家拉普捷夫的学说，认为社会主义国家里国有企业已经不再是民法意义上的法人，而是按照行政命令设立的与国家机关一样的经济机关；"企业是最典型的经济机关"。[2]法学家们将该学说作为将国有企业变成"经济机关"的理论依据。中国的国有企业在这种强势的行政权理论主导下，其主体地位完全不同于发达国家民法主导下的市场经济环境中企业所拥有的地位。计划经济下的国有企业不是民法意义上的法人，并不具有独立行使权利和承担责任的能力。原本属于民法调整的市场经济发展产物的企业，竟然基本上脱离市场而存在，其生产经营、产品购销、内部管理都不属于民法调整的范围。在这种计划经济的体制下，国有企业的财产权利实在是不能称为一种"权利"。因为这种权利已经不是民法上的权利，而是一种权利与义务的结合体，被称为"权责"，企业也不再为自己的生产经营承担民法上的责任；这样的企业，实际上已经不是企业，而是一种典型的政府机关。[3]从那个时候起，我国的公有制企业都有了行政级别，企业的领导人和政府机关的领导人一样，丝毫没有行政管理的资质和企业经营的资质之分。

企业的国有资产成了这个时期最大的牺牲品。国有企业作为国家经济计划的实际执行者，完全不具有追求利润最大化的目标和能力，不能灵活地适应市场的需求，及时制定出适于发展的经营策略，只能依据远远落后于市场节奏的行政命令来进行经营，充其量只能算做国家"大工厂"的一个"车间"，它只为社会提供产品。这也就是我国国有制企业长期处于大投入低效率的原因。

---

① 公有制企业的权利来源于国家授权的这个看法，被认为是那个时代社会主义企业理论的核心。即使是在改革开放初期，这一理论还得到了立法的坚持。比如，被视为改革开放的立法《民法通则》（1986年制定），其第87条即明确地坚持了企业权利来源于国家授权的原则。

② 孙宪忠：《论物权法》（修订版），法律出版社2008年版，第212—213页。

③ 同上书，第213页。

国有企业"投资人"的行政主体身份，让原本应该由民商法来调整和保护的国有企业与企业国有资产，成了行政法或者是经济法的支配对象，严重违背市场发展的规律，因此计划经济时期的国有企业越来越失去发展的动力、越来越不能满足市场的需求，中国经济发展的步伐一度走向一个"冰点"。国有企业的资产在国家所有权的经营下，根本无法进行合理的资源配置和有效管理。国家作为一个行政主体根本无法作为一个具体的出资人去享受对国有企业的出资权益。

二　改革开放初期

在 20 世纪 70 年代后期，随着国内政治氛围的好转，实事求是思想路线的回归，经济体制改革被提上了国家的议事日程。国有企业改革是经济体制改革的重要组成部分。国有企业开始慢慢走出行政权力调整的范围。围绕着增加企业竞争力，提高企业的效益，规范国有企业的法律地位，明确国有企业与出资人间的权、责、利关系等改革目标，国有企业开始了漫长的"去行政化"道路。

（一）国有企业"放权让利"的改革（1979—1983 年）

从 1979 年到 1983 年，对于国有资产经营与保护的改革措施我们通常称为"放权让利"。"放权让利"具体的含义是，政府管理部门将一部分权力"下放"给企业，许可企业给自己保留 3% 的经营利润，目的是扩大企业的经营自主权。[①] 国有企业可以用保留的利润作为职工的奖金。至此，国有企业结束了完全受制于行政权力，没有任何可供自由支配的资金和物质的时代。企业经营自主权的扩大，激发了企业国有资产经营的创造力和活力。这在一定程度上改变了国有企业止步不前、国有资产大量流失的被动局面，初步唤醒了国有企业对于企业国有资产保值增值的发展意识。虽然从国有资产出资人的角度来讲，这一时期仍然和计划经济时期一样，国家（中央政府）是国有企业唯一的出资人，但是对于国有资产的处理方式已经发生了改变，允许企业留存一部分利润，激励职工的生产积极性，实际上是对国有资产保值增值的一种促进。因为改革只是在计划经济体制的框架内对政府与企业关

---

① 孙宪忠：《"政府投资"企业的物权分析》，《中国法学》2011 年第 3 期。

系进行适当的调整，没有也不可能动摇计划经济体制的基础。政府给企业一部分权力，让渡一部分利润，并没有否定计划经济目标，只是对计划经济的修补与完善，只是一种外围改革，改革方法上缺乏配套性和整体性。通过改革，企业获得了一定的自主权，虽然政府与企业间的行政隶属关系并没有完全改革，[①] 但是行政主体向民法主体的转变已经迈出了艰难的第一步。

（二）"利改税"的推行（1983—1987 年）

"放权让利"的改革给企业带来了生机和活力，使得财政状况明显好转。但是，当允许企业有了一定的利润留成和奖金分配权后，却出现了"苦乐不均"和"鞭打快牛"现象；同时还出现了企业增收、国家没有多收的现象。为了克服"苦乐不均"和"鞭打快牛"现象，给企业创造出公平竞争的经营环境；为了理顺国家与企业的分配关系，保障国有企业出资人的权益，1983—1987 年，国家出台了两步"利改税"的改革措施。[②] 所谓"利改税"就是将国有企业应该上缴给国家的利润改为上缴税收。"利改税"的目标是：促进政企分离，加强政府税收，促进企业管理改进，提高经济效益，并且从外部创造一个有利于企业进行公开竞争的市场环境。

通过实行"放权让利"和"利改税"改革，已经逐步实现了政、企分开，扩大企业的自主经营权，提高企业经济效益的目标，改变了国有企业对政府行政权力依赖的关系，使国有企业从行政部门的附属单位向具有相对独立地位的经济实体转变。

1986 年《民法通则》颁布，《民法通则》第 2 条规定：中华人民共和国民法调整平等主体的公民间、法人间、公民和法人间的财产关系和人身关系；第 41 条规定：全民所有制企业、集体所有制企业有符合国家规定的资金数额，有组织章程、组织机构和场所，能够独立承担民事责任，经主管机关核准登记，取得法人资格；第 48 条规定：全民所有制企业法人以国家授予它经营管理的财产承担民事责任。集体所有制企业法人以企业所有的财产承担民事责任。中外合资经营企业法人、中外合作经营企业法人和外资企业

---

① 刘书明：《中国政府与企业关系及其变革》，《社科纵横》2009 年 11 月总第 24 卷第 11 期。

② 《国企改革三十年：两步"利改税"》，北部湾东盟经济网，http://www.bbwdm.cn/show_info.asp? id＝148418，2012 年 3 月 10 日。

法人以企业所有的财产承担民事责任，法律另有规定的除外。至此，政府与国有企业间的利益分配关系正式进入了民商法的调整范围，国有企业独立的法人所有权也从法律上得到了确认，从法律上摆脱了行政附属单位的地位。

从"利改税"的具体操作过程来看，国家和企业间的财产分配方式和标准看似非常复杂，但是如果从法律的视角来看，它们间的关系就显得清晰得多。所谓"利"，即利润，其意味着政府是作为国有企业出资人所享有的资产收益权，即代表的是所有权的权能之一（《民法通则》颁布以前，企业并不具有法人财产权，国有企业的股份制改革也没有实施）；①所谓"税"，即税收，其意味着政府是作为社会经济经营者所享有的国民收入再分配权利，即代表的是行政权的权能之一。由此可见，国家（中央政府）作为国有资产出资人而享有的所有权和作为社会公共行政事务管理者的行政权已经分离开来。那么，不难看出国家（中央政府）这一个实质主体拥有两个不同的身份：其一，投资设立国有企业的国有资产出资人；其二，国家主权象征的行政管理者。两种身份分别对应着不同的权利和权力，即民法上的收益权与行政法上的行政权。简单地说，"利"是收益权，"税"是行政权。将"利"改为"税"，就是将原本属于一个主体在不同身份下应该同时拥有的利益，通过改革措施消除掉一个，也就是剥夺了国有企业出资人获取收益的权力。

"利改税"在当时的历史背景下确实拥有很多积极的意义，在企业与政府间实现了利益分配上的法律关系的初步调整，企业经济效益得到了提高，推进了政企分离的进程，使国有企业出资人作为一个独立的身份逐渐从行政主体中分离出来。但是政府与企业间行政隶属关系的事实还是没有改变。

（三）承包经营责任制阶段（1987—1991 年）

1986 年伴随着宏观经济的紧缩，"利改税"改革的失败，企业和政府的收入出现严重的危机，在这种局面下，政府不得不寻求新的企业改革形式。同时农村家庭承包联产责任制的改革已经取得了巨大的成功，政府借鉴农村改革的成功经验，开始在企业实行承包经营责任制。承包制在城市经济模式

---

① 杨文：《国有资产的法经济分析》，知识产权出版社 2006 年版，第 134 页。正文括号中内容为笔者所加。

中的推广，形成了所谓的"第二次农村包围城市"。① 这一阶段改革措施的实质就是"两权分离"。②

1988 年《全民所有制工业企业法》颁布，《全民所有制工业企业法》第 2 条规定：全民所有制工业企业（以下简称企业）是依法自主经营、自负盈亏、独立核算的社会主义商品生产的经营单位。企业的财产属于全民所有，国家依照所有权和经营权分离的原则授予企业经营管理财产的权利。企业对国家授予其经营管理的财产享有占有、使用和依法处分的权利。企业依法取得法人资格，以国家授予其经营管理的财产承担民事责任。企业根据政府主管部门的决定，可以采取承包、租赁等经营责任制形式（本款于 2009 年法律修订中删除）。该法为承包经营责任制在全国的推广提供了法律依据，支持了《民法通则》所规定的企业法人独立地位，明确了所有权与经营权两权分离的理论，经营权这样一种新型的财产权作为《全民所有制工业企业法》的核心，第一次出现在了中国法律发展的历史长河中。国有企业对于国有资产拥有的权利终于摆脱了模糊不清的处境，法律赋予了企业法人对法人财产的经营权，而法人财产的所有权仍归国家所有。

"承包"可以说是改革以来，中国使用频率最高的词汇了。从法律机理来讲，它本来是处理建筑施工和加工承揽过程中，有关双方权利义务习惯的一种法律形式。按照《经济合同法》（后改名为《合同法》），它本应属于建筑承包合同和加工承揽合同的范畴。③ 而中国 20 世纪 80 年代所实行的承包经营责任制是建立在社会主义公有制基础上，按照所有权与经营权分离的原

---

① 1984 年 10 月中共中央十二届三中全会通过并发布了《中共中央关于经济体制改革的决定》，这标志着改革的全面开始，从某种意义上这是"第二次农村包围城市"的胜利。

② 必须注意的是，我国改革开放过程中曾使用的"两权分离"一词，与国际上曾普遍使用的"两权分离"的含义背景差别极大。因为我国使用的"两权分离"，是在坚持国家所有权统一原则下，由全民所有制企业享有经营权。而国际上的"两权分离"，指的是企业享有的所有权的背景下，公司终极所有权与实际经营权的分离。该理论即公司所有权与控制权分离理论，它随着股份公司产生而产生，代表人物是贝利、米恩斯和钱德勒等。贝利和米恩斯在 1932 年出版的《现代公司与私有产权》一书中，对美国 200 家大公司进行了分析，发现相当比例的大公司是由并未持有公司股权的高级管理人员控制的。由此得出结论：现代公司已经发生了"所有与控制的分离"，公司实际已由职业经理组成的"控制者集团"所控制。钱德勒认为，股权分散的加剧和管理的专业化，使得拥有专门管理知识并垄断了专门经营信息的经理实际上掌握了对企业的控制权，导致"两权分离"。

③ 康德琯、林庆苗：《国有企业改革的经济学与法学分析》，法律出版社 1998 年版，第 278 页。

则，通过签订承包合同，确定国家与企业间的责、权、利关系，赋予企业自主经营权的管理制度。承包制的法律基础是承包合同，利润分配的实质是所有者将自己的一部分财产通过合同的形式交给实际经营的承包人，以此保证所有者得到固定的收益，超额部分利益依据双方约定，或归承包方所有或按一定比例在承包方与发包方之间进行分配。也就是说，企业作为承包合同主体的一方，即承包方，只要保证完成承包合同，就具有更多的生产经营自主权，政府不对企业进行过多的行政干预。企业自主经济利益空间的增大，促使企业进一步提高了生产效率和资产经营效率。

实行企业承包经营责任制的一个重要问题是如何合理确定承包基数。承包合同中应该明确承包基数的数额，而这个数额如何确定，是双方协商确定，还是由一方单方面确定？对于这个问题，我们可以回到合同法的角度来进行分析。从民法意义上的合同来讲，签订合同的双方应该是具有平等地位的主体，双方应该对合同内容进行协商，意思表示达成一致，这样签订的合同才符合合同法的本意。那么具体到承包合同中承包基数确定的问题，理所当然应该是双方协商确定。但是实际情况是企业因为不具有法人财产的所有权，从而丧失了与政府平等谈判的砝码，所以合同的成立并不是双方协商一致的结果。故从法理的角度来讲，承包经营合同具有很强的公权力色彩，并不完全属于民法的调整范围。由于企业没有话语权，承包费用一般都是由行政部门根据行政权力来确定，所以费用的确立标准并不是与市场紧密联系的。企业一旦出现亏损，国家仍然要对企业承担无限赔偿的责任。虽然企业对于国有资产的经营权得到了确认，但是政府作为出资人对企业所拥有的权利，已经完全被公权力所掩盖。

通过这一时期的改革，企业经营自主权进一步扩大，政府对于企业的干预减少，政府与企业关系进入一个新阶段，但是政企不分的问题没有最终解决，企业仍然没有获得独立的经济实体的地位。[①] 国家对于国有企业财产所有权的保留，其目的不过是为了证明国家行政权力直接干预国有企业经营活动的合法性。这种做法，极端地强化了国家干预，削弱了法人人格的独

---

① 刘书明：《中国政府与企业关系及其变革》，《社科纵横》2009 年 11 月总第 24 卷第 11 期。

立性。①

三　市场经济体制确立时期

法律的改革从来都不是一蹴而就的，尤其在一个不仅要面对市场日新月异的变化、经济昂首阔步的增长，而且还要拼命摆脱政治桎梏的大环境下，一部好的法律的诞生就越发显得举步维艰。虽然《民法通则》和《全民所有制工业企业法》等法律都赋予企业独立法人地位和自主经营权，但是在1992 年以前，由于国家始终没有放弃在国有企业领域实行的计划经济制度，因此国有企业始终无法摆脱政府行政权力的干预。直到中国着手建立现代企业制度，颁布《公司法》《物权法》等法律，认可政府与企业间的投资关系，国有企业获得独立的法人所有权后，政府投资人的地位才逐渐得以确立。

1992 年中国共产党十四大胜利召开，会议明确了将国有企业纳入市场经济的调整范围，将国有资产经营主体的改革目标确定为建立适应社会主义市场经济要求的现代企业制度的国企发展方针。会议明确提出："转换国有企业特别是大中型企业的经营机制，把企业推向市场，增强它们的活力，提高它们的素质。通过理顺产权关系，实行政企分开，落实企业自主权，使企业真正成为自主经营、自负盈亏、自我发展、自我约束的法人实体和市场竞争的主体，并承担国有资产保值增值的责任。"② 国家与企业间的行政隶属关系终于开始面对市场经济的挑战。改革的步伐再也不能仅仅停留在政府和企业间的表面利益分配问题上，国有资产经营主体的改革，实际上已经在重构企业所有权制度，改革的脚步已经走向了"深水区"。1993 年中国出台了《公司法》，该法第 4 条规定："公司股东作为出资者按投入公司的资本额享有所有者的资产收益、重大决策和选择管理者等权利。"公司享有由股东投资形成的全部法人财产权，依法享有民事权利，承担民事责任。但是该条第3 款明确规定了公司中的国有资产所有权属于国家（该条第 3 款于 2005 年

① 尹田：《物权法理论评析与思考》，中国人民大学出版社 2004 年版，第 106 页。

② 参见 1992 年 10 月江泽民在中国共产党第十四次全国代表大会上关于《加快改革开放和现代化建设步伐，夺取有中国特色社会主义事业的更大胜利》的报告。

《公司法》第三次修订中删除)。国家对于国有资产所有权的掌控仍然没有丝毫的放松。1997 年中国召开了中国共产党第十五次全国代表大会,进一步明确:"公有制形式应该多样化;股份制是现代企业的一种资本组织形式;国家按投入企业的资本额享有所有者权益,对企业的债务承担有限责任;企业依法自主经营,自负盈亏。"[1] 按照中国共产党的政策方针,国家只对其在企业中的出资享有股权,国家对于其所出资企业的有限责任也第一次得到明确。此时中国国有企业的财产权利与之前的企业财产权利发生了根本的转变:①国家与企业间原来的行政关系变成了投资的法律关系;②企业的财产权利成为一种完全物权、充分物权,企业依靠这种权利,可以成为与其他法律关系主体相同的市场经济的参加者;③国家对企业的法律责任,成为现代企业治理结构模式中普遍认可的有限责任。[2] 随着股份制改革的大力推广,现代企业的股份制构造已基本成形,国家不得行使行政权力干扰企业的正常经营,而只作为投资人,对其在公司中所出资的财产享有股权,按照《公司法》的规定对公司行使股东权利。

第三节 《企业国有资产法》中的投资人制度分析

借鉴西方成熟的市场经济企业经营模式,中国的国有企业全面推行股份制改革,建立现代企业制度,形成了成熟的公司化经营模式。国有企业出资人享有股东权,以股东的身份行使权利,国有企业按照《公司法》的规定设立董事会、股东(大)会、监事会等,企业法人按照法律与公司章程的规定赋予经营者自主运营的权利,公司自负盈亏。按照《公司法》《物权法》等法律的立法宗旨,企业中国有资产的所有权属于企业法人是没有争议的,但是这一立法精神并没有在实践中得到贯彻实施。《物权法》实施后制定的《企业国有资产法》,就没有贯彻《物权法》的立法精神,而是仍然按照改革开放前的法学思维,规定国家对企业享有所有权。[3] 《企业国有资产

---

[1] 参见 1997 年 9 月江泽民在中国共产党第十五次全国代表大会上关于《高举邓小平理论伟大旗帜,把建设有中国特色社会主义事业全面推向二十一世纪》的报告。

[2] 孙宪忠:《论物权法》(修订版),法律出版社 2008 年版,第 216 页。

[3] 孙宪忠:《"政府投资"企业的物权分析》,《中国法学》2011 年第 3 期。

法》中国资委具有成为投资者与监管者的双重职能，还是没有做到政企分离。鉴于《企业国有资产法》是现阶段规范国有资产的主要法律之一，而且关系到投资人制度的建立，对于其中的不妥之处有必要简要分述。

一　股东权抑或所有权

从最基本的法理来讲，投资人对于投资给企业或公司的财产，享有的一定是投资上的权益，是股东权，上文已经对这一投资关系的性质进行了分析和说明。那么，显而易见的是，在国家出资后，从物权法科学原理的角度看，投资给企业的出资实际上已经成了企业的财产。从企业法人承担法人应该承担的法律责任的角度看，企业法人尤其是公司应该以其全部资产来承担民事责任，而且在经营中对其资产享有完全的支配权甚至处分权，因此出资给企业的财产不再归国家所有了，而应该成为公司的独立财产。[①] 国家作为投资者，对于其投入企业的财产理所应当享有的也是股权。可是《企业国有资产法》第 2 条规定：本法所称企业国有资产（以下称国有资产），是指国家对企业各种形式的出资所形成的权益；第 3 条规定：国有资产属于国家所有即全民所有。国务院代表国家行使国有资产所有权。这两条明确规定了国务院对企业国有资产享有所有权。中央政府对于投入企业前的国有财产是享有所有权的，《物权法》赋予了其行使所有权的权利，但是政府以投资的方式使国有财产成为企业国有资产后，便丧失了对该部分财产的所有权，该部分财产已经成为企业的财产，由企业法人来行使所有权。《企业国有资产法》如此规定，不能不说是一个倒退。紧接着，该法第 4 条第 1 款规定：国务院和地方人民政府依照法律、行政法规的规定，分别代表国家对国家出资企业履行出资人职责，享有出资人权益。该条又规定了政府作为投资人所享有的出资人权益，实则为股权。那么可以看出，该法第 3 条与第 4 条之间存在明显的矛盾，对于同一标的财产，它既赋予国务院所有权，又赋予其股东权，同一主体对同一标的财产显然是无法同时拥有这两种权利的。

---

① 王利明、尹飞、程啸：《中国物权法教程》，人民法院出版社 2007 年版，第 185 页。

二 投资人抑或监管人

政府的国有资产出资人身份与社会公共管理者身份的分离，一直是中国企业国有资产监管立法中没有完全解决的问题。履行政府出资人职责的国资委（金融企业除外）对于其出资的企业，一直都扮演着出资人与监管人的双重角色，但是从设立国资委的目的来讲，其仅仅是一个"干净"的投资人；从市场经济健康发展的角度来讲，此两种身份实乃鱼和熊掌不可兼得。从新中国成立时起至 2003 年《企业国有资产监督管理暂行条例》颁布时止，对于国有企业的出资人及履行出资人职责的机构都没有一个清晰明确的规定，在实际运行过程中由国务院及地方人民政府代表国家履行出资人职责，只有在具体履行出资人职责的机构设置方面经历了一些变化：1988 年以前由中央及地方人民政府的专业经济部门代表国家履行出资人职责，政府各部门不仅履行出资人职责，还履行着对国有资产的监管职能和社会经济管理职能；1988 年经全国人大批准，国务院设立国家国有资产管理局，行使国家赋予的国有资产的所有权和对国有资产的监督管理权；1998 年国务院撤销国有资产管理局，将国有资产所有者职能和管理者职能归入财政部、经贸委、计划委员会、中共中央组织部与中央企业工委以及劳动与社会保障部等部门，国有资产所有权和管理者的职能由上述多个部门共同行使。2003 年 4 月，经全国人大批准，国务院正式成立国有资产监督管理委员会作为国有资产的监督管理机构，将原由多个部门行使的国有资产所有者职能和国有资产的监督职能集中到国资委。[①] 自成立之初到现在，国资委在公开场合一直强调自己的出资人身份，国资委前主任李荣融多次强调"国资委最重要的就是要牢牢把握住依法履行国有资产出资人职责这个根本"。[②] 2003 年 5 月，国务院发布《企业国有资产监督管理暂行条例》（以下简称《条例》），《条例》第 4 条对出资人做出了明确规定：企业国有资产属于国家所有，由国务院和地方人民政府分别代表国家履行出资人职责；第 12 条对履行出资人职

---

① 朱宇：《国资委的"出资人"定位及法律制度完善》，硕士学位论文，湘潭大学，2008 年 5 月 10 日。

② 同上。

责的机构做出了明确规定：国务院国有资产监督管理机构是代表国务院履行出资人职责、负责监督管理企业国有资产的直属特设机构；省、自治区、直辖市人民政府国有资产监督管理机构，设区的市、自治州级人民政府国有资产监督管理机构是代表本级政府履行出资人职责、负责监督管理企业国有资产的直属特设机构。《条例》明确了国资委作为出资人履行出资人职责机构职能的法定化。但在国有资产的管理体制上，《条例》仍然沿袭了原有的管理模式，不仅实行所有者与管理者的统一，而且实行管资产和管人、管事相结合的国有资产管理体制。[①]

2008 年颁布的《企业国有资产法》仍然没有解决这一问题。国资委作为"纯粹"、"干净"出资人的法律地位未能完全确立，政企分离没有实现。该法第 11 条规定：国务院国有资产监督管理机构和地方人民政府按照国务院的规定设立的国有资产监督管理机构，根据本级人民政府的授权，代表本级人民政府对国家出资企业履行出资人职责。这一条款说明国资委仍具有双重身份：一是履行出资人职责的机构，二是国有资产的监督管理机构。事实上，从国资委成立的那天起，实行国资委职能的单一化、使其仅作为一个履行出资人职责的机构的呼声就一直没有停止过。[②] 企业国有资产法立法虽然尽可能弱化了国资委的行政监管职能而强化了国资委的出资人职能，但国资委的法律地位仍是国有资产的监督管理机构，其对国有资产的行政监督管理职能不可能彻底分离出去。这种身份混乱，必然导致其履行职责时定位混乱，造成国有资产保护不力。[③]

由《企业国有资产法》可以看出，现行国资委仍然承担着两大职能：一是作为特殊的政府机构，行使监督国有资产运营的监管者职能；二是作为国有资产投资人代表身份，行使着国有资产的所有权，即出资人的职能。这种"管人、管事、管资产"的设定从理论上分析似乎是合理、完善的，因为它弥补了国有资产所有者缺位的巨大缺憾，从理论上保证了国资委充分地

[①] 王克稳：《企业国有资产法的进步与不足》，《苏州大学学报》（哲学社会科学版）2009 年 7 月第 4 期。

[②] 同上。

[③] 蒋海勇：《企业国有资产法的立法修订建议——从国有资产保护视角》，《广西财经学院学报》2010 年 12 月第 23 卷第 6 期。

行使国有资产所有权权能的可能性，同时又能通过公权力对国有资产进行监督，防止国有资产的流失。[①] 但是，这样一种国有资产管理体制的构建，在法律上存在巨大的阻碍。如果国资委同时履行出资人权利和监管者的职能，那么其设立的必要性就存疑了。

三　法人治理抑或内部人控制

通过建立完善的公司治理结构来提高企业的经营效益，进而保证投资人的权益能够真正实现，企业能够市场化运作，权利、责任、义务都有明确的落实方法和具体的操作程序，是国有企业改革的最终方向。《企业国有资产法》第 17 条第 2 款规定：国家出资企业应当依法建立和完善法人治理结构，建立健全内部监督管理和风险控制制度。该法在构建有效的企业治理结构上，基本沿用公司法的规定，设立董事会和股东（大）会（国有独资公司不设立股东会），但是由于法人治理的基础还不牢固，公司受到行政权力的干预，这种过于原则化的规定，在实际操作中难以发挥作用。在国家出资的企业中，代表国有股权的"股东"、董事，往往一股独大，股东会与董事会基本就是"一言堂"，他们大多是行政权力的代表，而不是股东的代表，这样的前提下无法通过民主自由的讨论而形成对公司有利的决议。那么这就有违该法法人治理的理念，而出现内部人控制[②]的情形。国有股的真正股东受到行政权力的干预，无法对掌握公司实际控制权的"内部人"进行监控，所有者与经营者间由于具有不同的利益诉求，股东的权益就会受到侵害，那么产生的结果就是企业的国有资产被公司的实际控制者瓜分。

在国家出资的企业中，这种内部人控制的现象相当普遍，原因就在于国有企业治理结构中权力缺乏制衡，行政权力没有真正从国有企业中抽离。相当多的国有企业在公司化改造中选择了国有独资公司这种特殊公司形式，其

---

① 朱宇：《国资委的"出资人"定位及法律制度完善》，湘潭大学硕士学位论文，2008 年 5 月 10 日。

② 内部人控制（Insider Control）是指现代企业中的所有权与经营权（控制权）相分离的前提下形成的，由于所有者与经营者利益不一致，由此导致了经营者控制公司，即"内部人控制"的现象。筹资权、投资权、人事权等都掌握在公司的经营者手中即内部人手中，股东很难对其行为进行有效的监督。由于权利过分集中于持有控股权的少数人即"内部人"，因此无法控制企业的多数零散的股东利益将会受到不同程度的损害。

他的公司化企业中国有股份也占有绝对控股比例。在这种情况下，股东大会（国有独资公司除外）成为"橡皮图章"，董事会被大股东、控股股东所控制，监事会形同虚设。[1] 故执行公司的法人治理结构就显得非常重要。依照《公司法》明确股东（大）会、董事会、监事会和经理层的职责，并规范运作，使各个机构形成分权制衡，真正发挥作用，公司法人中相应的所有者、支配者、管理者的权利、责任、利益都得到合理的分配和约束。在一股独大的国有企业中，要充分发挥监事会的作用，对公司业务和财务进行监督，对董事、经理损害公司利益以及违法行为要及时做出必要处理，履行公司法所赋予的职责。国有企业的内部人控制问题呈现出的不完善甚至不规范的企业法人治理结构，可以说，在更深层次上是对国有企业运行机制的破坏，它侵蚀着公有制经济发展赖以存在的根基，并对国有经济的全局性、整体性、长远性和根本利益造成了巨大的危害。[2]

四　公司处分抑或政府处分

根据宪法的规定和国有资产管理改革所遵循的政企分开的原则，中央政府和地方政府以及其设立的国有资产管理机构不能干预国家出资的企业依法行使自主经营权。[3] 企业的法人所有权制度从公有制的实现形式上是消除政府行政直接干预企业的基础。《企业国有资产法》中关于企业资产处置权利的规定并没有遵从这一原则，而且规定得毫无逻辑可言。例如，该法第16条规定：国家出资企业对其动产、不动产和其他财产依照法律、行政法规以及企业章程享有占有、使用、收益和处分的权利；第53条规定：国有资产转让由履行出资人职责的机构决定。履行出资人职责的机构决定转让全部国有资产的，或者转让部分国有资产致使国家对该企业不再具有控股地位的，应当报请本级人民政府批准。这两条间存在明显的抵触，第16条赋予了企业对财产的处分权，可是第53条又规定由履行出资人职责的机构来决定。那么这些企业到底有没有董事会这些机构？它们有什么作用？为什么还要政

---

① 施天涛：《公司法论》，法律出版社2005年版，第370页。
② 杨文：《国有资产的法经济分析》，知识产权出版社2006年版，第420页。
③ 王胜明主编，姚红、杨明仑副主编：《中华人民共和国物权法解读》，中国法制出版社2007年版，第117页。

府决定？国家出资企业资产的处分权到底归谁，企业还是政府？这种处分权
的冲突，造成了权利的不确定性，让企业国有资产的权益处于一种极不稳定
的状态，很显然不利于企业国有资产权益的保护。造成这种权利冲突的原因
并不难找出，仍然是由于行政机关对国家出资企业的行政干预，政府投资人
的地位没有明晰。

第四节　国有企业投资人的地位

一　问题在哪里

　　国家与企业间的投资关系可谓既简单又复杂，简单是因为表面看来涉
及的主体较少，投资关系的双方主体就是国家与国家出资的企业；复杂是
由于国家投资实际上涉及的层面非常多，主体非常复杂，并不像表面看起
来那么单一、那么一目了然。落实到具体操作层面时我们会发现，现实的
投资关系极其复杂，并不是"国家投资"的法律规定那样简单。可以说，
我国在这一方面的立法和现实存在极大的差距。因此，在这一领域，缺乏
可行的制度、具体权利的行使和责任的承担，归根结底是法律上的投资主
体和事实上的投资主体完全不一致。现实中，有关政策承认的经营性国有
企业的投资人主要有两个部门，一个是国资委，主要负责非金融性国有企
业的投资；另一个是财政部，主要负责金融性国有企业的投资。但是现实
中还存在其他部门扮演国有企业投资人角色的情况，国家目前也正在整合
中。

　　我们可以清楚地看到，立法上的公有制企业的投资是"统一唯一"的
"国家投资"，现实中的投资却是多部门、多级别投资，而且各个投资人的
独立利益获得了事实上的承认。对这个严肃的"名不副实"的投资关系，
2007 年的《物权法》、2008 年的《企业国有资产法》，以及在理论上仍然坚
持固守"统一唯一国家所有权"的观点，都是采取了闭目塞听、不顾现实
的态度，因此，这些理论和制度总有削足适履之嫌。而本课题研究的基本出
发点之一，就是要改变这种既不符合法律科学，又不符合中国实际的法律理
论和法律制度。

　　中国现实的公有制企业投资关系的改进，还是要坚持法律科学的一般原

理。原因很简单，这是科学，而且从我国市场经济体制发展的实践看，只有坚持科学，才能够真正地解决问题。我们认为，按照民商法科学的改进，可以从两个层面来实现：一个是政府层面，另一个是公司层面。政府层面又分为三个方面，首先，我国立法要按照现实的情形，承认我国公有制企业投资存在着多部门、多级别投资的现实，承认这些不同的投资人法律地位的独立性。这一点的核心，是立法必须承认各级政府、各个投资人享有投资资产股东权，而不要不顾现实地坚持"统一唯一国家所有权"。其次，改革不同的投资人，尤其是各级政府国有资产监督管理机构要明确自己投资人的位置，行使好自己的股权，厘清投资关系的法律性质，不要把投资关系和其他法律关系相混淆。最后，投资人如何行使"国有"股权的制度建设问题，不仅仅是股东代表问题，还应该包括法人治理结构建设的一系列问题。这些问题中的一些方面，本书将在下一章"公有制企业法人所有权"部分来讨论，本章我们仅就投资人角度的制度建设问题作出分析。

二　立法上的国企投资人

如上所述，长期以来，国有企业的出资人存在立法与现实不符合的问题，首先是没有从国家与政府的层面区分投资人，其次也没有看到中央政府和地方政府各自独立作为投资人的问题，更没有看到公有制企业自己也可以作为投资人的问题。对此，我们以中国三大航空公司的投资情况为例。

（1）中国国际航空公司，公司登记记载为国有，是目前国内最大的国有制航空运输企业，法律形态为独立法人。但是，它实际上是被中国国际航空集团这个公司法人绝对控股的子公司。中国国际航空公司作为投资人，同时又独资或者合资设立了自己的几个著名子公司：如与德国汉莎航空公司合资的 AMECO 公司，与山东省合资设立山东航空公司等。

（2）南方航空（集团）公司，公司登记为国有，它于 1997 年 7 月在海外上市后公司总股本 33.7 亿股，其中，中国方面组建的该公司控股公司南方航空（集团）公司持有的股权占 65.2%，外资股占 34.8%。南方航空（集团）公司自己作为投资人，还与美国洛克希德、香港和记黄埔成立广州飞机维修工程有限公司（GAMECO），同时还投资航空食品、旅游、饭店等多家公司，以及实际管理河南南阳、湖南衡阳等机场公司。

（3）东方航空集团公司，公司登记为国有，也是中国大型空运骨干企业。该公司投资设立安徽、江西、山东、江苏、太原、石家庄分公司和子公司，并投资组建中国航空货运有限公司，东航占有 70% 的股份。该集团公司同时投资设立独资和合资企业 30 多家，经营航空维修、饭店、航空食品、旅游、期货交易、通用航空等。①

从我国国有企业实际投资的情形看，立法只是将出资人笼统规定为国家，这对从法律的角度厘清投资人与企业间的关系相当不利。简要地说，这种立法的缺点，就是把企业投资这个重大的利益关系，也就是必须制定详细法律规则予以科学化规范的事情，在立法上却极端简单化，掩盖了投资利益分割、责任承担上的现实矛盾，违背了依法治国原则在这一方面的实施。

国有资产出资人包括经营性国有资产出资人与非经营性国有资产出资人。企业国有资产出资人是指经营性国有资产的出资人。对于经营性的国有资产，是采用统一的国家投资，还是承认实际上存在的各级政府的投资权以及实际投资人的权利？我国立法在这个重大问题上采取了回避矛盾的态度。《物权法》第 45 条规定：法律规定属于国家所有的财产，属于国家所有即全民所有。国有财产由国务院代表国家行使所有权；法律另有规定的，依照其规定。中国是一个全民所有制的国家，公有财产属于国家所有，国家所有即全民所有，每一个公民都拥有法定的所有权，如果按照物权法所有权的一般规定②去行使对于具体的公有财产的支配权的话，那么就违背了所有权"一物一权"的基本原则，而且会产生难以解决的纠纷。国家作为出资人投入企业的财产显然属于国有财产的范畴。实际上全民作为一个实在的整体，是实质意义上的国有资产出资人；国家作为全民的当然代表，是形式意义上的国有资产出资人；政府作为全民和国家的法定代表，即实质上代表全民、形式上代表国家，成为实际操作意义上的国有资产出资人。故《物权法》规定了国有财产由国务院代表国家行使所有权，也就是说，国务院对全民所有的

---

① 这三家公司的资料来源：http：//www. airchina. com. cn/；http：//www. cs – air. com/；ht-tp：//www. ce – air. com/。

② 《物权法》第 39 条规定：所有权人对自己的不动产或者动产，依法享有占有、使用、收益和处分的权利。

财产，根据国家发展的需要，代表全体人民行使所有权。但是正如上文分析，所有权由国家享有仅仅是法律的规定，实际上无法落实，真正状态实际上都是具体的政府享有。^①在国有资产实际运行中，全民和国家都只是国有资产所有权名义上的享有者，政府则是国有资产所有权的行使者，全民和国家作为国有资产出资人的利益和意志只有通过政府行使国有资产所有权才能实现。长期以来，一方面由于受到"国"字当头的大一统的所有权观念的影响，立法者往往刻意强调国家对全民所有财产的独占性的所有权，所以企业中的国有资产的出资人都是"唯一"与"统一"的，不论是哪一级政府的投资，均被称为国家投资，因此在建立企业时，地方政府千方百计地争取中央或者上级政府的投资；但是在另一方面，在收益分配时，又想尽办法多分利益。[②]这也是改革开放以来，国有资产权益受到严重侵害的主要原因之一。20 世纪 90 年代媒体报道的号称中国制药"航母"的中原制药厂投产就是破产的例子，就是一个投资人不明导致国有资产流失的典型例子。位于郑州市西郊的中原制药厂，面积 1300 亩，预定投资 18 亿元人民币，原设想是要建成中国最大的制药企业，而且也是河南省的最大企业，被誉为"中原航空母舰"。该厂从建厂到"建成"共计 12 年，横跨三个五年计划。但是企业建成投产之日，竟是其关门停业之日。[③]其结果是，大片的良田完全废弃，盖好的厂房已经破败，价值连城的机器设备已经腐蚀破损，地上四处流淌着化工半成品。最后，企业的债务已经增长到 30 多亿元，企业每一天"保养"的费用就有 100 多万元。纳税人的钱就这样白白流失了。这一投资失败造成巨大浪费的案例，在新中国成立后也是少见的。而该企业失败的重要原因之一，就是该企业的投资关系不清。[④]

三　"国企"必须分为"央企"和"地方国企"

国有企业在实际上和政策上由中央政府投资和地方政府投资，地方政府

---

① 孙宪忠：《论物权法》（修订版），法律出版社 2008 年版，第 222 页。
② 同上书，第 493 页。
③ 刘道兴：《中原制药厂告诉我们什么》，《企业活力》1998 年第 6 期。
④ 孙宪忠：《论物权法》（修订版），法律出版社 2008 年版，第 223 页。

投资举办的企业财政收入只归地方政府。① 可见，这种将出资人一律设定为中央政府的做法，无论从理论上还是实践上都是存在很大问题的。首先，在实际的投资关系中，中央政府往往不是唯一的出资人，省、市级政府都有自己的利益关系，一律归为国家出资肯定会出现相互扯皮的情况；其次，从所有权的角度来讲，地方政府有自己独立的财政权，对于其占有的财产享有收益和处分的权利，已经是典型的投资主体，也就是民事权利主体，地方政府的投资行为和获得的利益与"国家"没有什么关系；② 最后，中国的国有企业分为中央国有企业和地方国有企业，对于地方国有企业，中央政府根本无法进行管理，这就直接导致了管理人的缺位，将地方投资设立的企业也纳入中央政府的投资，也损害了地方政府投资的积极性。

四 企业的投资应该明确为政府分级投资

中国的政府系统是由中央政府和各级地方政府组成的，每一级政府都拥有自己的财政权力。由于地方政府更加了解地方国有企业的实际情况，具有地理上的优势，方便管理，因此只有让地方政府来履行出资义务，享有出资权益，让地方政府对自己的财产负起责任，才有可能保证国有资产权益得到有效保护。《物权法》第 55 条规定：国家出资的企业，由国务院、地方人民政府依照法律、行政法规规定分别代表国家履行出资人职责，享有出资人权益。《企业国有资产法》第 4 条规定：国务院和地方人民政府依照法律、行政法规的规定，分别代表国家出资人对企业履行出资人职责，享有出资人权益。上述法律的颁布明确规定了地方人民政府的出资人地位，不再把所有国有企业投资关系中的投资人看成一个整体，而是从现实的角度，对国务院、地方政府分别赋予了行使所有权的资格，国务院和地方各级政府分别作为全民和国家的代表履行企业中国有资产的出资义务，承担对于出资财产的责任，享有企业中国有资产所带来的收益。至此，国家与企业间的关系明确为投资关系，企业国有资产出资人明确为中央政府、省级政府和市县级政府。具体的投资职能由国资委与各级地方国有资产管理局来履行。

---

① 孙宪忠：《论物权法》（修订版），法律出版社 2008 年版，第 14 页。
② 孙宪忠：《物权法总论》（第 2 版），法律出版社 2009 年版，第 131 页。

在旧的体制中，中国由于受到苏联政治体制和经济体制的影响，国家并不是用投资的方法来设立企业，而是用拨款或者行政命令的方式，因此，国家（政府）与企业间的关系是行政关系，企业是国家或者政府的行政附属物，国家完全依靠行政手段来操纵企业。① 在国有资产的经营问题上，决策者的思维或出发点总是围绕着任何决策都要能够保障或增强政府权力这种意识形态，认为国有资产经营只有服务于政府，通过强化政府监管职能，才能经营好国有资产并监管好国有企业。② 党和政府对于国有企业的监管并不等于服务人民。国家习惯于把党和政府的利益与人民或出资人的利益等同起来，这种将党与人民的利益混淆在一起的思想，具体到国有企业就是出资人与企业的法律关系混淆不清。这种通过行政命令来经营企业的方式，显然是不利于企业国有资产的权益保护的。

《物权法》第68条第1款规定："企业法人对其不动产和动产依照法律、行政法规以及章程享有占有、使用、收益和处分的权利。"既然其享有占有、使用、收益和处分的权利，因此可以认为其享有的财产权利是较为完备的。③ 尽管《物权法》没有明确规定其享有法人所有权，但承认国有企业可享有所有权的四项权能。对于公司制企业，存在国家的投资，要依据公司法确认公司与政府间的财产关系，政府出资后，其资产归公司所有，而政府作为投资人享有股权，并依据股权享有各种权利。政府作为投资人应当按照约定或者出资比例享有资产收益等权利。④ 《物权法》已经确定，政府设立企业采取"政府投资"的方式，从民商法的角度看，应该在公有制企业基本法权关系中建立现代化企业的"股权—所有权"权利结构模式。⑤ 实际上，从法理上讲，国家在经营性项目中的投资行为与市场其他主体的投资行为是毫无差别的。也就是说，国家作为投资者对企业国有资产所享有的权益与普通投资人在企业中所享有的投资权益是一样的，都受到民商法的保护。国有资产一旦进入市场，就只能与私人财产受到同等的保护。《企业国有资产

① 孙宪忠：《论物权法》（修订版），法律出版社2008年版，第218页。
② 杨文：《国有资产的法经济分析》，知识产权出版社2006年版，第292页。
③ 王利明、尹飞、程啸：《中国物权法教程》，人民法院出版社2007年版，第184页。
④ 同上书，第185页。
⑤ 孙宪忠：《"政府投资"企业的物权分析》，《中国法学》2011年第3期。

法》第6条规定："国务院和地方人民政府应当按照政企分开、社会公共管理职能与国有资产出资人职能分开、不干预企业依法自主经营的原则，依法履行出资人职责。"虽然各级政府对各自管辖区域内的企业享有行政管理权，但是其享有的行政管理权必须与出资人权利相分离，不能对企业的日常经营进行非法干涉。这也是国资委作为国有企业的投资人必须剥离行政职能的原因之一。依据《公司法》第4条的规定，国家（实际上是各级政府）作为企业的出资人属于公司的股东，依法享有股东权。国家与企业间的关系属于投资关系，属于民法调整的范围。

五 国企投资人应该名副其实

由以上的分析，我们已经明确企业国有资产的主要出资人是中央、省、市县等各级政府下设的国有资产管理机构，此外还有其他很多的投资人。因此就我国法律关于投资人制度的建设而言，名副其实应该是一个最基本的要求。

目前的行政管理体系中，国有资产管理部门作为一个机构，无法去具体行使出资人的权利。政府部门还受到计划经济时期国有企业是政府部门的附属机关，国家享有国有企业所有权的残余思想的影响，国有企业的领导人由政府直接委派而且都带有行政级别。这样肯定是不科学的，不符合国有企业市场经济主体地位。由此就面临两个问题：一是国有股权的股东代表由谁来选派；二是国有企业的领导人该不该有行政级别。由谁来选派代表，怎样选派决定了国有股东代表代表谁的利益。真正的企业国有股权的代表应该代表投资人的利益，代表广大人民的利益。有没有行政级别决定了企业能否真正与市场挂钩。国有企业建立现代企业制度，融入市场经济，是不容许国企领导人带有行政头衔的。

在公司制企业制度中，出资人为其投资设立公司的股东。国资委作为国有企业的出资人，对于企业来讲，它应该处于一个股东的地位。《公司法》第4条规定："公司股东依法享有资产收益、参与重大决策和选择管理者等权利。"国资委作为出资人代表，需要委派代理人作为股东代表来行使股东权益。但是对于作为专门管理国有企业的"管人、管事和管资产"相结合的国资委来说，它在国企领导人选任的问题上不能起到应有的作用。在选用国企领导人时，政府全权负责，只是在作出决定后才通知国资委，有时甚至都不通知国资委。作为出资人代表的国资委，在国企领导人选任的问题上根本就不能起到应有的作用。[①] 目前中央一级国有企业还有50多家是由中组部直接任命企业的主要领导人。[②] 政府直接委派的国企领导人，并不了解国企的情况，大多不具备经营企业的能力，有一种天生的优越感，缺乏竞争意识，而且政府任命国企领导就相当于在政府和企业间建立了一条行政干预企业自主经营的纽带，使得企业逐渐依附于政府而丧失自主经营权。经济体制转变了，而国企领导人任用体制却没有随之改变，没有和经济体制同步，这种任用制度必然会出现严重的滞后性，严重阻碍企业的发展，使得国有企业缺乏竞争力，最终被社会和市场经济所淘汰。[③]《企业国有资产法》第22条规定："履行出资人职责的机构依照法律、行政法规以及企业章程的规定，任免或者建议任免国家出资企业的下列人员：（一）任免国有独资企业的经理、副经理、财务负责人和其他高级管理人员；（二）任免国有独资公司的董事长、副董事长、董事、监事会主席和监事；（三）向国有资本控股公司、国有资本参股公司的股东会、股东大会提出董事、监事人选。国家出资企业中应当由职工代表出任的董事、监事，依照有关法律、行政法规的规定由职工民主选举产生。"国资委委派股东代表实际上是行使出资人权利，作为国有企业的投资人，其有权选择自己的股东代表，依照《企业国有资产法》的规定也应该由其来行使这一权利。政府在委派股东的过程中所起的作用应该是监督作用。国资委的权限是政府授予的，政府只需要监督国资委有没有合理地行使权利，只有在国资委作出的决定不利于企业发展时，才需要政府出面追究国资委相应的失职责任。

当然国资委行使股东的权利应该有一个明确的界限，政府放权给国资委，让国资委履行出资人的职责，行使股东的权利，那么国资委以投资人的身份行使权利就应该受到公司法的约束，不能越权。现实中，国资委往往超

① **魏静芳**：《我国国有企业领导人任用法律制度研究》，硕士学位论文，山西财经大学，2006年3月30日。

② **王通平**：《国有企业经营者薪酬制度困境的法律分析》，《国家行政学院学报》2010年2月。

③ **魏静芳**：《我国国有企业领导人任用法律制度研究》，硕士学位论文，山西财经大学，2006年3月30日。

越股东的权限，比如直接插手董事会的权利范围，造成国资委对所出资企业存在严重的越位。如 2003 年 9 月和 2004 年 12 月，国资委先后两次发布《招聘公告》，全球公开招聘中央企业高管人员。[①] 招聘高管的公告由股东发出肯定是违背公司法的，公司的高级管理人员应该由董事会讨论决定，而不是国资委。又如 2004 年 5 月 16 日国资委副主任李毅中亲临三九集团，免去总裁兼首席执行官赵新先的职务，随后一大批国有企业的老总以年龄为由纷纷离任。[②] 暂且不论国企的首席执行官是否真的应该离任，仅从国资委副主任出面免去国企领导职务的行为来看，是不符合国资委股东定位的。国资委调整一把手的做法事实上与过去组织部门任免干部一样，没有把企业家作为职业经理人。作为稀缺资源来看，国企老总的任免应该由国企的董事会来决定，而不是国资委的领导，任免的标准应该是市场和公司的需求。因此，我们一方面要赋予国资委股东权，行使委派股东代表的权利，另一方面还要谨防国资委的越权行为。

六　国企以及国企领导人"去行政化"

（一）行政级别问题

由于行政色彩过浓，政府委派的代理人并不能代表全体人民真正行使保护企业国有资产的权利，其往往沦为行政权力的代言人。在由全民所有制企业改制而成的公司制企业中，国有股权往往是占很大份额的，由于国有独资公司中所有的股权都归政府所有，所以政府委派的股东权利的行使者大都是国有企业的领导人。而最具有中国特色的是国有企业的领导者大都是具有行政级别的，这不仅违背了国有企业政企分离的基本法律规定，而且有违市场经济的基本要求。比如华能集团前董事长李某某后调任山西省委常委、副省长。[③] 客观地讲，国有企业沿用行政级别与行政管理体制，这一带有浓厚计

---

① 商务周刊：《巨人国资委（4）》，新浪网：http: //finance. sina. com. cn/g/20050222/12061374220. shtml，2012 年 3 月 18 日。

② 《李毅中赴深释兵权　赵新先悲情别三九》，中国工业新闻网：http: //218. 247. 239. 222/xw/cinngz/88006. shtml，2012 年 3 月 10 日。

③ 《山西省人大常委会任命李小鹏为副省长》，新浪网：http: //news. sina. com. cn/c/2008 - 06 - 12/124815730745. shtml，2012 年 3 月 10 日。

划经济色彩的现象，与现在社会转型期各项制度改革相对滞后等因素有关。在国有企业的领导尚未实现由官员向职业经理人身份转变，国企领导仍由上级任命的情况下，要真正取消国企领导的官员身份，打破其身份情结，理顺利益分配关系，并不容易。取消国企领导行政级别，打破人浮于事的国企大锅饭分配体制，是一个重要的改革步骤。国企去掉形式化的行政级别相对容易。但是要拿掉国企行政级别的附加值，实践起来比较困难。行政级别高的人特别是国企领导在薪酬分配中往往享有更多的自主权与话语权，虽说可以取消国企领导名义上的官员身份与行政级别，但是国企领导层本身就是既得利益者，他们肯定不愿意自降待遇。

改革就是利益重新分配的过程，难免会触及一部分人的利益。国企领导人的去行政化是国企去行政化的重要标志，是一项理顺管理体制、摒弃不合理分配制度、实现社会公平的改革，肯定会触犯部分既得利益者的利益。改革阵痛无法避免。显然不能为了照顾小圈子利益与身份观念，就忽视社会公平与社会发展的长远利益。只有将国有企业去行政化，才能给市场营造一个公平竞争的环境，才能让企业在一个良好的环境中发展。跳出行政官员这个狭窄的选任范围，出资人所委派的股东权利行使的代表人应该由职业的企业经营者来担任，而不是那些对于经营企业缺乏专业知识的官员。

（二）国企领导人的薪酬

国有企业经营者薪酬制度在我国的发展大致经历了五个阶段：1984—1992年实行的承包经营制阶段；1992年开始的年薪制试点阶段；2002年开始的管理层收购阶段；2003年开始的业绩考核阶段；2005年开始的股权激励阶段。[①] 直到2003年《中央企业负责人经营业绩考核暂行办法》审议通过后，中国国有企业领导人的薪酬制度才有了第一套成形的制度。国企领导人的薪酬制度实际上伴随着改革开放持续了30多年，尝试了很多的改革措施，但是这个问题似乎并未得到很好的解决，目前国企经营者的收入畸高是中国国内民众和人民舆论指责的重点之一。国企经营者的薪酬是企业利润分配的过程之一，由于国有企业全民所有的特殊性质，如果分配不合理的话，就会伤害到人民传统的"公平文化"的朴素情感。

---

① 王通平：《国有企业经营者薪酬制度困境的法律分析》，《国家行政学院学报》2010年2月。

其实国企领导人的高薪制度并不是一直就有的，在 20 世纪 80 年代，国企的领导人拿着和工人差不多的工资和奖金。企业的效益并没有和企业领导人的薪酬挂钩，这种畸低的工资体制也造成了很多问题。最为典型的就是原红塔集团董事长褚时健的起伏经历。1990 年褚时健当选为"全国优秀企业家"时对记者说："上级规定企业厂长可拿工人奖励的 1—3 倍，但实际上，我们厂的领导层一直只拿工人奖励的平均数。就我个人而言，10 年前的工资是 92 元，奖金是当时全厂最高的 6 元，再加上其他的总共月收入才 110 元。10 年后的今天，厂子搞好了，我现在月收入有 480 多元，加上一些奖项，总共可达到 1000 元。"① 到 1995 年前后，褚时健年薪加上云南省对他的奖励总共为 30 万元。他算了一笔账，红塔每给国家创造 14 万元利税，他自己只拿到 1 元钱的回报。后来褚时健因为贪污入狱。② "褚时健现象"在国企改革、"国退民进"③ 初期，并非个例，很多国企领导人因为付出与回报不成正比铤而走险。不知道那些改革开放初期为国有经济立下汗马功劳的企业家，看见现在国企领导人动辄上千万元的年薪时作何感想。国务院国资委前主任李荣融在一场题为《遵循企业发展规律，推动国有企业科学发展》的专题报道中曾经说过："拿高薪要靠本事，但薪酬支付要讲良心。你钱给少了，人都跑了！不讲效益的公平不是真正的企业，我不是慈善机构的领导，是企业的领导，按效益的分配是最公平的。"④ 他说得没错，拿高薪确实要靠本事，我们并不是要降低所有国企领导人的薪酬，只是要求国企经营者的薪酬要和自己的实际贡献联系在一起，用真正为企业做了多大贡献作为衡量薪酬高低的标准。比如说，垄断型国企的利润很高，是因为经营者个人做出的贡献很大吗？并不尽然，很多人主要是利用了国家和人民赋予企业的垄断地位在赚钱。

国企经营者薪酬过高的另外一个重大原因在于没有形成成熟的报酬披露

---

① 吴晓波：《激荡三十年——中国企业 1987—2008（下）》，中信出版社、浙江人民出版社 2008 年版，第 122 页。

② 同上。

③ 国退民进是指国有产权交易出让、民营经济进入的大背景下，产权交易市场正快速发展。

④ 《国资委主任谈国企薪酬：拿高薪要靠本事》，新浪网：http：//news. sina. com. cn/c/2009 - 08 - 05/042618365662. shtml，2012 年 3 月 10 日。

制度。没有披露就没有竞争，没有披露就容易导致暗箱操作。国企高管可以在没有任何风险的情况下，大肆侵吞国家财产。披露制度将国企经营者的报酬和企业的业绩挂钩，降低了股东获得公司信息的成本，加大了国企的透明度。企业高管报酬披露制度在加强企业高管报酬和企业业绩的正相关性方面具有很大的作用，而高管报酬和公司业绩的正相关性越大，企业在没有负外部性的情况下为社会创造的净财富也越多。这就要求我们更好地完善高管报酬披露制度。①

国有企业经营者从本质上说是职业经理人，对于职业经理人，市场自然会给他一个市场价格，其薪酬大大高于普通员工也无可厚非。② 从效益角度看，对企业高管报酬数额的讨论是没有意义的，任何想要制定一个理想的企业高管报酬数额的立法、行政和民法标准都会产生适得其反的作用。对企业高管报酬方法规范的重点应该是提高报酬与企业业绩的正相关关系。③ 对于国有经营者的薪酬，国资委应该要综合考虑各方面因素，不能仅仅因为企业利润高就盲目地给出天价年薪，主要还是要把付出和回报相联系，充分考虑市场因素，把为企业做出的贡献作为确定薪酬的主要标准。

第五节 国有股权方面的问题

就股东资格而言，股东的个性特征并不重要，不管自然人还是法人，中国人还是外国人，也不管其是否具有行为能力，均可以成为股东。④ 国有企业投资人，在公司法上就是股东，国资委以及各级国有资产管理局作为国有企业的投资人，就相当于国有企业的股东，其享有的权利就是国有股权。国资委实际上就是国有股权的集中管理者。中国自从1993年制定第一部《公司法》以来，积累了很多实际操作的经验，在法律制度中算是比较先进比较完备的了。贯彻公司法上有关于股东权利义务的法律规定，国有企业的很多

---

① 郁光华：《公司法的本质——从代理理论的角度观察》，法律出版社2006年版，第188页。
② 王通平：《国有企业经营者薪酬制度困境的法律分析》，《国家行政学院学报》2010年2月。
③ 郁光华：《公司法的本质——从代理理论的角度观察》，法律出版社2006年版，第190页。
④ 施天涛：《公司法论》，法律出版社2005年版，第277页。

问题都可以迎刃而解。

一 国企投资人必须行使其股权

国有股权是指由国家授权的投资主体作为股东，对因其以国有财产进行投资而在公司中形成的相应股份（出资比例）所享有的收益和为此而享有的表决、质询、查阅公司账册以及对股份进行处分等权能的总和。[①] 国有股权根据客观存在的比较常见的现象主要可以分为两类：国家股和法人股。所谓国家股，是指有权代表国家投资的政府部门或机构以国有财产投入公司形成的股份。所谓法人股，是指企业法人以其依法可支配的财产投入公司形成的股份或具有法人资格的事业单位和社会团体以国家允许用于经营的财产向公司投资形成的股份。[②] 各级政府的国有资产管理机构作为出资人，对国有企业享有的股权就是国家股；各级政府的国有资产管理机构出资设立的国有独资公司、国有控股公司、国有独资企业作为出资人进行的投资所形成的股份就是法人股。

在我国当前的法律实践中，"国企"投资人在政府层面出现了比较多的问题，突出的问题，就是政府投资人不行使其股权，最关键的就是不享有分红权。一般情况下，政府作为企业的投资者，作为民法上的民事主体，其主要目的当然是获利。而这一利益，就是根据股权来计算的。对于企业国有资产的投资者来讲，参与企业利润的分配是作为股东的基本权利。企业通过良好的经营，依法向国家缴纳税款、提取法定公积金后有剩余利润的，应该作为红利分配给股东，这也是企业的法定义务。《企业国有资产法》第 18 条第2 款规定：国家出资企业应该依照法律、行政法规以及企业章程的规定，向出资人分配利润。《公司法》第 35 条规定：股东按照实缴的出资比例分取红利。第 167 条第 1 款规定：公司分配当年税后利润时，应当提取利润的 10%列入公司法定公积金。公司法定公积金累计额为公司注册资本的 50% 以上的，可以不再提取。第 4 款规定：公司弥补亏损和提取公积金后所余税后利

---

① 程和红、刘智慧、王洪亮：《国有股权研究》，江平审定，中国政法大学出版社 2000 年版，第 51 页。

② 同上书，第 52 页。

润，有限责任公司依照本法第35条的规定分配；股份有限公司按照股东持有的股份比例分配，但股份有限公司章程规定不按持股比例分配的除外。可见，法律已经明确规定了股东分配红利的权利，但是在实际操作中却不尽如人意。

从历史来看，自1994年直到2007年国务院开始试行国有资本经营预算的措施，国有企业没有给国家上缴过利润。[①]当然，国有企业不给国家上缴利润的起因并不是国企不想分红，而是当时国企经营状况极度惨淡，由于经营层面与市场发展上的低效率，就连企业员工的基本生活都成了难以解决的问题，社保大面积拖欠的现象在国有企业中更是大面积存在，国家对国企唯恐避之不及，企业能不伸手向国家要钱解决困难已经仁至义尽，遑论什么分红了。从这个意义来说，现在有些经济学家动不动就说国企已经十多年没有分红，对于起初不给分红的原因避而不谈，这显然有悖事实，也不符合道德评判标准，看看那么多下岗人员为国企脱困所做的牺牲和贡献，我们还是要对这个现象辩证看待，对于这一特定时期的历史产物给予一定的包容。但是自从2003年国资委成立后，国企的效益有了很大的改观。仅从统计数字来看，从2003年到2006年，国企累计实现利润1.2万亿元，年均增长35.2%。单就2006年来看，中央企业实现利润7681亿元，但80%左右集中在中石油、中石化和中移动等十多家"煤电油运"央企身上，其中中石油一家就盈利1000多亿元，占了155家中央企业的1/4还多。[②]而在两会期间，很多人大代表也提出了自己的意见，认为国企利润应该上交国家，由国家通过再分配反馈给全体人民。[③]分析这些企业的特征，基本都属于垄断性企业，所获得的利润基本都属于垄断利润，其高额利润的获得与能源、电力

①《中国试行国有资本经营预算　国企不再独享利润》，新浪网：http://finance.sina.com.cn/roll/20070913/17461664919.shtml，2012年3月10日。

②马光远：《国资经营预算是反垄断的一把利剑》，腾讯网：http://view.news.qq.com/a/20070920/000037.htm，2012年1月4日。

③全国人大代表、重庆市市长黄奇帆说，国有企业有利润了，"基本上烂在锅里"。他建议："不管国有企业盈利多少，比如把它盈利的15%，无条件地上缴给财政，成为财政预算，成为国民公共服务资金来源。"全国政协副主席李金华在讨论政府预算报告时，针对央企回馈社会问题表示，国有企业是全民所有制企业，利润绝大部分应该是属于国家的。黄奇帆：《国企15%利润可入财政预算》，搜狐网，2012年3月11日。

的紧张以及涨价有关。垄断企业垄断利润不断增加，企业内部员工的福利也在水涨船高，使其高出社会工资数倍之多。垄断国企将巨额红利优先分给自己的职工，尤其是分配给其管理者阶层，对自己的投资者政府却分文未交。他们利用国家所赋予的垄断权力，利用自然资源等便利条件，获取超额利润后，对于赋予其垄断地位的政府、人民所享有的分红权视而不见，这种损公肥私的行为，已经引起了广大人民的严重不满。这既有悖于社会公平，同时也为构建和谐社会所不容。有些国有企业还试图将这种给员工乱发奖金的行为合法化，他们通过召开股东（大）会、董事会等形式，表面上是通过合法程序处分公司的税后利润，但是从实质上讲，这种行为并不是合法的。政府由于对企业的出资而享有股权，政府、人民才是真正的股东，参与股东大会的只不过是政府股东的代理人，而不是真正的股东，他们行使的是政府股东所赋予的权利，作为股东代表首先应该考虑的是股东的利益，试问真正的股东怎么可能在自己未分到任何红利的前提下，将利润分给所有的企业员工？这实际上是对国有股股东权益的侵害，是对企业国有资产权益的侵害。

　　另外因为近年国企的利润增长较快，这些并不需要向国家上缴红利的国企由于过度留存利润也带来诸多的弊端，盲目投资、过度扩张的事例屡见不鲜。2005 年年底，三九集团的公告就揭开了隐藏在国企利润增长背后的巨大隐患。公告显示截至 2005 年 9 月 30 日，三九连锁未经审计的资产总额为 6.06 亿元、负债总额为 5.90 亿元，净资产为负 577 万元，短期借款余额为 1.65 亿元。而该集团由于近年来在医药、汽车、食品等 8 大产业盲目扩张，银行欠款已经从 2003 年年底的 98 亿元增至 2005 年的约 107 亿元。实际上，国企由于利润的增多而导致乱投资的现象不只是发生在该企业。"三九集团事件"的发生仅仅是一个缩影。①

　　其实，无论从哪个角度来看，中国的国有企业都应该向政府上缴红利。因为，无论是在竞争性领域中生存的国有企业，还是依靠垄断在公共产品行业里生存的国有企业，他们所利用的资源都是人民赋予的，他们最大的股东都是政府，那么代表全民作为股东的政府理当享受分红。

---

　　① 《国有资本经营预算即将试行》，腾讯网：http://view. news. qq. com/a/20070920/000034. htm，2012 年 2 月 1 日。

二　股权不可以混淆监管权

在我国国企股权的法律实践中，还有一个并不符合法理的制度规则，那就是国资委作为出资人与监管者的双重身份问题。《企业国有资产法》中规定的双重职能，实际上是从行政权力的角度来考虑的。出资人的权利也就是股权，本质上是一个市场化的权利，或者说是一个民商法上的权利；而监管者的权力，是以政府行政部门的身份行使的公权力。这两种法权之间是有明显不同的，甚至是有矛盾的。如果国资委集出资、监管权于一身，很容易导致行政性垄断。自国资委成立以来，国有企业虽然取得了巨大的收益，但是大部分源自垄断性企业的收益，而非参与到市场竞争中取得的利润、效益。[①]所以现在学术界的呼声普遍都是要求将国资委仅仅定位为"单纯的出资人"，放弃监管职能。

我们认为监管职能不能一刀切地摒弃。国资委履行出资人职责后，产生对国有企业的股权，那么作为股东，国资委可以按照公司法的规定对其享有的权益行使监督管理的权利。这种基于股权的监管与基于行政权力对于国有资产的监管是有本质区别的。前者的完善方案在于公司治理，后者的完善方案在于管制体系；前者的出发点和目标是财产安全与财产增值与回报，其核心是效率，而后者的出发点和目标是公众利益，是所谓的外部性问题，其核心是公平。[②]我们要丢弃的是国资委的行政职能，要清除的是行政监管。我们在探讨行政监管时已经默认了国资委的行政管理职能，现状也确实如此，但是从投资理论来讲，国资委并不具有行政管理职能，它仅仅是掌握国有股权的股东。我们认为这就是现在制度值得改进的地方，也是国资委定位应该向前推进的方向。国资委就是单纯的出资人，以对国企的出资为基础享有股权，以股权为基础享有对国企的监管权。

三　针对"国企"的具体股权

《公司法》第 4 条明确规定了股东的权利，由此规定，我们可以将股权

---

① 朱宇：《国资委的"出资人"定位及法律制度完善》，硕士学位论文，湘潭大学，2008 年 5 月 10 日。

② 同上。

定义为，股东基于其股东身份和地位而享有从公司获取经济利益并参与公司经营管理的权利。参与公司经营管理实际上是对公司法上所规定的重大决策和选择管理者两项权利的概括。① 股权的具体内容表现为以下几个方面：第一，股利分配请求权；第二，剩余财产分配请求权；第三，新股认购优先权；第四，表决权；第五，知情权；第六，诉讼权。

国有企业的性质虽然比较特殊，但是如果将其投资主体一直停留在"国家"、"全国人民"的抽象概念上，而没有哪一个机构真正对国有企业资产的保值增值问题负起责任，那么这种制度就肯定是失败的。这就是人们通常所说的"全民企业人人有份，人人都无份；人人有权，人人都无权；人人负责，却无人去负责"的现象。② 虽然中国已经有了专司国有资产投资的机构——国资委，但是其股权也是需要具体的自然人代为行使的。选择代表行使股权成了国资委与其他自然人股东直接行使股权的最大区别。对于国有股东，表决权与诉讼权就显得尤为重要。股东在公司治理的基本模式中的地位不是直接管理公司，而是通过其表决权来发表意见。股东的表决权体现的是股东参与公司重大决策的权利和选择管理者的权利。③ 国有股东可以通过选择管理者的权利，来参加公司的治理，代表投资人行使权利。其实这种现象在民营公司中已经很常见了，这就相当于公司法人，全资或者控股设立另一家公司，公司法人是不能具体行使对其投资设立的公司的股权的，它也必须通过委派股东代表的方式来行使股权。这样并不影响公司法人对其投资公司行使权利。比如：湖南中商集团是一家集电子、食品、房产、旅游、宾馆、餐饮、投资等多产业为一体的大型民营企业集团。集团下辖湖南浏阳河酒业有限公司、北京中商浏阳河酒销售有限公司、湖南喜洋洋酒业有限公司、湖南浏阳河酒厂、北京浏阳河大酒楼等22家全资子公司，固定资产达20多亿元。④ 湖南中商集团全资设立22家子公司，并没有因为不是自然人股东而导致公司管理的混乱。《公司法》第111条规定了股东的诉讼权利。股东的诉

---

① 施天涛：《公司法论》，法律出版社2005年版，第291页。
② 程和红、刘智慧、王洪亮：《国有股权研究》，江平审定，中国政法大学出版社2000年版，第247页。
③ 施天涛：《公司法论》，法律出版社2005年版，第300页。
④ 湖南中商集团，百度百科：http://baike.baidu.com/view/3033438.htm，2012年3月12日。

讼权是指当公司股东大会、董事会的决议有违反法律、侵害股东权益的情形时，股东享有的提起诉讼保护自己合法权益的权利。[1] 一旦有了诉讼的救济措施作为保障，股东权利保护就具有了可操作性。可见这是一种很成熟的资本操作方式。

本章小结

国有资产的所有权问题应该按照基本的民法原理去解决，不应该给它附加太多的行政色彩。我们应当确定政府投资理论，建立国有企业投资人制度，按照公司法的构架去管理企业，将投资人的权利真正落实到国有企业当中去，才能搞活国有企业，维护与发展中国的公有制经济体系。确立政府作为投资人的法律地位，在国有企业的经营中做到政企、政事、政资分离，投资人只能通过股东权参与企业的运作，享有投资权益。国资委不是社会公共管理者，而是国有资产出资人代表；国资委不履行政府行政管理职能，而是出资人的股权管理职能；国资委不管理社会各类企业，而是管理非金融类企业国有资产。

中国的国有企业在企业治理制度上的改革任务，可以归结为两个主要方面。第一，废除或取消外部管辖制度，让企业变成无上级企业，企业成为自己治理自己的自主的经济组织，以与其"产权"上的独立相适应。舍此，企业就不能成为合格的市场经济的微观主体。第二，由于国有企业改革的目标模式是建立以公有制为主体的现代企业制度，而其具体形式就是公司，故要在国企改组为公司的同时，建立和健全公司的法人治理结构。[2] 目前，中国的国有企业改制已经接近尾声，央企的数量在不断减少，从 2003 年的 196 家减少至 2012 年的 117 家，央企当中只有武汉邮电科学研究院、中国建筑科学研究院、北京有色金属研究总院、机械科学研究总院等在内的 10 家科研院，处于"待嫁"状态。一旦股份制改革进行完毕，全民所有制的企业将全部以公司的形式进入市场，企业国有资产将全部变成国有股权。我们必

---

[1]　施天涛：《公司法论》，法律出版社 2005 年版，第 307 页。
[2]　康德琯、林庆苗：《国有企业改革的经济学与法学分析》，法律出版社 1998 年版，第 278 页。

须要建立一套切实可行的制度来对国有股权进行管理，确保国有资产的保值增值。

绝对理性的制度是不存在的，我们需要勇敢地去实践，就像我们不能在岸上学会游泳后再下水一样。在政府投资的理论支持下，国有企业的投资人制度能够较好地解决国企困境。从政府层面和公司层面双管齐下，首先解决权利性质和来源问题，其次解决操作层面的问题。由于国有企业对于公有制经济的重要性，我们需要不断探索和完善国有资产实现方式的问题，这对于社会主义国家的强大、对于全体人民利益的实现、对于法学理论的发展都是至关重要的。

在中国的阿里巴巴公司成功在纽约上市，而且获得巨额投资的情形下，我国理论界惊呼："股权时代来了。"①我国的"国家投资"，事实上也已经进入了股权时代。中国立法者和主导性的法学思维，把公共投资人的权利强制性地规定为所有权，而且依靠主权性质的行政管理权来行使这一投资权利的做法，必须尽快从根本上得到改变。

---

① 陈昱：《股权时代来了：一场没有预谋的艳遇》，《华夏时报》2014 年 10 月 18 日第 17 版。

第七章

国有企业的法人所有权

第一节　问题的提出

第六章在讨论国有企业投资的问题时，我们已经指出，在市场经济体制下，企业作为典型的市场主体，作为典型的民商事权利的主体，它对于自己占有使用的全部财产，应该拥有完全彻底支配权，也就是法人所有权。但是在我国，因为引入前苏联法学理论，过去的立法以及支持立法的意识形态反而特别强调"国家"对于国有企业的资产享有所有权，不许可企业自己拥有法人所有权。改革开放以来，国有企业的体制一直处于改革的核心地位，相关立法也已经多次变革，但是就国有企业的财产权利的问题，包括立法者在内的我国社会主导观念，似乎一直没有放弃对于"统一唯一国家所有权"理论的坚持。因此，在讨论本课题关于公共资产所有权时，我们完全有必要来讨论国有企业的财产权利问题。鉴于上一章我们已经对国有企业中的"国家投资"问题进行了探讨，本章将从企业自身权利这个角度继续探讨国有企业的法律制度建设问题。

国有企业自设立发展至今，对我国经济发展和社会进步发挥了非常重要的作用，不管是在计划经济体制下，还是在市场经济体制下，国有企业都一直是我国宪法规定的国民经济的主导力量。但是，不可否认的是自其设立初直到现在，伴随着我国经济体制的改革，关于国有企业改革的争论就不曾消失过，尤其是在国有企业是否享有法人所有权的问题上，理论界存在着各种各样不同的声音。改革开放以来，我国相关法律法规虽然在一系列重大的历史发展历程中显示出以立法推动社会进步的积极性、主动性，但对于市场经济体制下的国有制企业应该享有什么样的财产权利的问题却总是含糊其辞，对学术界提出的企业应该依法享有法人所有权的观点，立法一直采取不肯定也不否定的回避做法。而实践中国有企业的做法也使得企业并不像个市场的主体，中央及地方国资委派往国有企业的董事都是行政官员，专业能力一直上不去，不能明确自身责任。国有制企业自己在市场中无法确定自己的定位，要么过分追逐企业利益而弃社会利益于不顾，要么过分强调其社会责任以致崇尚行政干预而置国有企业的经济利益于不顾。相比起来，民营企业却一直不存在这一方面的问题。在我国建立市场经济体制20多年之后，我们再来看我国的国有制企业的法律制度，就能够发现这一制度建设距离市场体制还有相当大的距离。其中最为核心的问题之一，就是立法的指导思想是不是真的已经把国有制企业设计为民商法上的企业法人这一点。这个问题非常之大，但是本课题的研究只许可我们探讨一下财产权利方面的问题。

中国数十年国有企业参与市场实践的经验教训，要求我们再一次提出这些看似常识的问题：国有制企业究竟具有什么样的本质特征？如果国有企业是法人，那么我国的国有企业能不能像其他法人团体一样享有法人所有权？本书将对这些问题进行深入的探讨，以期能够对国家最终明确承认国有企业的法人所有权提供理论支持。

一 理论问题

国有企业在我国经济发展过程中经历了漫长的改革，自1978年至今大致按照三种思路对国有企业进行改革。放权让利的改革是第一种思路，在这种思路的指导下，国家掌握企业的所有权和经营权，企业只被赋予很少的经营权。第二种思路是承包经营责任制为代表的企业改革。第三种思路是所有权多元化的改革方式，其中以股份制改革为突出改革措施。①国有企业公司化的推动、其法人所有权的享有涉及政治、经济及社会各个层面。在计划经济时期，国有企业扮演的是经济机关的角色，它只是国家的生产车间，随着我国逐渐走入市场经济时代，国有企业的这种角色越来越不能适应经济的发展，国家也试着对其做出各种角色转变，从机关到企业再到法人。

---

① 参见王文杰《国有企业公司化改制法律分析》，中国政法大学出版社1995年版，第37页。

1986 年制定的《中华人民共和国民法通则》第三章第二节规定的“企业法人”制度中，首先就是“全民所有制企业”法人。但是，该法第 82 条规定：“全民所有制企业对国家授予它经营管理的财产依法享有经营权。”依据这个规则，“国家”以行政授权的方式向国有企业投入资产，这些资产属于“国家”。1988 年制定的《中华人民共和国全民所有制工业企业法》第 2 条再一次明确规定全民所有制工业企业依法取得法人资格，但是该法整体的精神还是贯彻计划经济体制，企业并不是真正意义上的法人。该法的基本条文规定，国有企业是依据行政命令设立起来的，企业资产属于“国家”其实是属于政府，企业经营要服从计划原则。当时的这种规定显示，公有制企业实质上并不是法人，当然它也不可能享有法人所有权。

在这期间，为了完成“搞活企业”这个改革开放一开始就已经确定的基本任务，我国在公有制企业的经营体制和财产权利方面还试验了很多方法，但是因为基本经济体制问题没有解决，因此企业体制一直不顺畅，相关法律制度一直难以实现突破性发展。

1992 年我国正式宣布确立市场经济体制，结束了计划经济。随着市场经济如火如荼地进行，国有企业的改革也加快了步伐，国有企业的法人地位才真正得到了确认。为了给国有企业改革创造良好的环境，同时保护国有企业的改革成果，国家颁布了相应的法律法规。1993 年，《公司法》第 3 条规定，公司被赋予法人财产权。1994 年，《国有企业财产监督管理条例》同样规定了国有企业的法人财产权。2005 年 10 月，修订后的《公司法》第 3 条规定，公司有独立的法人财产并以其承担公司债务，它是独立的企业法人。2007 年施行的《物权法》规定了企业法人对其不动产和动产享有占有、使用、收益和处分的权利。2008 年的《企业国有资产法》更是明确要求国有企业应当依法建立和完善法人治理结构，建立健全内部监督管理和风险控制制度。大体而言，《物权法》和《企业国有资产法》都确立了公有制企业的资产投入，已经确立了“国家投资”（其实当然是政府投资）的体制，彻底废止了行政授权资产体制。这样，公有制企业的法人资格问题才最终得到了解决。

根据我国的相关立法不难看出，国有企业的法人地位已然被国家所认可和接纳，只是国有企业是否享有法人所有权这个问题，我国立法并没有给出明确的答案。在市场经济迅速发展的今天，国有企业被赋予法人所有权，是顺应时代趋势的。不能因为国有企业特殊性，就剥夺其法人所有权这样一种基础性质的民事权利。《物权法》第68条规定，企业对拥有的动产以及不动产，享有占有、使用、收益以及处分的权利，这一点当然也适用于国有企业。从这一条规定的内容看，它和所有权的规定是完全一致的。所以，从立法用语的文字看，第68条的规定，就是关于法人所有权的规定，并且也只能是这种权利，而不能是所谓的经营管理权或者法人财产权。

《物权法》在所有权人的权利部分，规定所有权人对自己的财产依法可以占有、使用、收益和处分；接着它又在企业权利方面规定，企业有权对其占有的不动产和动产依法占有、使用、收益和处分；根据国有企业当然是企业这个简单的逻辑，我们可以推导出来，国有企业就是所有权人，它享有法人所有权这样的一个结论。但是尽管如此，由于受到"统一唯一国家所有权"理论的影响，该法还是回避了明确回答企业所有权问题，尤其是它没能承认国有企业的法人所有权。到了2008年制定《企业国有资产法》时，受当时"物权法政治风波"的影响，该法再次强调，即使是在国有企业已经成为典型法人的情况下，统一唯一国家所有权原则还应该得到坚持，所以，该法坚持规定，"国家"对于它投入国有企业的财产，始终享有所有权。

在本书"序言"和第六章关于国家投资一节，我们都已经明确地看到，在企业体制中坚持把国家股依据立法强制性地规定为所有权给改革实践和司法实践带来的巨大问题，但是，我国立法还是一再这样做，这不能不让我们思考，这到底是为什么？

二 实践问题

新中国成立之后，在国有化和社会主义改造运动的基础上建立起来的国有企业，它的运行基础和当代其他国家的国有企业有很大的不同，这就是苏联高强度的经济体制的引入。在这种体制下，国有企业已经不再是企业，而是政府的一个组成部分。这种情形下，不但我国国有制企业长期处于非常死板的地步，而且国民经济也因此出现了无规划、低效率的发展局面。设想中的"有计划按比例高度"不但长期没有实现，还出现了相反的局面。我国改革开放就是因此而展开的。在我国改革开放历史上具有重大意义的《中共中央关于经济体制改革的决定》（1984 年 10 月 20 日通过中国共产党第十二届中央委员会第三次全体会议），就首先指出了这种经济体制的弊端，"一个重要的原因，就是在经济体制上形成了一种同社会生产力发展要求不相适应的僵化的模式。这种模式的主要弊端是：政企职责不分，条块分割，国家对企业统得过多过死，忽视商品生产、价值规律和市场的作用，分配中平均主义严重。这就造成了企业缺乏应有的自主权，企业吃国家'大锅饭'、职工吃企业'大锅饭'的局面，严重压抑了企业和广大职工群众的积极性、主动性、创造性，使本来应该生机盎然的社会主义经济在很大程度上失去了活力"①。这个决定提出的经济体制改革的核心是"搞活企业"的任务就是建立在这一分析基础上的。改革开放几十年来的实践证明，中共中央的这个决定非常正确。正是这个决定，指导我国改革开放获得了巨大的成功。改革开放数十年后，我国的经济体制已经从计划经济体制转变为市场经济体制，国有制企业已经从政府附属物的地位转变为享有充分权利的市场主体。此外，原来比较纯粹的国有制经济体制，已经转变为以公有制为主导、多种经济成分相互融合发挥作用的经济体制，其中，公有制企业和非公有制企业之间的相互持股参股，形成新的混合所有制经济的情形，也已经在我国经济生活中发挥很大作用。因此，2013 年中共中央又发布了《中共中央关于全面深化改革若干重大问题的决定》（2013 年 11 月 12 日中国共产党第十八届中央委员会第三次全体会议通过）。在这个决定中，提出了要积极发展混合所有制经济这个非常重要的改革方略。该决定指出，国有资本、集体资本、非公有资本等交叉持股、相互融合的混合所有制经济，是基本经济制度的重要实现形式。可以期待，这些交叉持股、控股的混合型企业，将利用其法人治理和投资多元方面的优势，为我国的国民经济和社会发展做出巨大贡献。

但是，问题来了：当这些具有国际化普适的民商法的法理，遭遇到我国特有的"统一唯一国家所有权"的规则时，这些混合所有制企业中的"国家股"或者是"国家所有权"将如何行使？最关键的问题是，这些企业如果不能享有所有权，它们将如何行使其完全独立的自主权？

---

① 《中共中央关于经济体制改革的决定》，人民出版社 1984 年版。

在改革开放多年之后，我们还是遇到了一个老问题，那就是"统一唯一国家所有权"的学说给公有制企业、给公有制经济力量参股和控股的企业所带来的权责不清的问题。2013年中央作出的《关于进一步深化经济体制改革的决定》指出："产权是所有制的核心。健全归属清晰、权责明确、保护严格、流转顺畅的现代产权制度。公有制经济财产权不可侵犯，非公有制经济财产权同样不可侵犯。""国家保护各种所有制经济产权和合法利益，保证各种所有制经济依法平等使用生产要素、公开公平公正参与市场竞争、同等受到法律保护，依法监管各种所有制经济。"但是我们可以看出，只要坚持"统一唯一国家所有权"学说，公有制企业中的"产权不清"这个老问题就无法解决。在这里我们不由得想起1984年在中共中央关于"经济体制的决定"中所指出的"僵化的模式"基础上产生的僵化的思维模式的问题。现在看来，这个问题已经困扰我国经济实践和法律实践很多年了。

有学者认为，在我国，国有企业的产生和发展均存在特殊性，它的产生基础是产品经济，发展背景是高度集中的计划经济体制，然而这就使得真正的全民所有和集体所有的企业很快陷入了历史上"官商不分"、企业政治化而不求效益的泥淖。[①]因此，国家为了改变国有企业的经营现状，开始了针对国有企业的改革；在我国不断发展市场经济的过程中，国有企业的角色也在不断发生着变化：从机关改革成可以以营利为目的的企业，再到有自己财产权利的法人。这期间，为了适应经济的发展，国家采取了一系列的措施去改造国有企业，试图让国有企业适应市场经济，更好地发挥其作用。相应的立法也在这些方面作出了努力，但是总跳不出旧理论的窠臼。但我们仍然可以从如下立法看出人们在旧理论体系中的挣扎和解脱的努力。1993年《公司法》一方面规定公司享有法人财产权，另一方面又规定国家对公司中的国有财产享有所有权。1994年，《国有企业财产监督管理条例》规定企业法人财产不得由政府和监督机构直接支配，国有企业具有法人财产权。2005年我国重新修订了《公司法》，删除了"公司中的国有财产所有权属于国家"的说法，保留了对于公司享有法人财产权的规定。2007年施行的《物权法》规定了企业法人对其不动产和动产依照法律、行政法规以及章程的规定享有

---

①　史际春：《国有企业法》，中国法制出版社1997年版，第150页。

占有、使用、收益和处分的权利。2008 年的《企业国有资产法》第 16 条指出国家出资企业对其动产、不动产和其他财产享有占有、使用、收益和处分的权利。迄今为止，无论如何我国法律对于国有企业是否享有所有权依然采取回避的态度，国有企业的法人所有权没有得到明确的承认。

国有企业要承担社会职责，要参加市场经济、参与市场竞争，其中一个重要的前提就是要具有法人资格，享有法人所有权，至少是要自主经营、自负盈亏。现实情况是，虽然国有企业已经按照现代企业法人制度进行了股份制改造，在国有企业内部设置了相应的监督管理制度，具有了现代企业的样貌，但国有企业并未学到现代公司的精髓，作为独立的法人民事主体，国有企业不享有法人所有权，在经济交往过程中，国有企业所设置的内部监督机制所起到的作用微乎其微，国资委派到国有企业中的董事不能很好地明确以及履行其职责，这就使得国有企业内部无法平衡，以致在经营发展过程中偏离了轨道，要么过分逐利，要么过分强调其公有制特色，而唯行政命令是从。

所以，国有企业的法人所有权问题，至今还是一个没有解决的问题。市场经济体制下的国有企业作为独立经营、自负盈亏的法人，这是它作为企业的基础。一些人认为，国有企业需要承担社会职责，实现其社会职能，但是在我国承担社会职能的国有企业事实上不是国民经济的主导力量，比如城市公交企业、环境卫生企业等，把它们作为承担社会职能的企业的定位是准确的。但是，在我国，更有意义的企业是大型制造业、能源企业、航空企业、铁路、银行等对于国民经济具有决定性作用的企业，这些企业并不是承担社会职能的企业，而是完全营利性企业。在市场经济体制下，这些企业的营利行为和人民群众的利益是存在矛盾的。因此，我们不能再坚持认为这些企业是自然而然地代表人民利益的"国家所有权"的象征，而把这种企业过分地政治化和伦理化。这是问题的一个方面。问题的另一方面，就是我们必须看到，这种国有制企业也有必要从市场主体的角度"明晰产权"，首先是其法人所有权。

第二节　国企法人

根据我国现有立法，国有企业已经被赋予法人地位，作为独立的市场主体参与竞争和市场交易。那么国有企业在市场交易中，其本质特征是什么，我们是应该强调它的公有制特色，还是应该看重它的法人属性？对于这个问题，首先要从我国国有企业的设立说起。

一　计划经济体制的国有企业及其权利

新中国成立以后，我国的国有大中型企业逐渐发展起来。为了快速建立社会主义工业化，1949—1978 年期间，国家采用行政手段重点建设大中型企业，并且集中人力、物力、财力进行大规模的建设。虽然改革开放政策降低了国家财力集中度，但是仍然建设了一批重点工程项目。在大中型企业的发展过程中，发展比较迅速的时期主要有三个。第一个五年计划时期是第一时期；第二个时期被称为"三线建设"时期，发生在 1965 年前后；最后一个时期是在 80 年代初期。这三次迅速发展建设使国有大中型企业逐渐变成门类齐全的体系，促进了国民经济的发展，并且增强了我国的综合国力。

从全世界范围来看，各国开办国有企业都有一定的目的，主要分为三类：财政性目的、政治性目的和经济性目的。所谓财政性目的，是统治者为了满足需要或者满足国家机关活动的经费而去扩大财源所采取的措施；政治性目的，是指国家控制一些要害的经济部门，以抵御外部敌人入侵或对外发动侵略从而达到维护国家政权的目的；所谓经济性目的是指为了促进经济的协调稳定发展，调节整个社会的经济运行，国家作为投资主体直接经营一些产业。[①]这些原因，在我国国有企业的产生过程中都得到了显现。

新中国成立初期我国设立国有企业主要是为了发展重工业和加快实现国家的工业化。我国通过没收官僚资本和对资本主义工商业进行没收、赎买的方式，实行全民占有，建立全民所有制，从而设立了国有资产和国有企业。我国最初设立国有企业，在当时经济体制还属于市场体制的情况下，由政府

---

① 漆多俊：《对国有企业几个基本问题的再认识》，《经济学家》1996 年第 2 期。

管理国有企业的生产经营，实行所谓的"国家资本主义"的生产方式，使得国家能够直接掌握经济命脉，为巩固国家政权建立了经济基础。

20世纪50年代中期之后，我国建立了计划经济体制，国家则以"国家的经济职能"作为指导思想，认为社会主义国家区别于资本主义国家的一个主要特征，就是"国家"出面组织和进行经济建设。计划经济时代主导的意识形态认为，国家直接出面进行组织和进行经济活动，就是为了有力地贯彻国家计划，保障国民经济能够实现"有计划按比例高速度的发展"。而依据政府指令的方式设立企业、操作企业甚至直接操作企业占有的资产、产品等，都是计划经济的必要手段。在这种情况下，企业是根据铁板一块的国家计划设立的，其财产包括固定资产、流动资产、产品等，也都由政府依据计划调拨流动，所以这些企业非但不能够成为典型的企业，而且完全成为政府行政权力的客体。

计划经济体制的基本特点是把企业当作国家计划的工具，因此企业的法律性质与一般国家有显著不同。依据苏联法学对这种情况的表述，"企业是最典型的经济机关"，[1]而不是市场经济体制国家里的经营主体。当时我国法学界也支持这一看法，认为在计划经济体制下，企业只是国家管理其财产的整体系统中的一个层次或者一个链条，[2]企业并不是真正意义上的民事主体，因此也并不享有真正的民法意义上的财产权利。对此，苏联法学有更为准确的描述：因为企业的权利是执行计划，而义务也是执行计划，因此其财产权利和财产义务被融为一体，被称为一种类似于行政机关权限的"经济权限"，而这种"经济权限"是"专门权限，它只允许经济机关进行符合自己任务的某项活动。……每一个经济机关都在完成国家计划的任务方面具有一定的职能"。[3]我们知道，"权限"一词，是仅仅为行政机构的职权所设定的概念。通过这个名词和这些描述，我们就可以知道，公有制企业是典型的行政机关，或者行政机关的附属物。企业在法律上虽然可以勉强被称为法人，

---

① ［苏］B. B. 拉普捷夫主编：《经济法》，中国社会科学院法学研究所民法经济法研究室译，群众出版社1987年版，第43页。

② 法学教材编辑部《民法原理》编写组：《民法原理》，法律出版社1983年版，第137页以下。

③ ［苏］B. B. 拉普捷夫主编：《经济法》，中国社会科学院法学研究所民法经济法研究室译，群众出版社1987年版，第38、39页。

但是这种法人绝对不是民商法意义上的法人，而只能是行政法意义上的法人，或者说是与一般行政机构一样的机关法人。

从实践效果来看，在计划经济体制下，国有企业越来越失去发展的动力和压力。从经济体制改革一开始，中国就清楚地认识到了这个问题，所以中国改革开放一开始，就把"搞活企业"确定为经济体制改革的核心任务。中国城市经济体制改革就是从废止这种将企业作为国家所有权的客体、企业只享有经济权限的制度开始做起的。这一点我们希望能够得到充分的强调，因为当前否定公有制企业法人所有权理论的观点，恰恰忘记了我们改革的初衷。

二　改革开放以来国企的改革进程

（一）改革初期的"放权让利"

从 1979 年到 1983 年，中国经济体制改革在企业权利问题上采取的是"放权让利"的措施，其含义即政府管理部门将一部分权利"下放"给企业。具体地说，是许可企业给自己保留 3% 的经营利润，目的是扩大企业的自主经营权。在此之前，企业的全部利润都要上缴给政府，而企业经营需要资金和物质时，需要按照计划申请调拨。这样企业没有任何可以自己支配的资金和物质，也缺乏激励机制，企业领导层与职工没有积极性，国企长期处于低效率的运行状态。"放权让利"就是为了解决这个问题。"放权让利"措施的贯彻虽然只给了企业一点点权利，但也还是发挥了较强的激励作用，主要是企业自己可以保留部分利润了，可以向职工发放奖金了，工人的积极性调动起来了。

但是，"放权让利"顾名思义，不论是"权"还是"利"，都是政府让给企业的，而不是企业依法或者依据生产经营的道理应该得到的。而且国家对于国有企业的放权让利是在计划经济的大前提下进行的，国有企业与政府之间的行政附属关系无法予以改变，因此这一改革的措施成效非常有限。

（二）"利改税"和"拨改贷"

1983—1987 年，中国的经济体制改革开始实行"利改税"以及"拨改贷"的措施。所谓利改税，就是将公有制企业向国家缴纳的利润，改为缴纳税收。而拨改贷，就是国家在设立国有企业时，将给予企业的拨款改为贷款。

这两个拗口的、具有中国特色的词汇，在现在很多人看来比较费解，但是熟悉中国国有企业发展背景的人，很容易明确其含义。如上所述，改革开放前后很长时间里，公有制企业基于政府依据行政命令设立，因此企业的资产不论是固定资产还是流动资产，全部来源于国家的拨款。这些拨款均被称为"国家"拨款。因此，企业经营所得的利润，也一律上缴"国家"，自己不留分毫。而利改税，含义就是国家不再从企业直接取得利润，而是征收其所得税，所得税之后剩余留给企业。因此这两种改革的措施是关联在一起的。

如上所述，改革初期的"放权让利"的改革思路，已经不能满足需要。此时，将企业作为享有独立自主权的经营主体的观念，成为城市经济体制改革的基本思路。我国经济学界提出的依据"企业本位论"将国有企业改造为独立经营、独立核算、自负盈亏的经营主体的观点，成为改革国有企业体制的主流观点。如果公有制企业是独立于政府体制的民事主体，那么依据行政拨款的方式设立企业、企业所有盈利均上缴给政府由政府统收统支的制度，就必须改变。"拨改贷"和"利改税"这两项措施就是在这种背景下出台的。

在城市经济体制改革中发挥了重大作用的《中国共产党中央委员会关于经济体制改革的决定》（1984 年）指出："改革计划体制，首先要突破把计划经济同商品经济对立起来的传统观念，明确认识社会主义计划经济必须自觉依据和运用价值规律，是在公有制基础上的有计划的商品经济。商品经济的充分发展，是社会经济发展的不可逾越的阶段，是实现我国经济现代化的必要条件。只有充分发展商品经济，才能把经济真正搞活，促使各个企业提高效率，灵活经营，灵敏地适应复杂多变的社会需求，而这是单纯依靠行政手段和指令性计划所不能做到的。"[①]这个文件提出，中国应该建立有计划的商品经济，而不再是纯粹的计划经济体制。这一点为后来建立市场经济体制开辟了道路。尤其重要的是，这个文件指出，建立有计划商品经济的核心还是"搞活企业"。这样，公有制企业的法律地位，必须从商品经济的角度来

---

① 参见《中国共产党第十二届中央委员会第三次全体会议文件汇编》，人民出版社 1984 年版。

重新认识。企业必须独立于政府行政体制，成为商品经济体制下的主体。原来的国家与企业之间的关系，也就是政府给企业拨款、企业给国家上缴利润的模式，从法律理论上来看，就都显得很不适应了。正是在这个文件精神的指导下，利改税和拨改贷这两项曾经发挥过积极作用的改革措施出台了。

实行"利改税"和"拨改贷"制度，其实还有一个非常重要的原因，那就是，在中央政府和地方政府利益关系的差别越来越大的情况下，必须在制度建设上遏制某些在当时看来不太正当的趋势，这就是地方政府拼命争取中央投资的趋势。在计划经济体制下，国家在某个省市地方投入资金设立企业，是发展或者振兴某个地方的经济力量最主要的措施。每设立一个公有制企业，中央政府就会有自己的资金投入，地方政府也会有部分投入。在法律理论上，这些拨款被统统称为国家的拨款，而不明确区分具体哪一级政府的拨款份额。然而，在当时中国体制下，在有限的投资资源面前，各地都在争夺发展资金，这样就出现了那个时代特有的"胡子工程"现象，一个公有制企业的建立过程往往非常漫长，资金的追加需求难以断绝。地方政府不当扩展自己的利益，这是必须予以限制的。

"利改税"和"拨改贷"的经济意义，是确保了国家的税收，限制了地方政府的盲目扩大。从法律上看，这一改革带来了对后来的改革具有重大意义的理论共识：企业成为法人化民事主体。因为从纳税的角度看，国有企业应该被看成一个与普通经营者一样的纳税人，而不是一个从属于行政系统的"经济机关"。实行这个措施之后，企业就再也不是国家所有权（或者政府行政权）的客体了。

"拨改贷"初期是伴随着"利改税"进行的一项改革措施，旨在改革国有企业的投资体制。这一措施改变了从新中国成立以来由中央集中"统收统支"的财政体制，停止向国有企业拨款，对以往以"拨款"名义投入用资企业的资金，通过委托建设银行与用资企业签署"借款合同"的法律形式，改革为"借款"，由此形成了"拨改贷"。

实事求是地看，"利改税"和"拨改贷"改革的进行拉开了中国投资体制改革的序幕，也拉开了中国公有制企业法律体制改革的序幕，因为就是这些措施，实现了将企业从行政机关系列中剥离出去的过程。只是在这时，企业才开始成为不同于政府机关的民法法人。因此，1986 年制定的《民法通则》关于公有制企业作为独立自主的法人的规定，获得社会普遍的认同。当然，那个时代并没有关于市场经济的提法，但是从后来的改革看，真正的城市经济体制改革就是从"公有制企业作为独立自主的法人"这个基本思路演化开始的。所以，不论是"利改税"还是"拨改贷"，其初衷是不能质疑的。

但是这些措施的建立，基本上没有经过法理的论证，更没有经过民商法科学的仔细斟酌。因为不符合法理，最后的结果并不理想。第一，因为政府投资于企业的资产变成了企业向银行的贷款，因此企业负债急剧上升。这样的企业负担，其自身根本无法解决。第二，由于直接向企业发放贷款的是银行，而银行必须进行自己的核算，因此企业的债务越来越大，形成巨大的银行呆账或者坏账，使得我国金融体系受到严重冲击。第三，这些"成本"纳入企业核算之后，多数企业失去了纳税的能力。尤其是一些地方企业、中小型企业负担沉重。第四，由于"拨改贷"完全切断了国家对国有企业资本的注入，企业技术改造资金完全依赖企业本身，很多企业一下子失去了更新再造的能力，甚至无法经营下去。20世纪90年代初期，中国公有制企业遭遇的债务危机，是这种情形最为典型的表现。

从法律的角度看，不论是"利改税"还是"拨改贷"，都有法理上难以立足的地方。比如，投资设立企业本来就是为了取得企业的经营利润，将利润改为税收，投资利益又如何体现？再如，设立企业的资金怎么能够变成贷款？任何浅习法律者，都会知道投资人和企业之间的法律关系，与贷款人和企业之间权利义务关系本质的差异。但是国家在出台"拨改贷"这个重大的改革措施时，居然没有进行任何法理论证。事实证明，违背法理的措施，总是难以为继的。将国有企业资本强行改变为由国有企业向银行贷款之后，一方面企业当然要面临债务和经营危机——一方面，国企对政府的责任没有免除，而另一方面要向银行归还高额借贷。这样，"搞活企业"这一基本的思路，就彻底无法实现了。

90年代中期，国家计委、财政部出台了为"拨改贷转资本金"的一系列措施，将国有企业在"拨改贷"政策下产生的无法归还的资金本息余额转为国家资本金，从而正式宣告"拨改贷"措施的失败。这一措施的失败，是改革措施不寻求法理配合支持度的必然结果。

与此同时和之后一段时间，我国在公有制企业范围内还实行了"承包制"的改革措施，但是因为计划经济体制的基础没有突破，因此这一措施没有普遍意义，实际效果并不理想，最后也是无疾而终。

（三）企业现代化改造

在改革开放的初期，国有企业改革只是局限于如何改善经营、搞活企业，其中也开始了涉及国有企业法律地位的初步尝试。尽管 1986 年通过的《民法通则》和企业法等法律规定了企业拥有独立的法人资格和自主的经营权，但是在 1992 年之前，由于中国始终没有放弃国有企业领域的计划经济体制，政府设立企业和操控企业始终习惯于行政划拨以及行政指令，因此企业无法成为独立的市场主体。这种情形只是到了 1992 年时才发生根本的转变，因为在这一年中国改革出现了根本突破，那就是终止计划经济体制，建立市场经济体制，这一原则得到中国宪法的确认。

在建立了市场经济体制之后，中国国有企业的法律地位以及相关权利才发生根本的转变。从市场经济体制的角度看公有制企业，那么企业就必须是一个民事主体，而不再是政府行政权力的附属。因此，尽管 1986 年的《民法通则》已经将公有制企业规定为独立自主的法人，但是，这一法律目标的真正实现还是在建立市场经济体制之后。

三　国企必须首先是企业

"用设立国有企业的方式谋取经济利益，这是每个国家的政府都会有的现实考虑。"[1] 但是国企必须首先是企业，国有企业需要营利。在我国，追求国有资产的保值增值集中体现了国有企业的营利性。长期以来，我国经济学界和法学界很多人认为，公有制企业应该首先体现其人民性，国有企业不以营利为唯一目的，即使国有企业作为市场经济体制下独立的法人，它也应该承担着特殊的社会职能。这些观点常常以国家或者政府组建的短期不能盈利的企业比如高铁、基本上不营利的企业比如公交等作为证据。但是在我们看来，国企之中，不盈利者和短期不盈利者都是有的。但是，这些企业不是

---

① 黄速建、余菁：《国有企业的性质、目标与社会责任》，《中国工业经济》2006 年 2 月第 2 期（总第 215 期）。

我国国企的主导力量。我国国企的主导力量都是以盈利为主业的。这些盈利的企业的性质和所有民营企业是一样的，我们完全不可以依据莫须有的人民性来为这些企业增添不应该的政治光彩。

当前，我国法律包括宪法在内，对公有制企业的政治定位并不是非常妥当的。由于受到传统的国家所有权理论的影响，国有企业的性质，在当时情况下实质就是生产资料属于全体人民共同所有的企业所具有的性质。这里的全民所有制企业是计划经济时代国有企业的类型之一。全民所有制企业在很长时间内就等同于国有企业，适用《中华人民共和国全民所有制工业企业法》以及与其相配套的法律法规，以全民所有的财产为基础进行生产经营活动，设立的企业就是中央或者地方政府及其附属的企事业单位。这种观点在计划经济体制下也许不存在任何问题，因为当时的国有企业确实只是国家的"经济机关"①，附属于政府，国家统购统销。当时在法律上不允许存在私营经济，所有的生产经营主体几乎都是国有企业，它们代表国家进行生产经营，满足人们的物质文化等生活需要。

随着我国经济体制的改革，进入市场经济体制以后，私人的经营自由得到进一步扩展，各种合资、联营以及股份制改造，使得国有资本和非国有资本在一个企业中发生了混合，因此国有企业不仅仅是国有独资的全民所有制企业这一种情况，而所有制也不适宜再作为企业分类的标准。目前我国的国有企业是指国家投入的资本构成企业资本的全部或部分，且"国家"（其实是政府）作为股东直接控制或间接控制该企业。②在这种情况下，国有企业的资本主要是由包括"国家"投入构成的、一种现代化的特殊企业。这种企业之中，国家可以持股控股者有之，但是，国家持股控制的企业，也可以对其他的企业持股控股，这就是我们在上文分析过的民商法学原理中的"股权—所有权结构"。这种结构是可以衍生的。自从市场经济体制确立以来，我国引入了国际先进的现代法人制度和企业治理理念，而这些也都逐渐应用到国有企业当中去。根据相关的报告，国有小企业多集中在 2000—2003 年

---

① ［苏］B. B. 拉普捷夫主编：《经济法》，中国社会科学院法学研究所民法经济法研究室译，群众出版社 1987 年版，第 43 页。

② 徐晓松等：《国有企业治理法律问题研究》，中国政法大学出版社 2006 年版，第 4 页。

进行改革①，大中型国有企业由于其规模相对较大，多采用组建国有独资公司、国有控股和国有参股公司等形式，将国有企业的资产证券化，然后在国内外的证券交易所上市交易的方式实行改制。

在计划经济体制下，国有企业享有被国家赋予的占有、使用、管理公共国有财产和独立销售其产品的权利，这对于企业来说似乎已经足够。因此有些学者非常支持国企的这种非企业的特点，认为对国家划拨的特定国有财产，如果国家作为所有权人没有授予国有企业相关的权利则国有企业无权处分。②这一观点所持的理由是，国有企业需要实现公共利益，而实现公共利益此类社会功能就需要保持国家控制，准行政机关是国有企业的实质属性，因此国有企业保有适度的经营权已经足够。③但是，从市场经济体制的角度看，我们认为这样的观点是非常错误的。因为，一方面，企业是市场的主体，企业需要运作其全部资产来参与市场活动，因此，它的权利不能仅仅满足于"国家授权"，而应该享有充分的处分权。另一方面，我们从上文分析的"国家投资"或者"政府投资"的角度看，国家对于企业的资产的投入，绝对不能被理解为授权，而只能理解为"投资"。只要国家处于控股的法律地位，那么国有企业的控制权就依然掌握在国家手中，这种法权结构照样可以实现公有制。

经济制度与一定的经济关系相适应，并以其为基础和出发点。④因此不同类型的国家其经济制度有本质的区别。并且，同一类型的国家甚至是同一国家在不同的历史时期由于所实行的经济体制和基本经济政策不同，其经济制度也会具有鲜明的时代特色并呈现出不同的特点。1992 年，我国正式确立了市场经济并且从计划经济体制转入市场经济体制，社会主义公有制并不排斥市场经济，市场经济本身也无所谓姓"资"姓"社"，市场经济在社会主义国家也能够不断向纵深发展并且促进其生产力发展。市场经济的特点主

---

① 程明霞：《解读首份国有企业改制数字化报告》，《经济观察报》2005 年 5 月 23 日第 6 版。

② 张建文：《转型时期的国家所有权问题研究：面向公共所有权的思考》，博士学位论文，西南政法大学，第 214 页。

③ 同上。

④ 莫纪宏主编、李忠副主编：《宪法学》，社会科学文献出版社 2004 年版，第 252 页。

要有：自由的企业制度、完备的市场体系、发达的契约关系和开放的经济市场。①在市场经济体制下，资源的配置必须以市场为基础，商品生产者和商品经营者被看成独立的法人自主经营并且自负盈亏。而由国家对全民所有制经济统一进行经营管理，显然不可能充分满足市场经济体制的要求，市场的作用不能得到充分的发挥。在这种体制下，我国开始对国有企业进行股份制改造，可以说是必然的结果。1993 年 12 月《公司法》的颁布，使国有企业的股份制改革步入了正式法律化的阶段，国有企业成为"企业法人"，自此被看作市场经济环境下独立的民事法人主体。

中国共产党第十六次全国代表大会的报告指出："国有大中型企业必须按照现代企业制度的要求，继续实行规范的公司制改革，完善法人治理结构。继续积极引入市场竞争机制，不断推进垄断行业的改革。通过市场和政策引导，发展具有国际竞争力的大公司大企业集团。"企业法人制度是商品经济发展到一定阶段的产物，它的实质是创立人或者法人成员的有限责任制度，它赋予企业法人独立的人格，能够在法律人格上将法人组织与法人成员完全分离，这就使企业法人得以享有财产的充分支配权，并以其独立财产承担民事责任。

现今，我国进行的公司制改革已经取得了阶段性的胜利，在国有大中型企业中，很多已经通过规范上市、中外合资以及相互参股等形式，逐步改制成为有限责任公司或股份有限公司，只有少数需要由国家垄断的企业改制成为国有独资公司。目前，中央企业中，国资委作为出资人的主要有 117 家，地方国有企业的数量也很庞大。如根据 2009 年度泰安市企业国有资产统计报告，截至 2009 年年底，全市的国有及国有控股企业、企业化管理事业单位共有 159 户，比上年增加 16 户；国有及国有控股企业资产总额是 349.34亿元，比年初增长 34.34%。②

综上我们可以看出，国有企业在市场上已经享有法人资格，它们已经能够按照法人治理结构来进行内部的管理，也能够享有足够的处分权来参与市

---

① 蒋碧昆主编、许清副主编：《宪法学》，中国政法大学出版社 2005 年版，第 183 页。
② 泰安市国资委 2010 年工作总结及 2011 年工作计划，http: //info. taian. gov. cn/0025/201102/t20110223_ 2200857. html，2012 年 2 月 20 日。

场活动。

四　如何看待国有企业法人的特殊性

通过以上分析，可以认识到，除一小部分公共事业型企业之外，国有企业尤其是那些对于国计民生具有决定性意义的企业，都是具有鲜明经济目标的企业，它们营利本性十分突出。长期以来，我们的意识形态总是把国有企业和政治责任、社会责任、公共职能等目标联系在一起，认为它们是承担国家组织经济建设的工具。这种观点，和我们已经建立的市场经济体制不相符合。我国当前的市场实践中，出现了不少国有企业为逐利而置社会公共利益于不顾的现象，这一点受到人们强烈的关注。对此我们保持清醒的认识，国有企业也是企业，他们的社会职责，应该是对于税收和上缴利润的保障，对于职工就业的合法保障，以及对于环境生态的保障等。如果企业违背了这些职责，我们就应该拿起法律的武器来予以制裁惩处。但是对于国企，也不能提出过去那些类似于政府的职责的要求。

对于国有企业中那些承担着社会公共事业职责的部分，比如公交企业等，对于他们的法人资格以及财产权利、财产责任等，在立法上应该有特别的制度规范。在国际上，一般都认为这些企业无法盈利，但是又为社会公众所必需，因此多由政府承担其营运的责任。这些企业也应该建立为民法上的特殊法人，独立核算，独立承担法律责任。对于公共财政对这些企业的投入，应该尽量做到公开透明，以便于社会监督。另外，在我国还有一些涉及国家安全和国民经济命脉的行业，保留了比较多的国有企业，甚至保留了政府对企业的直接操控，有不少还保留了自然资源垄断等。①从我国市场经济发展的实践看，这些企业虽然无法迅速全面市场化，但是也应该建立规制，促使它们市场化，给它们保留着如此之多的特权，对于市场经济和人民权利的保护总是不利的。至少现在就应该考虑从立法和政策上对于这些企业建立特别的措施，不能认为它们身份特殊就在法律上保留给它们很多特权。

在我国法学界，长期以来的主导观念，对于国企的种种做法总是显得过

---

① 参见陈清泰《国有企业改革新方向与新思路》，http：//www. civillaw. com. cn/weizhang/default. asp? id＝19044，2012 年 3 月 15 日。

于宽容，比如有不少著述都认为，国企其实并不是典型的民法法人，或者说不是典型的营利法人，认为他们具有社团法人与财团法人、民法法人与公法法人以及营利法人与公益法人的特点。[①]这种宽容与不适当的厚爱，反映了过去长期的政治教导下人们对国企的特殊感情，但是这些学者的看法，或者说具有一定官方色彩的看法，恐怕不能符合民众的看法。在市场经济体制下，我们更应该清楚地看到国企牟利和民众利益的冲突，比如各大移动通信公司长期坚持的双向收费，各大石油企业长期以来建立的远高于世界上绝大多数国家的石油产品价格，以及遍及各地的高速公路和桥梁的高收费，等等。另外，公有制企业高官以及职工普遍的高工资问题，也和民众的期待相差甚远。所以如果我们从法学上也把它们定义为公益法人和公法法人，那么我们的这种理论也就远远背离了民心。

因此，对于国有企业，一方面，我们既要看到它长期以来处于行政系统的从属地位，而现在的市场体制下必须将其依法建设成为独立自主的法人这一点；但是另一方面，我们也要看到一部分国企仰赖政府、依赖垄断最后形成了中国特色的行政垄断这一点。它们相对于政府可能有弱者的一面，但是它们面对市场面对民众绝对是强势力量。所以，对于国企，我们不能以传统民法那种抑制豪强、扶助弱者的公平正义观来理解其法律地位问题，我们必须从市场经济体制的需要出发，从民众权利保护的立场出发，我们在国有企业的法律制度建设方面，应该有更加透彻而且实事求是的法律思维。而最为重要的法律措施，就是使其彻底与政府的公共权力脱钩，使其成为真正的民法法人和营利法人。承认国企是营利法人并不可怕，我们只要建立对应的法律制度即可。

第三节　国有企业法人所有权

一　公有制企业财产权利的各种学说

在公有制企业改革的历程中，企业的财产权利的法律设计，一直是中国经济体制改革中最为艰辛和争议最多的领域。但是大体来说，从搞活企业、

---

① 漆多俊：《对国有企业几个基本问题的再认识》，《经济学家》1996 年第 2 期。

放权让利到利改税，从承包租赁制到现代企业改制，中国国有企业财产权利制度建设一步步从最初的盲目无序渐渐走向规范和理性。

（一）企业权限学说

改革开放之前，根据计划经济体制的要求，国家对企业占有的财产实行"国家统一所有，政府分级管理"的体制。国家作为唯一的主体，对全部国有企业的资产享有统一的所有权。这一学说，被中国人照搬继承，甚至在2007年《物权法》和2008年《企业国有资产法》中也得到了坚守。在这种定位下，公有制企业对自己占有，甚至可以由自己处分的财产享有什么权利呢？对此，苏联人发明了"经营管理权"这个概念，由它来表达国有企业自己的财产权利，并由此来支持国有企业的民法法人身份。这样，对国有企业占有的财产而言，国家享有所有权，企业享有经营管理权，由此形成"两权分离"。这种两权分离的理论也被认为是社会主义经典。①这些系统性理论，其实都是来源于被斯大林认可的、1948年维涅吉克托夫的《论国家所有权》一书。

经营管理权的法律性质到底是什么？上文已经说到，苏联法学并不将其当作一种民事权利，因为企业行使这种权利是在执行计划，而执行计划其实也是义务，因此这种权利属于一种类似于行政机关权限的"经济权限"；而这种"经济权限"是"专门权限，它只允许经济机关进行符合自己任务的某项活动。……每一个经济机关都在完成国家计划的任务方面具有一定的职能"。②在苏联，从坚持"权限"这个完全行政法意义概念的经济法学家们看来，企业权利这个说法至少是不准确的表达。政府作为设立企业的机关，是企业的上级主管部门；企业自己没有独立的财产权利。

因此在计划经济体制下，企业占有的财产，可以整体地或者零散地由"国家"（其实就是政府）直接处分，因此企业成为"国家"所有权的客体；而"国家"成为"统一、唯一"的公有制财产所有权人的学说是有坚实基础的。

---

① 法学教材编辑部《民法原理》编写组：《民法原理》，法律出版社1983年版，第134页以下。

② ［苏］B. B. 拉普捷夫主编：《经济法》，中国社会科学院法学研究所民法经济法研究室译，群众出版社1987年版，第38、39页。

（二）"企业自主权"学说

从 1983 年到 1987 年，中国的经济体制改革中出现了"企业自主权"学说。这一学说得到了 1984 年出台的中共中央关于经济体制改革的决定的肯定。在"企业自主权"学说下，"国家利益"（其实是政府利益）和企业利益一定程度是相互区分的。这样，公有制企业财产权利开始萌芽了。

事实上在改革之初，如果企业经营有方，那么它就会获得较多的"留利"，这些留利，一部分可以用来扩大企业再生产，另一部分可以用来改善企业职工的收入。这些"留利"，完全可以由企业按照自己的意愿处分。企业对于这些"留利"拥有完全的处分权。因此中国法学界一度出现了法人所有权的观点。[①]

"企业自主权"的观点和改革措施对于解决政企分开起到了一定的积极作用。但随着改革的进一步发展，这一措施实行结果却与改革初期的法律框架难以符合。因为企业拥有的"自主权"范围总是在"国家所有权"（其实是政府行政审批权）的范围之内，企业无法独立行使这些纸面上的权利。政府对于企业留利，却没有充分给予权利。现实中企业不论是扩大再生产还是改善职工生活需要动用自己的"留利"时，总是要层层审批。加上拨改贷和利改税这两项没有经过法理论证的措施，反而使得国企的负担远远高于其他"三资企业"和当时已经少量出现的民营企业。这些以"搞活企业"为目的实施的措施，实践的效果是相当不理想的。

（三）"两权分离学说"：企业经营权

1986 年颁布的《民法通则》，采纳"两权分离"学说，规定了全民所有制企业的经营权。[②]这一权利一时获得极大赞誉。但是，这一概念从一开始使用就存在很大争议，始终没有获得理论的圆满和实践的最终认可。[③] 显然，两权分离理论，以及企业经营权理论，都是来源于苏联维涅吉克托夫 1948 年出版的《社会主义国家所有制》。如上所述，这些理论是对计划经济

---

　　① 梁慧星：《论企业法人与企业法人所有权》，《法学研究》1981 年第 1 期。

　　② 《民法通则》第 82 条："全民所有制企业对国家授予它经营管理的财产依法享有经营权，受法律保护。"

　　③ 对"两权分离"以及企业经营权的种种争议，有兴趣者，可以参阅《法学研究》编辑部编著的《新中国民法学研究综述》，中国社会科学出版社 1990 年版，第 339 页以下。

体制下企业权利的定义，它能够准确解释计划经济体制下政府调动社会资产的经营模式，所以后来被奉为"经典社会主义公有制"的理论。从 1984 年中共十二届三中全会到 1993 年十四届三中全会以前，两权分离成了我国国企改革的战略指导思想。[①]因此这一时期的国家立法，都采取了在保留国家对企业财产所有权的前提下，由企业享有经营权的理论。这一方面的典型就是 1986 年颁布的《民法通则》，它也不再使用前一个阶段的"企业自主权学说"，而是根据"两权分离"的学说，规定了全民所有制企业的经营权。当时法学界的基本认识是：保留国家对企业财产的所有权，而由企业享有经营权的"两权分离"的方式，是目前中国法律所承认的实现全民所有制的唯一合法方式，也是中国理论界认为唯一可行的方式。[②]从中可以看出，当时中国法学界对这一理论评价极高。

但是，"两权分离"被中国法律采纳之后，对它的争议一直没有停息，因为，这种观点有其难以克服的弊病。"两权分离"一说在法理上最大的问题，是它不符合市场交易规则。市场经济条件下商品交易就是所有权的移转，而该理论强调企业只有经营权没有所有权，那么当企业从别人手中购买一件物品时，物上的权利本来是所有权，但是企业自己只能获得经营权；当企业向别人出卖一件物品时，企业本来只拥有经营权，但是他人买到的却是所有权。这种权利变换如同斯芬克斯之谜，既违背交易常识又违背法理。

本来，承认企业作为法人对自己的全部财产拥有所有权，企业作为所有权人用其全部资产承担法律责任，这是市场规律的必然要求，也是民商法的一般知识。但是这样一种民商法上的常识，却因为不合当时的意识形态要求而无法获得社会认同。

1992 年中国提出建立社会主义市场经济体制时，这种理论彻底地失去了正当性基础。从那时起国家（其实是各级政府）不再依据行政命令的方

---

① 参阅 1984 年 10 月中共中央十二届三中全会通过并发布的《中共中央关于经济体制改革的决定》对全民所有制企业的作用定位。

② 佟柔、周威：《论国营企业经营权》，《法学研究》1986 年第 3 期；佟柔、史际春：《从所有权的动态考察看中国的全民所有制》，见《中国法学会民法学经济法学研究会 1989 年年会论文选辑》，第 12 页。

式创办企业和操控企业，公有制的实现方式发生了重大改变。①1995 年中国开始实行企业现代化改制，探索公有制的多种实现方式，"国有企业"开始区分为中央企业和地方企业；1996 年中共十五大提出，中国公有制应该有多种法律实现方式。按照现代企业股份控制理论和治理模式理论，"两权分离"的理论完全失去了正当性，②因此到中国《公司法》2004 年修订的时候，尤其是在中国《物权法》制定的时候，虽然还有人坚持"两权分离"理论的正当性，但是它终于走到了终点。

（四）"法人财产权"理论

法人财产权理论是在"两权分离"理论受到改革否定之后，我国法律关于国家（政府）与国家投资企业之间法律关系的又一理论。其表现形式是 1993 年《公司法》的规定。事实上 1992 年我国建立市场经济体制之后，我国立法机关和法学界的主流观点就不再使用"两权分离"学说来定义公有制企业的财产权利了。1993 年中共中央十四届三中全会通过的《关于建立社会主义市场经济体制若干问题的决定》中明确指出"企业的国有资产所有权属于国家，企业拥有包括国家在内的出资者投资形成的全部法人财产权"，"企业以其全部法人财产，依法自主经营"，"规范的公司能够有效地实现出资者所有权与企业法人财产权的分离"等。自此，企业法人财产权取代企业经营权成为界定国家、政府与企业法人之间产权关系的一个新概念。随后，1993 年《公司法》第 4 条规定："……公司享有由股东投资形成的全部法人财产权，依法享有民事权利，承担民事责任。公司中的国有资产所有权属于国家。"③

至于"法人财产权"的性质和内涵，无论是我国法律还是政策都没有明确解释，因而在学界也引发了关于"法人财产权"定性的大讨论。必须承认，"法人财产权"概念的提出具有积极意义。但是，"法人财产权"概念在法理上还是有很大的问题。从《公司法》第 4 条这个没有修正以前的概

---

① 对此，可以参见孙宪忠《公有制的法律实现方式问题》（1992 年）、《国有企业财产权利问题》（1995 年）等，载《论〈物权法〉文集》，法律出版社 2001 年版。

② 对此，可以参见下文关于中国几家航空公司控制关系的分析。

③ 当然，这个有争议的条文，后来在 2005 年修订《公司法》时被废止了。但是，2008 年制定《企业国有资产法》时，它又复活了，重现在该法的基本原则之中。

念可以看出，这个条文之所以要这样规定，并不是因为公司的财产是综合财产，既有动产和不动产，也有有形资产和无形资产，而是要强调其中的"国家所有权"。所以，"法人财产权"这个概念，还是为了坚持公有制企业资产的"国家所有权"这个前提而产生的。

在《公司法》颁布前后，对这一概念的研讨很多，多数观点认为，这一规定不符合基本法理。因为既然承认国家或者政府是企业的投资人，那么就不应该承认投资人对企业资产拥有所有权。既然承认企业经营所需要的全部权利，那么就应该承认这个权利就是所有权。

从物权法学的角度看，所有权的标的物必须是特定物，对物的所有权，必须指向具体的不动产或者动产。[①]强调这一点意义十分重要，因为包括所有权在内的全部物权制度都是在这个基础上建立起来的。只有把标的物确定为具体的特定物，才能够真正明确物的法律归属，并进而明确物的支配秩序。[②]这一点是物权法学的基本的技术规则，制定《物权法》的基本作用就是建立物的支配秩序，而物权包括所有权的概念基础就是标的物的具体化、特定化。如果依据这个科学的技术规则来分析公司化法人的财产权利，我们可以知道，公司中具体的动产和不动产，都是公司以法人的名义支配，并且用它们来承担法律责任的财产。

从公司法学的角度看，一般也不承认这一概念的科学性。其原因在于：第一，根据公司原理，公司由股东投资成立，股东必须将其投资的所有权转移给公司，股东失去对该投资的所有权但同时获得了股权。对此我们可以看《公司法》第 25 条的规定："以实物、工业产权、非专利技术或者土地使用权出资的，应当依法办理其财产权的转移手续。"既然股东应当将财产权转移给公司，那么股东也就失去了这些权利。所以《公司法》未修订之前的第 4 条关于"公司中的国有资产所有权属于国家"的规定当然是错误的。第二，这一做法违背了同股同权的原理，在国家股东与其他股东之间造成了法律上的不平等。国家以外的股东对投入公司中的财产并不享有所有权，只是

[①] 中国《物权法》已经承认这一原理，并且将其规定为物权基本概念的基础。对此见该法第 2 条关于物权概念的规定。

[②] 对此有兴趣者，可以参阅孙宪忠《中国物权法总论》（法律出版社 2009 年版）第 29 页特别是第 32 页的讨论。

获得了相应的股权，而国家对投入公司中的国有资产却享有所有权，这就是明显的法理问题。

我国《公司法》第 4 条所暴露的这一缺陷，在 2005 年《公司法》修订时得到了一定程度的解决，即"公司中的国有资产所有权属于国家"的规定被删除。该项立法修正意义显著。当然，这一修正也有所不足，因为《公司法》第 4 条的修定仅仅限于"公司中的国有资产所有权属于国家"条文的删除，而未能进一步将法人所有权概念代替法人财产权概念。

但令人遗憾的是，2008 年通过的《企业国有资产法》中的相关规定又将"国家"与企业之间的法律关系退回到了以前的状态。该法一方面将企业国有资产定义为国家对企业各种形式的出资所形成的权益，但另一方面又规定国家对国有资产享有所有权。如上所述，本来已经化解的矛盾，却再一次被立法。这种现象深刻地反映了我国社会观念的非理性和非科学的一面。

当前，政府投资企业所占有的资产总量占全国企业资产总额的比例虽然已经下降，但是由于当前掌握国家经济命脉的还是公有制企业，因此这些企业的法律制度发展，不但对于中国市场经济的发展意义重大，而且对于整个国计民生意义重大。显然，廓清国企财产权利的法律关系，准确界定作为投资人的国家（政府）的法律地位，确定企业自己的财产权利性质，对于建立科学合理、健康有序的国企财产秩序，是下一步国企改革的核心。

二　坚持公有制与企业法人所有权并不矛盾

首先我们必须要问的是，坚持社会主义公有制，是不是一定要坚持国家对于公有制企业的所有权呢？这个问题必须认真讨论。马克思关于所有制的看法是，所有制是一定的生产关系的总和，要说明所有制，就必须把社会的全部生产关系描述一番。[①]按马克思的本意，所有制就是渗透在社会的生产、分配、交换和消费领域里并且起决定作用的经济基础。所以，马克思的基本认识是所有制属于生产关系范畴，表现为生产关系的全部过程，是社会的生产过程中起主导作用和支配作用的客观力量。因此它不能简单地和上层建筑领域里的所有权等同一致，因此，我们坚持社会主义制度，就应该首先考虑

---

① 《马克思恩格斯全集》第 1 卷，第 191 页。

坚持社会主义的经济基础。

马克思认为必须从生产关系全方位考察社会的所有制的观点意义重大，它对于我们分析今天的中国市场经济体制下的企业所有权问题提供了指导。依据马克思主义的观点，我们可以肯定地说，作为生产关系范畴的所有制的控制力量，必然有其法律形态的反映方式或者实现方式。[①]这就是生产关系或者所有制的分析基础。在自然经济时代和简单市场生产关系时代，开办企业者可以对企业资产直接享有所有权，比如一个开小磨坊的人，他可以直接对磨坊本身以及在磨坊中使用的资产比如石磨、牲畜等拥有所有权。但是在当代，企业已经出现了股份公司、股份有限公司这种形式，那么投资人当然就不可能直接对于企业以及企业占有的具体资产享有所有权了。投资人享有股权，照样可以实现对生产关系的支配或者控制。

因此我们完全有理由认为，公有制的法律实现方式可以是国家直接享有所有权，也可以是国家对其投资企业实行股权控制。那种只有让国家掌握企业财产所有权的理论，多多少少反映了自然经济时代的法学观点。从这一点看，苏联一些所谓的马克思理论家得出了一种所有制必然反映为一种所有权、而一种法律上的所有权也必然反映着一种所有制，并且以此来确定社会经济关系的性质的理论，[②]其实也只能作为这些学者对于计划经济体制下的法权关系的自我解释而已。马克思的观点并不是这样绝对的。

如上所述，依据民商法原理中"股权—所有权"投资权利结构原理，可以实现公有制企业物权关系规范的科学化。这一点不仅仅在国外是普遍的投资法律关系模式，在中国现实中也已经普遍存在。上文我们列举的中国三大航空公司的"股权—所有权"结构，就说明了一个简单的道理：国家持股或者控股，也是公有制的法律实现方式。

那么，单一政府投资时，企业是否还应该享有所有权？民商法中所说的独资企业，也就是只有一个投资人的企业，这种企业如果设立为公司，也被称为"一人公司"。在公共企业也就是公有制企业只有一个股东的时候，也

[①] 对公有制的实现方式的研究有兴趣者，可以参阅孙宪忠《公有制的法律实现方式问题》，《法学研究》1992 年第 5 期。

[②] 参见《苏联法律辞典》第一分册，法律出版社 1957 年版，第 110—112 页。

就是政府设立独资企业时，政府是否就可以当然享有对于企业的所有权呢？对这个问题，不但有时立法机关、行政机构不甚清楚，司法界、法学界有时认识也不清楚。很多人认为，在公司只有一个股东而且这个股东就是国家（其实只是一个级别确定的政府，或者一个政府的部门）的时候，区分国家对于企业到底是享有股权还是所有权，不论在理论上还是在实践上都没有显著的意义。但是，这个看法是不恰当的，此时区分企业法人所有权和股东权利还是非常必要的。

本课题主持人在社会调查中就遇到了一个一人公司债权纠纷的案例，而这个案例说明，公有制一人公司中，投资人的股权和企业的所有权也必须明确区分开来。[①]

被告公司因为经营的需要，曾经向原告公司借贷。被告公司届期没有及时还贷，原告起诉法院要求被告偿还债务。在法庭审理此债权债务纠纷时，原告、被告对这一借贷关系没有争议；但是原告公司认为，被告公司自己投资设立了新的独资公司（第三人公司），因此提出追加第三人公司为承担连带责任的第三人。此案经由法院多级审理，均判决原告可以向第三人公司追索其债权，也就是说，第三人公司必须直接以其财产为原告还贷。法院判决书中明确引用了"债随财产走"[②]的法律规则。这一规则的含义是：独资公司的设立资金来源于被告，因此在被告承担法律责任的时候，可以用被告的投资来偿还原告。

但是我们略加分析就可以看出，对于第三人公司是否应该向原告承担责任这个问题，审理法院的理解出现明显失误。因为，被告对于自己应该承担的法律责任没有否认，对以被告的资产来承担对于原告的法律责任也没有疑义。在被告的全部财产中，有一个很有意义的财产，就是他对于第三人公司享有的股权，因此法院可以判决被告用该项股权的变价来承担责任（比如将

---

① 此案是本课题负责人在现实调查中收集到的，地点在山东省，时间为2008—2009年。案件中当事人的真实名称已经隐匿。

② "债务随企业财产变动原则"，正式出现于最高人民法院发布的《关于审理与企业改制相关的民事纠纷案件若干问题的规定》（法释〔2003〕1号）。该司法解释提出，在债务人将借贷而来的金钱转移至第三人时，原债权人的债权可以向第三人直接主张。这就是"债随财产走"的规则，目前还有很多法院采用。当然，这个规则违背了债权作为请求权的本质，因为只有支配权才有追击的效力，而债权没有追击的效力。

该项股权变价偿债）。从该案实际情况分析，以该项股权的变价所得来承担案件所说的债务也没有问题，但是，判决书却要求第三人直接以其全部财产对原告负责，这就造成了极大的法律错误。因为，第三人公司正在经营中，他并没有处于破产清算的状态，他除了投资人之外也有自己的债权人。因此法院的这一判决不但损害第三人公司正常经营，而且也损害了第三人的债权人的权益。显然，如果将第三人公司享有所有权的财产用来为投资人承担法律责任，第三人的债权人的权利就难以实现了。

这个法院的判决书的错误，就在于它看不到投资人对企业的股权，而简单地把企业当作投资人的所有权客体。显然，这就是投资人对投资企业仍然享有所有权的理论造成的法理缺陷和实践障碍。

投资人对于投资企业的财产享有所有权，不仅仅在一般的企业投资中是错误的，在政府投资企业中也是错误的；在多数人投资企业中是错误的，在单一政府投资中也是错误的。

三　国企享有法人所有权是市场经济的基本规则

国有企业作为真正的企业法人应该享有足够的法人所有权，这是市场经济的基本规则。国家只要作为股东处于控股地位，那么国有企业就仍然是公有制性质，而不会产生所谓的"私有化"。"那种只有让国家掌握企业财产所有权的理论，多多少少反映了自然经济时代的法学观点。"[1]

依据现代的公司法原理，国家将其经营性资产投入国有企业后，国有企业的资产与股东的其他资产便严格区分开来，与国有企业职工的财产也有明确的区分。即使将来国有企业面临破产，债权人也只能以国有企业为被告诉诸法院，国有企业以其所有的资产承担相应的民事责任。对于国有企业和国家来说，通过投资的法律关系两者都获得了自己的财产，只是前者拥有的更多的可能是实物形态的财产，而后者拥有的是价值形态的财产，国有企业与国家是两个独立的所有权人。国有企业对其占有的动产、不动产应该享有所有权。

依据民法原理以及我国的相关立法，法人已经被看作市场经济中独立的民事主体，它存在的前提就是要具有自己的名称、财产、组织机构和经营场

---

① 孙宪忠：《政府投资企业的物权分析》，《中国法学》2011 年第 3 期。

所等，法人依法被赋予法人所有权，享受权利并承担义务和因此所产生的相应的法律责任。

（一）法人所有权的概念分析

所有权是在法律允许的范围内，对物为全部支配的权利，具有整体性、弹力性、永久性和社会性。一方面，所有权人对物享有占有、使用、收益和处分的权利；另一方面，所有权人享有排除他人干涉的权利。根据物权特定原则，其主体、客体以及权利内容都必须是特定的。所有权"是基本权利，它能够起到保障个人自由的作用。所有权在基本权的整体结构中负有双重任务：确保权利人在财产法领域中的自由空间，并因此使其得自我负责地形成其生活"。[①]

法人所有权主要是近现代市场经济发展的结果。[②] 企业法人所有权的应有之义包括企业法人主体依照法律法规对自己的动产和不动产有权占有、使用、收益和处分。企业法人所有权应该及于企业的全部法人财产。关于法人所有权形成了不同的学说，主要分为四种观点：双重所有权说[③]，中介所有权说[④]，股份共有说[⑤]以及单一法人所有权说[⑥]。所有权私有制原则在 19 世

[①]　王泽鉴：《民法物权·通则·所有权》，中国政法大学出版社 2001 年版，第 162 页。

[②]　孔祥俊：《企业法人财产权研究——从经营权、法人财产权到法人所有权的必然走向》，《中国人民大学学报》1996 年第 3 期。

[③]　此说认为"股份公司的财产权结构是公司财产由公司所有、公司本身由股东共有的二重结构，这种双重结构不过是一物一权规则的特殊表现形式""股份公司享有法人所有权并不是对股东的所有权的否定，只是股东所有权表现为收益权和部分处分权（公司法规定的共益权），而不再是完整的所有权"。这种观点，参见王利明《论股份制企业所有权的两重结构》，《中国法学》1989 年第 1 期。

[④]　此说认为，这种法人财产权完全符合所有权的特征，是一种所有权。但公司法人财产权不具有终极意义，只具有中介意义。它的存在是出资者个人所有权扩张的产物，它只能强化而不会削弱和损害出资者的利益。认为公司法人所有权只不过是调和股东活力和维护安全的产物。参见孔祥俊《公司法要论》，人民法院出版社 1997 年版，第 242 页。

[⑤]　此说认为，所有权及财产所有权，是指所有者对其财产依法享有的独立支配权，这种独立支配权，就是在法定范围内，所有者可以根据自己的意志和利益，对其财产进行利用和处置。虽然股东由出资前依法直接行使所有权的权能转变为根据其意志和利益将所有权的权能依法转让出去，自己不直接行使所有权的权能，从而改变了行使所有权的方式，但是并没有改变股东对其财产依法享有独立支配权的实质。参见杨紫烜《论公司法人财产权和股东财产权的性质》，《中国法学》1996 年第 2 期。

[⑥]　该学说认为公司法人成立后，公司财产的所有者只有一个，即公司法人，只存在一个法人所有权而没有终极所有权说。公司法人财产是公司法人能够独立支配从事经营活动，也能依此独立承担责任的财产。公司法人所有权的基础就是公司所拥有的法人财产。

纪被资本主义民法普遍确定。这种绝对所有制将财产的所有权绝对赋予个人，最大限度地激发了个人的资产增值冲动，并且确保了交易的安全，实现了资源的优化配置。但是随着经济交往的深入开展，个人的各方面能力都存在不能克服的缺陷，联合起来从事较大规模的市场交易成为当时人们的明智之举。近现代公司三原则①合为一体是近现代公司制度的确立标志，正是这种以公司三原则为基础的近现代公司孕育了法人所有权制度。这无疑是对个人所有权的超越，克服了个人所有权的局限性，公司法人所有权能够更好地实现个人所有权并有效地配置社会资源。

拥有独立的财产是法人被看作独立法律人格的前提，事实证明如果企业法人没有财产，只能是附庸。法人的财产不属于其创设人或者成员，而只为法人独立支配，法人财产是法人进行经济贸易活动、参与市场竞争的必要条件。法人以其财产为基础对外从事民事活动，以自己的财产为对价从别人那里取得财产；法人以其全部财产作为从事民事活动的一般担保，并以具体财产偿付其债务。②

（二）法人所有权与股权

"公司所有权和股权是相伴而生的孪生兄弟"③，公司和股东被现代的公司制度区分开来，它们之间的关系不再模糊不清，而是彼此独立：公司和股东成为不同的权利主体，享有各自的权利，前者享有法人所有权，后者以其投资享有的是股权。国外的立法和相关的法治理念无一不体现了这种特点，根据美国的公司人格理论，公司财产归属于公司，股东享有股权，包括收益权、资产净值权和控制权。英国公司法用了六七十年的时间完成了对公司法人所有权和股权的分化。在大陆法系国家中，德国法关于公司法人所有权与股权的相关探讨最具影响力。如今德国法规定，公司享有的是法人所有权，股东享有的是股权。股权究竟是一种什么性质的权利？改革开放以来，随着

---

① 近现代公司三原则是指法人人格自由取得原则、合股原则以及有限责任原则。
② 江平主编、赵旭东副主编：《法人制度论》，中国政法大学出版社 1994 年版，第 206 页。
③ 孔祥俊：《公司法要论》，人民法院出版社 1997 年版，第 288 页。

股份制的普遍推行，国内的学者也进行了探讨，典型的观点有债权说[①]、社员权说[②]、独立说[③]、所有权说[④]等。毫无疑问，法人财产的形成依赖于投资者的投资。市场经济的形成和发展迫切需要股东和公司实现分离。财产所有者之所以决定有条件地让渡自己的财产所有权，也是基于避免经营风险以及保值增值自有财产这样的考虑。从历史上看，财产所有者起初是采取借贷方式来让渡自己的所有权，在这种形式中，所有权和经营权在借贷资本上的分离表现出了局限性和暂时性。随着社会经济的发展，不以偿还为前提的所有权让渡成为当时社会的迫切需求，股份经济便应运而生。在这种经济形式下，公司法人得到的是包括财产经营权在内的全部所有权，不存在偿还和退回的问题，这种让渡是永恒的、全部的。

所有权和股权存在本质的区别。所有权从本质上说是一种财产性的权利，权利人可以要求充分并且绝对地行使自己的权利，其他人不得干涉和侵害这种权利。严格来说，股权并不是单纯的财产权，是公司所有权的内部权源，它是一种股东因为出资而取得的一种内部成员权，它是投资人转让财产所有权所换取的权利。

股权是股东操纵公司的一种工具，公司享有法律人格，并以自己的名义拥有和行使财产所有权，从根本上说真正控制公司经营策略和发展方向的是公司的意思机关。股东组成了公司的意思机关，股权的行使使得股东可以参与到公司大政方针的制定过程中去，从而形成公司的意志。

但即使公司是实现股东利益的工具，股东也不能滥用股东权利为所欲

① 此说认为股东一旦把自己的投资交付公司，便丧失了对该财产的所有权，而取得股权。股权是债权的一种表现形式，股东和公司间的契约关系反映的债权特点更突出。参见郭锋《股份制企业所有权问题的探讨》，《中国法学》1998 年第 3 期。该学说现在基本上已经不再流行。

② 此说认为股权是公司社团的内部成员权，股东为实现营利目标出资设立公司社团，只有成为该社团的成员才能在公司社团享有并实现其权利。社员权说将股权分为自益权和共益权：前者是专门为各个股东求利益的权利；后者是谋求股东利益的同时也谋求全体利益的权利。参见江平主编《法人制度论》，中国政法大学出版社 1994 年版，第 222 页。该学说现在基本上成为公司法人的主流学说。

③ 该学说认为股权是一种自成一体的独立权利，其与所有权、债权等权利是并列的关系。参见石少侠《公司法》，吉林人民出版社 1996 年版，第 201 页。该学说也得到学术界很多人坚持。

④ 该学说认为股权是股东出资所形成的权利，股东并不因为其出资享有了股权而丧失对其财产的所有权。股票是股东对公司拥有的实际资本的所有权证书和索取每年由此生出的剩余价值的凭证。参见丁焕春主编《企业法概论》，中国政法大学出版社 1989 年版，第 284 页。该学说中所说的所有权，并不是"统一唯一国家所有权学说"中所说的所有权，其实质还是股权。

为，公司一旦成立就应该承认公司的客观存在和其独立的法律人格。公司享有法人所有权，股东因为其投资而享有股权，两者相生相随。

（三）国有企业的所有权的法理分析

法人所有权是市场主体法人对自己的动产、不动产等其他财产所享有的权利，它涉及所有权这一物权概念，应该受到《物权法》的调整，适用物权法理。

1. 一物一权原则

在物的所有权问题上，"一物一权"意指一个物上只能存在一个所有权，而不能成立两个以上所有权，即所谓"一物不能二主"。①

国家的经营性资产，在未进行投资前归属于国家。不能说已经投入国有企业的资产有两个主人，是国家和企业，这与《物权法》中的一物一权原则也不相符，一物不能从二主，这是民法中众所周知的道理。如果有两个以上的人对一个物拥有所有权，那么要么是按份所有，要么是共同共有，或者说一个是自物权，另一个是他物权，因此国家和国有企业不能都对投入国有企业中的国有资产拥有所有权。但是一旦财产投入国有企业，那么按照现代公司法原理这些资产理应属于国有企业而不是国家。为什么会如此呢？首先，从上面的分析我们可以得知，投入国有企业中的国家经营性资产只能有一个所有权人，或者是国家，或者是国有企业。其次，我国未进行国有企业改革前，国有企业中的国家经营性资产确实是国家所有，国家统购统销，企业没有自己的财产，甚至企业自身都是国家所有权的客体。但是实践证明，这种模式行不通，国家掌握企业占有的财产，企业无法自主交易，即使进行了多次改革，仍然缺乏活力和后续发展的动力。最后，为了经济的发展，我国采取另一种发展模式，放弃计划经济，确立并大力发展市场经济，并且随着法学理论的发展，我们已经赋予法人独立的人格。国有企业也是法人，依据现代法人制度，应该对自己占有的财产包括动产和不动产享有所有权。

在国家将经营性资产投入国有企业前后，所有权归属显然截然不同，严格地界分资产的所有权，这样的法律和制度安排对于保障交易安全、促进市场经济的有序健康发展具有重大的意义。

---

① 柳经纬主编、朱炎生副主编：《民法》，厦门大学出版社2008年版，第181页。

2. 物权特定原则

依据物权特定原则，物权的主体、客体、权利内容都是特定的，即物权的特定主体须对特定的客体享有特定的权利。

国家将其经营性资产投入企业，那么该国有企业对投入的这些特定的国有资产就应该享有所有权。正如《企业国有资产法》第16条所规定的：国家出资企业对其动产、不动产和其他财产依照法律、行政法规以及企业章程享有占有、使用、收益和处分的权利。这种"占有、使用、收益、处分的权利"根据《物权法》第39条的规定就是所有权，国有企业就是这些特定的经营性资产的所有权人。因此，在这一层物权关系中，特定的主体即国有企业，特定的客体就是国家作为出资人投入国有企业中的经营性资产，特定的权利内容就是所有权。根据物权特定原则明确了主体、客体以及权利内容就能明确地建立科学的财产支配秩序；明确了该权利主体及其相应义务的承担，那么在发生民事纠纷时，权利的保护、责任的承担就都可以交由国有企业这一独立的民事法人主体负责，而国家也不必为国有企业承担沉重的无限责任。由上，可以得出这样一个结论，国家对其投入国有企业中的资产不享有所有权，依据现代公司法原理以及我国公司法的规定，国家享有的应该是股权，这里所说的股权即是三类国有资产中的一种：由国家对企业的出资所形成的权益。[①]

（四）国有企业法人所有权的价值分析

如上所述，计划经济体制下，国家过分强调国有企业的政治性目的和财政性目的，国有企业只是国家的生产工具，无所谓独立的权利和自由的经营意志。但是在市场经济体制下，我们必须认识到，国企也和其他类型企业一样，投资者为使自己的财产能够更加有效地运作使用而将其财产投入公司，公司因此对其投入的财产享有所有权，投资者便成为股东享有股权，这是现代公司法的原理。我国相关的法律法规都明确承认国家与国有企业的投资关系，国企之中，投资人所有权在公司中转换的结果，必然是股权与公司法人

[①] 国有资产通常分为三类：一是由国家对企业的出资所形成的权益；二是由国家机关、国有事业单位等组织占有、使用和管理的行政事业性国有资产；三是依法属于国家所有的土地、矿藏、森林、水流等资源性国有资产。可参见安建主编《中华人民共和国国有企业国有资产法释义》，法律出版社2008年版，第31页。

权利的相互独立与彼此制衡。①

国有企业走现代化道路,进行股份制改造,国有企业享有法人所有权这是一个最为核心的环节。首先,对于国有企业来说,它有自己的财产,拥有独立的人格,能够自主独立地参与市场交易和竞争,激发继续发展的活力和动力;其次,对于国家来说,国家将资产的所有权转移给国有企业,可以获得红利收入,并且能够通过行使控股权而扩大自己的控制范围和影响力,能够避免计划经济体制下为国有企业承担无限责任的弊端,通过国有企业参与市场竞争增强国有企业活力促进国有资产的保值增值;最后,对于整个国民经济而言,能够明晰法律关系,进而促进市场经济的发展,繁荣国民经济。另外,使用法人所有权这一概念,能够使法律概念和制度科学化,可以节约立法资源。所以有学者认为,推行现代企业制度,以股份公司和有限责任公司形式改组国有大企业,国家作为出资人享有股东权利,企业作为真正的民事主体享有法人所有权,是国有企业的根本变革,我国由此可以彻底抛弃计划经济体制,彻底解决国有企业财产权性质的难题。②

本章小结

国有企业自设立发展至今,中间经历了多次改革,国有企业的角色也是几番变化,从"经济机关"到企业再到市场经济下的独立法人。国有企业设立之初没有自主经营权,后来两权分离学说被采纳,国有企业逐渐被赋予一定的经营权,但是国有企业始终都没有自己的财产,不能独立承担责任,当时的国有企业在实际意义上不是一个独立的主体。进入市场经济,随着《公司法》《物权法》《企业国有资产法》等相关法律法规的颁布和施行,国有企业的独立人格逐渐被人们重视和承认。

"国家"对法人所有的资产并无所有权,不发生所谓的双重所有权的问题,唯有如此才能使法人成为真正权利义务的主体。此种理论似不因私

---

① 王远明、蒋安:《国有企业改革的经济法视野》,中国人民大学出版社2001年版,第181页。
② 参见梁慧星《以股份公司和有限责任公司形式改组国有大企业》,《经济法制》1996年第9期。

有制或公有制而有不同，而实际上亦有必要。^①历史证明公有制的法律实现方式并不是单一不变的，国家对其财产直接享有所有权是一种方式，国家将经营性财产投入企业后，对其投资的企业实行股权控制也是一种方式，而后者显然更适应当代公司理论和当今经济的发展。为了适应市场经济的要求，国有资本金必须作为要素进入市场，具有商品属性。国有企业改革走公司化道路，公司化即意味着要采取股权与公司法人所有权相结合的财产权结构。"股权—所有权"的国有企业结构是市场经济发展的必然要求。

国有企业依照《物权法》以及《公司法》等法律法规的相关规定享有法人所有权，不会导致国有资产私有化，国有企业的财产不同于个人的财产，不会成为国有企业成员的个人财产，国有企业所拥有的动产、不动产以及其他财产不属于国有企业法定代表人，也不归属国有企业职工。既然国家以及其他股东已经把资金投入国有企业，那么国有企业是拥有这些财产的独立人格，并不会导致私有化。这只是现代社会实现公有制的一种新形式。在国有企业中，国家是股东，依法享有资产收益、选择管理者、参与重大决策以及转让股权等权利。国家不能对国有企业财产中属于自己的那一部分进行支配，只能根据相关规定，通过行使股东权利影响国有企业生产经营活动，而不能直接干预国有企业经营行为。国有企业享有法人所有权，国家依其股权依然享有收益的权利，只是国家需要改变对其财产的管理方式，以前管理的是实物形态的资产，现在管理的是价值形态的资产，并且国有资产可以通过国有企业在市场中的经营活动逐渐增值。而国家通过国有股权的控股，还可以增大国有资产的控制和调整范围，使国有资产合理流动和优化配置资源。国家照样可以通过行使国家股权把自己的意志上升为国有企业的意志，一方面以股东的身份制定公司章程，决定公司宗旨、经营范围等限制国有企业的行为；另一方面以行政管理者的身份通过立法执法等手段规范国有企业正规经营，限制企业的短期行为；另外如果国家想收回自己在国有企业中的投资，也不是没有办法解决的，通过国家向其他市场主体转让其股份即可。在市场经济体制下，我们不能因为

---

① 王泽鉴：《民法学说与判例研究》第三卷，中国政法大学出版社 2003 年版，第 9 页。

国有企业所承担的特殊社会职能而否认国有企业追求利益的本质属性，一味地压抑国有企业的逐利冲动，只会像计划经济体制下的国有企业一样适得其反，正确的做法应该是承认其营利的一面，给予其法人所有权，并制定相应的法律法规适当加以引导。从长远来看，这样更有利于国有企业的存续和其社会责任的承担、社会福利的提供。

国有企业法人所有权，国家用资产所有权换取股权，既能使政企分开，解决长期以来一直无法解决的"政企不分"问题，又可以保障国家权益不受侵害。

第八章

国家事业单位所有权

第一节　问题的提出

一　概念

"事业单位"这个名词产生于计划经济体制时代，是一个具有中国特色的称谓。在计划经济体制时代，我国并没有继受"法人—非法人"的组织划分模式，而是将社会组织划分为事业单位、行政单位和企业三种类型。其中，事业单位作为基本的社会组织形态，在性质、地位、目标、运作机制以及功能等多个方面都与另外两种组织存在巨大的差异。和机关法人相比，事业单位成立的首要目的在于促进我国文化、科学、教育、体育、慈善事业等基本上非营利事业的发展，也不参与社会事务的管理，因而事业单位一般不具有行政管理职能。从法律层面上首次对事业单位的概念做出明确界定的是1998年国务院颁布的《事业单位登记管理暂行条例》。该条例规定："事业单位是指国家为公益目的由国家机关举办或由其他组织利用国有资产举办的，从事教育、科技、文化、卫生等活动的社会服务组织。"《事业单位登记管理暂行条例实施细则》第4条规定："事业单位是指由国家机关举办或由其他组织利用国有资产举办的，从事教育、科技、文化、卫生、体育、新闻出版、广播电视、社会福利、救助减灾、统计调查、技术推广与实验、公用设施管理、物资仓储、监测、勘探与勘察、测绘、检验检测与鉴定、法律服务、资源管理事务、质量技术监督事务、知识产权事务、公证与认证、信息与咨询、人才交流、就业服务、机关后勤服务等活动的社会服务组织。"

本课题探讨的事业单位的含义，将严格地限制在上述《事业单位登记管理暂行条例实施细则》所确定的范围之内。那些名义上被称为事业单位，但是却行使着政府的管理职能的机构，比如某监会、某中心等，本课题研究认为它们不是事业单位，也无法讨论其财产权利问题。

截至 2007 年，我国有各类事业单位近 130 万个，正式职工 2913 万人，其中专业技术人员 1908.4 万人，专业技术人员占事业单位正式职工总数的 65.5%，占全国国有单位专业技术人员总数的 68.8%。[①]事业单位主要分布于公益领域，如科学、教育、文化、医疗等，是以脑力劳动为主体的特殊的社会服务组织。由于担负科学、教育、文化等发展的责任，事业单位直接或间接地参与了我国各个方面的建设，甚至也参与了我国市场经济的运作，当然，更重要的是，他们担负着"建设社会主义精神文明"的重任。所以这一部分中国特色的体制运作，在国计民生中意义同样十分重大。

二　财产权利问题

改革开放之前到现在，我国的事业单位基本上都隶属于政府，是政府权力的衍生物，[②] 具有经费依靠国家财政、高度的社会福利取向与机制、人员编制和机构设置行政化、官办、官管、官养等特征。[③]我国的事业单位是在计划经济框架下建立起来的。改革开放以来，人们逐渐明白，事业单位体制存在着性质模糊、量多面广、职能混杂、责任边界不清、分布不均衡和财政负担过重等问题。1985 年，我国正式拉开了事业单位改革的序幕。1985 年以来，中共中央、国务院以及科教文卫体等各事业管理部门先后发布了一系列关于科技、教育、文艺、体育和卫生等事业领域体制改革的文件，标志着事业单位改革开始启动。迄今为止，我国事业单位改革已经经历了四个阶段。[④] 第一阶段是从 1978 年中国共产党十一届三中全会到 1992 年中国共产党十四大，这一阶段主要是拨乱反正，恢复社会事业，适当下放各类事业单位的管理权。第二阶段是从 1992 年中国共产党十四大到 2002 年中国共产党十六大。1993 年，中国共产党中央委员会印发《关于党政机构改革的方案》

①　《稳步推进中的事业单位人事制度改革》，《中国人事报》2007 年 10 月 19 日。
②　吴锦良：《政府改革与第三部门发展》，中国社会科学出版社 2001 年版，第 67 页。
③　席恒：《公共事业运行机制研究》，商务印书馆 2003 年版，第 98 页。
④　参见潘晨光《我国事业单位聘用制改革分析》，《社会科学管理与评论》2006 年第 3 期。

和《关于党政机构改革方案的实施意见》。意见明确提出事业单位改革的方向是实行政事分开，推进事业单位的社会化。第三阶段是从 2002 年中国共产党十六大至 2007 年中国共产党十七大。2003 年 7 月开始，在中央文化体制改革试点工作领导小组的具体指导下，在全国 9 个地区和 35 个单位进行了文化体制改革试点。2005 年年底，中国共产党中央委员会、国务院下发了《关于深化文化体制改革的若干意见》，文化事业单位改革全面推进。在从 2003 年开始的农村配套改革的乡镇机构改革中，把乡镇事业单位改革作为一个重要方面，结合乡镇行政机构一并进行改革。第四阶段是从 2007 年中国共产党十七大至今。十七届二中全会通过的《关于深化行政管理体制改革的意见》对深化事业单位改革提出了具体要求，明确"按照政事分开、事企分开和管办分离的原则"，对现有事业单位分三类进行改革。2008 年国务院决定在山西、上海、浙江、广东、重庆进行事业单位改革试点。2011 年 11 月，国务院公布《事业单位人事管理条例（征求意见稿）》，征求意见稿规定，国家建立事业单位工作人员工资的正常增长机制；工作人员的工资水平应当与国民经济发展相协调、与社会进步相适应。从这些政策文件来看，我国社会对于传统意义上的事业单位诸多弊端的认识是清楚的，改革的措施也出台了不少，其基本的趋势，如从法学上来分析，那就是要强化事业单位的独立法人地位，一方面要尊重其专业上的独立性，另一方面也要培植其财产上的独立性，使其能够尽快脱离政府的附属物地位。

我国事业单位的改革总体来看，在教育、科技、文化、卫生等重要领域里，取得的成效还是显著的。但是，这些改革，基本上都是在处理政府与事业单位的"行政关系"，处理的方式就是所谓的"政事分开"，因此我国事业单位的改革内容长期以来总是强调"放权、搞活"。这些措施，并没有推出一个关于事业单位管理体制改革的总体方案。这也说明我国事业单位的内在体系非常复杂，有些单位已经完全市场化，而且具有强大的经济活力；而有些单位，就只能依靠财政的扶持。因此，从整个公共事业领域的内容看，我国应该建立更加细致明确的事业单位类型。而且，在法治国家的原则下，我们也需要从法学理论上确定事业单位的法律地位，对事业单位的业务活动以及财产权利的基本规则予以科学的定位，并为此建立稳定而且科学的制度体系。

　　2011年3月国务院颁布了《关于分类推进事业单位改革的指导意见》的通知，以科学划分事业单位类别为基本方针作为我国下一步事业单位改革的总体方案，并制定了未来10年事业单位发展的阶段性目标以及总体目标。未来5年间，我国的事业单位将依其职能划分为行政职能类、生产经营类以及公益服务类三大基本类型，并在此基础上，分别进行深入改革。具体来说，现行承担行政职能的事业单位或将其所承担的行政职能划归给其他行政机构，或者转变其自身性质为行政机构，以此来彻底实现"政事分开"。对于承担生产经营职能的事业单位会在未来改革中逐步转变为企业，以彻底实现"企事分开"。而对于公益服务类事业单位则将保留企事业单位地位，并依其服务类型的差异，划分为公益一类以及公益二类。在事业单位管理体制上引入法人治理结构，并健全事业单位内部的决策—执行—监督模式，提高效率以期更好地服务于社会。提出这一改革方案的设计者希望，按照这种预想的方案，经过改革后，我国现行国有事业单位体制中存在的政事不分、机构编制混乱等一系列弊端将会彻底解决。最终，到2020年我国要建立起"功能明确、治理完善、运行高效、监管有力的管理体制和运行机制，形成基本服务优先、供给水平适度、布局结构合理、服务公平公正的中国特色公益服务体系"。①

　　但是，这种设想包含了体系和规则上的重大缺陷，因此料定是很难实现的。最大的缺陷就是我国的事业单位体系中包括着行政管理机构，而且这些机构权力极大。行政管理机构怎么能作为事业单位？至今我们看不到关于这一点的法律解释，也看不到相关立法依据依法行政原则对其建立的授权性法律规范。从法律性质的角度看，行政管理机构必须从事业单位的系列中梳理出去，然后才可以从纯粹社会文化、科学、教育、慈善事业等方面发展良好的公共事业。

　　此外，我国现有的事业单位改革的设想，似乎从来都没有考虑到本课题探讨的事业单位的法人资格问题，以及它们作为独立的民法法人的财产权利问题。近年来，事业单位中的大中小学校收费问题、红十字会的财务问题，一而再再而三地引起社会争议。我们可以清楚地看到，如果不能处理好事业

---

　　①　参见国务院《关于分类推进事业单位改革的指导意见》第6条。

单位财产权利问题，那么这些所谓的改革设想，就将变成一纸空文。因此我们要在这里对事业单位的法人资格及其财产权利问题做出比较细致的探讨，以便为国家未来的法律制度建设提供可资借鉴的资料。

目前，我国现行事业单位的财产，从法律的定位上还是采取了"统一唯一国家所有权"的学说，对国有资产实行的是"国家统一所有，政府分级监管，单位占有、使用的管理体制"。①依据制定这些规则的文件解释，"国家统一所有"是指中央要掌握国有资产管理的立法权、资产划拨权、处置审批权、收益调度权和监督权。但是在现实中，真的是"中央"在统一地行使着这些权力或者权利吗？然后，所谓的"政府分级管理"，又是如何实现的？事业单位能不能享有独立的民法法人资格？他们没有自己的独立权利吗？"中央"真的在全部事业单位的财产上行使着统一的所有权吗？如果坚持所谓"统一唯一国家所有权"学说，那么事业单位当然无法享有独立财产权利。但是我们要问，众所周知的邵逸夫等慈善家，给我国的大学、中学等捐赠了很多基础设施如图书馆和教学楼等，那么邵先生是捐献给了学校还是捐献给了"国家"或者"中央"？提出这些问题之后，我们就可以看到，在事业单位财产权利这个问题上，我国的立法和现实之间的距离是多么遥远，因此我们知道要在这一领域建立科学的财产权利规制是多么的必要和急切！

从科学的法律制度建设的角度看，我们认为，坚持事业单位的法人资格，坚持事业单位对其财产的所有权，是相关法制科学化的唯一道路。

第二节　事业单位的公益法人特征

一　事业单位的公益法人特征

我国《民法通则》在法人分类中并没有借鉴传统民法的法人分类模式，而是以社会功能为标准将法人区分为企业法人、事业单位法人、机关法人与社会团体法人四类。综上所述，若要从根本上解决事业单位混乱的设置层次以及单位内部的权限划分，首先应该明确事业单位的法人性质，即将事业单

---

① 参见《事业单位国有资产管理暂行办法》第5条。

位归类于传统民法科学的法人分类中，以法人内部组织结构区分标准替代过去从法人社会功能出发的分类模式，从而实现市场经济体制下国有事业单位的法人化道路，彻底抛弃遗留自计划经济时代的"两权分离"理论，并且为下一步构建会计制度、事业单位内部治理结构、人事制度等一系列制度改革奠定理论基础。

实际上，我国法律中所说的事业单位，就是传统民法所说的公益法人。传统民法依法人成立或活动的目的不同，将法人划分为营利法人和公益法人两种类型。追溯法人的发展历程可知，公益法人的产生应该不晚于营利法人。因为，人类社会是群体性社会，为了群体性利益，人们很早就会成立公益性组织。现代社会公共管理事务日益复杂，而且民间的社会治理发挥作用越来越显著，反而政府能力在某些领域内不能满足需要，从而会产生更多更活跃的以公共利益为宗旨的法人类型。所以，现代社会，公益法人的社会作用会越来越重要。

关于公益法人的定义，学者间虽然各有侧重，描述用语不尽相同，然究其实质，并无分歧。所谓公益法人是指经过主管机关批准成立的，以公益事业为目的，剩余财产不在股东或社员间分配的法人。[①] 江平先生将公益法人定义为"以社会公共利益为目的而成立的法人"。[②] 王泽鉴先生将其定义为"以社会上不特定多数人利益为目的的社团"。[③] 在理解公益法人时，有必要首先理解公共利益。所谓社会公共利益是指谋求不特定的多数人的非经营性利益，并且主要是非经济利益。例如学会的目的是促进学术的交流发展，基金会的目的是为了资助和促进某社会事业。公益法人一般来说并不享有公共权力，不依靠公共统治权参与社会活动。另外，公益法人也不参与或不得进行任何与营利相关的活动，因为营利活动就是追求私益，这就违背了公益的目标。所以，有时公益法人经过法律特许也会从事少量营利活动时，它也不同于营利法人，因为这种活动并不是公益法人的最终目的，盈利所得也不可以分配给其成员，而是要作为其公益使用。

---

① ［日］小町谷育子：《一般法人法》，载《公益法人法解说》，日本三省堂株式会社 2008 年第 1 期。

② 江平主编、赵旭东副主编：《法人制度论》，中国政法大学出版社 1993 年版，第 53 页。

③ 王泽鉴：《民法总则》，北京大学出版社 2009 年版，第 127 页。

传统民法学中，公益法人具有非营利性、公益性以及剩余财产分配特殊机制三项特征。

首先，非营利性是公益法人区别于营利法人最基本的特征。此处所说的非营利性，并不是说公益法人绝对不参与或不能进行任何与营利相关的活动，相反，经过法律授权机关的特许，公益法人可以适当从事营利活动，对此，日本民法中即有明确的规定。与营利法人不同的是，公益法人并不以这种营利为最终目的。因为，公益法人要从事公益活动，因此应保证其自身拥有充足的资金，以证明自身具有服务于社会的基本能力。当然，公益法人的营利活动要受到限制，以防止其利用自身特殊民事主体的地位来影响社会正常交易秩序。

其次，公益法人的成立及其活动应具有公益性。所谓公益性是公益法人设立的目的，大多是指为社会不特定的多数人谋求非经济利益。当然在法律特许的少数情况下，也可以为某些特定的群体（比如残疾人、孤儿等）谋取经济利益。公益性是公益法人设立的宗旨，法人一旦设立，便不得更改。例如学会的目的是促进学术的交流发展，基金会的目的是为了资助和促进某社会事业。

最后，公益法人的剩余财产不在成员间分配。依民法学基本理论，营利法人终止后，该法人的剩余财产应该在出资者间按其出资比例进行剩余财产的分配。但是，对于公益法人来说，社会的公共利益乃是其成立的基本宗旨，因此，在其法人人格归于消灭后，倘若存有剩余财产应移转给相类似的公益组织，而不是分配给它的成员。

按照1998年国务院颁布的《事业单位登记管理暂行条例》关于"事业单位是指国家为公益目的由国家机关举办或由其他组织利用国有资产举办的，从事教育、科技、文化、卫生等活动的社会服务组织"的规定，以及《事业单位登记管理暂行条例实施细则》第4条规定，可以清楚地看出，我国法律实践中所说的事业单位，其实就是传统民法所说的公益法人。与传统民法中所说的公益法人所不同的是，我国法律强调事业单位必须由"国家机关举办或由其他组织利用国有资产举办"，而传统民法中的公益法人除了公办之外，民间兴办者其实是多数。但是在我们看来，这一点恰恰是我国立法和现实不相符合的地方，也是我国未来立法应该予以修正之处。因为，所谓事业单位均由"国家机关举办或由其他组织利用国有资产举办"这一点，在过去的计划经济体制下都没有做到，比如过去一直存在的事业单位，如宗教组织等，就不是国家兴办的，也不是利用国有资产兴办的。仅仅宗教事业单位在过去都不是少数。改革开放之后非"国家"兴办的文化组织、教育组织、科学研究组织、体育组织等，可以说已经非常多而且会越来越多。所以强调事业单位须由"国家"兴办，这是一条极不合时宜的规则。

当前我国非"国家"兴办的事业单位的情形，从立法上来说，应该和"国家"兴办的事业单位取得同样的法律资质。从民法的角度看，这些事业单位，都应该称为我国法律上的公益法人。在传统民法中，公益法人有社团法人和财团法人两种典型形式，我国未来的民法对此也要给予足够的法律承认，对其间的规则要给予充分的尊重。

二　比较法上的资料

（一）法国

法国的公益事业由三种组织承担，包括公立公益机构、公益集团以及经营公用事业的私营机构。

1. 公立公益机构

在法国，传统上，国家以外的公法法人被一分为二：一是地方行政单位；二是公立公益机构。一般来说，公立公益机构隶属于各级领土公法法人，是一种经营管理公用事业的公法法人。[①] 它在性质上属于专门性法人，其职权局限于经营管理被指定的公用事业，需特别严格地服从专门性原则。具体而言，它受公法和行政机关的管辖，有独立可支配的财产，财务自理，在业务上有一定的独立性。在所有权方面，对于科学文化性公立公益机构以及行政性公立公益机构而言，它们拥有自己支配的资产，其资产来源包括：各级政府的津贴、补助，私人捐献和遗赠，以及其开展活动取得的收入等。审议会每年依据公立公益机构的收入来提供各项开支，并投票通过预算。但

① ［法］让·里韦罗、让·瓦利纳：《法国行政法》，罗豪才主编，商务印书馆 2008 年版，第 229 页。

是，参与经济活动的公立公益机构大多不受上述规则的约束。[①] 为便于其经营活动，生产经营类公立公益机构可以避开政府财政制度，在其财产所有制度以及财务会计制度方面适用民法规范。

2. 公益集团（GIP）

公益集团始于 1982 年《学术研究方针与计划法》第 21 条规定："为了完成研究、文化、体育等共同任务而工作，目的是从事研究活动并经营管理研究所需的设施装备。"由于诸多法规采取了这一方式，致使 GIP 在高等教育、体育、文学、艺术、学术事业的资助、保护、奖励、医疗救助等各种领域日渐增多。法国国内对于 GIP 的法律性质已经达成共识：拥有管理和财务自主权的公法法人。

3. 经营公用事业的私营机构

私人参加行政管理的现象由来已久，法国在 19 世纪时即已出现通过公用事业特许状，即将一种公用事业委托给一个民法法人经营管理。此类民法法人经营管理公用事业单位的授权来源于契约的约定或者法律规章的授权。这类私营机构的所有权与一般民事主体的所有权并没有实质的差异，他们对其自身占有的财产享有占有、使用、收益、处分的权能。法国政府会对公益私营活动给予适当资助，但是这种资助并不会改变这种生产活动或授权企业的纯粹私人性质，也不会将他们改造为公用事业。国家一方面能够确保某个有关团体的民法地位，允许其扩大经营范围和收入；另一方面，国家会享受公权力的特权：例如，财产征用权对矿山特许经营者和某些储金互济会相当有利，有关私营机构也可以强制性地从其成员那里附带收取一些特许经营使用费，等等。这类私营机构的资金资助可以是间接的，如税率调整；也可以是直接的，如补助或者利息保障。

（二）日本

日本的"公益法人"制度是以《民法》第 34 条为基础建立起来的。所谓公益法人是指，"企业和个人利用民间资金，以实现学术振兴、育英、福利、环境保护国际交流、地区振兴等公益目的为宗旨，包括财团法人和社团

---

① 参见《工商性公立公益机构的两个目的》，转引自让·里韦罗、让·瓦利纳《法国行政法》，商务印书馆 2008 年版，第 245 页。

法人"。由此可见，公益法人必须具有以下几个方面的构成要件：①具有公益价值。②非营利的目的。③社团法人或财团法人。④征得主管部门的许可。就公益法人的法律功能而言，日本的法律作了比较好的制度性安排。《日本民法典》根据法人地位进行的分类，将法人分为以下三种形式：①根据《日本民法典》第 34 条成立的公益法人，包括财团法人和社团法人。②根据特别法成立的民法第 34 条以外的公益法人和非营利法人，包括学校法人、社会福祉法人、宗教法人和协作组织法人。③营利社团法人，此种法人主要由商法、有限公司法等规制。①公益法人就是按照《日本民法典》第 34 条设立的。

根据日本《日本民法典》第 34 条规定，公益法人分为财团法人与社团法人两种类型。作为公益法人的社团法人，是以一定公益目的结合在一起的人的结合体，并得到主管部门的许可，获得法人资格。这类法人是以社员缴纳的会费来从事公益事业。而财团法人是以一定的公益目的，由捐赠财产结合在一起，在征得主管部门的许可下，获得法人资格。财团法人重要的特性是要有一定的为公益目的可以处分的财产的存在，因此应当对特定的个人财产和财团财产分别加以管理，并独立地存在，关于财产管理运用等其他基本事项，由财产的捐赠人来规定财产的用途。此外，由财团法人的理事会来管理运用财产，并以此来实现公益目的。而对于社团法人来说，则通过监事和会计检查人的设立，来实现会计账簿和理事的业务执行情况监督。

（三）英美法系

由于两大法系源自不同的法律传统，英美法系中没有公法法人与民法法人的分类。一般来说，英美法中通过信托制度的设立来完成财团法人的职能。具体而言，是指信托人将其财产以及财产上的权利交给受托人，受托人在信托人委托的权限范围内，以该收益人的利益为目的，依照法律规定的程序对该项财产进行管理、处分的一种法律制度。按照信托设立的目的，可将其划分为私益信托和公益信托。一方面，所谓公益信托，即为增进社会间公

---

① 莫纪宏：《法人的宪法地位与公益法人的法律特征》，载吴玉章主编《社会团体的法律问题》，社会科学文献出版社 2003 年版，第 122—141 页。

共利益为目的的信托，其实际内容和作用与大陆法系中的财团法人颇为一致。① 另一方面，英美法系以已注册的组织和未注册的组织为标准，来区分各种财产或人的集合体。因而"非法人团体"的概念在英美法系中并不存在。②

因此，英美法系并没有与大陆法系严格对应的"公益法人"概念。美国将与公益法人相类似的组织称为"非营利性组织"，即指为公共目的服务，但组织成员不能分配该组织由生产经营或者社会活动而产生的利润这一组织类型。英国法中原本存在"慈善性"的概念，用以表称以公共服务为目的的组织。但为了研究便利，"非营利组织"这一概念已逐渐取代了"慈善性"组织这一称谓。考察组织设立的目的可知，公益性组织和互益性组织是其两种最基本的类型。前者系指以服务大众及慈善事业为目的的非营利组织，后者仅指以服务特定群体成员的相互利益为目的的非营利组织。③

在英国早期，慈善活动的主要形式是慈善信托。④慈善机构是一类以提供救灾物资以及免费衣物为设立目的的组织。18 世纪至今，英国慈善性机构最主要的活动方式就是慈善法人和慈善信托。1993 年，《慈善法》将这两种方式以法律的形式正式加以规定并予以保护。

在美国，非营利性组织主要有两种存在形式：一是互助性非营利组织；二是慈善及其他公共福利非营利组织。互助性营利组织设立目的在于为其成员谋取利益；而"慈善组织"的概念则源自英国，以发展教育、扶贫、传播宗教和其他公益目的为宗旨。

在英美法系中，非营利性组织对其财产享有独立的所有权，原资产所有者对资产没有追索权。如果该慈善组织不存在或被解雇，按照主控文件或相应的州法律，其财产或分给具有公益目的的政府实体，或者部分分给一个与该组织具有相同目的的其他组织。

---

① 江平主编、赵旭东副主编：《法人制度论》，中国政法大学出版社 1993 年版，第 49 页。
② 王绍光：《多元与统一第三部门国际比较研究》，浙江人民出版社 1999 年版，第 128 页。
③ 陈林：《非营利组织法人治理结构》，博士学位论文，中国科学院，2003 年。
④ 慈善信托是英国人民为规避统治者禁止死后对教会奉献及避免土地被没收或被课税所采用的权宜之计。

第三节　事业单位财产所有权

如上所述，我国法律对于事业单位的财产权利的规定，至今还是一个空白。对于所谓的"国有事业单位"的财产权利，《事业单位国有资产管理暂行办法》第3条规定："事业单位国有资产，是指事业单位占有、使用的，依法确认为国家所有，能以货币计量的各种经济资源总称，即事业单位的国有财产。"根据该办法制定者的解释，这些资产具体包括国家拨给事业单位的资产，以及接受捐赠和其他经法律确认为国家所有的资产，其表现形式为流动资产、固定资产、无形资产和对外投资等。这一规定和解释，坚持了苏联引入的"统一唯一国家所有权"学说，并不符合世界上多数国家坚持的公益法人的原理，也不符合我国法律实践中事业单位发展的现状和改革的趋势。在上文我们已经分析到，事业单位对于"国家"其实是政府的拨款，享有完全的占有、使用、处分权利，这已经是充分的所有权。另外，他人给予事业单位的捐赠，也是捐赠给特别确定的事业单位法人，并不是捐赠给国家或者政府，国家或者政府并无资格取得这些资产的所有权。

一　立法以及法理分析

我国现行事业单位对国有资产实行的是"国家统一所有，政府分级监管，单位占有、使用的管理体制"。[①]依据政策制定机构的解释，这里的国家统一所有是指中央要掌握国有资产管理的立法权、资产划拨权、处置审批权、收益调度权和监督权。但是这些权利并没有一个是符合《物权法》规定或者符合民法科学规则的所有权。而且，按照这些机关的解释，我国目前可以行使实际"国有资产管辖权"的是四级政府：①中央人民政府，即国务院，物权法明确赋予它代表国家行使所有权的职能；②省、自治区、直辖市、计划单列市人民政府；③地级市区自治州人民政府；④县级市人民政府。这些政府如何分级管理，其权力到底是什么，目前的立法语焉不详。

---

① 参见《事业单位国有资产管理暂行办法》第5条。

至于事业单位对国家划拨给它们的财产是否享有权利，以及享有何种权利，我国目前立法没有规定。《民法通则》规定了事业单位法人可是没有明确事业单位的财产权利。《物权法》第 54 条规定："国家举办的事业单位对其直接支配的不动产和动产，享有占有使用以及依照法律和国务院的有关规定收益、处分的权利。"该规定从表面上看，似乎承认了事业单位的财产所有权，但是受"统一唯一国家所有权"学说的影响，它没有在这个问题上越雷池一步。

立法的沉默导致法学家们在该问题上的不同表述。有的学者将这一权利称为非经营性资产的使用权①，并认为这种使用权与经营权一样，也是所有权派生的财产权，但是，这种使用权的权利比经营权要小一些，它只享有占有使用的权利，而没有处分的权利。也有的学者称为占有使用权。② 1993 年国家国资局发布的《国有资产产权界定和产权纠纷处理暂行办法》第 17 条以及 2002 年财政部发布的《企业国有产权纠纷调处工作规则》第 3 条也采用了"使用权"的表述。这些理论的探讨和法律规则上的表述，其实都是来源于苏联法学，尤其是维涅吉克托夫的学说，其科学性不足为道。道理很简单，事业单位对于这些财产的占有使用处分的权利都是全面的，而不仅仅只是使用权而已。比如，一所大学将其财政拨款给其员工的工资全部发放给职工了，这时候国家或者政府还有所有权吗？大学的权利仅仅只是使用权吗？这些理论完全不能说明这些现实的问题。

国外的学者对于这个问题的讨论，其实也有不同。大体来说有三种观点：一是公权力说。持此种观点的学者认为：事业单位对该特定公务使用或事业用国有财产所享有的权利性质是一种公法上的管理权，学说上亦称为公务管理权。"虽称为权，实包含有义务概念，管理者不仅有权利，而且有义务管理。"③二是民事权利说。苏联著名法学家维涅吉克托夫于 1948 年所著《论国家所有权》中首次提出了"经营管理权"理论，认为事业单位的权利

---

① 谢次昌：《国家所有权理论在实践中的运用和发展》，《中国法学》1996 年第 6 期。
② 王利明主编：《中国物权法草案建议稿及说明》，中国法制出版社 2001 年版，第 29 页。
③ ［日］原龙助：《公务营造法》，株式会社有斐阁昭和五十一年版，第 215 页。

是社会主义国家特殊的民事权利。① 《苏俄民法典》也将此种权利归于民事权利范围之内，并对其内容进行了民事权利的改造，将其纳入民法的物权范畴中。理解该种学说需要注意的是，苏俄所以偏好民法上的建构，与社会主义制度下要求有许多财产上独立的流转参加者有关。②三是"综合权利说"。倾向于认为国家所有权为跨部门法律的学者多持综合说。该说认为事业单位对国家划拨给它的财产所享有的权利，既不是纯粹的公权力，也不是纯粹的私权利，而是特殊包括性权能或者概括性管理权能。③

以上三种学说都有法理上不通透的地方。其中的公权力说强调事业单位财产来源划拨方式的公法色彩，但是，这一观点基本上不了解法人制度，也不了解财产划拨仅仅只是财产权利变动的一种方式；划拨具有公共权力导致物权变动的特征，但是变动的结果，并不是公共权力还保留在物品之上，而是把权利"划拨"给别人。至于维涅吉克托夫的"经营管理权"理论，我们在上文已经多次讨论，该理论产生于计划经济体制下，在《宪法》已经明确建立社会主义市场经济体制的今天，私权利说已经失去了生存的土壤。而综合权利说根本没有从本质上解决事业单位法人对其占有的国有资产的权利性质问题，因而更不足取。

无论是从民法法理上看，还是从我国事业单位法人实际享有的财产权利的内容看，他都已经享有了足额的法人所有权。诚然，在公法领域中，设立事业单位法人的宗旨及其财产管理机制固然与民法法人有所不同，而且，公法法人的财产均来自国家的划拨，但是，划拨给法人后，就不能再继续坚持这些财产还属于"国有资产"。

---

① 该理论首现于 1948 年的《社会主义国家所有权》一书中。维氏认为，国营企业作为国家设立的机关系统，国家把财产交给其经营管理，国家所有权就是由国家机关对企业的行政活动来表现的。因此，经营管理权就是行政法上的管理权与民法上财产权的结合。所以，经营管理权的突出特点是国家机关的管理与企业的财产权部分。这种经营管理权理论是以不承认社会主义存在商品生产和商品交换，只认为是一种直接分配和消费的产品经济为前提的。

② ［苏］B. T. 斯米尔诺夫：《苏联民法》，黄良平、丁文琪译，中国人民大学出版社 1987 年版，第 112 页。

③ 梁凤云：《行政共产研究》，硕士学位论文，中国政法大学，2001 年。

二　现实意义

事业单位属于公法法人，法人人格独立首先必须财产独立。公法法人是为了完成公共职能而建立起来的法人，它依据公法建立，承担公法所要求的社会管理职能或者其他方面的公法职能。因此，公法法人的财产只能应用于宪法或者行政法确定的目的，而不能应用于私人目的，否则，法律就要追究责任。公法法人在公法领域内，作为行使国家职权的机构而具有公法意义。但是，公法法人在日常活动中，难免会进行民事行为。此时，在民事法律关系中，该公法法人是一个享有民事权利能力以及行为能力的独立主体，具有独立的民事法律人格。

在传统物权法科学中，对于资产的控制，首先要确定控制人的法律资格治理模式，这就是物权法上所说的"特定主体"的意思，也就是财产的控制人必须明确地规定为那些能够既享受权利又承担义务和责任的自然人或法人。其次要确定财产权利的支配对象。财产权利的支配对象必须具有明确肯定的特点，这样一方面支配者行使其权利会有一个确定的范围，另一方面也才能够不逾越其应有的界限，不侵害他人的合法权利。最后，支配的权利也必须明确肯定，到底是所有权还是其他物权，必须符合法律确定的科学含义，这样支配人才能够承担相应的义务和责任。这也就是物权法理论中的物权特定原则。

确定财产将各级事业单位明确确定为公共资产的所有权人，以取代现行立法中空洞虚无的国家所有，彻底摆脱苏联民法的"唯一、统一"的国家所有权制度，对完善公共财产的治理秩序非常必要。承认公法法人制度是民法上一项非常科学的制度，它最大的一个优点就是能够解决社会组织内部的法律控制问题，尤其是组织体的财产支配与控制的问题。法人制度解决这个问题的基本方法是建立法人治理结构，将法人的决策机关、执行机关、监督机构划分开来，这些机构享有不同的权利，但是彼此间要相互制衡、互相监督，权利享有者同时承担相应义务或者责任。这就防止了法人内部权利滥用，从而避免法人内部财产控制的灰色或者黑色空间。民法上的法人有公法法人和民法法人两种类型，他们建立的法律根据和负担的功能有本质的差异，但是世界上的法治国家都要求在这些法人内部建立相应的财产控制方面的分工与制衡机构。过去我国公共财产的支配秩序在事业单位领域可以说是比较混乱，资产的流失和浪费非常严重。

很多年来，事业单位私设"小金库"的现象十分突出。所谓"小金库"是指违反法律法规及其他有关规定，应列入而未列入符合规定的单位账簿的各项资金（含有价证券）及其形成的资产。①这些小金库大多通过挪用、转移国家预算内、预算外资金，截留收入并且不在应上缴财政预算外资金账户中加以记载而形成。这些资金最终以补助或奖金的形式作为福利分发给职工或者被少数领导挪为私用。由此可见，小金库的危害是巨大的，它不仅是国有资产流失的重要方式更是腐败滋生的重要原因。另外，我国还存在着非常严重的国有资产流失问题，流失的渠道之一，就出现在事业单位领域，比如体育、文化产业就比较严重。事业单位同样也是腐败高发地，除了类似于中国足协近年来爆发的严重腐败案之外，教育部门的腐败其实也很严重。这些问题的出现，都是因为事业单位没有建立良好的法人治理结构，领导人没有受到有力的监督。所以有人说，从世界范围来看，中国公共财产的占有人权力最大、责任最小。

在我们看来，这些屡禁不止的问题的出现，主要还是法律制度设计方面的问题。按照目前的中国立法，事业单位的所有权保留在"国家"手里，但是在现实层面，这些财产权利实际控制在各个具体的事业单位的领导人手中。法律层面的国家所有权，与具体的物的支配秩序毫不相干，这就是问题的症结。这个问题在公法法人所有权制度下能够得到完善的解决。首先，以上文所述，在明确了事业单位占有财产的所有权支配秩序的前提下，通过建立事业单位所有权人的治理结构，使得各个财产占有使用和处分的环节都能够纳入法人治理之中，这就解决了财产主体不明的制度问题。其次，我们还应该改革事业单位会计、审计制度，将事业单位的各种收入，包括国家划拨的公共资金、单位自身经营所得或者社会捐赠所得全部纳入统一的预算管理，并引进企业成本核算制。同时加强对事业单位财务活动的监督和审核。此外，政府主管部门可委托会计师事务所或聘请职业审计师对事业单位的财

① 详细内容参见《中国共产党纪律处分条例》。

务状况进行定期审核。[①] 这样，事业单位财产收入、支出各项清晰明确，能最大限度减少国有资产黑洞的存在。同时，立足于事业单位公法法人的基本属性，在事业单位内部建立法人治理机制，能解决组织体的财产支配与控制问题。法人制度解决这个问题的基本方法是建立法人治理模式，将法人的决策机关、执行机关、监督机构划分开来，这些机构享有不同的权利。决策机构决定资金是否用，执行机关决定资金怎么用、用多少，而监督机关则根据财务会计报告、审计报告负责监督资金的具体使用问题。各个部门享有不同的权利，同时也要受到其他部门的监督。这就有效防止了法人内部权力的滥用，从而消除事业单位法人内部财产控制中所存在的灰色或者黑色空间。

三　可资借鉴的操作措施

（一）关于公法法人公产与公法法人私产的区分

关于事业单位的财产权利的改革，我们可以借鉴国外一些公法理论和实践比较成熟的国家的措施。在此首先值得一看的是法国的公法法人财产所有权制度。法国依据《国家财产法》第 2 条规定，将公法法人的财产区分为公法法人占有的公产和公法法人拥有的私产。根据 19 世纪的公产理论，所谓公产，仅仅是指根据其本身性质的考虑或者政府指定的用途而不能为私人所有的财产。但是从具体的物品来说，公法法人私产与私人的合法财产在法律上并无不同。公法法人是其私产的合法权利享有者，可以行使占有、使用、收益、处分的权能。而处于公法法人管理下的、供公众使用的财产则属于公产范围，公法法人对于此类财产的支配要受到法律的限制，因而其自由度远小于私产。

公法法人的私产极为复杂，因而很难积极界定，法国学术界一般认为，公法法人财产中不属于公产部分的财产都是私产。这个观点也为 1962 年《国有财产法典》第 2 条所采纳。关于行政主体私产的一般法律原则与私人财产无异，一样受民法的支配，关于私产管理的诉讼亦由普通法院管辖。在法国，公法法人的私产可以进入商业交易领域，并得适用时效取得制度。公法法人

---

① 郑国安、赵路、吴波尔、李新男主编：《非营利组织与中国事业单位体制改革》，机械工业出版社 2002 年版，第 69 页。

不仅可以转让这些私有财产，甚至可以用其设置有利于个人的物权。但是，根据《国家财产法》以及 2006 年的《公法法人财产总法典》，公法法人财产所有权受如下限制：首先，财产的管理主体要依照行政法规定确定；其次，行政法的规则禁止无偿转让这类财产，禁止债权人对这些财产实施扣押，这是因为在法律上不存在可以对行政部门实施的"强制执行途径"。①

公法法人的私产可以进入市场交易领域，同样也可以作为标的物来设立限定物权，大致而言，这类财产与私人财产并无本质区别，都可以为个人利益进行处分，但是这类私产的处分要受到一定限制：其一，这类财产的管理以及处分规则应由行政法律予以规定；其二，公法法人的私产可以交易，但是该交易必须是有偿法律行为，而且，由于法律不得对行政部门强制执行这一原则，公法法人的私产也不得成为强制执行的标的物。

类似于法国，德国法律意义上的公物即指国有财产，广义上的公物又可称为公产或官产，是指为公益目的实现而由国家或者自治团体使用物，具体包括财政财产、行政财产、共用财产；狭义上的公物仅指行政财产及共用财产，不包括财政财产。②根据德国法的规定，财政财产属于行政机关的私产，行政机关以及获得授权的机关对其享有所有权。但是，对于共用物与共用物，虽存在于公法法人的民法所有权当中，但公法法人的财产所有权是在信托制度下建立起来的，其权能并不完整。具体来说，公用物与共用物的收益权归于公众所有，公法法人仅得行使占有、使用的权利。至于处分的权能，法律有更为严格的限制，具体来说，根据共用物或者公用物以其自身属性为动产抑或不动产而在限制上有所区别。对于动产而言，在其自身的公共使用途消除后，由该公法法人享有私有所有权，并得以该公法法人的利益来处分该动产。但是对于不动产来说，该公法法人在其公共使用用途消除后，对其所享有的权利仍然是一种信托性质的权利，公法法人在行使处分该公用物或者共用物的权利时应受到公共利益的限制，并不得以其自身利益进行处分。

在日本，有关公产的规范主要规定于《国家财产法》和《地方自治法》

---

① ［法］弗郎索瓦·泰雷、菲利普·森勒尔：《法国财产法》，罗结珍译，中国法制出版社 2008 年版，第 666 页。

② 详细内容参见涂怀莹《行政法原理》，台湾五南图书出版公司 1987 年版，第 459—460 页；陈新民《行政法学总论》，台北三民书局 1997 年版，第 335 页。

中，按照这两部法律，在日本法的理论中，公产存在行政财产和财政财产两种类型。财政财产中，若其为动产，则当然由占有它的公法法人享有私人所有权。若其为不动产，则问题会变得复杂得多。此时，占有该不动产的公法法人并不能以自身利益来处分该不动产，而应受到公共利益、公共使用用途的严格限制。究其权利实质，与上文所提及的信托所有权并无实质区别。

在英国行政机关中，除由部长直接控制的中央各部和由地方居民选举产生的地方政府外，还包括数目众多的独立公法法人，这类机构间差别很大，但是法律从来没有指出它们的意义和范围。英国行政法理论中所讨论的公法法人是在排除具有公法职权的中央行政机关和地方行政机关的基础上，专指那些以从事特定公共事务为宗旨的机构，并且，这类机构应该具备独立的法律人格。英国的公法法人一般来说大致分为四类。

（1）工商企业公法法人。这类公法法人主要协助政府加强经济生活的干预。主要应用于某些涉及国计民生的重要行业，因而必须由国家垄断的行业；以及某些风险性大、投资回报周期长，因此私人不愿涉足的行业。

（2）行政事务公法法人。这类公法法人以自己的名义执行职务，主要致力于经济或社会方面的政策和职务，其社会职能无异于政府机构。

（3）实施管制的公法法人。这类公法法人主要负责制定和实施一些行为标准，而非执行某项具体业务，因此更接近一般的行政机关，受监督的程度也比前两类公法法人更加严格。

（4）咨询及和解性质的公法法人。在英国支付体系中，存在大量咨询机构，但是并非所有咨询机构都具备法人资格，如种族平等委员会、就业机会平等委员会等。①

在美国，并非所有的地方政府都当然具有公法法人资格，因此，美国的地方政府可以是否具备公法法人资格为标准而分为公法法人地方政府和准公法法人地方政府。对于行政性财产而言，与前述各国并无实质差异。行政性财产中的动产由占有它的各级公法法人享有私有所有权，而不动产则使用信托制度。而财政性财产根据宪法以及各州法律规定，属于对其进行有效占有的各政府团体所有，各公法法人对此类财产享有完全的所有权，不受各级政

① 王名扬：《法国行政法》，北京大学出版社2007年版，第90页。

府的行政限制。

国有财产，亦称公产或公物。称公产者强调的是物的所有权归属，称公物者偏重于物的使用价值。① 依照大陆法系国家的公物理论，公物根据其利用目的可分为公共使用物和公用物。② 公共使用物是提供于公众用的物，如道路、河川、海岸。公用物是直接提供于国家行政机关和地方公共团体政府机关使用的物，国家机关办公用地及其建筑物当属此类。相较于投资物而言，公共使用物即纯粹为了社会管理和公共利益而设定的物，比如公共图书馆、公立理疗卫生设施等。公共使用物乃是为公共利益而设，理应向全体社会公众开放，因此是真正意义上的社会公共财产。

（二）对我国事业单位公法法人所有权制度的建言

同任何法治国家一样，我国事业单位占有的物品也被分为两部分。一部分是为了维护自己的存在所必须占有的物品；另一部分则是为了大众公共使用的物品。事业单位纯粹为维护自己的存在所独占的物品，依据国际上的通论，应该被称做"公法法人私有物"。这些物品只为某个特定的公法法人而设，其他法人或者自然人无法使用这些物品。这些物品，虽然名义上也可以称为公有，但是实质上由这些公法法人独占使用甚至处分。从这个角度讲，形成了民法上的"公法法人所有权"这种情况。这一点在法理上是完全成立的，很多国家对此也是承认的。

另外一种以事业单位的名义占有，能够为社会公众所使用的物，即上文提到的"公共使用物"，例如公共文化教育体育设施。这些设施是我们社会大众都可以使用的，从民法角度来看，由事业单位享有并行使这些物权，但是它们不得排斥社会大众对这些物品的使用。这些物权的取得和行使，所要遵守的法律是特别的，应当与一般民众的物权相区分。

通过上文分析，事业单位所享有的公法法人的所有权，与一般民事权利主体的物权主要区别有：

（1）物权的取得方式不同。一般公法法人取得物权的方式都是依靠财

---

① ［德］汉斯·J. 沃尔夫、奥拓·巴霍夫、罗尔夫·施托贝尔：《行政法》，罗豪才主编，商务印书馆 2002 年版，第 455 页。

② ［日］盐野宏：《行政组织法》，杨建顺译，北京大学出版社 2008 年版，第 246 页。

政拨款，而最特殊的公法法人税务机关依据税收取得财政所有权。

（2）公法法人必须依据公法、宪法或者行政法行使物权，而一般民事权利主体依据自己的意思行使物权。所以公法法人的物权，以及公法法人的所有权这些概念，都是有科学依据的。

此处，可见公法上的物权的复杂性。无论如何，我们不能认为公法法人没有物权，而公法上的物只能称为"国家财产"，由"全体劳动人民享有所有权"。这种全体人民占用并使用的公物理论，不但将现实问题大大简化了，而且非常有害的是，这种理论妨害了我们对公物建立有效而科学的物权。中国的公共资产法律秩序不公开、法律漏洞太多，其原因就在于此。也就是因为这样，我们应该用公法法人的物权这个更为科学的概念来替代单位物权这个模糊的概念，至少应在司法上建立将这种特殊法人的内部治理模式和法人责任纳入民法法人规则的相关制度。

事业单位的国家所有权问题是一个极具理论和现实意义的问题。事业单位产生于计划经济体制下，当时，我国继受苏联民法理论，并没有按照传统民法中的法人与非法人制度来划分社会组织，而是将社会组织划分为企业、事业单位以及政府三类。自1985年以来，有关事业单位的改革在其人事制度、会计制度、管理制度等诸多方面都取得了突破性进展。但是，与其"摸着石头过河"不如发扬"拿来主义"精神，将事业单位归入传统民法的法人制度中，以借助法人制度中法人的独立人格、法人治理模式等诸多历史悠久的成熟制度来实现事业单位的内部深化改革。

法人之所以具有独立的法律人格，最根本的原因之一，是其拥有独立的法人财产。财产于法人犹如食物于自然人，是其生存、发展的必要物质基础。同样，对于事业单位法人而言，国家划拨给其占有、使用的财产，一经转移，即应由法人享有完全的所有权。在法理上，该事业单位的法律人格当然切断国家原有的所有权。因此，承认事业单位的公法法人所有权必然成为我国事业单位继分类改革后的新途径。

本章小结

我国的事业单位种类繁多，占有公共资产数量巨大，立法对事业单位的财产权利未做规定，这是一个明显的缺陷。可以预料，关于事业单位占有使用的财产权利问题，将成为下一步研讨的热点。对此，我们可以借鉴国际上成熟的学说，建立公法法人的私有财产所有权制度。该制度源自19世纪初期公产与私产相区分的理论。综观两大法系主要国家的公法法人财产制度，虽各有特色，但亦有不少相同之处。大体说来，在区分公产与私产的基础上，公法法人对于其私产拥有完全的所有权，这种所有权与私人所有权大体相当。公法法人一方面可以行使占有、使用、收益、处分的权能；另一方面，公法法人可以为其利益对其私产进行法律上的处分。通过上文的分析我们可以清楚地看到，我国的事业单位的财产权利，就其一方面承载公共职能、一方面由这些单位享有充分的有权权能这些特征看，将其依法规制为法人所有权应无争议。当然，公法法人的私有财产所有权要受到一定的限制，对此各国有其不同的规定。对于公产而言，一般将其划分为行政性财产和财政性财产，财政性财产中的动产是公法法人的私产，公法法人可以在公共用途的范围内对其自由地进行处分。但是，财政性财产中的不动产则依照信托制度予以建立，公法法人作为受托人可以占有、使用该不动产，但是其收益和处分则要受到公共利益、公共用途的严格限制，传统民法中的公法法人财产所有权的这些制度特征，也完全适应于我国的事业单位法人。

通过以上分析可知，世界各国不但普遍承认各级公法法人的所有权，而且其有关国有资产的理论内容上相当充实，实践中也具有很强的可操作性。相较之下，我国的国家所有权制度在理论上则粗糙得多。我国由于受到苏联的影响，在所有权分类的问题上坚持以三分法为基本原则，即以国家、集体、私人为标准来确定所有权的主体，以此标榜社会主义国家中国家所有权的优越地位。但是，通过上文分析可知，这种三分法无论在理论中还是实践中都存在着严重的错误。现阶段我国事业单位的国家所有权理论根本无法建立起有效的国有财产支配秩序，因而造成了大量令人痛心的国有资产流失问题。

未来10年内，我国事业单位改革的重点将从"政事分开、放权搞活"等外围制度建设转向事业单位自身的制度性建设上来，事业单位分类改革的前提是认清其法律上的本质属性，回归传统民法的法人理论，依照法人—非法人制度将各类事业单位按其设立的法律根据、内部结构、成立目的等因素归类于传统民法中法人的制度框架内。在这个制度建设中，应该把事业单位的法人化改造当作核心，尽快使其脱离行政化规制。

2011年国务院颁布了《关于分类推进事业单位改革的指导意见》，其中对事业单位进行分类改革，以及建立事业单位的法人治理结构成为下一阶段的工作重点。在这种改革设想中，应强化财产权利的制度建设，应该对世界普遍承认的法人所有权的法理科学性有足够的尊重。因此承认各级事业单位的公法法人所有权是完善事业单位法人制度的理论以及逻辑的必然延伸。同时，这更是彻底解决我国国有事业单位国家所有权混乱的支配现状以及国有资产黑洞等社会热点问题的根木途径，这也正是木章的研究意义。

第九章

博物馆的国家所有权

第一节　问题的提出

我国的博物馆事业是中国特色社会主义文化中不可缺少的一环，我国向来注重文物以及文物收藏单位的管理和建设。中国现代博物馆的产生与发展经历了从改造旧社会遗留的 21 座博物馆到三大具有标志性的博物馆的建成，再到民营博物馆的日益强大这三个阶段。但是，本课题研究必须指出，在博物馆事业高速发展的背后隐忧丛生。我国现有博物馆制度的核心问题在于博物馆的法人地位尚未确认，尤其是国有博物馆。在现实社会中存在两种错误的倾向，一种是将博物馆简单地归为国家所有权的客体，认为它只是国家所有的财产而已；另一种是过分强调博物馆的自主性，主张将其作为一般的公司看待。由于博物馆和国家两者间关系的模糊，直接导致了藏品归属不明的困境。在现有法律中，并没有将文物藏品和普通藏品加以区分。

我国现有的关于博物馆问题的研究，多是从博物馆学的角度出发，研究的主要方向是藏品和博物馆的管理。而仅有的关于博物馆的法律层面上的研究，也基本未涉及民法所有权领域。再看我国现有的法律规定，虽然关于博物馆的立法数量并不少，但缺乏统管性的立法，而且整体立法的层次较低。部分法律如《博物馆藏品管理办法》，由于制定的时间过早，已经无法满足现在博物馆制度发展的需要。

完善博物馆的法人所有权制度，将为博物馆事业的健康发展奠定坚实的法律基础。对于博物馆的国家所有权制度的研究，有利于加强对国家所有权理论的研究，最终有助于建立完整的所有权理论。以博物馆为代表的事业单位是国家所有权理论系统中的重要一环，明确其与国家的关系，有助于厘清许多历史遗留问题。对于博物馆国家所有权制度的研究，同样也有助于中国特色社会主义文化事业的发展。我国作为一个有着五千余年光辉灿烂历史的文明古国，充分发挥博物馆在研究、教育这两大层面上的作用，无疑对文化事业进步有着极为重要的意义。

第二节　我国博物馆事业的发展现状

一　中国博物馆事业的基本情况

博物馆事业自中华人民共和国成立以来，就是社会主义文化事业发展的重要部分。1949 年 11 月，中央人民政府设立了文物局，统管全国的文物以及博物馆事业。同时，也对旧中国遗留下的 21 个博物馆进行了社会主义改造。1958 年，中国历史博物馆、中国革命博物馆和中国人民革命军事博物馆建设的确定标志着我国博物馆事业的发展进入繁荣期，至 1962 年我国博物馆数量从新中国成立初期的 21 座发展到 230 座。[①]"文化大革命"时期，我国博物馆事业遭受了严重的挫折，但是，在改革开放的新形势下，博物馆事业得以拨乱反正，迅速步入健康发展的轨道，从 1985 年开始我国博物馆的数量逐年稳步增加。与之相伴随的是一系列与博物馆制度相关的法律法规的相继出台。

一方面，博物馆数量快速增加的主要原因是地方博物馆迅猛发展，而江苏以 182 个博物馆机构名列各地之首。而近年来非国有博物馆更是得到蓬勃发展。据统计，我国目前已有的 3000 多家博物馆中，文物系统内有 2300 多家，而民营博物馆注册的有 300 多家，还有 1000 多家尚未注册的民间博物馆。[②]我们认为民间博物馆的迅猛发展，不但体现了民间"文物收藏热"的不断增温，同时也成为保护文物的重要力量之一。这对发展我国的博物馆事业是非常有利的。

另一方面，新型博物馆也不断涌现，包括高校博物馆、企业博物馆，其

---

① 文化部财务司：《中国文化文物统计年鉴 2010》，国家图书馆出版社 2010 年版，第 68 页。
② 孔力：《民营博物馆的生存现状》，《检察风云》2012 年第 13 期。

中比较有名的有北京大学赛克勒考古与艺术博物馆、中国地质大学（北京）博物馆、北京航空航天大学航空馆、中国移动通信博物馆、保利集团旗下的保利博物馆，等等。由此可见，无论是从机构的数量来看，还是从其本身的类型来看，博物馆都得到了长足的发展，逐渐成为中国特色社会主义文化事业中不可欠缺的一环。

我国目前的立法，非常简单地把博物馆规定为国家所有财产。这个规则与现实的差距太大了。对此我们应该仔细地分析。事实上国家所有权的概念古已有之，与国家的产生有着密不可分的关系。而西方社会自法律意识觉醒以来，对于国家财产问题的研究也可谓颇有建树。但是国家所有权这一概念，在苏联法学时代开始有了性质的重大改变。苏联学者对于何为国家所有权，以及如何按照他们理解的社会主义原则来重建公共财产权利，提出了自以为合理而且系统的理论构造，其中以 B．B．维涅吉克托夫在 1948 年出版的《国家所有权》一书对我国的影响最大。① 该书强调，国家所有权是全民所有制的唯一可能形式，它为高度集中的计划经济体制铺平了发展道路。这些观点很多是经不起理论推敲的，但是被中国全部引进，并长期成为唯一的正确理论，至今还在严重限制着我国的立法者和主导性的法律理论界。

事实上对于国家所有权的研究，主要是对实现主体的思考，在苏联之外的社会主义国家里，也都曾经进行过很有价值的反思。南斯拉夫学者认为在社会主义改造中应该用"社会所有权"取代"国家所有权"：将生产资料切实分配给全社会的居民，才能防止国家所有权的异化，避免成为政府自营自利的工具。有的苏联学者则主张"所有权缺位理论"，认为国家是一个抽象的主体，并不能真正行使所有权。还有部分学者主张将生产资料的国家所有等同于社会主义制度，将生产资料的公有制抛开不看。但是，博物馆不是生产资料，为什么要强制性地立法规定其一律国有呢？

在苏联之前，国家所有权的制度，核心内容是为了保障社会民众对于公共财产的共享机制。可是苏联法学之后，民众对于公共财产权利的共享这一点就很难看到了。因为，"国家所有"其实就是政府所有权，普通民众无法

---

① 对此有兴趣者，可以参阅王利明《国家所有权研究》，中国人民大学出版社 1991 年版，第12 页。

直接享受其利益。所以在我们看来，坚持社会主义的发展方向，是研究国家所有权的题中之意；从理论层面上来讲，则是研究国家所有权的实现方式，解决其在法律中的状态和与事实占有间的关系，确定直接行使国家所有权的主体，从而解决国家所有权在实现过程中存在的困境。

二　法律制度建设主要存在的问题

我国博物馆法制建设的道路从 1979 年正式开始。国家文物局颁布的《省、市、自治区博物馆条例》开创了我国博物馆法制建设的先河。我国陆续通过了其他相关立法，正式确认了博物馆的公益性质，其中对于藏品，尤其是文物的管理提出了一系列具体措施，同时也对博物馆的运营提出了相应的管理办法。而且上海、北京等市结合本地特色，出台了适合当地发展的博物馆条例。

但是，在肯定已有博物馆法制建设取得成绩的基础上，我们认为问题是仍然存在的。总体而言，我国博物馆的人均拥有量为平均每 60 万人一个，远远低于发达国家平均每 1 万—10 万人拥有一个博物馆的水平，[①] 这与我国这个"文物大国"的身份完全不符；进一步来说我国无论是博物馆内部的运行机制、管理系统还是文物的馆藏系统都与世界先进水平存在较大差距。具体来说，博物馆在发展中存在的问题主要表现在：①博物馆管理法制建设相对滞后；②博物馆的法人治理结构尚未在实践中得以确立；③博物馆中专业技术人才缺乏；④大部分博物馆存在经费不足、运行成本过高的问题。

其实上述四个问题均与博物馆本身所有权关系不明有着千丝万缕的联系。故宫"破瓷门"事件的出现，[②] 不仅说明了在博物馆中人员的专业技能培养上存在不足，更说明了在管理人员的侵权责任承担上存在的缺陷，即民事主体的确认问题。经费不足也是一直困扰着博物馆健康运营的重大难题，

---

　　①　参见《发展民营博物馆立法是关键》，《中国艺术报》2007 年 5 月 4 日第 1 版。

　　②　2011 年 8 月 11 日，网友爆料，故宫工作人员出现重大失误，将一件极为珍贵的宋代哥窑瓷器损坏的案件。故宫方面一开始对此极力隐瞒和掩盖，在舆论多次追踪之后，新华网报道，故宫博物院办公室回应称，2011 年 7 月 4 日上午约 10 时，故宫博物院古陶瓷检测研究实验室科研人员在对古器物部提取的宋代哥窑青釉葵瓣口盘（一级乙）进行无损分析测试时发生文物损坏。这就是著名的"破瓷门"事件。后来发现，故宫发生的重大文物损害已经有多起。对此有兴趣者，可以参阅王茜《故宫"瓷器门"：文物受损被质疑瞒报　故宫否认》的报道。原文下载于《南方周末》网站，下载时间 2014 年 12 月 28 日。

而造成这一问题的主要原因就是博物馆法人财产权的规定不明。而法人财产权的规定不明直接源于法人治理结构的缺失。

由于博物馆所有权方面的法律规定的缺失，导致博物馆长期在"法律地位不明"的状态下运行。现行的法律并没有规定博物馆与国家所有权的关系，没有解答其到底是客体还是主体等问题。这一系列规定的缺失最终导致博物馆法人治理结构的无法建立。在我国长期的实践中，都没有从法人所有权的角度来考虑博物馆的相关问题，而是将其看作一个保存文物的机构，地位近似于政府机构，忽视了博物馆本身若要健康持续发展必须将其与行政机构相剥离开来的基本准则。

（一）博物馆主体定位不明

依据国际博物馆协会第十一届大会通过的章程规定，博物馆是一个不追求营利的、为社会和社会发展服务的、向公众开放的永久性机构，为研究、教育和欣赏的目的，对人类和人类环境的见证物进行搜集、保存、研究、传播和展览。而我国最早的博物馆立法——《省、市、自治区博物馆工作条例》，其中也明确指出了博物馆是文物和标本的主要收藏机构、宣传教育机构和科学研究机构。

由此我们可以看出，不管是国际社会的普遍认知还是我国社会的普遍做法，对于博物馆的定性一般强调它的非营利性和其作为研究教育机构的意义，然而却忽略了其作为一个独立法人应当享有的权利，也就是说对于博物馆本身而言在其自身权利义务方面的规定是缺失的。具体来说，缺乏对博物馆主体性质的认定，直接导致了本章讨论的核心问题——博物馆到底是独立的所有权人还是国家所有权的客体。

在博物馆制度建设之初，国家乃至整个社会关注的焦点都在于如何发挥博物馆在陈列、保存文物以及研究文物等方面的作用，却忽视了博物馆的法制建设，忽视了其作为一个民事主体的基本权利义务，忽视了其发展过程中独立性的保持。以上种种原因，最终使得我国博物馆的发展带有浓烈的行政色彩。正如在前文中提到过的那样，博物馆法制建设中的突出问题是博物馆本身法人治理结构的缺失，换句话说就是博物馆的主体定位模糊。

（二）博物馆本身权利义务规定不明

结合我国现行法律对博物馆性质的分析，博物馆应当属于非营利性的事业单位。但是这项法律规定，在实际的社会实践中，基本上沦为了一纸空文，核心的表现为缺乏法律上的配套规定。正是因为这些权利义务规定的缺失，才使其无法在现实中确认自己的权限范围，具体而言包括其应有财产的范围，其对博物馆内最为重要的组成部分——藏品的权利。正是因为上述规定中存在模糊之处，才使各种各样的问题愈演愈烈。正如在荷兰的国有博物馆中，大部分员工并不清楚自己对谁负责、由谁管理，导致管理上存在明显的断层。[①]

博物馆本身权利义务规定不明的另一个表现是在发生有关纠纷时，谁是承担责任的主体和有权追诉的主体。这一问题在故宫博物院"破瓷门"事件中得到了印证。此次事件引发了民众的普遍讨论。人们关心的是为何国有的文物受到了损害，而作为法律意义的"国家所有权"主体的政府或者社会大众，却没有任何救济手段保护自己所有的财产。谁该为文物的破损买单？是博物馆还是博物馆内部的直接负责的职员或是国家自己？这个严肃的问题，依靠现行的法律无法找到答案。

从民法角度考虑，这一问题可以分为两个方面：一是博物馆是否是一个法律意义上合格的承担责任的主体。简单的说，比如在文物损坏的情况下，博物馆本身应否承担责任，赔偿相应的损失。但是若由博物馆自己承担责任，似乎会出现"自己赔自己"的情况。这些问题我们将在下文中具体分析。二是博物馆能否成为合格的主体，向侵害其权利的主体进行追偿。例如藏品被观众损坏的情况下，博物馆本身是否具有相关的权利，作为受害人向该名观众求偿。进一步来说问题的关键在于博物馆是否为法律意义上的独立法人，是否具有独立的法人财产，是否具有独立的民事行为能力，是否独立承担民事责任。

（三）博物馆中藏品归属难以确定

1. 博物馆藏品的所有权不明

在中国，博物馆事业的发展十分喜人，国有博物馆藏品的数量迅速增加，非国有博物馆中的藏品种类也日渐丰富。藏品作为博物馆中最为重要的

---

① 参见史迪芬·恩格尔斯曼、李华《荷兰国有博物馆走向"私有化"》，《中国博物馆》2004 年第 1 期。

组成部分，关系着博物馆事业能否继续健康稳定的发展。但是从法律角度来看，在藏品的所有权问题上一直缺乏明确的法律规定。藏品是归国家所有还是归收藏它的博物馆所有？而文物的国有属性是否会对藏品所有权归属产生影响？

《中华人民共和国物权法》规定了所有权分为国家所有权、集体所有权和个人所有权。又依《中华人民共和国文物保护法》的规定，文物除法律有特别规定的除外均属国家所有，可见文物类藏品属于国家所有，那么非文物类藏品呢？它们也必须属于国家所有吗？而文物类藏品的国家所有的基本属性，是否会影响到博物馆对于该类藏品的管理呢？从更深的程度上来看，到底什么是国家所有权，而国家所有权又该如何实现呢？

我们想借由案例油画《毛主席去安源》[①] 而引发的讨论，来拨开博物馆中藏品归属的疑云。我们会从现有的民法及其他有关规定入手，通过分析法庭的判决，找出案件中错误。我们希望通过对此案例的分析，来解析藏品归属中存在的问题和误区，并在此基础上找出解决类似问题的办法，从而达到合理管理藏品、保护藏品的目的。

2. 国有文物藏品的国家所有权如何实现

震惊国内的故宫"破瓷门"事件，引发了民众最为关心的问题，既然文物藏品属于全民所有，为何在文物出现损毁情况时，民众只能以舆论的方式行使所谓的"所有权"？这是行使所有权的正常方法吗？正如在下文中所要探讨的那样，博物馆的国家所有权立法存在一个致命的理论弱点，国家这个抽象的主体和事实中的占有人、使用人间存在着脱节。因为在民事活动中，参与的主体必须是具体的人，而非一个政治学概念上的主体，而国家所有权的实现需要一个具体的主体。以此类推，国有文物藏品的国家所有权又该如何体现？在实现过程中这个具体的主体又该是谁呢？这一主体的权源又来自何处？

关于国家所有权如何实现的疑问屡见不鲜，近年来有愈演愈烈的趋势。而国家所有权就是政府机关的所有权、国家所有权和自己没有任何关系等此类观点似乎成了平常百姓的普遍认知。人们的疑问十分简单：如果说国家所

---

① 孙宪忠主编：《民法总论》，社会科学文献出版社 2010 年版，第 75 页。

有就等于我们所有，那么国有企业成千上亿的利润都去了哪里，为什么没进我们的口袋？国有图书馆也是国民所有，但是为何进出要设限，还要办理专门的证件？

三　制度研究意义

在提出上述问题之后，我们可以清楚地看出，研究博物馆的现行法律制度，尤其是探讨博物馆立法中的国家所有权制度，其理论价值和实践价值都非常显著。

首先我们可以看到，这个问题的探讨，对于进一步理解国家所有权意义显著。自新中国成立以来，国家所有权的实现问题一直是我国法律研究的核心内容。这个问题一直困扰着我国经济体制改革的步伐。这个问题的焦点，长期以来集中在国有企业是否具有法人财产权的争论方面。学界关于国有企业经营权的争论十分激烈，而经过无数民法学者的努力，基本上打破了国家所有权即等于全民所有制的错误观点，打破了将国家直接行使所有权作为公有制的唯一形式的狭隘理解，打破了对苏联高度集中的社会主义模式的盲目崇拜。①毫无疑问，国家所有权的研究是所有权研究中的核心一环，只有搞清楚国家所有权的定义、范围、行使等方面的问题，只有搞清楚国家所有权和一般民法中的所有权的关系，才能真正厘清国家所有权制度的基本脉络。

博物馆，尤其是国有博物馆，是国家所有权理论中的重要一环。明晰博物馆的所有权问题，无疑对国家所有权制度的研究意义重大。正如前文中提到的那样，国有企业的法人所有权已经获得了我国社会的肯定，那么，同样的理论当然也可以推及国有事业单位。在博物馆立法方面，到底是采用将国家所有权中的部分权利转换为博物馆的经营权，借以在保有国家所有权的基础上，解决博物馆的实际管理问题的做法；还是采用确认博物馆享有法人所有权，使其得以独立参加民事活动、承担民事责任的做法。我们希望通过本书的讨论，可以对明确博物馆所有权制度有所帮助，借此以推动其他国有事

---

①　对此有兴趣者，请参阅孙宪忠《公有制的法律实现方式问题》，《法学研究》1992 年第 6 期；亦载作者文集《论物权法》（修订版），法律出版社 2008 年版，第 491 页以下。本课题负责人在中国法学界最早提出，公有制不必仅仅依靠所有权来实现，现代公司制度中的股权也是实现公有制的重要方式。

业单位的财产权利的明晰，进而完善整个国家所有权理论。国家所有权理论的不断完善，将为建立中国特色的社会主义法律体系打下坚实的基础。

另外，这个问题的研究对于促进我国博物馆事业的发展意义重大。21世纪是文化产业高度发达的年代，而博物馆作为保存文化遗产、促进文化研究和教育的永久性机构，更应该发挥其在推动文化变革、促进我国精神文明建设方面的作用。中国是世界上历史最为悠久的国家之一，对于全人类的文化进步与发展起着巨大的推动作用。我们有着撼动人心的历史文化古迹、丰富多彩的自然遗存，而这些都代表着中华民族悠久的历史、辉煌的文明，具有十分重要的历史、艺术和科学价值。保护好、管理好、利用好这些文化、自然遗产，大力发展博物馆文化，是促进社会主义精神文明特别是文化建设的重要举措，对振奋民族精神、凝聚民族力量、推动有中国特色社会主义伟大事业的发展，具有极其重要的意义。

而且针对我国的现状，自改革开放以来，我国的博物馆事业得到了飞速发展，参观博物馆日益成为人们日常休闲活动的重要方式，在许多地方，博物馆还被列为当地旅游中的特色项目。伴随着博物馆数量的增加，普通民众对于参观博物馆的热情也空前高涨。这主要是因为受到博物馆免费向公众开放和人们对中国历史兴趣的增强的双重影响。推动博物馆事业的发展迫在眉睫，而如何发展我国的博物馆事业、鼓励和支持非国有博物馆事业，关键在于解决博物馆的国家所有权关系，厘清博物馆、国家、藏品三者间的关系。只有明确博物馆的独立法人地位，通过制定合理的法律规定切实保护博物馆的法人所有权，才能真正促进博物馆的健康成长，使其作为文化产业中的重要内容，促进国民文化水平的提高。

第三节　国际立法例比较分析

一　概述

（一）博物馆的基本含义

《国际博物馆章程》第3条第1款规定："博物馆是一个不追求营利的、为社会和社会发展服务的、向公众开放的永久性机构，为研究、教育和欣赏的目的，对人类和人类环境的见证物进行搜集、保存、研究、传播和展览。"

依据该条的定义，我们不难看出对于博物馆的定义是从博物馆学的角度出发，重点解答博物馆自身在学术范围内的定性，体现其在历史、自然遗产的典藏保护和研究教育这两方面的作用。这直接反映出在国际通行的理念中，一直存在忽视博物馆本身所有权制度的问题。此处说得更详细一些：大部分国家的做法是并不局限博物馆本身在民法制度上的性质，即不强制性规定其作为一个主体，享受民法上的权利义务，而是关注于其研究教育等功能的发挥。

具体分析来看，依据《国际博物馆章程》第 3 条第 1 款的规定，可将博物馆的定性分为三个方面：一是对人类和人类环境的见证物进行搜集和保存的实物场所；二是为公众观赏，提供知识、教育的场所；三是博物馆属于社会服务性、永久性机构。第一项说明了博物馆中最为重要的组成部分——自然遗产和人类文化遗产，这同样也是博物馆区别于图书馆、文化宫等的核心标准。但是却未规定此最为重要组成部分的归属，导致了理解博物馆所有权客体内容的困境。第二项对于博物馆功能的限定，说明了其本身的公益性质。此处可确定博物馆的准公物性质，但是仍区别于经济学概念中的公物，并非等同于国家所有。

而第三项规定则显得十分模棱两可，既未规定其"公"、"私"的性质，也未规定其法人或非法人的地位，还未规定其营利或非营利的性质。而在现实中，博物馆的种类也多种多样，既有国家出资并由国家直接管理的大型综合性博物馆，同时也有由私人发起设立的私有营利性博物馆。而此种情况直接导致了博物馆的所有权制度研究的复杂性。世界各国对于博物馆的定义大多也采取类似的做法。这并不难理解，在西方社会的民法制度演进过程中，博物馆本身的民法地位及其相关所有权范围大部分是从社会环境中逐渐衍生出来的，进而成为整个社会的通行法，一般不会在法律中再加以规定，因而转而强调其研究教育功能是无可厚非的。

（二）各国博物馆中所有权制度的特点

各国关于博物馆的民法地位的确认规定大致可分为以下三个方面。

一是明确规定博物馆本身为国家所有的，如《伊朗民法典》第 26 条规定："为公共服务或福利用的政府财产，如防御工事（fortification）、碉堡（fortresses）、壕沟（moats）……政府的建筑物及其设备、电话线、博物馆、公共图书馆、有纪念意义的纪念碑及其类似物，简而言之，无论动产还是不动产，只要是为公共事务或国家利益而由政府使用的财产，都不能为私人所有。"① 分析上述的法律规定，将博物馆本身作为国家所有的客体，将博物馆简单限定为物，我们认为此处有待商榷。将一个复杂的人和物的集合体等同于电线、建筑物等单一纯粹的物是不合理的，无法从根本上解决国家所有权的实现问题。

二是明确规定博物馆中藏品的所有权归属，如《意大利民法典》第605条规定："……同样，如果公路、高速公路、铁路、机场、水渠，以及按照有关法律的规定具有历史、考古、艺术价值的不动产，博物馆、美术馆、档案馆、图书馆的收藏品属于国家所有，则以上列举的财产是公共财产。"② 此处规定了藏品的国有性质，这个规定实际上和我国"文物法"的规定相类似，但事实上并未从此条规定中正式解决博物馆的归属问题。

三是在其相应的民法典中仅规定了公用物或公有财产的定义，并列举了一定公有物和公有财产的范围，但其中并未指出博物馆是否属于公有物或公有财产，同样也未明确规定博物馆中藏品的性质。

二　分述

（一）日本博物馆制度

1. 日本博物馆立法和管理的基本情况

近代日本博物馆的出现可以追溯到明治维新运动时。第二次世界大战结束后，在联合国军总司令部的指导下，日本加快了社会法的制定进程，相继出台了《教育基本法》以及《社会教育法》，而日本的《博物馆法》正是依据《社会教育法》设立的。但是受到当时实际情况的制约，原有的博物馆法存在许多问题，因此在 1973 年，为响应博物馆各界强烈的请求，文部省依据《博物馆法》第 6 条的规定，新设定了"公立博物馆的设置与运营期待基准"，对此后地方公立博物馆的设置起了重要的指针效用。③ 除了专门

---

① 梁慧星：《中国物权法草案建议稿附理由》，社会科学文献出版社 2007 年版，第 194 页。
② 同上书，第 196 页。
③ 参见《由行政主导日本博物馆发展概况与现状》，《博物馆简讯》2003 年 6 月第 24 期，第 1 页。

的博物馆立法以外，与博物馆相关的法律包括《文化财产保护法》（1950年）、《美术品公开促进法》（1998年）、《日本艺术文化振兴会法》（1966年）、《公立文化设施设置条例》（1999年）、《独立行政法人通则法》（1999年）、《独立行政法人国立博物馆法》（1999年），等等。

　　而在日本，博物馆的主管机关从明治时代起几经变更，经历了文部省、博览事务局、内务省、农商务省、宫内省图书察、文部省学务局。而现在，博物馆的管理体系大致可分为中央和地方两大系统，中央的博物馆若是依据日本的《博物馆法》设立则由文部科学省生涯学习局管理，若依据文化财产保护法设立则属于文化厅的管辖范围，如东京国立博物馆。地方的博物馆由社会教育课或地方上的文化室管理。至于博物馆内部的管理体系，大致会设立管理部、学艺部、普及部和资料部。由上述四个部门分工协作、共同管理博物馆的日常事务。

　　2. 从日本博物馆的管理出发来看其所有权性质

　　日本博物馆的管理特色在于"行政主导"。日本博物馆从产生之初就带有宣传国家政策的浓重色彩，可以说是国家进行政治洗脑、借以控制人民思想的工具。到了20世纪80年代末，博物馆的行政机构性质被无限放大，以至形成"箱物行政"的现象，即博物馆仅是行政机构中的一员，而完全忽略其本身的主体性质，直接沦为政府的喉舌。简而言之，公立博物馆是行政机关，与一般的省在本质上没有区别。在日本原有的博物馆管理体制下，博物馆毫无疑问归国家所有，没有独立的法律地位。在实践中，也基本不存在作为独立的权利主体从事民事活动的情况。

　　但是在2001年，这种情况有所改观。日本的7座国立博物馆、美术馆正式改制为独立行政法人机构。① 此次改革的核心意义在于"独立"二字，将政府的事前干涉降到最低，重心转移到事后评估，改变了原有的预算拨划方式，代表着从"重视行政程序"向"重视成果"的过渡。这同时也代表着在行政高度集中体制下，对博物馆这一独立法律主体社会性功能的重视。这同样也代表着现有博物馆制度的两大发展方向：一是公益性发展方向，强调其本身的研究和教育功能；二是独立法人地位确认的发展方向。博物馆享

_____

① 参见《由行政主导日本博物馆发展概况与现状》，《博物馆简讯》2003年6月第24期，第2页。

有独立的法人地位，对博物馆本身的建筑、日常运作的资金、部分门票的收入享有所有权。

上述两大发展趋势对我国博物馆事业的发展有着很大的启示作用，尤其是国有博物馆的发展，在现实环境下中国博物馆的发展问题百出，普通观众的质疑声日益强烈。这正是思考现有博物馆制度缺陷并加以修正的关键时期。国有的博物馆，如最为出名的故宫，在民众的普遍认识中仍带有强烈的政府机关属性，并非所谓的"人民共同财产"。因而当务之急是解决让国有博物馆真正成为"人民的共同财产"的难题。而日本公立博物馆的改革无疑对我国博物馆制度的演进具有很好的借鉴意义。

（二）英国博物馆制度

1. 英国博物馆的立法现状

英国是典型的非成文法国家，亦是英美法系的代表。纵观英国的现行法律制度，其中并没有物权和所有权的概念，但是实际上起到上述概念作用的制度仍是存在的。而且英国是最早发展资本主义的国家，现代意义上的博物馆制度发展得比较成熟，拥有着大英博物馆、维多利亚及阿尔伯特博物馆等一批世界顶级的博物馆。因而研究英国博物馆的法律制度存在很大的借鉴意义。

英国现有的关于博物馆制度的法律主要包括两部，一是 *BRITISH MESE-UM ACT* 1963（《大英博物馆法》），二是 *THE MESEUM AND GALLERIES ACT* 1992（《博物馆与美术馆法》），后者对前者的部分条款进行了改动。前者主要为了修改和补充原有的《英国博物馆法》，该法于 1753 年制定，由于制定时间过长，因而已经无法满足博物馆实际发展的需要。所以在 1963 年出台了新的博物馆法，重新明确各方关系，进而改进原有的英国博物馆的委员会制度（the composition of the trustees of the British museum），在最大程度上给予博物馆委员在管理上的自主权，同时也加强了主管机关的监督职能。当然此法存在很大的局限性，因为该法仅是规定大英博物馆管理中的相关问题，并非具有普适性的法律。而后者是针对新出现的艺术展览形式——美术馆以及博物馆制度中新出现的问题进行归纳和补充。该法是真正意义上的规范博物馆问题的法典。

2. 从英国博物馆的管理出发来看其所有权性质

在下文中我们希望从国家、博物馆、藏品这三者在博物馆具体管理中的关系出发来分析英国博物馆中实际存在的所有权关系。国家的身份为主要赞助者：中央政府主管部门负责制定相关政策及主管博物馆营运经费的划拨，再由各类非政府公共文化管理机构和地方政府来执行政策并具体分配文化经费，由基层地方文化管理部门和包括博物馆在内的文化艺术组织、艺术家实际使用经费。① 各级管理机构相对独立，并不存在行政隶属关系。政府主要负责划拨经费，而由博物馆实际使用经费。

此处明确了国家作为实际投资者的身份，但并未将其等同于博物馆的所有者，博物馆中具体的制度运行和经费的使用由本馆自行负责。以大英博物馆为例，大英博物馆通过与政府主管部门签订协议的方式，接受中央政府的财政拨款，执行国家的公共文化政策。此种文化托管制的意义在于，私有的文化艺术遗产可以通过托管制的方式转变为公共文化遗产，更重要的是，政府主管机构可以从博物馆管理事务中解脱出来，实现博物馆管理的专业化。

比照英国现行的博物馆管理制度，尤其是大英博物馆的相关做法，我们认为，在保有珍贵文物的前提下，完全可以将国家这个政治概念从博物馆的日常运行中脱离出来，仅履行其作为出资人的相关权利和义务。应用在我国的具体实践中，我们认为阻碍中国博物馆制度法律化最重要的原因在于国家和博物馆两者间身份的混乱，将《中华人民共和国文物保护法》中的文物国家所有，简单理解为博物馆的国家所有，进而忽略了其作为能动主体的地位和相关权利义务。正是对这一问题的混淆，才导致了讨论我国现有博物馆制度中的一些基本理念的混淆。我们认为英国这种文化托管制的做法极具指导作用。

（三）美国博物馆制度

1. 美国博物馆的立法现状和博物馆的分类

美国也是典型且发展非常成熟的判例法国家，同样，美国也是博物馆事业高度发展的国家，根据相关数据显示，20 世纪 70 年代初，全世界大约有17500 个博物馆，85% 在欧洲和北美，而 1965 年以来，美国博物馆以每 7 天

① 参见张健《对发达国家博物馆管理的学习与借鉴》，《博物馆研究》2011 年 1 月第 1 期（总第113 期），第 34 页。

新建 6 个新博物馆的速度继续发展。① 美国关于博物馆问题的立法主要是
ART AND MESEUM LAW（《艺术馆与博物馆法》），从该法的第九章开始规定
博物馆的有关问题，第九章规定了博物馆的基本历史发展情况，第十章主要
说明了博物馆的具体分类，第十一章主要讲了博物馆的税收优惠待遇，第十
二章主要讲了博物馆的市场化运营，第十三章主要讲了博物馆的收藏，第十
四章主要讲了藏品（collections）的管理，第十五章主要讲了博物馆中的相
关法律责任，第十六章主要讲了劳务关系。

　　美国的博物馆大致可以分为四类：一是私立非营利博物馆，占全美博物
馆数量的六成以上；二是政府主办的博物馆；三是高校博物馆；四是私立营
利性博物馆，仅占美国博物馆的 0.7%，此类博物馆为个人或公司所有并由
其经营，也可能由受薪雇员和理事会进行管理，其永久性收藏或属于私人或
为公共信托。②

　　2. 从美国博物馆的管理和分类出发来看其所有权性质

　　美国的博物馆管理属于典型的非集中管理模式。美国并不存在全国范围
内统一的博物馆管理机构，只是在个别州设有"博物馆处"，负责本州的博
物馆事务的管理。美国国家博物馆图书馆学会是隶属于美国联邦政府的独立
机构，专门负责对全国博物馆、图书馆的资助，但它也只有计划协调和财政
资助职能，没有行政管辖权。也就是说，美国的博物馆是拥有完全的管理、
生存和发展自主权的。

　　从美国博物馆的分类出发，结合相应的法理分析，私立的博物馆，无论
营利与否，均承认其在民法地位上的独立性，即确认其独立的法人地位，对
其法人名下的财产拥有所有权，其中包括馆内的藏品和日常运行的基础设施
以及经费的使用、收益、处分的权利。具体来说，此类博物馆与政府没有行
政隶属关系，而是由博物馆理事会负责管理包括制定工作方针等在内的工
作，而由理事会任命的馆长直接负责博物馆的运行，并对理事会负责。而政
府主办的博物馆情况则相对复杂，主要包括经费由政府全额资助并禁止其从

---

① 冯承柏：《博物馆与西方社会》，《中国博物馆》1985 年第 4 期。
② 参见张健《对发达国家博物馆管理的学习和借鉴》，《博物馆研究》2011 年 1 月第 1 期（总第
113 期），第 33 页。

事直接筹款活动的博物馆和由政府直接任命理事会进行管理的博物馆。在此种情况下，政府的角色是投资者或"股东"，仍然肯定了博物馆本身的独立法人地位。当然，在美国现有的法律制度下的确存在国家所有的情况，但是此种情况并不适用于政府主办的博物馆。

三　借鉴意义

21 世纪是一个以经济全球化为核心，以推动政治、文化全球化为显著特征的时代。而自 20 世纪以来，博物馆行业逐步形成。西方各国的博物馆的立法活动由来已久，英国早在 1753 年即制定了 *THE BRITISH MUSEUM ACT*（《大英博物馆法》），并在 1963 年正式颁布的 *BRITISH MESEUM ACT* 中规范了博物馆理事会的地位，全面加强了国家对于博物馆中藏品的保护，而其中关于藏品的出租、处理等方面的规定对我国博物馆制度的发展有着极大的借鉴意义。日本从二战前的绝对行政主导的博物馆发展体制，向新型的以文化为主导的体制过渡。日本相继颁布了一系列博物馆方面的法律，其中包括《文化财产法》（1950 年）、《博物馆法》（1951 年）、《美术品公开促进法》（1998 年）[①] 等。美国作为典型的判例法国家，通过一系列的案例，确立了博物馆管理中的相关事项。

综观西方各国的博物馆类法律，不外乎谈论三个问题，一是博物馆发展的目标；二是博物馆与国家的关系（主要是国家所有的博物馆）；三是博物馆对于馆藏文物的处理权限。而将第二、第三个问题结合来看，就是对于博物馆是否具有所有权以及所有权的范围的规定，其中以 *BRITISH MESEUM ACT* 1963 体现得最为明显。在世界历史的洪流中，虽然我国的博物馆制度研究起步慢，但是只要紧抓住时代的脉搏，仍可以有所斩获。

中国现有的博物馆管理模式，采取中央—地方的层级管理模式。一般情况下中央的博物馆由文化部下属的文物局中的博物馆处管理，地方的博物馆由省文管会或市文管会负责。一些博物馆由于设立机关的不同而由该设立部门负责，例如由国家体育总局管理的中国体育博物馆。博物馆内部的管理部门，一般由保管部、展览部、群众工作部和办公室组成，由办公室处理日常

---

① 参见《日本博物馆主管机关及相关法令》，《博物馆简讯》2003 年 6 月第 24 期。

运行中的基本事项。

我们认为我国现有的博物馆管理体制，采取集中式的行政管理模式基本上是弊大于利。由文物局主要负责博物馆的管理，有助于博物馆的规范化运行，有助于相关政策的贯彻和执行，有助于珍贵藏品的保护和管理，有助于博物馆非营利性的保持。但是过于集中化的管理，使得博物馆发展中行政色彩过于浓郁。我们认为我们在肯定本身制度的基础上，也应向西方先进博物馆的制度学习，不断完善自身的制度建设。

物权概念下的所有权制度并非所有国家都在法律上加以承认，英美法系的国家中大多以财产法的相关概念来规范相应的财产制度，解决其在占有、处分、使用、收益等方面的问题。因此我们认为在否定完整物权体系的国家也存在着实际上的物权问题，即需要解决物的归属、物的收益归属等实践中的问题。这也是本书作者在研究博物馆的国家所有权问题中选取了英美两国的理由。

美国、英国、日本代表了三种不同的博物馆管理模式。美国是非集中管理模式的典型，政府除了对少数公立博物馆享有管理权外，大部分私立的非营利性博物馆均在国家的管理体系以外。也就是说，在美国，博物馆是完全独立的法人，享有很大程度上的独立权利。而日本的管理模式则是另一个极端，高度集中的行政化管理，将博物馆本身作为行政机构的一员，存在直接的行政隶属关系。而英国则处于两者之间，采取文化托管制，即国家有效管理和博物馆本身的自主管理相结合。

美式的管理模式，虽然给予博物馆本身极大的自由，但是完全脱离国家规制的博物馆容易导致许多问题，尤其是本身公益性质的保持。在过度自由模式下的博物馆发展，容易异化为变相的文物经营企业，尤其是在美国存在大量私立博物馆的情况下。另外，私立博物馆的发展很容易受到国民经济的影响，在美国次贷危机爆发后，许多博物馆的经营出现了严重的资金缺口。我们认为在博物馆的发展过程中，国家的监督管理是不可缺少的。而过于强调行政特色也存在问题。日式的管理模式，使得博物馆的法人地位难以保障，最终导致了"箱物行政"的问题。而日本国有博物馆的改革，将"独立"两字提到首位，正说明了对博物馆法人所有权的肯定。我们认为英式的管理模式最具指导意义，在国家合理履行出资者和监督者职责的前提下，保证博物馆的法人所有权，确保博物馆的自主管理和自由发展。

第四节　现状分析以及立法建议

如上所述，国家所有权的研究在民法学上意义巨大，但多年以来难以突破，而博物馆这样文化意义上的"公共物品"的权利，更是少有仔细周到的法权研究。在《物权法》的制定过程中，强调国家所有权旧有理论不可动摇性的观点看起来占据了上风，但是这种观点在学理上已经失去了基础。如果将国家所有权的旧有理论套用于博物馆，则这一观点就更是难以自圆其说。我们认为正是由于对国家所有权问题的机械理解和过分政治层面上的解读，才使博物馆在实际运作中遇到了许多问题，比如说对于基础设施的法权关系问题、对于藏品的法权关系问题。如果不能实事求是而且依据法理解决问题，那么必然会对我国博物馆事业的发展造成严重损害。

一　博物馆的法人所有权理论

（一）博物馆的法人资格及其所有权立法问题

我国尚未制定法律级别的博物馆立法。2005 年国务院颁布的《中华人民共和国博物馆管理办法》是现阶段法律层级最高的规范博物馆问题的法律文件。该法规第 5 条规定："本办法所称博物馆，是指收藏、保护、研究、展示人类活动和自然环境的见证物，经过文物行政部门审核、相关行政部门批准许可取得法人资格，向公众开放的非营利性社会服务机构。"再结合《事业单位登记管理暂行条例》第 2 条的规定："本条例所称事业单位，是指国家为了社会公益目的，由国家机关举办或者其他组织利用国有资产举办的，从事教育、科技、文化、卫生等活动的社会服务组织。"我们认为国有博物馆应当定性为非营利性的事业单位法人。

关于博物馆作为我国法律上的"事业单位"的定性问题，依据国务院制定的《事业单位登记管理暂行条例》，则可能出现严重的法律问题。该条例规定，事业单位应该具备以下几个要件：一是设立的目的应为公益事业；二是设立的主体是国家机关或其他组织；三是设立的经费来源为国家资产；四是设立的功能是从事教育、科技、文化、卫生等活动；五是组织的性质为社会服务组织。该"条例"强调事业单位的设立者为"国家机关或其他组织",强调"设立的经费来源为国家财产",这样的规定已经远远不符合现实的情形。

目前,我国博物馆的法律实践中还是坚持使用"国有博物馆"这个概念。如何合理解释这个概念成为我们进一步规范博物馆事业的重大难题。我们认为"国有"两字的意义,应该首先解释国有投资在博物馆总资产中的绝对主导的地位。但是必须明确,这里的"国有"仅仅只能理解为一个经济学上的概念,而不能将其理解为物权法科学上的所有权概念。原因正如我们在上文探讨的"国企"这个概念一样,投资不能简单地归纳为民法意义上的所有权,股权才能更加准确地定义"投资人的权益"。因此,我们不同意有关立法和学者所主张的将博物馆规定为"国家直接拥有"这种简单而且法理不通的做法。

另外我们还要认识到的是,在《中华人民共和国博物馆管理办法》中关于国有博物馆的定义是利用或主要利用国有文物、标本、资料等资产设立的博物馆。所以,我们认为该定义的意义在于合理区分国有博物馆和民办博物馆,而不是将博物馆和国家的关系直接归为民法意义上的"所有权"。

(二)博物馆法人所有权的确立不违背公有制原则

社会主义公有制,是社会主义国家的经济基础,是社会主义国家区别于资本主义国家的根本标志。坚持公有制原则,是我国宪法的规定。国有博物馆法人所有权的确立,是否与社会主义的公有制相背离呢?我们认为,这一担心完全没有必要。问题是很多学者将所有制和所有权两个概念相混淆,将社会主义公有制等同于国家所有权,如上所述,这个从苏联法学中引入的概念是错误的。所有制是一个经济学上的概念,代表着生产资料的归属,社会主义公有制是指生产资料归全体公民享有。而所有权是一个法律概念,是指所有人对标的物得为占有、自由使用、收益、处分,并排除他人干涉。虽然社会主义公有制可以作为国家所有权产生的依据,但两者绝不能混为一谈。以国家所有权来盲目判定社会性质的做法是错误的。而且,公有制的实现形式并非仅限于国家所有权这一种,中国共产党十五大报告中明确指出:"公有制实现形式可以而且应当多样化。"也就是因为这样,作为文化和学术研究载体的国有博物馆——以其事业单位法人的身份享有所有权,这一点不应该产生所有制方面的困扰。

（三）博物馆法人所有权的确立是否会导致公共资产滥用

一些专家认为，一旦确认博物馆享有法人所有权，那么就会产生相关人员随意使用或滥用公共资产的情形，大到私自买卖藏品，小到将博物馆中的一盒纸巾据为己有。我们认为，这一担心是正常的，但这不是博物馆法人所有权带来的问题。因为在过去强调"统一唯一国家所有权"的情形下，滥用公共资产的情形才是最严重的。在建立博物馆法人所有权之后，法律可以利用法人治理结构的立法，来防止损害这种特殊的公共资产滥用的情形。

因为博物馆的藏品都是很具体的物品，按照物权法的基本原理，实现特定人对于特定物的权利和义务，确定博物馆所有权制度恰恰具有良好的制度优势。明确所有权是保护财产权利的第一步。正如在上文中分析过的两个例子，若不明确博物馆的法人所有权，将其作为正式的诉讼主体，使得其在多数情况下可以逃避相应的法律责任，这才是真正的权利的滥用。因为如果它不是权利的主体，那么相应的义务也无从谈起，而有关的责任更是没有任何法律依据。再退一步讲，法律具有规范权利行使的重大意义，现今社会是法律的社会，法律无处不在，影响着人们的日常生活。博物馆自身的权利受到已经实行的法律的规制。

（四）博物馆不能仅仅只享有"经营管理权"

长期以来，在国有博物馆的法律事务中，人们常常在坚持"统一唯一国家所有权"的前提下，认为博物馆法人只享有"经营管理权"。这一理论目前在我国还有不少人坚持。如上所述，经营管理权的理论也是从苏联法学中引入的，它的发明，就是苏联法学家维尼吉克托夫在其著作《论国家所有权》中提出的。这一理论提出的原因在于，以生产资料公有制为基础的社会主义国家，在国家所有权的客观要求下，必须有具体的公有制的实现形式。毕竟，国家这一政治学上的理念不能直接行使其对于物的所有权，所以国家必须以设立企业或相关组织的形式来进行资源的利用、产品的生产和服务的提供等活动。而设立的企业和组织必须享有一定的经营管理权，同时为了维持国家所有权的神圣地位，因而将"经营管理权"作为所有权的一项，将其分离出来并让渡给企业或其他组织。这一理论首先被应用于国有企业中国家所有权问题的解决，其次也被应用于其他非生产资料的领域。这一理论阻碍我国发展许多年，尤其是妨害了我国国企法律制度的改革，在中国共产党十五大报告中，我国正式提出了"国家投资"理论，国家对企业承担投资人的有限责任，只享有投资人的权益；国有企业的法人所有权因此得到确认。因此经营管理权的理论已经被我国废止。

在博物馆的实践中，经营管理权的理论显然是有明显缺陷的。因为一个博物馆的正常运营，事实上和一个企业非常类似，它必须具有完全独立的、完全的财产权也就是法人所有权。所谓的"经营管理权"并不能解决博物馆在实践中遇到各种财产处分方面的问题。博物馆作为一个独立的法人，对自己的法人财产进行使用，同时以自己的财产承担责任，进行赔偿。此种做法才是符合法律规定的。而那种为了追求形式上的"国有资产神圣不可侵犯"而将国家所有权的实现方式作狭义解释的做法，我们认为是不妥当的。

（五）几个容易混淆的概念

一个概念是"文物保护单位"。文物保护单位主要作用在于保护具有重大历史价值、艺术、科学价值的不可移动文物，其做法一般是划定特殊的保护区。原因是不可移动的文物不能像可移动文物那样发掘出土后收藏于博物馆内。但是其本质仍是文物，只是受其本身物理性质的影响，而采取了特殊的保护办法。"文物保护单位"在部分情况下会和博物馆出现重合的情况，最为显著的例子就是故宫，毫无疑问，故宫本身的整体建筑属于国家重点文物保护单位，但是故宫的全称应该是故宫博物院。其实这两者并不冲突，核心的区别就在于博物馆中最为重要的基础设施——馆舍，是属于国家所有还是博物馆所有。显然这并未改变博物馆本身的性质，我们认为两者的实际区别在于受到相关法律约束的程度上可能存在的差异，以及在馆舍运行中的注意事项不同，但是这并不能从本质上动摇国有博物馆作为独立的事业单位法人的民事地位。

另一个概念是"文物行政部门"，通俗的理解就是文物局，是文物的行政管理权。文物行政部门是直接与博物馆相关联的国家行政机关，也就是国有博物馆的政府管理机关。依据我国行政管理部门的职能划分，博物馆由文物局系统管理。从简单的字面进行理解，文物行政部门是负责文物管理的，但是在绝大多数情况下，博物馆最为核心的业务工作是对藏品的收集、展览、退出馆藏等，由于这项工作受到文物主管部门的约束，因而将博物馆归于文物行政部门进行监督存在部分合理之处。当然这也受到当时博物馆和文物共同管理体系的影响。正如在分析日本国家博物馆制度时所提到的那样，博物馆必须保持自身的独立性，摆脱"箱物行政"的现象。为了加强对我国博物馆制度的管理和发展，应当设立独立的博物馆行政管理部门，而非依附于馆藏文物的管理。将博物馆的管理机构从文物局中脱离开来，有助于将博物馆从法律层面上与单纯放置文物的场所相区别。

（六）非国有博物馆

关于非国有博物馆，我们认为应该依据《中华人民共和国博物馆管理办法》的规定，确立非国有博物馆具有法人资格。

从这一层面上来讲，博物馆具有法人所有权，拥有独立的财产、行使民事权利、履行相应的义务。而在国家文物局、民政部、财政部、国土资源部、住房和城乡建设部、文化部、国家税务总局联发的《关于促进民办博物馆的发展意见》中指出："民办博物馆是为了教育、研究、欣赏的目的，由社会力量利用非国有文物、标本、资料等资产依法设立并取得法人资格，向公众开放的非营利性社会服务机构。"[①] 此处也肯定了民办博物馆的法人资格，主张应保护民办博物馆的法人财产权。

二　国家出资行为

一个博物馆的正常运作是建立在物质条件上的。除了人力资源以外，还包括很多物质资源，比方说馆舍及其他基础设施（包括成列的装置、保持恒温的机器等）和运营经费（包括员工的工资、日常的水电费等），而国有博物馆建立的物质条件是国有财产，换个角度来说，国家（具体情况下为政府）向国有博物馆划拨的经费，是国有博物馆建立和正常运营的基础。那么，国家这种出资行为又该如何定性呢？对于其提供的资产又应该如何看待呢？

"国家"给博物馆的出资行为，我们认为应是一种投资的行为，其将自己财产中的一部分让渡出来，以求建立一个新的独立的民事主体。这与国有

---

① 《关于促进民办博物馆的发展意见》，国家税务总局网站：http://www. chinatax. gov. cn/ n8136506/n8136593/n8137537/n8138502/9570633. html，2012 年 8 月 23 日。

企业中国家的投资行为本质上不应该有区别。"国家"的出资，形成博物馆的法人财产，进而确立相应的法人所有权。最为明显的例子就是每年为了维持博物馆正常运作而列入财政预算的那部分经费。博物馆获得这些经费之后，一般都要充分使用，甚至完全处分，因此，从民法的角度看，应该认为这些出资的所有权已经转移到了博物馆法人手中。

我国现有立法和法学界主导性的观点认为，国家出资给博物馆之后，即使博物馆充分使用了这些出资，但是"国家"仍然要直接享有其所有权。这个理论障碍，妨害了我们在博物馆财产权利方面建立"明晰产权"的法律制度。

但是必须指出的是，在国际博物馆实践中，人们普遍地把博物馆法人的资产和博物馆藏品的所有权区分开来。有些博物馆可以收藏别人拥有所有权的藏品，这一点已在国际上得到公认。

三　藏品的权利

(一) 藏品的归属

藏品是指博物馆为了社会教育和科学研究的目的，根据自己的性质，搜集保藏的自然界和人类社会物质文明、精神文明发展的见证物。[①] 藏品是博物馆建立的核心物质基础。藏品首先必须是物，此处可理解为有体物，而其核心的价值在于体现了自然界和人类社会发展，藏品是研究历史发展的重要途径之一。博物馆中的藏品包含着四种信息：自然物质信息、功能信息、记录性信息，以及与其他事物联系中所包含的信息。[②]不同类型的博物馆，其收藏的藏品种类不同。纪念性的藏品主要包括代表历史人物或历史事件的物、照片、资料、手稿、文献或画作。自然属性的藏品主要是岩石、矿物、土壤、古生物化石以及动植物标本。艺术性的藏品包括不同时代和不同流派作者的画作、雕刻、建筑物等。由此看来博物馆中的藏品种类众多，由各种各样的物所组成。[③]

---

① 王宏钧主编：《中国博物馆学基础》，上海古籍出版社2011年版，第133页。
② 同上书，第136页。
③ 同上书，第138页。

在国际博物馆行业中，博物馆的法人所有权和藏品的权利归属不是一回事，藏品可以不属于博物馆所有。国际上有些个人藏品，可以长期地保存在博物馆中，博物馆在展览和学术研究时，使用这些特殊的藏品。这一问题在我国尤其应该引起足够的注意。因为我国法律建立了文物的特别所有权，它与博物馆的所有权也应该有所区别。

藏品与文物，也是两个容易混淆的概念。其含义是不同的，文物是指历史遗留下来的在文化发展史上有价值的东西。文物的种类十分丰富，包括具有历史、艺术或科学价值的古文化遗址、古墓葬、古建筑、石窟寺、石刻、壁画或艺术品、工艺美术品，反映重大历史事件或历史人物的重要史迹、实物、代表性建筑，以及历史上各时代重要的文献资料或反映历史上各时代、各民族社会制度、社会生产、社会生活的代表性实物；另外具有科学价值的古脊椎动物化石和古人类化石也属于文物的一种。

比较前述两个概念，我们认为文物和藏品是属于两个有交集的概念，文物中有一部分属于藏品，而藏品中有一部分属于文物。简单说明一下，文物无论是否出土，其都是实际存在的，而文物一经发掘后，经过一系列的程序，将会由文物收藏单位收藏，博物馆是文物收藏单位中的一员，但在《中华人民共和国文物保护法》第5条中还规定了其他的文物收藏机构，例如国家机关、国有企业和事业单位，因此文物中的一部分成为了藏品。而藏品并非全是文物，两者概念中存在未重合的部分，例如在科技类博物馆，如中国科技博物馆中，大量的藏品并非文物，而是先进的科学技术设施。另外还存在着部分藏品虽是历史遗留下来，同时也具有一定的历史或艺术价值，但是未达到文物行政部门制定经国务院批准的文物认定标准。

因而我们认为将博物馆中的藏品加以区分，分为文物藏品和非文物藏品的做法是势在必行的。而在实际情况中，北京在博物馆立法上已经采用了此种做法。《北京博物馆条例》第24条明确规定文物藏品和非文物藏品的不同处置程序。这不仅从实践领域肯定了我们的相关分析，而且也说明了将两者区分开来的重要实践作用。

藏品中有一部分属于文物，《中华人民共和国文物保护法》第5条规定了属于国家所有的文物的范围，大致包括我国境内出土的文物以及国有单位收藏和保管的文物，还包括国家征集或购买的文物以及公民、法人和其他组织捐赠给国家的文物。根据前述的范围，我们认为除法律有明确规定不属于的以外，几乎所有的文物均属于国家所有。例如在《中华人民共和国文物保护法实施条例》第38条中规定了公民、法人、其他组织对其依法收藏的文物享有所有权并受法律保护。根据相关法律的规定，由国有单位收藏的文物归国家所有，因而国有博物馆中文物藏品属于国家所有。根据上文的分析，在国有博物馆的事业单位法人地位的条件下，法人所有的财产中应将文物藏品排除在外，此种做法在《中华人民共和国文物保护法》第5条中得到了肯定。由于国有文物所有权的不可改变性，因而国家的出资行为不构成所有权变更的原因。

（二）民间收藏

原则上，非国有博物馆作为民间的收藏单位，可以享有对其藏品的所有权。《中华人民共和国文物保护法》第50条规定了文物收藏单位依法获得文物所有权的途径，这些都可以适用于民间藏品。按照这一规定，民间藏品的取得途径主要指以下几种：第一种是依法继承或者接受赠与；第二种是从文物商店购买；第三种是从经营文物拍卖的拍卖企业处购买；第四种是公民个人依前述三种方式获得文物相互交换或者依法转让。

那么，是否存在非国有博物馆拥有属于国家所有权范围内文物的情况呢？若是有又该如何处理呢？物权的取得方式大致分为两种，一是原始取得；二是继受取得。由于国有文物禁止买卖，因而民间无法取得已经被国有博物馆收藏的文物。但是按照我国立法，一件国家等级的文物如果一直是由民间收藏的，那么其继承人可以合法继承取得。如果权利人将其赠与非国有博物馆，那么显然该博物馆也可以取得该件文物的所有权。当然，国有博物馆放弃的藏品，非国有博物馆将其继续收藏就是很正常的。

（三）藏品的来源对于藏品归属的影响

博物馆中藏品的取得方式一般包括自行征集、依法购买、交换、接受捐赠和调拨。征集是博物馆根据其性质、特点的需要，通过各种途径，有目的地不断补充文物的标本和数量的基本业务工作。① 征集若采取广义上的概念

---

① 参见王宏钧主编《中国博物馆学基础》，上海古籍出版社2011年版，第134页。

则包括购买、交换、接受捐赠和调拨。购买和接受捐赠是民法中的一般概念，前者是一种双务的行为，遵循一般的合同法规则，交易物实际上转移的同时所有权也转移。而《中华人民共和国文物保护法》第 51 条规定了国有文物非经国家允许不得买卖，因而在此项下的交易行为应属无效。而捐赠是一种单务行为，除法律明文禁止的赠与以外，其他的赠与行为都是有效的。

我们已经多次强调，由于文物本身存在特殊性，应与其他藏品区别对待。文物由于受到专门法律的规范，因而在讨论文物的自行征集、依法购买、接受捐赠等行为时，首先应遵循《中华人民共和国文物保护法》，再依据相应民事法律规范。至于非文物藏品，则可依据民事法律规范进行相应的活动。交换和调拨，是指文物收藏单位间的藏品交换。当然文物的交换和调拨需明确按照《中华人民共和国文物保护法》的规定进行，至于藏品的部分，可依据双方的协商或依各自章程进行。结合上述内容的分析，我们认为藏品的不同来源，并不影响藏品的最终归属，其意义在于规范具体的藏品流通行为。

（四）藏品的管理

藏品的管理，可以说是博物馆最为重要的日常职权。博物馆除了研究和完好保存藏品以外，还涉及对于藏品的借用、调拨、处理以及退出馆藏。明确藏品的归属，是为了更好地管理藏品。正如在前文中提到过的那样，由于《中华人民共和国文物保护法》的存在，应当设立两套管理程序。

该法明确规定了文物收藏单位对文物进行上述行为时必须遵守的相关规定。例如该法第 40 条第 2 款中规定，国有文物收藏单位间须借用文物的，应报文物行政部门批准。而至于非文物藏品的管理，我国在 1986 年颁布了《藏品管理办法》，在该办法的第一章和第四章都涉及了关于藏品借用、调拨等方面的内容。但是，我们认为此办法制定年代过早，而且并未实际区分两种不同类型的博物馆藏品，所以应该由即将颁布的统一博物馆法典所取代。另外，我们认为非文物藏品既然为博物馆所有，那么便不应太多干涉其本身权利的行使，否则容易导致日本博物馆发展进程中所出现的"箱物行政"的情况，将博物馆归为行政机关的一员，而忽视其本身的作用，进而阻碍其历史、文化研究的进行。

四　立法建议

基于本章前文分析，我们认为对于博物馆的独立法人地位以及其享有的法人所有权应予以认可。而在下文中，我们将从法律制度的层面出发，结合我国博物馆事业的发展现状，提出自己关于博物馆问题的几点建议。要解决现有环境下博物馆存在的诸多问题，关键在于正式博物馆法典的颁布，明确博物馆的法人地位，划定博物馆法人所有权的范围，合理规定国家、博物馆、藏品这三者间的关系。而只有解决了上述问题，才能真正促进博物馆事业的健康持续发展。

我国目前关于博物馆问题的研究多是集中在博物馆学方面，主要包括藏品的维护、发掘等非法律专业方面的研究。换句话说，目前我国现有的博物馆研究大部分是由博物馆专业的专家进行，也就是说是从博物馆学的角度出发来看待博物馆的问题。而仅有的对于博物馆问题的法律研究也多集中在如何依法管理博物馆，而非讨论博物馆的所有权问题。

在仅有的博物馆法律方面的研究作品中，已经有学者多次提出要求制定统一的博物馆法。在 1986 年出现过相关的文章，但多是非法律学者的呼吁。历代法律学者对于博物馆法律制度的研究少之又少，而且，对于其他国家的博物馆法的研究也并不多见。已有的研究大多也是针对博物馆学的，而非具体研究博物馆的财产权利问题。总体而言，对于博物馆所有制度的研究无论是国外还是国内，都处于极不完善的阶段，也可以说是一块相当新的领域。那么，博物馆法律层面上的研究就显得格外有意义。制定统一的博物馆法典是社会主义博物馆事业持续不断发展的要求，更是社会主义特色法律制度的重要组成部分。尽快出台统一法典的原因，就是立法已经不能满足现在的要求，而且肯定妨害未来的发展。

立法现状不能满足现实要求，已经成了显著的问题。自新中国成立以来关于博物馆的立法包括 1979 年由国家文物局颁布的《省、市、自治区博物馆条例》、1986 年文化部颁布的《博物馆藏品管理办法》和 2005 年由文化部颁布的《中华人民共和国博物馆管理办法》。地方性的法规则以北京市《博物馆条例》为代表。另外还有与博物馆中藏品密切相关的法律，包括1999 年的《中华人民共和国公益事业捐赠法》、2003 年由国务院颁布的《中华人民共和国文物保护法实施条例》、2007 年颁布的经过修订的《中华人民共和国文物保护法》。

以《中华人民共和国博物馆管理办法》为例，该办法由国务院下设的文化部颁布，属于部门规章，显然效力不足。而从内容上看，共五章，第一章为总则，第二章为博物馆设立、年检与终止，第三章为藏品管理，第四章为展示与服务，第五章为附则，其中大体内容与博物馆的管理有关，却没有规定国家和其投资设立的博物馆这两者间的关系，以及博物馆的所有权问题。统一、正式的博物馆法典的缺位，导致了博物馆法制建设的严重困境。关于博物馆系统规定的缺乏，直接导致博物馆主体定位不清，相应的权利义务不明。我们认为我国博物馆法人治理结构迟迟不能建立，与博物馆法典的缺位存在密切关系。目前与博物馆制度相关的法律中，最高级别的法律是《中华人民共和国博物馆管理办法》，但这仅是行政规章而已，不管是法律的适用范围还是适用效力都是有限的。而且内容方面也存在许多不足，既没有规定博物馆的法人所有权的具体内容，也没有将藏品区分对待，同样对非国有博物馆的规定也相对较少。

当今社会，博物馆事业正在以难以想象的速度发展，不仅是各种博物馆数量的增加，还包括原有综合性博物馆的修缮。在博物馆事业发展的背后，问题也层出不穷，各种损坏藏品、私自买卖藏品的丑闻纷纷爆出，充分说明了在高速发展背后充满了隐忧。另外，民营的博物馆的发展虽如雨后春笋般，但是规范民营博物馆发展的法律几乎处于真空状态，最多是提到要鼓励其发展。

从博物馆自身的发展角度来看，统一法典的制定也极具意义。首先，有了明确的行为依据，确定的权利义务范围，避免其在具体事务中出现不作为的情况。其次，为各种民事或行政纠纷的解决提供了法律依据，有助于保护博物馆自身的权利免受侵害。最后，推进整个博物馆事业的良性发展，从最大程度上阻止非法操作的出现，切实保护馆内藏品的安全，真正发挥博物馆的公益性。

综上所述，我国博物馆事业在发展中问题显著，亟须制定一部系统的法律来解决上述情况。

为了《博物馆法典》的制定，我们在这里提出几项原则，供有识者参考。

1. 确认博物馆的法人所有权，即明确规定国家与博物馆的关系

在制定新的博物馆法时，第一要务就是明确博物馆的法人地位，明确博物馆享有法人所有权。这是本章讨论的重点，也是我国博物馆能否摆脱"仅是行政机关一员"困境的关键所在，更是博物馆事业公益性保持的重要基础。

明确博物馆的法人地位，具体来讲就是明确国家和博物馆的关系。我们认为两者间的关系可以分为几下几种。

第一种是基于国家投资行为而形成的类似于"股东和法人"的关系。当然上述投资中不包括文物，而是指提供的基础设施和运营经费等方面投资。毫无疑问，国家作为"股东"具有监督权、重大事项的决定权，以及相关政策的制定权。这些权利都是基于国家的投资行为产生的。当然上述各项权利应由相应的政府部门来直接行使。另外，国家还具有管理和使用门票收入的权利。虽然博物馆属于非营利的事业单位，但是部分博物馆会有门票收入。

第二种是基于国家的管理职能所形成的监督权。国家（具体来说是政府）作为一个整体管理国家事务，行使行政职权。国家职能中重要的一环就是对于社会活动的管理权。而在社会主义的市场经济中，国家作为主要管理者，监督和指导整个国民经济的运行。博物馆作为市场经济中的一员，自然会受到国家的监督和管理，和前面分析的国家作为"股东"而享有的监督权不同，这种监督管理的权力是行政性质，源于国家的管理职权。该项权力的重点在于保障博物馆本身的合法运行。

第三种是基于国家所有的文物存放于博物馆而产生的关系。正如前述分析中所指出的，国家所有权需要实现方式，国家不可能直接使用文物，因而将发掘的文物交由博物馆管理。我们认为此处类似于一种保管的关系，有关的规定可以参考《民法通则》中关于保管的规定。当然如果能够在新制定的博物馆法中明确规定两者的关系，则更利于进一步细分国家和博物馆的关系。

2. 明确博物馆法人所有权的内容

明确博物馆的法人所有权后，即明确国家和博物馆的关系后，我们认为

明确博物馆法人所有权的内容也是十分重要的。此举意义在于在政府监督下最大限度地发挥博物馆自身的能动性，即在符合法律的条件下，最大程度上促进博物馆事业的发展。在博物馆立法中规定博物馆的权利义务的范围，有助于我国的博物馆事业既有序又快速地展开。

我们认为由于博物馆分为国有博物馆和非国有博物馆，基于两者产出的物质条件不同，加之其本身权利客体的组成也存在差异，因此两者在确立民事权利义务范围时可以采取不同的原则。国有博物馆基于藏品中大量文物的存在，可以采取严格规定权利义务范围的原则：具体来说，将国有博物馆拥有的权利（例如对馆内陈列设施修缮）和必须履行的义务（例如门票收入使用的限制）都以法条的形式写入博物馆法中。而对于非国有的博物馆，我们认为可以规定必须坚定不移坚持的基本准则，而在其余方面放宽对非国有博物馆的限制，从而最大限度鼓励其发挥自身的能动性。

明确博物馆的所有权的内容，对于博物馆所有权的实现具有极大的意义。如果仅仅规定了博物馆的法人地位，却没有规定其相应的权利义务内容，那么关于博物馆法人所有权的此条规定只能成为一纸空文，更谈不上从法律角度出发真正行使博物馆的所有权。规定博物馆法人的地位的真正意义在于在法律规定的权利义务范围内促进博物馆事业的发展。

3. 明确区分文物藏品和非文物藏品

我们认为应该将博物馆中的藏品明确区分为文物藏品和非文物藏品。将两者加以区分的原因在于：一是两者所体现的文化价值、艺术价值和历史价值不同。二是两者在归属方面存在差异。在国有博物馆中，文物藏品属于国家所有，属于国家所有权的一部分，而非文物藏品属于博物馆所有，属于博物馆所有权的一部分。在非国有博物馆中，藏品均属于博物馆所有。三是两者在征集、借用、退出馆藏方面所依据的法律不同。这也是区分两者的真正意义所在。文物藏品在征集、借用、退出馆藏等方面都应遵循《中华人民共和国文物保护法》的相关规定，而非文物藏品一般依据本馆制定的藏品管理办法进行。

区分文物藏品和非文物藏品的意义在于明确博物馆法人所有权的客体的范围。因为国有博物馆中文物藏品的国有属性，使得国有博物馆的法人所有权仅限于非文物藏品。区分文物藏品和非文物藏品的意义还在于厘清博物馆法人所有权的权利义务作用对象的范围，将文物藏品单列出来，采用有区别的处理方式，解决法律在具体适用中面临的问题。

4. 设专章规定非国有博物馆

我们认为在新颁布的博物馆法中应设专章规定非国有博物馆，原因如下。

（1）非国有博物馆发展现状的需要。非国有博物馆的发展在近几年甚是引人注目，不仅在数量上有大幅的增加，而且其所分布的地区也日益广泛，馆内的藏品质量也有明显的提升。比较近年来的相关数据，我们认为博物馆数量的增加主要得益于非国有博物馆数量的增加。企业博物馆、高校博物馆等新型博物馆的出现同样说明了非国有博物馆发展的显著成果。推动非国有博物馆飞速发展的原因主要是民间收藏活动的日益频繁。而民间资本充足，也使得更多的人投身博物馆事业。

但是在快速发展的非国有博物馆背后，却充满了隐忧。首先，非国有博物馆受到资金的限制。许多非国有博物馆均存在难以维持的问题，面临倒闭的危险。其次，尽管非国有博物馆数量不少，但是收藏藏品的质量总体不高，与大型的国有综合性博物馆不存在可比性。最后，有些不法分子以设立非国有博物馆为幌子，实则进行非法倒卖、走私文物的活动。总体而言，我国非国有博物馆的发展总体上仍处于十分混乱的状况：许多情况缺乏法律规定，许多行为缺乏法律的规制，因而亟须制定法律加以规范。

（2）非国有博物馆自身特色的需要。非国有博物馆与国有博物馆相比，是利用或主要利用非国有文物、标本、资料等资产设立的，因此在限制其相关权利方面应该更加宽松，在立法上应该采取较为灵活的原则，尽量鼓励非国有博物馆的发展。而且，从法理上进行分析，非国有博物馆的藏品均归其所有，因而其在藏品的征集、买卖、借用等方面享有权利，所以由其自行制定相关的规则加以规制并无不可。

（3）非国有博物馆的立法现状的需要。目前为止关于非国有博物馆的专门规定并没有出台。我国现有的与博物馆相关的法律中，涉及非国有博物馆的规定大致有两条：一是《中华人民共和国博物馆管理办法》中明确了非国有博物馆的概念；二是在《中华人民共和国文物保护法》中规定了民间收藏单位的权利。而这些规定显然是不够的。一个高速发展的事物必须由法律加以规制。设专章讨论非国有博物馆的原因正在于此。

五　应注意的问题

（一）切实保护馆内藏品的所有权

要切实保护博物馆法人所有权，首先应当保护好馆内的藏品。我们认为，文物是一个时代的象征，代表着不为人知的历史信息。对于文物的研究，核心的意义在于从其本身的物质特性或外形特征抑或镌刻在上面的文字，来揭开那段尘封的历史，去探求未知的世界。因而对文物的保护就显得尤为重要。因此在现行的《中华人民共和国文物保护法》及其实施条例中，就文物保护制定了一系列相关法条，在民间收藏处否定了国有文物的买卖行为，并规定了以博物馆为核心的一系列保护文物的义务以及违反后应当承担的民事、刑事和行政责任。

但是我们认为博物馆本身存在终止的可能，特别是非国有博物馆，因此应当补充关于博物馆终止后文物归属问题的相关规定。国有博物馆在终止时，由于其设立的资产全部或主要源于国家，毫无疑问，国有文物仍交还国家所有，在具体操作中由国家指定交由其他博物馆收藏。非国有的文物可以自行处理，但是须按照文物保护法的相关规定进行。而非国有的博物馆，由于其藏品中存在他人捐赠的情况，因而此类藏品不适合进行拍卖。我们认为，捐赠人可以在博物馆申请终止时，提出返还藏品的要求并提供相应所有权证明。如果上述证明属实，即可取回自己的捐赠物。当然这几点只是我们个人不成熟的看法。

当然文物的保护是首位的，但是我们认为除了本法已经规定过的保护措施外，还可以加强对文物研究的投入，毕竟文物本身的价值在于其背后承载的历史信息。我们认为在有关立法中，应该设立鼓励文物研究的条款和鼓励研究成果出版条款。博物馆是我们广大群众了解祖国伟大历史、灿烂文明的主要场所，但是我们不能仅仅满足于此，应当在最大程度上发挥博物馆的研究能力，真正发挥博物馆的法人作用，推动中国特色社会主义文化的发展。加强博物馆的研究职能，应当鼓励博物馆建立藏品系统研究记录，并时时进行归纳总结。加强博物馆的研究职能，应当鼓励博物馆间的交流与合作，不仅包括各地区同级博物馆间的交流，还包括国有博物馆和非国有博物馆间的交流。

（二）加强对非文物藏品的管理

目前并不存在完整意义上规制非文物藏品管理的法律，但我们认为将其列入即将颁布的博物馆法是十分必要的。首先，明确藏品的分类，将文物藏品和非文物藏品区别对待。其次，应当制定明确的条文，规定非文物藏品的管理事项，包括征集、入藏、借用、修补、退出馆藏等方面。我们认为可以参考文物保护法中先进条款以及各国的成功经验。

但是我们仍然坚持一贯的看法，应保证博物馆在非文物藏品上所有权的行使。由于非文物藏品属于博物馆所有权中的一部分，所以应首先保证博物馆所有权的行使。我们认为应当鼓励博物馆自主权的发挥，鼓励其制定符合本馆实际的相应规制。同样，国家管理职能的发挥也是必不可少的。采用事后监督的方法我们认为更为恰当，例如可以通过检查藏品档案进行规制。

（三）充分发挥国有博物馆的公益法人职能

我们认为，对于国有博物馆，一方面要强化他们作为独立民事法人的地位，强化其内部法人治理结构的权力监督和限制，但是也要强化其作为公益法人的职能。近年来越来越多的问题凸显了博物馆在自身管理中的缺陷，而故宫的"破瓷门"事件只是其中之一。我们认为，国有博物馆应增强其自身公益性的发挥，提高自律能力。因为国家的监督总归是有限的，不可能清查每一件藏品，这更要求国有博物馆要严格按照法规办事，认真履行自己的职责。另外，国有博物馆应该加强其在人员培养和管理中的投入。作为直接与文物接触的一线人员，专业的技术和认真负责的态度是缺一不可的。国有博物馆应当加强员工的业务培训，同时关注严谨自律工作氛围的营造。同时，我们认为部分博物馆应该加强全馆的趣味性，以求更好地吸引群众，尤其是学生群体的参与，解决国有博物馆参观人数较少的问题。而如何提高趣味性，可以通过设立有奖问答的环节，或是由玩偶人来介绍藏品，或者是让学生亲自参与藏品的制作等方式进行。这样不仅可以吸引更多的参观者，同时还可以增加馆内的收入。

（四）鼓励非国有博物馆的发展

非国有博物馆在未来很长的一段时间内将是博物馆发展的主流力量。国家有关部门已经联合出台了相关文件鼓励非国有博物馆的发展。我们认为非国有博物馆的发展大致需要从以下两个方面加强。

一是国家的支持。西方大部分私立博物馆在成立初期都离不开国家的支持。一个博物馆的设立需要人力、物力、财力，我们认为国家可以从财政补贴、技术支持、税收优惠、政策照顾这几个方面入手，帮助非国有博物馆的建设和发展。博物馆事业的发展，标志着文化事业的大前进，有利于社会整体素质的提高，国家应当坚定不移地推动博物馆事业的发展。

二是博物馆自身的努力。非国有博物馆想要打破"没过三年就关门"的困境，关键在于抓住自身的特色，不断发展。首先，非国有博物馆应当拓宽自己的资金渠道。在美国，私立博物馆占据多数，它们大多靠向全社会募集基金的方式来筹集运营资金。而国内的博物馆完全可以学习美国先进的做法，补充自己的资金。其次，非国有博物馆应该抓住自身的特点并加以大力宣传，吸引群众前来，增加客流量，致力于将本馆建设成为"人无我有，人有我优"的特色博物馆。

本章小结

在本章撰写过程中，我们主要分析和讨论了两个重要的问题。一是博物馆是否具有法人所有权，具体来说，从应然和实然这两个维度出发，探讨了国家和博物馆这两者间的关系，即博物馆为国家所有权的客体还是独立的民事主体。我们认为基于中国博物馆法制建设的现状，博物馆法人所有权的确立是十分必要的。从事实的层面上来看，只有赋予博物馆法人所有权，才能真正解决其在实务操作中所遇到的问题。二是明确博物馆的法人所有权范围，集中讨论博物馆和藏品间的关系，即在肯定博物馆的法人所有权的基础上，进一步探讨其权利义务的对象。我们认为应将不同的藏品加以区分，合理划定博物馆的法人所有权范围。

通过本章的分析，我们认为应从两个方面出发改善原有的博物馆法律制度建设。一是制定法律效力足够的博物馆法典，这不仅是博物馆本身发展的需要，同样更是中国特色社会主义法律体系中不可缺少的一环。在新的博物馆法中，我们建议应明确四大原则，分别是明确博物馆的法人所有权、明确博物馆的法人所有权内容、明确区分文物藏品和非文物藏品、设专章规定非国有博物馆。二是在实践中切实保护博物馆的法人所有权，包括通过完善现有法律来加强对藏品的保护，以及鼓励博物馆事业的蓬勃发展。

我们对博物馆所有权问题进行研究的意义在于，通过对博物馆的国家所有权制度的研究，进而加强对国家所有权理论的研究，最终帮助完整的所有权理论体系的建立，通过博物馆法人治理结构的确立来推进博物馆事业的发展，最终推动中国特色社会主义文化事业的发展。今后 20 年是文化艺术高度发展的 20 年，我们应当抓住这个千载难逢的机会，从完善博物馆的法律制度做起，大力推动文化事业的大跨步前进。我国现代意义上的博物馆虽然出现得相对较晚，但是我国作为四大文明古国之一，有着无比灿烂辉煌的文明遗产，只要我们确立博物馆的法人治理结构并大力发展博物馆事业，必将创造独具中国特色的博物馆事业。

第十章

自然资源国家所有权

第一节　问题的提出

一　主导法律观念问题

关于自然资源（natural resources），指凡是自然物质经过人类的发现，被输入生产过程，或直接进入消耗过程，变成有用途的，或能给人以舒适感，从而产生经济价值以提高人类当前和未来福利的物质与能量的总称。自然资源，亦称天然资源，是指在其原始状态下就有价值的货物。一般来说假如获取这个货物的主要工程是收集和纯化，而不是生产的话，那么这个货物是一种自然资源。采矿、采油、渔业和林业因此一般被看做获取自然资源的工业，而农业则不是。自然资源是成为货物的自然财富。它包括生物资源、农业资源、森林资源、国土资源、矿产资源、海洋资源、气候气象、水资源等。[①]

自然资源作为国家重要的物质资料基础，反映了综合国力的强弱，影响着整个国家的经济发展，在一定程度上决定了一国在国际中的地位，直接关系着国民的生存利益，其重要性不言而喻。

我们所熟知的"厉王止谤"的故事，[②]事发根源是周厉王试图依据公共权力强行禁止国人利用自然资源，严重妨害了民生。故事的梗概大体是这样的：史载周厉王任用荣夷公为卿士，实行"专利"政策，将山林湖泽改由天子直接控制，不准国人进入谋生。周都镐京的国人因不满周厉王的政策，

---

① 概念来源：百度网，2014 年 10 月 30 日。
② 司马迁：《史记·卷四·周本纪第四》。

怨声载道。大臣召穆公（又称召公虎、邵公）进谏说："民不堪命矣！"（人们已经受不了了，都在议论纷纷）。周厉王又命令卫巫监谤，禁止国人谈论国事，违者杀戮。在周厉王的高压政策下，国人不敢在公开场合议论朝政。人们在路上碰到熟人，也不敢交谈招呼，只用眼色示意一下，然后匆匆地走开（道路以目）。周厉王得知后十分满意。对召穆公说："我有能力制止人们的非议，他们再也不敢议论了！"召穆公劝谏周厉王道："这是用强制的手段来堵住民众的嘴啊！这样堵住人们的嘴，就像堵住了一条河。河一旦决口，要造成灭顶之灾；人们的嘴被堵住了，带来的危害远甚于河水！治水要采用疏导的办法，治民要让天下人畅所欲言。"周厉王对此却置若罔闻。公元前841年，因不满周厉王的暴政，镐京的"国人"集结起来，手持棍棒、农具，围攻王宫，要杀周厉王。周厉王带领亲信逃离镐京，沿渭水河岸，一直逃到彘（今山西省霍州市），并于公元前828年（周共和十四年）病死于该地。国王死了，事情也没有了结。他的庙号被人们定为"厉王"，也就是对人民残暴的王。这个名字可以说是遗臭万年了。

从本课题研究的角度看，中国历史上著名的"厉王止谤"的故事，其实是因国王理解的公有（国王垄断其利益的"国家财产所有权"）和民众理解的公有财产（民众直接享有其利益的"国家所有权"）之间发生冲突。由此可知，自然资源于百姓，是生计来源；于国家，则攸关整个社会秩序安宁与稳定。古训已然揭示，执政者当听民意，切不可与民争利，夺民生计。在和谐社会精神和法治国家原则下，执政者、决策者更应该考虑民生疾苦，便民利民。

自古以来，小至山泽的渔猎，大至矿产的取得，都是民众的谋生方式。当代社会，虽然自然资源面临开发与生态保护的矛盾和压力，国家与社会的现代化离不开对于自然资源法律制度的强化，但是不应忽视对于民众谋生的重视，不应忽视民众对于自然资源的天然合法权利。

但是在我国引入苏联法学中的国家所有权理论之后，本来的立法宗旨应该是以保障全体人民利益为出发点而建立起来的自然资源国家所有权制度，却恰恰表现出一种强烈的忽视民生、不断与民争利的倾向。我国的立法，已经放弃了从法学理论上区别自然资源主权管辖权力和民法上的所有权的含义的本质不同，在自然资源的法权结构上，采取了把主权性质的行政管理权和民法意义上的财产所有权完全相混同、相等同的做法，逐渐排除了本应属于全体社会成员合法享有的自然权利。公民对于公用物的自然权利已经受到强力限制甚至剥夺，现实中民众使用自然资源，要普遍地支付对价的立法和规则已经多次出现，不但捕鱼、取水存在强制收费，甚至连太阳能的使用都要缴纳费用的现象也出现了。由此，我们必须重新审视自然资源的国家所有权的性质和法律思想本源性质的问题。

如上所述，我国的国家所有权体系，沿袭了苏联民法理论，在自然资源领域的民法立法中，放弃了无主物的法律规制，把国家视为一切自然资源的唯一统一的主体，这一点已经在现实生活中出现了本来不应该出现的难题。例如，如果我们坚持把国家当做一切野生动植物资源的所有权人，那么一切野生动植物致人损害事情的发生，小到蚊虫叮咬，大到野生老虎下山伤人，岂不都是"国家"的动物伤人，应该由国家承担赔偿责任？除此之外，我国野生动物迁徙他国，岂不也应该由国家行使物权返还请求权，要求邻国返还我国所有的动物？这又如何能够做到？由此可以看出，我国在自然资源国家所有权的立法方面，虽然也有一些积极正当的理由，但是却忽略了所有权这种典型的民法物权的基本原理。

可以看到，在自然资源的法权制度设计方面，我国的立法，包括行政立法和民法立法，受到改革开放之前的旧意识形态的影响十分严重，太过于强调国家其实是政府的经济利益，却忽视了社会主义国家的人民应该拥有的利益。因为，从立法的操作来看，自然资源的实际享有者并不是国家，也不是全体人民而是各级政府。政府普遍依据公共权力行使所谓的"所有权"，给一般民众的民事权利造成很大损害的现象普遍发生。

另外，因为自然资源的开发权实际上保留在各级政府及其主管部门手里，这些部门只注重获益而缺乏保护的问题，现在已经十分严重。比如只是为了经济利益而毁灭性地开发耕地的现象，在各地都普遍存在。另外，煤炭等资源的开发，呈现出强烈的"黑色运作"，让人瞠目结舌的大案要案可以说是不断出现。就是这样，自然资源在国家所有权体系的外观下，却成了地方政府创收的途径，甚至成为黑色经济。从法律上看，自然资源属于"国家"，但是实际上属于地方政府。这里的法权制度的名不副实、权利义务责任相脱节造成的恶果，可以说已经令人难以忍受。

多年来，我国在这一领域制定的法律属于行政立法者居多，其行政管理色彩十分强烈，而这些立法多数都存在欠缺民法科学思维的问题。所以我们认为，应当用科学的民法物权理论去重新构建我国自然资源的归属制度，这不仅可以促进民法科学的现实发展，而且更重要的是，可以促进我国自然资源的开发利用和保护，早日走上科学化、法制化的道路。

二　主要法律制度问题

虽然我国在法律政策上一直非常重视自然资源，但是法学界对于自然资源的法学研究，却一直较为冷淡。改革开放之前，1956—1978 年，法学界对于自然资源的法律制度的研究，大体上只是重述法律对于相关国家所有权的规定，对于自然资源的实际占有者、使用者的权利，基本上没有什么说法。这一时期涉及自然资源法权问题的研究不但著述很少，而且学术含量很低。而且这一时期整体的法学研究也带着过于强烈的现实政治诉求，对于自然资源和国家所有权之间的关系，大体上只是附和国家立法建立"大森林、大水利工程、大荒地、大荒山、大盐田以及湖、沼、河、港为国家所有"立法背景方面的政治导向，[①]这些研究对于改革开放的今天，基本上没有参考借鉴的价值。在这种法学研究的背景下，我国涉及自然资源的立法也没有太大的改观。

1986 年，《民法通则》颁布后，整个法学界包括民法学家在内，一时形成关于对国家所有权理论的热议，其中也有涉及对自然资源法权制度的零敲碎打的研究，比如对于国家某些专有的自然资源的讨论。必须看到，这一时期出现的关于国家所有权的热议，表现出一种强烈的现实问题意识，就是为国企改革寻找理论依据，因此这种热潮和自然资源法权问题大体上没有紧密关系。这些关于国企改革涉及的国家所有权的研究，主要讨论的问题是在坚持"统一唯一国家所有权"的原则下，如何满足国企作为独立法人应该享有的权利，他们试图为国有企业的权利找到一个符合国情和法理的支点。这些观点对后来我国企业制度的发展意义显著。因为涉及国企改革中"国家财产"的实际占有使用者的独立法律资格和法律权利问题，所以这些讨论实际

---

① 金天星：《论国家财产所有权》，《安徽学报》1986 年第 2 期。

上也可以给我国自然资源法权问题的研究提供借鉴。

1978—1987 年，随着中国共产党十一届三中全会的召开，法学界开始清理"文革"时期的极"左"思想，开始以一种认真科学的态度来探讨企业法人制度、企业法人财产权利的问题。①这些研究对于自然资源占有使用的权利制度的发展，当然也有一定的参考价值。1984 年《关于经济体制改革的决定》发布，关于法学研究尤其公共资产权利的研究形成了热潮，但是其关注的重点是如何解释"统一唯一国家所有权"和国企独立性之间的关系，目的是为国有企业进入市场机制寻找法权基础。因为企业进入市场经济，就需要独立法人资格，需要法人所有权。但是，如果要承认国企法人所有权，那么就必须否定"统一唯一国家所有权"。因此，这一时期涉及国家所有权的研究也出现了一些打破苏联法学理论束缚的作品，② 但是法学界主导性的观点，还是要强硬地坚持"统一唯一国家所有权"学说，因此国有企业的权利无法冲破这个牢笼，学术界多数人的观点，无非是一而再再而三地提出以压缩企业权利为特征的一些自圆其说的观点。所以我们可以清楚地看到，《民法通则》第 82 条规定的"全民所有制企业对国家授予它经营管理的财产依法享有经营权"这个核心的条文中，规定了企业自己拥有经营权。这个"经营权"来源于国家的"授予"，这一点远远没有满足企业法人所有权的要求。

与此相适应，《民法通则》在规定关于自然资源的权利时，采取的也是这种比较拘谨的观念。它首先强调了自然资源的"国家所有权"，其次也承认了占有者、使用者在民法上的权利。这个关键的条文是其第 81 条，一共有 4 款。

第 1 款："国家所有的森林、山岭、草原、荒地、滩涂、水面等自然资源，可以依法由全民所有制单位使用，也可以依法确定由集体所有制单位使用，国家保护它的使用、收益的权利；使用单位有管理、保护、合理利用的

---

①　这一时期关于国企权利讨论的著述，除上文"国家投资"一节、"国企法人所有权"一节所引用的资料之外，还应该指出的重要著述有：《国营企业经营管理权是新型的财产权》，《现代法学》1984 年第 1 期；崔勤之《国营企业经营管理权是新型的财产权》，《现代法学》1984 年第 1 期等。
②　王开国：《国有企业法人所有权的确立与国家最终所有权的行使》，《经济理论与经济管理》1994 年第 3 期。

义务。"

第2款："国家所有的矿藏，可以依法由全民所有制单位和集体所有制单位开采，也可以依法由公民采挖。国家保护合法的采矿权。"

第3款："公民、集体依法对集体所有的或者国家所有由集体使用的森林、山岭、草原、荒地、滩涂、水面的承包经营权，受法律保护。承包双方的权利和义务，依照法律由承包合同规定。"

第4款："国家所有的矿藏、水流，国家所有的和法律规定属于集体所有的林地、山岭、草原、荒地、滩涂不得买卖、出租、抵押或者以其他形式非法转让。"

这些规定，放置在改革开放初期那个特殊的历史背景下，从反映民众利用自然资源的法权关系的角度看，确实有很大的进步。但是，除了采矿权以及荒山荒地的承包经营权之外，其他的民众权利基本上没有得到反映。这种忽视、或者轻视、或者无法仔细规定民众对于自然资源的权利的情形在改革开放初期，是完全可以理解的。但是到《中华人民共和国物权法》制定时期，这种情形还是没有实质性的改变，这就让人难以理解了。《物权法》的制定是在2007年，我国的改革开放已经进行了30年，中国宪法确定市场经济体制也已经有15年，但是该法关于自然资源的规定，还是以强化"统一唯一国家所有权"为主，对于民众利用自然资源的权利，基本上没有什么新的进展。

我们可以先看看该法对于自然资源国家所有权的规定。这一方面的规定共有5条，即第46条："矿藏、水流、海域属于国家所有。"第47条："城市的土地，属于国家所有。法律规定属于国家所有的农村和城市郊区的土地，属于国家所有。"第48条："森林、山岭、草原、荒地、滩涂等自然资源，属于国家所有，但法律规定属于集体所有的除外。"第49条："法律规定属于国家所有的野生动植物资源，属于国家所有。"第50条："无线电频谱资源属于国家所有。"

在我国法律习惯的国家所有权和实际占有使用权相分离的思维模式下，对于自然资源的占有者和使用者的权利，理应在《物权法》的"用益物权"一章得以规定。但是，关于这种十分重要的法权关系，该法仅仅只有两个条文的规定。这就是第118条："国家所有或者国家所有由集体使用以及法律规定属于集体所有的自然资源，单位、个人依法可以占有、使用和收益。"第119条："国家实行自然资源有偿使用制度，但法律另有规定的除外。"仔细看这一章的规定，关于民众具体地利用自然资源的权利类型，除了《民法通则》已经规定的采矿权和土地承包经营权之外，再也没有其他的规定。

相比涉及自然资源的国家所有权的规定，实际占有使用方面的规定，显得实在太单薄了。

三　主要观点争议

在自然资源这一方面，国家所有权实际的法律意义到底有多大？我国法律上关于自然资源所有权的规定，到底是主权性质的规则还是民事权利性质的规则？也有学者认为这是一种所有权的形态，本质是一种民法权利。[①] 一些学者按照我国民法传统理论和现行的法律法规表述将自然资源列为国家的资源性资产，与经营性国有资产和非经营性国有资产相并列，由国家代表全体人民、代表整个社会行使统一的所有权，这种所有权与集体所有权、个人所有权相并列，成为所有权的一种形态，将其界定为一种新型的物权类型，在主体、客体等上区别于个人所有权；[②] 目前很多民法教材和民法学术著作的编排体系上，都反映出了对这一观点的采纳和认同，至今仍旧是我国民法界的通说。

但是，《物权法》第2条规定，物权法上的物，为特定物，即具体物；主体应该是具体的民法主体。按照物权法的原理，所有权应该是特定主体对特定客体全面彻底的支配权。所以我国很多学者关于自然资源国家所有权上的通说，其实是站不住脚的。所以，已经有学者提出了对于国家所有权制度本身的法学合理性的质疑。有的学者则将国家所有权界定为一种公权力，以国家强制为基础，区别于以意思自治为基础的私权。[③] 有的学者认为国家所有权的性质模糊，不是或者不完全是纯民法意义上的所有权，其表现形式为

① 参见王利明《中国物权法草案建议稿及说明》，中国法制出版社2001年版，第4、255—257页。
② 方虹：《我国资源产权及制度安排思考》，《理论纵横》2006年第1期；张冉：《试论当前中国政府对国有资产的管理》，《理论观察》2011年第1期；穆万科：《国有资产管理体制改革的建议》，《经济技术协作信息》2010年第6期。
③ 参见王军《国家所有权的法律神话》，博士学位论文，中国政法大学，2003年，第23页。

行政权力。①另有学者认为自然资源的国家所有权是一种公共所有权，并且在现实中，中央政府及地方各级政府对于自然资源的利益分配上，存在地方与中央、局部与整体间的利益矛盾。还有学者对自然资源的客体适格性提出质疑，提出了目前我国法律中规定的"自然资源国家所有权"尚不是一种民事权利，而是由主权派生的一种公权力，它只有弘扬主权支配的领土范围内的资源控制的作用，而没有揭示出民法上具体主体支配具体物而形成的法律关系的作用。②这种观点是对自然资源法权关系的科学揭示，后文将对此理论加以阐释。

第二节　自然资源国家所有权制度再认识

一　现有制度体系的形成

新中国成立初期，1950 年 6 月 28 日《中华人民共和国土地改革法》颁布，在其第 16 条第 1 款中规定，通过"没收和征收的方式取得的山林、鱼塘、茶山、桐山、桑田、竹林、果园、芦苇地、荒地及其他可分土地，应按照适当的比例，折合普通土地统一分配。为利于生产，应尽先分给原来从事此项生产的农民"。这一规定，拉开了新中国成立后自然资源收归国有的序幕。该法第 10 条规定："所有没收和征收得来的土地和其他生产资料，除按照本法规定归国家所有外，其余一律由乡农民协会接受，统一而公平合理地分配给无地少地的贫苦农民所有。"这一规定，在建立自然资源国家所有权的同时，也建立了民众享有自然资源所有权的法律制度。

随着我国国有化进程的推动，占有使用国有自然资源的企事业单位不断扩大再生产，其中新生的部分资源也直接划入国有；除此之外，无人所有或者无人继承的自然资源财产也被收归国有，随着部分集体经济组织和私人组织转变为国有性质，其所有的自然资源也随同转变为国有；最后，征收征用等方式也成为我国自然资源国家所有权初始形成方式之一，由此我国自然资源的国家所有权制度体系基本建立。

---

① 参见陈旭琴《论国家所有权的法律性质》，《浙江大学学报》（人文社会科学版）2001 年第 2 期。
② 孙宪忠：《我国物权法中所有权体系的应然结构》，《法商研究》2002 年第 5 期。

（一）宪法的规定

经过几次宪法的修改，从其不同表述中，也可以发现自然资源的国家所有权制度的形成过程。1954 年《宪法》第 6 条第 2 款规定："矿藏、水流，由法律规定为国有的森林、荒地和其他资源，都属于全民所有。"1975 年《宪法》第 2 款和 1954 年《宪法》相同，增加了第 3 款："国家可以依照法律规定的条件，对城乡土地和其他生产资料实行征购、征用或者收归国有。"1978 年《宪法》表述与 1975 年《宪法》的表述一致，而 1982 年《宪法》第 9 条、第 10 条则将自然资源的国家所有权进一步细化，具体表述为："矿藏、水流、森林、山岭、草原、荒地、滩涂等自然资源，都属于国家所有，即全民所有；由法律规定属于集体所有的森林和山岭、草原、荒地、滩涂除外。"第 10 条表述为："城市的土地属于国家所有。农村和城市郊区的土地，除由法律规定属于国家所有的以外，属于集体所有；宅基地和自留地、自留山，也属于集体所有。国家为了公共利益的需要，可以依照法律规定对土地实行征用。任何组织或者个人不得侵占、买卖、出租或者以其他形式非法转让土地。一切使用土地的组织和个人必须合理地利用土地。"此后，1988 年、1993 年和 1999 年宪法修正案没有对自然资源国家所有权制度做出修正，由此可见我国宪法对于自然资源国家所有权的确认是逐步强化的，并且在客体上呈现逐步扩大的趋势，国家对于自然资源的规定愈加细化，呈现出以《宪法》为统领，以《民法通则》《物权法》以及各种单行行政法规为支撑的体系结构。

（二）民法以及民法特别法的规定

1986 年 4 月 12 日制定、1987 年 1 月 1 日起施行的《民法通则》在第 80 条规定了国家土地所有权、在第 81 条规定了国家自然资源的所有权，并采取了与《草原法》等行政法规中相似的表述，即国家所有的自然资源"不得买卖、出租、抵押或者以其他形式非法转让"。

2007 年 3 月 16 日制定、2007 年 10 月 1 日起施行的《物权法》从第 45 条到第 49 条规定了国家自然资源所有权，具体代表性表述为："法律规定属于国家所有的财产，属于国家所有即全民所有。国有财产由国务院代表国家行使所有权。"

1985 年 10 月 1 日起实施的《中华人民共和国草原法》则在第 9 条规定

了国家对于草原的所有权；1988 年 12 月 29 日修订的《中华人民共和国土地管理法》第 2 条规定了国家土地所有权；1996 年 8 月 29 日修正的《矿产资源法》第 3 条规定了国家矿产资源所有权；1998 年 4 月 29 日修改的《中华人民共和国森林法》第 3 条规定了森林资源的国家所有权；2001 年 10 月 27 日制定的《中华人民共和国海域使用管理法》规定了国家的海域所有权；2002 年 8 月 29 日修订的《中华人民共和国水法》第 3 条规定了国家对水资源的所有权；2004 年 8 月 28 日修订的《中华人民共和国渔业法》第 11 条规定了水面、滩涂的所有权，并规定了"单位和个人使用国家规划确定用于养殖业的全民所有的水域、滩涂的，使用者应当向县级以上地方人民政府渔业行政主管部门提出申请，由本级人民政府核发养殖证，许可其使用该水域、滩涂从事养殖生产"。

（三）法理的分析

由以上条文的表述我们可以看出，我国法律规定的自然资源的国家所有权与我们通常理解的民法所有权并不一致。

首先，自然资源的国家所有权体系被人为地赋予了很多特殊性。主要表现在：所有权的主体固定化，单一化，且不可变更。除在法律特别规定情况下，可以为集体所有的部分自然资源外，任何其他民事主体无法取得自然资源的所有权。这些规定，直接从源头上切断了自然资源转让的可能。

其次，自然资源归属的实际支配关系模糊。自然资源的国家所有权制度全民所有，由国务院代表行使所有权。但是立法者将全体人民、国家、政府这三个在法学上有清晰区别的概念如何做到不区分，法理上和实践上都是值得推敲的。

再次，相关立法规定以行政方式行使自然资源的国家所有权，于民法财产权利的规则多有不合。我国关于自然资源的具体类型的立法都是单行行政法规，根据这些法规的规定，国家对于自然资源的所有权实现方式表现为：由国务院统一领导、各级地方政府分级管理，采取许可使用、有偿使用的方式。这种"领导"、"管理"与"许可"，都是行政操作，和民法所有权的行使方式多有不合。这不但直接影响了整个自然资源所有权制度建设的科学性，而且也引发了实践中各地方政府借故收费、侵占民利的现象发生。

最后，更为严重的是，在建立这种体制之后，政府从自然资源之中获得利益的趋势，逐渐脱离了原来建立这种所有权的社会主义法思想，即让民众享有自然资源利益的思想。不但从自然资源使用中收费的行为越来越多，收费的理由越来越不符合民众享有公共利益的公有物原则，而且还出现了民众使用风能、太阳能也要获得政府批准，还要收费这样举世无双的离奇地方法规。①

二 主体制度反思

由上文引发的种种疑问我们意识到，我们确实到了这样一种时刻，那就是应该重新审视建立自然资源的国家所有权制度法理尤其是法思想和法制度的现实问题。我国传统民法理论将国家所有权界定为民法上的概念，将其定义为国家对于全体人民所有的财产进行占有、使用、收益和处分的一种权利。但是为什么实际上我们的制度设计却出现了与民争利的情形？这些问题确实值得我们仔细思考。本课题的研究认为，这都是制度建设科学性方面的问题。

如上所述，我国的国家所有权理论是从苏联引进的。这种法学中的国家所有权制度是我国法律制度学习的蓝本，它对国家所有权主体的论述为，国家是全部国家财产的唯一所有权人。②我国民法学界因此将自然资源的所有权表述为国家拥有对于全民所有制财产进行占有、使用、收益和处分的权利。长期以来，我们把这一点当做社会主义全民所有制在法律上的表现，国家是代表全体人民利益和意志的唯一权利主体。③根据这个大前提，国家自然垄断了绝大多数自然资源方面的实际利益。

在国家所有权具体的行使方面，我国建立的制度是依据"政府分级管理"的方式，来实现国家所有权。这样，我们就又把自然资源的实际利益交到了各级政府手里。虽然学术界也有学者认为，各级政府及其相关部门本身

---

① 参见《黑龙江颁布风和太阳能属国家新规 引众专家争议》，网易财经，2012 年 6 月 19 日。该报道说，黑龙江省人大 2012 年 6 月 14 日颁布《黑龙江省气候资源探测与保护条例》，其中规定，民众使用太阳能者，企业探测开发风能及太阳能资源必须经过气象部门批准，而且探测出来的资源属国家所有，民众必须有偿使用。

② 参见苏联《民法立法纲要》第 21 条、《民法典》第 94 条。

③ 参见《中华法学大辞典》编委会《中华法学大辞典》，中国检察出版社 2003 年版，第 315 页。

并不是所有权的主体，无论其行政级别如何，都只能代表国家行使所有权，而并不享有所有权主体的身份。[①]但是这种观点基本上脱离现实，罔顾地方政府真正享有和行使国家所有权的真实情形。

从国家治理的角度看，政府是社会的治理者，一般的民众是被治理者。我国的法律，在大原则上规定人民享有自然资源的所有权，但是在具体制度的设计上，却把自然资源的实际所有权交给了人民的治理者。这些治理者，包括直面民众的地方政府，它们在自然资源的方面当然也有自己的利益。这样就造成了自然资源原则上的立法和现实立法的冲突，也造成了民众的理想和政府利益的冲突。我国的法律制度建设必须直面这些问题，必须从苏联法学中脱离出来，不能仅仅依靠自圆其说来获得自我的满足。具体地说，自然资源的法权思想和制度建设，必须回归到社会主义原则上来，回到人民利益的法思想基础之上，回到用民法所有权制度体系去构建自然资源归属体系的初衷。

本课题负责人多年的研究成果，已经对国家所有权的法思想和法制度技术性的问题进行了比较细致的探讨。这些理论完全可以用来分析我国自然资源国家所有权制度体系存在的问题。我们必须坚持科学的法理。

首先要坚持的法理，就是"国家"一词在国际法和国内法中有着不同的含义划分。认识到国家概念在国际法上的科学属性。

在国际法领域，"国家的构成要素包括人口、领土、政府和主权"[②]。在国际法领域，国家主权表现为一国独立自主地处理对内及对外一切事务的权力。随着第二次世界大战爆发，在众多发展中国家的积极提倡下，国家主权的内容扩展到了经济领域，产生了国家对于天然资源永久主权的概念。[③] 由此可知，国家对于自然资源所享有的权利根源于国际法中的国家主权原则。因为，国家领土主权是国家主权中的重要组成部分，它当然包括领土自然资源主权。有时候人们也使用"国家领土自然资源所有权"这个概念，但是这个概念本身的含义是指主权性质的权力，因为该权力是指国家对领土本身

---

① 参见王利明《国家所有权研究》，《法律科学》1990 年第 6 期（总第 33 期）。

② 《中华法学大辞典》编委会：《中华法学大辞典（简明本）》，中国检察出版社 2003 年版，第 315 页。

③ 同上。

的所有自然资源，涵盖一切生物和非生物资源，也包括了水资源、大气资源、森林资源、矿产资源等一切形式的所有资源的勘探、开发、利用、管理，国家享有完全的排他性的控制权、支配权、管辖权等权力，非经本国允许，任何外国、外国自然人或法人不得从事任何相关活动。[1]

由此可以看出我国的自然资源所有权制度体系是符合国家领土主权原则的，其具备的是国际法领域对国家主权原则的规定，其特征体现的也是国家自然资源的永久主权。

国家在主权的管辖内，对一切自然资源享有控制、支配和管理的权利，这种权力的实现只能发生在国际范畴内，旨在排除的是以国籍为限制的他国、他国组织和他国公民，其在国际法范畴内才有实益。国家对自然资源的永久主权不是为了将所有自然资源收归己有，而是在主权上宣称其对自然资源的管辖权力，旨在保障的是一国内的具体合法的主体所应当享有的权利。

领土主权以及对于自然资源永久主权等理念是在国际层面上对于自然界物的一种划分，其保障的是一国独立自主的生存发展，属于国际范畴的事务，是国与国之间利益的分配，即国家间对于基本利益包括但不限于各种物的归属的确定，其不涉及各类具体的民事主体，在此范畴内，是以国别来划分和确定的，利益的划分不是单个的民事主体，而是国际法的基本主体——国家。

其次，我们要充分认识到国家概念在国内法上的科学属性。

在国内法领域，从国家的具体运行过程来看，它是行使社会管理职能的统治机器的总和，由各个政府机关及相关部门具体行使社会管理职能。在国内法体系下探讨"国家"一词时，我们必须从国家治理的科学性出发，依据法治国家的原则，来仔细分析国家治理的宏观目标和具体职责职能的划分问题。依据这一原则，我们可以清晰地看到，对被治理的民众而言，国家就是一个个拥有独立利益的政府机关及其部门所组成的合体，他们各自进行独立的行为，承担独立的责任。因此，在国内法上，并不存在苏联法学家和我国部分学者至今还在坚持的"唯一与统一"的国家。中央

---

[1]　参见白桂梅《国际法》，北京大学出版社2006年版，第329页。

和地方的分税制、财政支出的单独核算、各地方政府在引进外资企业时的相互竞争、持续不断的地方保护、不同部门对同一事项的争夺管理等，都表明了各级政府间、同级政府间，甚至各个政府部门间的利益的不同。在现实中，"国家所有权"其实就是一个个具有独立利益的政府机关的所有权。不承认这一点，就无法建立科学的国家治理机制，当然更无法理解自然资源法权关系的科学化。

在自然资源国内法的制度建设方面，就自然资源开发利用的法权关系而言，坚持法理的科学，就是要坚持物权法原理中的主体必须特定、客体必须特定的道理，因为只有按照这一原理，才能够建立真实的法律秩序。所以，我们主张，在自然资源所有权的制度建设方面，应该尽量压缩甚至取消那些抽象主体的规则，建立具体化主体的规则。在这一领域，应该承认公法法人所有权，并借助于公法法人的治理结构，实现自然资源开发利用以及保护的规则科学化。

三　公共利益分析

根据马克思主义理论观点，社会利益划分为二元结构，随之而来的是社会体系也同时分立为政治社会和市民社会。前者是特殊的私人利益关系的总和；后者则是普遍的公共利益关系的总和。[①]社会的公共利益，其代表者自古以来就是国家。国家应该拥有强大的政治、军事等力量，但是，国家必须为公众谋福祉，国家建立政府、法院、警察、军队，所有的设计、构成、运行都必须以社会民众的公共利益为目标。因此国家权力的政治基础是公共利益，公共利益对于社会的民众而言，不能有当然禁止的含义。这就是自然资源国家权力的政治基础。

因此，公共权力不可以牟取私利，社会的治理者不可以单纯为了经济利益而行使公共权力，这一点自古以来就成为法律制度建立的原则。也就是因为这样，法律制度上才建立了个人权利必须服从公共权力的基本原则。如果个人权利不服从公共权力，就会遭到公共权力的惩罚，比如遭到法律的制

---

① 参见徐国栋《市民社会与市民法——民法的调整对象研究》，《法学研究》1994年第4期，第7页。

裁。一般情形下，在社会治理者为了公共利益而行使其公共权力时，其行为会自然而然地得到社会民众的信服。也就是因为这样，自古以来的法权关系中就出现了关于公法和私法的区分。"凡是涉及公共权力、公共关系、公共利益和上下服从关系、管理关系、强制关系的法，即为公法；而凡是属于个人利益、个人权利、自由选择、平权关系的法即为私法。"① 一般来说，私法上的权利必须服从公法上的公共权力，其原理就在于此。即使社会的治理者利用公共权力来从民众之中取得财产权利，只要是为了公共利益，在法律上也为正当，也会得到法律的承认和保护。这一点我们在公法法人财产权利取得部分已经进行了分析。

但是，如果社会的治理者只是利用公共权力取得垄断的自然资源的利益，而且这种利益并不会返还于民众时，这就成了与民争利的社会恶相。当然，这已经失去了当代法制国家建立的基本原则。

自古以来，自然资源上承担着社会大众的公共利益，不论是对现代国家有重大意义的土地、森林以及各种矿藏，还是仅仅具有一般社会生活价值的山泽渔猎，都是因为民众的公共利益的存在，在此建立的公共权力才有了道德正当性的基础。如果建立公共权力只是为了政府的利益垄断，那么这种权力就没有道德正当性的基础。

四　法律责任分析

确定自然资源法权关系上的民法主体，并不仅仅只是为了确定其利益的归属，而且更重要的是确定其责任主体。因为民事权利主体，指在特定的民事法律关系中，享有权利、承担义务和履行责任的人，包括自然人、法人和其他组织，这是《民法通则》的基本规定。也就是因为这样，所有权人必须是现实存在的、具体的、能够承担民法上的权利义务以及法律责任的人。②之所以在法学上要强调所有权人在充当利益享有者的同时还必须是责任的承担者，从民法科学的角度看有两个原因，一是所有权人理应在他人侵犯自己的权利时，承担起依法维护自己权利的责任，至少他应该能够独立行

---

① 张文显：《20 世纪西方法哲学思潮研究》，法律出版社 1996 年版，第 507 页。
② 孙宪忠：《中国物权法总论》，法律出版社 2014 年版，第 52 页以下。

使所有权人最起码的诉权；二是在所有权人的物发生侵害他人权利时，他应该能够承担损害赔偿的责任。

自然资源的享有意味着重大的利益，因此其权利人尤其是所有权人必须承担民法上的这些责任，否则非但法律制度不健全，而且也有违权利义务相一致的法律社会基本原则。从这些基本原则看，我国现行法律建立的自然资源国家所有权制度，就存在责任主体制度方面的本质缺陷。正如上文分析的那样，国家不会承担也无法承担具体的民事责任，甚至政府都不会或者无法承担这里的法律责任。在我国的法律实践中，已经数次出现要求"国家"其实是政府来承担保护国家所有权的诉讼责任的案例，也出现了很多要求国家或者政府承担自然资源损害民众利益的损害赔偿责任。但是至今没有一件案例说明国家或者政府承担了这样的责任。想起来也是荒唐，自古以来，洪水淹死人、老虎伤人、蚊子叮人，这怎么能够产生国家的赔偿责任？但是在我国自然资源国家所有权理念之下，产生这样的责任当然也是能够理解的。从科学的法理思考，我们只能说，在自然资源之上构建的"统一唯一国家所有权"这个理论本身存在严重的法理缺陷。

综上，"国家"一词在不同领域有着不同的内涵，在国际法领域其为行使主权的唯一、统一的主体；而在国内法领域，只是一个个对立利益的公法法人。法理上和实践中，如果我们坚持所有权是一种民事权利，那么，就不应当将国家作为自然资源所有权的主体。

五 标的物角度分析

如上所述，财产权利的客体的形态，对于权利的类型及其内容也有重大的决定作用。从自然资源的国家所有权标的物的角度分析这种权利，定会对我们有很多启发。在苏联民法理论中，任何财产都可以成为国家所有的客体，国家所有权是无所不包的，客体也是可以多种多样的。[①]但是这种说法是不科学的。因为，能够被人控制以及人有必要控制的物，总是有限的，有

---

① ［苏］格列巴诺夫主编：《苏联民法》上册，法律出版社 1984 年中文版，第 318 页。转引自王利明《国家所有权研究》，《法律科学》1990 年第 6 期（总第 33 期）。

些标的物之上，根本就无法承载民法上的权利，更无法设置所有权。①那么，自然资源的法权形态，从标的物的角度看应该怎样？

《中国大百科全书》将自然资源界定为："自然资源指能够为人们所利用作为生产资料和生活资料来源的自然资源要素，一般包括土地资源、水资源、生物资源、气候资源、旅游资源等。"② 环境法领域学者将其概括为："自然资源是客观存在于自然界可供人类利用的一切物质和能量的总称，它包括土地资源、矿产资源、森林资源、草原资源、水资源、海洋资源和野生生物资源等。"③"自然资源是由人类发现的在自然状态中有用途和有价值的物质。"④对于自然资源外延的列举，在学理上存在一些分歧，但基本种类是一致的，主要包括土地资源、水资源、矿产资源、森林资源、草原资源、渔业资源和野生动植物资源等。在自然资源外延的认定上分歧主要是集中在是否将环境要素纳入，由此产生了自然资源广义说和狭义说，广义说即包括自然环境因素，旨在强调其生态功能，狭义说则不包括自然环境因素。

自然资源范围极为广泛，法律对于自然资源做出抽象的、具有高度涵盖性的定义，已经非常困难，因此我国立法采用了列举的方法，把自然资源种类尽可能的列举出来。我国《宪法》第9条和《物权法》第46、48条的规定就是这样做的。从这些规定可以看出，我国法律上认定的自然资源包括矿藏、水流、森林、山岭、草原、荒地、滩涂、海域、野生动物和野生植物资源，等等。

但是即便如此，我们也可以看到，随着现代社会科技发展和人力物化自然界水平的提高，自然资源的范围和具体种类越来越多。因此现在我们已经越来越难以从理论上将其列举穷尽。

但是无论如何，在这些关于自然资源的科学定义中，我们可以发现它们具有的一个共同点，那就是这些定义都强调了自然资源的自然属性，强调排

---

①　关于什么样的标的物才能够成为民法上权利的客体的问题，有兴趣者可以参阅孙宪忠《中国物权法总论》，法律出版社2014年版，第228页以下。

②　《中国大百科全书》（简明版），中国大百科全书出版社2004年版，第64—81页。

③　黄锡生、李希昆合编：《环境与资源保护法学》，重庆大学出版社2005年版，第2页。

④　[美]阿兰·兰德尔：《资源经济学：从经济角度对自然资源和环境政策的探讨》，施以正译，商务印书馆1989年版，第12页。

除人力的介入，强调其原始状态。一旦有了人力的加入和结合，物化了的自然资源就成为自然资源产品，而非自然资源。这也就是说，自然资源产品与自然资源本身必须有明确的区分。人类通过一定的利用方式，例如管理、提取、开发、控制等物化手段作用于自然资源产品，已经不再是自然资源本身，自然资源只存在于自然领域中，而自然资源产品则应属于社会领域。

既然是人类的力量尚未介入的物，那么这些物从物权法的角度看，都应该属于无主物的范畴。诚然，自然资源相当有价值，而且在国际上也有许多国家立法规定，自然资源中的矿藏归属于国家所有。比如，在世界上，在水域这种自然资源方面，大多数国家的立法都规定，公共水流或者水域为公共水域，指的是其上未设有排他支配权、开放性地供一般公众使用的水域；其性质属于民法上的公用物，即"为一般公众使用的物"。① 公共水域比如内水等，法律规定任何内国人都可以使用，任何人包括政府都不能对内国人行使排斥性权利。世界上大多数国家的立法，尤其是坚持罗马法以来所确认的"公物之上不得设定私权"原则的法律制度，基本上都是这样确定公共水域的权利规则的。② 但是，世界上也有些国家，在水域上设定了国家所有权，但同时仍规定一般公众对之有开放性地自由使用的权利。③

所以，那些规定了自然资源属于国家所有的立法例中，多数都存在将主权性质的权利与民法所有权相混淆的现象。我们甚至可以说，这些法律采用的"国家所有权"一词，其实就是表达了主权的意思。现代国家，只有在一些非常特别的资源比如石油、天然气和特种矿藏方面，建立有国家专有的所有权，这种权利具有民法权利的特征。但是这种情形也不是普遍的。

民法理论认为，物需要独立于人身之外、需要能够为人力所控制和支

---

① 中国物权法研究课题组：《中国物权法草案建议稿》，第 63 条。

② 如在日本，水域未成为所有权的对象；《日本河川法》又规定河流属于公共财产，按照日本最高法院的判决，"海，自古以来，以自然状态，供一般公众共同使用，即所谓的公共用物"，"海不是土地，不是所有权的对象"，由此可知，日本的海与河流等水域均不设所有权的公共水域。参见农业部渔业局编《台湾地区渔业权与渔业立法研究》，第 3 页。又如，《瑞士民法典》第 664 条规定"公共水域……不得为私有财产"，亦属此类。

③ 如《智利民法典》第 589 条规定"其所有权属于整个国家的财产，谓'国有财产'。国有财产的使用如属于全体国民……谓'公用国有财产'或'公共财产'"，第 595 条又规定"所有水域为公用国有财产"，可见智利的所有水域所有权均属国家，但其使用权则属于一般公众。

配、需要有价值能够满足人一定的需要。"民法上所谓的'有体物'是非人体但是又能够为人所控制的有体物。"① 在自然资源领域尤其要强调这种有体物的可支配性和支配的价值性，要承认无主物这个概念的科学性和可行性，人力所无法支配和没有必要支配的有体物不需要也不应该被纳入所有权的标的物范围之内。因为所有权即所有人对物全面控制和支配权利，物权是一种对物的支配性权利，物权一方面强调对于物这一客体的支配性，另一方面强调对于支配范围的确定性，一个主体的支配范围直接关系和影响着他人的支配范围，支配范围上必须明确具体，有着清晰的分别，一个物首先应当满足可支配、有支配的价值，其次也应当符合有着可供支配的范围。

　　自然资源不仅在形态构成上呈现为有机的整体，而且在功能上也体现出整体性的特征，因此不能根据哪些物有价值、哪些物没有价值，有选择地将自然资源纳入国家所有权范围之内。正如苍蝇和蚊子一样，野生老虎和大熊猫不能纳入所有权标的物范围之内。作为一个统一的整体，任何人都不能对整个自然资源庞大的体系排他性地占有和支配，若要将自然资源纳入所有权领域，必须利用法律技术手段，利用空间、时间、数量等技术方法将自然资源的某部分特定化，例如可以通过登记记载林木的面积、株树等，将特定范围的林木在法律上形成虚拟的一体化，形成符合物特定性要求的特定物，独立于整体，方能成为所有权的客体。换句话说，这也是人力作用于自然资源加以利用的过程，加入了人力的作用力，则自然资源便转化成了自然资源产品，自然资源产品具有特定性。

　　尚未特定化的、无法特定化的、无法支配的、无法划定支配范围的物都不能成为所有权的客体。而作为一个统一整体的自然资源，即便是其中一种特定种类的自然资源，其也处于整体相连、功能相系的状态，任何人无法全面占有其所有范围，只能将人力作用于上，产生特定的自然资源产品，予以应用。

　　具体地来看特定种类的自然资源，以水资源为例，在中国广大的领土范围内，江河湖泊不计其数，范围上难以丈量，这种庞大的体系无论如何也不能符合可支配性的要求，作为整体性的水资源无论从概念表述上还是外延范

---

① 孙宪忠：《中国物权法总论》，法律出版社 2014 年版，第 228 页以下。

围上都不能被直接纳入物权客体范围。

再比如海域国家所有，那么整个广袤的海域资源整体也无法实现人力的支配性要求，国家对于海域的所有绝不能等同于民法上的所有权，这只能理解为一种主权性质上的所有，这只是国际法上赋予国家的管理开发等的权力，并不是民法上的所有概念。

又如野生动物资源，我国法律规定珍贵、濒危野生动物和有益的、有重要经济科学研究价值的野生动物归国家所有，但是其能够被人类所具体支配吗？现实中谁在行使对于这些珍贵濒危的野生动物的支配权呢？答案当然是否定的，现实中无法形成对于野生动物的支配，你无法像占有、使用一本书一样去占有、使用一只野生老虎，现实生活中也没有人去对一只野生老虎行使占有、使用、收益和处分的权能。另外，整个珍贵、濒危的野生动物资源的范围，就是一个抽象的集合概念，不仅概念内涵模糊、外延模糊，到底包括什么、指向什么都不确定。怎么实现支配，又如何去具体地支配整个野生动物群，答案当然也是不可能。由此可以看出，把自然资源中的野生动植物都纳入国家所有权的标的物，实际上也是不可能的。我们在本课题中主张无主物这个概念，并不是说谁都可以去任意地先占这些无主物；恰恰相反，我们可以通过主权性质的行政管理权去限制甚至禁止人们猎取这些特殊的无主物。对此要适用野生动物保护法等公法性质的规定。

无主物这个概念，是民法科学尤其是物权法学上的概念。这个概念仅仅在民法范围内适用，在行政法内不适用。从法学上看，我们有必要区分民法上的物和公法上的物、国际法上的物。"公法上的物是指公共权力能够支配的客观存在的物。公法上的物的范围要比民法上物的范围更加广泛。"① 某些物在公法领域和民法领域有着不同的内涵，某些物只能存在于公法领域，而不能成为或尚未成为民法视角下的物。"公法意义上的物，任何个人或者团体（包括政府）不得主张独占性地使用收益和处分，事实上也无法形成占有。"②野生植物、野生动物等无主物就是这样。这些物尚未被纳入民法权利的客体，但是它们处于我国领土之内，我国行使主权管理。

---

① 孙宪忠：《中国物权法总论》，法律出版社 2009 年版，第 228 页以下。
② 同上。

总体而论，"要求物权支配的客体必须特定化，必须与其他物有明确肯定的区分的原则"①。自然资源总体而言，无法满足物权客体特定性的要求。尤其是立法上采取的"一切"自然资源都属于国家所有权，这些术语的表达都是相当不准确的，它们失去了科学的本意。

六　简要的结论

由上述从自然资源国家所有权的主体和客体的分析出发，我们可以初步得出以下结论。

首先，所有权的概念，要求权利义务具有特定性，所有权须对客体享有占有、使用、收益和处分的具体权能，这种权能是具体的、现实的。这种权利和国家主权有明确而且清晰的区分。我国《宪法》和《物权法》对于自然资源国家所有权的规定，更多的只是一个名义上的宣示，没有立法的科学性，在现实中无法操作。

其次，国家对于自然资源的所有权，在具体的现实中是由各级政府机关行使。可以说真正掌握对于部分自然资源所有权的主体是各级政府而非抽象意义的国家。国家享有的是主权意义上的对自然资源的管辖，而具体的权利只能由各个公法法人主体具体享有和行使。公法法人部分特定化了的自然资源的所有权，这才是民法意义上的、国内法意义上的国家所有权的表现形式。

再次，我国自然资源本质上基本属于公法上的物，应由公法予以规范。但这并不是将一切自然资源的形态都排除出民法体系，在人力特定化部分自然资源，使之成为自然资源产品后，其可以成为民法意义上的物，而且是一种十分重要的民法物。

最后，应该从民法的角度承认无主物的概念，然后从主权管理的角度加强对于自然资源开发利用的管理。立法不应该名不副实，应该尽快还原自然资源现实的权属情况。

---

① 孙宪忠：《中国物权法总论》，法律出版社2014年版，第35页以下。

第三节 比较法的借鉴

现介绍几种有代表性的国外的自然资源权属制度，分析不同国家的理论优势，以期为我国自然资源权属制度提供借鉴。

一 大陆法系

(一) 罗马法

罗马法以物能否用于交易为标准，将物分为交易物和非交易物。在非交易物的领域又加以区分，分为由人法规范的人法物和由神法规范的神法物。人法物又分为三类，分别是共用物、公有物和公法法人物。共用物主要包括阳光、空气和海洋等为全体人类所共同享有，没有权利主体的物，其不是严格意义上的物，不是所有权的客体。而公有物主要包括公共土地、牧场、河流、公路等属于国家所有，即由全体罗马市民公共享有，也不得为私人所有。公法法人物主要包括供本市的人公共享有但属于市府所有的物，即斗兽场、浴场、大剧场等。神法物主要包括神用物、安魂物、神护物。① 由此可以看出在民法起源地的古罗马，自然资源分别归属于共用物和公有物，它们都不可以作为私权的客体。这区别于民法性质的所有权，体现了对于自然资源本质性质的认识和科学的分类智慧。

罗马法中私权的"私"不是指主体地位和性质，而是以物的用途和利益指向来确定的，即"私"是指用途为私益性质的，区别于公共使用的"公"。所以，在罗马法中，国家、市府等公共机构同个人一样，可以作为私人出现。在客体领域，相应的也有公产、私产的划分，区分标准也是是否为公共使用，是否指向公益。就自然资源而言，也可区分为公产和私产。作为公产部分的自然资源只能用于公的用途，其涵盖了人法物中的公有物和公法法人物，只能属于国家、市府等公共性质的机构。这是因为罗马人认识到许多自然资源具有公共性，如果将这部分对公众利益影响很大的自然资源纳入私产的范畴，由权利人行使对物的全面支配，会危及整个社会稳定和人民

---

① 参见周枏《罗马法原论》（上），商务印书馆1994年版，第277—280页。

生存。这类自然资源虽归属于国家、市府等公共性质的机构，但是其归属不同于私产上的所有，国家、市府等主体只是作为管理者保障其用于公共使用途，这种管理是受公法支配的，不同于民法领域中的意思自治等理念。"罗马法认为，没有一个人可以被禁止钓鱼，正如没有一个人可以被禁止捕鸟一样，但某人可能被禁止进入他人的土地。"[1] 这体现了罗马法中公共资源应由公众所享有的理念，公众可以普遍享有捕鱼、航行等权利。国家、政府等公共机构不能为私利剥夺公众的公共权利。

对于对公众利益影响较小、欠缺公共使用意义的部分自然资源，多为附属于私有土地上的某些自然资源，可以被纳入私产的范畴。这些资源属于私的所有客体，受民法规制，可以由私人拥有所有权，当然也可以由国家、政府等公共机构取得私有所有权，行使排他性的支配权，即占有、使用、收益和处分。

（二）大陆法系相关立法

在罗马法的影响下，大陆法系国家继承了其公法与私法的划分，在自然资源的权属方面相对应地建立了一系列制度。自然资源归属体系在各个国家大致分为三个层次。

第一个层次的自然资源，意义接近于罗马法中的共用物，包括空气、阳光、海洋等。这些自然资源没有权利主体，不是法律关系的客体。这些物品，在一些学者著述里称为共有非财产，因为大家都可以利用。在这个层次上，国家对于大气资源、海洋资源所享有的只是主权意义上的管辖权。无论法律在民法中还是在宪法中宣告这些自然资源的国家属性，都只是主权性质的宣告。比如《智利民法典》第596条规定，自测量领海宽度基线起，延伸至海底深水、海床及海洋底土中的生物或非生物资源，以及以发展任何其他经济勘探和开发该区域为目的的活动，国家在该区域内行使主权。以维持、勘探和开发自然资源为目的，国家对大陆架行使排他性主权。此外，国家对专属经济区和大陆架行使符合国际法规定的一切其他管辖权和主权。[2] 对这

---

① ［意］桑德罗·斯奇巴尼：《物与物权》，范怀俊译，中国政法大学出版社1999年版。
② 中国民法典立法研究课题组（课题组负责人梁慧星）：《中国民法典草案建议稿附理由——物权编》，法律出版社2004年版，第71页。

类资源各国只是予以笼统的宣告，以示其主权管领力。这些权力不具有民法所有权的色彩。

作为民法意义的无主物，也就是尚无权利主体的另一部分自然资源，主要指野生动植物资源，法律规定它们具有可以成为公物或私物的可能性。比如单个的野兽符合成为私权客体的条件，其特定、具体且独立，具有成为共产或者私产的条件。由于它们尚处于原始的自然状态，国家对于这部分资源当然享有国际法意义下的主权性管辖权，但是它们属于民法意义上的无主物。除野生动植物保护法等对特定种类的动植物资源先占的排除性规定外，各国都对野生动物划归为无主物的范畴，适用先占制度。例如《德国民法典》第718条规定："以成为某动产的所有人为目的，先占有该动产的人取得其所有权。"[①]《德国民法典》第719条规定："野兽，以其处于野生状态者为限，为无主物。"[②] 我国台湾地区《民法典》第802条规定："以所有人的意思，占有无主动产者，取得其所有权。"[③] 我国澳门《民法典》第124条也有类似的规定，具体表述为："动物及其他动产，如从来无物主或已被其所有人抛弃、遗失或者隐藏者，均可通过先占而取得，但因以下各条所规定限制而不可取得除外。"

对无主物的先占取得最早规定于古罗马法，"野兽鸟鱼，即生长在陆上、海里和空中的一切动物，一旦被人捕获，根据万民法，即属于捕获者所有，因为自然理性要求以无主物，归属最先占有者"。[④] 日本、法国等也有相似的规定，均将无主物的先占取得作为动产取得的一种方式。理论上的分歧在于先占的适用范围。主要分为两种情形，即先占自由主义和先占权主义；先占权主义区别动产与不动产，动产的先占需要法律的许可才能取得，而不动产的先占则专属于国家，此为现阶段国际立法通例，被广泛采纳。先占自由主义为罗马法所采纳，是指无论动产或者不动产，均可由先占取得所有权。

---

① 中国民法典立法研究课题组（课题组负责人梁慧星）：《中国民法典草案建议稿附理由——物权编》，法律出版社2004年版，第164页。

② 同上书，第165页。

③ 同上书，第164页。

④ 《查士丁尼钦定法学阶梯》第二卷，第一篇第十二条，转引自屈茂辉、阳金花《我国物权法确定先占制度若干问题研讨》，《湖南大学学报》（社会科学版）2005年第19卷第1期。

大陆法系国家普遍认同，自由的野生动物不存在对于特定人的依附状态，未被确定所有权的物，直到被捕获，不属于任何人。"先占者，指以所有意思，占有无主动产，除法令另有规定外得取得其所有权法律事实。先占系狩猎游牧社会取得所有权的主要手段"①，适用的客体有两类，一类为被抛弃的动产，另一类为自始即为无主物的自然状态下的野生陆上动物和水生动物，只要不违反法律禁止性规定或他人有先占权时，即可通过以所有意思的占有而取得所有权，且此时应为原始取得。不违反法律禁止性规定主要指的是不得违反法律对于禁止流通物的规定和一些特别法所保护的动产的相关规定。

第二个层次的自然资源指的是可以纳入"国家公产"的稀有矿藏等资源。第三个层次的自然资源是可以作为国家公产，也可以作为私有财产的资源，比如林地等。大陆法系立法对于国家公产和国家私产的区分对我们来说也特别具有研究和借鉴的价值。这些立法虽然语词有异，但是实质上都采纳了国家公产和国家私产的区分原则。这种区分对于自然资源的属性确定意义重大。因为部分资源具有较强的公共性，而被划入国家公产的行列，即任何人包括政府在内也不可以取得其民法意义上的所有权，不得排斥民众使用和享受其利益；而另一部分自然资源，则可能成为国家私产，成为政府取得所有权的对象。这些资源可以特定化，无论主体是谁，都属于私产、私物，受民法规制，和其他所有权客体相同。

20 世纪后，公产、公物理论有了较大的发展，以德国和法国为代表。

在法国，近代以后，《法国民法典》继承了罗马法关于公与私的划分，将自然资源也分别划入可为私有部分和不得成为私有的公产部分。从国家角度，则将公有物区分为国家公产和国家私产两类。作为国家公产部分的自然资源比如河道等不可私有，与民法性质的所有权不同。它们具有公共性质，由行政法等公法进行规范。《法国民法典》第 537 条规定："除法律规定的限制外，私人得自由处分为其所有的财产。不属于私人所有的财产，依关于该财产的特别规定与方式处分并管理。"《法国民法典》第 538 条规定：政府管理的道路、公路、街道，可以航行的河道、海岸、海滩、港口、海港、

---

① 王泽鉴：《民法物权（第 2 版）》，北京大学出版社 2010 年版，第 188 页。

碇石场以及一般不得私有的法国领土部分，属于公共物。①

法国法学界对于公产所有权的性质认识有所分歧。一部分学者主张公产所有权和民法上的所有权相同，另一部分学者则认为公产所有权区别于民法所有权，是一种行政法上的所有权。但是，即便将其认定为民法意义上的所有权，由公法法人所享有，其行使方式也是受到很大限制的——最根本的制约就是公益目的和用途，这根源于自然资源的公益性和公众使用的需求。自然资源即使被私人取得所有权的，其权利的行使也应该服从公益目标。所以，无论对其性质如何认识，纳入公产范畴的自然资源也无法像民法性质的所有权客体一样，被排他性地占有、使用、收益和处分。它们为行政主体即公法法人所享有，以公益为导向，保护和维持公共使用途。这样的权利区别于民法所有权，客体不可以自由交易流通。这些自然资源只有丧失了公共职能后，权利主体才可以予以处分。

其他国家在立法中也有类似的表述，例如《比利时民法典》第538条规定：政府管理的道路、公路、街道，可以航行的河道、海岸、海滩、港口、海港、碇石场以及一般不得私有的法国领土部分，属于公共物。②《瑞士民法典》第664条规定：（无主物和公共物）无主物或公共物的支配权，属所在地的州。公共水域，无耕作价值的岩地、沙砾、雪原、冰河等以及由此发源的泉，不得为私有财产。无主地的先占以及街道场地、水域及河床等公共物的共同使用……③

在德国，所谓的公有森林、湖泊、山地等自然资源被自然地视为公物，无须许可，公众即可自由使用，这些不能被划入民法的客体范畴，不能成为私人所有权的客体。政府对这些自然资源的管辖权是一种管理职责，不是民法性质的所有权，管理的目的在于确保公众可以自由利用。"德国法律上并没有独立的国家所有权的概念，公物实际上为民法上属于——公法法人的财产，在法律适用方面公物原则上适用民法的规定；但是，公物一旦被设定为

---

① 中国民法典立法研究课题组（课题组负责人梁慧星）：《中国民法典草案建议稿附理由——物权编》，法律出版社2004年版，第69页。

② 同上书，第70页。

③ 同上。

公用，即产生公法上的法律关系。"①公物不同于私物强调归属和所有，其旨在实现公共使用用途，受公法规范，由各个公共性质的机构行使管理职能，确保其用于和适于公众使用。德国在民法中回避了自然资源归国家所有的宣告性表述，而是在其他自然资源法中予以规范，体现了其严谨的法律精神。

对于允许私有、可以成为民法意义上的所有权客体部分的自然资源，大陆法系国家也都有法律规定。按这些法律规定，这些资源比如可以渔猎的野生动物等，公法法人、民法法人、自然人可以取得其所有权，并排他性占有、使用、收益和处分。这一部分有可能属于国家私产的自然资源部分，比如自然森林等，权利的行使由民法调整，国家以各级政府为依托，作为所有人行使支配权。

在德国，"法人可以分为公法法人和民法法人，公法法人指的就是为了公共的目的，以满足公共需要和改善公共福利为目的而设立的法人，如国家和国家机关；民法法人是指以私人利益的满足为目的，也就是以成员的利益或其他利益为目的而创立的法人，典型的也就是私人企业"。②公法法人与民法法人都可以享有对一定自然资源的民法性质的所有权，在民法领域，一个个独立的公法法人是所有权的主体，包括联邦政府、州政府以及县区或镇政府及其各级政府机关，它们独立地按照自己的意志享有所有权。它们所掌握的作为所有权客体的自然资源也要按照物权法原则，即物的特定性等要求来建立所有权的法律关系。

大陆法系立法普遍认可自然资源成为私权客体，可以为民法主体所有。除特殊重要的自然资源，无论采用土地所有一体归属还是土地和其他自然资源分别归属，大多数国家都把民法性质的所有权制度广泛用于自然资源领域。例如德国把土地资源等纳入私物体系，属于民法所有权客体，《德国民法典》第95条规定：埋藏于土地的矿物，仅土地所有人享有开采的权利。但其种类，限定为瓷土、沙及砾石，而并非矿产。法国也有类似的规定，《法国民法典》第552条规定："土地所有权包括该土地的上空和地下。所有权人有权按照自己的意愿在自己的土地上从事任何的种植、进行任何的建筑。所有人有权按照自己的

---

① ［德］平特纳：《德国普通行政法》，朱林译，中国政法大学出版社1999年版，第169页。
② 孙宪忠：《德国民法对中国制定物权法的借鉴作用》，《中外法学》1999年第2期。

意愿在其土地上挖掘并取得地下的任何产物，但警察法规为保证某些生产的安全所为的和矿产的适用除外。"同时第 553 条规定："一切组合于原物的权利属于原物所有人。规定土地上的建筑物和种植物的所有权属于土地所有人。"可以看出法国也是允许土地资源私有，并及于土地的出产物。

二　英美法系

英美法系虽然没有公法与私法的划分，形式上也没有公产、私产的划分，但是实质上这些区分是存在的。区别于大陆法系国家制定了对于公产和公物的成文法律法规，英美法系在其判例中，多以公共信托理论为审判依据，实质上形成了公产制度和对应的法律体系。

英国和美国在自然资源归属制度设计中运用了其发展成熟的信托体系，公共信托理念源于罗马法，其旨在保障公民对于空气、阳光、水等的使用，以信托的方式，为公共利用的目的归属国王、政府所有。英国继承了罗马法关于自然资源公共信托的理念，这种制度也由英国带入了美国，得以发展成熟。

自然资源的公共信托理论可以概括为，政府享有普通法上的所有权，以公共使用和公益为目的，行使管理等权能。公民则是衡平法上的所有权人，其为自然资源信托法律关系的委托人，也是受益人。由此可以看出，无论是大陆法系的公物、公产制度体系，还是英美法系的公共信托理论，都建立了针对公有物的自然资源的行政管理系统，目标指向保障公众对于自然资源的使用，维持自然资源的公益性。这类自然资源区别于可以私有的自然资源部分，其具有较大的公益性。如果在这些自然资源方面建立私权，那么民法主体行使排他性占有时会产生很大的社会问题。所以英美法系建立信托制度，由公法主体等予以管理，以公益为范围和目的行使权力，保障了自然资源的公共享有。

第四节　制度建言

一　思想认识问题

由上述分析可知，我国立法以及支持立法的法理，在自然资源的法权关系方面，不仅存在比较严重的缺陷，而且和世界上法制成熟国家的立法与法理相差很大。我国关于这一方面的法学理论，来源于苏联那种以自圆其说作为目标的知识体系，但是改革开放多年以来，这一方面的立法和法理并没有实质的进展。现在法学界自以为能够主导国家所有权知识体系的理论观点，由于不讲究法理的透彻，基本上已经陷入无法自圆其说的困境。在这些理论给立法和司法实践造成困难的时候，立法机关以及很多学者常常以"中国特色"为理由来予以搪塞。这种不思进取的精神以及削足适履的做法，已经造成我国自然资源的立法严重脱离了社会主义国家法制建设的基本法思想，也脱离了我国的法治实践，更脱离了人民对于公共利益相关的法权建设的衷心期待。因此，现在我们必须按照中国共产党十八届三中全会文件提出的"科学立法"的要求，对自然资源国家所有权的立法予以全面的审视和改造。

在对我国自然资源的国家所有权理论和制度予以改造的时候，我们必须认识到，现有的知识体系带着的浓厚的政治色彩，会给我们造成极大的困扰。因此在这一方面我们必须首先清理一下我们的认识。如上所述，我国自然资源法权关系方面的法学理论来源于苏联，苏联的法学总是以社会主义思想自我标榜，而我国是一个社会主义国家，我国的法律必须坚持社会主义思想和原则，因此，有些学者以此为由，认为我们建立的自然资源法律制度不能脱离苏联法律的模式。这一观点，现在还笼罩着我国的立法和法学界。但是我们必须清晰地知道，苏联法学在自然资源法权关系上的理论和制度，并不仅仅只是违背了传统民法科学，其本质还违背了社会主义的法思想。因为，社会主义的法思想本质在于追求社会正义，强化人民的权利，但是我们从上文的分析可以看出，苏联法学理论及制度的价值取向和实践，恰恰是把人民在自然资源之上的经济利益压抑、限制到极端，它不但是一种与民争利的法理，而且是消灭民众在自然资源的权利的法理。这种理论不仅导致法学界的质疑，而且导致民众的反感。① 因此，把这种法学理论也当作社会主义法学的观点，本质是不认识社会主义。

---

① 对此有兴趣者，可以阅读柳经纬《我家住在小河边》，《法学家茶座》2008 年第 1 期（第 19辑）。该文讨论了我国立法者以及法学界主导思想中的"国有财产情结问题"。文中提到，我国《物权法》颁布后，某次中国政法大学法律硕士复试，民法试卷中有一道题目，《物权法》第 46 条规定，"矿藏、水流、海域属于国家所有"。请问，如果我家住在小河边，天天从河里取水，是否侵害了国家对水流的所有权？这一题目涉及的关于"国家所有权"设计不当的讨论，引起了法学界很多学者的共鸣。

在我国，因为多年来的行政化操作，自然资源的国家所有权在司法实践中的表现，已经不是民法上的财产所有权的属性，而是一种公共权力，或者说已经是一种政治性权利。如果将这种权利仅仅处置为一种公共权力，那么不论是立法者、法律实施者还是我国社会，都不能将其操作成为一种真实的民法意义的财产所有权。这样，对我国的自然资源立法和司法或许还不至于造成本质的损害。但是，这一愿望在我国实现起来是非常困难的。原因是，多年来的习惯做法，已经把国家所有权制度强行地规定在我国物权法体系中，已经把政府处置当成公共利益的所有权主体，我们已经建立了许可政府以公共利益为理由，在自然资源的法权操作方面自行其是的模式。我们惊喜地看到，中国共产党十八届三中全会、十八届四中全会召开后，我国的法制局面已经发生了本质的转变。尤其是中共中央提出的"坚持依法治国、依法执政、依法行政共同推进，坚持法治国家、法治政府、法治社会一体建设，实现科学立法、严格执法、公正司法、全民守法，促进国家治理体系和治理能力现代化"的法治精神，不但给了我们坚持法学科学性研究的勇气，而且也给了我们巨大的精神力量。因此，我们有理由相信，我国关于自然资源权利的法制建设，一定能够走上科学法制的道路。我们应该做好自己的研究，为这一法制科学化做好理论的准备。

关于自然资源权利的法制建设，我们的基本出发点，是还原国家所有权的本来面目，恢复民法体系中所有权制度的科学性意义，还原自然资源法权的本来位置；一方面厘清国家对于自然资源的主权性权利，另一方面以公法法人所有权来代替"国家所有权"，按照市场经济的要求重新构造我国的自然资源法权制度体系。

二　关于主体的构建

首先我们必须认识到的是，国家是国际法上的主体，它在国际法层面，在主权的管辖范围内，对领土上的一切自然资源享有控制、支配和管理。这种权力的本质是主权，行使主权的目的是在国际范畴内排除他国的干涉，并且以国籍为限对他国、他国组织和他国公民行使对自然资源的主权。主权对本国人包括机构不实施任何限制。

主权的行使以领土为界。因为，国际法承认对于自然资源的永久主权，是在国际层面上对于自然界物质的一种划分，是为了保障一国独立自主的生存发展。同样基于这一理由，对于那些在国界之间流动的自然资源，一国就只能在自己的国内行使主权而不能跨越国界行使主权。近几年来中国和俄罗斯之间发生了关于"普京虎"的趣闻，①这些老虎离开俄罗斯，俄罗斯并不能再行使主权性质的管辖权；同样，如果这些老虎离开中国，中国也不可以行使主权管辖权。中国的几条大江大河的水资源，滚滚东流入大海，中国也无法到公海上去主张水流的管辖权。

从国内法的角度认识自然资源权利时，我们首先必须认识到，"人民"、"全体人民"、"全体劳动人民"、"国家"都不是国内法上的主体。这些抽象的概念，既无法以自己的行为取得实际的民事权利，也无法因为自己的行为承担法律义务和责任。法律上的所有权制度是依据科学、严谨的规范建立起来的，而不是依据政治口号建立起来的。在国内法领域，真正行使着"国家"的具体权利、承担着具体义务和责任的，是各级政府、各个政府机关及相关部门这些公法法人。根据物权法科学关于所有权主体必须特定确定的基本要求，我们应该认识到公法法人所有权理论的科学性，应该建立公法法人自然资源的所有权制度。

在我国现行法律体系内，自然资源的所有权主体只有国家和集体，个人无法成为自然资源的所有权主体。我们认为，将自然人也就是一般民众排除出自然资源所有权主体的范围，于法理不足，于自然资源自古以来承载民众利益、可以由民众享有直接利益的情形不符。因此，我们应该改变这一规则，建立许可民众享有自然资源利益的法权机制。

三　从"物"科学定义构建自然资源法权

如上所述，我国现行法律在构建自然资源的法权制度时，基本的出发点

---

①　"普京虎"，2014年5月，普京到访俄远东阿穆尔州自然保护区，放生了在珍稀动物康复与放归中心饲养的3只东北虎。它们被命名为"鲍里亚"、"伊洛娜"和"库贾"，科学家还给东北虎套上跟踪器以观察它们的行踪。2014年10月"库贾"的跟踪器发出信号，离开俄罗斯，游过黑龙江（阿穆尔河）进入中国境内。有意思的是，另外一只先前放生的代号为"乌斯京"的老虎再次上演"离家出走"，追随自己的"虎弟"到达中国。据报道，"普京虎"共有5只。在中国境内发现了其中的2只，即命名为"库贾"和"乌斯京"的老虎。相关报道很多，有兴趣者，可以参阅2014年10月以来关于"普京虎"的报道。

仅仅只是"国家所有权"的政治属性问题，而没有考虑到民法上的"客体制度"也就是物的自然属性对法权关系的构建应该发挥作用的原理。自然资源在民法上首先是一种物，而物的自然属性，对于物上法权关系的构建必然要发挥决定性作用。另外，从法律制度建立的法思想的角度看，法律关于自然资源的法权制度的建立，必须以民众共同享有自然资源的利益、公共权力只可以从保障民众共享自然资源利益的角度来参与行政管辖这一点作为制度的价值基础。因此，我们必须看到，由于不同种类的自然资源的公共性存在着差异，而国际立法通例将自然资源划分为共用物、公有物、私有物三个部分的做法，是非常可取的。

首先，应该在我国自然资源的法权关系上建立共用物的法理和制度。所谓共用物，指的是自然存在、自古以来就开放地由社会民众享有其使用的利益的物。这些物中的自然资源，主要指包括空气及风能、阳光包括太阳能、内河水流、海滩、内海海洋等。自古以来这些自然资源都不在法权支配范围之内，甚至法律都不认为它们具有成为公物和私物的可能性。英美法系因此称这些自然资源为"共有非财产"，因为它们不具有被任何机构或者个人拥有的特点。这些自然资源是本国每一个社会成员生存的物质基础，具有公共性、不可交易性和难以支配性等特征。这些物自古以来法律都不许可设立私有权利，包括公共权力所拥有的私有权利。对这些自然资源，我们可以借鉴罗马法中共用物的概念，将其定义为属于全体社会成员共用的物。它们处在自然状态下，为人类生活所必需，是社会生存的基础。但是，它们的自然性质决定它们作为自然资源的法权特点，那就是：无须国家法律予以管理，无须公共权力提供用于公共使用途，便可自然而然地为公众所享有和使用。这类自然资源是大自然赐予人类的，任何机构或者个人不得妨碍他人包括机构或者民众个人的使用。

其次，从民法科学的角度看，我国立法，至少是法学界应该承认无主物的概念。野生植物、野生动物，从来没有受到人力的干预和支配，它们只能存在于公法领域，但是尚未成为民法视角下的物。因为人力未及，所以物上并无人的权利，包括所有权。有些无主物，生于自然，灭于自然，终老不与人的社会发生关联。这些物就是最典型的无主物。只有当自然人或者法人合法地占有了这些无主物时，方能形成具体的民事法律关系，形成对这些物的合法权利。所以，我们应该承认无主物的存在，即使立法将这些物规定在"国家所有权"的名义之下，国家也无法对它们行使任何实质上的所有权。规定这种权利之后，反而对于国家或者政府不利，上文列举的民众以"国家"的河道发洪水淹死人而状告当地政府的例子就说明了这一点。

最后，在国内法领域，应该建立"公法上的物"和"民法上的物"的区别。公法是国际法上的主权在本国内的应用，它们就是各种各样的行政管理权。

所谓公法上的物，就是本国的公共权力可以控制的物，比如本国国土上的野生动植物、矿藏、内海等。在公法层次上，部分自然资源可以成为公物，传统民法称为"公有物"，由各级政府依据行政管理权进行管理，依法维持和保证其公物性质，维护自然资源承载的公共利益，保障自然资源为公共使用。从公法的角度看，立法没有必要也不应将此部分资源的法权设定为民法意义的财产所有权，因为这里的法权仅仅行政管理权就已经足够。

退一步说，即便将其设定为民法意义上的所有权，那这种权利也只能确定由公法法人享有；权利的行使方式必须受到公法明确限制，只能为了公共利益行使这一权利，而不能为了私益，即使是政府的私益而行使。所以必须从立法上为自然资源的权利设定严格的公益目的和用途。

传统民法上的私有物，即可以由法人包括公法法人和私法法人、自然人享有所有权的物。传统民法中，这些自然资源有土地、草原、河流、湖泊、滩涂等。这些自然资源在法权关系方面的基本特征，就是它们都已经或多或少地承载了人类的劳动，已经能够被人力支配，而且人类对它们也有切实地建立民法支配权的必要。因此这些自然资源可以由一般的自然人和法人取得其所有权，当然也可以由公法法人取得其所有权。因此，我国"国家"，其实是政府，以及各种其他的公法法人，即使是按照传统民法理论，也都可以取得其所有权。

不过在传统民法中，为了达到建立切实的物权支配秩序的目标，也就是为了在这些自然资源方面建立真实意义的民法所有权，都要根据物权法的基本科学原理，也就是物权特定性原则，来设定所有权的法律关系。物权特定性原则在这一方面的应用规则是：首先，必须设定确定的具体的法律关系主体。这个主体不能是抽象主体，而必须是具体主体。如上所述，只有具体主体，才能够作为法律关系中的权利的享有者、义务和责任的承担者。关于这一点上文已经有充分的讨论。其次，我们必须强调指出，类似于人民、全体人民、全体劳动人民这些抽象主体，没有真正的法律关系主体的意义。另外，国家这个概念在国内法上也是抽象概念，也不能作为民事财产权利的主体。上文已经充分讨论过，只有公法法人才是适格主体，因此我们应该在这一领域建立公法法人土地所有权、矿藏所有权等严谨的法律概念。

在建立科学的公法法人自然资源所有权的制度时，还应该对这种所有权的客体依据科学原理予以改造。在物权法原理中，标的物必须明确和具体，与其他客体有着清晰的分别，这样才能够建立真正的物权支配秩序。因此，客体也必须具体化。比如我们说到土地所有权，那么，作为所有权客体的土地，就必须是具体的土地，有其具体的地理所在，有其严格的清晰的界限划分，这样所有权人支配土地时，才不至于和别人的权利发生冲突。由此法律必须利用一些技术手段来从空间、时间、数量等方面，将土地特定化。比如，不动产登记制度就是为此建立起来的。其他的类似的自然资源，也可以通过类似的方法予以特定化，例如可以通过草原登记、森林登记、滩涂登记等，将这些自然资源的时空存在登记下来，使其成为民法意义上的特定物，成为所有权的客体。这也是人力作用于自然资源的过程。通过加入人力，则将完全处于自然状态的自然资源转化成了自然资源产品，以自然资源产品代替整体的自然资源作为所有权客体，这也是完全符合物权法原则的做法。

本章小结

我国现行自然资源国家所有权制度具有以下特点：首先，所有权的主体固定化、单一化，且具有不可变更性，自然资源属于国家所有即全民所有，由国务院代表行使所有权，排除在法律特别规定情况下，可以为集体所有的部分自然资源外，任何其他民事主体无法取得自然资源的所有权。其次，根据各种单行行政法规等的规定，国家对于自然资源的所有权实现方式表现为：由国务院统一领导、各级政府分级管理，采取许可使用、有偿使用的方式。

我国现行自然资源国家所有权制度存在以下问题：第一，"国家"和

"全体人民"具有不同内涵和范畴，也难以符合民事主体的内在要求，不具备成为民事主体的资格，同时也都不符合所有权对于主体的特殊要求。真正掌握对于部分自然资源所有权的主体是各级政府、政府的具体部门，甚至是一些大型公有制企业，而非抽象意义的国家。第二，在各级政府机关和有关部门的代表行使所有权的问题上，更多地体现的是一种行政化思维，在"代表行使所有权的过程中"则更多地侧重于行政管理手段，忽略了所有权作为民法中基本权利的要求和运行规律，违背了立法者用民法所有权制度体系去构建自然资源归属体系的初衷。第三，权利主体、权利客体两个方面并未特定化，并没有遵照物权理论对于物权客体特定性的要求，即其必须是特别确定的物，因此也没有建立真实的所有权法律关系。第四，我国法律不承认无主物的法律概念，也不承认无主物的现实存在，在这一方面采取了闭目塞听、罔顾现实的态度。法律上认为一切自然资源都是公有的，但是并没有真实的主体为自然资源承担维护的责任，也没有人为自然资源的侵害承担民事责任（对自然灾害承担的责任只是救济责任，而不是作为权利人的损害赔偿责任）。

我们认为，我国的自然资源归属制度应该在以下几个方面进行重构：第一，按照科学的民事主体制度建立自然资源归属体系，承认自然人、法人和其他组织对自然资源享有所有权。改变在现行自然资源领域中对于所有权主体的划分，以科学的民事主体分类为基础，划分为法人自然资源所有权、自然人自然资源所有权和其他组织自然资源所有权。第二，在具体制度建构时，要区分国际法、国内公法和民法三个层面。第三，借鉴国际立法通例，依据上述差异因素，从自然资源本身性质出发，将自然资源划分为三个部分，三个部分的综合即为整个自然资源体系的归属制度，即共用物层次、公物层次和私物层次。作为民法上物权客体的自然资源必须满足物权客体特定的要求，必须是特别确定的物。第四，依法承认无主物的存在，建立依据行政管理权来管制和保护自然资源的法律制度。

第十一章

自然景观国家所有权

第一节　问题的提出

　　所谓自然景观，是指从我国国有的山岭、土地、森林等自然资源中专门划分出来的，能够反映一定区域内自然风光特色的，可供人们参观、游览的特定区域。其通常表现为各种风景区，如泰山风景区、黄河风景区等。[①]"山岩岩，海深深，地博厚，天高明"[②]！自然资源不仅给我们提供了丰富的物质资源，而且也给我们提供了丰富的精神资源，这就是自然景观。自然景观是地球馈赠给人类的最珍贵的礼物，它不但让我们认识到了大自然的神奇美妙、丰富多彩，而且也让我们对此浮想联翩，因此古代的文人墨客无不面

---

　　① 需要特别说明的是，就我们此处给"自然景观"所下的定义而言，它所包含的范围，严格说来除了我国《风景名胜区条例》中所规定的自然类风景名胜区以外，还应包括国家级森林公园、国家地质公园以及国家湿地公园等。但我们想在此对本章所使用的"自然景观"一词所涵盖的范围进行限制，亦即在本章中，如无特殊说明，"自然景观"一词所囊括的范围只包括我国《风景名胜区条例》中所规定的自然类风景名胜区。原因如下，同国家级森林公园、国家湿地公园以及国家地质公园等相比较而言，规范我国的风景名胜区的相关法律规范本身的层级是最高的，且这些法律规范的内容也是最为健全的。详而言之，专门规范我国风景名胜区的《风景名胜区条例》是国务院颁发的行政条例，而规范国家级森林公园、国家湿地公园的《国家级森林公园管理办法》《国家湿地公园管理办法（试行）》仅仅是林业部颁发的部门规章。而从这些法律规范的内容上看，无论是管理制度、所有权制度还是景区内项目经营制度，与我国风景名胜区相关的法律规定都是最为完善的（《国家级森林公园管理办法》与《国家湿地公园管理办法（试行）》所确立的管理体制与《风景名胜区条例》所做出的规定大体相同，且并没有对景区内的项目经营制度做出明确的规定，而国家地质公园则根本没有专门法律法规对其所有权制度以及经营管理制度做出明确的规定）。因此，为了较为深入地对我国自然景观的所有权制度及与其相关的其他制度（比如前面所提到的项目经营制度）进行学术分析与研究，我们将就"自然景观"一词所包含的内容具体限定为我国《风景名胜区条例》中所规定的自然类风景名胜区。

　　② 参见陈勇《国学大师钱穆》，北京大学出版社2007年版，第235页。

对大自然中的名山大川题诗作画，通过他们的精神加工，后人获得了极高的精神享受。这些珍贵的自然资源，已经成为我们当代世界至为珍贵的文化遗产。进而它们也已经成为各地旅游的重要收入来源，为各地的国民经济做出了重大贡献。

因此，在上一章我们讨论了自然资源所有权的一般规则之后，在本章我们要对引起我国社会一再关注和争议的自然景观的所有权理论和制度建设问题进行必要的探讨。几年来，随着各名山大川在节假日旅游期间的人满为患，随着各地自然景观的旅游点门票价格不断高涨，其中开发与管理的问题已经引起争议。作为自然资源的景观，本来是大自然给我们的恩赐，国家建立的公有制权利，也是为了将它们作为共用物由民众利益共享，为什么却在我国地方政府手里成了摇钱树？这里的制度建设问题，也引起了民众的强烈质疑。很多人已经认识到，这个问题其实是我国"自然资源国家所有权"制度建设问题之一。

从我国国务院于 1982 年批准设立全国首批 44 个国家重点风景名胜区至今，在这 30 多年的时间内，我国构建起了与西方国家的国家公园体系相类似的，旨在保护珍稀自然资源、强化公民环保意识的，以自然类风景名胜区为代表的自然景观体系。而与西方国家不同的是，我国为了保障这一自然景观体系正常运作，在法律上所构建起的主要制度是国家所有权制度、自然景观管理机构及其主管机关对自然景观的经营管理制度。客观地讲，我国的自然景观体系及其法律制度对推动我国环境保护事业深入发展、提高公民的环保意识以及丰富人民的精神文化生活还是发挥了重要的作用。但单就我国在自然景观上建立起的法律制度而言，首先，在总体上，我国法律建立了国家对自然景观的所有权之后，却没有建立保障这些自然资源的景观能够成为社会民众享有的物质利益和精神利益的制度，反而造就了一些地方政府过分的经济利益。其次，我国自然景观的法制过分突出了自然景观管理机构及其主管部门的管理权，也就是他们自称的对于国家所有权的行使，其实只是对于自然景观经营管理权的保障，而忽视了自然景观作为公物而承载的供公众自由使用以及环境保护的核心价值。我国的自然景观门票费用过高以及违规开发严重的问题，可以说是普遍存在。

如果从"国家所有权"这个物权制度的科学性角度来看我们的自然景

观法权设计，我们还会发现，这些法律制度还存在很多法律技术层面的问题，诸如所有权主体模糊、所有权保护主体界定缺失等。自《民法通则》的颁布，到《物权法》的实施，我国一直对这些在自然资源中的自然景观部分奉行"统一唯一国家所有权"的立法体制，因此，自然景观的国家所有权制度一直成为雷打不动的原则。如上述各章的探讨，这种权利本来的意义并不是地方政府的私有财产权利，但是在自然景观的实践运作中，却无一例外地成为地方政府典型的具有私权属性财产权利。这个问题首先值得我们认真思考。

在国外的立法体制中，对于自然景观的利用而言，无论是英美法系还是大陆法系国家，都根据"共用物上不得设立私权"的原则，建构起具有各自特色的自然景观公物利用制度。[①]但是在我国，人们已经习惯于按照苏联关于所有权立法中的"三分法"来强调国家所有权的政治正确性，也习惯于将这种政治正确性运用在自然景观的政府权力方面，成为地方政府经营自然景观的强大理论支持。但是民众对此是非常不满意的，因此在实践中也引发了诸多的问题。

面对与自然景观相关的法律制度所存在的种种问题，我国也有学者认为应像西方国家那样，建立起完备的公物利用制度。但我们认为，在自然景观方面，西方国家对国家公园的有效利用并不是单独依靠公物利用制度来完成的，因为核心是其国家公园的公法法人所有权制度发挥了非常重要的作用。在西方国家的法律制度中，国家公园被定义为一种特殊的民法法人，它的权利作为所有权，在民法上也有其特殊性。这些规则成为国家公园制度的基础。[②] 这些有益的经验非常值得我们采纳。

第二节　我国自然景观法权探讨

一　我国自然景观法权制度现状

根据我国《民法通则》、《物权法》等法律的规定，自然景观的所有权

---

① 对此请参阅本书第十章"自然资源国家所有权"中，对罗马法以来"共有物"问题的探讨。
② 关于这一点将在本章的第二节做详细阐述。

属于国家。所谓所有权，是指所有人在法律规定的范围内，对属于自己的特定物全面支配和排他的权利。[①] 以此而论，我国的自然景观国家所有权就是指，国家在法律规定的范围内，对属于自己的自然景观全面支配和排他的权利。所有权作为一种法律关系，在法律制度建设方面需要认真研究的，有其主体、客体、权利、义务以及相关责任等几个方面的内容。

（一）自然景观的法权主体

自然景观国家所有权的主体，根据《物权法》第45、46条以及第48条的规定，我们可以看出国家是自然景观所有权的唯一主体，而国务院则代表国家对全国范围内的所有自然景观统一行使国家所有权。另外，从《风景名胜区条例》第4条，以及《事业单位登记管理暂行条例》第2条、《事业单位登记管理暂行条例实施细则》第4条的规定，我们也可以看到，各自然景观都有专门管理机构。这些机构虽然名称不尽相同，但其所履行的职责皆是负责对自然景观进行利用、管理和保护。同样根据我国法律，这些管理机构自身属于事业单位。根据《物权法》第54条的规定，国家授予各自然景观管理机构具体对某一自然景观行使占有、利用以及依法收益、处分的权利。这样，我国关于自然景观方面的法权结构，采取了所有权和实际占有使用权相分离的模式。当然，目前，管理机构作为事业单位所享有的权利，到底是行政权力还是民事权利，到底是哪一种民事权利，在法律上都还没有定型。

（二）权利的行使

如上所述，从法律秩序的构建角度看，权利主体必须是具体特定的，客体也必须明确肯定。但是国家作为一个抽象的主体，无法对具体的自然景观行使具体的支配权。因此我国法律又将这一支配权交付国务院以及各自然景观管理机构共同行使。根据立法者的解说，我们可以理解的关于自然景观权利行使的情形是这样的：根据《物权法》第45、54条的规定，首先由国务院代表国家对全国范围内的自然景观行使所有权，其次再由各自然景观的管理机关对某一自然景观行具体行使占有、使用以及在法律规定的范围内收益、处分的权利。

[①] 参见魏振瀛主编《民法》，北京大学出版社2010年版，第238页。

但是仅仅依据我国《物权法》中的规定，还是难以具体明确各自然景观所有权行使的方式与范围。因此，还必须结合国务院的《风景名胜区条例》以及地方性的规则如《四川省风景名胜区条例》、《贵州省风景名胜区条例》等相关规定，来确定各个具体的自然景观区域的范围。根据前述行政法规以及地方性法规中的有关规定，各自然景观管理机构负有对自然景观区域内的经营管理和游客的参观游览秩序进行维护，以及对自然景观进行维护的职责。自然景观管理机构基于履行经营管理职责的需要，譬如在景区内的土地上建设各种公共设施，抑或是基于对维护自然景观职责的需要，譬如自然景观区域内某一岩体有滑坡之虞时而直接对其采取加注水泥等防护性措施，而对自然景观行使占有、使用的权利。而自然景观管理机构收取项目经营人的自然景观资源有偿使用费则是对收益权利的行使。

根据这些规定，我们知道，在自然景观的行政管理机构之外，还有一个或者多个自然景观的项目经营人。这些经营人有些是公司，有些也可能是自然人。

基于自然景观自身具有重要的公共利益，我国法律原则上不允许自然景观管理机构对自然景观进行处分。当然，自然景观管理机构对自然景观国家所有权的行使也是受到限制的。根据《风景名胜区条例》第 24、25 条以及第 39 条的规定，自然景观管理机构对自然景观国家所有权的行使应当以不破坏自然景观的面貌及整个自然景观区域内的生态环境为限。该机构还不得以牟取私利为目的从事营利性活动行使自然景观国家所有权。

（三）自然景观的保护职责

"有权利就必须有救济"，从形式上讲，我国现行法律制度中，无论公法制度还是民法制度，都对自然景观的保护进行了非常明确、详细甚至可以说是比较全面的规定。根据我国《刑法》第 275 条（故意毁坏财物罪）的规定，故意损坏自然景观的行为人，在损坏达到一定程度的情况下，就将面临刑事处罚。在行政法上，根据《风景名胜区条例》第 40 条的规定，自然景观管理机构有权对损害自然景观地形地貌的行为人处以一定数额的罚款并责令其恢复原状。而在民法方面，我国《物权法》第三章整章的内容，有 7

个条文规定对物权的保护。① 具体而言,《物权法》规定的五种物权请求权(物权确认请求权,返还原物请求权,排除妨害、消除危险请求权,修理、重作、更换或者恢复原状请求权以及损害赔偿请求权)都可以适用于对自然景观国家所有权的保护。

在这其中,对自然景观国家所有权的保护起到最重要作用的就是物权请求权制度。因为,一方面,刑法上的保护只是通过对犯罪人的刑事处罚而达到间接保护自然景观国家所有权的目的,其对弥补自然景观国家所有权所遭到的损害并不能发挥直接的效果;另一方面,虽然自然景观管理机构可以依据法律法规的规定,以行政命令的形式责令相关责任人以恢复原状或采取其他补救措施的方式填补自然景观国家所有权所遭到的损害,但是,这种行政命令的行使是受到非常严格的限制的。依据我国《风景名胜区条例》以及《贵州省风景名胜区条例》等行政法规、地方性法规的规定,各自然景观管理机构只有在有限的几种前提条件下,才能对有关责任人下达这种行政命令。大体而言,行政法上对自然景观国家所有权的保护总是不够的。而物权请求权的宗旨就是要维护自然景观国家所有权的完满状态。这样,任何妨害或对自然景观国家所有权的完满状态有妨害之虞的行为都会受到物权请求权的限制。因此,物权请求权制度对于自然景观国家所有权的保护具有最为重要的意义。

虽然从法律制度的建设方面看,《物权法》等法律规定了自然景观保护的具体措施,但是在法律上还要解决的一个最为关键的问题是:由谁来提起保护?也就是由谁来行使保护的诉权以及其他合法权利的问题。这方面的制度建设在我国法律中尚有比较多现实问题还没有解决。

(四) 自然景观的特定化及其公益性

本章开篇,我们就对自然景观进行了一个理论上的界定:自然景观是指从我国国有山岭、土地等这样的自然资源中专门划分出的,能够反映一定区域内自然风光特色的,可供人们参观、游览的特定区域。这一概念只是说明了自然景观的一般性质,从物权法原理所要求的标的物具体特定的原则看,谈到自然景观国家所有权时,这一权利就不能建立在茫茫的土地和广阔的山

---

① 参见《中华人民共和国物权法》第三章"物权的保护"。

岭上了。因此，自然景观还必须采取一定的划分方法，使其从客体的角度实现特定化。

根据我国《风景名胜区条例》第9、10、12、13条以及第15条的规定，我国自然景观的特定化的程序，主要是通过有关机关提出设立自然景观区域的申请、获得批准并由此对自然景观区域做出总体规划与详细规划的方式来予以特定化的。简而言之，自然景观的特定化是通过申请设立、获准设立以及做出规划的方式来进行的。①需要特别说明的是，在划定自然景观区域的范围时，有时会基于保证自然景观区域内景色的完整性考虑而将所有权或是使用权归入集体或个人的土地或山岭划到自然景观区域内。根据《风景名胜区条例》第11条的规定，在给予所有权人、使用权人适当补偿的条件下，可以行政征收的方式，将这片土地或山岭收归国有。

当然，从自然景观获准设立到投入使用的这段时间内，肯定需要在整个景区内进行必要的人工设施的建设，比如人行道、路灯、指示牌等。但是兴建这些人工设施的建筑材料本身的经济价值与自然景观相比可以说是微不足道的。所以，根据我国《物权法》第30条基于事实行为而发生的物权变动的规定，以及物权法学上添附的原理，自然景观所有权的主体肯定还是国家。

另外，基于物本身属性的不同而对其进行分类并在此基础上建构起不同的物的利用制度是在立法上非常常见的现象。比如我国《物权法》第二章规定的物权变动制度，就是建立在物的一种重要分类——动产与不动产上的。而在物的分类方面还有一种重要的划分方式，就是公物与私物的区分。所谓公物，也就是上一章所说的公用物，是指与私物相对应的，完全基于社会管理或者公共利益的需要而设立的直接供人们自由使用而不具有排他性的物，比如行政机关的办公大楼，公立的学校与医院以及公园、公路等。而其中，为了完成行政活动、公共任务而设立的公物又称为行政用公物，比如前面所提到的办公大楼。为了直接供公众使用而设立的公物又称为公众用公物。而按照使用是否需要许可，公众用公物又可以进一步划分为自由使用的

---

　　①　需要说明的是，至于如何提出申请、申请的内容以及规划的内容应当包括哪些，由于与本章内容无直接关系，所以在此就不详细列出了。

公众用公物与许可使用的公众用公物。前者是指无须许可就供人们自由使用的公物，比如公园、公路、城市广场等；而后者则是指需要公务管理者的许可才能使用的公物，比如公立的医院、学校等。那么，以此而论，以风景区为表现形式的自然景观应当归属于公物，且归属于供公众自由使用的公物。进一步而言，为了保证我国自然景观自身所承载的公共利益能够得以实现，在其上建构起的物的利用制度就应当以保障公众的自由使用为核心。

二　现行制度分析

（一）法理问题

我国建立自然景观国家所有权制度，虽然从立法动因的角度看，也有实现社会公用物的社会共享利益价值的目的，但是也有苏联法学那种过分政治化目标的影响。另外，从物权法原理的角度看，也有几点难以立脚之处。

在物权法上有"物权三特定"原理，即物权的权利主体、权利内容以及客体都必须是特定的，亦即物权必须是一种特定的主体在特定范围内支配特定客体的支配权。以此论，自然景观国家所有权制度亦应符合这一原理，即这一所有权主体必须是特定的。而我们认为，我国以国家为自然景观所有权的唯一主体，并以国务院与各自然景观管理机构为这一所有权的行使者的所有权主体模式，看似将自然景观上的所有权主体进行了明晰，但实际上，这样的明晰方式非但没有明确界定出自然景观所有权的特定主体，反而使其更为模糊化了。因为，首先，自然景观国家所有权中的所有权主体是国家。但如前所述，国家是一个抽象化的存在，它难以像自然人或法人那样可以以自己的意志去直接行使所有权，这一点不符合物权法中的"特定性"原理。其次，或许是为了规避国家作为所有权主体所产生的抽象性，我国立法又规定，中央政府即国务院代表作为国家的代表行使国家所有权；之后，又出现了各自然景观管理机构来行使具体的管理权。

但问题在于，当国务院以及各自然景观管理机构在行使国家所有权的时候，它们究竟是以怎样的民事主体身份去行使呢？对于这一疑问，我国民法学界的主流学说除了将改革开放初期所坚持的"委托—代理说"扬弃为"代表说"，亦即强调国务院与各自然景观管理机构是自然景观国家所有权行使的代表人以外，对于这一"代表人"在民事主体制度上的具体定位则从未涉及。换句话说，无论是我国现行的法律制度还是我国民法学界的主流通说都从未对自然景观国家所有权制度中国家、国务院以及各自然景观管理机构三者间，在民事主体上相互关系进行明确的规定或说明。这就使得国务院与各自然景观管理机构仅仅获得了行使自然景观国家所有权的资格，而与这一资格相对应的民事主体的具体定位则始终是含混不清的。

但是经过这样一种规定的转换，原来具有财产权利意义的所有权被转换成了行政管理权，原来具有公益性质的权利转换成了政府或者管理机关的具有私权意义的财产。这一点值得我们深思。

所以，我国自然景观国家所有权的主体是非常模糊的，有权行使国家所有权的国务院以及各自然景观管理机构主体身份无论从现行法律制度还是学理上都难以界定。

（二）所有权如何分别行使

如前所述，一些法律法规确定，我国自然景观国家所有权交由国务院与各自然景观管理机构分别行使。建立这一模式是为了保证这一国家所有权能够在中央与地方两个层面都得到有效的行使。

但我们认为，这种分别行使的体制违背了物权法学理的要求，它既不符合法理，也是一种不可操作的设想。首先，根据我国《物权法》第 39 条的规定，所有权是指所有权人对自己的动产或不动产享有的占有、使用、处分以及收益的权利。其次，根据立法机关对《物权法》第 39 条所做的立法解释，所谓所有权是指"所有权人对自己的动产或是不动产享有的全面性支配权"①。所有权的标的物为特定物，所有权的行使没有办法由不同的主体分别行使。所有权人对所有权的行使都是对这一所有权的全面性行使而绝不是仅仅行使其中的某一种或几种权利内容。②哪怕是多人共有的所有权，无论是共同共有还是按份共有，任何一个共有人所行使的所有权的权利内容都是该所有权的全部内容。我国现行法律制度所规定的自然景观国家所有权交由国务院与各自然景观管理机构分别行使的模式，明显违背了物权法学理上的

①　对此可参见《中华人民共和国第十届全国人民代表大会第五次会议文件汇编》（全国人民代表大会常务委员会办公厅编），人民出版社 2007 年版，第 170 页。

②　德国民法学者则将此称为所有权（或物权）所具有的"人的不可分性"。对此可参见［德］鲍尔、斯蒂尔纳《德国物权法》（上册），张双根译，法律出版社 2004 年版，第 60 页。

原则。

事实上，这种分别行使的说法，不过是反映了我国自然景观法权建立的基础性问题：既要承认这里的公共利益，也要承认其中的地方政府利益；因此既要在名义上规定"国家"的所有权，也要在实际上承认地方政府实际的所有权。这种立法体制指导思想的不明不白，造成了比较清晰的法制体制弊端。因为从实践的角度看，立法上首先应该考虑的是必须明确地划分国务院与各自然景观管理机构之间具体的各自行使所有权的范围，但是这一点是永远也无法做到的。

中国宪法体制下的中央政府国务院，首先是一个行政管理机构，它对国内的自然景观行使行政管理权，这是毫无争议的。国务院可以在这方面制定具体的行政法规，也可以下达相关行政指令。但这些方式无论从内容还是形式上来看都不能说是在行使所有权。实际上，改革开放以来，即使最为赞成"统一唯一国家所有权"理论的学者，也十分强调国家所有权与国家公权力尤其是行政权力的区分，他们也主张国家所有权的行使必须在法律所规定的范围内，以免将所有权异化成（行政）公权力的行使。但是，在我国的自然景观法权关系上，由国务院代表的"国家所有权"就存在着财产权利和行政管理权法理不清、规则不清的问题。

在我国现行法律规定的上述"分别行使"的另一端，各自然景观管理机构的具体权利同样是法理不清、规则不清。现实中，各自然景观管理机构享有的权利，一方面是维护自然景观，但是另一方面也享有利用自然景观展开经营活动取得利益。有些地方甚至操作将自然景观上市交易。这样，它们已经对自然景观实施了法律意义的处分。这种情形说明，这些机构已经享有了比较充分的法律意义上的所有权。如果将这些权利具体化分析，我们可以看到，不仅国务院的《风景名胜区条例》，而且地方性法规比如《贵州省风景名胜区条例》、《湖南省风景名胜区条例》等都已经承认了。这些法规，使得自然景观的管理机构成为典型的公法法人（为我国法律上特有的事业单位法人，但是一些自然景观享有经营性质的权利），也使得它们享有了充分的法人所有权。但是因为我国法律并不承认这种法人所有权，从而使得这些法人尽享公益法人之名誉，而同时也得到盈利法人的实益。

（三）关于自然景观的保护职权

我国建立的自然景观国家所有权分别行使的立法模式，实践中对自然景观的保护并不利。就一般的管理性的保护，可能问题不大，比如，对自然景观来自一般社会民众的损害，管理机构就可以行使职权来予以防止，或者追求侵害者的责任。但是，在一些体制性的问题上却能够反映出保护无力的大问题。如上所述，我国的自然景观，以其公益性特征，当然没有被打包上市的问题，因为这样的处分并不符合自然景观的公益性法律定位，自然景观不可以作为经营性资产来投资。但是，类似于少林寺上市这样的问题，已经多次被提出来，但是并没有人能够从自然景观的公益性角度来考虑这个问题，也没有人在这里行使公益性的"国家所有权"，代表我国社会来主张权利。这个问题暴露了自然景观国家所有权制度的体制性缺陷。

（四）自然景观国家所有权的私权性与公益性问题

正如本章开始提到的那样，自然景观是大自然留给我们的，也是历史留给我们的，现代人在其中的加工基本上没有多大的价值意义。也就是因为这样，传统民法在自然景观的法权制度建设上，将其定义为共用物或者公有物，强调其作为社会公益的标的物的法律意义，并不许可任何人或者机构以其谋利。

在本项研究成果中，我们已经阐述了法律上区分公物与私物的基本规则，也阐述了国际上"公物上不得设立私权"的原则要求。传统民法之所以建立这样的制度，就是为了防止妨碍公物之上的公共利益目的实现的营利行为发生。简而言之，"公物上不得设立私权"的法律原则为保障社会管理或者公共利益目的的实现，而对公物的私权性利用设置了限制。

虽然我国法律尚未建立将社会上的物区分为公物与私物，特别是建立自然景观属于供公众自由使用的公众用公物的制度，但是这些法思想值得我们借鉴，至少值得我们思考。正如我们在该项研究的一开始就提到的那样，国家所有权包括自然景观国家所有权制度，在我国到底是被立法者设定为社会主义理想的权利，还是设定为一项政府拥有的私权？这个问题从现行法律中可以说找不出答案。国家所有权则制度或者说所有权制度是从属于我国《物权法》的重要物权制度。如果把《物权法》中的民事权利都定义为私权，那么，我国在自然景观上构建起的"国家所有权"是具有私权性质的所有权制度。

但是必须了解的是，当代民法中的公物利用制度并不排斥在公物上建立私权，只是这一私权必须受到公物所承载的社会管理或者公共利益目的的限制。比如，公法法人所有权，就是为了社会公益建立的民法上的私权。正如我们在上文中分析指出的那样，公法法人行使所有权，必须受到法人章程和行政规则的限制，必须为了公共利益来行使所有权。

但是，从我国的《物权法》到《风景名胜区条例》，再到《贵州省风景名胜区条例》以及《四川省风景名胜区条例》，在这些法律、行政法规以及地方性法规中，我们找不到任何关于自然景观具有公益性的明确性规定，更别说承认公众享有可自由使用自然景观的权利了。另外，虽然《风景名胜区条例》第 39 条规定，自然景观管理机构不得从事营利性活动，其工作人员亦不得在景区内的企业中兼职，但就总体而言，我国在自然景观上构建起了基础性的所有权制度后，并未在其上再明确构建起公物利用制度。由于我国现行法律制度对自然景观公益属性的模糊承认，也就使得公众对自然景观的实际占有和使用人的收益权、处分权的行使，一直存在质疑甚至严重的批评。

（五）景观的经营管理权

我国现行法律制度规定，自然景观管理机构享有对其占有使用的自然景观的经营管理权。但是这一规定并没有从制度建设方面充分完善，自然景观管理机构在现实中滥用经营管理权以牟取私利，并给公众自由使用自然景观带来很大阻碍。

依据相关法律，自然景观管理机构所享有的经营管理权可细分为三项具体权利：一是景区门票的收取权；二是将餐饮、住宿等经营项目特许给他人经营的特许权；三是对景区的景观以及游览秩序的维护、管理权。其中，前两项权力对公众的自由使用权以及对自然景观公益属性的影响最为重大。由于我国现行的法律制度并没有明确承认公众对自然景观的公共利益权利，这就失去了制约自然景观管理机构征收门票费用的道德前提。因此各地普遍存在门票费用滥收滥用的严重问题。本来，自然景观的开发利用属于公益行为，管理机构也是事业单位法人，但是因为收费权的滥用，管理机构的性质以及其开发管理的行为的性质都发生了本质变化。虽然，《风景名胜区条例》第37条明确规定自然景观的门票费用应当依照有关法律、法规的规定来执行，而国家发改委也曾多次以通知的形式规范各自然景观管理机构的收费行为，但是，政府在这里行使的职权并不是所有权人内部的治理权，而是一般的行政管理权，它无法从财产制度上约束管理机构和经营人，因此自然景观管理机构的经营收费问题很难从本质上得到治理。

（六）景区经营人

另外我们还必须注意的是，在自然景观管理机构之外，还存在很多景点或者景区经营人的问题。这些经营人，大的如那些负责整个景区游览事务的公司，小的如专门在景区营业的小摊贩，可以说吃住行看，样样都有营业者。这些经营人或者营业者，并不是自然景观的管理机构，而是和自然景观管理机构订立合同，来景区从事经营并收取营业收入的商业自然人或者公司。《风景名胜区条例》第37、38条规定，各自然景观管理机构可以向项目经营人收取自然景观资源有偿使用费，有偿使用费的实质就是出租景区内以土地为主的自然资源给项目经营人使用而获得的租金。我国山东省人民政府2008年颁布并实施的《泰山风景名胜区服务项目经营管理办法》第3条以及第11条明确规定：自然景观区域内的自然资源归国家所有，并实行自然资源有偿使用制度。另外，所收取的自然景观资源有偿使用费属于国有资源的有偿使用收入，所获得的具体收入属于非税收收入。

根据《风景名胜区条例》以及《贵州省风景名胜区条例》等有关法规的规定，自然景观管理机构允许项目经营人使用景区内的土地等自然资源并收取有偿使用费的过程中，不需要涉及自然景观区域内任何自然资源的物权变动。且每一个项目经营的经营时间通常为15年，最多不能超过20年，而这又与我国合同法上所规定的租赁合同的最高年限相吻合。综合以上两点，我们可以看出自然景观管理机构允许项目经营人使用景区内以土地为主的自然资源的行为属于出租行为，所获取的使用费属于租金。

这些出租的行为，显然和自然景观所承载的公共利益不相符合。为了维持景区的秩序，为了方便游览的民众，景区需要这些必要的服务。但是我们必须注意到的是，我国所有的景区，各种服务的价格都是质次价高，深为民众谴责。其中的原因，不能说经营人的选择、经营合同内容的确定尤其是租金条款的约定等存在内在的联系。这些经营人当然有明确肯定的盈利目的，我们不能要求他们做公益事业，但是，立法者和政策制定者必须考虑到，对自然景观管理机构建立切实的约束，这才是保持自然景观的开发和保护事业的必由之路。

显然，项目经营人的项目经营权是以一种变相出租自然景观的私权行为而得以设立的。进一步而言，我国现行法律制度对自然资源有偿使用的制度，实际上是在公法法律关系中错误地适用了私权制度，违背了"公物上不得设立私权"的法律原则，扭曲了自然景观自身的公物属性。归根到底，这就是自然景观国家所有权的私权属性与自然景观公益性发生了冲突。

（七）其他经营行为

《风景名胜区条例》、《贵州省风景名胜区条例》以及《四川省风景名胜区条例》明确规定了禁止违反自然景观的规划，在景区内尤其是在核心景区内从事诸如房地产、疗养院等与自然景观本身内容相冲突的开发建设。这一方面的违规经营行为现在已经比较少了，但是不能说没有。为了防止自然景观管理机构为牟取自身私利滥用特许权而违规开发破坏自然景观，我国法律还应该建立更加严格的制度。但是这些制度已经是纯粹的行政管理制度，基本上和自然景观的国家所有权无关。

（八）景区侵权责任

在现实生活中，因安保义务或是善良管理人的注意义务未尽而引起的人身损害或财产损害在自然景观区域内[①]时有发生。这类案件的具体事实往往并不复杂。但由于自然景观国家所有权的主体模糊不清，加之自然景观管理机构行使所有权的范围并不明确，所以经常引起因侵权责任的主体难以界定而导致损害无法得到赔偿的问题发生。比如有媒体报道的"福建'吃人公园'连夺20命"的新闻事件就是这方面的典型代表。[②] 由于该公园中临河护栏的设计存有明显的安全隐患，且无任何警示标志，所以在前后共7年的时间内先后有21人因护栏的安全隐患导致失足落水并并溺水身亡。面对这一系列明显因安保义务未尽而引发的人身损害赔偿案件，该公园的自然景观

---

① 此处所指的区域是指排除掉餐馆、酒店等经营项目以外的自然景观中的其他区域，亦即是指自然景观管理机构主要负责经营管理的区域。

② 曹筠武："福建'吃人公园'连夺二十命　丧女母亲执著追查"，搜狐网：http://news. sohu. com/20061214/n247038527. shtml，2012年1月4日。

管理机构竟然一起都未进行赔偿。其逃避承担赔偿责任的方法就是利用自然景观国家所有权主体的模糊性以及自身行使所有权范围的不明确性。首先，国家虽是所有权主体，但其自身的高度抽象性导致其无法进行赔偿。而这一管理机关自认为仅仅是行使国家所有权，而不是所有权人。行使者的民事主体地位也是难以界定清楚的。

依据我国《侵权责任法》第37条的规定，我们当然可以以自然景观管理者的主体身份追究该自然景观管理机构的赔偿责任。尽管该管理机关负责这一自然景观的经营管理，但其经营管理的范围与其行使所有权的范围必然是一致的，所以，在其所有权行使范围不明确的前提下，它的经营管理范围也必然是不明确的。因此，在这一事件中，该自然景观管理机构就凭借自身主体地位与权利行使范围的不明确，将赔偿责任推脱到当地水利局的身上，而水利局又将责任推给了护栏的建设单位。但护栏的建设单位显然是不会进行赔付的。

综上，在这方面的问题中，自然景观国家所有权主体的模糊性以及自然景观管理机构权利行使范围的不明确性，也就成了逃避承担赔偿责任的"护身符"。

（九）门票费用过高以及自然景观违规开发严重

自然景观的门票费用过高以及其自身的违规开发实际上是自然景观国家所有权制度在实践过程中所遇到的最为突出的问题。接下来，我们将就这两个问题分别展开论述。

自然景观门票费用过高一直饱受广大公众的质疑。甚至连中国国民党副主席蒋孝严都曾在2010年7月举办的两岸经贸文化论坛上直言，诸如"黄山、张家界、九寨沟等自然景区"，都是"自然创造的景色，是中华儿女共同享有的，不应收取高达300元的门票"。我们认为，从法律制度上而言，正是现行的自然景观国家所有权制度给各自然景观管理机构推高门票费用提供了条件。因为，各自然景观管理机构是自然景观国家所有权的具体行使者，它有权对自然景观进行使用，并在法律规定的范围内进行收益。因此，不少自然景观的管理机关基于吸引游客、推动本区域内旅游经济并以此牟取私利的考虑，过度翻新、修缮景区内的各种设施，而有的管理机关甚至给"哈利路亚山"装上了电梯、给瀑布安装了电控开关。而巨额的修缮、维护费用正是通过推高门票价格来平衡的。所以，这些自然景观管理机构正是通过行使国家所有权的方式来达到提高门票费用以牟取自身私利的目的。

　　而就自然景观违规开发而言，也正是自然景观国家所有权制度给自然景观的管理机关提供了诱因、创造了条件。近几年来，国内的旅游业市场一直十分火爆。据中国旅游研究院的估计，在 2011 年内，"国内旅游人数约 26 亿人次，同比增长 12%；国内旅游收入约 1.9 万亿元，同比增长 21%。入境旅游人数 1.34 亿人次，同比增长 1%；旅游外汇收入 465 亿美元，同比增长 1.5%"①。火爆的旅游市场必然给自然景观区域内的酒店、房地产等项目的经营带来丰厚的回报。而这也必将推动自然景观有偿使用费的上涨。因为，正如前文所分析的那样，所谓的自然景观资源有偿使用费，其实质就是出租景区内的自然资源（主要是土地）搞酒店等项目开发而获得的租金。而唯一有权出租自然资源的就是自然景观的管理机关，因为它们是自然景观国家所有权的具体行使者。的确，我国现行的法律制度明确禁止自然景观管理机构进行违反规划的开发，但这些规定仅仅是做到了事前的禁止与事后的处罚，而没有形成有效的事中监督机制。② 所以现有的法律制度是很难控制自然景观管理机构进行违规开发的，因为自然景观国家所有权赋予了它们太大、太多的权力（利），而其所受的监督却过于孱弱。

　　当然，每个自然景观管理机构都有其上级主管部门，其进行相应开发的规划也必须报有关部门审批同意后方可实施，因此，很多违规进行的开发活动都有可能是基于上级命令抑或是长官意志而进行的。但问题的关键是，自然景观国家所有权制度是将维护、修缮景区的权利以及出租自然资源的权利赋予了各自然景观管理机构，因此，当这些管理机关没有这些权利的时候，则无论哪一层次的上级命令抑或哪位长官的意志，就都无法指使自然景观管理机构抬高门票费用或是进行违规开发以牟取私利了。

---

　　①　古剑："中国旅游研究院：2011 年国内旅游收入约 1.9 万亿"，中国网：http://www.china.com.cn/travel/txt/2012-01/11/content_24376028.htm，2012 年 1 月 12 日。

　　②　对此可以参见《风景名胜区管理条例》第 35、37、47 条以及第 48 条的规定。

第三节　借鉴资料：德国和美国的国家公园制度

他山之石，可以攻玉。对国外自然景观的所有权制度、公物管理与利用制度的了解不仅可以加深我们对我国自然景观国家所有权制度的反思，也可以为其改进提供有益的借鉴。在法制成熟国家，自然景观的法权制度并不像我国那样有诸如风景名胜区、国家森林公园等多种表现形式，它只有一种，那就是国家公园。根据国际保护自然及自然资源联盟所提供的定义，所谓的国家公园是指"一个土地所有或地理区域系统，该系统的主要目的就是保护国家或国家生物地理或生态资源的重要性，使其自然进化并最小地受到人类社会的影响"[①]。而根据国家公园内环境所承载的具体的人文与自然价值不同，它又可以进一步分为文化类与自然类两大类。显然，本章所探讨的自然景观就属于国外国家公园中的自然类国家公园。[②] 如前所述，国家公园（自然景观）是属于供公众自由使用的公众用公物。

因为大陆法系与英美法系在公物制度及其相关理论依据方面不尽相同，我们在本章中将分别从大陆法系与英美法系两个方面对国外国家公园的所有权制度、公物管理与利用制度展开论述。具体而言，在大陆法系方面，由于我国的民法制度与行政法制度都受德国法影响甚深，所以将以德国的国家公园作为这一法系的代表而展开具体阐述。而在英美法系方面，由于美国的自然资源公共信托理论及其较为独特的国家公园管理在该法系内具有重要影响，所以将以美国的国家公园（自然类）作为这一法系的代表而专门进行论述。

一　德国森林国家公园制度

在德国国家公园中，最具有代表性的就是德国森林国家公园（该国建立的第一个国家公园就是东巴伐利亚森林国家公园）。

---

①　参见王维正主编《国家公园法》，中国林业出版社 2000 年版，第 1 页。

②　为了行文的简洁，我们在接下来的阐述中，如无特别说明，皆以国家公园代指国外的自然类国家公园。

（一）德国森林国家公园的公法法人所有权制度

森林国家公园所有权的归属是建立在森林所有权归属的基础上的。因此，要探讨德国森林国家公园的所有权制度，就必须从该国的森林所有权制度谈起。从主体上讲，德国的森林所有权可以分为三类，即国家所有、除国家以外的其他公法团体（城镇或教会所有）所有以及私人所有。由于德国属于联邦制国家，因此，这里的国家所有就包括了德国联邦所有以及德国各州所有。实际上归联邦所有的森林在全国森林面积中所占的比重很小（只占6%左右），且其使用的用途有限（只能用于军事用途或其他禁伐性的使用），所以德国森林国家公园基本上是在归德国各州所有的森林中建立起来的。德国森林国家公园的所有权就归设立它的州享有。前面已经提到，由于德国国家结构形式属于联邦制，所以州所有的森林国家公园也就可以称为国家所有了。因此，仅从形式上讲，我们可以说德国森林国家公园的所有权制度与我国一样，都是国家所有。

但必须说明的是，德国的国家所有与我国的自然景观国家所有权存在本质性的不同，那就是它并不承认抽象主体的国家所有权，而是采用公法法人所有权制度。所谓公法法人，是与一般民法法人相对的，基于公法或是公权的行使抑或是出于完成某种国家任务的目的而设立的法人。自19世纪德国行政法兴起以来，在其自身的发展过程中，它借鉴了许多私法上（主要是民法）的概念、学说乃至于制度。其中公法法人制度就是在借鉴了当时私法上的法人制度而构建起来的。自此，德国法上也就有了公法法人与私法法人的具体区分。仔细看来，德国法律上，民法和行政法规定的公法法人的要点并不相同。民法规定的公法法人的要点，一是要从形式上对民法法人与公法法人进行区分（基于设立的准据法的不同，或是设立的行为方式不同：公权的运用或是法律行为）；二是要细化公法法人在什么样的情况下对于其设立机关以及代理人行为的责任。在行政法上，立法则强调公法法人的设立程序、设立目的、章程，强调的是公法法人必须完成的某种国家或者行政任务。

当然，无论是德国民法还是行政法，两者在一点上是一致的：公法法人拥有一个统一的权利能力，基于这个统一的权利能力，公法法人可以在法律规定的范围内，享有独立的主体资格，参与民法或行政法法律关系，在其中享有权利、承担义务和责任。

　　基于法人成立基础的不同,《德国民法典》将民法法人区分为社团法人与财团法人。这一规则同样适用于公法法人。在当代德国法中（主要是在公法中）,公法法人具体分为三类,即公法社团法人、公法财团法人以及公营造物。由于后两种公法法人与我们在本章讨论的主要内容无关,因此我们在这里重点介绍一下公法社团法人。

　　所谓公法社团法人,是指"基于公法而设立的,由社员组成并自治,在国家的法律监督下以公权力行为执行国家任务的具有权利能力的组织体"①。而公法社团法人又可以细分为以下几类:①地域性公法社团法人,是指以国家及地方自治团体（主要为乡镇与县）为代表的,以其所在地居民为其成员的公法社团法人;②属物性公法社团法人,是以水利与土地协会以及工业总会为代表的,基于人民对于某一不动产或对某个产业享有所有权或经营权为基础而成立的公法社团法人;③属人性公法社团法人,是以手工业协会、医师协会为代表的,基于人们自身的某种特殊身份而成立的公法社团法人;④联合性公法社团法人,是以联邦律师总会以及乡镇联合为代表的,以公法法人为成员而成立的公法社团法人。

　　德国森林国家公园,属于联邦各州设立的公法社团法人。各州可以成立国家公园的法人,法人中组建类似于民法的内部治理结构。所以,这一类公法法人在民事以及行政法律关系中可以做出独立的行为,展现其独立意志。这种独立意志,是通过其组织内部的机关（如州长）及其机关成员（公务员）在法律规定范围内的行为表现出来的。从这些要点可以看出,德国森林国家公园的法权制度与我国自然景观的国家所有权制度区别是非常明显的,那就是这两种所有权主体的具体构造存在不同。在我国,虽然自然景观所有权的主体也是国家,但它却被我国的法律制度（主要是《物权法》）及主流理论构造成了一个高度抽象化的存在。而这个高度抽象化的主体无法形成自己独立的意志,甚至代表它的国务院也无法形成独立意志,所以才又组建自然景观管理机构这种晦暗不明的民事主体来行使所有权。在法律上,我国法还自创了分别行使制度（代表者与具体行使者）去行使自然景观所有权,这也就直接或间接地导致了我国自然景观法权制度上一系列理论和实践中问

---

　　① 葛云松:《法人与行政主体理论的再探讨》,《中国法学》2007年第3期,第79页。

题的产生。

在德国法中，由于联邦州是公法法人社团，而州政府内部的机关，如环境部等就可以以法人机关的身份对外代表联邦州去行使森林国家公园所有权。这样，森林国家公园所有权主体与具体行使所有权的机关在民法上的关系也就非常清晰了，那就是法人与法人机关之间的关系。这也就保证了森林国家公园所有权主体的特定性。因此，不论是从理论上还是从实践效果看，德国法对联邦州的所有权主体制度的构建都是非常成功的。

（二）所有权行使的完整性及其限制

德国森林国家公园所有权，虽然属于公法法人所有权，但是在实践操作上与私权性质的所有权一样，因此这是一种公法法人的私有权利，自然也是完全所有权。森林国家公园所有权因此得到了德国法的有效保障，有明确的主体来对这种权利承担义务和责任。因此，这一所有权的行使，就不会出现像我国那样主体尤其是责任主体不明不白的情形。

德国法上，国家公园所有权的行使，从主体与客体角度看有其自身特点。

1. 在主体方面，体现特别主体职责

《德国民法典》第46条规定，森林国家公园所有权只能由联邦州作为公法社团法人行使所有权。而且它行使所有权时，必须符合设立国家公园的目的。比如如果州利用森林国家公园进行营利性活动时，就明显超出了设立公法社团法人的目的，从而就形成了无效行为。[①]

2. 在客体方面，体现国家公园的公益特征

（1）公园内的森林资源蕴藏丰富，其中包括诸如浆果、蘑菇等果实植物，甚至很有经济价值的物品，以及对满足个人生存需要具有重大价值的物品，对这些物品的采摘等，必须体现公益性特征。德国《联邦森林法》以及各联邦州的《森林法》都明确禁止森林所有权人，当然也包括森林国家公园所有权人，以行使抑或是保护所有权为由阻止他人进入森林采集浆果、

---

① 《德国民法典》第46条（归属于国库）规定，社团财产归属于国库的，准用关于归属于作为法定继承人的国库的遗产的规定。国库必须尽可能以符合社团目的的方式使用该财产。参见陈卫佐《德国民法典译注》，法律出版社2010年版，第18页。

蘑菇等果实植物。

（2）自20世纪70年代以来，随着德国公众环保意识的日益增强，德国政府（联邦及各州）对森林生态价值保护的日益重视，德国《联邦森林法》以及各州《森林法》都把对森林环境的保护放在了立法价值的首位。所以，在这些法律中，都明确要求森林所有权人，当然也包括森林国家公园所有权人，在行使所有权的时候，必须注意保护森林充裕良好的生态环境，不得对森林进行掠夺式砍伐。

（3）由于公园属于被命名而负有公物负担的公物（对于命名的含义及其具体的法律效果将在下文中做专门阐述），所以在命名持续期间，公园都属于禁止流通物，不可以进入市场交易。

（4）德国法对森林国家公园生态价值的具体定位与一般森林生态价值的具体定位存有不同。它强调森林国家公园的生态价值应主要体现为向公众展现完整的森林自然演替的过程，以此拉近公众与森林间的距离，从而激发公众保护森林资源的环保意识。因此，虽然德国《联邦森林法》、各州《森林法》中规定的森林所有权人负有强制砍伐病木并进行森林恢复的义务，但是这一义务不可以适用于森林国家公园。森林国家公园必须保持其自然特征。拥有森林国家公园所有权的联邦州，都负有强制性的不作为义务，对森林国家公园核心区内所发生的风灾、雪灾、森林病虫害都必须任其自然发生，乃至于因自然原因而引发的森林火灾都可以不组织扑灭。① 这些立法的目的，在于保证森林国家公园中自然演替的正常发生。

（三）侵权责任

森林国家公园的设立与建设都是由州政府负责的。而具体承担森林国家公园建设任务的行政机关则是属于统一归州政府管辖的县一级的国家公园管理办公室，它实际上也是对公园进行具体管理的行政机关。根据德国法上的有关规定，对森林国家公园进行建设或者对其区域内的设施进行管理的人应对他人负有善良管理人的注意义务与安保义务，因过错而违反这两类义务时，则应当按

---

① 所谓核心区是指自然景物最为集中、最具观赏价值、最需要严格保护的区域。对此可参见唐凌《风景名胜区产权制度变迁研究》，四川大学博士学位论文（2007年），第43页下注释①。由于德国森林国家公园内大部分都属于核心区，所以我们认为强制砍伐病木并进行森林恢复的义务，对森林国家公园的所有权人原则上是不适用的。

照《德国民法典》第 823 条以及第 836 条第 1 款的规定承担侵权损害赔偿责任。[①] 因此，作为森林国家公园所有权主体，联邦州当然负有善良管理人的注意义务与安保义务。而这两种义务的具体履行者则是国家公园管理办公室。所以，当国家公园管理办公室因过错而违反这两种注意义务的时候，也就意味着联邦州对这两种注意义务的违反。当国家公园管理办公室具体承担了因此而发生的侵权损害赔偿责任的时候，也就对外代表着联邦州对责任的承担。

由此可以看出，德国的森林国家公园公法法人所有权制度，通过公法社团法人的主体设计，很清晰明确地解决了公有物的侵权责任问题。

同时，享有森林国家公园所有权的联邦州是一个特定的公法社团法人，它在法律上享有独立资格，因此它可以行使民法上的物权请求权，来保护国家公园的财产。这一点，也解决了我国法律在这方面所遇到的难题。

（四）森林国家公园的命名

在学理上，除了对公物进行行政用公物与公众用公物的区分以外，还有一类重要的区分，那就是自然公用物（简称自然公物）与人工公用物（简称人工公物）。所谓自然公物，是指不需经人工加工就可以其实体形态作为公用物，诸如森林、海滩、江河就是最为典型的自然公物。所谓人工公物，是指需经人为加工、建造后才可用作公用物，比如行政机关用作办公用途的大楼、市民广场等就为人工公物。虽然德国的森林国家公园区内 70% 左右的区域属于核心区，且在这一区域内绝对不允许进行任何的景点开发，但是，法律许可在公园整个区域内修建各式游览道路（汽车道、自行车道以及人行道）以及指示牌等交通设施；在非核心区域内还可以修建陈列室、标本室以及供电、供水等各种设施。所以，德国的森林国家公园与自然森林有所不同，它需要人工进行建

---

① 《德国民法典》第 823 条（损害赔偿义务）第 1 款规定，故意或有过失地不法侵害他人的生命、身体、健康、自由、所有权或其他权利的人，有义务向该他人赔偿因此而发生的损害。同条第 2 款规定，违反以保护他人为目的的法律的人，担负同样的义务。依法律的内容，无过错也可能违反法律的，仅在有过错的情形下，才发生赔偿义务。《德国民法典》第 836 条（土地占有人的责任）第 1 款规定，因建筑物或其他附着于土地上的工作物倒塌，或因建筑物或工作物的部分脱落，致使某人死亡，或某人的身体或健康受到伤害，或某物被损坏的，只要倒塌或脱落系因建造瑕疵或维护不足所致，土地占有人就有义务向受害人赔偿因此而发生的损害。占有人以避开危险为目的尽了交易上必要的注意的，不发生赔偿义务。同条第 3 款规定，前两款（由于第 2 款内容与本书无关是以在此不专门列出）规定意义上的占有人，是自主占有人。参见陈卫佐《德国民法典译注》，法律出版社 2010 年版，第 304、307 页。

设、加工后方可投入使用。所以，德国森林国家公园属于人工公物。

因为人工公物需要命名，因此如何命名，德国法也建立了规则。此处命名，是指"行政主体对民法上的财产做出开始公用的意思表示，从而使其成为法律意义上的公物的行为"。[①] 对于自然公物而言，基于其自身属性，有关机关往往采取默示命名的方式直接交付公众进行一般使用。但对于人工公物而言，法律规定必须经有关机关通过明示命名方式后方可投入使用，供公众参观、游览。根据德国基本法的规定，德国奉行联邦制，德国联邦政府无权对国家范围内的森林国家公园进行直接的行政管理，而只能制定较为宏观性的法律并交各联邦州具体执行。联邦州则拥有批准设立森林国家公园、制定具体的管理法规以及对公园进行直接管理的权力。而直接行使批准设立权的机构则是州议会。所以，在德国，森林国家公园的命名是以州议会通过同意设立其的决议形式来进行的。

对公物进行命名是规定的必要程序，目的是让这一命名能够引起与公物的管理及使用相关的若干法律效果的产生。具体而言，森林国家公园被正式命名会产生以下四种法律效果。

1. 明确森林国家公园所承载的作为公物的目的

具体而言，根据《德国联邦自然保护法》的规定，森林国家公园所承载的公物目的有以下四个方面：①使公园内的生态环境得到永久性的保护；②保护公园内的自然或接近自然状态下的动物；③在不给公园内的生态环境带来不利影响的情况下，允许德国公众对公园进行参观、游览，并在此基础上对德国公众进行保护森林生态环境的宣传教育；④公园的经营不以营利为目的。[②]

2. 明确森林国家公园的使用范围

森林国家公园的命名结合州议会批准的关于公园的建设规划，可以明确公园的使用范围，特别是园内核心区与非核心区的划分。

3. 明确权利主体和责任主体

实际上，这一点是因命名而产生的法律效果中最为重要的一个。如前所

---

① 参见肖泽晟《公物法研究》，法律出版社 2009 年版，第 52 页。

② 张晓：《国外国家风景名胜区（国家公园）管理和经营评述》，《中国园林》1999 年第 5 期（65），第 58 页。

述，任何行政任务的完成、行政职责的履行都离不开行政主体的参与。实际上，这也是行政主体被设立的主要目的。因此，当森林国家公园被命名、自身的公物目的被明确以后，将这一行政任务交给某一行政主体去完成就显得尤为重要。而德国行政法则将这一行政任务交给了森林国家公园所有权的主体——联邦州去完成。这也就意味着，在森林国家公园作为公物的存续期间内，联邦州都负有保证公园公物目的实现的行政职责，它必须以行政主体的身份，成为管理公园的权利主体和责任主体。为此，德国行政法专门赋予了联邦州两项权力（利），即对森林国家公园的经营运作以及秩序维护的行政管理权，以及在公物目的范围内对公园直接进行支配的公法支配权。具体而言，联邦州享有的这两项权力（利）分别交由联邦州政府下辖的三级行政机关去行使。其中，在州一级是隶属于州政府的环境部，它负责对本州范围内的森林国家公园进行总体上的行政管理；在大区一级是隶属于大区政府的国家公园管理办事处，它负责对本大区范围内的森林国家公园进行总体上的行政管理；在县一级是隶属于县政府的国家公园管理办公室，它直接对森林国家公园行使行政管理与公法支配权。

另外，在这里，有必要对联邦州所享有的公法支配权简要说明。在德国行政法上的公物管理与利用制度中，对有关行政主体而言，公法支配权发挥着类似于民法所有权的作用，它的基本含义包括实际的占有、使用、排斥他人干涉等。正是因为法律赋予了这项权利，才使得行政主体可以在公物被命名的目的范围内对某一公物进行直接地支配、利用。同时，公法支配权也因此具有了另外一种功能，那就是对这一公物上原本存在的所有权进行排斥、限制，使其权利行使被约束在公物被命名的目的范围内。但是，公法支配权的排斥、限制的效果非常强烈，有时甚至将它得以建立的原有的所有权约束成毫无实质内容的裸权。鉴于德国《基本法》第14条为所有权人提供了强有力的保护，[①] 所以，在实践中，有关行政主体往往只对所有权归属于自己

---

① 德国《基本法》第14条第1款规定，所有权和继承权受保护。其内容和限制由法律规定。同条第2款规定，所有权承担义务。它的行使应当同时为公共利益服务。同条第3款规定，剥夺所有权只有为公共福利的目的才能被允许。剥夺所有权只有依照法律或者根据法律的原因进行，而且该法律对损害赔偿的方式和措施有所规定。该损害赔偿必须在对公共利益和当事人的利益进行公平的衡量后确定。对损害赔偿额的高低有争议时，可以向地方法院提起诉讼。参见孙宪忠《德国当代物权法》，法律出版社1997年版，第56页。

的有体物进行公物命名并对其行使公法支配权，以此来规避法律上的风险。因此，这就回答了本节内容中一直隐含的一个疑问，即为什么联邦州只会对所有权归属于自己的森林进行公物命名这个问题，因为对他人的森林命名，会损害他人的所有权。

联邦州对所有权归属于自己的森林国家公园进行公物命名会产生一种独特的法律现象：联邦州既是这一森林国家公园的所有权主体，亦是对其行使公法支配权的主体。对此，需要强调以下两点：①如前所述，联邦州对这两种权利的享有，并不是因为它具有双重权利能力，即民事权利能力与行政权利能力。它的权利能力只能是统一的。而联邦州之所以可以同时享有公法上以及民法上的权利，仅仅是因为这一统一的行为能力兼具公私两种因素而已。②在森林国家公园的公物命名存续期间内，联邦州主要以公园的管理者亦即行政主体的身份出现，但这并不代表着联邦州的所有权主体身份遭到了弱化，实际上在某些情况下，它必须以森林国家公园所有权主体的身份参与到具体的法律关系中。比如，在上文中提到的，当国家公园管理办公室违反善良管理人的注意义务或安保义务时，虽然是国家公园管理办公室具体地对被侵权人进行的损害赔偿，但这对外却代表联邦州以公园所有权主体的身份，作为侵权人承担相应的赔偿责任。

4. 一般使用权与特殊使用权的确立

（1）一般使用权。德国行政法上的一般使用权是指，在符合公物被命名的目的范围内，任何人（包括自然人与法人）可以对公物进行自由使用的公共权利。因此，这里的一般使用是指，在不会给森林国家公园内的生态环境带来负面影响的情况下，德国公众有对公园进行参观、游览的公共权利。在此需要特别说明的是，一方面，德国公众对森林国家公园的一般使用权并不是不受限的。在基于重要的公共利益的考量时，国家公园管理办公室有权力限制公众对公园的参观、游览，比如在因风雪导致公园内诸多设施受损、道路受阻的情况下，游客对公园的游览无疑会使其生命安全受到极大的威胁。所以，此时的国家公园管理办公室就可以安全为由限制公众一般使用权的行使。另一方面，德国行政法对公园门票费用的收取有着严格的限制。因为，一般使用的本质在于德国公众对森林国家公园无须许可的自由利用（在其公物目的范围内）。而若像我国那样，以收费为原则，以不收费为例外的话，就会变相地限制，甚至剥夺德国公众的一般使用权，使森林国家公园的公众用公物的属性发生异化。因此，门票费用的收取只能具有例外的性质，且其具体的数额必须遵守行政法上的等价与保本原则。①

另外，在德国行政法上，还存在一类特殊的一般使用权，那就是增强性使用权。增强性使用权，又被称为沿线居民使用权，它是指居住于公物（比如高速公路、通航的河道等）附近的居民，因生活需要而免费享有的，对公物进行超出一般使用权内容的使用的权利。实际上，这种增强性使用权的内容十分广泛，它包括对公物的通行、在自家门前的公物上临时存放建筑材料等一系列因生活、生产需要而进行的利用。在这诸多利用中，公物周边居民对公物的通行则是增强性使用权的核心。因为，当诸如公路类的公物设立、建设并经命名而投入使用后，周边居民原有的出行道路往往就不复存在了，这就中断了周边居民与外界的正常沟通。而与外界进行沟通，是这些居民自我生存、发展的基础。所以，法律就必须赋予周边居民通行公物的权利，以维持他们与外界的正常沟通。又由于，以通行为核心的增强性使用权事关周边居民生存与发展，所以它的获得必须是无偿且无须获得许可的。显然，森林国家公园周边的居民也存在着前面所提到的那些对公园的增强性使用的需要，尤其是公园中设施的建设极有可能会对周边居民的通行带来阻碍。所以，森林国家公园周边居民自然也就无偿且无须许可地享有对公园的增强性使用权。

需要补充的是，虽然这两种使用权原则上都具有无偿性特点，因此都可以统归于一般使用权这一类，但这两种使用权在性质上具有质的不同，所以，这两者受到保护的程度也是不同的。具体而言，对于德国公众对森林国家公园的参观、游览而言，属于所谓的事实性利用，亦即是对德国联邦州因设立森林国家公园并由此引起的反射利益而进行的利用。所以，当联邦州基于一定公共利益的考量，取消对公园的设立也就是取消公园的命名以后，德国公众不得基于此而提起诉讼，要求获得自己事实性利用的补偿。相反，公

---

① 德国行政法上的等价原则是指，行政机关收取的费用应当与提供的行政给付间具有适当的关系。而保本原则则是指，行政机关收取的费用不得明显超出行政支出。这两条原则可以参见［德］汉斯·J.沃尔夫、奥托·巴霍夫、罗尔夫·施托贝尔《行政法》（第一卷），高家伟译，商务印书馆2002年版，第492页。

园周边居民的增强性使用权因为事关这些居民的生存与发展，而由此属于对公物的依赖性利用。对于居民的依赖性利用而言，德国联邦州尤其是具体管理公园的行政机关，即国家公园管理办公室不得因公园的设立而加以排斥、拒绝。违者，周边居民可就自己的增强性使用权遭到公园管理机关的侵害提起诉讼并获得救济。

（2）特殊使用权。所谓特殊使用权是指，超出一般使用权的内容而对公物（主要是公物的一部分）进行独占性利用的权利。而对于森林国家公园而言，特殊使用权则是指，超过一般使用权的内容（包括增强性使用权）而对公园内土地的一部分进行独占性利用的权利。根据特殊使用权具体内容的不同，特殊使用权获得的方式也存在着很大的差异。由此，也可以将特殊使用权进一步分为两类，即经民事合意获得特殊使用权与经行政裁量而获得的特殊使用权。前者主要是针对特殊使用权的内容不会对德国公众以及公园周边居民所享有的一般使用权带来妨碍的情形，其中最典型的就是利用公园内土地的下层空间铺设能源管道的情形。由于这种特殊使用权对一般使用权不具有妨碍，因此，这时就不需要国家公园管理办公室以行政裁量的方式裁定是否给予特许使用权，而只需要其他隶属于联邦州的行政机关，以对外代表联邦州的森林国家公园所有权主体的身份，与特殊使用的申请人，通过达成民法上合意的方式签订民法性质的合同（比如债法的租赁合同等）。以此来使特殊使用申请人获得特殊使用权，也使得联邦州基于所有权主体的身份获得民法上的报酬。由此而引发的纠纷也适用民法上的规范予以解决。

经行政裁量而获得的特殊使用权，主要是针对该使用权的内容会给一般使用权甚至会给森林国家公园公物目的的实现带来妨碍的情形，比如在森林国家公园内设立自动售货机，大型的商业广告，进行餐馆、酒店经营等（与我国在自然景观区域内进行的项目经营是一致的）。由于这类特殊使用权或多或少都对一般使用权存有妨碍甚至会威胁到公园内的生态环境，因此，这类特殊使用权的授予就必须以行政裁量的方式做出。此时行使这一行政裁量权的则是具体管理森林国家公园的国家公园管理办公室。作为森林国家公园的管理机关，国家公园管理办公室必须综合考量公园自身所承载的公共利益以及特殊使用权所带来的商业利益等多方面的因素后才可以做出行政裁量。而在申请人获得授权后，他还必须向国家公园管理办公室支付一笔特殊使用费。这笔特殊使用费是用于平衡因申请人特殊使用权的行使而给一般使用权人带来的妨碍的。需要特别说明的是，这一使用费是属于间接税性质的行政规费，它的计算方式并不是像民法上的出租或是用益物权的设定那样从标的物自身的财产价值上进行衡量，而是基于申请人的经营在一定时间内（通常是一年）的收益以及它所经营的项目在公园内的占地面积有多少等多种因素进行综合考量来确定的。而且，德国行政法明确规定，在国家公园管理办公室征收了特殊使用费后不允许再收取民法上的报酬。

也正是因为特殊使用申请人所缴纳的使用费的性质不同于我国的自然资源有偿使用费的租金性质，而是行政性的捐税，才确保了以国家公园管理办公室为代表的对公园进行公物管理的三级行政机关能够彻底地独立于与森林国家公园内自然资源及设施的使用相关的诸多民法上的法律关系，从而可以在不受经济利益左右的情况下，从符合公园的公物目的出发，做出与特殊使用有关的公正的行政裁决。这也就为德国森林国家公园内的生态环境不会遭到违规开发的破坏提供了强有力的制度保障。事实上，与我国自然景观区域内酒店、疗养院以及餐馆林立的情况大不相同，在德国的所有森林国家公园中几乎无一家酒店与餐馆，住宿与饮食问题全由公园附近的城镇解决。

二　美国国家公园制度

自 1872 年美国国会批准在蒙大拿州与俄亥俄州交界处建立第一个国家公园（也是世界上的第一个）黄石国家公园以来，在 150 年的时间内，美国政府根据一系列的立法授权与批准、设立活动，先后在全国范围内建立了388 个涵盖自然与文化两大类别的国家公园，构建起了规模庞大的国家公园系统。在这之中，与我们本课题研究有关的自然类国家公园共有 58 个。因为历史的原因，这些自然类的国家公园大部分都位于美国西部地区。[①] 从国家公园所有权制度以及其作为公物的管理与利用制度的角度而言，整体上与上文所谈到的德国森林国家公园存在诸多相类似处。当然了，作为世界上最早建立国家公园的国家，美国在一些具体制度的设计上还是有比较独特的地

---

①　具体原因在下文中会有阐述。另外，与前文一致，在接下来的论述中，如无特别说明，我们所提到的国家公园皆是指自然类国家公园。

方的。而在接下来的论述中，我们也将与前一节的内容结构保持一致，从美国国家公园的所有权制度与公物管理以及利用制度两方面分别展开论述。

（一）美国国家公园的公法法人所有权制度

1. 联邦作为所有权主体的公法法人所有

与德国森林国家公园所有权主体的特征一致，美国国家公园所有权的主体也具有符合物权法原理的特定性。这一点同样得益于美国法上对国家这一公法法人在制度上构建的成功。美国与德国一样属于联邦制国家，所以在这两个国家的法律制度中，国家一词的含义同样是既指联邦亦指各联邦州的。由于大陆法系与英美法系所存在的差异，美国并没有像德国那样以一套严密的标准对公法法人进行明确的划分，但是，从美国联邦及各州皆是由各自范围内的公民组成并实施自治，且都由立法、行政以及司法三机关构建成各自的政府去完成国家任务的角度来看，将美国联邦与各州归属于德国法上的公法社团法人，应当是没有疑问的。

但与德国森林国家公园所有权主体皆为联邦州不同，美国国家公园所有权的主体一直都是美国联邦。而这实际上与美国的历史有关。因为在建国初，当时的美国还只有如今东部的 13 个州。为了获取西部富饶而广阔的土地及其他资源，这 13 个州为此争执得激烈异常。为了化解与平息各州间的矛盾与冲突，弗吉尼亚州于 1783 年提出建议，提议将西部的大部分土地交由当时的邦联政府所有。最终邦联政府接受了这项建议，并在 1784 年、1785 年以及 1787 年出台三部土地法令，以此种方式将西部大部分的土地收归自己所有。并且这三部法令还明确规定了邦联政府丈量、管理以及出售所获得这些土地的方式。而后随着美国联邦政府的建立，美国联邦也就十分自然地继承了这些土地。随着美国西部的开发，联邦政府陆续将这些土地转让给新近成立并加入联邦的州以及参与到西部开发的个人手中。也正是在这一过程中，从美国东部进入西部的探险家、艺术家见证了西部原始而美丽的自然环境，也意识到西部大开发对其带来的致命威胁。为了保护西部原有的自然环境，使其免遭伐木者、淘金者等带来的破坏，这些人对美国国会进行了强有力的游说，并最终迫使美国政府在一经发现黄石公园时就立刻设立其为国家公园。

实际上，在这个过程中，美国联邦政府意识到只有尽联邦政府自己的力量才能保证这些珍贵的自然资源免遭经济开发破坏，完好无损地流传给后世子孙。所以，对西部土地的转让减缓甚至是停止了下来，而对这些土地上珍贵的自然资源进行保护则以建立国家公园的方式在进行着。这就揭示了美国55个国家公园大部都在西部的历史原因，也说明了为什么这些国家公园所有权的主体都是美国联邦而非各州的原因所在。

当然，无论所有权的主体是归联邦还是各州，由于对特定性的满足，美国联邦在行使国家公园所有权的时候都肯定能够与德国一样，可以或直接或间接地避免遇上与我国相似的所有权主体不明的难题。

2. 所有权行使的完整性与行使限制

虽然我们可以以大陆法系的标准将美国国家公园所有权定性为私权，但是从英美法系自身的视角来看这种定性的方式毕竟还是不严谨的。不过，由于美国联邦作为所有权主体的特定性，所以它可通过自身的机构完整地行使国家公园所有权却是无可置疑的。这样也就与德国联邦州行使森林国家公园的所有权一样，可以避免我国那种以非科学的分离方式行使自然景观国家所有权的情况产生。当然，由于国家公园自身承载着极为重要的公共利益或者说是由于国家公园自身的公物属性，美国联邦在通过自身机关行使所有权时必然会受到来自法律的限制。大体而言，美国法对美国联邦在行使所有权时所做出的限制与德国法对其联邦州做出的限制是一致的，比如美国联邦不得以盈利为目的而从事国家公园的经营活动。因此，在本部分的论述中，我们将着重从美国联邦所受限制的特殊性这一方面展开。当然，此处的特殊性是以德国法的规定作为参照。

（1）限制流通性。在德国法上，森林国家公园属于禁止流通物，绝对不允许将其转让。而美国法则表现了相当的灵活性。首先，在美国的制定法上明确规定，国家公园范围内所有资源的最终处置权属于美国国会。这一规定并没有禁止美国公园内的各种资源的流通，而只是给它加了一个前提条件，那就是必须得到国会的授权。其次，我们从美国的公物管理与利用制度的理论基础，公共信托理论的变迁中也可以得到关于此点的佐证（关于公共信托理论的具体含义及其对美国公物制度的具体作用将在下文中做详细阐述）。美国是判例法国家，从对公共信托理论的发展有着里程碑意义的伊利诺伊州案中，人们总结出了公共信托财产的不可转让原则。后来，人们又从威斯康辛州的 State v. Public Service Commission 案以及加利福尼亚州的 Mono Lake 案中，发展出公共信托财产的转让必须保证公共信托的目的不会受到阻碍的原则。①可以看出，美国判例法公共信托理论在其发展中，对公共信托财产是否具有流通性采取了极为灵活的处理方式：只要转让不会对信托目的造成实质性的威胁，那么这种财产的转让方式就是有效的。

（2）客体范围的有限性。这里客体范围的有限性是指，美国国家公园内的土地的所有权并不一定都归美国联邦所有，还有一部分是归居住在当地的印第安人部落所有。②在美国西部大开发的过程中，发现的不仅仅是丰富的资源、原始的自然环境，还包括许多世世代代居住于此的印第安人部落。历史上，美国人对印第安人的驱逐甚至屠杀，现在已经众所周知，这是美国历史臭名昭著的一页。但是，美国后来的主流社会对这种暴行有了深刻的认知，他们开始对印第安人的文化采取认同和尊重的态度。因此，美国立法承认与保护印第安人部落原有土地的所有权。而实际上，这些保留土地大部在美国的国家公园以内。这也正是美国国家公园所有权所支配的客体范围与德国森林国家公园不一致的原因所在。

同样基于这一原因，美国国家公园的管理及利用制度因此产生与德国森林国家公园诸多的不同。有关于此的具体内容将在下一小节中作专门的阐述。

另外，在上文中所提到的国家公园的权利主体与责任主体的规则，美国与德国基本无异，虽然美国与德国在财产法与侵权法领域存在诸多的法律技术的不同。由于美国法律同样坚持所有权主体的特定性原理，美国的国家公园也建立了公法法人所有权制度，侵权责任主体以及物权请求权主体都是明确肯定的。

（二）作为公物的美国国家公园管理与利用

1. 作为公物的国家公园基础性制度

从美国建立第一个国家公园以来，美国国会先后通过近 40 部法案用以

---

① 关于这三个案例的具体案情、法官做出相关判决的结果与理由以及这三个案例对美国公共信托理论的影响，请分别参见马允《美国公共信托理论评介》，中国政法大学硕士学位论文（2011 年），第 26—31、38、48—50 页。

② 关于美国为印第安人保留土地所有权的情形，有兴趣者请参阅李剑鸣《美国印第安人保留地制度的形成与作用》，《历史研究》1993 年第 2 期。

构建国家公园的公物管理与利用制度。但事实上，真正对这一公物管理与利用制度起到基础性作用的是美国的公共信托理论，以及与此相关的一系列美国法院做出的判例。在美国，公共信托理论主要适用于保护美国公众享有的在河道上、湖泊上进行商业性通航与捕鱼的权利，也适用于对空气、森林等自然资源以及国家公园的保护与利用。

　　但是在法理上，公共信托理论的实际含义常常是难以界定的。人们只能从上文列举的诸多事项中去归纳出它大致的适用范围。笼统地讲，公共信托理论是指，美国公众将诸如森林、河道、沙滩、国家公园等具有公共利益的财产信托给了美国联邦及各联邦州，联邦及各州政府应当按照这些财产自身所承载的公共利益对其进行利用，而不得基于政府私利使用这些财产，也不得使国家公园承载的公共利益遭到损害。必须指出的是，公共信托理论只是为了方便说明公众对这些具有公共利益的财产享有无偿、无须许可的使用权利才建立起来的。同时基于公共信托理论，美国联邦及各州对国家公园按照公共利益原则的运作负有保障其实现的义务。这种理论借用了英美法上著名的财产信托制度中的诸多概念，实际上它与民事法律上的信托制度并无任何实质上的关联。

　　美国的公共信托理论起源于英国，而这两国共同的法律理论则是对罗马法上"公物上不得设立私权"的法律传统的继承与发扬。在早期的法律实践中，美国的公共信托理论主要被法官用于否定河水水位线以下的土地所有权人的排他性权利，以保证正常的商业通航以及渔业活动的进行。而后则被法官用于强调政府负有积极义务去维护河道、海滨等公共信托财产以保证公众的正常使用。从20世纪70年代至今，公共信托理论则主要被法官用于生态环境的保护。从这一对美国公共信托理论发展脉络的简单描述中，我们就可以看出，公共信托理论的主要使用者就是美国的司法机关：公共信托理论实际上是美国司法机关手里的有力"武器"，主要被用于以下三个方面：①明确联邦政府对于国家公园所承担的保护义务的范围；②规制美国国会处置园内资源的行为；③保护美国公众对国家公园的世代享有。简而言之，公共信托利用对国家公园的重要意义在于，它可以帮助美国司法机关制衡政府的诸多不当行为，以保护公园所承载的公共利益。

2. 国家公园的公物管理与利用制度

受公共信托理论的影响，美国法并不强调美国国家公园的命名问题。相反，在美国人看来，正是基于国家公园自身所承载的公共利益，从一开始它就应当被作为公众用公物来交给大众使用。但就美国政府根据一系列法案而具体构建起来的公物管理与制度而言，美国的实际做法与德国森林国家公园的公物管理与利用制度大体一致。美国联邦同样获得了法律的授权，拥有对国家公园的公法支配权，以及对公园经营与园内秩序维护的行政管理权。美国公众以及特许申请人同样对公园享有一般使用权以及在一定条件下的独占性利用权。但是，美国法中国家公园的管理和利用还有不同于德国的制度特色。

（1）垂直的管理机制。美国法同样将对国家公园的行政管理权与公法支配权交给了三级行政机关去行使。但这三级行政机关相互间的关系却与德国大不相同。在德国，这三级行政机关分别隶属于所在地的政府。而在美国，这三级行政机关则是属于垂直隶属关系，而不受地方政府的管辖。具体而言，美国法建立起了从国家到地区再到各个国家公园的垂直管理体制。在国家层面对国家公园承担职责的是隶属于美国内政部的国家公园管理局，负责全国范围内的国家公园管理与监督。国家公园管理局下，按照地域划分了7个地区，① 每一地区分别设立一个国家公园管理地区局，负责本区域内的国家公园管理与监督。在每个国家公园则具体设立了国家公园管理机构，具体行使对国家公园的行政管理权与公法支配权。另外，还需要强调的是，在有印第安人部落居住的国家公园中，该公园的管理机构还必须向该印第安人部落支付足以保护他们所有土地的最低利息，以此来对公园内的整个生态系统进行维护。

（2）印第安人的增强性使用权。印第安人在长期的自我社会发展过程中，养成了一系列独特的文化传统、宗教传统、社会习惯。美国法律对此建立了一种为印第安人享有的增强性使用权，其内容与一般周边居民所享有的

---

① 这7个地区分别是首都地区、北部地区、东南部地区、中部地区、西部地区、西部山区地区、阿拉斯加地区。对此可参见李如生《美国国家公园与我国风景名胜区比较研究》，北京林业大学硕士学位论文（2005年），第11页。

使用权不同。这种权利指的是印第安人专门享有的针对美国政府的权利，根据这种权利，美国国家公园管理机构必须保持与印第安人部落进行定期的沟通，以保证印第安人因生计的需要而对公园进行的增强性使用能够与公园自身所承载的公共利益取得一致。另外，美国国家公园管理机构还必须容忍印第安人使用其根据自身宗教传统认定的位于公园内的圣物或圣址。

（3）特许承租制度。美国国家公园的特许承租制度虽然与德国森林国家公园的特殊使用制度在名称上不同，但从法律效果上来看，两者大体上是相同的。① 我们之所以要在这里对其做一专门的说明，主要是因为从表面上看，我国在自然景观区域内实施的项目经营制度与美国的特许承租制度更为相似。

具体而言，美国国家公园的管理机构可以以对外招标的方式，将公园内的酒店、餐饮等经营项目的经营权特许给符合资质的申请人。与我国的规定相同，申请人也需要为此向美国国家公园管理机构交付一笔特许经营费。但与我国规定不同的是，这笔特许经营费的性质与德国法上规定的特殊使用费的性质是一致的：它不是民法上的租金报酬，而是为了平衡因特许经营引起的对一般使用权的妨害的间接税。这也就是表面上美国与我国虽然采用了相似的项目经营制度，但却在实践中的效果有重大差别的原因所在：美国国家公园并没有因为特许承租制度而遭到与我国类似的破坏性的违规开发。

除了前面所提到的司法机关利用公信信托进行制衡的因素以外，与德国法所规定的相同，美国法律不允许美国国家公园管理机构收取其他民法上的报酬。

综上，我们在本章中以德国、美国分别作为大陆法系与英美法系的代表，分别对两国的森林国家公园与国家公园的所有权制度、公物支配、管理及其利用制度进行了较为详细的阐述。通过我们的阐述，不难发现德、美两国之所以可以在法律制度具体的实践中取得了良好的效果，主要是基于以下两点原因：①所有权主体的特定性。在德、美两国的法律制度中，都不反对

---

① 当然，两者在适用范围上还是有一定的区别，德国的特殊使用制度适用范围较美国的特许承租制度要广，美国的特许承租制度只适用于餐馆、酒店以及公园纪念品的销售等项目。对此可参见丰婷《国家公园管理模式比较研究》，华东师范大学硕士学位论文（2011 年），第 11 页。

在本国的（森林）国家公园上建立公法法人制度，并为此建立私权性质的国家所有权。这一所有权之所以能够得到法律伦理的支持，得到社会的认可，根本原因就是这两国的法律都成功地对相关国家机构进行了公法法人制度的构建。这样就保证了国家可以成为特定的所有权主体，从而有效地参加到与（森林）国家公园所有权相关的诸多法律关系当中去。②法律坚持公共利益与私权利益的区分，并严格坚持国家公园的公共利益原则。"公物上不得设立私权"的法律原则实际上是要求具体的法律制度能够在公物上真正撑起一片只属于公共利益的"天空"，以满足公众对其的需要。事实上，法制成熟的国家，都为自然景观上公共利益保留着这样一片净土。

从实际操作看，与我国的法律制度相较，德、美两国的法律制度将"公物上不得设立私权"这一法律原则贯彻得非常到位。其最令人称道之处，就在于它们都将国家公园内的项目经营人所缴纳的使用费的性质界定为间接税，而不是民法意义的租金。这样的法律界定并不仅仅只是一个名义问题，因为不同的名义表示不同的法律关系。间接税制度，保障了国家公园不可以从事商业运营的特征，保障了民众利用公物时的法律道德支持。更为重要的是，它限制了国家公园管理机构在授予他人项目经营权时的利益诱惑，也限制了高额的门票收入，从而获得了民众自觉的认可和支持。

第四节　我国制度的发展建言

在上文中，我们对我国自然景观国家所有权制度进行了全面的介绍，对当下这一国家所有权制度在理论上、实践中所存在的缺陷与问题进行了较为完整的阐述与分析，对国外的主要立法例（以德国森林国家公园、美国国家公园为代表）及其背后所遵循的一般法理进行了较为详细的论述。当然，在与国外制度进行对比的同时，我们还就此对我国自然景观国家所有权所存在的问题进行了分析。因此，按照通常的行文逻辑，即提出问题、分析问题、解决问题，我们在本节的论述中，将在上文的基础上，首先对我国自然景观国家所有权制度进行全面的评价，并在此基础上对解决这一所有权制度所面临的问题进行探讨。

一　坚持自然景观的国家所有权

关于我国自然景观国家所有权制度存在的问题及造成问题的原因在前文中已经有过详细阐述。而为了解决这一所有权制度存在的种种问题，从逻辑上讲，则又有一最为简便之法，那就是干脆放弃在自然景观上建立国家所有权制度，直接建立公法法人的所有权。一方面，从理论上说，这一方法确实最为直接、简便。但问题在于，如前所述，自然景观是一种极为珍贵的自然资源，对其的开发与利用必须做到可持续性，必须保证利用与保护的并举。另外我们从德国和美国的经验中可以看到，法制成熟国家在国家公园方面建立国家所有权也没有出现本质的问题。另一方面，相较于私人成为自然景观所有权的主体而言，拥有强大行政资源、财政资源的国家（或是其他拥有公权力的组织），在成为自然景观所有权的主体后，明显可以更好地为自然景观的可持续利用提供支持。所以我们认为，在自然景观的所有权制度建设方面，比较可行的方案，还是保留目前的自然景观"国家"所有权制度。不过，这里的"国家"应该按照民法上的主体原理予以改造。

但是我们必须明确的是，将自然景观管理机构建设成为典型的公法法人，使其取得自然景观的所有权，同时拥有行政管理权，这种方法也是合理的、可行的，而且这种方案更符合长久之策。

不论是将自然景观的所有权确定为"国家"，还是确定为管理机构，我们认为，这不是个政治问题，而是一个法律方案的选择。自然景观作为物，当然有其所有权。依照我国现行法律制度，尤其是根据我国民事主体理论的学界通说，似乎像自然景观管理机构这样拥有公权力的组织而不是国家更应成为自然景观国家所有权的主体。因为，如前所述，我国法律制度承认国家机关、事业单位的法人资格。既然我们在前文中反复强调，由于我国的民事主体理论将国家构建成为一个抽象的存在，使得我国的自然景观国家所有权制度具有基础性的缺陷，且由此所产生的特殊的行使方式还使自然景观所有权的私益性发生了异化，那么让具有法人资格的组织体来作为自然景观所有权的主体就应当是顺理成章的事。

二 建构明确肯定的自然景观法权主体

我们认为，我国自然景观的法权制度建设中，最大的缺陷是权利主体制度和责任主体制度的构建失败。这一点我们已经在上文提出。下面我们还要就这一问题作出建设性的讨论。

如上所述，我国法律把自然景观所有权归属于自然资源，然后依据自然资源归属于国家的规则，将自然景观也定义为国家所有。在制定这一规则时，我们可以看到立法者关于公有制的考虑，以及物质利益的考虑，但是却唯独没有法律科学原理尤其是物权法原理对于所有权主体规则的考虑。在上文讨论自然资源的法权问题时，我们已经充分讨论了物权法原理对于建立科学有效的财产支配秩序的重大价值。如果不遵从这一科学原理，那么财产支配秩序肯定是混乱无序的。

将自然景观的所有权归属于国家，也有利于财政支持自然景观的保护的积极一面。这一点我们应该肯定。但是，我们必须指出的是，这个优势并不显著。因为，财政的支持并不是所有权归属于"国家"的理由。我国很多事业包括私人事业都可以获得财政的支持，但是这并不是要国家取得其所有权。从自然景观开发、保护的角度看，所有权的主体不可以是抽象主体，而应该是具体主体。因此这一主体如果是公共权力，那也应该是具体的政府，比如中央政府或者地方政府。

从上文的分析我们可以清楚地看到，不论是在对自然景观进行管理和开发的行政法律关系中，还是在对自然资源实施实际的占有使用的民法所有权的法律关系中，权利主体都必须具体化，相应的责任主体更应该具体化。

三 自然景观上的"国家"公法法人、公物支配权

根据我国《风景名胜区条例》第3、5条的规定，"国家"对自然景观享有所有权，同时这一所有权由国务院代表，而国务院的建设主管部门，各省、自治区、直辖市的建设主管部门，都对自然景观的管理负有行政责任。这种体制，形成了自然景观上行政管理权和财产所有权相互不区分的法权构造。

这些机构在行使自然景观的行政管理权时，目前立法上的法权结构似乎没有什么太大的问题，目前我国自然景观行政管理的三级体制已经比较完善，国务院、省以及县级以上人民政府都设有职责部门。但是问题在于，同时它们也在行使具体的"国家"所有权的责任。恰恰从民法上的所有权角度看，这些政府机构的设立和运作就暴露出其欠缺法人治理结构方面的问题。具体地说，它们在行使对于自然景观的所有权的时候，具体的决策、执行、监督等机构的设立和运作的制度，在我国目前还是一片空白。上文已经充分说到，自然景观属于公共利益的载体，社会大众才是自然景观道德伦理方面的终极所有权人。本来政府方面行使的关于自然景观的决策，应该和社会大众的利益是一致的。但是现实中，决策者是地方政府，决策本身缺乏代表社会公益的参与人。这些重大问题，基本上完全由地方政府决定，所以我国自然景观的公益性质完全被放弃了。

在上文关于德国的自然景观也就是其国家森林公园的法权制度的探讨中，我们已经发现，虽然它们也采纳了国家所有权的概念，但是其基本做法，是首先将州政府、联邦政府依法构建成为真正的公法法人，然后依法规定该法人可以在国家公园方面行使公物支配权。公法法人依据宪法或行政法而设立，它们的使命是为了完成公法上的任务。公物支配权恰恰就是公法法人的职权。另外，它们的法律对于"国家"这一公法法人的主体制度构建，比如内部组织机构的设立、财务上的分配、发生争议时的解决途径等，也都由宪法等公法法律做出了明确的规定。这样，不论是在行政法上还是在民法上，这些公法法人都是完全适格的法律关系主体。

在我国，不论是宪法、行政法，还是民法，都没有将政府的法律资格按照公法法人的要求加以构建。政府内外的财产支配秩序始终处于民法上的抽象状态。因此，政府在宣称对于自然景观拥有所有权的同时，却又构建其他机构来具体地行使财产所有权，同时也行使行政管理权。这就出现了立法上的主体和现实的法律主体不相符合，权利义务、责任规则相互脱离的问题。如上所述，不论是德国森林国家公园，还是美国国家公园，它们运作的成功，主要还是法律体制建立得当。这就是它们的法律都将国家公园甚至"国家"（其实是具体设立国家公园的政府）构建为公法法人，其中建立国家公园的理事会、监事会等，从国家公园的内部行使治理权，并使其像公司这样的民法法人一样，有效地行使行政管理权和民法意义上的国家公园所有权。这一点确实是值得我们借鉴的。

四 自然景观管理机构的法人资格

在自然景观具体的管理方面负有具体责任的管理机构，才是这个管理环节的核心。目前我国关于自然景观管理机构，只是行政管理体系中的一个环节，其机构的设置，仅仅只是考虑到了行政管理的需要，却基本上没有考虑到民法上的公法法人规则问题。

在我国法律体系中，自然景观管理机构属于事业单位，这个规定并不妥当。因为事业单位并没有行政管理权，这不符合它们的职责。我国《风景名胜区条例》规定，自然景观的管理机构，拥有在管理区内施行行政管理的职权。目前我国各个自然景观管理机构，比如著名风景区的管理局，都担负着行政管理的职责，它们不但有一般性质机构的配置，而且还有司法力量比如景区警察的配置。

同时，这一管理机构，也行使着民法上的占有使用自然景观的权利。所以，在这里我们必须注意的是，自然景观管理机构在行政法、民法上的双重权利问题。将自然景观的管理机构建构成为民法意义上的法人，就可以解决这个现实的问题。而这一点的实现也并不困难。当国家被构建成为公法社团法人以后，自然景观管理机构的主体资格也将发生改变，亦即从事业单位法人变成独立的公法法人机构。

法律上必须进一步明确的是，自然景观管理机构作为公法法人，是为了对自然景观进行公物上管理与利用的目的而专门设立的，它依据公法而设立，依据公法行使职权，对自然景观进行支配的权利只能是公法上的支配权。因此，自然景观公法法人将不再享有对自然景观进行私权性开发的权利。与此同时，自然景观门票费用普遍过高、违规开发严重等问题在实践中发生的可能性也将极大地降低。

五 通过立法强制自然景观复归公共利益

在我国关于自然景观的法权问题讨论中，我们不得不承认的一个基本事实是，自然景观所承载的公共利益，已经逐渐演化成为当地政府以及它们所支持的一些人的私益。随着我国改革开放和人民生活水平提高，民众对于精神享受的追求越来越强烈，而旅游观光成为一项越来越好的产业。这样，自然景观中的名山大川、古人文化遗存等一些不但能够给人以无限美好的精神享受而且能够给人以丰富的文化熏陶的景区，也成了当地政府寻找经济收入的最佳来源。一些自然景观，地方政府可以说基本上没有什么投入，但是围上一堵墙，开上一个门，就开始高价卖门票。著名的凤凰古城的门票问题、五大名山的门票问题、几乎所有的古村落的门票问题，可以说处处惹争议，年年遭抱怨。①

　　上文我们已经充分讨论了国际上关于自然景观的公益性质的定义，也介绍了德国和美国等法制成熟国家对这些问题的法制规范。我们必须对我国关于自然景观的法律制度建设提出公益性要求，尽快解决这里的问题。

　　解决这个问题的出路，就是将自然景观管理机构的职权单一化，明确其公法法人身份，强调其对自然景观的所有权本身是一种公益性质的权利。因为自然景观属于公物，在其上构建一切法律制度，都必须考虑到它所承载的公共利益目的能否实现。如前所述，我国自然景观的公物管理与利用制度目前所存在的主要问题就在于管理与利用上的公私不分。虽然我国现行法律制度与德美两国一样，也赋予了自然景观管理机构对自然景观的经营运作以及秩序维护的行政管理权，但与德美两国法律制度不同的是，我国现行法律制度虽然赋予了自然景观管理机构的行政管理权，但是对其享有的民法上的占有使用的权利，却基本上没有设定公共利益的严格制度限制。虽然法律上也有一些限制甚至禁止不当开发的文字，但是在没有制度措施的情况下，这些文字是典型的一纸空文。这样，这些管理机构可以比较随意地主持或者参与自然景观进行私权性开发。我国自然景观门票费用过高，只是其中的表象之一罢了。另外，像景区景观违规开发的问

①　阳光旅游网讯（记者：陆煦均）湘西凤凰古城是中国十大古镇之一，这里风景秀美、民俗奇特，吸引国内外游客慕名纷至沓来。不过，从今年（指 2013 年——笔者注）4 月 10 日起，免费的凤凰古城开始实施进城就收取 148 元门票，也就是说，每一位进入湖南凤凰古城风景名胜区的游客，不论是否参观古城内的景点，都得交门票费。……不少网民认为此收费不合理，哪怕只是到凤凰古城游览一下，不去里面的景点，也要收取 148 元的门票费用。这座古城再次成为世人关注的焦点。本条资讯下载于 2014 年 10 月 1 日。

题，各地也都有所报道。因此，要解决我国自然景观的公物管理与利用制度所存在的主要问题，要使得自然景观的法律制度重获大众信任，关键还是要建立制度性的公共利益强制，并从公法法人治理结构的角度，从内在机制方面使这一问题得到解决。

六　景区经营租金改为资源补偿税

我们在上文中反复提到过，我国对自然景观资源有偿使用费的法律性质界定为民法上的租金，不但违背了"公物上不得设立私权"的法律原则，而且还为我国自然景观管理机构及其主管部门滥用权力、违规开发自然景观以牟取私利大开了方便之门。我们建议，我国应该通过立法，将这一部分收入改为资源补偿税，收入上缴国库，这样就从根本上解决了地方政府从自然景观上牟利的行为。

本章小结

《礼记·礼运篇》曾有言："大道之行也，天下为公，选贤与能，讲信修睦。故人不独亲其亲，不独子其子，使老有所终，壮有所用，幼有所长，鳏寡孤独废疾者，皆有所养。"[①] 这一段话实际上是我国儒家先哲对一个人人皆能得其所用、人人皆能得其所养的理想社会状态的描述。而我国国家所有权制度的构建目的又何尝不是如此呢：期望建立一种客体广泛、主体单一的所有权制度，使得全国人民对国家所有的财产皆能享有其利益。具体到自然景观而言，国家所有权的建立就是为了让全国人民能够自由地对其参观、游览，其自身所承载的公益目的也能够得以实现。但朴实而美好的理想往往会被无情的现实所击碎。我国的自然景观国家所有权制度正是如此。这一所有权制度的实施所带来的其实是两个不能承受之重：超出自然景观公益目的之外的各种设施的新建、修缮与扩容，超出自然景观公益目的之外的各种房地产开发，早已成为自然景观自身所不能承受之重；而由此被不断推高的门票价格，各种挖空心思设置的"园中园"收费方式也早已成为一般公众所

---

① 参见杨天宇《礼记译注》，上海古籍出版社 2004 年版，第 265 页。

不能承受之重。当然，这样一块被做大了的旅游经济"蛋糕"必然是有其利益获得者的，那就是各自然景观管理机构、当地地方政府、上级主管机关以及从事自然景观区域房地产开发的各开发商。其实，诺贝尔经济学奖得主、著名的自由主义经济学家布坎南早有名言，"官僚不是天使"！① 一个由普通人所组成的政府，在获得了极具经济价值的自然景观所有权的同时，它所受到的约束又极为有限，在这样的情况下，还希望它能够恪尽职守地以行使所有权的方式（当然，还需要辅以必要的行政公权），保证自然景观的公益目的能够得以实现，而不会出现"权力寻租"、滥用自然景观国家所有权以牟取私利的状况，无疑这样的期许过于理想化了。

我们将探寻解决我国自然景观国家所有权制度问题的目光引向国外时，通过主要立法例进行分析与比较，会获得不少启发。德国的森林国家公园是国家所有，美国的国家公园亦是国家所有，那么，为什么这两个国家在利用本国的自然景观方面没有出现我国所碰上的问题呢？其实，这两国的政府及自然景观管理机构也都是由普通人组成的，而真正抑制住滥用公共所有权以牟取私利的，则正是我们在前文中反复提到的公物管理与利用制度，尤其是在这一制度中的公法法人制度，以及公法支配权制度。对于这一公物制度的具体内涵及其运用的具体过程，我们也在这里进行了阐述。我们绝不是唯外国法是从者，但同时也不容否认的是，我国是一个继受法的国家，无论是清末变法还是改革开放以来我国所推动的法制现代化以及建设社会主义法治国家，其间都大量借鉴了国外的诸多法律制度。当我们在对国外的制度比较、借鉴的过程中，如若发现某一制度的理念、原则与我国的公共政策不相违背时，最好还是多直接借鉴这一制度的为佳。因为，这样的做法最为简便，也最节约立法资源。具体到我国的自然景观国家所有权制度而言，我们认为，无论我国现有的这一国家所有权制度有多么突出的政治正确性与先进性，但"上帝的归上帝，恺撒的归恺撒"，这一所有权制度自身所存在的重大缺陷及弥补它的紧迫性同样是不容否认的。

根据我们的介绍，可以看出，西方国家的公法法人所有权制度不仅可以

---

① 参见李炜光《从维克塞尔到布坎南：公共财政理论的蹊径演进》，《读书》2012 年第 4 期，第6 页。

保证国家继续成为我国自然景观所有权的主体，还可以使这一所有权制度能够符合物权法学一般原理的有效行使。同时，对西方国家的公法法人所有权制度的直接借鉴，还是确保我国能够建立起实现自然景观所承载的公共利益目的的公物管理与利用制度的重要基础。

第十二章
公路国家所有权问题

第一节　问题的提出

近年来我国的交通基础设施建设有了长足发展，根据中华人民共和国交通运输部在官方网站上发布的最新交通概况①，截至 2006 年年底，全国公路通车里程达到 345.70 万公里，比上年年末增加 11.18 万公里，国道、省道、县道、乡道、专用道路的里程都得到相应的增加，公路网的结构得到进一步的完善。从全国公路的平均密度来看，每百平方公里大约有 36.0 公里公路，每百平方公里比上年增加了 1.2 公里。从公路运输能力来看，2006 年年底，全国公路营运汽车达 802.58 万辆，比上年增加 69.36 万辆。我国的公路建设取得了很大的进步。

我国公路属于国家所有，《物权法》确立了公路的国家所有权。第一，国际法上，国家作为主权者是唯一统一的主体，但是在国内法上，国家由管理社会公共事务的各级政府机关组成，其中中央和地方、地方和地方间存在着不同的利益，国家由很多个具有各自利益的公法法人组成，并不是统一的主体。因此，公路国家所有权中，主体不是确定的。第二，实践中真正行使公路的占有、使用、收益、处分权能的却是各级政府中的交通管理机关，这些管理机关既行使行政管理权，又代表国家行使财产所有权。但是法律并没有赋予这些政府及其机构在财产所有权方面的法人资格，也没有承认他们享有公法法人所有权，所以立法和实践的操作相矛盾。由于法律规定公路属于

① 中华人民共和国交通运输部网站：http://www.moc.gov.cn/zhuzhan/jiaotonggaikuang/fazhanzongshu/jiaotongfazhan_ GK/，2012 年 4 月 1 日。

国家，因此各地各级政府在建设、运营、管理公路的过程中打着国家的旗号，直接面对农民等一般群众，办理征地拆迁等事宜，以势压人，造成不该发生的冲突。另外，各级政府在公路建设以及运营方面的实际权力没有受到足够的法律制约，不但无规划地私建乱建的情况时有发生，而且公路建设工程质量不高、运营只顾牟利的问题，可以说比比皆是。

因此，我们在这里对我国公路的国家所有权做出研究是十分必要的。我们的考虑分为三部分。第一部分介绍我国公路国家所有权的概述，包括公路的法律属性、国家民事主体地位的确立、公路国家所有权的内涵特征功能等；第二部分介绍当代几种基本的公路所有权模式，包括每一种模式确立的背景、实践操作，并做出了简要的评析；第三部分具体分析我国公路所有权模式的特点，并针对缺点提出了相应的完善建议。

第二节　我国公路国家所有权概述

一　公路的基本制度

公路是指连接城市、乡村和工矿基地间的道路，具有相应的技术标准和必备的服务设施，供交通工具行驶，包括桥梁、隧道、渡口。公路因为公共交通道路的作用而得名。依据不同的划分标准，公路可以有不同的分类，从技术角度考虑，依照技术等级的不同，公路可以分为高速公路、一级公路、二级公路、三级公路和四级公路；从公路网整体考虑，依照在公路网中的不同级别，公路可以分为国道、省道、县道和乡道。

《物权法》第52条第2款规定，铁路、公路等基础设施依照法律规定属于国家所有的，属于国家所有。由此可见，我国《物权法》确立了公路的国家所有权，规定公路属于国家所有。国家所有权是国家对全民所有的财产享有占有、使用、收益、处分的权利，国家所有权是民法中所有权的一种形态。公路是国家所有权的客体的一部分，是国家所有权的对象。《物权法》第45条第1款规定，国家所有的财产属于全民所有。国家所有的公路属于全体人民所有。因此，从法律上看，公路是国家所有权的客体，公路的所有权主体是国家，国家代表全体人民的利益行使所有权。

但是正如上文一再分析的那样，国家是一个宏观、抽象的概念，"国家"表现在物权法科学意义上的特定物之上时，只是一个具有独立利益的公法法人，并不是一个"统一"的整体。① 公路国家所有权也是这样，真正的对公路的权利，由国务院作为代表，具体由地方各级人民政府行使管理的实权。在这一方面，《中华人民共和国道路公路法》（以下简称《公路法》）是这一领域的基本法律，该法第 2 条规定，公路的规划、建设、养护、经营、使用和管理适用该法。第 8 条规定，全国的公路工作由国务院交通主管部门主管，县级以上地方人民政府交通主管部门主管本行政区域的道路工作，可以决定由公路管理机构行使公路管理职责，乡镇人民政府负责乡道的道路工作。从第 8 条的规定可以看出，不同级别的公路工作分别由相应级别的人民政府交通主管部门负责。

在此必须指出的是实践中存在的另一种道路：专用道路。《公路法》第 19 条规定，专用道路是指由企业或者单位提供资金建设完成，专门或者主要用于企业或单位的交通运输，并由该企业或单位负责日常维护和管理。由此规定可以看出，专用道路并不是"国家所有权"的公路，而是法人享有所有权的公路。专用道路的规划由专用道路专管部门报上级主管部门审核后，报县级以上地方人民政府交通主管部门审批。专用道路的规划建设需要与国道、省道、县道、乡道的规划相协调，若有不一致或者矛盾的地方，则由交通主管部门提出修改意见，专用道路专管部门或者单位负责修改。国家鼓励、支持专用道路用于社会运输，当专用道路主要用于社会大众运输，其企业或单位的专用性逐渐降低甚至不存在时，经主管部门申请或者由有关方面申请专用道路专管部门同意，并且由人民政府交通主管部门批准，专用道路可以依据具体情况，相应转化为其他类型的道路。《公路法》对专用道路的规定，既考虑了企业或单位道路运输的实际需要，准许其修建专用道路，又顾及了公路规划的统一性，让专用道路和整体的公路规划协调一致。当专用道路的专用性丧失后，公路规划的协调性为其转化为普通公路提供了可行性，既节约了公路建设的成本，又促进了公路网络的完善。

---

① 孙宪忠：《我国物权法体系中所有权体系的应然结构》，《法商研究》2002 年第 5 期。

二　国家在公路所有权方面的民事主体地位问题

在我国，一般学术著述都认为国家作为民法上的主体有其必要性，国家在一定程度上国家需要参与民事活动，需要获得民事主体资格，能够以自己的名义享有权利、承担义务。在我国，赋予国家民事主体资格，不仅符合世界上民事主体资格发展的大趋势，而且也符合我国的经济制度，适应现实需要。这些观点也常常被用来说明国家在公路所有权方面的主体资格问题。

关于国家成为民事主体地位的学说，主要有以下几种。第一，国家法人说。该学说起源于罗马法时期，流传很广，得到广泛的认可。该学说认为，国家是国内法律秩序所创造的社团，国家作为法人，是这个社团的人格化，或是构成这个社团的国家法律秩序的人格化。[①] 第二，法人有机体说。该学说认为社会中不仅有个人意思，还有团体意思，个人意思相互结合就组成了团体意思，把国家的主体资格和国家意志联系在一起，国家就能够成为法人，能够拥有民事主体地位。以上两种学说的共同点是将国家看做法人，赋予国家民事主体地位和民事主体资格，并且上述两种学说中都未提及国家所具有的强制力，忽略甚至刻意排除掉国家与其他法人的不同。

所以在我们看来，上述学说未能合理地解释国家的民事主体地位的现实问题。因为，国家享有民事主体资格的法律制度建设，必须从国家参与民事法律关系的现实出发，而不是从一种理论的推导出发。国家想要真正地享有权利、承担义务，就需要参与实践中的法律关系。从这个要点来看，我们就可以看出，在国内法上，国家实际上无法参加现实的民事法律关系。在公路领域，真实参加法律关系的是具体的行政管理机构，包括政府以及政府的交通管理部门这些公法法人。在某些情况下，民事法律主体确立的前提是民事法律关系的确认，民事法律关系实现了对民事主体的"重塑"。[②] 国家具有公共管理的职能，当国家行使行政管理职权时，国家不具有民事主体地位。但是，当国家参与民事法律关系时，它就被一个个具体的公法法人所替代。因为，民法上的权利主体和责任主体都是具体特定的，这一点我们已经在上

[①]　张宏生编：《西方法律思想史》，北京大学出版社1983年版，第437页。

[②]　马骏驹、宋刚：《民事主体功能论》，《法学家》2003年第6期，第41页。

文仔细分析过了。这些基本原理在公路领域同样适用。

三　公路的国家所有权

（一）公路的国家所有权理论

所有权源于罗马法中的"对所有物的完全支配权"，后来的法学家逐渐确立了所有权的含义，即所有权人在不违背法律的范围内可以行使对标的物占有、使用、收益、处分的权利，而不需要取得他人的同意。这一时期，法律上确定了共用物、公用物和私用物的概念区分，如果"国家"也就是社会的治理者取得物的所有权时，这种所有权必须受到物的法律属性的严格限制。

我国当前法律中采取的国家所有权理论，并不是基于传统民法的物权分析而建立起来的，而是起源于苏联的"社会主义"法学理论。这一理论的产生和发展与苏联的国家状况以及采取的政治经济体制密切相关。苏联成立之后，采用了计划经济体制下，由"国家"直接组织经济建设的指导思想，试图以"有计划按比例高速度"的经济立国战略，实现国计民生的腾飞。为了支持采用行政手段干预经济，用计划经济配置国内资源的决策，苏联立法确立了"国家"直接享有生产资料所有权的法权体制。苏联法学家为支持这种体制，对国家所有权理论进行了大量的研究，最后在苏联法学家维涅吉克托夫的"统一唯一国家所有权"理论中，这种权利得到了比较完满的解释，得到了斯大林的支持，进入苏联宪法和民法，并得到后来社会主义国家的遵从。[①] 但是历史证明这种理论只是一种自圆其说的观点，其中的法理缺陷非常严重，没有能够得到实践的支持。新中国成立之后，由于闭关锁国，法律理论和制度建设基本上照搬苏联，因此"统一唯一国家所有权"理论也进入我国，成为我国的正统。虽然过去的法学家对这种理论中的国家所有权持完全肯定的态度，认为这种权利是社会全体成员共同占有生产资料的所有制形式在法律上的反映，是全体人民的利益对全民共同占有的财产享

---

① 对这种理论的详细分析，有兴趣者可以参阅孙宪忠《公有制的法律实现方式问题》，载孙宪忠《论物权法》，法律出版社 2001 年版，第 67 页以下。

有的占有、使用、收益和处分的权利，①但是这种理论的现实意义并不如这些学者所说的这样美好和绝对正确。对此我们在本书"序言"部分已经充分地进行了分析。

我国的公路国家所有权理论，也是在这种理论的指导下建构起来的。关于公路国家所有权的主体有很多的争论，其主体并不是想当然的就是国家，因为我国的国家所有权首先被认为是"全体人民"的所有权。②

依据该理论全体人民是公路国家所有权的主体，国家代表全体人民行使所有权，全体人民是国家所有权唯一的也是最终的主体。这种理论还认为，全体人民的所有与国家所有是一致的，全体人民所有就是国家所有，国家所有也等同于全体人民所有。③该理论盛行于前苏联，得到很多社会主义国家的支持和响应，我国《宪法》及《物权法》中都有所规定，"国家所有即全民所有"。但是该规定遭到很多学者的批评。因为，"国家所有即全民所有"混淆了作为社会治理者的国家与被治理者的人民，这两个政治含义相差很大，完全不可以等同。

我国《物权法》第52条规定，公路等基础设施依照法律规定属于国家所有，体现了公路国家所有权的主体是国家。《公路法》第8条规定，国务院交通主管部门负责全国的公路工作，其他各个级别的政府负责本行政区域内的公路工作，这样，"国家所有权"事实上就又转换成为政府的所有权。

但是事实上我国的政府是分级的，尤其是在1995年之后我国实行分税制，法律承认了中央政府利益和地方政府利益的不一致，这样，在公路的所有权方面，事实上出现了地方政府分级所有的局面，国家和地方政府可以享有不同范围的"国家"财产所有权。就公路权益而言，在地方政府体系中，还出现了二级所有、三级所有的情形等。

（二）现实中公路权利主体

从立法的角度看，"国家"的公路所有权是统一唯一的，但是现实中，

---

　　①　佟柔编：《民法原理》（修订本），法律出版社1986年版，第158页。
　　②　张建文：《转型时期的国家所有权问题研究：面向公共所有权的思考》，西南政法大学博士学位论文（2006年），第64—68页。
　　③　王利明：《论国家所有权主体的全民性问题》，《民商法研究》第1辑，法律出版社2004年版，第318页。

这个权利本身的实际权利比较复杂。

为了促进公路建设，提高公路等级和技术等级，建设完善的公路网，首先需要筹集资金，进行公路建设。这样地方政府就开始批准建设者筹集资金。这种筹集，都是以"国家"的名义，但是真实的权利主体、义务主体，都是地方政府，和"统一唯一国家"没有直接的联系。建设公路，是物权原始取得的一种方式，资金筹集方式的不同影响了公路国家所有权的归属。《公路法》第21条明确规定了公路建设筹集资金的方式，有各级人民政府的财政拨款、向国内外金融机构的贷款等，但是同时国家鼓励国内外经济组织、企业、个人向公路建设投资。现在我国公路建设融资的渠道已经日趋多样化，投资的法律关系比较复杂，投资主体也远远不是"国家"那么简单。对公路权益归属发挥决定作用的是融资主体和责任主体，这一点又决定了真正的权利主体。现实中，如果公路建设的融资人是公路经营人，那么实际上这些法人才是真正的公路所有权人。不过，我国法律只承认它们享有经营权，不承认它们的所有权。

所以，虽然我国法律规定不论何种融资，公路所有权都属于国家。但是这个规定忽视了真正在公路建设过程中进行融资的责任主体。另外，将公路规定为"统一唯一国家所有权"也不符合我国中央政府和地方政府利益不相同的现实体制。因此，退一步说，即便公路要归属于"国家"，那这种所有权也有中央政府和地方政府的差别。据我们了解，目前，不同等级的公路很多，大多数都被登记为地方政府的财产。

（三）公路经营权问题

公路经营中与所有权行使联系最紧密的是公路经营权，《公路经营权有偿转让管理办法》（本章以下简称《办法》）第5条对公路经营权作出了界定。① 从公路经营权的定义可以看出，公路经营权包括对车辆的收费权和道路沿线服务设施的经营权。参考《办法》中对公路经营权转让的规定，可以看出公路经营权有用益物权的法律属性。首先，用益物权只能适用于不动产，公路属于公共交通基础设施，是不动产，可以设置用益物权。其次，用

---

① 公路经营权指经过省级人民政府批准，对已经建成的公路可以收取车辆通行费的收费权和公路沿线规定区域内的服务设施的经营权，是一种附在实物公路上的无形资产。

益物权的权能是对标的物的使用、收益，公路经营权的行使符合用益物权的性质。公路经营投资方通过对公路经营权的使用，即对通行车辆收取费用和经营公路沿线服务设施获取收益，获取使用价值。最后，用益物权是他物权，权利的行使有限制，权利的存在有期限。设立公路经营权是为了解决公路建设中资金不足的问题，为了筹集足够的资金建设公路，政府需要向企业借款。公路建设完成后，国家在公路国家所有权的基础上，设置公路经营权并把公路经营权转让给公路经营企业，由公路经营企业从经营权的行使中收益。在用益物权的行使中，公路经营企业享有占有、使用、收益的权利，但是不享有处分权，不能处分公路。并且，公路经营企业在取得公路经营权的过程中还需要承担公路养护的义务，保护好公路，在公路经营权转让期限到期后，保证公路完好无损地交给"国家"（其实是政府）。

四　法律对公路国家所有权的规定

《物权法》第52条规定，公路国家所有权的主体是唯一的，公路等公共基础设施属于国家所有，由国家行使所有权。但是我们在上文中已经论述了公路法律关系中涉及的主体有国家、各级政府机关、公路建设投资方、公路经营企业等，它们分别在不同的公路法律关系中发挥作用。所以虽然从法律上看"国家"是公路所有权唯一的主体，但是各级政府机关代表国家行使国家所有权，实际上公路建设投资方和公路经营企业等可以通过受让公路经营权成为用益物权人。

既然公路是国家所有权的客体，那么，按照传统民法，国家财产根据其在法律中的地位不同，可以分为国家公产和国家私产。国家公产和私产区分的具体标准是看国有财产设立的目的和用途，国家公产法律资格的变动也紧紧围绕着国有财产设立的目的和用途。国家公产有广义和狭义之分，广义上国家公产包括公务使用财产和公共使用财产，公务使用财产指行政主体为了履行公务实现行政目的，而使用的行政机关办公大楼、医院的医疗设施和学校的教育设施等国家"财产"，即公有物。公共使用财产是指国家提供的直接供全体人民使用的国家财产，例如道路、公园、广场、河流、森林等。狭义的国家公产仅指公共使用财产。从以上分析可以看出，公路是公共使用财产，属于狭义的国家公产范围。国家私产是指行政机关为了实现自己的私人需要而拥有的财产，该财产可以抵押，可以转让。在我国法律中，大多采用经营性资产和非经营性资产的分类。顾名思义，经营性资产可以用于生产经营获取利润，非经营性资产不可以用于生产经营且不以获取利润为目的。从传统民法的这些理论看，我国公路的法律性质并不明朗。除了高速公路之外，一些本来应该作为公有物的道路，长期以来被私人公司经营收费。而早已超过合法收费期限的高速公路，普遍地延长其收费期限。这些问题已经引起我国社会的强烈不满。

公路作为公共基础设施，关系着国计民生，具有公益性。因此，即使我们把公路规定为"国家"的财产，那么这一财产所有权的行使，也必须受到法律明确的约束和限制。公路作为公用物，国家在行使占有、使用权能时，必须保证把合格的公路提供给公众使用。另外，由于公路的普遍性和广泛性，"国家"作为所有权主体，不可能直接占有管理公路，因此实际占有管理公路的权利主体和责任主体必须明确肯定。而这些占有和管理公路的权利主体和责任主体，必须保证公路作为公众使用的财产使用。而且不特定的公众可以对公路自由使用，不需要经过行政许可。

对公路所有权的最大限制，在我国应该体现在公路收益方面。公路经营人依据国家的公路所有权享有的收益权，必须明确限制。从公有物的原理看，公路、桥梁、公园、广场等公共基础设施的使用，原则上不允许收费，应该以免费使用为准则。[1]目前我国《公路法》第59、60条对收费公路的范围、收费期限做出了规定，但是实际上贯彻相当不力。

另外，依据公路的公有物性质，公路经营权获取的收益、公路经营权转让的费用，都应该按照规定用来偿还为建设公路借贷的资金，或者用于建设新的公路，不得挪作他用，《公路经营权有偿转让管理办法》第23条对此有明确的规定。

---

[1] 《收费公路管理条例》中对此做出了规定，各级人民政府发展公路事业，应当坚持以非收费公路为主，适当发展收费公路。并且规定，公路建设资金全部来源于政府投资或者社会组织、个人的捐赠的，不允许收费。

第三节　立法例的比较

在现代运输业发展过程中，公路运输方式逐渐超过铁路、水运等运输方式，属于后来者居上。20 世纪 60 年代，世界上掀起了修建公路的热潮，随着公路交通网的完善和公路运输快捷便利的优势，到 70 年代公路运输已经在交通运输方式中占据主要地位。美国、加拿大、德国、法国等国家的公路运输发达程度在世界位居前列，其公路建设的所有权模式也有其与众不同的特点。本节具体分析世界上典型的三种公路所有权模式，以法国、英国、美国三个国家为例，具体分析其公路的建设、运营、养护状况，并对其所有权模式进行简要的评析。

一　公路所有权特许经营模式

（一）公路特许经营模式的特征

公路特许经营模式是指在公路的建设管理中，采取特许经营制度，成立特许经营公司，具体负责高速公路的建设。其代表性国家是法国。

法国是欧洲交通枢纽，交通发达，其中公路网的稠密度和多样化在世界上首屈一指。法国公路可以区分为国家公路、高速公路、城镇公路、乡村公路等，其中高速公路以其高速、便捷、安全等特点在法国公路网中占据重要地位。由此可见高速公路在公路运输中至关重要的地位。本节就高速公路为例，具体分析法国公路所有权模式的特点。

法国公路的所有权模式在欧洲甚至在世界上都具有特殊性，是一种真正的法国模式。当然，特许经营制度并不是一开始就非常完善，而是随着法国高速公路的建设、运营，特许经营制度在实践中逐渐积累了丰富的经验，并逐步成熟和完善。① 这项制度对法国的公路建设起了很大的推动作用。法国高速公路机构是行政机关，不仅具有法人资格还有经济核算权，表现在以下三方面。第一，在公路建设前期，国家为支持公路建设和管理划拨一定的资金作为预付款，高速公路管理机构把国家提供的资金以债券的形式发放给特

---

① 马睿君：《浅谈法国高速公路管理体制》，《公路运输文摘》2004 年第 9 期。

许经营公司。第二，在特许经营公司能够从公路运营和管理中获取利润时，高速公路管理机构收取特许经营公司的收入，偿还国家最初为支持公路建设提供的预付款。第三，公路管理机构有权力考察各个特许经营公司的财务状况，统筹规划，在不同的特许经营公司间合理进行资金划拨，争取让每个特许经营公司都能够平衡发展。

法国公共工程、运输和旅游部，规划和区域发展部，经济财政和预算部分别对特许经营公司负有管理、监督的责任。它们对特许经营公司的直接责任体现在它们的职能中，其职能主要分为以下几个方面：第一，依照国家整体的公路规划，制订具体公路的建设规划；第二，负责前期工程的执行，并确定整个公路建设的技术框架；第三，全面跟踪和监督特许经营公司，针对特许经营公司前期技术工作的执行、道路收费标准的确定、对公路所采用的服务标准进行监督。

法国公路筹集资金的方式随着公路所有权行使方式的变化而变化，主要有以下四种：第一种方式：政府对公路建设的投资，但是数量和比例较小，不足以维持法国的公路建设；第二种方式：政府向国内外发行与公路建设有关的长期债券，通过债券获取资金支持公路建设，该种方式虽能在一定程度上缓解法国公路建设资金短缺的难题，但是和公路建设所需要的资金还有很大的差距；第三种方式：政府向国内外的金融机构进行借贷筹集资金，该方式可以在短时间内筹集大量的资金支持公路建设。在法国公路建设过程中，该方式曾发挥了巨大的作用，例如，1956—1986 年，法国通过向国外的 15 家银行借贷资金共筹集了公路建设所需资金的一半以上，共修建高速公路 5000 多公里。针对第二种方式发行公路建设长期债券和第三种方式向金融机构贷款，可以通过对过往车辆收取车辆通行费予以偿还；第四种方式：鼓励企业、个人等私人资本投入公路建设中。法国在 1970 年成立公路专营企业，吸收了大量的私人资金，这种灵活机动的方式为大量私人资本参与公路建设提供了可能，为法国公路建设筹集了大量资金，支持了公路建设的快速发展。[①] 上面四种公路建设筹集资金的方式并不是一开始就全部都有的，而是随着公路所有权模式的发展完善，逐渐丰富起来的，是在所有权模式发展

---

① 马睿君：《浅谈法国高速公路管理体制》，《公路运输文摘》2004 年第 9 期。

的不同阶段逐步产生发展起来的。

最初，法国高速公路的经营权由国家独享，国家是唯一有权的经营主体，法国高速公路在 1955 年仅有 80 多公里。之后，法国对高速公路的经营权进行改革，设立特许经营制度。在特许经营制度下，设立特许经营公司，国家和私人分别持有不同份额的公司股份。伴随着特许经营制度的起步、发展、成熟，能够获得特许经营权的公司的性质也逐步发生变化，由最初的国有国营阶段，发展到国有民营阶段，再发展到私营阶段。在这个过程中，法国《高速公路法》也进行了修改，高速公路法的修改逐步放宽了国营的范围，逐步减少国家持有的特许经营公司股份，为私人资本参与公路建设提供了更大的空间和可能。

（二）公路特许经营模式的评析

1. 实践操作

在法国，即便在高速公路特许经营制度下，仍然由国家统一规划和管理高速公路的建设资金。经济和社会发展基金委员会对高速公路建设项目的预算进行科学的调查、分析和研究，根据调查情况对公路建设的整体资金使用计划做出相应的调整，并依照整体的资金使用状况决定对国内外的贷款额度。在筹集资金建设公路方面，国家的影响不仅如此，其中储蓄和委托银行是国有性质的银行，国家融资建设公路的很多活动都与其相关。储蓄和委托银行是半国有的混合经济型高速公路公司的合作伙伴，有权提供公路建设所需的贷款，为法国公路管理机构提供服务。

法国高速公路的特许经营模式，有悠久的历史和丰富的经验。下面从高速公路特许经营方式的发展演变过程中，分析法国公路国家所有权模式的实践操作。

第一，国有国营收费公路的阶段。在该阶段，特许经营方式产生。法国于 1955 年颁布《高速公路法》，该法确立了高速公路的收费体制，通过行政方式授予半国有的混合型公路经营公司公路特许经营权。这种混合型的公路经营公司中，国家持有公司大部分股份，国有是特许经营公司的主要特征。这些公司由公路所在地的公共机构、储蓄和委托银行以及当地的经营企业组成。1955—1963 年，法国共授予了 5 家公司高速公路的特许经营权，这些公司筹集资金的主要方式是长期借贷。首先，由这些公司通过长期贷款融资支持公路建设；其次，政府一方面参与特许经营公司与其合作经营，另一方面通过提供保证金、有偿的预付款对特许经营公司的长期借贷行为给予支持；最后，特许经营公司有权对通行车辆收取通行费，公司以其收取的通行费偿还外部的贷款和国家提供的预付款。在这个阶段，特许经营公司的权利很小，仅限于对车辆收取通行费和管理财务，国家专门机构负责公路的建设和公路养护，这体现了公路特许经营公司国营的特点。在国有国营收费公路的阶段，法国共建设了1000公里的高速公路。

第二，国有民营收费公路的阶段。在该阶段，公路特许经营方式逐步发展。法国于1969年修改了《高速公路法》，修改后的法律扩大了政府可以提供担保的特许经营公司范围，法律规定，无论政府在高速公路特许经营公司占多大的股份，以及是否占主导地位，国家都可以为公司的长期借贷提供担保。该规定的出台，大大鼓励了民间资本和私人资本对公路建设的热情。和国有国营收费公路阶段相比，国有民营收费公路阶段有两个特点。首先，政府授予了特许经营公司公路建设和公路管理的权利。国有民营阶段放宽了对特许经营公司的限制，国家将公路建设权、管理权和养护职责下放。国家负责公路的规划，特许经营公司在国家规划的指导下负责公路施工、公路建设、公路管理、公路养护。国家指导、监督和管理特许经营公司的经营活动。这一举措确立了收费公路的民营特点。其次，国有民营阶段，政府放宽提供担保的范围，促进了大范围内的筹集私人资本，为高速公路的建设提供了充足的资本来源。这一优势，是第一阶段国有国营所不具备的，体现了国有民营的优越性。

第三，国有股份统一管理阶段。在该阶段，法国的高速公路特许经营模式日渐成熟。在国有民营阶段的改革为公路建设提供了充足的资金，但是同时特许经营公司还承担着巨大的债务压力。20世纪70年代经济形势恶化，公司的负债率提高，公路建设和管理所需费用大幅增加，很多特许经营公司发生债务危机，尤其是接到新建公路项目的特许经营公司。法国政府针对这种状况，采取措施进行改革。具体措施包括三个方面。首先，国家出资收购私营的特许经营公司的股份，让这些私营公司变成半国有的混合经济公司。利用国家注入公司的资金，并且政府为特许经营公司提供担保，有利于缓解公司的财务危机。原来存在的私营财务公司中大部分都由于财务危机，被国家收购股份而变成半国有混合型经济公司。其次，成立一个公共机构，由该机构统一负责法国所有半国有混合型特许经营公司内的国有股份，名为法国高速公路机构。该机构根据各个特许经营公司的财务状况，在各个公司间统一调配国有资金，平衡国有股份的盈利状况。再次，在全国范围内，统一高速公路收费标准。该阶段最大的特点是，国有股份经营理念的改变。最初，特许经营公司的侧重点放在个别高速公路路段的盈利能力，考虑最多的是涉及国有股份的路段；后来，侧重点转移到一家特许经营公司下的所有高速公路的盈利能力。最后，关注点放在法国境内特许经营公司下的所有高速公路的财务平衡状况。法国在该阶段有两种类型的特许经营公司，即半国有性质的特许经营公司和私有性质的特许经营公司。

第四，国有股份全部转让，实现私营化。随着社会经济的发展，法国公路规划、建设、运营、管理以及维护的各项制度已经日趋完善，并确定下来。经过几十年的发展，法国已经拥有完善的公路网，其高速公路的质量和密度在西方国家中名列前茅。在这种情况下，法国政府于 2005 年决定实现法国高速公路网的私有化，并于 2005 年 12 月 14 日发表声明，宣布法国政府将法国三大高速公路公司中的国有股份转让给私营公司。至此，法国高速公路全部实现私有化。

2. 评析

法国政府虽然把特许经营权授予特许经营公司，但是对于高速公路的管理和控制权仍然在政府手中。法国公共工程、运输和旅游部下设的公路与公路交通局作为管理和控制权的执行机构，其具体职能包括：第一，制定公路建设相关的法规、制度、规范等。第二，做出高速公路网的规划。第三，对特许经营公司提出的管理标准、养护水平、投资规模等进行批准。第四，在建设期间内，负责监督工程质量；在公路运营期间，负责监督公路管理服务水平。第五，制定对于通行车辆的收费政策和收费标准。第六，监督特许经营公司的运营情况。

从公路和公路交通局的具体职能中，我们可以看出高速公路特许经营公司是在政府部门的监督下行使特许经营权。一方面，在特许经营权的范围内，特许经营公司享有广泛的自由可以自由决定公路的建设、管理、养护等事项。公司可以自由决定公司的事物，政府不进行干预。另一方面，无论特许经营公司有多大的自由，无论特许经营公司内国有股份占多大的份额，公路和公路交通局对其都有监督和管理的职责，特许经营公司的具体活动必须在相关法律、法规、规范的范围内。最后，我们从法国公路建设发展的历程中可以看出，法国公路所有权模式的不断变化，都与其当时的经济环境、公路法律法规制度的完善程度密切相关。法国公路法律法规等制度的完善，为法国公路的国营私营化改造提供了可行性。目前，法国已经有完善的公路网，高速公路建设质量和状况在世界居于前列，法国高速公路已经不需要大规模地建设新公路，现在需要的是管理好、养护好已有的公路，完善公路沿线的服务设施，并运用技术手段最大可能地发挥每条公路的价值，减少堵车等情况。因此，在这个前提下，法国公路实行私有化改制，是完全可行的，不仅不会影响法国公路的使用状况，而且能够减轻财政负担，刺激公路建设的商业化。

二　公路所有权三级政府所有模式

（一）公路所有权三级政府所有模式的特征

公路所有权三级政府所有模式是指把公路的所有权划分给三级政府，由各级政府分别行使所有权。其代表性国家是美国。美国与世界上其他国家和地区相比，公路交通最发达，其中，美国国民生产总值的 10% 来自公路运输产业。美国的公路网是世界上最完善的，被称为装在车轮上的国家。美国公路发展状态很好，与其确立的公路所有权模式息息相关。下面将从所有权主体、所有权的行使两个方面简要分析美国公路所有权模式的特征。

1. 所有权主体

美国公路分三级管理，其管辖权分为联邦政府、州政府、地方政府三级，其中联邦政府管辖的公路占公路总里程的 4.3%，包括军用、印第安人权益保留地、园林、国家森林，联邦政府下设交通运输部，主管全美的交通运输工作；地方政府管辖了美国 75.2% 的公路，其中城镇、市、郡政府均有权管辖，城镇、市、郡等地方政府设立有相应级别的交通运输管理部门；除联邦政府和地方政府管辖外的公路归州政府管辖，州政府设立州运输厅，主管州政府所辖的公路运输事业。

2. 所有权的行使

联邦公路管理局是交通运输部的下设机构，其主要职责是：主管全国的公路规划、建设、运营、管理、养护等。联邦公路管理局在美国的各地区下设许多区域性机构办公室，和公路相关的办公室有：研究与发展办公室、发展计划办公室、联邦属地公路规划办公室和汽车运输办公室等。联邦公路管理局的职能分为三个部分。第一，制定和解释法律，解释国会公路方面的相关立法，依据国会的法律制定联邦的政策法规，执行国会法律的细则。第二，公路投资，一方面，州际高速公路的主要资金来源是联邦，美国联邦政府投资占州际高速公路所需资金的90％；另一方面，联邦补助也是美国一般公路主要资金来源的一部分。第三，联邦公路管理局代表交通部批准州政府和地方政府对公路建设项目的规划和最终的结算；公路管理局参与到公路建设项目的各个阶段；在公路建设项目完成后，公路管理局对整个项目做最终的检查。公路建设、管理的主管机构是美国州政府和地方政府。[①] 州政府的主要职责是建设公路、经营公路、管理公路、养护公路、收集和分配公路使用税，其中涉及公路规划、项目估算、环境工程、签订相关合同等。地方政府包括县级政府和市级政府，其具体的公路管理职能依据各州政府的规定而确定。

在公路所有权的行使中，美国政府在处理公路收费问题上也是很有特点的，与世界上很多国家的做法不同，下面加以分析。美国的高速公路英文表达是"freeway"，中文翻译是免费公路的意思。这个词在一定程度上反映了美国高速公路现在的收费状况，美国绝大多数公路是不收费的，只有极少一部分收费，一般只有通过某些重要的桥梁或者是进入某些城市时才需要缴纳通行费。实际上，美国高速公路在一定程度上也是收费的，不过并不像世界上其他国家一样专门设置收费站进行收费，美国在加油站收取燃油税来代替公路收费。原因如下：美国政府认为一方面，在高速公路上设置收费站需要专门的工作人员，耗费人力、物力，成本过高，另一方面，让车辆在行驶过程中停下来缴纳车辆通行费，会给司机带来诸多不便。因此，政府认为谁使用的燃油多，就证明车辆行驶的旅程多，对公路的使用就多，就应该缴纳更多的费用。所以，美国政府就逐渐取消高速公路的收费，而采用一种它们认为更为公平的方式——征收燃油税，来收取车辆通行费。另外，美国政府对

---

① 徐智鹏：《中外公路管理体制比较研究》，长安大学硕士学位论文（2003年），第47—49页。

于不用于交通运输的油，是不征税的。

（二）公路所有权三级所有模式的评析

1. 实践操作

美国公路由三级政府分别管理，这三级政府包括联邦政府、州政府、地方政府。在上一节中，我们已经介绍了三级政府部门分别享有管辖权的公路范围，以及联邦政府对州政府、地方政府管辖下的公路的规划和决算的批准权等。美国能够建设出世界上最完善的高速公路网络，充足的公路建设资金是基础和前提。在美国的所有权模式下，三级政府机关是如何筹集到足够的资金，是如何分配公路建设资金的，值得我们探讨。

不同所有权主体对公路建设资金来源承担不同的责任。美国公路的资金来源一般主要有三个方面：地方政府的财政、联邦政府的补助和其他来源。州际高速公路的建设资金中，联邦的出资占90%。其中，地方政府的财政资金和联邦政府的补助资金有几个获得方式：第一，联邦公路信托基金。美国政府颁布了《联邦资助公路法案》和《公路税收法案》，设置联邦公路基金。该基金主要出自以下几个税种：燃油税、购置车辆税、销售重型货车税、使用重型车辆税、环境保护税、交通拥堵税等。联邦政府和州政府共同征收燃油税，共同分享利益。第二，其他的来源。随着美国经济的发展遇到一些危机，地方政府公路建设资金的筹集也遇到了很多困难，比如：公路建设养护费用攀升、联邦的补助减少、增加税收受到反对。地方政府没有能力单独解决公路建设融资的压力，于是联合其他社会主体主要是企业主等共同面对挑战。在这种背景下，产生了BOT（建设、经营、转交）融资模式和SAD、IF、TIF三种收费形式。BOT收费模式指私人资本参与公路的建设，公路建成后由建设企业运营管理收费，若干年后，公路的经营管理权归还政府。SAD收费形式指政府在划定地区内，为了改善公共基础设施，有规律地征收费用。IF收费形式指政府在划定地区内，征收的一次性的交通费用。TIF收费形式指地方政府为筹集资金改善公共基础设施，发行债券，然后通过固定资产的收益来偿还。

不同所有权主体对公路收费采取的管理模式也是不同的。美国收费公路没有统一的管理模式，不过其中很大一部分收费公路项目是由国有和私有资本共同出资组成的。目前美国收费公路有几种主要的管理模式：第一，政府所有模式。当地政府完全控制公路的收费权和所有权，并且有权决定收费的数额。第二，权威机构或者代理机构模式。不管其是否听从政府的命令，它们在公路收费权益上拥有完全的决定权。第三，州政府的附属机构。这类机构附属于州政府的交通主管部门，负责发行债券，将发行债券获得的资金交给政府。第四，国有和私人资本混合机构。私人资本占多数份额，并且决定公路的运营、管理，国有资本从整体上把握，并进行前期的投资。1991年，美国国会颁布了《地表运输联运及效率法案》，允许州政府和地方政府在公路建设融资方面采用更加灵活的方式。在该法案公布后，对于私人资本参与公路建设采取更加宽容的态度。1998年，美国政府颁布了《21世纪交通运输法案》，提供了贷款担保、抵押贷款、备用贷款渠道三种方式，鼓励、帮助私人投资公路建设事业。这为美国公路事业的进一步发展提供了很大的动力。

2. 评析

美国公路所有权采取联邦政府、州政府、地方政府三级分别所有的模式，把不同路段、不同级别的公路分别归属于不同的主体，首先，有助于明确所有权主体，公路的建设、运营、管理、养护也能够有明确的主体承担责任；其次，把公路分属于三级政府所有，有利于每个级别的政府分别发挥各自的作用地更好的管辖所属范围内的公路；最后，把公路分属不同政府机关，有利于以法律的形式明确规定各级政府的权利和义务，避免相互争夺或者相互推卸的情形发生。

科学、合理的公路所有权模式是公路运输事业良好发展的不竭动力。相反，若没有合适的所有权模式，公路的建设管理可能一时取得进步，但不会有长远的进步。

三　公路所有权两级政府所有模式

（一）公路所有权两级政府所有模式的特征

公路所有权两级政府所有模式是指，中央政府和地方政府分别享有公路的所有权。其典型国家是英国。英国公路的所有权由中央政府和地方政府分别享有，管理体制实行两级政府管理。与中国公路的分级情况较为相似，英国公路可以划分高速公路、一级公路、二级公路、三级公路、等级外公路等。全国 87% 的货运量和 93% 的客运量是由公路来承担的，公路当之无愧地成为英国主要运输方式。在英国具体国情下，英国公路所有权模式具有相应的特点，下面将具体分析中央政府和地方政府的管理权限以及中央政府和地方政府分别承担的公路养护职责。

（1）中央政府和地方政府分别享有的所有权范围。高速公路和干线公路归中央政府所有，中央政府下设运输部，负责建设、管理、运营、养护高速公路和干线公路。运输部从宏观上对运输业进行管理，包括制定政策、管理全国公路交通的各个方面等，从而保证公路交通事业的良性发展。[①] 英国有郡、县两级地方政府，在某些大城市，如伦敦等，只设一级地方政府。地方政府的管理权限包括：第一，除高速公路、干线公路以外，英国所有其他级别的公路的建设和养护工作都由地方政府负责。第二，地方政府负责地区性的公路交通运输的规划，由地方议会批准；但对于 10 年以上的长期性公路规划，需要报中央政府批准。第三，地方政府代理中央政府，行使干线公路的规划、建设、养护职责。第四，地方政府全面负责公路的管理和运营，包括公路附属设施的建设，比如道路两旁的路灯、公路必备的安全设施等。第五，制订公路运输管理 5 年预算支出额和详细计划，每年进行一次复查，预算计划报中央政府批准。另外，英国由英格兰、苏格兰、威尔士三部分组成，在苏格兰，郡一级的地方政府会独立完成公路建设、养护的工作，不会把具体工作转交给县一级政府完成。在英格兰和威尔士，郡政府经常会把工作下方，如区政府负责公路的养护工作。因此，中央政府和地方政府分别有不同的管理权限，相互配合共同完成英国公路网的建设、管理、养护。

（2）中央政府和地方政府分别承担的公路养护职责。公路分为高速公路、干线公路、主要公路、其他公路等。依据公路的功能和等级不同，分别由中央政府下设的运输部和地方政府负责；高速公路、干线公路、主要公路由中央政府负责，除此之外的公路由地方政府负责。公路养护的资金由两级政府的财政支付。下面就以干线公路为例介绍英国公路的养护管理体制。干线公路的养护实行三级养护管理体制。第一级，运输部。运输部整体上负责干线公路的养护管理。第二级，区公路局。运输部对全国的干线公路网络进

---

① 徐智鹏：《中外公路管理体制比较研究》，长安大学硕士学位论文（2003 年），第 54 页。

行划分，划分为 9 个区，然后，在每个区设立区公路局，由区公路局负责全区的公路养护管理工作。每个区的区公路局是运输部的直属下设机构。第三级，接受区公路局委托的地方政府机构或公司。区公路局依照干线公路各路段经过的各区域，委托郡、县地方政府负责经过该级地方政府所辖区域内的干线公路路段。另外，区公路局对于部分路段，通过招标投标的方式选择专门的公路养护公司，由公司具体负责该段路的养护工作。在三级养护管理模式中，每一级机关的职责都有明确的规定，确保了公路养护管理工作的顺利进行。

（二）公路所有权两级所有模式的评析

1. 实践操作

英国公路采用中央政府和地方政府两级所有的模式，在上文中简要介绍了两级政府的管理权限和公路的养护管理体制。下文将从公路建设的资金筹集角度，重点分析公路所有权是如何体现和行使的。

英国公路建设管理的费用分别来自中央政府和地方政府的财政收入。中央政府的公路建设资金，一方面用于属于中央政府所有的高速公路和干线公路，另一方面中央财政会把一部分资金投入划拨给地方政府，由地方政府用于地方所有的公路。中央政府用于公路建设、维护的费用主要来自对公众征收的车辆注册税和燃油税。在政府和民众间颇为流行的一种观点认为，公路作为公共基础交通设施，公共交通设施的受益对象是全体社会成员，按照谁获益谁承担的原则，政府认为公路建设管理维护的费用应该由社会承担。因此，政府向公路使用者征收车辆注册税和燃油税，体现了该观点。车辆注册税根据车辆的重量以及可能对公路造成的损害等，把车辆区分为汽车、小型货车、大型货车三个等级，对不同等级的车辆征收不同额度的税收。而且，在同一个等级内，征税标准也是有所区别的，例如对于大型货车，针对货车的载重量和运行里程不同，设置了不同额度的税额。燃油税依据使用燃油数量的多少确定，燃油的销售价格中已经包括了需要缴纳的税收，不仅节约了政府征税的成本，而且为民众提供了便利。车辆注册税和燃油税是中央政府收入的重要组成部分。地方政府筹集公路建设资金主要来自以下两个方面：征收公民财产税和经营公路沿线服务设施收取的费用，此外还包括社会成员的捐赠。地方政府用从这几方面获得的收入建设、养护公路设施。

英国公路建设的资金，除了中央政府和地方政府的财政拨款外，还有私人资本。为了缓解公路建设资金紧张的状况，英国政府在建设公路的过程中积极引进外资，包括向国际金融组织、他国政府等。英国政府效仿其他国家，采用特许经营模式。特许经营模式下，主要有两种方式，一种是众所周知的BOT——建设、经营、转交方式，另一种是政府建设完成公路后，将公路经营权转让给公路经营公司。特许经营模式允许政府和公路经营公司签订协议，公路经营公司承担一定的义务，建设完成公路或者是支付一定受让费用。政府允许公路经营公司在一定时期内，享有公路经营权并且可以按照政府规定的标准对高速公路进行收费，以补偿公司的财政投入。特许经营权到期后，公路经营权归还给政府。特许经营模式调动了私人资本的积极性，促进了英国公路运输网的完善。

2. 评析

英国公路的所有权分为中央政府和地方政府分级所有。公路建设资金的筹集、公路管理、公路运营、公路养护的责任也分别由各级政府承担；同时，从公路运营管理中获取的收益也直接归入地方财政。分级所有的模式一方面有利于明确每条公路的所有权主体，确定主体建设公路的义务，清晰的所有权从根本上推动了公路建设的发展；另一方面，清晰的所有权模式也为各级政府获取公路运营的收益提供了依据，能够调动地方政府建设公路的积极性。而且，所有权主体的确定，也为各级政府在建设、运营、管理过程中采用新的融资管理模式提供了可行性。

第四节　现状分析及制度建言

一　现行立法

（一）我国立法对公路所有权的规定

《物权法》第52条第2款规定，铁路、公路等基础设施依照法律规定属于国家所有的，属于国家所有。《物权法》以法律的形式明确了我国公路的国家所有权类型。国家享有公路所有权，有权对公路行使各项权能。《公路法》第8条规定，各级人民政府主管本行政区域的公路工作，国务院交通主管部门主管全国的公路工作。各级公路的规划、建设、养护、管理、收费等都由各级人民政府负责。从《公路法》的规定可以看出，公路建设中的全部权力或权利，都已经归属于各级人民政府负责。其中属于行政管理权性质的规划权、立项审批权、开工审判权、验收审判权等，都属于政府。政府在行使这些权利的同时，还要依法行使所有权。但是，从这些立法的规定看，政府行使行政管理权的规则细致而且确实具有法律规范的价值，而关于其行使所有权的部分，则规定粗犷而且没有法律规范的意义，也就是没有实际操作的意义。

《公路法》的规定，虽然名义上没有赋予各级人民政府公路所有权，但是事实上是将"国家"对于公路的全部权力交付给各级人民政府。上述《办法》第3章第7条规定，对含有中央政府投资建成的公路或者国道经营权的转让，省级人民政府交通主管部门报告交通部申请审批，对全部由地方财政或地方筹集资金建成的公路，省级人民政府有权审批，同时报备交通部。公路经营权包括公路收费权和公路附属设施经营权，是所有权中收益权能的重要组成部分。从这些规定看，公路所有权包括的财产性质的权利，已经全部交给了政府机关行使。实践中地方政府从运营公路中获取的收益，有完全的自主权，可以自行安排。这与《物权法》中规定的公路国家所有权矛盾，相关法律间存在冲突。

实践中，某些跨省的高速公路是由中央和地方政府共同建设的，但是建成后公路运营期间的收益主要归中央政府所有，收益的分配不是按照中央和地方政府的投资比例，这样就大大打击了地方政府的积极性。这也造成了某些高速公路在两省交界处无人建设的情况。即使建设完成，这些路段的施工质量一般也是很差的。

（二）公路到底是公有物还是政府私有物

国家所有权的客体是国家财产，传统大陆法系一般将国有财产分为国家公产和国家私产。国家公产和国家私产具有不同的法律地位，不同的法律地位决定了国家对于不同的所有权客体要采取相应的财产制度。国家公产和国家私产内不同类型的财产所享有的法律地位也是不相同的。如上所述，国家公产可以区分为公务目的的财产和公共目的的财产，公务目的的财产指行政机构为履行行政职责而使用的财产，公共目的的财产指全体人民生产和生活使用的财产。依据这一分类方式，我国的公路应该被定义为公共目的的财产。因此，公路不能被定义为政府私产，不可以作为营利的产品。

依据我国《物权法》中对国家财产的规定，国家财产可以区分为三种类型。首先，是国家公共性质的财产，包括学校、医院、公园等事业单位所有的财产和公路、铁路、体育设施以及国家机关的财产等；其次，是国家经营性财产，由国务院和各级人民政府机关出资，由专门的国有企业进行建设获取收益的财产；最后，是国家自然资源，包括矿产资源、水资源、无线电频谱资源、城市的土地，以及属于国家所有的草原、滩涂、森林、荒地和野生动植物资源。公路就属于第一种类型的财产，也是不可以用来经营的资产。

依据我国《公路法》的规定，作为国家所有权客体的公路包括除专用道路外的所有公路，这些公路应该都属于公用物，应该承载公共利益。但是现实中的做法距离法理的要求和民众期待还有相当的距离。这一方面最典型的例子，就是公路收费。公路属于公众用财产，公众用财产是国家出于维护公共利益的目的设立的，原则上不能进行经营收益，例外情况下才可以收益。公路作为公共基础设施就属于这一类财产。《收费公路管理条例》第3条的规定体现了该原则：我国公路运营以非收费公路为主，以收费公路为例外。而且作为满足社会公众基本需要的公路基础设施，当需要收费的客观条件消失时，应该取消收费，恢复无偿性的特点。《收费公路管理条例》第14条规定，政府还贷公路通过收取费用偿还贷款，最长期限是15年，国家确定的中西部省、直辖市、自治区等的收费公路，最长期限是20年；经营性公路通过收取费用收回投资并取得合理的利润，最长期限是25年，国家确定的中西部省市的收费公路，最长期限是30年。现实中遵守这一期限要求的，事实上恰恰是少数。仅仅从这一点，我们就可以看出我国公路法权制度的立法和实践的差距到底有多大。

二　在公路法权体制中构建公法法人所有权制度

讨论我国公路国家所有权立法和现实之间的差距，不能仅仅只是批评了事。更为重要的是，我们必须依据法理，为这一方面的制度改进，以及相关的理论更新提供可资借鉴的建言。在我们看来，我国公路法权制度的更新要点，就是要在我国的公路法权体制中，建立公法法人所有权的制度，解决公路财产所有权的路权享有、行使以及保护等系列性问题。

在上文中我们对于公法法人这种特殊的法人已经进行了充分的探讨。我们已经知道，公法法人虽然是民法法人，但它是根据《行政法》、《宪法》和《组织法》等公法成立的法人，需要经过公法的程序（常常是经过《宪法》、《行政法》上的程序）批准才能设立，是以追求公共利益为目的的法人。从民法的角度看，它虽然也享有所有权以及其他民法权利，但是它必须依据我国法律的规定，而且只能是为了公共利益来享有和行使这些财产权利。这些要点问题我们已经比较充分地讨论过了，因此我们知道，在依据公法法人理论来改造我国的公路法权制度之时，并不会发生像有些人所担心的那种将公共财产私有化这样的政治问题。

上文在自然资源所有权一章中，我们也已经比较充分地讨论了关于公物的法律制度建设的基本原理问题。在公物的法律制度建设中，我们必须认识到，虽然公法上的物和民法上的物的范围和法律规制略有不同，但是如果要从民法的角度来建立所有权制度，保障公法法人按照公共利益的目标来行使所有权，那就必须要在这些公物上建立明确的法律关系的主体，并且必须按照法人治理结构的基本原理，组建法人机关，这样，才能够做到权利、义务、责任的清晰与明确。

我国对于公法法人是否享有所有权理论上存在争议。确立公法法人所有权制度，用民法上的权利模式来规范现在的国家所有权模式，有利于清晰地确定权利主体对物的支配关系，明确公法法人的权利、责任、义务，最终能够用科学合理的公法法人所有权模式来支配我国的国家财产。但是，在我国《物权法》制定过程中，由于苏联民法理论仍然十分巨大的影响，该法采取了不承认公法法人所有权制度的做法，它没有明确承认关于法人所有权制度的基本原理，当然更没有承认公法法人所有权理论。这样，我国公共财产的法律制度没有达到建立清晰明确的财产支配秩序的目标。这是我国《物权法》留下来的遗憾之一。①

由于我国公路财产权利存在着严重的"产权不清晰"的问题，因此，

---

① 对此有兴趣者，可以参阅孙宪忠《物权法立法尚未解决的十六个问题》，载《争议与思考——物权法立法笔记》，中国人民大学出版社 2006 年版，第 238、241 页。

我们认为，在我国公路法权制度建设中，承认并建立公法法人所有权制度是十分必要的。具体的理由如下。

第一，1995 年以来，我国已经建立了中央财政和地方财政相分离的财产权利立法模式。建立这种体制后，中央政府获取收益和地方政府获取收益，它们行使财产权利的法律机制已经有了清晰明确的区分。因此，虽然理论上我国立法没有承认政府分别的所有权，但是具体的政府法人所有权制度是实践中已经普遍存在的。现实生活中，对于公路的投资，在中央政府和地方政府之间、在地方政府相互之间也是有明确区分的。不承认这些现实，是闭目塞听、不负责任的做法。

第二，确立政府法人所有权制度有利于明确各级政府、各个政府对于公路的责任。如果不承认不同政府的路权，只承认"统一唯一国家所有权"，那就混淆了国家责任和政府责任。这不但会造成很多的不便，而且会损害其他民事主体的合法权益。

第三，承认地方政府的公路所有权，有利于提高各级政府投资公路的积极性。

第四，确立地方政府的公路所有权，有利于按照公法法人所有权制度来改进地方政府行使公权权利的制度，因为这一制度并不仅只是明确其权利主体，而且还要明确其责任主体，这样就会比较彻底地解决我国路权制度中权利主体和责任主体脱离的问题。

目前，我国法律对于各级政府对于公路所有权的规则，实际上是隐晦地承认了地方政府法人所有权。《公路法》第 8 条规定，我国的公路设施按照行政区域，分属于各级人民政府管辖。第 14 条规定，各级公路的规划由各级人民政府分别负责。第 20 条规定，公路的建设分别由中央政府和地方政府负责。第 43 条规定，各级政府的交通管理部门分别负责公路的路政管理。我国公路建设中的实践操作也大多是按照该法的规定执行的。所以，虽然《公路法》并没有以明确的语言承认政府机关法人所有权，但是该法的内容却承认了各级政府是公路的所有权人。《公路法》采取这种做法，表面上看来是表里不一，但是很容易理解。原因就是在"统一唯一国家所有权"的这个理论框架无法突破的情形下，立法要解决现实问题，就只能建立这种看起来比较含混的规则，尽量把法权交给真正的权利人。但是，正是因为这样的规则，才造成了我国公共财产立法中制度建设的一系列问题，这一点也是我们在本课题研究过程中，始终强调要打破苏联法学束缚的原因。

从建立公法法人的公路所有权的角度看，我国现实制度的最大缺陷就是缺少公法法人的治理机构。目前，在公路所有权方面，我国采取的是"国家统一所有，政府分级管理"的规则。这个规则最大的问题，就是以行政职权来行使财产所有权。这个制度缺陷造成的严重问题，首先是公共财产无法体现其公益性质，而只能体现社会管理的特点，对人民群众十分不利。其次就是公共财产治理秩序内部权利主体、义务主体、责任主体脱钩，行使权力的人不承担责任。最后，这种制度造成我国普遍存在的"政绩工程"现象，官员为拼政绩，肆意制造工程，造成严重的公共财产浪费和被侵害。公路建设和权利方面，这些问题表现最为突出。

在我国路权制度建设方面，引入公法法人治理结构之后，通过建立公法法人董事会或者理事会，建立监事会，建立责任主体制度，这些问题都可以比较彻底地得到解决。

三　政府路权必须尽快回归公益目的

上文我们已经就公路的公益目的问题进行了比较充分的讨论。而且我们从传统民法原理，以及法制成熟国家的制度建设中清楚地看出，公路就是公用物，是为了公共目的建立起来的。作为公用物，公路应该自由、免费地提供给社会公众使用，而不能用来牟取私利。即使是从公用物中取得的利益，也只能用来维护公用设施或者修建新的公用设施，不能用作其他用途。①公路的建设和使用，也必须符合这些目的。

为了维持公用物的公用性，世界各国一般通过立法的形式确立了禁止公用物转让的规则和专属国家所有的规则。所以，传统民法才把公用物的所有权掌控在公法法人手中，主要是在政府法人手中，以保障公用物的公用性。

但是，虽然公路具有公用物的特点，但是公路的建设、运营、管理却并不是只能由政府法人来做。事实上，在国际上，其他的社会主体主要是民法

---

① 张力：《当代公用物法律关系的演变及其公用性的保持》，《广西社会科学》2003 年第 3 期。

上的法人、公司在不违背公用性的前提下可以有条件地参与其中。[①]　以公路建设为例加以分析，现在公路建设中经常采用的一种融资模式是 BOT，这种模式的采用就体现了公用物的建设管理运营中其他社会主体的参与。通过BOT 的融资方式，向社会公众筹集资金建设公路，公路建成后由投资主体在法定时间内，通过公路的运营管理，收取通行费，用收取的通行费收回投资。但是，在法定期限届满时，公路的经营管理权收回政府机关所有。不仅欧美国家的公路建设很多都采用这种模式，现在我国的公路建设也采取了这种模式。在这种模式中，虽然公路建设阶段、运营阶段、管理阶段都有民法法人的参与，但是这并没有违背公用物的公用性，公用物一直保持着为社会公众提供公共服务、满足公共利益的需要的特性。而且依据我国法律，民法法人经营公路必须有期限限制，民法上的公司不可以永远享有这种路权。

　　从公路建设的目的看，从公路上设置"国家所有权"（其实就是政府分级所有权）的目的看，我国公路的路权，现在已经出现了比较严重的脱离公共目的的现象。正如上文列举的大量案例所示，一些地方政府在建设公路时，首先想到的并不是国计民生，而是自己的政绩；在公路建成运营之后，路权长期甚至无期限地保持在收费的状况下，即使收费权过期，还是照样收费；路权的实际掌控，是政府和公路投资公司共享利益，地方政府批准的路费过高，不能降低。

　　从这些情况看，我国政府行使的路权必须受到一定的限制。目前，我国立法在这一方面表现力薄弱，无法使得公路的使用符合公共目的。在对政府享有的路权予以限制的法律制度设计中，引入公共利益的代表加入公路权利人的董事会是一个必要的规则。借用这一制度，可以对地方政府在路权上的放任形成内在的制约。另外，我们还应该借助于依法行政的公开透明来形成对于路权行使的良性制约。

本章小结

　　公路作为公共基础设施，它的存在和使用都具有公益性。法律规定公路

---

　　① 张力：《国家所有权理论问题研究》，西南政法大学硕士学位论文（2002 年），第 27 页。

属于国家所有，初衷是通过确立公路的国家所有权，以期更好地占有、使用公路，最大程度地维护公共利益的需要。但是，确定公路归国家所有无论在理论上还是在实践中都存在很多问题。理论上，国家所有权的主体、客体不确定；实践中，真正行使公路所有权的主体是各级政府机关，而不是国家。而且，实际中的很多操作都违背了立法中关于公路所有权的规定。这样一来，确立公路国家所有权最初的目的并没有实现，而且规定公路属于国家所有，在某些情况下限制了各级政府筹集资金、建设运营公路。

因此，我们建议结合公路作为公用物的属性，对我国公路所有权做出相应的完善，即明确真正享有公路所有权的公法法人为所有权人。政府机关作为真正享有公路所有权的公法法人，在法律上明确各级政府对于公路的所有权，具有重大的理论和现实意义。理论上，解决了公路国家所有权存在的主体不确定和客体不明了的问题；实践中，可以调动各级政府的积极性，结合本行政区域内公路建设的具体情况，更好地行使公路的国家所有权，完善公路网，提高公路运营管理服务水平，更好地为社会公众服务。但是，关键是要在路权的公法法人制度建设上，引入公法法人的治理结构理论和制度，建立符合法理的路权法人内在治理，使得权利、义务、责任的法律结构落实到具体的主体甚至是个人身上。

另外，我国路权法制建设，必须尽快解决现实中普遍存在的公路运营脱离公共目的的严重问题。这一问题的解决，最佳的方法，还是要在路权的公法法人机构中，建立代表公共目的的董事、理事或者监事的制度。

第十三章

文物的国家所有权

第一节　问题的提出

一　文物的概述

我国《文物保护法》等法律建立了文物的国家所有权。本书第九章"博物馆的国家所有权"中，已经提到了文物所有权上的一些法律制度问题。但是博物馆是一种设施，依据博物馆所组建的机构在我国被称为事业单位；而文物是具体的物，博物馆中可以收藏文物也可以收藏不是文物的物品，而文物也可以不放置在博物馆之中，所以关于博物馆所有权的讨论并不能涵盖文物的所有权问题。从下文我们的讨论中，大家也可以清楚地看到我国文物所有权立法方面所存在的一些独特的问题。

文物是一种稀缺性的资源。因为作为一种特殊的物，它经历了漫长的时代变迁，辗转于人类文明发展的洪流中，见证了不同朝代的兴衰更替，更承载了千百年的历史文化内涵。它用饱经沧桑的面容向后世呈现了一个民族、一个国家历经千年而不灭的文化精髓。随着现代文明的发展，文物逐渐被公认为一个国家研究历史与现实的纽带，它的文化价值、艺术价值和科研价值均达到了前所未有的高度，相应地，各国对文物的重视程度也在不断提高，因此将文物的判定、归属和利用方式纳入法律的框架加以保护已成为当今各国通用的做法。我国法律很早就建立了文物的国家所有权制度，但是这一制度的运行还是有一些现实的问题，因此我们要在这里探讨这一重要的法律制度。

我国是世界四大文明古国之一，也曾经是早期人类文明保存较好的国家之一，丰富的文化资源展示了华夏文明经久不衰的辉煌历程。我国的文物国家所有权制度建立已久，似乎也应该早已建立了良好的现实运作机制。但是，当我们探讨文物保护的时候，我们不但可以遭遇到如本书"序言"所提到的"《毛主席去安源》油画案"的尴尬，而且也可以发现现实生活中文物流失、破坏而无法从法律上解决问题的困惑。尤其是在一些涉及城市改造或者官员政绩的建设项目时，文物问题总会显露出来，成为热议的目标。虽然人人知道文物价值巨大、意义重大，但是我国的文物保护却常常陷入"没人管"、"管不好"的境地。而每当涉及文物保护的案件时，我们就会发现，文物的国家所有，常常就是根本找不到文物所有权的真正的权利主体和责任主体。上文我们在讨论"博物馆国家所有权"时提到的"故宫破瓷门"案件，就向我们揭示了这里的问题。

文物国家所有权是我国整个国家所有权体系的一部分。在这种体系下，文物所有权主体和客体不明、权利内容不规范，导致文物保护频出危机。要改变这种困境就要从根本的所有权制度入手，至少我们要对文物国家所有权理论和实践做出清晰的反思，在文物所有权的法理和制定建设方面，回归民法上的、科学的解释。

在对文物的法权问题进行探讨之前，我们有必要了解一下我国法律上所说的文物的含义。根据古书记载，中国历史上"文物"一词很早就已经出现，并被记录下来使用了。就字面意义而言，该词最早可以追溯到战国时期，著名古籍《左传》有记："夫德，俭而有度，登降有数，文、物以纪，声、明以发；以临百官，百官于是乎戒惧而不敢易纪律。"①从这一段文字的含义可以看出，当时"文物"一词，并不是现在我们所说的意义，它是指一种"以物记文"的规章律法，具有记录成文、公开宣布的官吏纪律的含义。但是这一词汇本身包含了将一定的思想或者文化价值附着于具体有形的物品之上的意思，所以这一词汇也可以当做我们今天使用的文物一词的渊源。晚唐大诗人杜牧《题宣州开元寺水阁》一诗"六朝文物草连空"②的句

---

① 参见左丘明《春秋左传》（朱墨青整理），万卷出版社2009年版，第21页。

② 杜牧（公元803—约852年），唐代诗人，汉族，字牧之，号樊川居士，京兆万年（今陕西西安）人，晚唐杰出诗人。原诗全文是：六朝文物草连空，天淡云闲今古同。鸟去鸟来山色里，人歌人哭水声中。深秋帘幕千家雨，落日楼台一笛风。惆怅无因见范蠡，参差烟树五湖东。

子中，"文物"一词已经和我们现在所用的含义基本相同了。所以"文物"一词在我国文化生活中使用已久，《辞海》对文物的释义为："文物是指遗存在社会上和埋藏在地下的历史文化遗物。"《现代汉语词典》中对文物的概念采用概括加列举的方法，统称文物为"历史遗留下来的在文化发展史上有价值的东西"，又列举规定"例如有文化价值的生活器皿、遗址建筑、艺术品、碑文石刻等"。

　　但是如果从法学尤其是从物权法学的角度去总结，我们可以看到，一个物品，构成文物需满足两个条件：一是有体物；二是有历史文化和科学研究价值。因为它首先必须是有体物，也就是特定物，这样，它就可以成为物权尤其是所有权的客体，它的法权形态因此也就成为我们研究的目标。同时，因为它必须具有历史文化的价值和科学研究的价值，因此它才成为文物保护和研究的法律的规范范畴。

　　《中华人民共和国文物保护法》对文物范围做出了比较详细的界定[①]，概括起来主要有典型的几种：具有科研文化艺术价值的不可移动文物，例如遗址、墓葬、建筑；具有纪念意义的史料型文物，例如手稿、古书籍；具有历史意义的艺术珍品；人类各时期的生产生活用品。另外，该法考虑到古人类化石的珍贵性和古脊椎动物化石的科研性，也明确将这两项纳入保护范围。总的来说，我国文物保护对象主要是针对有体文物，对于没有具体载体的非物质文化遗产（包括民间风俗文化）等未进行规定，从这点上来说我国的文物保护范围相对较小。

　　因为文物属于民法上的特别类型，文物的权利，也就成了民事权利的特别权利。《文物保护法》对文物的范围的界定，也是在民事基本法外做出的特别法规定。这些物的特征在于：首先，文物是历经漫长时代遗留下来的物品，越是年代久远越是珍稀，因此相比于一般民法上的物，文物更具稀缺

　　① 参见《中华人民共和国文物保护法》（2002年10月28日通过）第2条：具有历史、艺术、科学价值的古文化遗址、古墓葬、古建筑、石窟寺和石刻；与重大历史事件、革命运动和著名人物有关的，具有重要纪念意义、教育意义和史料价值的建筑物、遗址、纪念物；历史上各时代珍贵的艺术品；重要的革命文献资料以及具有历史、艺术、科学价值的手稿、古旧图书资料等；反映历史上各时代、各民族社会制度、社会生产、社会生活的代表性实物。此外，具有科学价值的古脊椎动物化石和古人类化石同文物一样受国家的保护。

性。其次，文物所包含的艺术科研价值存在于物体本身，一经毁损难以复制，其内在的千百年来的历史积淀将不复存在，因此具有更强的不可代替性。最后，我国法律上的文物，比一般人理解的文物范围更窄。这是受客观条件所限，并不是一般人所理解的文物都已经纳入了《文物保护法》的保护范围，但是因此我们不能得出该法没有纳入的就不予保护的结论。这些文物的特点，对我们理解和完善相关法制意义重大。

二　现行法的问题

（一）权利主体与责任主体的内在联系

通过对文物概念和特征的分析我们可以看到，文物作为一种稀缺的资源，和其他受特别法保护的物一样，应该被置于更为精密的法律保护下。在保护的这个意义上，民法尤其是《物权法》作为定分止争的工具，在其中发挥着十分鲜明的作用。因为，文物保护，需要在法律上解决的问题并不仅仅在于建立排斥他人损害的制度，而更为重要的制度其实是财产所有权人自身的法律制度，也就是我们在上文一再提及的权利主体制度和责任主体制度。谁享有权利和资格来行使对于文物的支配和利用的权利，也就必须要承担责任来保护文物。这是法律要解决的最基本的问题。

千百年来，为了维系稳定的生存环境，人们制定了一系列规则来约束物质与人的归属关系，慢慢的这种归属关系就演变成了现代的所有权制度。① 所有权在整个民法体系中居于重要地位，它是物权中最强势、最彻底的权利，也是各项交易得以产生的基础，它的存在规范了物的分配方式、保护了合法的私有权利，一定意义上给人们积极创造财富提供了动力。长期以来，以所有权为基础的物的归属问题是物权法讨论的核心问题，相应地，以文物所有权为基础的文物归属问题也应该是文物保护制度研究的重中之重。② 我国《文物保护法》的特别规范本意在于更有效地保护文物资源，但是作为上层建筑来看，这部法律并没有达到为经济基础服务的目的，其最主要的缺

---

① 参见王竣峰《国家所有权理论新探》，山东大学出版社 2007 年版，第 21 页。

② 参见李玉雪《文物的民法问题研究——以文物保护为视角》，《法学研究》2007 年第 29 卷第 6 期，第 139 页。

陷就是没有在权利主体和责任主体之间建立起内在的联系。现实状况是我国的文物保护险情不断，现状不容乐观，究其原因，都和真实所有权的法律关系不清晰有关。

（二）文物国家所有权基本问题梳理

如上所述，我国立法将我国社会的所有权区分为"三分法"，文物所有权即按照这个逻辑框范为国家、集体和个人的权利。其中被称为具有绝对的政治价值的国家所有权，其标的物之一就是文物。这种体制在我国建立已经超过半个世纪。

因为具有特殊的历史因素和财产价值，文物这种特殊的财产之上的所有权制度，最能够体现新中国成立以来我国社会法律制度背后的思想意识观念的变迁。新中国成立之初到改革开放之前，我国的法律制度受苏联影响很大，国家所有权获得了绝对的崇高地位，而个人所有权被认为私人利益的体现，在社会主义国家不应该获得充分承认和保护，个人的财产所有权必须绝对服从公共所有权尤其是国家所有权。这一点造成了我国社会过去很多个人文物被迫集中于"国家"的局面。但是，在"国家"取得文物所有权之后，却出现了抽象的国家与具体的文物占有甚至使用之间巨大的法律制度空档。简要地说，文物都是特定物，是一个个具体的存在。占有这些文物的，也是具体的单位，它们才是真正的权利人，不论法律是否承认，它们历来对文物享有全部的权利。但是，法律意义的所有权人"国家"，却从来对此不予干涉，并没有任何权利、义务和责任的主张。我国法律在这一方面的规定，也只是极为空泛地一再强调"国家所有权"而已。

我国《宪法》对文物的规定主要从保护角度出发，其中第22条明确规定："国家保护名胜古迹、珍贵文物和其他重要历史文化遗产。"这个规定当然是十分正确的，它阐明的是国家的责任，这个责任可以借助于司法职权和行政职权来实现。《中华人民共和国文物保护法》对这一方面的问题也有更为细化的规定。该法第2条分别对不可移动文物（古遗址、古建筑、碑刻石雕等）、可移动文物（生产生活用品、艺术品、古籍等）作出规定，采用列举和概括并用的方式加以规范。同时还规定："古人类化石和古脊椎动物基于其珍贵性和特殊的科研性，法律规定同文物一样受到国家保护。"

《民法通则》虽然没有对文物国家所有权进行特别规定，但它规定了国家所有权的一般规则。《民法通则》第 73 条规定：国家财产属于全民所有。国家财产神圣不可侵犯，禁止任何组织或者个人侵占、哄抢、私分、截留、破坏。相比之下，《物权法》中则既有对国家所有权问题的总体规定①，也有针对文物的特殊条款："法律规定属于国家所有的文物，属于国家所有。"《物权法》在这里所说的法律规定，主要就是《文物保护法》这样的法律规定。国家在文物方面的所有权首先就是由《文物保护法》规定的。

　　上文所示，《文物保护法》第 2 条列举了归国家所有的文物类型，这些条文看似合理清晰实际根本无法落实，争议在于"国家所有"中，到底谁是国家？正如本书"序言"中列举的"《毛主席去安源》油画案"的法院判决书所说的那样，究竟谁代表国家行使所有权权能，是中央政府、地方政府，还是另有其人？又比如"故宫破瓷门"案件所告示我们的那样，到底是谁来行使国家所有权在文物上的保护职责？

　　如果来看看法学界的相关研究成果，我们会无比惊讶地发现，我国法学家在这些法律基本问题的探讨方面，不仅只是莫衷一是，而且一些观点简直是匪夷所思、不着实际。其中最典型的不切实际的观点，就是坚持对于文物的"统一唯一国家所有权"的观点。这种观点认为，"国家"可以也实际上对文物行使着所有权，不过它是通过全民所有制的企业事业单位来行使着所有权。我们之所以将这一观点列为最不切实际的观点，原因就是这一观点完全无视企业、事业单位独立的法律主体资格，以及它们在文物上完全的收益权和法律处分权。正如《毛主席去安源》这幅油画被企业、事业单位多次转让而获益的情形告诉我们的那样，这正是我们所要认识到的现行法制的基本缺陷和法律应该解决的问题。

　　如果我们把这种观点带入文物所有权问题中就可以得出这样的结论：国家、集体、个人所有的文物在法律地位上是平等的，虽然国家所有的文物不需要特殊保护，但是在文物的所有权归属上必须按照国家所有、集体所有和个人所有的形式划分出来，这仍然是"三分法"思想的延续。

---

　　①　参见《中华人民共和国物权法》第 4 条：国家、集体、私人的物权和其他权利人的物权受法律保护，任何单位和个人不得侵犯；第 3 条：国家实行社会主义市场经济，保障一切市场主体的平等法律地位和发展权利；第 41 条：法律规定专属于国家所有的不动产和动产，任何单位和个人不得取得所有权。

实际上，按照"三分法"来确立所有权，不但是不符合法理的也是不符合我国实际的。所以我们一再主张，在确定物权法的所有权体系时，不应当以主体的政治地位的高下为标准。原因有两点：①民法本身就是规范平等主体的法律，在市场经济条件下更是如此，一切民事主体所享有的权利都具有平等地位，将其划分为不同等级实际上扰乱了民法本身的存在依据和规范内容。②长期以来民法是一种赋予公民权利的法律，民法上的"人"应该是真实而自由的，应该是各项权利的享有者。关于限制公民权利、限定自主能力的规定应该出现在公法中，否则容易与民法的主要思想产生碰撞。[①] 上文我们也一再指出，"全体人民"也罢，抽象的"国家"也罢，一般都无法成为具体的有形物的所有权主体。

如果谈及文物国家所有权的理论和制度上所体现的政治倾向，则更是让人欷歔不已。长久以来，我国法律承载了太多政治性的东西，文物所有权问题尤甚。从早期的民法学者开始，在国家所有的问题上就已经偏离了科学的轨道。20 世纪 80 年代初期出版的《民法原理》一书中写到，公有制和私有制是由资本主义和社会主义的国家性质决定的，对此，社会主义公有制下的所有权也应做出相应解释。[②] 20 世纪 90 年代末期是法学发展面向世界的时期，但是在国家所有权的问题上，很多学者仍然固守旧论，把民法上的所有权看做统治阶级维护所有制关系的工具，并再次强调应遵从社会主义所有制的原则。[③]这种所有制与所有权一致的观点虽然成为主流学说被继承下来，然而其内在的不合理性一直饱受争论。就文物的利用和保护而言，该理论在国家文物保护的实践方面所表现的状况，是文物所有权主体与责任主体的完全脱离。

本研究成果的主持人多次强调，"三分法"下的所有权理论最不符合法理和现实的问题之一，就是它完全抹杀了重要的法人所有权问题。"苏联民法中，有关国家所有权的规定否认了法人所有权存在的合理性，受其影响，后期成立的社会主义国家在法人所有权问题上也基本采取了回避态

---

①　参见孙宪忠《我国物权法中所有权体系的应然结构》，《法商研究》2002 年第 5 期。

②　参见佟柔主编《中国民法》（修订版），法律出版社 1987 年版，第 48 页。

③　参见马俊驹、余延满《民法原论》（上），法律出版社 1998 年版，第 382 页。

度，因为不能归入国家、集体、个人所有权中的任何一个，财团法人这一发挥着重要作用的法人制度在立法中被排除在外。"①现实生活中，法人已经成为重要文物的重要拥有者。这种情形在国际上非常普遍，一些大企业常常购买著名的文物，比如著名画作等，来作为企业的资产。我们多次提到的《毛主席去安源》这幅油画，就已经被我国一家银行取得。所以，"应将国家所有权用法律关系理论重新解释，抛掉旧的意识形态的束缚，重整理论框架，以主体、客体、权利义务、责任进行分析，使其恢复科学性和实践指导意义，是目前非常重要的任务"②。这一点应用于文物的权利，则更是非常恰当。

本项研究成果多次提出，法理上科学的所有权制度，必须是权利主体和责任主体建立内在联系的法律制度。而这一点正是我国文物国家所有权的制度缺陷，也要我们未来立法应该解决的问题。我们的研究就是要在这一点上依据法理提出自己的设想。

第二节　比较法的借鉴

我国虽是一个文物大国，但文物的立法历史却很短暂。中国历史上各个朝代，君王常以大国自居，并无保护文物的法制，只是在饱受他人掠夺之时，才逐渐意识到保护文物的重要性，1930 年才由国民政府颁布了我国第一部文物保护法《古物保存法》，但开始立法已比西方晚了大约一个世纪。③ 总体而言，法制成熟国家都已经有了相当成熟的文物保护制度，这些制度不仅在理论上合理清晰，实践中也能发挥良好的作用，值得我们借鉴。从法学研究的角度看，这一方面的资料十分丰富。本书限于篇幅，在此仅仅列举和我国法律的概念体系比较接近的德国和日本的相关法律来作为借鉴资料。

---

① 参见孙宪忠《我国物权法中所有权体系的应然结构》，《法商研究》2002 年第 5 期。
② 同上。
③ 意大利早在 1820 年就颁布了文物遗产保护法，西方大多数国家也在 19 世纪完成了相关立法。

一　德国相关立法及特点

（一）概况

作为大陆法系的代表性国家，德国在文物所有权及文物保护方面体现的主要特点是精密。和其他法律一样，日耳曼民族以缜密的思维和出众的逻辑能力将文物制度规范得细致有序。德国也有文物国家所有权的概念，但是内容却和我们有很大差别。概括而言，德国文物保护的整体环境主要有几个要点：第一，文物所有权归联邦政府和州政府所有，其文物国家所有权是指联邦政府所有权，这点将在后文详细论述。第二，德国文物相关立法的重点不在可移动文物，而在于由政府负责管理、对全社会有积极意义的不可移动文物（主要是遗址、建筑等），当然，一些禁止和限制出入境的可移动文物也有涉及。第三，文物行政机构分级设置，由于政府是文物的所有者，文物的经营状况就与政府利益密切相关，再加上各级政府部门权利义务关系相对明确，就容易形成一个有分工、有侧重，同时又积极作为的工作环境。在这个体系中，中央文物部门主要工作是制定标准、宏观监督以及备案管理等；地方文物部门则就审批归档、文物登记核查等事项具体负责。[①] 第四，德国通过减免税收、财政拨款及社会扶助的方式创造良好的社会环境，加强对文物的保护力度。

因为不可移动也不可以从事交易，德国的国家文物从而成为典型的公有物。当然在德国，能够成为国家文物的范围是很狭窄的。从法律上看，这些文物，民众可以研究观赏，但是不能取得其所有权。这一点和我国有明显的不同，因为我国的文物并不限于不动产或者动产，一般人认为的国宝级别的文物常常是动产；另外我国文物范围极为广泛，这样它也无法排斥民众取得相当重要的文物为私人拥有的情形。

（二）关于文物国家所有权的立法

1. 联邦立法情况

德国是联邦制国家，对于文物管理联邦中央政府主要依靠《城市规划

[①] 参见文物立法考察团《德国、瑞士、荷兰的文物法律制度、经验做法及思考》，《中国文物报》2012 年 1 月 20 日第 3 版。

法》、《禁止德国文化遗产外移保护法》（针对 UNESCO《1970 年公约》而订立）及一些国际条约。整个国家并没有一部详尽完整的法律来统领全国的文物保护事业。中央政府下各州负责自己辖区范围内的文物管理事务，每个州级行政区都制定了自己的文物法（共 16 部），分别依法开展文物保护工作。

德国的"国家所有文物"实际上特指联邦政府所有的文物，其最突出的特点是数量少而价值高，我们常说的"国宝级文物"在德国指的仅仅是联邦政府所有的文物。这些具有非凡价值的文物由联邦政府出资进行管理运营并定期维修，同时在财政拨款有限的情形下，德国联邦文化基金会向社会募集资金，来对国有文物的保护予以资助。这一制度对这些"国宝"的存续起到了保驾护航的作用。

2. 各州立法情况

德国各州文物法虽不尽一致，但基本都规定"由人类创造的，有历史价值或者科学艺术价值、建设景观价值的，能代表公众利益的实物、建筑等，属于文物"。主要类别有：建筑类、园林类（花园、园林、墓地）、地下文物类（分为可移动与不可移动的）。此外，鉴于德国特殊的工业发展历程和宗教信仰背景，文物在工业园区和宗教遗产方面也有详细分类。同时在对工业园区遗址的利用方面也充分考虑到因地制宜，形成了各具特色的工业环保、工业文化宣传基地。一般情况下，文物的认定、登记、核实工作由地方文物部门定期进行，也可以通过申请进行临时管理。文物一经登记即被存档，监督机制同时被长期有效引入，文物部门对输入数据库的文物信息进行分类管理。①

德国各州在联邦政府监督下从事文物保护工作，由于各州单独享有所辖范围内的文物所有权，因此它们在工作内容上是相对独立的。政府基层文物部门负责实地管理文物，上级则主要依靠数据库系统进行审查核实工作，德国在不可移动文物的数据库资源录入工作上比较细致，因此统计数据比较权威，以此为基础的文物保护、发掘、开采工作得以顺利展开。在保护文物的

---

① 参见文物立法考察团《德国、瑞士、荷兰的文物法律制度、经验做法及思考》，《中国文物报》2012 年 1 月 20 日第 3 版。

时候我们常常会遇到一种两难的情形，就是在城建过程中遇到文物遗址应如何处理，在这个问题上德国文物保护工作者充分认识到合理规划和文物保护工作协调开展的重要性，他们利用定期的备案考察方式，不仅对现有的文物存续状况进行调查，同时配合专家对不同区域存在文物的可能性进行估算，将结果分为不同等级进行标注，在日后的城建开发中预先考虑到开发风险，双方充分考察地形并与开发建设单位达成风险承担合意，有效预防了城建纠纷问题。对于施工中出现的遗址遗骸，各州一般规定报文物部门调查建档，毁损情况视过错情形承担责任。

对于出土文物的所有权问题，德国也由各州自行规定，有的为政府所有，也有为土地所有者所有，还有折中规定为州政府所有，但需给土地所有者一定补偿。对于有争议的出土文物所有权问题，当事人可以随时提起诉讼请求法院裁决。总的来说，不可移动文物出土后一般采用属地原则进行原地保护，可移动文物则交由博物馆馆藏并定期展出。

德国在文物保护上有一致的理念，即文物是历史留给后人的共同财富，文物的保护和利用归根结底要达到服务公共利益的目的。因此，不论是文物的转让还是文物区域的开发都会充分考虑文物的公益性价值。各州对于一些管理困难、濒于毁坏的文物可以采用低价出售的方式转让所有权，将文物转让给有能力进行修缮和保护的个人或组织。但是这种转让不是政府摆脱资金困难的手段，政府有义务通过后续机制监督取得文物所有权一方的保护情况，这些后续机制是长期而繁琐的，一方面可以保证文物在转移所有权后能得到真正的保护，另一方面也可以遏制政府的文物转让数量。

从这些法律规定的情形看，德国的"国家文物"，从所有权的角度看，区分为联邦政府和州政府两个级别。在这两个级别内部，针对文物所有权的行使，主要是发挥保护职责，并没有从中取得收益等方面的问题。

（三）德国如何运用国家所有权理论保护文物

德国在文物保护中采用的是公法法人所有权理论，将文物的国家所有规定为政府所有，将少数珍贵文物纳入中央政府的保护范围内，其他文物依照属地原则归州政府所有。这一理念的初衷在于将文物置于利害关系人的保护下，因为人们总是对自己所有的财产更加用心经营，也就是著名的"公地荒废"理论。在政府对文物有切实权利的情形下，政府才会承担起切实的义务，文物遭到破坏时政府才能挺身而出，同时，政府所做出的政策才会是能使文物长期发挥价值的政策。我们可以看到，这种理念确实发挥了实际作用，政府在文物保护上勤勉认真，在文物利用、经营上合理高效，在文物受到侵犯时积极表达诉求，体现了所有者该有的态度。相比之下我国的全民所有似乎没能起到应有的作用。另外，一些州还在文物局内设 12 名专家评审员，对市级和州级文物保护争议进行分析裁决，也是比较有公信力的一种救济手段。

这种国家所有权主体客体清晰，权利义务关系明确，一旦文物遭受侵害就会有主体站出来主张权利，不但有效地保护了文物，而且对全社会都有警戒作用，相比之下，我国文物以国有居多，却没有得到政府和公众应有的尊重和保护。因此无论是立法上还是实践方面，学习德国公法法人制度来解释文物的国家所有权都将是有益的尝试。

二 日本相关立法及保护措施

虽然中、日两国渊源久远，两国无论在建筑、文字还是文化多方面都有相似性，但是由于日本较早变法，吸收了大陆法系的立法思想，而且在《日本民法典》制定时，比较多地接受了传统民法的精髓，所以日本的文物立法显得更有科学性，有很多地方值得我们借鉴。日本的文物保护整体上远超我国，古城奈良原是仿照古都长安建置，如今千百年过去了，长安古都风貌已经面临消亡，而奈良古城的古老建筑还保留着原来的样子。同时还有大量的文化和文物遗存，在现代生活中扮演着重要角色。日本前首相吉田茂曾说过："日本人是极其讲求实际的国民，同时也是十分相信精神力量的国民。日本国民在战后极度困难的国情下仍不忘保存自己的文化。"① 这种保留自己文化的精神，促使日本在保护文物方面做出了切实的行动，不论是在立法上还是法律的实施中，日本在文物保护方面一直走在亚洲的前列。

日本的文物保护法令可以追溯到 19 世纪，早在明治四年（1871 年）就公布了《古器旧物保存法》，后来又制定了《史迹名胜天然物保存法》和《国宝保存法》。日本最完整统一的《文化财保护法》共有 7 章、130 条，它

---

① ［日］吉田茂：《激荡的百年史》，李杜译，世界知识出版社 1980 年版，第 59 页。

的制定很大程度上是受历史事件的影响。1949年，日本著名的古建筑法隆寺曾遭遇一场大火，造成很大损害，日本各界对于文物保护的呼声日益高涨，于是在1950年制定了《文化财保护法》，并成立了国家文化财保护审议会。

《文化财保护法》中对于文物的界定范围非常广，立法者出于保护文物的立场，用大文化的概念将无形文化财产和民俗文化财产纳入保护范围，这与多数国家的立法有所区别，它使一些存于人们意识形态的文化也被传承下来，这是日本民俗得以传承的一个重要条件。

日本是崇尚财产私有制的国家，因此文物中有大量属于私人所有。在立法中如何平衡好国家和个人的所有权关系显得十分重要。[1] 日本的行政权利体系分为三级，即中央政府、县（含都道府），都道府下属主要为市町村。由于日本文化财产范围广、内容杂，就使得分类系统比较繁杂，既要有文物本身错综复杂的分类，又要有中央和地方分级管理分类，因此日本设立国家文化财产保护委员会专职文物管理的分类工作。基层行政组织负责管理上级指定的文化财产，主要是不可移动文物，可移动文物则交由馆藏单位进行维护利用。中央负责"国宝级文物"的保护工作，特别设立文化厅统筹管理全国文物保护事宜。日本对于民俗文化财产和其他无形文化财产的保护可谓用心至极，政府在文化财产保护部下专门设立民俗文化财产和无形文化财产保护部门，负责发现、收集并维护民间无形艺术，这对文化传承的多样性起到了重要作用。

在文物修缮变动上，日本文物立法特别规定了文化厅长官负责制，负责对争议事项作出决定，对于不同意见可以提请法院裁决。依据日本立法，文物可以由私人拥有，但是在私人转让其文物时，国家在文物所有权取得上有优先权。《文化财保护法》第43条规定，重要文化财产有价出让时，在同样价格下，国家可以有优先购买的权利。

《文化财保护法》确定的发掘文物的归属的规则，有相当的特殊性。它规定了发掘出土的文物依照所有者优先原则，在所有者明确时归还所有者，如果不明确，法律规定按照处理遗失物的办法，由警方发布公告，然后可以

---

[1]　参见苏勇《外国文物保护法简介》，《文博》1988年第3期。

由先占者取得。这就是说，在日本，考古发掘所获文物可归私人所有，它不同于德国各州原则归国有、特例归个人的方式，当然也不同于中国及其他一些国家规定地下文物一律归国家所有。

日本《文化财保护法》也将文物分为可移动文物和不可移动文物加以区分。对于可移动文物，由私人或博物馆、美术馆等法人组织取得所有权，并进行管理。对于不可移动文物，则由中央政府和地方政府分级所有，纳入不动产登记，并由文化厅下属文化部各部门主管，担负公法法人保护文物的职责。这一体制下的文物保护，达到了所有权清晰、管理有效的目的。总体而言，政府拥有的文物，在法律定性上为公有物，因此社会大众可以很方便地观赏和研究。也正是因为立法明确规定了这些文物的性质，日本社会形成了整体的文物保护意识，不仅政府在文物保护上各司其职，社会上也形成了良好的文物保护氛围。

通过两国在文物保护方面的比较我们不难看出，德国在文物管理上充分体现了联邦国家的特点，各州利用相对宽泛的自主权进行立法、执法，在全国范围内形成了一个个既独立又受中央统一领导的文物保护区域。在这些区域中，政府享有公法法人所有权，以其行为对文物资源的利用情况取得收益并承担责任。而日本，立法上以文物私有作为原则，但是政府并未因此而放松对于文物的管理。日本建立了从中央到地方的文物分级管理体制，各地区在中央政府统一领导下分工负责，同样由政府享有文物权利、承担义务。因此我们可以看到，政府对于文物的保护职责，并不和所有权问题发生内在的联系。但是不论立法思想如何，它们都是立足于本国国情，面对现实而做出的合理规范，正是这种差别让我们看到不同法律思想下的文物所有权理论各放异彩，并为同一个目的而服务，那就是文明的传承。

第三节　我国立法现状、问题分析以及制度建议

我国立法者以及我国社会对于我国自己的精神文明历史的保护，也是十分重视的，这一点在文物保护的立法上也有很多的反映。问题在于，我国的立法在这一点上采纳的法学理论欠缺科学性，因此保护文物的良好的指导思想落实在具体的法律制度之上时，暴露出实践操作的很多缺陷。而且经济体

制改革以来各地发展经济的压力很大，各地大大小小的建设项目绵绵不断，其中也出现了很多毁坏文物的事件。本项研究成果在此对我国的文物立法，从所有权的科学性的角度进行分析，提出改进型建言，希望能够对我国科学合理的文物使用以及文物保护发挥促进作用。

一　我国文物所有权的立法体系

中国古代虽然是律令体系非常发达的社会，封建统治者为了维护统治地位制定了大量的律令典章，但是在文物方面至今尚未找到一部完整系统的专门性法律。历朝的律令和典例中虽然不乏关于惩治盗窃祭祀品和墓葬品行为的规定，但大都归于刑事法例当中。我国历史上第一部文物立法是1930年的《古物保存法》，但是当时社会正处于特殊时期，立法实践并没有得到应有的开展，因此只能从书面意义上探究当时的立法精神。

新中国成立后，中央人民政府政务院（后来的国务院）于1950年颁布了禁止珍贵文物图书出口的管理办法，随后中央人民政府政务院又颁布了一些专门保护文物的办法。1961年，国务院正式颁布了新中国第一部综合性的文物行政法规，即《文物保护管理暂行条例》。它一方面使许多珍贵文物免遭厄运，另一方面也向世人昭示，中国政府和中国人民将继承人类文化遗产为己任，有责任、有义务，也有能力保护和管理好祖国的文物。[1]

改革开放以后，国家加大法制建设的力度，文物立法方面也不例外。1982年全国人大常委会通过了《中华人民共和国文物保护法》，也就是新中国文物领域第一部法律，对新时期文物保护工作起了比较大的作用。1991年，全国人大常委会对《文物保护法》中的刑事、行政处罚和追究行政、刑事责任这两条进行了修改，主要目的是打击新形势下的破坏文物行为，震慑犯罪，为打击文物犯罪活动提供更加有利的法律依据。经历90年代初经济的发展，《文物保护法》又出现许多需要改进的地方，于是从1996年年底，立法机关开始对1982年文物保护法进行系统修订，经过为时六年的修改期，全国人大常委会于2002年10月通过了新的《文物保护法》，新法包

---

① 参见朱晓娟《我国文物法律保护存在的问题与思考》，苏州大学硕士学位论文（2006年），第5页。

含 80 条 130 款，对文物概念、范围、保护、处罚等方面进行了规定。

我国的文物保护从法律建设来讲经过了 50 多年的努力，已经初步形成了中国文物保护法的体系。这个法律体系包括五个部分：第一部分是宪法，起到统领作用；第二部分是法律，包括专门针对文物的《中华人民共和国文物保护法》和一些虽然不是针对文物问题但其中也有相应文物保护规定的法律，例如《矿产资源法》、《海关法》、《环境保护法》等；第三部分是行政法规，由国务院常务会议通过并由国务院颁布，例如《风景名胜区管理暂行条例》、《国务院关于进一步加强文物工作的通知》、《中华人民共和国水下文物保护管理条例》等；第四部分是地方性法规，由省级人大常委会制定的保护文物的法规；第五部分是规章，主要是国务院部委颁布的针对文物的规范性规定和省级人民政府颁布的保护文物的一些规定。

二　法理疑问

纵观我国历史上的文物立法，虽然种类多样内容宽泛，但真正涉及文物所有权的实质性规定却并不多见。上文引用的我国《民法通则》、《物权法》的几个条文中已经展示，我国法律对"国家文物所有权"已经有了规定，但是这些规定也就是这样简单地宣告一下而已。至于到底谁是权利主体、谁在文物的实际保护方面（比如修缮、管理）承担责任、谁来对那些损害国家文物的行为追究其责任，到现在我们实际上看不到任何细致的规定。至于文物的使用，比如文物研究、展示供游客欣赏而收取门票等，则完全与"国家"无关，也与社会公益无关。法律上的权利应该是给权利人的一种福利，①但是我们可以看到，这种福利基本上都是保留在具体的占有人或者持有人手中，与"国家"无关。《文物保护法》中提到的国家所有权，可以说完全无视民法原理方面的基本规则。现实生活中，"国家文物"是最为重要、最有价值的文物，但是其法律制度建设方面的问题，确实存在非常明显的缺陷。中国是四大文明古国之一，也是其中人类早期文明保存比较久的一

---

① 对此王泽鉴老师曾在《民法总则》中提出："基于权利而组成权利体系，有权利上主体、权利客体和权利上行使等问题。"参见王泽鉴《民法总则》（增订版），中国政法大学出版社 2001 年版，第 24—25 页。

个国家，我们的祖先为中华民族创造出灿烂的文明，同时给我们留下了珍贵的文物资源。① 著名学者徐嵩龄曾经针对国家文物保护情况说过："人类越是文明越是需要了解自身的历史，越是需要重视和珍爱文物。"②所以，文物所有权方面的制度建设存在问题，以致妨害到文物保护，确实是要认真解决的。

如上所述，所有权是权利主体对客体享有的占有、使用、收益和处分的权利，作为民法上一项最完整最彻底的权利，它的基本要求，就是要有清晰的主体、客体和内容。具体到文物所有权来说，要想做到有效的保护，在我国法律上迫切需要解决的问题，就是权利主体和责任主体的制度建设问题。但是我国相关法律制度没有解决这个问题。

（一）权利主体问题

法律主体是指具有法律上的人格（权利能力），能够享有权利和承担义务的自然人或者法人。文物的国家所有权，顾名思义主体一定是国家，那么这里国家的含义具体是指什么？要由谁来行使？有的学者认为，社会主义制度下的国家所有权主体毫无疑问应该是全体人民，因为人民是国家的主人，是所有权利的最终归属者。对此我们有四点疑问。

第一，"所谓物权，系指特定物归属于一定权利主体法律地位而言。特定物既已归属于一定权利主体，该权利主体对该特定物自有一定支配领域，于此支配领域内，得直接支配该特定物。易言之，物权系以直接支配特定物为内容，应属不刊之论"。③如果全民对国家所有的文物是一种间接占有，那么人民对文物的范围、存在状况、收益处分情况有多少了解？如果对文物的现状、利益分配有疑义应该如何解决？文物遭到破坏时，人民有权就侵权行为提起诉讼吗？答案都是否定的。如果一项权利既无法量化到个人，又无法采用救济手段保护自己的权利，那这项权利恐怕只能活在口号中。

---

① 截至目前，中国已知的地上、地下不可移动文物约为40余万处。长城、故宫等31处文物古迹和自然遗产还被联合国列为世界遗产；由政府确定的"全国重点文物保护单位"总数已达1269处；全国现有各类博物馆已达2000余座，收藏着约1200万件文物，每年推出陈列展览8000多个，接待国内外观众1.5亿人次。管理这些文物是一项浩大的工程，不仅需要人力物力的投入，更需要有完善的法律引导。

② 参见徐嵩龄《文化与自然遗产保护应成为我国的第三国策》，《第三国策：论中国文化与自然遗产保护》，科学出版社2005年版，第9页。

③ 参见谢在全《民法物权论（上）》，中国政法大学出版社1999年版，第14页。

第二，民法上的财产权利尤其是所有权，必须存在主体和客体之间直接的物质利益。可是我们无法从任何一项具体的文物之上，看到"全体人民"或者"国家"的具体物质利益。因此，这里所说的全民所有国家所有都只是一项空洞的权利。

第三，所有权人对自己的物，必须保持直接占有或者间接占有；即使是间接占有，权利人也保持着对于特定物的明确的法律关系。但是国家作为文物的所有者，和具体的物的占有者之间并无任何民事法律关系。上文多次谈到，"全体人民"也罢，"国家"也罢，都不行使对于具体的特定物的占有、使用、收益和处分的权利。所以这些主体并不是真正的所有权主体。

第四，人民并不认为自己享有国家所有权的利益，国家也无法从民法的角度和民众建立利益关系。动辄就提国家所有的观念看似高尚，运用到民法中却不能起到真正的规范作用，反而常常成为侵蚀公共财产的借口。"财产一说是公家的，差不多就是大家可以占一点便宜的意思，有权利而没有义务了。"①

（二）权利客体难以界定

所有权是一个明确具体的权利，代表着主体对客体强有力的支配能力，我们说如果一个人或一个组织对文物享有所有权，那就表示这个人或组织对特定的文物享有完整的所有权权能，也就是说，主体明确、客体特定、权利清晰才能构成所有权，那么国有文物在客体上能满足要求吗？国家所有权的对象是国家享有的财产总和，即自然资源、矿产、文物等都是国家所有的财产，这里没有一个明确的范围，也不满足"物权客体特定"的理论。这就是文物保护问题存在的现实，现实中经常出现的问题，就是文物保护单位声称搞不清楚自己应该管理的文物的范围问题。"国家"在文物所有权方面到底有多少家底，恐怕它永远也不清楚。

（三）权利内容模糊不清

我国现有的《文物保护法》第2条规定，满足某些条件的文物统一属于国家所有，同时法律也规定国有文物经营部门在一些情况下可以合法地将国有文物转让给私人。这一规定，首先说不清楚什么样的文物属于国家，也说

---

① 参见费孝通《乡土中国》，上海三联书店1985年版，第21页。

不清楚如何"统一"地转移给国家。这个"国家"是谁？其次，这个规定给具体的"文物经营部门"留下了巨大的权利，它们甚至可以处分"国家文物"。而处分权恰恰是所有权的核心象征，在民法原理上，谁享有真实的处分权谁就享有所有权。从这些规定看，文物的国家所有权显然很难成立。

三　文物保护的责任主体问题

民法上的所有权人，对于保护自己的所有权当然要承担自己的责任，这就是我们在上文说到的责任主体的问题。相比之下，国家所有权制度下的文物保护责任就存在严重的问题。

我们可以看一个案例，2004年年初，各地公园相继举办冰灯展览，地坛公园方面在没有将展览事宜报送北京市文物部门进行审批的情况下，私自把展览设在了公园的主体部分。展览开始后文物部门才得知此事，随后就以地坛公园擅自举办展览、严重损坏文物主体构造为由进行起诉。这本是一个涉及文物所有者、主管单位和经营单位的好案例，无奈最后却没有一个响亮的判决，案件结果不了了之。对此北京市文物局局长也曾表示，"由于《文物保护法》某些地方不明晰，操作性不强，导致官司无果而终"。究其根源，就是文物局能不能代表国家行使所有权，因为所有者不明，文物的使用情况就是模糊的，不同利益群体也会加入逐利的博弈中，最终结果是没有人爱惜文物，文物被过多利用留下的毁损之处也得不到修缮。

目前就占有情况来说，很多文物辗转于政府、管理者和经营者之间，所有权模糊、流转情况复杂，没有清晰的占有者；就使用情况而言，很多文物成为经济利益的牺牲者，过度利用情况屡见不鲜。在此情形下的收益状况也比较混乱，为了牟取利益，有些文物管理部门和文物经营部门联合起来违规经营，将取得的款项私下分配，将所谓的"全民利益"放入私囊；对违法使用文物的行为处罚虽有明文规定，但由于主体混乱也很难真正追究责任。总之，在传统国家所有权理论的束缚下，文物国家所有权的权利主体、责任主体相当混乱，无法予以确定。最关键的问题还是，谁来行使保护文物的职权？谁来承担这一方面的内在的责任？

上文说到的"故宫破瓷门"案件就是这样。2011年7月4日，国家一级文物宋代哥窑代表作品青釉葵瓣口盘在进行无损分析测试时发生损坏事故，瓷器破损为六瓣，损坏情况较为复杂。事故发生后故宫方面并未作出明确声明，直到 20 多天后经网友微博爆料才承认确有其事，但对损坏原因仍遮遮掩掩。关于文物事故报告方面的程序，《国家文物局突发事件应急工作管理办法》早就有严格规定①，同时还强调"任何单位和个人对突发事件，不得隐瞒、缓报、谎报或者授意他人隐瞒、缓报、谎报"。但是文化部相关部门对此表示，不确定当时是否收到事故通知，更多内容不便透露，以故宫方面说法为准。这样，"破瓷门"的法律责任最后还是不清不楚。到底谁在承担着"国家"保护的责任？故宫在这一事件上的解释，应该说是有普遍性的解释，但是这对于国有文物的所有人——"人民"来说，恐怕不能算一个很好的解释。

从这个案例中我们看到，国家所有权下的文物保护情况多么糟糕，作为名义上的所有人，全体人民不仅不知道"自己所有的"珍贵文物被损坏，甚至在被动得知后也根本没有途径去还原事实的真相。更悲惨的是，人民也罢，国家也罢，甚至没有权利为自己的物寻求救济，只能听取"相关部门和故宫商量后的答复"，有人想要了解更多，得到的却是"不便透露"。人民把权利集中给了国家，高喊"国家所有既是全民所有"后，换来的却是这么让人心寒的结果。

上文谈到，国家所有权的法理问题之一，就是保护国家所有权的诉权无法行使。这一点在文物保护方面一再出现。福建省漳州市文物局曾因某市级文物受到房地产开发商的破坏向当地法院提起诉讼，要求开发商赔偿因此而给国有文物所造成的损失。法院审理认为，文物行政主管部门与房地产开发商两者间的关系属行政法律关系。而且法律没有规定文物行政部门可以提起相应的民事诉讼，因此驳回其诉讼请求。② 立法的本意是为了强化国有文物所有和保护，但实践中却妨碍了文物国家所有权的有效行使。

---

① 《国家文物局突发事件应急工作管理办法》针对文物事故汇报方面的具体规定有：国有文物事业单位应当在知道突发事件发生后两小时内向所在地县级以上文物行政主管部门报告。如发生一级文物丢失或者损坏等情形，县级以上文物行政主管部门应当在接到报告两小时内，向同级人民政府和上级文物行政主管部门报告，并同时向国家文物局报告。

② 孙红英：《福建漳州某房地产开发公司拆毁市级文物保护单位许地山故居》，《今日福建》2004年1月8日。

四 国有文物上经济利益问题

珍贵的文物被称为"软黄金",是收益率极高的珍藏品,如果依"国家所有即全民所有"的观点,国家对文物取得的收益最终应回到物的所有者——人民身上,那么事实真的如此吗?我们愿意怀着真诚善良之心期待政府平等公正地为全体人民服务,但不可回避的是,政府这个抽象名词下掩盖的是充满了自利性的各种群体,组成政府的人有自利性,就使得原本属于全民的收益仅仅在小范围内铺开,失去了国有制度设计原本想要达到的目的。同时,文物管理单位、经营单位也有自利性,最终导致有权得到回报的人民只能背负一个虚有的名声。现行文物所有权制度下,各级政府对文物不享有所有权,仅是依照法律进行管理而已,恰恰是这种关系造成了文物保护的硬伤,就好比手捧一块蛋糕,不知蛋糕主人是谁,没人过问也没人关心,而捧蛋糕的人又很饥饿,在这种情况下尽管我们怀着对人性的美好期望,却没有把握能肯定人都是舍身取义的。"行政机关内部机构的庞杂性和自利性都对文物国家所有权的行使造成了障碍,现实中常常会出现与立法目的相违背的窘境。因此,传统国家所有权理论下'神圣不可侵犯的财产',到头来恰恰是最没有保障和经常被蚕食的财产。"①

谈到文物之上的经济利益争夺,对一些地方政府所发挥的作用首先就应该质疑,尤其是地方政府以"国家所有权"的名义所进行的利益争夺,为我国的文物保护造成严重的隐患。目前国有文物管理混乱现象主要体现在两个极端,对于"有利可图"的文物各政府部门、单位间争相管理;对于"无利可图"的文物则相互推诿、置之不理。这样的案件简直不胜枚举。最有代表性的可以算是最近几年的名人故居争,小到县市间,大到各省间,围绕"墨子"、"赵云"、"刘备"等故居打响了声势浩大的争夺战,甚至连西门庆被杀的楼房名称及其所在地,以及秦桧故居都引起了争夺,让人不禁有吃下苍蝇的不快之感。

再如我国著名的道教胜地茅山,其道教遗址恰好处于两个县级行政单位之间。面对旅游带来的经济利益诱惑,两地政府都采取了不正当的竞争手

---

① 参见江平主编《中美物权法的现状与发展》,清华大学出版社 2003 年版,第 132 页。

段，在遗址附近仿造道教建筑，争夺游客资源。这不但造成了两地关系紧张，同时也破坏了原本和谐的文物遗址风貌。[①]

但是，面对真正的文物，地方政府常常却并不行使所谓的"国家所有权"去予以保护。某地区以化石资源丰富而出名，不仅盛产精美的化石品，更有许多珍贵的古脊椎动物骨骼化石，曾发掘出土很多具有科研价值的文物。依国家所有权规则，这些化石应该受到地方政府强有力的保护，但是面对巨大的利益，政府国土部门与文物管理部门间相互争抢，管理权限混乱、无人监督制止。[②] 这件事曾在当地引起极大的争议。不但偏远的地方政府是这样，就连首都也是这样，梁思成林徽因故居被拆、龙首关遗址被毁等事件屡屡发生却得不到警醒。

五　文物经营权问题

《文物保护法》规定，文物由国家所有。但是实际上土地、园林、宗教、城建、文化、旅游等各个部门似乎都行使着这一权利，它们都可能会利用文物来收取利益。实际上地方政府控制着这些具体的文物占有单位（我国法律上美其名曰"文物保护单位"），指导他们按照当地经济利益的需要来管理和经营文物，取得旅游等方面的收益。我国《文物保护法》又规定，各级政府中文物局是指导单位，指导这些具体的文物占有和使用的部门保护文物，但是，这种指导作用很难落实。

在此我们仅仅以文物保护和旅游部门之间的关系来讨论这个问题。一些地方政府为了获得更多的旅游利益，基本上都是将文物经营权转给旅游部门，甚至交给旅游公司。但是，旅游部门主要关心的是"开发回报"，过度利用文物的问题十分严重。利益的驱使使得文物被毁损的情况频频出现，比如一些旅游公司擅自进行维修，破坏了文物原有的风貌和意蕴。如山东曲阜市政府把"三孔"划归旅游公司管理，后因为管理松懈使孔庙中珍贵的元

---

① 金凝等：《镇江：一山二主导致茅山景区"三乱"》，新华网，2006 年 1 月 25 日。

② 参见中国文物报社编《文物保护单位身兼自然保护区——二连恐龙化石由谁来管》，《中华人民共和国文物保护法——以案说法》，文物出版社 2003 年版，第 70—73 页。

代"赐尚酝释奠记碑"被毁。① 虽然相关人员被给予处分，但遗存千年的文物不复存在，这就是管理部门保护不到位、擅自经营文物带来的教训。

《文物保护法》规定文物为国家所有，由各级文物局进行业务指导工作。但是，由谁来行使国家在这一方面的所有权？文物局指导谁？"条和条交叉，责权不明确，就会产生一些管理空白地带和相互推诿区域。"②

六　经济发展冲击文物保护

在我国，经济发展带来的重大变化之一就是城市化的进度飞快，城市的发展避免不了基础设施的新旧替代，一些不可移动文物在城市规划中就成了某些人认为的阻碍城市翻新的"累赘"。比如城市要发展房地产取得地方财政，但是面临的文化遗存，有可能就是文物。现实中常见的结果是，发展的社会利益由地方政府来主张，但是保护文物所有权的要求却没有人主张。这时候，不论是国家还是地方政府都不再声称自己要行使国家所有权。

有一个案例充分体现了这一现状：临策铁路（巴彦淖尔市临河—阿拉善盟策克口岸）开工沿线经过居延遗址和长城遗址等重要文物所在地，该地区本来生态环境就比较脆弱，铁路建设更使得文物保护困难加重。尽管受到多方关注，近年来内蒙古文物部门发现铁路建设最终还是对遗址造成了破坏。但是问题出现后，建设单位、施工单位和文物保护单位都推诿自己的责任。③内蒙古基建考古办公室有关负责人说，建设单位没有严格按照法定程序建设，没有及时向文物管理部门申报就匆匆开工了。④但是，开工是政府决定的，文物保护部门实际上无法阻止。

过去20年是我国城市建设的高峰期，人们一方面受困于文物保护意识缺失，另一方面受错误观念影响，认为旧物的消失是经济发展的代价，使得很多存在保留意义的历史文物被拆掉，北京的胡同文化就在一片"拆"字

---

① 参见中国文物报社编《中华人民共和国文物保护法——以案说法》，文物出版社2003年版，第87—88页。

② 参见居延《文物保护的法律难题》，《关注》2001年第3期。

③ 王婧姝：《保护文物，民间组织能做些什么》，《中国民族报》2007年3月9日。

④ 《文物保护法》第29条和第31条规定，进行大型基本建设工程，建设单位应当事先报请自治区级文物行政部门，对施工范围内有可能埋藏文物的地方进行考古调查、勘探，并将所需费用列入建设工程预算。

中仅仅留在了老一辈人的记忆中。国家文物局局长曾在工作会上说："在当前城市化进程中，'旧城改造'、'危旧房改造'使历经千年风雨的大型古代城市遗址遭到远比战火和自然灾害更为严重的损害。"

第四节　制度建言

以上讨论了文物国家所有权的基本理论和存在的问题。但是指出这一方面的制度缺陷并不是我们的目的，而完善我国相关的法律制度才是我们的目的。我们看到《文物保护法》作用发挥得不理想，其根本原因在于我国关于文物国家所有权的制度建设有明显缺陷；而这一缺陷，是因为我们接受苏联法学中的"统一唯一国家所有权"的学说造成的。我国的文物法权制度就如同一棵大树，其中的国家所有权就是树干，在此基础上延伸出的其他制度都是枝条，因此我们不能期盼在所谓的"统一唯一国家所有权"的体系下，寻找建立弥补制度缺陷的方法。我们认为，要改变文物所有权现状，就要从根本入手，从根源上对国家所有权理论进行改变。

一　从责任主体的角度构建权利主体

从上文的分析我们可以清楚地看到，我国文物所有权的制度缺陷，归根到底，就是权利主体和责任主体不明确的问题。就公有文物而言，法律上规定的主体是"国家"，而真正对文物享有所有权的，包括占有、使用、收益和处分权的，其实是多个部门。实践中土地、园林、宗教、城建、文化、旅游等部门都掌握着自己手中的"国家"文物，在开发文物的旅游资源时，它们都在配合地方政府的经济发展需要，尽可能地收取利益；但是谈到文物保护时，似乎却只有文物保护部门一家承担责任。

从上文提到的"地坛冰灯节"和"福建漳州地产案"两个案例中我们可以看到另一种情况：文物局分别对破坏文物的地坛管理部门和房地产商提起诉讼，要求保护文物、停止破坏行为，但是在这两起案件中，法院均没有支持文物局的诉讼请求，因为依据法律规定，文物局对破坏文物的行为没有民法上的诉权。《文物保护法》第8条规定：国务院文物行政部门主管全国文物保护工作；地方各级人民政府负责本行政区域内的文物保护工作；县级以上人民政府承担文物保护工作的部门对本行政区域内的文物保护实施监督管理。可见文物局只是一个文物行政监督管理部门，它不是文物的所有权人，不能行使基于所有权而产生的诉讼权利，来保护文物的所有权。

当我们发现任何个人和文物局都不能对国有文物的保护行使诉权时，就该明白为什么文物破坏者这样有恃无恐，因为当他们损害文物时，根本不必担心所谓的"主人"出来兴师问罪，国家所有权制度下的文物所有权从这点上可以说是一项没有保障的权利。

依据民法原理，能够在所有权保护方面行使诉权的人，当然是真正的所有权人，也是权利保护的责任主体。这一点我们在上文也已经阐述过了。在文物保护方面，我们也应该遵守这个基本的原理。与其把文物保护这么重要的所有权交给空虚抽象的"人民"和抽象的"国家"，为什么不把权利交给实际的掌控人，赋予它真正的权利义务责任，让它名正言顺地行使所有权呢？

因此，就文物所有权而言，实际享有权利、履行义务、承担责任的政府或者政府部门才应该是真正的所有权人，也是文物保护的责任主体。只有让真正与文物有切实利益的人进行管理，才能调动管理者的积极性，避免重蹈"公地荒废"的悲剧。取消虚无的全民所有权、把政府的文物所有权加以合理规范使其有权利、有约束，这才是保护公有文物所有权的出路。

二　承认文物的公法法人所有权

公法法人在我国一般是指各级政府法人、机关法人和事业单位法人。《民法通则》对机关法人、事业单位法人的成立条件已经有所规定，但是由于"统一唯一国家所有权"学说的作用，我国《宪法》、《物权法》等都作出了"国家所有"即"全民所有"的规定，因此我国的公法法人制度以及公法法人所有权制度无法得到合理的发展。对于我国民法应该建立公法法人制度以及公法法人所有权制度的合理性和可行性，以及消除关于公法法人的种种误解的理论分析等，上文已经进行了充分的讨论。我们认为，在文物所有权方面，赋予政府机构以及政府派出机构公法法人的身份，并由其享有公有文物的所有权，作为法律上的权利主体和义务主体，是非常必要的。只有这样文物保护问题才能落到实处。

有学者认为，在历史上，任何时代的国家都拥有大量公有财产，这是个不争的事实，否则国家就无法供养自己的军队和政府。①基于同样的理由，国家拥有文物，也是毫无争议的。但是，国家拥有公共财产时，他必须具有现实的民法主体资格，而不是以抽象的身份来享有权利。这些基本的原理也应该适用于文物的所有权。人们早已认识到，让虚幻的共同体"国家"来享有公共资源不仅不符合物的利用规律，也不能对公共资源造成的侵害承担责任。为了解决这个问题，立法者最初是把具体的所有权赋予了政府。但是，之后人们发现，虽然政府相比国家而言，在法律主体资格方面已经走向了具体化的道路，但是它是一个整体的一系列庞大机构的总和，无法作为具体的特定物的占有者、使用者，也不是享有处分权的机构，因此立法者才开始建立公法法人机制，以解决具体物品的民法意义的法权问题。

另外，实际上政府不论是中央政府、地方政府还是一些公法法人，他们虽然以一种正面形象出现在公众面前，但是他们支配着公共资源，也经常在为社会群体服务的口号下从事大量的自益行为，甚至是自利性收益行为。经济学家发现，目的指引着人类行为，相比于抽象的公共利益，现实的自我利益更容易被重视和优先考虑。②经济学的分析与民法学的分析，不论根据还是结论其实都是一样的。因此，有制约、有监督、有责任机制的公法法人制度就开始建立起来了。

这些基本的分析，应用在我国文物的所有权制度方面尤其具有切实的现实意义，因为从民法的角度建立的文物保护机制，正急切需要建立明确的权利主体和责任主体的制度。我们可以看到，实际上名为国家所有的文物权利，现实中是掌握在具体的政府、政府部门以及大量的公法法人比如事业单位手中。这些实际上享有所有权、依据其权利经营文物并收取利益的机构，因为没有所有权者的名号，也就不承担法律上所有权人的内在责任，比如自己行动起来维护自己的权利的责任等。这就是我们的制度缺陷。要弥补这个

---

① 参见何真、唐清利《财产权与宪法的演进》，山东人民出版社 2006 年版，第 25—26 页。

② 参见〔美〕尼尔·布鲁斯《公共财政与美国经济》，隋晓、崔军校译，中国财政经济出版社 2005 年版，第 164—165 页。另外，巴泽尔认为："政府是由人来管理的，政府的行为最终也只能是追求最大个人利益的人们相互作用的结果。"参见〔美〕巴泽尔《产权的经济分析》，费方域、段毅才译，上海三联书店 1997 年版，第 142 页。

缺陷，在法律上承认它们的主体资格、承认它们的权利、强化它们的责任也就行了。基于公法法人所有权理论，我们已经知道，这种做法不但不存在把公有文物私有化的问题，而且还可以利用公法法人的内部治理结构，消除文物开发、利用上的利益驱动问题，也可以消除文物保护上的责任主体缺位的问题。

关于文物的公法法人所有权，我们应该加以说明的要点是：这里的公法法人，包括中央政府也包括地方各级政府，也可以是事业单位。

我国是文物资源大国，对文物的等级划分已经有明确的法律规定，同时也有相当丰富的分类经验。对于珍贵程度不同的文物，我们不妨借鉴德日等国的做法进行分级保护，规定中央政府享有少数珍贵文物的所有权。对于这些文物，中央政府依靠财政拨款进行保护和利用，同时由中央政府以所有人的身份追讨流失海外的文物资源；地方政府依照各自辖区享有本地区范围内的文物所有权。各地区应当对辖区内的文物进行详细的登记备案，定期进行检查修缮，对于损害文物的行为及时作出回应，切实行使所有权人的权利。当然，对于文物造成的侵权行为，政府也应积极予以赔偿。在文物受到侵犯时，中央和地方各级政府作为所有权人提起诉讼程序，对于文物致人损害的案件，政府应当作为被告人应诉。国家文物部门则负责整体的管理规划，对各地区的文物保护状况进行审核考察，并将文物保护情况作为考核政府政绩的一项指标。

在建立公法法人的文物所有权制度方面，我们必须充分认识到各种事业单位作为所有权人制度建设的合法性与可行性问题。事实上，大量的公有文物都保留在博物馆、美术馆、大学、科研机构、寺院等宗教机构、园林管理机构等机构手中。它们行使的权利，不仅仅只是占有权利，实际上也有使用权、受益权和处分权。承认它们的所有权，意义最为显著。原因很简单，这些具体的单位作为公法法人，其占有的文物实际上数量居多，而且因为它们是实际的占有人，保护文物的法律责任更加显著。

三　以立法强化文物的公用物属性

文物的所有权，从标的物的角度看，应该是一种非常特殊的所有权。对这种特殊是所有权，我国法律制度还没有从标的物的角度建立特殊的规制，因此我们就此提出一些建议。

在我国的文物制度中，应该首先得到强化的，是公共文物作为民族精神文化意义的属性，也就是它们独有的公用物的法律特征。因此我们必须在立法上强调对文物具有管理职责的地方政府、占有文物的事业单位比如博物馆、大学、科研单位、宗教场所等，必须按照文物作为公用物的特点，来占有、使用、收益和处分，绝不许可将文物纳入经营物的范畴，因此谋取商业利益。这些机构必须认识到，公有文物并不是商品也不是他们自己的私有物品，不能将文物纳入商业经营。

目前，这一方面的问题非常多，比如著名的"少林寺上市"问题，就反映了这一方面的问题。关于少林寺被当做资产打包上市的消息，最早来源于媒体一则名为"河南嵩山少林寺拟2011年上市 港资控股"的消息报道，①该消息指出，香港中旅集团与河南登封市签署的《合作框架协议书》和《登封市政府常务会议纪要》显示，双方确定斥资一亿元成立"港中旅（登封）嵩山少林文化旅游有限公司"，新公司拟定2011年上市。之后，又有消息说，被少林寺方丈释永信辟谣多次的"少林寺上市"或许并非空穴来风，不过这一次秘密运作2011年"上市"的是登封市政府，而少林寺方面的人员包括释永信都被蒙在了鼓里。媒体采访当地领导时，登封市委宣传部部长某某承认了该市与港中旅的这一合作计划的存在。在问到为何没有让少林寺方面参与这一商业计划时，该部长说"是因为我们还没有正式对外宣布合作"。社会大众的反应是："在有关人士看来，登封市政府背着少林寺擅将门票权并入上市公司，严重伤害了少林僧众和信教公民的宗教感情以及参加宗教活动的合法权益。"②

虽然少林寺上市最后并未成功，但是这件事情必须引起我们足够的反思。因为我国社会对少林寺上市这件事的批评并不中肯，没有指出此事的危害根源。从媒体报道看，我国社会批评少林寺上市的主要理由有两点，一是损害民众的宗教感情；二是涉嫌公共资产流失。这些批评都没有指出像少林

---

① http://img1.cache.netease.com/catchpic/1/10/1017EE46320B0A4A8B509663E2A4384C.jpg，人民网、作者：石剑峰，报道日期：2010年8月3日17：22。

② 以上内容均来自东方财富网对"少林寺上市"问题设立的专门网页：http://topic.eastmoney.com/shaolin/。从该网页报道的情况看，少林寺上市最后并未成功。

寺、嵩阳书院这样的国家级别的文物的法律属性。其实这一点也暴露了我国法律的重大缺陷，就是没有按照传统民法关于公共资产中的物应该区分为共有物、公用物以及公法法人私有物并应该为其建立相关制度的基本原则。类似于少林寺、嵩阳书院这样的国家级别的文物，它们当然都是公用物，其占有者也罢，其名义上的所有权人"国家"也罢，当然包括当地的政府也罢，谁也不能将这些物品纳入市场运作，从中谋取商业利益。如果"少林寺上市"成功，那么当地政府应该承担严肃的政治责任和行政责任。当然，如果此事属于宗教机构所为，那么这些宗教机构也要承担法律责任。

日前，我国许多地方政府已经认识到这些特殊的文物作为公用物的特点，他们废止了这些地方的门票，许可民众游览和作为科研之用，而且政府还以财政支持这些文物的维护等。这种做法是符合法理的，应该得到肯定。

依据公有文物作为公用物的特点，在博物馆等固定场所收藏这些文物，而且为了维护这些文物必须收取门票时，应该依法规范这些公法法人的收益权。如果他们不按照公法法人的属性来占有文物、使用文物，那么就应该予以严厉的惩罚。

四　区分文物中的不动产和动产并建立不同规制

对于公有文物而言，我国立法应该将其区分为不动产或者动产并建立不同的规制。在分析国外文物制度时我们已经谈到，大陆法系国家在对文物的所有权进行划分时，充分认识到了不可移动文物和可移动文物的差别，并为之建立了不同的制度。这种分类方法、分别建立制度的方法，可以为我国借鉴。我国尚有大量的文物是不动产类型的，它们以特有的地理位置、建筑风格，形成了特有的文化内涵，其文化价值更为显著。这些不可移动文物主要指坐落于文化遗址之内，比如故宫这样的整体建筑，它们的文化意义是世界闻名的。对于这些不可移动的文物，世界各国法律都规定其所有权归属于更高层次的政府，由高层次的政府建立公法法人治理结构来进行管理保护。

而可以移动的文物，也就是民法意义上的动产，通常来说一般都存放在博物馆、美术馆、大学、研究机构、宗教机构、园林管理机构等场所，通常由这些单位组建公法法人来进行经营和管理。可移动文物之中，即使是由各级政府享有所有权的，也要由政府组建公法法人，将这些文物交给实际占有的单位进行管理。

对于公有文物而言，不论是可以移动的文物，还是不可以移动的文物，文物管理部门都应该将其进行详细的备案，同时制定条例规范管理单位的权限。当然这些制度属于国家行政管理的制度，基本上不属于文物所有权的制度部分，我们在此对其不再赘述。

本章小结

虽然文物保护的问题在我国是一个非常热门的话题，但是文物的所有权问题，尤其是公有文物的所有权，在我国却是一个比较冷门的话题。我国立法在建立文物国家所有权时，仅仅通过立法宣告了这一所有权，但是并没有就这一权利中最基本的法制因素做出规定。这些制度因素，比如主体问题也就是权利由谁来行使的问题、如何行使权利的问题、行使权利人的责任问题等，在文物国家所有权方面都没有规定。现实生活中，这些"国家文物"分别由博物馆、美术馆、展览馆、大学、科研单位、寺院、园林局，甚至一些企业等部门占有，它们实际行使着所有权人的权利，但是并不承担所有权人的责任。我国的文物保护部门仅仅是一个管理机构，并不能代表国家行使所有权，也无法在发生文物损害时行使诉权来保护文物。这些问题就是我国文物国家所有权建设的最大弊端。

立法上的缺陷，在市场经济的大潮面前，一再面临被商业化的风险。本来，公有文物是最为典型的公有物，是大众公益的载体，但是因为我国立法未采纳传统民法关于公物区分的科学原理，我国的许多公用物都被地方政府用来谋取不当利益，公有文物也是这样。

我国法学界谈及文物的国家所有权时，大多也就是重复国家立法的规定，重复苏联法学所建立的"统一唯一国家所有权"理论的内容而已，最多就是按照一种自圆其说的做法将这种极不符合法理又脱离中国实际的权利，重新做一番解释。这些解释同样不符合法理也不符合中国的实际。数十年来没有谁能够从所有权的法学原理角度来对其制度内容做出负责任的探讨。本课题研究就是要解决这个问题。

我国的文物有公有也有私有，谁都知道文物珍贵，但是唯有公有文物一再面临使用、保护等一系列的问题，这不仅只是值得深思的问题，而且也是应该从制度上解决的问题。我们的研究从我国在这方面的法律实践开始，而我国的法律实践告诉我们，我国公有文物所有权的制度建设出现的问题，都是因为指导立法的法学理论存在重大缺陷，它在权利主体、责任主体、公有文物公共目的特性等众多方面都没有科学的知识体系，因此我国法制在这些重大问题上出现明显漏洞。

我们在这里探讨了支持文物国家所有权的理论所存在的本质缺陷，借鉴了国际上比较成熟的经验，提出了有针对性的法律措施。

首先，我们提出应该从责任主体的角度来构建权利主体的规则设想。其含义就是，立法者必须认识到我国公有文物被多个部门占有的事实，这些占有者实际上行使着对于文物的全部民法权利包括所有权，它们应该承担保护文物的切实的责任。所以我国的立法应该承认他们就是真实的所有权人。我们在这里再一次引入公法法人理论和公法法人所有权理论，立法者应该明确公法法人是根据公法设立的法人，是承担公共目的的法人，其行使权利要受到公法的严格限制。因此我们不必担心文物所有权私有化的问题。

其次，我们提出了以立法强化文物的公用物属性的制度设想。公有文物，自古以来就是公共利益的承载者，它不能被用来牟取私利。类似于将著名的少林寺打包上市的做法必须予以明确禁止。从这一要点出发，我们还应该尽力在文物的使用和研究方面体现公共利益目标，限制门票价格，促进我国人民的精神文物生活健康发展。对于那些违背文物利用上的公共利益目标的行为，国家文物保护部门应该有所作为，予以明令禁止。

最后我们还提出了以文物的自然属性将其区分为不动产性质的文物和动产性质的文物并为其建立不同的法律规制的设想。对于不动产性质的文物，应该将其纳入不动产登记簿，使其获得特别的保护。

第十四章

无线电频谱资源所有权

第一节 问题的提出

2012 年 2 月 27 日至 3 月 1 日，移动世界大会在西班牙召开。每年一届的移动世界大会的主要内容包括对过去一年的总结，以及对电信企业乃至整个行业自身发展趋势的预测。在大会上，4G 网络的发展成为大会的重要议题。移动服务运营商以及终端设备制造商等各大通信企业纷纷使出浑身解数在大会上展示其最新的 4G 设备和技术。而在 2012 年 1 月 20 日闭幕的世界无线电大会上，国际电信联盟（ITU）也正式通过将 LTE-Advanced 和 Wireless MAN-Advanced（802.16m）技术规范确立为 IMT-Advanced（俗称"4G"）国际标准的提案。中国移动和国家工信部组织的 TD-LTE 规模试验网测试的城市中大多数已经完成建网，目前已经投入运营，这意味着我国 4G 网络的商用化已经全面铺开。但是不少专家却对 4G 产业的发展带来的无线电频谱资源争夺的问题表示担忧，并呼吁有关行业主管部门尽快制定相关法规，为 4G 网络分配频谱波段。①而这个要求的基本出发点，就是要将无线电频谱作为重要的物质资源，在其中建立物权秩序，规范我国无线电频谱资源的开发利用。否则，这一领域的开发和使用就会出现极大的混乱，很有可能会在未来影响我国 4G 产业的正常发展。遗憾的是 2007 年颁布的《物权法》采取的法律措施，就是仅仅将无线电频谱资源宣布为国家所有权的客体而已，并没有在这方面建立更进一步的法律制度。

---

① 《无线电频谱资源短缺将阻碍 4G 发展》，《经济参考报》2011 年 7 月 20 日。

在当代社会，无线电频谱资源已经成为一种特殊的珍贵的自然资源，它完全是因为科学技术的现代化而出现的，而且现在已经成为新科技开发利用的目标。虽然几千年来，人类追求时空通信自由的努力从未有过停止，但是只有到了科技发展的今天，无线电波的利用才成为显著的法律问题。[①] 因为随着科技的发展，无线电技术已经广泛应用于社会的各个领域，无线电频谱可以用来传送语音、数据、声、图像广播、气象服务、雷达、导航、卫星通信、灾害报警以及时间信号等，早已深入人们日常生活的方方面面。围绕无线电频谱资源的各种无线电技术几乎全面引领着现代生活。各种无线电技术与应用的竞争愈加激烈，同时人类对无线电频谱资源的需求也在急剧膨胀，无线电频谱资源的有限性与稀缺性日益凸显。除了技术本身障碍外，无线电频谱管理制度不健全和相关法律法规的缺位，也是造成无线电频谱资源利用率低下的另一重要原因。在我国，无线电管理的相关立法工作相对滞后，近十几年，随着科技的发展，社会对无线电频谱资源的依赖性越来越大，无线电频谱也越来越稀缺，这方面的管理制度才成为一个新的立法领域并受到各界重视。

我国直至1993年，国务院和中央军委共同发布的《中华人民共和国无线电管理条例》才首次以行政法规的形式对无线电频谱资源进行了规制。其中第4条便规定了"无线电频谱资源属国家所有"。通过这个规定，我们可以看到，我国立法将无线电的频谱在法律上定义为一种自然资源。根据2000年《立法法》第8条的规定，国务院和中央军委发布的管理条例，其效力是值得商榷的。2007年3月16日第十届全国人大第五次会议审议通过的《中华人民共和国物权法》第50条首次以法律的形式确立了无线电频谱资源的国家所有权。该条规定将无线电频谱资源这种特殊的"物"不仅纳入《物权法》并对其进行规范，还将其归入国家所有权范畴。这一规定，是否建立在对这种资源的科学认识之上？我国法学界是否已经对无线电频谱资源有充分清晰的认识？从实际情况看，似乎不然。从目前情况看，我国法律界包括立法者似乎并不认识无线电频谱，甚至连无线电的一些常识也不太

---

① 王胜明主编，姚红、杨明仑副主编：《中华人民共和国物权法解读》，中国法制出版社2007年版，第108页。

懂。对此我们可以试举一二例。

比如，全国人大常委会法制工作委员会民法室编著的《中华人民共和国物权法解读》一书中指出："无线电频率是自然界存在的一种电磁波，是一种各国可均等获得的看不见、摸不着的自然资源。"[1]把频率当作电磁波，这就是明显的错误，实际上频率在电子学中，只是电磁波放送的量和放送所利用的时间的比例。

比如，有学者的观点提到："频谱是一种有限的自然资源，它包括红外线、可见光、X 射线等。"[2] 这个看法也是错误的，频谱当然不是放送出来的红外线、可见光和 X 射线。

还有学者认为，无线电频谱等同于无线电波。[3]这个看法就更不对了。

频谱在科学上有很广泛的使用，《物权法》上所说的无线电频谱，只是其中涉及电子放送的一部分，它只是指电子信号可以利用的放送波长、频段（频率变化的空间）等。因为无线电是依靠波长的变化（调幅波）、频率的变化（调频波）来传递不同的信息，因此在一个确定的时间里可以利用的电磁波的长短、频率变化的空间才是频谱。[4]因为人们能够发送和接收的无线电信号的频率和频段是有限的，并非什么样的频率和频段都可以放送出去，更不是什么频率和频段的信号都有能力接收下来，因此，频谱才成了有限而且珍贵的资源。

在立法者和相当一部分法学家还搞不清楚什么是频谱的情况下，他们就已经确定性地将无线电频谱资源纳入"国家所有权"，这种做法可不可靠？

---

① 马方立：《无线电频谱资源的本质与属性探讨》，全国无线电应用与管理学术会议（CRAM'2007）论文，第 108 页。主办单位：中国通信学会。

② 王利明：《物权法研究》修订版（上卷），中国人民大学出版社 2007 年版，第 520 页。

③ 同样的观点还可参见郭明瑞主编《中华人民共和国物权法释义》，中国法制出版社 2007 年版，第 97 页。"无线电频率是自然界存在的一种电磁波，是一种物质，是一种各国可均等获得的看不见、摸不着的自然资源……"完全相同的论述还可参见吴高盛主编《〈中华人民共和国物权法〉解析》，人民法院出版社 2007 年版，第 101 页；黄松有主编，最高人民法院物权法研究小组编著：《〈中华人民共和国物权法〉条文理解与适用》，人民法院出版社 2007 年版，第 180 页。

④ 关于频谱的这些基本知识，其实简单地查阅一下辞典或者网络上的"百度"等工具就可得知。下文我们也会从与自然资源涉及物权法律问题的角度展示这些知识。本课题负责人服役期间即司职于无线电专业，而且有两年时间就读于北京航空学院，学习了相关理论也从事了相关实践。

从表面上看，无线电频谱作为一种有限且稀缺的资源甚至是战略资源，在《物权法》中将其规定为属于国家所有更加有利于对它的保护与分配，同时也可以作为保护国家主权和国防安全的重要举措。但是从全国人大法工委对《物权法》的立法背景解读来看，法工委对无线电频谱资源作为"物"的物理属性以及法律属性并没有清晰的认识。况且在我国国家所有权理论体系尚处于混乱的情形下，现有的对无线电频谱这种特殊的"物"的理论认识和立法实践更无法为这种重要性日益凸显且愈加稀缺的资源提供完整可靠的法律规范基础。

第二节　无线电频谱资源作为民法上的"物"的考察

一　无线电频谱的物理特性与资源特性

（一）无线电频谱的物理特性

"频谱"（Frequency Spectrum），顾名思义，是频率的集合。在无线电中，频率是电磁波在单位时间内振动方向改变的次数，单位为赫兹（Hz）。频谱是按照电磁波频率从高到低排列的全部频率集合起来所形成的谱系。国际电信联盟（ITU，简称"国际电联"）的《无线电规则》中，将电信定义为利用有线电、无线电、光或其他电磁系统对于符号、文字、信号、图像、声音或任何性质信息的传输、发射或接收活动。无线电通信则为使用无线电波的电信。[①]作为传输载体的无线电波具有一定的频率和波长，即位于无线电频谱的一定位置，并占据一定的带宽。带宽，即信道频率范围。整个无线电频谱，频率从低至千分之几 Hz（地磁脉动的频率）到高达 3×1013 GHz（y 射线的最高频率），在此中无线电频谱任何连续的部分通常就被称为一段频谱。[②] 根据国际电联的《无线电规则》的规定，目前我们所指的无线电频谱，是指频谱中 9Hz—3000GHz 频率范围内发射无线电波的无线电频率的总称。

---

① 王胜明主编，姚红、杨明仑副主编：《中华人民共和国物权法解读》，中国法制出版社 2007 年版，第 108 页。

② 马方立：《无线电频谱资源的本质与属性探讨》，全国无线电应用与管理学术会议（CRAM'2007）论文。主办单位：中国通信学会。

由上我们可以看出，无线电频谱只是电磁波的一种物理性质，或称物理属性。当前，法学界的通说是将无线电频谱看做一种物化资源，更有甚者将无线电频谱当成电磁波本身，变成一种"物质"。然而近几年来，无线电频谱扮演的角色越来越重要，其稀缺矛盾也日益凸显，学界也终于开始重新认识无线电频谱资源。

就其物理属性来看，无线电频谱显然不是"物质"的一种。而在民法物权的客体中，大多数学者将其当做与电类似的自然力而放在有体物分类中的"无形物"位置。电作为一种能量，本质是像电子与质子这样的亚原子粒子间产生排斥和引力的一种属性，属于自然现象的范畴，自然也不是"物质"。作为一种自然力，电是通过提供能量实现其资源价值的，因其具有的可支配性、有用性和稀缺性有了交换价值从而成为民法上的"物"。而无线电频谱在物理性质上同样不属于"物质"，结果就被很多学者未加考证地当成与电相似的自然力的一种。

事实上，如果熟悉无线电频谱具体被利用的方式及其相关管理方式的话，我们就会发现无线电频谱是与电、风能、太阳能和潮汐完全不同的资源。虽然无线电波可以经由人为发出，但无线电频谱却并不是像电力一样能够被人为制造而产生的资源，至多只为无线电波的传播提供通道（这也是一种形象但并非严格的说法）。同样，它也不同于风能、太阳能和潮汐等流动性非临界带资源，无线电频谱只是一种物理性质，因人类开发局限和利用时易受干扰而具有稀缺性。通过电波对于符号、文字、信号、图像、声音或任何性质信息的传输均需要占用频谱的一定宽度，并根据时间、空间、频率和编码四种方式进行频谱的复用。因此无线电频谱在利用时就如同马路因其宽度有限而会在同一时间同一范围内限制车辆的通行数一般。无线电管理制度也正像马路上的红绿灯和交通警察，区别在于频谱资源的管理更为立体和复杂。而无线电波的易干扰性也使频谱的利用有了排他性特征。基于上述说明，我们可以了解到，无线电频谱是一种具有有限性、非消耗性、排他性和易受干扰性的资源。

（二）无线电频谱的资源特性

基于无线电频谱的特殊物理性质和利用方式，有学者对其是否属于自然资源表示怀疑。有学者认为无线电频谱资源是人们使用无线电的权利，是人为资源而不是自然资源①；也有学者将其界定为一种"准资源"②，认为无线电频率只是电波的物理特征，具有非物质性，因此不具备自然属性也不是自然资源，只是在特定含义下因其"有用"和"稀缺"而具有了"准自然资源特征"。而现在国际的通说认为无线电频谱是抽象的自然资源。③

其实，"资源"这一范畴向来是由人而不是自然来界定的。正如西里阿锡－万特鲁普所指出的："'资源'概念预先就意味着某个'管理者'在评价其环境对于达到一定目的所具有的作用。"任何"成分"（element）在被归为资源以前必须满足两个条件。首先，存在获取和利用它的知识或技能；其次，对利用它而产生的物质或服务存在某种需求。④ 是以，正是有了人类的能力和需要才创造了资源的价值，任何资源绝非单纯意义上的自然存在。但是，对于某种"成分"是否能够构成资源的认识，一直都是伴随着知识的增加和技术的提高而剧烈变动的。⑤ 1972 年联合国环境规划署将自然资源定义为："在一定空间、地点条件下，能够产生经济价值，以提高人类当前和将来福利的自然环境因素和条件。"

一般情况下，自然资源可以被分为如下两大类：储存性资源（不可更新资源）以及流动性资源（可更新资源）。这两大类资源的区别就在于其发展更新的时间尺度，或称速率。流动性资源速率较快，并且可以细分为临界带资源和非临界带资源。前者如森林、鱼类、土壤和动物；后者如太阳能、潮汐、风与大气等。由此可以看出，自然资源是否具有"自然属性"，并不以其是否具有"物质性"为标准。⑥ 因此，我们认为，虽然无线电波可以人为地发出，但频率本身是一种自然现象，而频谱则是人为地对频率所作的参数性描述。因此，频谱资源可以因其可利用性而成为自然资源的一种，并且属

① 马方立：《无线电频谱资源的本质与属性探讨》，全国无线电应用与管理学术会议（CRAM'2007），主办单位：中国通信学会。
② 娄耀雄：《论无线电频谱使用权的准物权特征及面向技术进步的制度变革》，《法律科学》（西北政法大学学报）2009 年第 5 期。
③ 夏金祥、范平志：《无线电频谱利用面临的问题、机遇与对策》，《中国无线电》2006 年第 5 期。
④ ［英］朱迪·丽丝：《自然资源：分配、经济学与政策》，蔡运龙、杨友孝、秦建新等译，商务印书馆 2002 年版，第 21 页。
⑤ 同上书，第 22 页。
⑥ 国际电信联盟所制定的《无线电规则》就已指出："在使用各种无线电业务频段时，各成员国应牢记无线电频率和对地静止卫星轨道是有限的自然资源。"

于一种特殊的流动性非临界带资源。目前国际上新的流行观点之所以倾向于把无线电频谱理解为一种抽象的自然资源，是因为作为人类生存和发展必不可少的条件，一般的自然资源均会突出地表现出其自然属性、经济属性和生态属性。虽然无线电频谱资源的自然属性和生态属性并不典型，但其具有一般自然资源的有用性和稀缺性。因此，当无线电频谱进入法律视野时，无论是权利性质、行政管理方式还是产权模式，均会含有不同于其他自然资源的特殊属性，这也就是不能将其简单地拟制为"物"进行规范的主要原因所在。下文对此详细论述。

二　从民法上的"物权"客体考察

在 19 世纪末 20 世纪初，在意大利科学家马可尼和俄国科学家波波夫将电磁波应用于无线电通信以前，人类对无线电频谱几乎一无所知，利用率也是极低乃至可以忽略不计。无线电频谱自然也不可能成为民法上的"物"。在学理上，"物"是民法的一个基本概念，而物权是指主体对作为客体的"物"的支配权。整个物权体系可以说是奠定在"物"的概念上的。需要注意的是，同样作为广义的财产权中的一种，大陆法系中的物权客体与英美法系中的财产权客体迥然有别。

"物"的概念自罗马法便早已有。公元 2 世纪罗马法学家盖尤斯在其所著的《法学阶梯》里将物划分为"有体物"（仅包括有形物）和"无体物"（与无形物同义）。有体物是可触摸的物品，如土地和金银。无体物则指不能触摸的物品，它们普遍体现为某种权利，如继承权、债权和用益权等不存在实体载体的权利等由人们拟制形成的"物"。[①] 而将财产分为不动产和动产的区分标准同样源自罗马法，唯一的依据便是"物的性质"，而且仅适用于上述"物质物"（有体物）。在当时由于认识的局限，电、气、光、热、电子以及能源一类的自然力或微观存在尚未被人们所发现。

19 世纪的《法国民法典》继承了罗马法的区分标准。该法典第 516 条规定，动产和不动产的划分是基于"财产的分类"，而不是物的分类。物不

---

① ［罗马］盖尤斯：《法学阶梯》，黄风译，中国政法大学出版社 1996 年版，第 82 页。

能等同于财产，因为后者还包括了许多财产权利。① 在当时，动产和不动产的区分标准已经产生了变化，人们在依据物的性质对财产进行区分的同时还倾向于按照财产的价值来参考细分。对于当时法国这样一个以农业经济为主的国家，不动产相对动产而言占据着更为重要的地位。彼时人们甚至称"动产物"（res mobilis）为"低价物"（res villis）。以物理标准为依据进行的财产分类也从价值理论中找到了依据，这便是将这种区别方法扩大适用于无形物以及权利本身的原因。② 毫无疑问，这种理论的出现是所有权思维模式的产物。意大利、奥地利和荷兰民法典也有类似的规定。

　　1900 年施行的《德国民法典》关于物权客体的规定在遵循严格形式逻辑的同时却并未采纳"无体物"的相关规定，而只将物限于"有体物"，权利则被排除在外。《德国民法典》第 90 条中对物所下的定义是"有体的标的"，具体来讲是物质的一个可以划定界限的部分，以空间上的维度为特征。③ 第 99 条至第 103 条是相关收益（无形收益）以及与收益相关的几个问题的规定。④ 日本与泰国等其他国家的民法典仿照此立法例。《德国民法典》在不承认传统的"无形物"的前提下，将知识产权从客体角度视为"狭义的无形物"，⑤ 并仍将权利质权和权利用益的客体视为权利。如此产生的理论矛盾在德国民法上被称为"物权概念的有限性"。⑥ 有学者便因此认定，德国法并没有完全摆脱自罗马法以来财产权利都归于"物"上的思维，甚至仍然囿于其中。学者们还认为"无形财产在大陆法系各国成为'物'已经变为一种不可避免的现象"。⑦ 如《德国民事诉讼法》第 264 条就规定："该条所说的物，包括有形物、无形物和权利。"该法第 803 条也有类似的规定，其中使用的概念既是罗马法以来广义的"物"的概念，同时也是广义的财产概念。因为在某些特定法律情形中，一个人的概括性财产需要被当成

① 孙宪忠：《当代不动产法评述》，《中国土地》1996 年第 4 期，第 22 页。
② ［法］弗朗索瓦·泰雷、菲利普·森勒尔：《法国财产法》，罗结珍译，中国法制出版社 2008 年版，第 53 页。
③ ［德］迪特尔·施瓦布：《民法导论》，郑冲译，法律出版社 2006 年版，第 225 页。
④ ［德］迪特尔·梅迪库斯：《德国民法总论》，邵建东译，法律出版社 2001 年版，第 872 页。
⑤ 孙宪忠：《德国当代物权法》，法律出版社 1997 年版，第 3 页。
⑥ 同上书，第 20 页。
⑦ 梅夏英：《财产权构造的基础分析》，人民法院出版社 2007 年版，第 54 页。

调整对象，比如发生破产的情形。其实，除却这些存在特殊需要而使用概括性财产概念的场合，《德国民法典》中并没有关于财产的概括性规定："即既无定义，也缺乏关于法律后果的一般性规定，此二者也都是不必要的……因此对财产无法作出某种概括性定义，这种定义的法律后果也是无意义的，特别是并不存在维护财产整体性的理由。"① 所以，德国民法上的"物"的概念，并没有因此而泛化或扩大，更没有因此而与财产概念混同，试图用物权法来统辖整个财产系统。其秉持了严格形式理性，也坚持了物权的特定性原则与法定原则。

英美法系中因其特殊的历史传统和判例习惯，并没有严格的物权概念，一般以财产权统称涵盖财产性质的权利，是各种具体财产权利的组合。其财产权的客体相对大陆法系的物权法而言就广泛得多。"有形物"和"无形物"的划分同样可见英美法系中。如现代西方产权经济学就认为财产制度实质上就是把稀缺的资源的权利分配给人们的制度。若对产权权利没有清晰合理的界定，则会造成权属不明并且损耗交易成本的消极后果。② 所以在产权经济学上无形的财产权利与"所有权"事实上具有相同的功能和性质。虽然英美法上财产权利客体与罗马法和法国民法对物的传统分类意义看起来大致相同，但大陆法系是以"物思维"的传统将财产权利的落脚点放到"物"上，而英美法系更多地将侧重点放到权利本身。如美国经济学家麦克劳德认为："绝大多数人在说到或听到财产的时候，首先想到的是某种物质的东西……财产真正的意义是完全指一种权利、利益或所有权。"③他认为把权利当做物同把物当做财产或权利是一样荒谬的。

我国《物权法》第 2 条第 2 款规定："本法所称物，包括不动产和动产。法律规定权利作为物权客体的，依照其规定。"其中对物权客体的规定较为简单，并未对物下定义，但是在理论和实务上均采用了物的狭义概念。④ 大多数学者认为我国物权客体沿用《德国民法典》关于物权客体的规定，认

---

① ［德］迪特尔·梅迪库斯：《德国民法总论》，邵建东译，法律出版社 2001 年版，第 889 页。

② 同上书，第 54 页。

③ 转引自梅夏英《财产权构造的基础分析》，人民法院出版社 2007 年版，第 57 页。

④ 梁慧星：《民法总论》，法律出版社 1996 年版，第 81 页。

为物权法上的物应仅限于"有体物"。① 近代以来，随着科技的发展，电、气、光、热、电子以及能源一类的自然力被人们所认识，又有理论继而将可被人们利用及控制的自然力视为物，或将有体物区别为"有体有形物"和"有体无形物"，把这类自然力纳入"有体物"中。②

三　无线电频谱资源不属于民法上的"物"

目前，我国学者在讨论无线电频谱时，多因其被纳入国家所有权而不加怀疑地将其视为物权客体，进而当成民法上的"物"。我国国家所有权的客体理论体系尚处于不科学、欠发达的阶段，《物权法》不区分"公物"与国家私产，更没有关于无主物的规定，而将以上的"物"均不加以客体区分地一概纳入国家所有权范畴本身就应当受到质疑。在对国家所有权理论尚未充分认识的情况下，未对无线电频谱这种特殊抽象的资源本身进行探究就将其视为民法上的"物"是不可取的。在民法世界中，"有体物"的概念并不仅仅局限于物理意义上的"物质"，如物权客体新发展中可控的自然力和空间也成为物权的客体。科学技术的发展促使很多原本不属于物理意义上"物质"但具有物理属性的现象具有了可利用性与可控性，如上述的自然力和空间等均被纳入民法上"有体物"的范畴。这是因为这些"客体"经过简单的拟制可以被视为法律上的物，但这并不意味着所有可控可利用的自然现象或物理属性均可通过简单的拟制被视为民法上的"物"。无线电频谱即是如此。以下即讨论对无线电频谱资源本身而言，非出于"公物"性质去考虑其是否应与一般私人所有权共同纳入物权法规范，而仅从其物理性质和利用权角度去考虑其是否属于物权法的客体。

随着科技的发展，民法上的物渐渐得到扩充和发展，如空间、自然人的物化、器官移植、特殊人体脱离物、实体、基因工程出产物等，③《物权法》

---

① 参见梁慧星主持《中国物权法草案建议稿》，社会科学文献出版社 2000 年版。孙宪忠：《中国物权法总论》第三版，法律出版社 2014 年版，第 202 页；王利明主持：《中国物权法草案建议稿》，中国法制出版社 2003 年版。

② 例如《瑞士民法典》第 713 条就规定："性质上可移动的有体物以及法律上可支配的不属于土地的自然力，为动产所有权的标的。"

③ 详见宁红丽《继受与创新：高科技时代物权法的发展》，载吴汉东主编《高科技发展与民法制度创新》，中国人民大学出版社 2003 年版，第 42 页。

第50条规定："无线电频谱资源属于国家所有。"从法条来看，《物权法》承认了无线电频谱资源作为《物权法》的"物"，因此也直接产生了上述误区，有学者认为其作为资源是物质的一种，或将无线电频谱归于电、光、热等自然力，更在其是否为动产、是否是可分物上产生了完全不同的理论分歧。① 我国《电信条例》第27条第2款规定："前款所称电信资源，是指无线电频率、卫星轨道位置、电信网码号等用于实现电信功能且有限的资源。"根据该规定，无线电频谱资源和卫星轨道一样属于"有限资源"。类似的规定在国际电信联盟的《无线电规则》中也可以看到，卫星轨道尤其是对地静止卫星轨道，可以视为"卫星道路秩序"，因其地缘性不明显，所以一般被视为"全人类的共同财产"而由国际公法进行规范。无线电频谱资源的利用可以通过时间、空间、编码、复用等方式进行利用，是一种电波秩序，相较"道路秩序"更为抽象，但因其具有一定的"地缘性"，同时具有重大的国防战略意义而成为国家主权的一部分。事实上，如上所述，无线电频谱这种抽象的自然资源更多体现的是一种电波秩序，既非物质也非能量，就频谱本身而言，甚至连空间性都不具备。不同于一般社会学意义上的秩序，频谱管理或利用又有一定的自然属性。所以其在法律上所反映出的法律关系有很多特殊性，不能像电、热、光等自然力通过简单的拟制被视为民法上的"物"。

　　无线电频谱资源的利用，就是发射一定带宽内的频率的电波，以正常传播信号而不互相干涉，而人类可利用的频谱却是有限的。如此频谱资源就有了可利用性、稀缺性和排他性。由此，人们容易把这种抽象的资源看做民法上的"物"，即可排他的占有、使用、受益和处分。其实，不论占有还是使用，无线电频谱均有不同于一般"有体物"的特征，即使是相对于被拟制为"物"的自然力也是这样。不同于任何自然资源，无线电频谱作为一种

---

① 认为无线电频谱资源属于"动产，不可分物"见解，详见倪旭佳、王峰《法律视野中的无线电频谱资源——我国无线电频谱所有权制度完善方向》，《北京理工大学学报》（社会科学版）2009年第11卷第3期；认为无线电频谱资源属于"特殊形式的不动产"，详见汪传海、张静《浅析无线电频谱的法律性质》，《法制与社会》2008年12月刊中期；认为无线电频谱属于可分"可分物"，详见胡丽《无线电频谱资源用益权制度研究》，重庆大学硕士学位论文2010年。以上三篇文章均认为无线电频谱属于民法上的"物"，是一种可控的自然力。

物理性质是不可被消耗的。也不同于自然力被"占有"和可控制性，其只是通过无线电设备控制其发射频率，以维护电波秩序而非对"频率"本身的占有和控制。也有学者将无线电频谱的"占有"描述为一种类似权利占有的"准占有"。[①] 因此主体对"物"的占有利用和电波本身的秩序是有本质区别的。而把无线电频谱资源经过多次拟制纳入物权客体"有体物"中，泛化了物权本身的概念，对于物权体系原本的形式逻辑也损害甚大，更造成了很多理论困惑。这种从抽象到抽象的方法，本身就应当受到质疑。因此这种抽象的资源仅就其"秩序意义"而言是不能被简单地"物化"而成为民法上的"物"的。

第三节　无线电频谱纳入国家所有权的必要性考察

一　公产理论简介

如上文所述，物权法上的客体仅限于有体物，且本着科学的立法精神，物权的特定性原则就成为物权法上的重要内容，区分民法上的"物"与公法上的"物"也是该原则的基本要求。我国许多学者在讨论物权法的"三分法"（即把所有权区分为国家所有权、集体所有权和个人所有权的立法模式）时，却一直在回避这个物权法的基本原则，其中很多人依然认为物权客体限于"有体物"并坚持物权法的形式理性。如此便不免有囫囵吞枣的嫌疑。更有学者将国家所有权混同于所有制甚至混同于国家主权，将所有权概念泛化，并在此基础上建立国家所有权的理论。他们认为"国家同时是主权的享有者、证券的承担者和财产的所有人，在以所有权人身份为民事活动时，主权享有者、政权承担者的身份隐而不露"[②]。该观点看似将国家的三重角色互相剥离，可事实却是，在将国家所有权理论建立在所有制基础上，抛弃了物权的特定性原则，失去了物权法原本科学理论基础的情况下，一味坚持国家所有权是"全民所有制的法律表现，最终是为了满足广大人民的物

---

① 娄耀雄：《论无线电频谱使用权的准物权特征及面向技术进步的制度变革》，《法律科学》（西北政法大学学报）2009 年第 5 期。

② 崔建远：《物权：规范与学说——以中国物权法的解释论为中心》（上册），清华大学出版社 2011 年版，第 390 页。

质和文化生活的需要"①，而未对国家所有权进行科学、理智的剖析，实现角色分离只能是法学家的一厢情愿而已。因此，有必要对国家所有权和与之相似的"公产"概念进行明析。

公产理论发展并完善于法国行政法学。该理论认为，某些财产是某一行政地域范围内公民的"共同财产"。由于物权法定原则和物权特定性原则的要求，在物权法外，存在大量的"无主物"和"公用物"。②无主物即是可被任何人通过先占取得所有权的物。而公用物，一般是指可供公众使用，不得在其上设立"私人所有权"的物，如《法国民法典》第 714 条第 1 款规定："不属于任何人之物，得为所有的人共同使用。"第 2 款规定："有关治安的法律规定此种物的使用方式。"因此不同于私人物权，公用物的客体范围要广泛得多，如空气、海水、自然水流、太阳能等。③法国行政法在此概念上，发展出"行政物权"，即在公用物上成立的行政物权，也称公产所有权。该所有权具有公共利益的属性，必须有"得为公众使用"的役权性质和不可转让性，当然也不得成为取得时效的客体。值得注意的是，公产与"行政物权"或称"公产所有权"的概念并不是混同的，在法国公产是否是所有权的客体与是否可以全部纳入所有权也是有很大争议的，即使该所有权的意义只限于行政物权上。因此，毫无疑问的是，"这里没有模棱两可的概念，也不存在什么潜在的所有权，而是一种实际意义上的所有权"④。这里的实际意义就是指其既是一种与主权意义相区别的财产权，也是一种不同于一般民法所有权的行政物权。在享有"所有人"地位前，政府只是扮演公用物保管人的角色，当保管人的主导作用越来越大时，对公用物的税收和处置就被认为是具有了"所有权"的权能，且显然与民法上的物权权能不同，带有公权色彩的行政物权并非民法上物权法中所有权的下位概念，而是其衍生产物。

---

① 王利明、尹飞、程啸：《中国物权法教程》，人民法院出版社 2007 年版，第 172 页。

② 也作"共同物"，此处用作"公同物"，是为与物权法上的"共有制度"相区别。

③ 值得思考的是，在传统的公同物中，其中一部分在特定条件下已被认为是无主物，可通过先占而取得所有权。

④ ［法］莫里斯·奥里乌：《行政法与公法精要》下册，龚觅等译，郑戈校，辽海出版社、春风文艺出版社 1999 年版，第 844 页。

因此我们认为，从实际意义出发将公用物"公产化"或"所有权化"也需要持严谨审慎的态度。如此并不是出于对传统所有权意义的僵化固守，而是因为事物间的区分是出于对"质"的同态性考量。如何把握同态同时照顾特殊是制度理论始终需要认清的事实。若不如此，必然会造成理论混乱也最终影响其实际意义。显然，公共财产的范围比一般民法上物的范围大得多。一般被表述为"全体人类的共同财产"、"××国公民的共同所有"的范围要比法律意义上的私产和公产均大得多。一个国家的所有制必然会在法律上有所体现，但并不是"照相式"的。毕竟，在我国，尚未建立起奥里乌所提出的"行政所有权"概念，国家所有权依然不区分客体被纳入民法当中，是民法上所有权的下位概念。因此，应当更加审慎地对无线电频谱资源纳入国家所有权进行必要性考察。

二　无线电频谱资源在我国目前国家所有权语境下的解读

一般所言，无线电频谱属于自然资源，而我国却将自然资源和无线电频谱资源在《物权法》中分别规定，即不言自明地证明了无线电频谱的特殊的资源属性，即属于一种抽象的自然资源。此处"抽象"所言及的就是无线电频谱的特殊性，或者是其"异质"的属性。仅从表面特征——有用、稀缺、自然属性——而将其视为自然资源，是出于形容与描述的方便和理论化便利的需求。但这并不意味着，在国家所有权视野中，无线电频谱应当然地被纳入其中。

经过以上叙述可以看到，无线电技术在发展初期，除了用于海难救助与民航，再就是军事利用。在当时，无线电频谱稀缺性虽然不明显，但各国均出于国防利益和国防安全的需要，对无线电设备生产、无线电技术的研发和无线电频谱资源实行全面垄断。所以，从早期开始，对无线电频谱资源的管理和垄断就是各国政府一项重要的行政权力。但由于无线电技术欠发达，其民用性和稀缺矛盾并不突出，因而也未对其资源属性有所考察，更没有国家将无线电频谱资源纳入公同物和公产范围，最多也只有一般意义上的"公同财产"的描述，如美国和英国。目前，除了苏联、我国台湾地区和内地将无线电频谱资源纳入国家所有权外，其余国家如德国、日本、韩国等大陆法系国家均未将无线电频谱资源纳入国家所有权的规定，即使是公产所有权发达的法国。各国均承认其公共资源的性质，也只是充分说明了其资源的特殊属性。这些国家均在不规定无线电频谱资源权属性质的基础上，出于国防安全和秩序利益而对其实施行政化垄断管理。

对于秩序而言，即使是客体范围相对泛化的国家所有权也不能涵盖所有方面的公共秩序。只能说国家所有权所规范的公物秩序来源于公共权力，属于广义上的秩序公共权力更多规范的是管理秩序。所以，在法律上不能将无线电频谱因其"类资源"的属性而作简单物化处理纳入国家所有权的客体中。毕竟不同于一般公共财产的概念，国家所有权所规范的也是一种物的秩序，客体尽管广泛，但依然具有特定性与可确定性，也具有一定的同质性。而无线电频谱，与法律特征相类似的不是同样被"视为物"的可控自然力或空间，而是道路。道路在大多数国家均被视为是公产的一部分，公民享有通行权。但道路秩序和道路安全的管理权却并非出于公产所有权的管理权能，而是一项纯粹的警察权力。国家对公产的管理，多见于税收与租金抑或是许可费用收益。无线电频谱类似于道路，有一定宽度，主要利用在特定频段发射特定频率的电波，类似通行权。频谱资源的价值就在于因秩序而生的"自由稀缺"特点产生了特许的空间，并由此生出的经济利益。将无线电频谱资源纳入国家所有权，无非就是出于对这种战略性、生产性资源垄断合理性的考虑，是行政管理体制在所有制，更是在国家所有权上的僵化反映。

三　还原无线电频谱纳入国家所有权的真实面貌

我国的现行法律和法学理论所涉及的国家所有权理论，依然没有摆脱苏联法学理论的影响，带有浓厚的计划经济色彩和政治色彩。现有的无线电频谱管理制度与产权体制制度，就深受其影响。无线电频谱因被视为重要的战略资源以及生产性资源必然会在所有制理论横行于法学理论的阶段有所反映。尤其是所有权与所有制概念不明晰的情况下，将无线电频谱资源物化纳入国家所有权，在行政管理上体现的就是统一规划与分配，是国家垄断电信产业和控制广电传媒的重要手段。这也是电信产业迟迟未能完全法治化，政府与传媒未能完全分离的重要原因。因此需要还原无线电频谱资源纳入国家所有权的真实面貌。

（一）无线电频谱纳入国家所有权是出于主权宣示与行政垄断的合理性要求

由上所述，国家所有权并非公共权力的来源而是恰恰相反，公共权力在无线电频谱管理制度上所体现的就是警察权力而非所有权权能的行使。将无线电频谱纳入国家所有权是传统物化思维的体现。对于法律上的物，无论是公产还是私产，均有权属性要求。明确无线电频谱非"物"的性质，而是一种可管理的具有自然属性的秩序，即许可特定主体为一定发射电波的行为。虽然无线电频率具有自然特征，但无线电频谱资源的管理利用更实质的是一种社会秩序，是"物"的权属秩序外的一种狭义的秩序。将这种具有自然属性的秩序纳入国家所有权的范畴，并非出于对于"物"的权属性要求，而是其生产资料的性质在所有制上的反映，更多的也是主权和公共权力的体现。

在国际法领域里，主权这一概念争议也颇多。但一般认为"主权是国家具有的独立自主的处理自己的对内和对外事务的最高权力。分析起来，国家主权具有两方面的特性，即在国内是最高的，在国外是独立的"，[1] "具有最高性、独立性、权威性、合法性、领域性等特征"。[2] 对内主权的表现就是最高的统治与管理权。该管理权范围广泛，其中就包含独立自主的在其管辖范围内管理资源的公共权力，这属于国家主权的体现，是"国格"应然包含的权力。公共权力也是主权在行政法上的具体体现，无论是主权还是公共权力，均体现公权力对资源支配秩序的管理，此与"所有权"相类似，但绝非同质或可以化为等号的制度。在大多数关于国家所有权的著述中，均将主权与公共权力的法理用于国家所有权，甚至更进一步将如此含义的国家所有权放到物权法的所有权的下位概念中，使之与私人物权平等一体地得到保护。在此语境中，无线电频谱这种具有重大国防与战略意义的资源理所当然地被纳入国家所有权的客体中。

同样作为抽象的资源，无线电频谱之所以比对地静止卫星轨道更具有主权意义，是因为无线电频谱可通过技术手段使电波在空间上更容易被控制，

---

① 周鲠生：《国际法》（上册），商务印书馆1981年版，第75页。

② 杨泽伟：《主权论——国际法上的主权问题及其发展趋势研究》，北京大学出版社2006年版，第7—9页。

电波的传播范围也因频率的不同有所限制，因此相较对地静止卫星轨道更具有"地缘性"。即便如此，相较其他典型的自然资源而言，无线电频谱资源的管理会更多地依靠国际组织和国际公约，既有一定的本土性也有一定的国际性。国家对内的频谱管理权更是一项重要的行政权力。无线电频谱的"秩序性质"意味着国家垄断的合理性，不仅在我国，各个国家对无线电频谱的管理模式也多是"命令—控制"式的。但如上所述，只有苏联与我国将无线电频谱资源纳入国家所有权，这就是将主权、公共权力与国家所有权概念相混淆的结果。更多主权意义上的资源具有"共同财产"的性质，而非法律上的意义，是一种在一定地域范围内的概括性说法，因此，并非法律意义上的权属说明。如南极、国际海底、外层空间和天体被公认为是人类的共同财产，处于所有国家共同主权下①，有国际法学者将此称为"人类主权"或"全球主权"。可见"共同财产"并不具有法律权属意义。在一国内，也不能想当然地将一国"共同财产"均纳入国家所有权的客体范围，并以此给予其清晰的法律权属界定。事实上，将无线电频谱、卫星轨道等抽象资源进行物化管理，这样的做法是徒劳无益，甚至是有害的，不仅泛化了客体概念，对于资源本身的管理也产生了诸多不利，只是徒增理论障碍。

（二）无线电频谱纳入国家所有权是无线电频谱利用权囿于他物权的结果

由上述分析可以看出，我国将无线电频谱资源纳入国家所有权，更多的是基于国家垄断频谱资源合理性在主权和公共权力上的宣示，而不见"物"的权属意义。现行理论将物权法误作为财产法和所有权观念的泛化，也同样是导致这一结果的重要原因。虽然是国家垄断，但无线电频谱资源在一级分配中的竞争制度和二级市场的流转制度已然成为一种趋势。②

在关于无线电频谱利用权性质的争论中，多以用益物权说和准物权说为主。用益物权说多自设前提，将无线电频谱当做民法上的"物"，也未对其纳入国家所有权进行必要性分析，所以有空中楼阁之嫌。在上文中，已经述及将无线电频谱利用权定性为一种无形财产权利，由行政许可产生。但我们

① 杨泽伟：《主权论——国际法上的主权问题及其发展趋势研究》，北京大学出版社2006年版，第10页。
② 详见《国家频率资源分配实行重大改革》，《人民日报》2003年3月3日国民经济版。

同时也认同准物权之说，承认无线电频谱利用权的准物权性质。[①] 我国目前对于准物权理论研究还不尽完善，立法上也没有相应的制度体现。但毫无疑问，随着人与自然关系的改变和财产权利体系的完善，准物权制度会越来越受到重视。由于认识不足，有学者将知识产权等无形财产权利当做准物权的客体。更为主流的看法是认为"准物权所涉及的对象为自然资源乃至自然环境"[②]。一般而言，"准物权的原始取得方式来自行政许可而非民法，既具有物权特征也有行政权力特征"[③]，主要包括采矿权、取水权、渔业权、狩猎权等。

　　无线电频谱利用权这种财产权利，在"国家所有权"的框架下，就理所应当地成为一种他物权，如同土地与自然资源的权属制度一样。准物权被认为是同用益物权一样，是他物权的一种，都存在其"母权"[④]。因此，无线电频谱纳入国家所有权，也被不假思索地认为是其利用权性质的要求和二级产权市场建立的要求，这是民法惯性思维的结果。由于我国公有制的传统，大量对国有资产的利用主要是自物权与他物权的形式，由此产生资源利用权必然存在其"母权"的看法。但由于一些资源利用权具有不同于一般用益物权的性质，准物权理论便应运而生。但由于被认为是他物权，准物权理所当然地被认为来源于自物权，即所有权。因此无线电频谱利用权无论被认为是用益物权还是准物权，均无法摆脱其存在"所有权"的前提。崔建远教授在其《准物权研究》一书中便认为准物权属于他物权，存在其母权。对于采矿权，其母权是矿产资源所有权或土地所有权；取水权的母权为水资源所有权或土地所有权；狩猎权的母权为狩猎场所的土地所有权；渔业权的母权，则包括海域所有权、淡水资源所有权，在公海甚至别国捕捞的权利则为海域所有权的延伸。[⑤] 可见，即使是采矿权与取水权，其母权也存在矿产资源所有权、水资源所有权和土地所有权不能明晰的状态，更不用说狩猎权

---

　　① 从权能方面说明无线电频谱利用权不是用益物权而是准物权的观点，详见娄耀雄《论无线电频谱使用权的准物权特征及面向技术进步的制度变革》，《法律科学》（西北政法大学学报）2009 年第 5 期。

　　② 详见孙宪忠《中国物权法总论》第二版，法律出版社 2014 年版，第 112 页；崔建远：《准物权研究》，法律出版社 2003 年版，第 8 页。

　　③ 孙宪忠：《中国物权法总论》第二版，法律出版社 2014 年版，第 113 页。

　　④ 崔建远：《准物权研究》，法律出版社 2003 年版，第 88 页。

　　⑤ 同上书，第 88—91 页。

和渔业权的客体内容完全与其母权不同。如崔文所言，准物权大多是"手段性权利"[1]，采矿权和取水权是为了获取矿产资源和水资源，而狩猎权和渔业权则是为了获得猎物、水产或海产的所有权。事实上，其客体均为权利人可得为一定的行为。而按照自物权与他物权客体同一的理论，是否应当认为狩猎权与渔业权的母权是国家对野生动物、鱼类的所有权而非狩猎场所的土地所有权和水域所有权？崔建远教授在这里建议应当转换传统民法思维，借鉴英美法系个案思维方式对大陆法系的形式理性进行反思，但其对物权客体的泛化和对准物权及其母权关系的牵强解释，依然是囿于传统民法解释学的做法。

事实上，准物权的存在，本身就印证了其与用益物权等他物权的不同处。虽然亦有"物权"之名，但一个"准"字，就印证了其与物权的异质性。准物权类型多样、形态各异，大多数由行政许可产生，是国家许可特定主体为一定利用资源的行为。这些资源上是否成立所有权，或国家所有权，均不能以自物权与他物权的模式进行解释，更不用说，将类似于公海上捕捞权这一类权利的母权泛化为水资源所有权了。如果非要存在母权，那也是国家主权或公共权力，而非所有权，将准物权当做他物权，依然是混淆了三者的结果。因此我们认为，同样出于一种由行政许可产生的对资源利用的权利，无线电频谱利用权属于准物权，且无须由国家所有权作为母权存在，更不能影响其作为一种无形财产权利。

（三）无线电频谱利用权是一种无形财产权

自 20 世纪伊始无线电频谱被利用以来，无线电技术一直处于喷发式的发展状态。除了最初用于海上救助外，两次突破性的发展就是在第一次世界大战和第二次世界大战期间，各国均使用无线电技术进行战略部署，传递或截取信息。自此，无线电频谱资源成为各国重要的国防资源和战略资源由国家垄断，其稀缺矛盾并不明晰。而两次世界大战后，由于无线电通信技术的发展和近十几年网络技术的发展，使得无线电技术越来越广泛地应用于日常生活，因此无线电频谱的利用也开始向民用转移。由无线电技术引发的对人们日常生活的变革及对无线电频谱的广泛应用，其意义甚至大于原先国防战

---

[1]　崔建远：《准物权研究》，法律出版社 2003 年版，第 7 页。

略意义本身。因此，无线电频谱利用权的合理优化配置就显得尤为重要，其作为一种财产权在二级交易市场的流转也是必要且可行的。

　　通过以上讨论物权法的客体和无线电频谱资源的性质可以看出，无线电频谱本身不能被拟制为"物"而成为物权法的客体。但在物权法外，存在大量的无形财产权，无线电频谱利用权就是其中的一种。之所以将被许可在特定频段发射电波的权利称为"利用权"而非"使用权"，是因为为维持该电波秩序，对于这种权利更确切的描述应当为"电波通行权"。"使用"一词本身就包含主体带着优越意识的对客体进行控制和利用，更易使人产生无线电频谱就是"物"的误会。就无线电频谱的利用方式来看，这种发射特定频率电波的行为，更是对无线电频谱这种物理性质的利用而非"使用"。因此使用"利用权"而非"使用权"，更符合人类对自然环境谦抑的态度趋势，也更符合无线电频谱的利用方式。

　　从国际电信联盟和我国对无线电频谱的划分来看，无线电频谱资源的利用非常复杂。无线电频谱的法律意义主要集中于行政管理和利用权性质上。我国最新修订的《无线电频谱划分规定》中根据业务对象不同主要有三种不同的分配方式：一般业务（划分 Allocation，to allocate）、地区国家或部门（分配 Allotment，to allot）、电台（指定 Assignment，to assign）。在特定频段（并非所有频带都可以成立有财产意义的利用权），即需要通过行政许可利用的频段一般包含广播电视等传媒业务和电信通信业务。随着广电的改革、政府与传媒业务的分离，电视电台、移动通信业务和网络等多方融合，无线电频谱利用权的优化配置显得尤为重要，各类业务均有了市场化的空间，加上无线电频谱的行政化许可在一定程度上具有授予相关营业权的性质，因此不仅仅无线电频谱本身，许可营业的性质本身也代表着重大的财产利益。目前，我国无线电频谱管理采用的是国际传统的命令—控制（Order-Control）模式，由此而为的许可具有一定的垄断地位，该地位所依托的名义和财产体现的是一种"价值实质"，可具体体现为"能够给受益人带来利益的某种财产的存在"①，因此，属于一项财产权利。如有学者对现代无形财

---

　　① ［法］弗朗索瓦·泰雷、菲利普·森勒尔：《法国财产法》，罗结珍译，中国法制出版社 2008 年版，第 109 页。

产的总结中言明的一样，除了知识产权、有价证券外，商业社会中大量的财产权如商号、经营特许权、商业秘密、商业信息、政府许可、有线电视信号的传播，均被认为是无形财产权利，[①] 不仅包含民事性的权利，财产形式的来自公法上的权利也被当做财产加以保护。越来越多的理论研究表明，知识产权只是比较典型的无形财产权利的一种，现代无形财产权利呈扩张趋势，其价值也越来越受到重视。有学者认为这类财产权利被视为一种"新财产"或"准财产"，从而可以类推适用物权法上的规定。[②]

我们认为，这种说法依然是混淆财产与物的结果，大量的无形财产权利各自的产生、行使、特征等均不相同，只是都具有财产性质，存在一定的处分利用空间。如债权尤其是证券化的债权一类的无形财产权利可以类推适用物权法的规定，但更多的无形财产权利均有其各自独特的适用方式，具有独特的性质。不能由于物权、债权的二分法观念就将物权法的功能扩大，更不能泛化物权的概念，将广义的财产权概念与其混同。由于法律概念和逻辑明晰的要求，我国没有制定一部统一的"财产法"，因为"财产作为法律概念的确显示，它不能区分权利的内容与权利的客体，甚至有时候无法区分权利和义务"[③]。因此，我国依照德国民法的立法例，将物权客体限制在"有体物"范围内，但不能因此进入"财产即物"的误区，如有学者认为"物即有体"的观念已经很难维持。[④] 也不能因此认为《物权法》的出台可以统辖整个财产秩序。无形财产权利的扩张已经不能为《物权法》所容纳，《物权法》第2条规定的权利在法律规定的情况下也可称为物权的客体，主要是指权利的处分和权利质权，这是权利在作为财产时，可以通过转移等处分行为来实现其财产价值，因此类推适用物权法的结果，如债权移转和权利质押，但不能因此将物权客体泛化与扩大化，使其承担整个财产秩序的重担。由此应当承认，在物权外，存在大量的无形财产权利。因此，我们认为，无线电频谱利用权是一种不属于物权的财产权利，且属于无形财产权。

① 周鲠生：《国际法》（上册），商务印书馆1981年版，第75页。
② 谢哲胜：《准财产权》，载《财产法专题研究》，三民书局1995年版，第285页。
③ 孙宪忠：《中国物权法总论》第二版，法律出版社2014年版，第59页。
④ 详见宁红丽《继受与创新：高科技时代物权法的发展》，载吴汉东主编《高科技发展与民法制度创新》，中国人民大学出版社2003年版，第48页。

将无线电频谱纳入国家所有权，不仅没有切实的权属意义，更对现有的民法理论造成困境，甚至产生损害。因此，应当正确认识无线电频谱纳入国家所有权的真实面貌，还原其本真属性，以建立更好顺畅的频谱管理体系和无线电频谱利用权流转体系。

第四节　无线电频谱资源的制度完善

在确立了无线电频谱利用权不同于典型物权的理论基础后，需要重新审视对其适用的法律规制体系。无线电频谱属于抽象自然资源及其利用权属于无形财产权利的特性决定了传统的产权市场制度无法简单地生搬硬套，而机械僵硬的单一行政管理更不适合对其利用和开发。本部分将从描述我国当前无线电频谱管理体系以及对无线电频谱资源予以流转的紧迫性开始，借鉴各国治理无线电频谱管理体制的经验，采取对无线电频谱分类对待的区分原则，试图提供一个更符合无线电频谱资源本质属性，也更符合其利用者需求的改进方案。

一　我国现存无线电频谱管理体制的僵化和不足

无线电频谱管理，指的是在频谱资源稀缺的条件下，按照某种标准将其在利用者之间分配的方式。依据传统观点频谱管理主要涉及下列三种方式：技术手段、经济手段和行政手段。[1] 其中技术手段为后两者提供分析数据支持，并且在频谱开发技术取得突破时可以缓解其资源的稀缺性；而经济手段则指通过分析频谱资源的经济价值，以及利用市场机制进行频谱资源的分配；最后的行政手段则指行政部门将某一频率段内的频谱资源以划拨或划分的方式分配给利用者。实际上，经济手段和行政手段可以被看作是技术手段的必要补充部分。因为随着无线电频谱利用技术的不断进步，其资源的稀缺性也将不断降低，而稀缺性正是各种管理的切入点和必要性所在。说到底，经济手段和行政管理的目的，就是在现有技术前提下，让尽可能多的单位与

---

[1]　杨洁、杨育：《无线电频谱资源管理研究现状分析》，《无线电工程》2008 年第 38 卷第 9 期，第 51 页。

个人能够利用频谱资源。

此处值得注意的是，以 CNKI 数据库内的文献资料为例，关于无线电频谱管理的论文普遍存在一个分歧点。技术领域内的研究者往往有意无意地忽视法律规制，例如前述传统观点中法律手段的缺失；而法律领域内的研究者则往往将无线电频谱资源简单拟制为物权对象（例如用益物权①），试图以土地所有权与使用权的分离模式在对无线电频谱的国家所有权基础上解决其法律地位。这种试图的结果便是导致无线电频谱法律地位模糊不清，并间接导致我国无线电频谱行政管理和法律规制的体形混乱。实际上，正如前文所论述的那样，无线电频谱资源并非物权法上的"物"，而且在实际应用中只有它的利用权才有经济价值以及规制的必要。事实上，弥补无线电专业者与法律学者间的理论分歧也是本文的写作目的一。下文将对我国无线电频谱资源的立法现状做一个简要综述，并评论其不足处。

当前我国对无线电频谱资源的法律规制零散地分布于《中华人民共和国物权法》、《中华人民共和国治安管理处罚法》、《中华人民共和国电信条例》以及《中华人民共和国无线电管理条例》等法律法规中。其中，只有《无线电管理条例》对无线电频谱在法律上做出了较为全面系统的描述和规制，其余均为宣告性描述或者针对具体破坏无线电传播秩序的行为进行相应处罚的条款。而《无线电管理条例》颁布施行于 1993 年，由国务院及中央军委共同制定。抛开这 20 年来无线电技术长足的发展不提，该条例明显带有计划经济时代统一集权的逻辑与色彩。② 并且，对于行政机关对无线电频谱管理权限的规定，该条例采用了分而管之的原则。中央政府成立工信部无线电管理局（国家无线电办公室）③，负责统一协调全国无线电管理工作；同时

---

① 苗颖：《无线电频谱资源用益物权法律问题研究》，北京邮电大学硕士学位论文（2009 年）。

② 例如该《条例》第 3 条："无线电管理实行统一领导、统一规划、分工管理、分级负责的原则，贯彻科学管理、促进发展的方针。"以及第 23 条第 4 款："任何单位和个人未经国家无线电管理机构或者地方无线电管理机构批准，不得转让频率。禁止出租或者变相出租频率。"上述两条规定实质上阻却了无线电频谱资源流转的可能性。

③ 该机构职责包括："编制无线电频谱规划；负责无线电频率的划分、分配与指配；依法监督管理无线电台（站）；负责卫星轨道位置协调和管理；协调处理军地间无线电管理相关事宜；负责无线电监测、检测、干扰查处，协调处理电磁干扰事宜，维护空中电波秩序；依法组织实施无线电管制；负责涉外无线电管理工作。"资料来源：中国无线电管理网：http：//www. srrc. org. cn/NewsShow2011. aspx，2012 年 3 月 21 日。

又规定地方政府与国务院有关部门①各自的无线电管理机构有权拟订本系统无线电管理的具体规定。

通过上述分析，可以发现我国关于无线电频谱立法现状中存在如下几个有待改善的问题。

（1）无线电管理权限过于分散。《无线电管理条例》实质上赋予我国各级政府部门根据自己需要设立无线电管理机构的权限。不可否认，在条例颁布实行的年代，无线电技术更多地被运用于地区或各部门内，全国范围内的无线电通信技术远远不及今日发达的程度。因此在当时，出于效率原则考虑，赋予各级地方政府部门设立无线电管理机构的权限无可厚非。但是在通信技术有了长足进步后，继续沿用这种分散的管理方式已经变成了冗杂和低效的代名词，并且不利于无线电频谱利用现状的统一改革。而且考虑到申请无线电频谱利用权的行政许可制度，有必要依据行政法中的相对集中许可原则对目前分散林立的各级无线电管理部门予以集中统一。

（2）对无线电频谱属性理解的偏误。如本章第二部分所述，无线电频谱属于抽象的自然资源，其利用权属于无形财产权利。正如其他准物权一般。该利用权的产生乃是基于行政权力的创设②，并不同于传统意义上的物权。因此，有必要将目前分立于各级立法阶层的法律法规统一起来。用类似于其他准物权类型的方式，以专门法明确规定无线电频谱的抽象自然资源属性，以及其利用权的无形财产属性。并将与其相关制度，例如许可制度、流转制度以及对干扰无线电通信的违法行为统一立法。

（3）实质上禁止无线电频谱利用权的自由流转。1993年《无线电管理条例》出于各种关于国家安全以及军事需要的目的，实质上禁止了无线电频谱利用权的流转，只允许体制内部的部门或国有企业审批后使用某一频段的频谱资源。然而直到今日，在高频频段不断得到开发的年代，继续沿用这种旧式封闭体制就意味着扼杀了一个非常有发展潜力以及经济收益的产权市场。事实上，目前这种非常单一的行政审批方式以及与之相随的过分低廉的

---

① 注意此处"有关部门"的模糊表述，这意味着，理论上，每个部委都有权利成立自己的无线电管理机构。

② Howard A. Shelanski and Peter W. Huber："Administrative Creation of Property Rights to Radio Spectrum",*Journal of Law and Economics*, Vol. 41, No. S2（October 1998）, p. 581.

"占用费"①，直接导致某些国有电信企业可以享受非常高的利润率，而这种并非依靠技术或管理创新而是依靠裙带关系压低成本维护垄断而产生的高利润只能以损害消费者权益为代价，绝非健康的增长方式。更为低效的是，"有些单位和部门占用着某些频段，却使这些频段长期处于空闲状态；而另一些频谱使用率极高的频段随着新技术的发展，用户数及业务量增长迅速拥挤不堪，无法满足发展需求"②。

二　国外无线电频谱资源法律体系探究

鉴于无线电应用技术的发展，近些年各国也纷纷对其无线电管理制度与频谱分配制度进行改革。并且基于上述种种现状不足，我国无线电频谱资源立法状况与管理制度亦有改革必要，并有必要参考其他经过改革并已趋于成熟，开始初步运用市场机制来分配无线电频谱资源国家的经验，他国丰富的治理经验与理念目标相当值得我们仔细研究并予以参考借鉴。大多数国家包括大陆法系和英美法系对无线电频谱管理的改革一般围绕着行政管理进行，对于无线电频谱利用权的二级市场建立也是围绕着行政许可的转让进行，对于频谱利用权许可的描述一般为"牌照"，如德日韩法等国家。综观各国的无线电频谱管理制度，且从法理角度而言，大陆法系与英美法系对无线电频谱在法律上的规则，不论是公共权力还是财产权利方面的，法理冲突并不像其他方面那么明显。尤其是基于准物权制度和理论研究的完善以及无形财产权利法律地位的确认后，二者在民法上的表现更为一致。以此本节出于语言和资料查找的局限，仅以美英两国的无线电改革成果和管理现状为例，找出其中值得我国立法与实践吸收采纳的专长处。

（一）美国的无线电频谱管理现状

美国的频谱管理是由美国通信委员会（FCC）与美国电信管理局（NT-IA）两个部门共同管理。其中前者负责非联邦用户的用频管理，并对国会直接负责；而后者则负责联邦用户的用频管理，包括联邦政府各部门以及联邦

---

① 杨烨、施继红、宗容黄、刘燕、陈云生：《无线电频谱市场化初探》，《中国无线电》2011 年第 2 期。

② 同上。

军队等。① 鉴于频谱资源归 FCC 与 NTIA 共同管理，任何个体若要取得无线电频谱利用权，必须向上述两个机构取得用频牌照。而用频牌照具有唯一性。在存在复数申请者时，有必要按照某种标准在其中进行分配。其中，FCC 所采用的分配方式主要包括三种："命令与控制"、"独占使用" 以及 "公用"。第一种模式的内容是以中央管理的方式确定不同地区以及不同频段的业务，与我国一直以来采用的单一行政指挥模式如出一辙。但是，这种模式所保留的频谱资源正在慢慢减少，所节省出的频谱资源都已改用第二种 "独占使用" 模式。即由政府向频谱利用人授予独占使用某段频谱的专有权利，后者可以在授予权限内自由支配并可以向第三人进行转让，几乎就是完整意义上的 "产权"。而第三种则比较特别，在特定不存在干扰的清醒频段内，允许用户不经许可直接使用设备发接电波。

其中第二种模式，其实质是市场化分配频谱资源的方式，值得对其做进一步分析。目前 FCC 采用的具体分配方式包括三种，即 "对比听证、抽签和拍卖"。1994 年之前，FCC 主要采用对比听证的方式分配频谱，但鉴于其耗时长久且管理费用巨大的劣势，拍卖逐渐取代前者成为新兴方式。显然，拍卖在节约时间、管理费用，以及与二级市场衔接等方面是最为合适的分配方式。其中二级市场将在促进频谱使用效率以及鼓励中小企业技术创新方面发挥重要作用。并且在事实上，在二级市场慢慢普及开来后，美国就已经初步实现了频谱市场化的进程。

需要注意的是，在 2005 年，美国审计总署对美国无线电频谱的利用现状作了一次全面而详细的调查，② 主要建议是扩大 FCC 的拍卖权，包括从产权明晰、节约交易成本的角度提议更好地定义牌照权限，加强二级市场的管理与应用；以及重新检查频谱资源的分配和使用情况，通过类似于 "频谱普查" 的方式追踪已发放牌照的使用情况，避免空白浪费以及过度集中的情形出现。而 FCC 与 NTIA 两套体系分离的情形可能在未来的改革中制造分歧。

（二）英国的无线电频谱管理现状

英国最高的无线电频谱管理机构是国家频谱战略委员会（UKSSC），设

① 张健美、梁涛、李淳：《美国频管改革的举措及存在的障碍》，《中国无线电》2007 年第 11 期。
② 同上。

于内阁办公室，属于跨部委的非常设委员会，负责协调政府各部门在划分和利用频谱资源时的立场。UKSSC 由管理民用频谱资源的英国信息管理办公室（OFCOM）以及管理军用频谱资源的国防部联合主持。前者自 2004 年后取代原先分立的五大监管机构[1]后便成为国内信息领域内具有相当自主性的统一监管机构。OFCOM 直接对议会分管该领域的委员会负责，只受国家审计办公室的审计和监督。其法律基础为 2003 年《通信法》，法定职责主要包括保证电磁频谱资源得到最有效的利用，以及信息内容的无害性（包括性暴露、色情以及隐私内容等）。[2]

其中，OFCOM 对频谱的分配方式与美国相同，并且改革历程也颇有相似之处，分为"指挥与控制"、"市场机制"以及"公用频谱"三种。历史上第一种模式始终占据主导地位，但是从 20 世纪 90 年代民用无线电技术迅速发展以来，第二种市场机制，尤其是拍卖的方式被运用的次数越来越多，而第一种模式只是作为必要的保留手段，在涉及保持国际协调性、水上、航空交通、射电天文、业余无线电等方面维持使用"指挥和控制"模式。而频谱买卖和放松管制始终是进步发展的方向。数据显示，以 2010 年为例，三种分配方式所管理频谱比例如表 14 - 1[3] 所示：

表 14 - 1

单位:%

	指挥与控制	公用频谱	市场机制
3GHz 以下频谱	22.1	4.2	73.7
3GHz 以上频谱	21.1	9.6	69.3

在具体实现市场化分配频谱资源的进程中，英国采取了以下几项值得注目的举措以引入市场和激励机制，包括在 2004 年 8 月出台的《频谱买卖宣言》，允许持有无线电执照的公司和个人买卖其所拥有的利用权；以及同年 9 月出台的《频谱买卖管理规定》，涉及新频谱实行登记注册机制以及如何

---

① 分别为电信管理办公室、无线电管理署、无线电广播管理局、独立电视委员会和广播标准委员会。参考陈可《英国无线电频谱监管新机制》，《全球科技经济瞭望》2005 年第 7 期。

② 陈可：《英国无线电频谱监管新机制》，《全球科技经济瞭望》2005 年第 7 期。

③ 同上。

保障频谱买卖市场的有效竞争等事项。其中英国政府对通过立法来规制频谱分配的倾向值得注意。

三 我国无线电频谱制度改革探究

基于上述对我国无线电频谱管理体制缺陷以及国外相关领域立法经验的探讨，为提高频谱资源的利用率以及增进其经济价值，本书认为当前有必要对无线电频谱的管理以及分配机制进行相当程度的改革，尤其是在立法层面的改进。包括结束目前立法和管理体系混乱的现状；建立频谱资源市场化的分配体制；以及一些相关配套的机制改革。

（一）重新确立无线电频谱的法律地位，统一无线电资源的立法

如前文所述，基于无线电频谱作为一种抽象的自然资源以及其利用权在本质上属于准物权的特性，将无线电频谱作为民法上的"物"以及国家所有权的客体并不符合其物理和法律属性。加之目前各级中央与地方政府对无线电频谱的单独立法管理，就造成了现存立法体制的混乱局面。

应当尽快推出难产长达25年之久的《电信法》，将现存有关无线电频谱的各级立法统一起来。无线电频谱属于电信资源，自然应当由《电信法》予以规制。由《电信法》确立对无线电频谱资源的管理属于公共权力的范畴，以确立起行政垄断的合理性。上文已经述及把无线电频谱资源作为国家所有权的对象，仅具有主权和公共权力宣誓意义而非权属意义，不如只在法律中规定管理权和利用权两项法律权利。无线电频谱在法律上的意义主要体现在行政管理权和利用权上，出于大部分准物权单行法规定的立法经验，对于这两者的规制，均可纳入《电信法》中，以此统一无线电频谱的立法体系，明晰其法律属性。

在《电信法》中，还应当对无线电管理机构作出统一规定。此处应当借鉴美国设立两个管理委员会的经验教训。设立两个管理委员会固然可以分清管辖范围，但是容易造成权属不清、机构职能重置等问题，不仅不利于无线电技术的应用和发展，更不能有效地配置资源，实现高效的行政管理。因此可以考虑设立国务院下属部门的无线电管理机构，赋予其统一管理无线电频谱资源的权限，并且可以通过在其内部设立体现各部门（例如民航、军队）需要的分支机构，在地方建立其下属部门，实施垂直管理，以促进无线

电技术的研发应用并实现频谱资源的合理配置。

（二）建立频谱资源市场流转机制，提高频谱资源的经济价值

无线电技术的长足发展以及世界各国的立法趋势要求我们重新审视自己过去的分配机制。与过去相比，向社会开放无线电频谱资源，至少是部分中、高频频谱与国家安全和政府利益的冲突已经不像过去那样明显。这就为提高频谱资源的利用率提供了可能性，也符合我国向更深层次市场改革趋势的需要。

正如前文所说，目前我国无线电频谱资源中存在利用不平衡的现象。部分频段的频谱资源人满为患，而其他部分的频谱资源却利用不足。因此，应当根据现有无线电技术发展的阶段，对全国无线电频谱重新进行划分。对政府和军用频谱予以保留，而尽可能地扩大国家对其没有需求的剩余部门，并将其对全社会予以开放。采用以拍卖和招标制为主，以及公用制为辅的分配机制，将会极大地提升无线电频谱的经济价值以及利用效率。

其中，拍卖和招标制是最符合市场需要的建立一级市场的方式。两种方法各有利弊。拍卖制最能体现频谱的经济价值，也是最为透明的分配机制，还能为无线电频谱管理机构提供最为充裕的资金；但是却可能存在造成消费者或者全社会承担使用者拍卖成本的可能。而招标制则可以节省频谱资源利用者的利用成本，从而降低最终产品的价格；但是招标制的透明度远远不如拍卖制，其中可能产生的寻租问题不能不予以重视。

在建立了一级市场后，对于无线电管理机构认定可以自由流转的频段，可以尝试性地分布建立二级市场。允许一级市场上获得许可的利用者将其许可自由转让给其他人。二级市场的建立可以极大地提升频谱资源的利用价值。管理机构也可以采用类似于房屋转让的登记备案制度。但对于使用范围则应当根据各频段予以具体规定。

最后，对于公用频谱，我国应当尽可能地扩大其界限范围，即完全开放、不加任何限制的频谱资源。随着无线电利用技术的不断进步，某些频率的无线电传播互相之间的干扰性将越来越低。对于可以互相并存且不冲突的无线电频段，国家干预也就没有了存在的必要。因此，无线电管理机构应当对其予以开放，这是体现无线电频谱资源公共性最好的方法。

本章小结

《物权法》将无线电频谱纳入"国家所有权"范畴，看似是将这种特殊的资源视为如同电、能量等可控的自然力而将其"物化"成为民法上的"物"，并纳入国家所有权。但就《物权法》颁布前后，法学学者们对无线电频谱资源的认知来看，无论是立法还是理论研究，都还没有对无线电频谱这种特殊的资源有清晰明了的认识，因此更容易对其在法律上的意义有所误解。在无线电技术专业领域，对无线电频谱这种特殊资源的认知也在不断变化着，但无论如何，对其非"物质"的属性是众所周知的，因此国际新的通说趋向认为无线电频谱是一种特殊的自然资源。认识到其作为资源的抽象性，由此观察其法律上尤其是民法上的意义和表现。在无线电频谱纳入物权法后，一般学者大都不加怀疑地将其认为是民法上的"物"，而对该资源本身的特殊性没有明了的认识。本章通过对大陆法系民法物权客体的考察，对无线电频谱纳入民法上的"物"进行必要性分析，得出其不属于民法上的"物"的结论。在反思我国"国家所有权"现行立法与理论研究的基础上，对无线电频谱纳入"国家所有权"进行必要性分析，还原其纳入"国家所有权"的真实面貌。指出无线电频谱纳入"国家所有权"事实上既是由于现有国家所有权理论依然受苏联法学影响深重，将国家主权、公共权力与国家所有权概念混淆的结果，也是民法学上准物权理论研究欠发达，将无线电频谱利用权囿于他物权的结果。

现代无线电技术的发展表明，无线电频谱的稀缺性，根本上是由无线电利用技术的障碍和制度管理的局限造成的。随着无线电认知技术的发展，频谱共享和频谱的动态分配均成为可能。这些技术的革新，对于传统物权上的"一物一权"原则和物权特定性原则均产生巨大的挑战，更对无线电的管理提出了新的要求。将无线电频谱资源物化处理当成民法上的"物"，或纳入国家所有权，都是对这种特殊的资源认识不清晰的表现。如此做法，并不是对民法理论的革新反而是破坏。从无线电频谱资源和利用权在民法上的解释来看，目前理论认识和立法现状均存在对民法上的"物"、国家所有权、财产权、物权、无形财产权、准物权等基本概念认识不清晰，或泛化、或异质化的情形。对其经过多次抽象而"物化"的做法是成本巨大且得不偿失的，并由此产生了理论与实践管理的脱轨，更无益于无线电管理制度的完善和无线电频谱利用权二级流转市场的建立。

第十五章

国家所有权的侵权法救济

第一节 问题的提出

国家机关和事业单位作为公法法人，作为公共资产使用、管理、运营、维护的重要主体，在公共财产保护中扮演着至关重要的角色。近年来，随着国家机关和事业单位作为公法法人规范化、科学化、制度化建设水平的提升，加强公共财产管理成为各方关注的重点，《企业国有资产法》、《事业单位国有资产管理暂行办法》等一系列法律法规相继出台。但这些规定总体来看，更多地注重于内部管控制度和外部交易行为，对于侵权问题则鲜有提及。可见，在公共财产保护方面，对于侵权问题还缺乏足够的关注和重视。

加强国有资产的保护，特别是解决好国家机关和事业单位作为公法法人公共财产管理和保护问题，是当前理论界和实务界关注的热点之一。随着国家机关和事业单位作为公法法人参与民事活动的日益频繁，与企事业单位有关的侵权案件频发，成为社会关注的焦点。如何更好地明确企事业单位的法人主体地位，使其合理合法地主张民事权利、承担侵权责任，改变民事诉讼中的被动地位，对于公共财产的保护具有重要意义。随着我国侵权法的日益完善，对民事主体侵权责任的规定日益明确，但对于国家机关和事业单位作为公法法人而言，还没有建立起一套相对完善的起诉应诉制度，不主张权利、不承担责任的现象时有发生，如何通过法律对其进行规制，也是我们亟待破解的问题。

这一现象的产生，与中国侵权法立法起步较晚也存在较大关系。2010年《侵权责任法》施行前，关于侵权行为及侵权责任的法律规定，主要见于《民法通则》及其相关司法解释，且法律条文相对粗略，侵权法的地位和作用都没有得以确立。计划经济时代，国家机关和事业单位作为公法法人是国民经济运行中的强势主体，在涉及侵权案件时，或通过法律外手段解决，或置之不理不予有效解决，因此通过行使侵权请求权或承担侵权责任实现合理保护公共资产的案例较少发生。然而，随着市场经济的繁荣发展，国家机关和事业单位作为公法法人作为民事行为的主体和经济生活的重要参与者，日益受到侵权问题的困扰和挑战，如果不能对其侵权行为、侵权之诉求、侵权责任进行认真梳理和正确处理，将势必影响国家机关和事业单位作为公法法人的正常运行，并对公共有形财产和无形资产造成严重损害。现实生活中，国家机关和事业单位作为公法法人权益侵害主要包括两个方面的问题。

一是自身侵权问题。实践中我们常常可以见到，以国家机关、国有事业单位作为被告的侵权案件，比如因为单位办公楼建设发生了与邻近居民的争议，被居民起诉到法院的情形。从法律制度上讲，这些机关单位、事业单位被诉之后，如何应诉、如何承担责任、承担什么样的责任，法律上没有明确的规定。尤其重要的是，这些法律责任都要由"国家财产"来承担，因此我们应当正面建立法律制度来解决这一问题。

二是被侵权问题。国家机构、事业单位等，实践中也常常发生被侵权的问题。从我国立法采纳的意识形态来看，这些侵权本质都是对国家财产所有权的侵害，但是这些问题似乎并没有引起侵权之诉，没有任何人去起诉侵权人。这一方面的情形，以臭名昭著的"郭美美损害中国红十字会名誉案"为典型。

据百度百科上的资料显示，2011年6月20日，郭美美（原名郭美玲）在网上公然炫耀其奢华生活，并称自己是中国红十字会商业总经理，在网络上引起轩然大波，网友把矛头指向中国红十字会，对红十字会内部管理和资金使用提出强烈质疑。事后，郭美美承认自己微博所写身份为假，新浪网也对实名认证有误一事而致歉，表示在审核方面存在过失。中国红十字会在其声明中澄清：中国红十字会没有"红十字商会"的机构，也未设"商业总经理"的职位，更没有"郭美美"其人。同时根据相关法规，红十字会严格限制第三方在未经许可的情况下使用"红十字"的标志与名称。但是，中国红十字会最终没有提出民事诉讼，其理由为"诉讼主体不明确"，且害怕对方"恶意炒作"。事实上，郭美美案件对红十字会的名誉权构成了严重侵害，对其无形财产造成的损失更是十分巨大。①

有网友指出，红十字会以"诉讼主体不明确"为由不予起诉，无论是从公共财产保护的角度，还是从法律程序的角度，都不能成立。由于红十字会严格限制在未经许可的情况下使用"红十字"的标志与名称，所以可以侵犯名誉权为由向郭美美提起民事诉讼，也可将新浪网作为连带责任人一并提起民事诉讼。

通过此案我们可以看出，公共财产权利保护在应诉制度上也存在十分严重的问题。

解决好上述问题，关键在于国家机关和事业单位作为公法法人的地位确认问题。如何更准确地认定侵权行为的主体，如何对行使侵权请求权或承担侵权责任做出明确规定，是公共财产保护中亟待破解的问题。国有企事业财产保护，原则上可分为内部保护和外部保护，内部保护主要指对因经营管理人员的过错造成资产损失的预防、惩戒和责任追究，外部保护主要指对单位以外法人或个人造成本单位资产损失的预防和责任追究。从目前公共财产保护的立法现状来看，整体可以概括为"重内部、轻外部"，"重合同、轻侵权"。特别是对于非经营性事业单位、全额拨款事业单位来说，由于不存在运营压力，对侵权问题往往缺乏有效的责任追究手段，直接或间接地造成了国有企业资产的损害和流失。

第二节　关于侵权问题的比较法分析

国有单位是中国独特的产物，特别是事业单位，在其他国家和地区基本

---

① 据统计，2010 年 7 月，深圳红十字会共有社会捐款 721900 元；2011 年 7 月的数据为 22 万元，其中 7 月才到账的 20 万元，是当年 3 月一家公司定向捐给地中海贫血患儿的救助款，剩余两万元为救灾救助款和医疗救助款，直接通过深圳市红十字会医疗救助资金账号的银行捐款仅有 100 元。除去早先协议约定的定向捐给地中海贫血患儿的 20 万元外，深圳红十字会 2011 年 7 月的社会捐款同比下降 97%。《羊城晚报》记者宋王群、王俊：《红十字会信任度降到历史最低点》，《羊城晚报》2011 年 8 月 4 日 A3 版。

找不到对应的类型。但我们不妨对其中的类似问题进行比较法分析，或许可以从中找到一些解决问题的方法。

一　关于法人资格问题

大陆法系国家将法人划分为公法法人和民法法人的做法，可以让我们在公法法人中找到国家机关和事业单位作为公法法人的影子。一般而言，公法法人就是依据公法而设立的法人，例如国家及地方自治团体等。公法法人是国外行政法上的重要制度，但在参与民事活动、进行纯民事行为时也可以适用民法。

英国作为最早出现公法法人制度的国家，其行政法中的公法法人主要是指在具有一般职权范围的中央行政机关和地方行政机关以外，享有一定独立性和单独存在的法律人格并从事某种特定公共事务的行政机构。[①] 也就是说，英国公法法人首先要具有独立的法律人格。比如，在英国，法律委员会、行政裁判所等不具有法律人格，而公法法人则具有独立的法律人格，能以自己的名义享有财产权，能以自己的名义起诉应诉，在法律允许的范围内从事与自身职责相关的各种活动，并享有基于独立人格产生的权利和义务。英国的公法法人大致可分为四类：工商企业公法法人、行政事务公法法人、实施管制的公法法人、咨询及和解性质公法法人。可以看出，其与我国的国家机关和事业单位作为公法法人还是有一定相似度的。

日本行政法的公法法人主要有两类：国家和公共团体。公共团体又分为三类：地方公共团体、公共组合、行政法人。公共组合是由一定组合成员组成的公共性社团法人，包括土地区划整理组合、工商组合、健康保险组合等。行政法人由国家或地方公共团体出资设立，与公共财团法人的性质比较类似。行政法人包括的范围很多，像国营公司、公库、金库、基金、事业团体等，都属于行政法人。由此可见，除国家机关以外，日本的公法法人主要包括两类：社团法人和财团法人。这两类法人，虽然都具有行政职能，都接受国家机关的监督，但都拥有独立的法人人格。

按照法国法，国家机关以外的公法法人为公务法人，也称为公立公益机

---

① 王名扬：《英国行政法》，中国政法大学出版社1989年版，第88页。

构。公立公益机构，主要包括国家医疗单位、公立教育机构、与银行和经营业务相关的机构等。这类公法法人必须有实施公务的职责。而我国台湾地区行政法上的公法法人除国家外还包括公法社团、公营造物、公法财团。其中，公法社团主要是指渔会、律师公会等。公营造物是指邮局、电信局、港口、公立学校、博物馆、图书馆等。

有学者认为公法法人的基础就是公共的、公权力的，与我国企事业单位的性质差别较大。事实上在很多国家也存在公法和民法上的双轨制，同样可以承担民法上的侵权责任。比如《德国民法典》第31条规定："社团对董事会、董事会的成员或者其他组织上任命的代理人因在其权限范围内的事务致人损害，由法人承担责任。"即公法法人的民法行为适用此条规定，而其公法行为适用《德国民法典》第839条和德国《基本法》第34条的规定。《德国民法典》第31条所说的致害行为，主要包括：侵权行为、缔约过失行为、无过失但法律规定要承担损害赔偿义务的行为以及引起危险责任的行为等。所以，国外关于公法法人独立人格的确立，为我们对国家机关和事业单位作为公法法人的定位提供了参考和借鉴。

二　关于责任承担问题

（一）雇员身份的认定

雇员身份的认定即如何认定是否为用人单位的工作人员。这一点直接关系到是由单位即公共财产来赔偿，还是用个人财产来赔偿。在比较法上，雇员的认定是比较困难的。在英国法中，主要判断的标准是完成工作的控制力。[①] 同时也应考虑以下因素：一是在工作方法的控制程度以外；二是由谁提供工作材料；三是由谁提供工作的工具与操作场地；四是一方是否有解雇权；五是由谁支付社会保险的保险金；六是由谁承担工作所具有的经济上的风险等。[②]

在德国法中，雇员的认定主要考虑：一是雇员是由雇主任用的，并且执

---

① ［德］J. 施皮尔主编：《侵权法的统一：对他人造成的损害的责任》，梅夏英、高圣平译，法律出版社2009年版，第87页。

② ［日］望月礼二郎：《英美法》，郭建、王仲涛译，商务印书馆2005年版，第233页。

行的是雇主的事务；二是雇主对雇员的行为进行了时间和范围的指示，雇员只要是在雇主指示的时间和范围内执行的，即认定为雇佣关系。

在日本法中，判断是否为雇员，是通过看其是否存在指挥、监督的关系。当然，在雇佣的场合还必须以存在一定的从属关系为前提。①

（二）执行职务的认定

执行职务的认定也是一个关键性问题。如果不是因执行工作任务，那么单位就不用承担侵权责任。主要有两种学说。一是主观说。又分为用人者意思说和被使用者意思说。用人者意思说是指用人者指示被使用者所承担的事项为职务范围，如果超出此范围则不是执行职务。被使用者意思说是指，原则上执行职务的范围按照用人者的指示来认定，但如果是为了有利于用人者指示事项而实施的行为，也是执行职务行为。二是客观说。即"行为外观"理论，以行为的外观来确定，在客观上认为是执行职务的，不论双方意思如何，都是执行职务。具体来讲，所谓"行为外观"理论，就是指用人者通过被用人的行为进行活动、享受利益，而且被用人在执行职务的范围内，善意的第三人并不能分辨，在这种情况下，即认为被用人的行为具备了执行职务的外观，如果被用人造成了他人的损害，则由用人者承担侵权赔偿责任。即使被用人不是按照用人者的指示、命令、委托实施职务行为或与职务有关的行为，但客观上第三人认为其为执行职务，也应当认为具备了"行为外观"，造成损失的由用人者来承担赔偿责任。

德国法对执行职务的认定标准是"内在的关联性"，强调雇员的致害行为与受委托事务之间具有紧密的或直接的内在联系。如果仅仅是外在的关联性，则不认为是职务行为。英国法上，执行职务的概念比较宽松，只要与执行职务有合理程度上的关联性，就可视为职务行为。在日本和中国台湾法中，总体上采取了"行为外观"理论。比如，关于执行职务的认定，中国台湾"最高法院"提出两个基本见解：一是以"外观行为"的客观判断为基准；二是将执行职务范围分为两个基本类型：受雇人执行雇用人的命令及滥用职务。②

① ［日］园谷峻：《判例形成的日本新侵权行为法》，赵莉译，法律出版社2008年版，第283页。
② 王泽鉴：《侵权行为》，北京大学出版社2009年版，第432页。

三 关于应诉保护问题

（一）公益诉讼

公益诉讼是指一定的组织和个人可以根据法律法规的授权，对违反法律侵犯国家利益和社会公共利益的行为，向法院提起诉讼，由法院来追究违法者法律责任的诉讼制度。公益诉讼是世界各国普遍关注的诉讼类型，被视为公民维护国家利益的程序性象征。美国在罗马法的基础上，结合本国国情，继承和发展了罗马法的内容，并在 1890 年通过了《谢尔曼反托拉斯法案》，以限制联合限制竞争行为和垄断行为，成为现代公益诉讼的创始国。在其后又颁布了《克莱顿法》、《清洁水法》等一系列法律。目前，美国的民事公益诉讼在环境保护、反垄断、消费者权益保护、中小股东权益保护等方面运用得十分广泛，提起公益诉讼的主体也具有广泛性，包括检察官诉讼、告发人诉讼、集团诉讼等，而且大到检察院，小到社会上的个人，均可以就侵害社会公共利益行为提起诉讼。

德国对待民事公益诉讼采取了比较保守的做法，他们对社会公共利益和不特定多数人利益的保护主要是通过团体诉讼形式表现出来。德国立法把团体诉讼定义为有权利能力的公益团体，基于团体法人自己的实体权利，依照法律规定就他人违反特定禁止性规定的行为或无效行为请求法院命令该他人终止或撤回其行为的特别诉讼制度。这种诉权的方式在理论上称为"诉讼信托"。

（二）民事公诉

民事公诉是指检察机关对于特定范围内的某些涉及重大国家利益、社会公共利益及有关公民重要权利的民事案件，在无人起诉或当事人不愿诉、不敢诉、不能诉、怠于起诉的情况下，向法院提起民事诉讼，主动追究违法者的民事责任，以保护国家、社会和公民的合法权益。[1] 从世界范围来讲，民事公诉应该说是一种通例。实质上，民事公诉可以说是公益诉讼中的一个类型，即由检察机关对违反公共利益的行为自行提起诉讼。最早规定民事公诉制度的是 1804 年的《法国民事诉讼法典》，规定检察院可以通过起诉介入关

---

[1] 李浩：《关于民事公诉的若干思考》，《法学家》2006 年第 4 期，第 5—10 页。

于国家之安宁、官府、属于官之土地、邑并公舍、国贫之人不公赠与之诉讼等民事案件。1976 年《法国民事诉讼法典》对民事诉讼制度也有明确的规定，其第 423 条规定："除上述案件外，在公法秩序受到侵害时，它可以为维护公法秩序而提起诉讼。"总体来说，法国法认为对一些涉及民事主体资格和公共利益等民事案件可以提出公诉。

德国法中也有关于民事公诉的规定，根据《德国民事诉讼法》等规定，检察院可以提起或参与三种案件的民事诉讼：一是申请法院宣告精神病人或能力有缺陷的人为无行为能力人的案件；二是申请法院宣告失踪人死亡的案件；三是宣告婚姻无效的案件。日本的民事公诉制度也在民法典和民事诉讼法中有所体现，但都是对少数民事案件，范围也是公共利益案件和主体资格的案件可以提出公诉，但是比法国的范围窄。

英美法系国家以判例法为主，民事公诉制度也源于判例法。在英国，检察长最早是作为国王的代表，在皇权受到侵害时，可以以国王和皇室的名义提起诉讼。对于涉及公益的案件，为防止重复起诉，检察长可应告发人的请求以检察长的名义提起诉讼，称为"告发诉讼案件"。美国的检察机关与英国的检察机关相似，虽然主要负担刑事公诉的任务，但是在法律授权的情况下，检察机关也可以提起民事诉讼。相比之下，英美的民事公诉范围较为宽泛。

还有一种，就是以越南为代表的，检察机关享有完整的民事公诉权力，可以对任何检察机关认为应当提起公诉的民事案件提出公诉。

第三节　中国现有法律制度关于侵权责任的规定

关于国有企事业单位侵权责任，目前涉及的法律法规主要有《侵权责任法》、《事业单位国有资产管理暂行办法》、《企业国有资产法》等。实际上，解决国家机关和事业单位作为公法法人的侵权责任问题，关键在于分清三个方面的问题。

（1）责任主体是国家还是法人。从目前民事立法的指导思想上来看，国家机关和事业单位作为公法法人一直是被视为一般法人而出现的。通过《民法通则》第50条的规定，可以看出事业单位具有法人资格，我国的民法学说上也存在事业单位法人这一分类。因此，关于国家机关和事业单位作为公法法人很少有单独规定，与其他法人作为民事主体而言并无特殊性。但从实际的职能和专项法律规定来看，国家机关和事业单位作为公法法人的独立法人资格并未得到根本确立。或者更为准确地说，主体到底是国家还是法人，实际是有些模糊不清的。比如对事业单位的规定，没有专门的法律，大部分为部门规章和地方性法规，内容也主要集中在运行监管等具体操作层面，对法人地位没有涉及。正如有的学者所言："从上个世纪80年代中期以来，一方面，越来越多的法律文件赋予了事业单位'法人'身份；另一方面，事业单位依然是公权力结构中的一个'单位'——'单位'和'法人'的双重身份是法律对中国转型时期社会组织的一种表述，形式上的'法人'和实质上的'单位'提示了反思立法政策的必要性。"①

　　法人的问题看似简单，实际上却涉及国家机关和事业单位作为公法法人侵权的根本问题，即民事责任到底应该由谁来承担。对于本应无所争议的企业法人财产权而言，也并没有得到充分的认可。《企业国有资产法》中，不仅没有明确政府投资企业的独立法人地位，而且第3条规定，"国有资产属于国有所有即全民所有。国务院代表国家行使国有资产所有权"，继续强调国家对企业财产享有所有权。这些规定只能在国内自圆其说，无法走出国门。以20世纪70年代的案件为例，中国鞭炮出口国外，因质量问题炸伤美国小孩的手，当时因为没有明确法人主体，其被告就是中国，起诉就是以中国国家侵权为由。照此逻辑对外外交部长代表国家，应由外交部长出庭应诉。虽然最后通过法学家出面解决，但这个看似荒唐的案件也让我们明白，民事责任最终要由民事主体承担，即使国家机关和事业单位作为公法法人的财产权名义上由国家所有，实际的侵权责任也应当由法人来承担，而不应由抽象的国家来承担。

　　这一问题的出现，也与我们在国有企业法人财产权问题认识上的错误有必然关系。长期所谓的"两权分离"，即国家所有权与企业经营权分离，认为国家享有唯一的所有权，企业只是负责对公共财产进行经营。而事实上，

---

　　①　方流芳：《从法律视角看中国事业单位改革——事业单位"法人化"批判》，《比较法研究》2007年第3期，第1—28页。

国有企业作为民事关系中的权利义务主体，作为独立的法人，对自身的财产应享有当然的所有权。公有制企业改制以来，关于侵权的问题，在公有制企业领域基本上已经解决，但是在国家机关工作人员和事业单位方面，这些问题还没有解决。

（2）责任主体是企事业单位还是主管部门的问题。国家机关和事业单位作为公法法人从其产生之初就与主管单位有着千丝万缕的联系，甚至很多时候在人事和财务上并没有截然分开。① 正如《事业单位登记管理暂行条例》所规定的，"事业单位是指国家为了社会公益目的，由国家机关举办或者其他组织利用公共资产举办的，从事教育、科技、文化、卫生等活动的社会服务组织"。所以，事业单位主要是国家机关的分支机构，但目前存在的事业单位并非这么简单。比如有的事业单位，实质上属于公权力机关，比如中国证监会、中国银监会、中国保监会、中国电监会、中国社保基金理事会等，虽然编制不属于行政机关编制，而是事业单位编制，但实际上属于国家机关的序列。从法律角度来看，它们属于国务院直属的部级事业单位，享有制定有关规章、政策，管理相关行业甚至行政处罚的权力，这些权力完全属于公权力的范畴，因此这些所谓的事业单位应该属于机关法人的类别。还有一些事业单位，按照法律法规的授权，受国家机关的委托做出具体行政行为，比如进行行政处罚等。在以上的行为中如果产生侵权，实际上属于违法行政行为，应承担行政责任进行行政赔偿，适用国家赔偿法。特别是对于受委托的事业单位而言，不应该直接承担侵权责任，而应由授权部门承担侵权责任。

（3）责任主体是个人还是单位。在《侵权责任法》中，用人单位侵权在涉及"国家"的公法法人方面并没有详细的规定。该法第34条规定，用人单位的工作人员因执行工作任务造成他人损害的，由用人单位承担侵权责任。这一规定中实质上有两个重要概念需要深入分析：何为工作人员？何为执行工作任务？这两个问题直接牵涉侵权责任的承担。

---

① 管理对象向管理部门上缴资金的做法在广电、医疗卫生、教育等系统都广泛存在。2006年，审计署一号公告发布了广电总局的收支未完全纳入中央预算问题，指出中央电视台向广电总局上缴资金违规的问题。为此，财政部从2006年起，全面取消广电总局集中中央电视台收入留作自用的做法。

《侵权责任法》施行前，用人单位责任主要根据主体的不同，作出不同的规定。国家机关的工作人员在执行职务中致人损害的，适用《民法通则》第 121 条的规定，即国家机关或者国家机关工作人员在执行职务中侵权，应当承担民事责任。非国家机关的法人单位的工作人员在执行职务中致人损害的，适用《最高人民法院关于审理人身损害赔偿案件适用法律若干问题的解释》第 8 条："法人或者其他组织的法定代表人、负责人以及工作人员，在执行职务中致人损害的，依照《民法通则》第 121 条的规定，由该法人或者其他组织承担民事责任。上述人员实施与职务无关的行为致人损害的，应当由行为人承担赔偿责任。属于《国家赔偿法》赔偿事由的，依照《国家赔偿法》的规定处理。"非法人组织的雇员在从事雇佣活动中致人损害的，适用《人身损害赔偿解释》第 9 条："雇员在从事雇佣活动中致人损害的，雇主应当承担赔偿责任；雇员因故意或者重大过失致人损害的，应当与雇主承担连带赔偿责任。雇主承担连带赔偿责任的，可以向雇员追偿。"而《侵权责任法》第 34 条则规定，所有用人单位（国家机关、企业法人、非企业法人、个体经济组织、合伙组织）的工作人员因执行工作任务造成他人损害的，都由用人单位承担侵权责任。而且对于个人雇佣关系，《侵权法》第 35 条也规定："个人间形成劳务关系，提供劳务一方因劳务造成他人损害的，由接受劳务一方承担侵权责任。提供劳务一方因劳务自己受到损害的，根据双方各自的过错承担相应的责任。"

可见，侵权责任法采取了英美侵权法理论中的"替代责任"，规定由使用人对受害人承担无过错责任，既不考虑使用人对于被使用人选任、监督是否存在过失，也不考虑被使用人是否存在故意或过失。正是因为全面采用"替代责任"理论，因此对于国家机关和事业单位作为公法法人工作人员的认定上，《侵权责任法》实际上采取了宽泛的原则，认定的标准为"发生了使用与被使用的事实"，而不管当事人之间是否有劳动合同关系或其他关系，比如无偿的使用、义务的使用，也可以认定为工作人员。比如，劳动关系用工、非全日制用工、退休人员被返聘、单位实习、临时用工等，都应当属于工作人员。但有一点应当除外，未得到用人单位明示或默示同意的义务帮工，不应当成为用人单位的工作人员。当然，这种规定是建立在保护被侵害一方权利的基础上的，用人单位一方承担无过错责任，所以必然涉及另外一个问题，即用人单位对工作人员应当如何追偿的问题。在《侵权责任法》出台前，用人单位的工作人员因为执行工作任务，而对他人造成侵权后果的，如果工作人员具有故意或者重大过失，分两种情况处理。如果用人单位具有法人资格，工作人员不对外承担连带责任。如果用人单位不具有法人资格，工作人员应当对外承担连带责任，用人单位承担责任后，有权向工作人员追偿。《侵权责任法》基于其功能重在调整侵权的外部关系即加害人与受害人间的关系，尽量不调整内部关系即加害人内部关系的指导思想，规定工作人员即使具有故意或者重大过失，也不承担连带责任。但是，用人单位承担责任后，是否有权向有过错的工作人员追偿？中国人民大学的侵权法草案中明确了用人单位追偿权，规定"用人单位、劳务派遣单位和接受劳务一方在承担了赔偿责任后，对在执行工作任务或者因劳务造成他人损害中有过错的工作人员或者提供劳务一方，有权进行追偿"。这一点对于保护国家机关和事业单位作为公法法人财产来讲，应该是有必要的。也就是说，国家机关和事业单位作为公法法人所承担的替代责任可分为两种，一种是不可追偿的替代责任，另一种是可以追偿的替代责任。是否可以追偿，关键看工作人员是否存在过错。①

对于何为"执行工作任务"的认定，这一点在学界应该说形成了基本的共识，即不采用"一体不可分"理论，而采用"外观行为"理论。王利明教授认为："执行职务，是指劳动者从事用人者授权或者指示范围内的生产经营活动或者其他劳务活动。劳动者的行为超出授权范围，但其表现形式是履行职务或者与履行职务有内在联系的，应当认定为履行职务。"② 而且，不应局限于工作时间、工作地点，要把握对"因"字的理解，即与执行职务有关联即可。梁慧星教授的观点也较为近似。③

---

① 杨立新教授认为，对于用人单位来说存在三种类型的替代责任，第三种为非典型的替代责任，是指国家机关等因自己的行为造成损害应负的赔偿责任。这种赔偿责任实际上并不具有替代责任的性质，而是为自己的行为负责，即所谓的直接责任。见杨立新《侵权责任形态研究》，《河南省政法管理干部学院学报》2004 年第 1 期，第 1—13 页。

② 王利明：《中国民法典草案建议稿及说明》，中国法制出版社 2004 年版，第 246 页。

③ 相关内容见梁慧星教授"《侵权责任法》深度解读"讲座整理稿。

第四节　关于侵权问题的起诉和应诉

侵权责任确认后，要解决的就是关于侵权的起诉和应诉。对于公有财产的保护而言，无论是主张侵权损害赔偿，还是承担侵权损害赔偿责任，都要通过诉讼来实现。虽然现实情况中很多问题通过自行和解和民事调解来实现，但建立正面的诉讼机制是必要的，也是保护公有财产的根本途径。诉讼机制实质上包括两个核心问题，一是涉及"国家"的机关和事业单位被侵权的情况下，如果不主动主张权利或放弃诉权应当如何处理；二是这些机关和事业单位侵权的情况下，谁应当成为被告，承担侵权责任后对于有过错的工作人员如何追偿。

一　国家机关和事业单位作为公法法人被侵权的起诉

国家机关和事业单位作为公法法人被侵权后，如果以法人资格直接对侵权人提起诉讼，主张自身权利，并且在过程中不随意撤诉，便不存在其他问题。关键问题在于，按照现在的民事诉讼规则，民事主体对于是否起诉具有选择权，对于自然人和法人来讲，可以选择侵权之诉，也可以根据主观的意愿、利益的考量或者其他原因，选择不予起诉，放弃索取侵权损害赔偿的权利。这一点与刑事诉讼存在根本差别。在刑事诉讼中，因为公诉制度的存在，除自诉案件以外，受害者对是否起诉是没有决定权的。这种尊重民事主体意愿的规定，对于自然人和其他法人而言是没有问题的。但是国家机关和事业单位作为公法法人与此不同，其管理和使用的是公共财产，与一般的民事主体的自愿原则相比具有特殊性，如果放弃侵权之诉，势必对公共财产造成损害。因此在制度上必须做出更为严格的规定，强制性要求或督促国家机关和事业单位作为公法法人主张权利。

（一）关于公益诉讼的可行性分析

公益诉讼是当前民事诉讼法修改中的热点，也是社会各界普遍关注的问题。根据现行民诉法第108条的规定，启动诉讼的原告必须是"直接利益关系人"，只有自身合法权益受到侵害的公民、法人或其他组织才能作为原告向法院提起诉讼。公共资产的流失，虽然会给社会公共利益造成重大损害，但我们现在并没有这方面的程序性立法，除非有直接利害关系人起诉，否则诉讼程序无法启动。任何人或组织对导致国有资产流失的行为无权向法院提起诉讼，使这类行为得不到应有的法律制裁。

当前公益诉讼的呼声很高，与公共利益保护在某种程度的缺失和公共利益被肆意侵害有关。虽然我国目前有很多关于社会公益的法律规定，比如，《环境保护法》、《未成年人和妇女权利保障法》、《消费者权益保护法》等都涉及公益问题，但一旦有人违反了这些法律，却难以确认和追究，主要原因是缺乏程序法律规范，特别是缺乏关于原告的资格以及有关诉讼判决的效力范围等问题的规范。在实践中，有国有资产在企业改制过程中的大量流失，国家利益被侵吞，却没有适格的主体主动予以保护。因此建立公益诉讼制度，本质上就是给予公共利益与个人和社会组织的相关性，解决适格主体不愿管、无资格主体想管管不了的问题，在诉讼制度建设上是有必要的。

但是，对于国家机关和事业单位作为公法法人侵权案件来讲，是否有采用公益诉讼的必要呢？目前的《民事诉讼法》修正案草案，增加了公益诉讼制度，但主要是基于"近年来，环境污染和食品安全事故不断发生，一些全国人大代表和有关方面多次提出在民事诉讼法中增加公益诉讼制度"①，修正案草案第8条规定"对污染环境、侵害众多消费者合法权益等损害社会公共利益的行为，有关机关、社会团体可以向人民法院提起诉讼"。可见，在公益诉讼方面，采取了较为审慎的态度，主要集中于环境污染、食品安全等适格主体不明确的领域。事实上，公益诉讼的制度设计，是对传统民事诉讼表现出的缺陷的弥补，而不能大范围地替代传统诉讼。综观各种现代型诉讼，如公害诉讼、消费者诉讼、环境权诉讼、反垄断诉讼等，也都是建立在适格主体不够明确的基础上的。而对于有明确适格主体的国家机关和事业单位作为公法法人侵权之诉来讲，不应当采取公益诉讼的形式加以解决。一方面容易导致主体的混淆，另一方面适格主体过多，也不利于权利的真正实现。

---

① 《民事诉讼法修正案（草案）条文及草案说明》，全国人大网站：http://www. npc. gov. cn/npc/xinwen/syxw/2011 - 10/29/content_ 1678367. htm，2012 年 8 月 24 日。

（二）关于民事公诉的可行性分析

民事公诉与公益诉讼有一个共同点，即国家都不是传统诉讼模式中的适格当事人。但民事公诉将起诉权赋予检察院，体现了权威性，避免了多元化，应该说对于公有财产的保护在制度上前进了一步。

对于民事公诉的适用条件，有人认为主要包括三项：第一，确实存在侵犯国家、社会利益或影响社会公益的行为存在。如果不属于侵犯国家利益和社会公益的行为，应当由当事人自主决定是否行使诉权。第二，侵犯国家利益和社会公益的行为达到一定的严重程度。违法行为所造成的损害，已经不仅限于对特定公民、法人的民事权利造成损害，而是对国家全局性利益、社会公众利益的损害。第三，诉讼程序难以启动。对于上述范围的案件，当事人不会起诉、不愿起诉、不敢起诉、无能力起诉，或者适格的当事人已消失的，非检察机关提起民事诉讼不足以保护其合法权益。[①]

也有人从实务的角度，认为民事公诉应包括三要件。一是形式条件，案件的来源应当是相对被动的，而不是主动介入，比如党委、人大和政府交办的、群众集体上访提出的、检察工作中发现的。也就是说，检察机关不能像刑事侦查那样去刻意侦查违法行为，而是指在工作过程中发现的有关民事违法情形。二是实质条件。就是民事公诉的实质条件是违法情节恶劣，危害国家利益和社会公共利益后果严重。判断是否达到实质条件的标准，应从违法手段和情节、财产损失数额、人员伤亡、致害程度和负面影响等方面综合考虑。对实质条件的判断标准应当非常精细，以便于实践操作，应由立法机关会同有关部门共同制定。三是程序条件。检察机关提起民事公诉的案件，应当设立一定的前置程序。这种程序一般包括对案件性质和内容的审查程序，以及对适格当事人确定不起诉的认定等。设置这一条件的目的是避免民事公诉权与其他国家权力、公民法人权利相冲突。[②]

关于民事公诉，在理论界和实务界存在较大分歧。从目前的司法实践来看争议很大。1997 年 5 月河南方城人民检察院提起国内首例民事公诉，请求法院判决房屋买卖契约无效，追回流失的国有资产。但此案并未成功。此

---

① 王磊：《论民事公诉范围和程序研究》，《中国律师》2003 年第 11 期，第 54—55 页。
② 李静：《民事公诉制度初探》，《中小企业管理与科技》2008 年第 9 期，第 25—28 页。

后多年来，全国各地的不少检察机关都在民事公诉方面进行了有益的探索。浙江、河北、四川、湖南等地都有过民事公诉的案例。主张民事公诉，主要是基于检察机关作为法律监督机关，是国家利益和社会公共利益的代言人，有权对民事行政活动实行法律监督。而且，检察机关代表国家提起诉讼维护公共利益，"既是以公权力维护国家利益和社会公共利益的政治需要，也是以公权力保障人权和程序公正的社会需要"。[①] 当然，对于民事公诉权的行使，应当更为谨慎，范围主要应包括国有资产保护案件及损害国家重大利益的其他案件、社会公害案件、没有起诉主体或主体不能亲自行使诉权的人身权益性质的案件，且标准应严格限定，同时厘清与公益诉讼的区别和差异。对于国家机关和事业单位作为公法法人的公共财产保护而言，应当只适用于重大侵权案件造成重大损失的情形。一是考虑到节约司法成本；二是考虑到要处理好单位自主权与公共财产权的关系。比如较为轻微的侵权案件，明显不适宜采取检察院民事公诉加以解决。

（三）关于民事督促起诉的可行性分析

民事督促起诉与公益诉讼、民事公诉的最大不同，就在于起诉主体。在公益诉讼、民事公诉中，实际上是基于法定原因，由其他主体取代了适格主体的当事人地位，而在民事督促起诉中，如果国家机关和事业单位作为公法法人不行使、怠于行使、自行放弃诉权，而其上级监管部门又不履行相关的监管责任，则检察机关基于法定的监督权，可以督促国家机关和事业单位作为公法法人提起侵权之诉，从而保护公共利益和公共财产。民事督促起诉的最大优势，就在于具有一定的缓和性，并没有直接成为诉讼的当事人。

首先，从法理层面上讲，检察机关是国家的法律监督机关，如果国家机关和事业单位作为公法法人及其上级监管部门不行使正当权利，有可能造成公共财产的损害，检察机关有权对其实施监督，督促其主张权利、履行责任，包括提起民事诉讼。其次，从实际操作层面来讲，按照目前的民事诉讼法规定来看，如果检察机关提起民事公诉，直接代表国家机关和事业单位作为公法法人提起民事诉讼，是没有现实法律依据的，在实际的操作过程中，

---

① 张智辉、谢鹏程：《现代检察制度的法理基础——关于当前检察理论研究学术动态的对话》，《国家检察官学院学报》2002 年第 4 期，第 125—129 页。

也必然遇到很多困难，存在不顺畅的问题。无论是由公民和社会组织提起的公益诉讼，还是由检察院直接提起的民事公诉，如何确定其与适格当事人的关系，如何规定其诉讼的权利和诉讼的义务，都没有明确。而在民事督促起诉制度中，检察机关在不破坏现有法律框架的基础上，基于其法定监督权和客观威慑力，通过简便易行、操作性强的形式，督促国家机关和事业单位作为公法法人提起侵权之诉，不仅节约了司法成本，而且也解决了实际问题，达到了客观目的。

在司法实践中，民事督促起诉的出现较晚，是在民事公诉进展不顺的情形下逐步演变而形成的。从全国范围来看，推行民事督促起诉制度成果最好的是浙江省。之前，浙江省的很多地方检察院也曾经尝试民事公诉，以原告的身份提起诉讼，向侵权责任人、合同违约责任人主张权利，要求返还或赔偿损失。2002年，浙江省浦江县检察院在一起涉嫌贱卖国有良种场的案件中，采取了民事公诉的做法，由于法律依据不足引来了很大争议，导致这一做法被叫停。由此，地方检察院也有了新的思考和探索，民事督促起诉制度应运而生。由于民事督促起诉制度并没有违背现行法律的规定，法律风险较小，也能够取得实际效果，因而也被全国多个省市的检察机关所采有。

从目前各地的司法实践来看，民事督促起诉取得了不错的效果。据新闻报道显示，2011年，浙江省检察机关共办理土地出让、财政专项资金出借、公共工程招标、重大环境污染等领域的民事督促起诉1468件，挽回和避免国有资产损失36亿元。在海南省，每年各级人民检察院办理的督促起诉案也达到近百件，为国家挽回近亿元的损失。从浙江省检察机关开展民事督促起诉的时间来看，所涉案件主要集中在三个方面，一是国有土地出让；二是财政资金借贷；三是国有资产拍卖、变卖。在这三个方面，最容易发生损害国有资产的行为，也最容易造成国有资产的流失。由此可以做出推理，对于侵权案件中严重损害公共财产权的行为，也可以建立相应的督促起诉制度，督促国家机关和事业单位作为公法法人行使正当权利，保护公共财产。

二　国家机关和事业单位作为公法法人侵权的应诉

在应诉过程当中，经过公正合法的审判程序，按照民事判决承担侵权损害赔偿责任，这一点是没有异议的。关键在于责任应由谁来承担，合理的追偿如何来实现。

（一）关于被告的确认

关键是厘清被告到底是国家还是法人，诉求到底是侵权损害赔偿还是国家赔偿。前文已述，不能因为财产是公有财产，就想当然地认为国家享有所有权，应当由国家来承担责任。对于属于受委托实施的具体行政行为造成的侵权，应当由委托单位作为被告，提起行政诉讼，主张国家赔偿。而对于绝大部分的侵权之诉，应当从法人的独立人格出发，明确国有企事业法人的地位，由其作为被告，承担法律责任。

当前在民事诉讼中，有"公权力"扩大化的现象。比如，很多学者认为应当将公有公共设施致害纳入国家赔偿法，即在诉讼上不选择民事诉讼，而采取行政诉讼，由国家赔偿。这种做法是值得商榷的。主张国家赔偿的人，认为理由在于：第一，随着给付行政的出现和福利国家的兴起，国家赔偿责任不应限于权力行为，也应包括非权力行为。第二，《民法通则》规定的特殊侵权责任，主要是指建筑物及搁置物、悬挂物，并不是对所有公有公共设施的规定。第三，像国有企业和事业单位，只是受委托对公有公共设施进行设置和管理，是受国家的委托而实施设置和管理行为，公有公共设施仍然属于国家所有，因此相应的赔偿责任应当由国家承担。① 而事实上，一味地强调国家承担责任，不但不利于国家机关和事业单位作为公法法人履行职责，也不利于其法人人格的建立，其实质还是没有认可法人财产权。因此，对于公共设施的侵害，最起码应当有所区分，对于国家机关和事业单位作为公法法人经营管理维护的公共实施，应当将其作为被告，提起侵权之诉。比如，北京地铁 4 号线电梯致人伤害案，应当由京港地铁公司承担责任，而不应采用国家赔偿的方式。

（二）关于侵权损害赔偿的追偿

承担侵权赔偿责任后，关键在于对其他责任人的追偿。主要分为三种，第一种是承担连带责任后对其他侵权人的追偿，第二种是对第三人的追偿，第三种是对工作人员的追偿。

---

① 周友军：《公有公共设施致害的法律救济——从"酒后跌入天池河"案说起》，载王利明《判解研究》2008 年第 6 辑，人民法院出版社 2009 年版。

国家机关和事业单位作为公法法人与其他侵权人实施了共同侵权行为、共同危险行为、以累积因果关系表现的无意思联络的数人侵权等形态的侵权行为，侵权人应承担连带责任。这一点在《侵权责任法》的多个条文里都予以明确。问题在于，如果是国家机关和事业单位作为公法法人与其他个人或非公法法人、非公组织实施数人侵权行为，由于国家机关和事业单位作为公法法人公信力高、偿债能力强，往往被作为优先起诉的对象，首先承担连带责任。这就要求法院在受理共同侵权等案件时，应追加其他侵权人作为共同被告。一是追加其他共同侵权人作为共同被告是出于法院查明事实的需要；二是只有将所有的公共侵权行为人都作为共同被告，才能确定其他侵权人应当承担的责任。比如，受害人免除部分侵权人责任的，并不代表免除所有侵权人的责任，所以应当都追加进来作为被告。国家机关和事业单位作为公法法人在承担责任后，可以按照比例直接向其他侵权人追偿，其法律依据为《侵权责任法》第13条"法律规定承担连带责任的，被侵权人有权请求部分或者全部连带责任人承担责任"，以及第14条"连带责任人根据各自责任大小确定相应的赔偿数额；难以确定责任大小的，平均承担赔偿责任。支付超出自己赔偿数额的连带责任人，有权向其他连带责任人追偿"。

对于第三人侵害造成侵权的，应对第三人过错进行区分对待。如果是第三人直接造成损害，即第三人行为是损害发生的唯一原因，国家机关和事业单位作为公法法人没有过错，则应当免责，由第三人承担责任。在第三人和单位都造成损害的情况下，即其行为都是损害发生或扩大的原因，则承担连带责任，其法律依据为《侵权责任法》第11条"二人以上分别实施侵权行为造成同一损害，每个人的侵权行为都足以造成全部损害的，行为人承担连带责任"，以及第12条"二人以上分别实施侵权行为造成同一损害，能够确定责任大小的，各自承担相应的责任；难以确定责任大小的，平均承担赔偿责任"。

对于工作人员的追偿，关键看工作人员有无过错。如果工作人员在执行职务中无过错，则不应承担赔偿责任。如果存在过错，则应当坚决予以追偿，而不应仅仅通过内部处罚来实现。对于追偿的数额，应当根据具体情况而定。比如单位和工作人员都存在过错的情况下，应对责任承担比例进行分配。对于单位因工作人员造成的侵权承担较大赔偿责任，而单位拒不追偿的行为，应考虑使用民事督促起诉制度，或通过薪金抵扣等方式进行解决。

第五节　立法建议

通过立法实现对国家机关和事业单位作为公法法人公共财产权的保护，是一项系统工程，涉及多个方面，不仅包括实体法，也包括程序法；不仅限于侵权责任法，也涉及与侵权法相关的其他法律法规。

一　关于法人独立财产权的确定

鉴于市场经济发展、与国际接轨的需要，应当进一步明确国家机关和事业单位作为公法法人的独立财产权。定分才能止争，《民法通则》早已确立了事业单位法人的类型，国有企业也不可避免地要参与更多的市场竞争。确定其所有权而不是经营权，势必为大势所趋。这一点对于侵权责任的确定来说至为重要。据保守统计，事业单位已有130多万家，工作人员近3000万人，支出占全部财政支出的30%。随着事业单位改革的加快，这样一个庞大群体的立法应当提上日程，应当制定《事业单位公共资产法》，明确事业单位的独立法人地位。《企业国有资产法》应明确国有企业的独立法人地位，从"两权分离"的意识形态理论中彻底脱离出来。

二　关于侵权责任的确定

应当明确区分违法行政行为和民事侵权行为，对于中国证监会、中国银监会、中国保监会、中国电监会、中国社保基金理事会等，应当确定其国家机关地位，避免对事业单位的概念和性质产生混淆；对于主管行政部门委托的行政行为产生侵权的，应当严格由主管单位承担国家赔偿责任。在《侵权责任法》司法解释中，应明确"因执行职务"的范围，即表现形式是执行职务或者与执行职务有内在联系的，应当认定为执行职务。

三　关于被侵权后的应诉保护机制

应诉保护机制是法律保护的关键问题。应当在司法实践的基础上，探索在民事诉讼法上建立"民事督促起诉＋民事公诉"的制度，即一般情况下督促、特殊情况下自行起诉。用这一制度维护公共财产权，应当具备四点要素。

一是公共性。公共利益不是个人利益，也不能简单地等同于国家利益。国家机关和事业单位作为公法法人的财产权，从本质上说是公共财产。从概念上，应当认为"民事督促起诉"、"民事公诉"的本质是对公共财产的维护。如果涉及国家利益，实际上超越了民事起诉的范畴。因此在规定适用范围时，应与公益诉讼相区别，将适用范围限定为公共的有形和无形财产受到侵害，但享有该财产权的适格国家机关和事业单位作为公法法人不予起诉。

二是协调性。督促起诉的重要价值，不在于起诉，而在于协调被督促者，促使其履行相应的诉讼责任。因此应当在实践基础上，建立健全民事督促起诉制度，通过立法的程序，制定检察机关行使督促起诉权的相关规定，明确民事督促起诉的案件范围、适用条件、诉讼程序等。同时，通过法律建立协调联络机制，明确检察机关在行使督促起诉权的过程中，要加强与法院、国资部门、企事业单位管理部门的沟通。

三是责任性。检察机关有法律监督的权利和责任，保证法律调整的公共利益的实现是法律监督的重要任务。建立民事督促起诉制度，是检察机关履行法律赋予职责的新途径。检察机关应该基于宪法、法律和社会政策的需要，切实履行督促起诉职能，保证国家机关和事业单位作为公法法人履行职责。如果被督促者没有及时履行义务，且对公共财产权造成明显的、重大的损害时，检察机关可以主动提起诉讼，直接以公共利益代表的身份维护公共利益。

四是惩罚性。检察机关行使法律监督权，为维护其权威，必然要产生一定的法律效果。国家机关和事业单位作为公法法人对于检察机关的督促，如果不理不睬、阳奉阴违、敷衍了事，造成公共利益损失的，检察机关可以依据刑法、行政法的规定，对渎职者采取相应的惩罚措施，达到维护制度严肃性的目的。

在民事督促起诉中，应当遵循三个基本原则。一是尊重当事人意思自治原则。督促起诉的对象应主要是那些对公共资产负有监督或管理职责的行政主管部门或单位，且必须有确凿的证据证明民事违法行为已损害国家和社会公益。二是最后救济原则。即使对于危害公共财产的侵权案件也不是一律要引入督促起诉手段，而是原则上由政府主管部门主动处置，只有在政府监管不力或存在救济障碍的情况下，检察机关才介入。三是刑事附带民事优先原则，即如果侵权案件为刑事问题，应尽可能以刑事附带民事诉讼作为优先考虑的方式，而不必另行采取督促起诉。

四 关于侵权后的责任承担和追偿

对于用人单位的追偿责任，《侵权责任法》司法解释中也应作出明确规定，即用人单位在承担侵权责任后有权向有过错的工作人员追偿。无论是对于共同侵权人、第三人的追偿，还是对于工作人员的追偿，都适用"民事督促起诉＋民事公诉"制度。

本章小结

国家机关和事业单位作为公法法人侵权问题，解决的途径，就是权利主体与责任主体的统一化，让真正的公共财产权利人承担公共财产的保护责任和侵权责任。做到这一点，首先要抛弃前苏联法学的国家所有权学说，然后要按照民法上的责任主体规则，来重建我国的公法法人制度。这些制度，其最终还是要落实在相关法律和机制的完善上。鉴于当前法律制度强调内部监管而忽视外部侵权的现状，我国亟待在立法上有新的突破，相关法制的出发点应着重解决好责任承担和应诉起诉两大问题。从民法角度讲，主要集中在责任承担方面，其核心是主体地位的确立；从民事诉讼法角度讲，主要集中在应诉起诉方面，其核心是相关程序的建立。对于责任承担问题，真正的问题在于理念的转变，这可能仍然需要用开放的思维摒弃意识形态的束缚，需要理论界和实务界的大力推动。对于应诉起诉，则需要我们在现有实践的基础上，尽快确立制度、弥补缺失。在应诉起诉的法律设计上，当然存在多种途径，但我们应本着合理借鉴、立足实际的原则，参照国际上较为通行的惯例，尽快确立更符合我国法律理念、法律程序的规定。从这一点出发，"民事督促起诉＋民事公诉"的诉讼模式，可以在节约司法成本的前提下，有效解决国家机关和事业单位作为公法法人怠于行使侵权请求权利的问题，值得立法者深入地研究和思考。

结　语

一　问题揭示、研究宗旨

（一）问题揭示

在本课题的研究中，我们首先揭示了我国现行立法以及法学界很多人所坚持的"统一唯一国家所有权"学说既不符合法理，也不符合现实，而且给我国公共财产支配秩序的建立带来重大损害等多个方面的缺陷。

该理论不符合法理的缺陷表现在：它违背了民法科学上权利主体必须明确肯定的原则，以及物权法科学上的主体特定、客体特定、权利义务特定的原则。因为物权法是民法的主要内涵，所以民法上的主体特定原则与物权法上的"三个特定"原则，基本要求完全一致。民法、物权法建立这一原则主要有两个方面的意义。从积极的角度看，就是从权利主体行使权利、享有权利利益的角度看，通过权利主体明确肯定规则的贯彻，可以建立明确肯定的财产支配秩序。比如，众所周知"定分止争"是物权法的基本使命，而这一使命在不动产物权方面，就是通过将一个个不动产纳入不动产登记簿之中来实现的。不动产的登记其实是不动产物权的登记，它记载的内容，就是一个个具体的、特定的权利人，特定的土地或者房屋等不动产，特定的不动产权利比如所有权、抵押权等。通过这种登记，土地或者房屋上的支配秩序就建立起来了。通过不动产登记簿，不但可以知悉一个特定权利人所支配的不动产处于什么位置、面积大小；而且还可以知道他的不动产之上有没有负担其他的权利比如抵押权，知道所有权和这些负担的其他权利之间具体的关系。这就是物权支配秩序，即我国《物权法》第16条规定的"不动产登记簿是物权的归属和内容的根据"的含义。不论是法院还是其他司法机关、执法机关，都可以方便快捷地根据这些信息，对合法的权利予以承认和保护。

所以不动产登记的第一个条件，就是权利人必须明确肯定。

权利主体必须明确肯定的另一方面的原因，也就是消极方面的原因是，法律必须明确物上侵害责任的主体。我国《民法通则》和《侵权责任法》都规定了物的所有权人、占有人的侵权责任，比如一只家养动物咬人造成他人损害的侵权责任，再如建筑物、构造物、植物倒塌造成他人损害的侵权责任等，这些责任都要由所有权人、占有人来承担。而承担侵权责任的第一个要素，就是侵权责任人必须明确肯定。简言之，民法主体的明确肯定，就是权利主体的具体化，同时也是责任主体的具体化。权利主体的法律构造，必须和责任主体的法律构造同时进行，这是民法的基本原理。所以不论哪一种民法权利（甚至其他法律上的权利），其主体都必须是明确肯定的，法律上的主体不能是抽象主体、模糊主体。民法科学是人类社会数千年经验总结，它既体现了制度文明，也体现了制度理性。虽然法律具有本土性，一些规则在各个国家可以有所不同，但是这些科学的规则、基本原理是不可以违背的。

而"统一唯一国家所有权"学说的基本缺陷，就是权利主体不明，责任主体更是模糊。通过我们对我国关于公共财产所有权的立法分析、实践分析，我们可以清楚地看到这个本质缺陷之所在。我们可以清楚地看到，前苏联法学为了贯彻计划经济体制，为了达到把整个社会最为主要的生产资料的绝对支配权转移到中央政府的少数决策者手中这个目的，他们在自设前提的基础上，依靠自圆其说的方法，创立了"统一唯一国家所有权"理论，把整个社会的主要生产资料强制性地规定为"国家"所有，而不思考这个"国家"如何行使对于具体物的权利。这个理论的创造者使用了抽象主体理论，建立了所谓"全体劳动人民的所有权"和"统一唯一国家所有权"。而抽象主体，既不可能成为民法上的权利主体，也不可能成为责任主体。所以我们说这个理论是违背民法基本科学原理的。这种理论引入法律制度中，我国的公共财产权利主体不清晰，治理秩序混乱不堪，资产流失严重；同样因为责任主体模糊，"国家"也罢、社会也罢，都无法依法追究责任人责任。这就是违背法律科学基本原理造成的恶果。

在法律的政治学意义上，我们也可以说，"全体劳动人民的所有权"和"国家所有权"这些概念是可以成立的。因为从法律政治学意义上看，这些概念无非是要表达一些财产归根结底属于"公有"而不是私有这些政治意义。政治学意义上的支配秩序是抽象的。但是民法科学上的支配秩序是具体的，权利主体和责任主体必须明确肯定。

在"统一唯一国家所有权"理论引入我国并成为经典"社会主义"理论之后，我国社会对这种理论的盲目信赖和跟随已经形成为一种强烈的惰性习惯。立法者常常依据这种习惯，动辄就把公共财产规定为国家所有权，但是，却并不考虑设定这种权利的科学性法理，也不考虑建立行使这种权利、保护这种权利的法律制度。比如，自然资源的国家所有权、文物国家所有权等就是这样建立起来的。看起来这样做政治上很保险，不会犯错误，但是这才是犯了很大的错误。因为，把纯粹处于自然状态的野生动物、植物规定为国家所有权，这是科学的吗？既然这些物还是野生，那国家能够行使这些权利吗？如果真正爱护公共财产，那么就要为公共财产建立系统化、科学化的法律制度。可是我国在公共财产方面，却并没有这样系统的法律制度，仅仅只是规定这些物品属于国家就万事大吉了吗？当然，要解决这些问题，就必须采纳主体特定化理论；而采纳主体特定化理论，就必然否定"统一唯一国家所有权"学说。

遗憾的是我国法学界此前关于国家所有权的研究成果，虽然也是汗牛充栋，但大体上总是陷在前苏联法学家维涅吉克托夫在1948年撰写的《论国家所有权》一书的理论框架之内而无法自拔，所以作品再多，无非效影效形。这些著述绝对依赖前苏联法学，但是却不遵守民法科学上权利主体、责任主体必须明确肯定的原理。所以总体而言，这些著述除了一遍又一遍地解释旧理论之外，对我国公共财产权利法律制度科学化、对公共财产的保护并不能发挥多少实际的建设性指导意义。经济体制改革以来，尤其是1992年我国全面建立市场经济体制后，经济基础已经彻底变更了，但是，"统一唯一国家所有权"的学说却还是这些著述的唯一圭臬。我国真正的公共财产支配秩序是怎样的？从法律科学的角度看，这些权利的行使，从占有、收益到处分，这一系列制度如何建立？在这些学术著述中是看不到答案的。

（二）研究宗旨

虽然项目成果已经完成，但是就项目研究的宗旨还要略作解释，以供有识者斧正。

（1）本课题是中国现实问题的研究，内容没有在比较法方面、法律思想史和法律制度史方面多做展开。当然，在该题目下，也应该讨论一些国家所有权的国际比较、法律制度史和法律思想史的内容，这些知识内容无疑是非常丰富而且是很有趣味的。但是本课题限于时间、精力和学术能力的不足，无法就这些内容做出探讨，在此做出说明并请予谅解。

（2）本项成果从题目上看，似乎应该涉及当前我国社会对于国家所有权的各种观点的评述，但是我们并没有在这一方面做出展开。因为本课题涉及我国国家所有权的法律问题，而这个题目可以说是中国现代最大的法律话题之一，因此这个问题不但在历史上就已经有很多观念争议，在我国当前社会观念比较分化的情况下，社会观点对这个法律问题更是众说纷纭，其中一些观点还很尖锐。本课题的研究从一开始就明确地认识到这些尖锐的社会观点的存在，而且对这些不同，有些甚至极端的观点也进行了分析和初步的研究。对这些分析和研究，我们的研究成果没有任何涉及。采取这一做法的基本理由在于：本项研究旨在讨论中国现行法律中国家所有权的制度建设以及支持这些制度的理论问题，因此，在国家所有权问题上有两个非常极端的观点我们就无法赞同，因此也无法做出评述。第一个极端的观点，即完全否定中国现行法律中建立公有制原则的正当性、必要性的观点。这一观点基本上来源于古典自由主义学派，现在也有很多拥护者。我们认为，社会主义思想和制度是人类历史的进步，从历史发展的角度看，不可以依据古典自由主义来否定社会主义思想和制度。

我们所不赞成的第二个极端的观点，即坚持前苏联法学、把这一法学中的国家所有权学说当做唯一正确的社会主义学说的观点。这种观点在国家所有权方面表现出一种强烈的自言自语、自我封闭状态，他们既不了解当代市场经济体制下公有制的多种实现方式的存在，也不了解我国改革开放之后出现的"政府投资"体制，更不了解民法科学中的公法法人制度、公用物制度。对中国现实中出现的国有资产的诸多问题，他们的唯一答案，就是不断强化国家权力，建立强大的国家行政管理，限制改革开放以来民众已经获得的各种自由和权利。所以这种极端的观点，既表现出对法律科学基本知识的无知，也表现出对于民主与法制以及人民权利的漠视和不信任。这种观点在我国的物权制度建设方面，主张国家所有权的盲目扩张，并且把民间所有权压抑到仅仅只保留个人生活资料的程度。这种观点对于改革开放体制下的物权制度建设损害极大。在中国《物权法》的制定过程中，我们已经和这种观点有过激烈的交锋。

在本课题的研究过程中，随着我国社会贫富差距的扩大，又出现了极端民粹主义和狭隘民族主义的思潮。它们共同的特点是不信任法律科学，对法律科学中的技术规范尤其采取否定态度，认为法律制度的必要程序及其规则都有不符合民众意愿的弊端。这种观点极易促成法律虚无主义，对我国法律制度建设有百害而无一利。

对上述这些极端的观点，我们的出发点是基本上不予置评。这样做的原因，除了时间和篇幅方面的有限之外，最基本的原因是，这些极端的观点在学术上的缺陷是显而易见的，在这些问题上花费大量的精力，并不符合我们研究本课题的初衷。本课题研究是探索建立和完善我国公共财产的法律制度的科学法理和制度，我们只能在不得不提及这些理论观点时才会涉及它们。这些极端观念从来不具有建设性，因此无法将它们纳入我们的讨论范畴。

因此，我们必须预先说明，我们并不是不知道该课题会涉及这些重大争议；我们也可以预料，该项成果发表之后不会得到这些极端观点的积极评价。也许我们会看到，我国社会上的一些思潮，尤其是那些极"左"或者极"右"的观点，会对本成果的基本结论不予认可。对此我们已经有思想准备，我们期待着基于法律科学的评价。

（3）为我国的公共财产的法律制度建设提供科学的进路，是本课题研究的唯一目的。我们坚持的基本研究方法是"从制度科学性入手"，强调公共财产的制度规范性、科学性，我们希望通过自己的研究，能够给公共财产制度的科学化提供可资借鉴的甚至可以采纳的方案。

基于这一目的，我们的研究方法是建设性的批评。对于现实制度的缺陷，尤其是支持这些缺陷的法学理论，我们会旗帜鲜明地提出批评；但是批评不是我们的目的，我们的目的是为完善和建立科学的公共财产的法律制度提供建言。我们相信，我国已经走上建设性国家体制的道路，尤其是在我国市场经济体制建设取得举世瞩目的成就的今天，我国社会都已经认识到依法治国原则的重大意义，也认识到国家治理必须走上现代化、科学化的道路，因此我们的研究成果旗帜鲜明地倡导公共财产制度建设中必须遵守法学规范尤其是民法科学原理，这一点不应该受到质疑。中国共产党十八届三中全会的文件、四中全会的文件一再提出"实现科学立法、严格执法、公正司法、全民守法，促进国家治理体系和治理能力现代化"的要求，因此我们希望有识之士能够容忍我们对现行立法中的缺陷提出批评，也能够容忍我们对于支持这些缺陷的理论，尤其是那些被认为是正宗的社会主义民法理论的批评。我们更希望的是，我国立法者、决策者中的有识者能够从我们的分析和建言中获取可以借鉴的资讯，为我国公共财产的法律制度的科学化做出切实的改进。

二　主要观点

本书所倡导的观点，尽管和我国法学界，至少是民法学界长期坚持前苏联法学理论已经发生了本质的割裂，但是我们必须指出的是，本研究成果中的很多观点其实并非本课题负责人的首创。我们所坚持的，大多数都来源于传统民法的基本理论，也就是已经被数千年的法律实践证明为科学原理的理论。我们所做的主要工作，就是将这些科学原理应用于我国的法律制度建设。有些理论在我国社会之所以显得很陌生，原因只是我们法学界长期以来并没有进行实质性的更新而已。我们已经看到，在我国的公共财产法律制度设计过程中，前苏联法学发挥过极大的作用，而至今这种法学没有得到有效的清理。因此，在我国公共财产的法律制度建设中，清理前苏联法学的消极影响、依据法律科学完善甚至重建我国的公共财产法律制度，这也许就是我们首要的创见。

除此之外，本课题中，我们应用的主要法学观点有：

（一）公法法人学说

所谓公法法人，指的是依据宪法、行政法等法律成立的法人。在传统民法中，公法法人包括所有因为承担公共目的的机构，包括国家的公共权力机构如立法、执法、司法机关、军队等，也包括受公共权力机构的赋权而从事公共目的活动的社会机构，如公立学校、公立科学研究机构、公立文化与体育机构、公立慈善机构、宗教机构、受公共财政支持的基金会，等等。这些以社会公共目的为宗旨从事社会活动的机关或者机构，在我国《民法通则》中被称为机关法人、事业单位法人和社会团体法人。不过《民法通则》的这个规定从现在来看并不十分准确，因为目前在我国，相当多的事业单位和社会团体法人，都是根据社会上的自然人或者法人依据民法规则设立的，它们并不承担社会公共目的的职责，属于传统民法中的私法法人。

公法法人学说的科学性在于：这些法人必须要从事民事活动，因此必须在民事法律关系中享受权利、承担义务和法律责任。它们也就是在这一层意义上成为民法上的主体，才被称为公法法人的。在公法的活动中，它们只是国家治理的一个环节，或者是公共目的活动的一个环节，它们的活动并不能表现出民事主体的特征。但是它们从事民事活动时，就是典型的法人。

我国法律规则中，除了《民法通则》规定的机关法人、事业单位法人、社会团体法人之外，其他的法律并没有规定这种法人。甚至在民法的整体规则之中，包括商法、知识产权法以及部分经济法规之中，都没有采用公法法人制度。比如著名的《物权法》，就没有在公共财产领域采用公法法人制度。《合同法》涉及民事主体时，也没有考虑到公法法人规则问题。这种情形与我国的法律实践完全不符合。现实生活中公法法人参与民事活动的范围非常广泛，基本上与一般私法法人无异。而公法法人承担法律责任的情形，也与一般法人无异。比如地方政府、法院以及军队与一般自然人、法人订立合同，而最后必须承担法律责任的情形，可以说比比皆是。甚至法院建设办公设施因拖欠施工费用而作为被告的情形，在我国已经发生多起。当然，公法法人参与民事活动，在经费额度的限制下，常常要采取政府采购的方式，这是他们作为民事主体的特点，但是不能否认他们的民事法律关系主体的资格。这一点是我国现行法律最为明显的缺陷，应该予以尽快弥补。

在《物权法》的制定过程中，本课题负责人就已经提出了承认公法法人的物权，尤其是公法法人所有权的观点，目的在于解决我国公共财产法律制度中权利主体与责任主体方面的立法问题。但是因为法学界普遍不认识公法法人制度，以为引入这种法人制度会造成公共财产私有化，因此没有采纳公法法人财产权利的学说。本课题研究成果中，我们一再强调指出，公法法人依据公法设立，依据公法和法人章程行使权利，包括行使处分权，而不是根据法人的自我意志享有权利和行使权利，因此不会导致私有化的问题。

（二）公有物的学说

在传统民法中，物作为财产权利尤其是作为所有权的客体，必须从社会功能的角度区分为共用物、公有物和公法法人私有物。共用物指的是全人类共同享有的物，主要包括阳光、空气和海洋等，在法律上并不许可纳入任何财税权利支配的范围。甚至国家也不可以将这些物作为财产，在这些物上面设置有排斥他人的权利包括所有权。公有物指的是，在法律上属于公有，但是必须交给民众享受其利益的物。主要包括公共土地、牧场、河流、公路、图书馆、国立学校、国立体育文化设施、公共慈善设施、宗教场所，等等，属于国家所有，不得为私人所有。公法法人私有物，指的是纯粹为公法法人自己享有利益、可以由公法法人处分的物，比如公法法人自己独自的办公场地、公法法人员工的薪水等。

对于传统民法中的公有物，也有的著述将其描述为以下三种类型。

一是绝对公有物，指的是在任何情况下都应该保持其公共目的特征的物，比如海滩、空气、阳光等，这些物不可以成为任何人的"财产"，当然也不可以成为政府的私产。因此英美法系将这些物称为"公共非财产"，其目的就是强调公共享有的意思。

二是相对公有物，指的是可以由公法上的主体取得民法上的权利比如所有权，但是必须保持公共目的的物。比如公共权力机构使用的办公楼宇中为公众服务的场所、公共道路、各种公立学校、公立科研机构、公立图书馆、公立博物馆以及展览馆和美术馆等、公立文化与体育机构、公立慈善机构、宗教机构、受公共财政支持的基金会机构占有使用的不动产和动产，等等。这些物可以由公法法人享有所有权，甚至可以由"国家"享有政治意义上的所有权，而且，国家还在这些物品的管理方面设立了公立机构，政府拨付财政经费支持这些机构的日常运行，支持他们对于这些物品的维护和修缮，等等。这些机构对于管理这些物品享有权利和承担义务，他们占有、使用这些不动产或者动产，在法律许可的范围内取得必要的经营收益，也可以依法处分这些不动产或者动产。在因为这些物品的维持、运营、侵权等发生民法上的诉讼时，他们以责任主体的身份来担负起诉和应诉的责任。

但是享有占有使用权利的公法法人机构，必须保障这些物品的公共目的性质，不可以排斥民众享有使用这些物品的利益。从某种意义上讲，国家设立这些公共机构，就是为了让民众享有这些物品的利益。当然，公众享有的这些利益必须服从这些公法法人依据法律建立的规则和秩序。比如公众到法院参与诉讼，必须服从法院对于诉讼设施的管理秩序，公众使用公共道路必须服从交通管理秩序，公众求学受教育必须服从学校建立的规则和秩序等。所以这一种类的物被称为相对公有物。

三是公法法人私有物。有一些物品从表面上看似乎是公有的，但是其本质是公法法人私有的。这种情形的典型，就是尚未发放的公法法人员工的工资。这些工资，从其来源的角度看是财政拨款，但是当这些款项被划入公法法人账户之后，它们就不能再被认为是"国家"或者"政府"的财产，而是公法法人的私有财产。而且公法法人必须按照法律的规定处分这些款项，即把工资发放给员工。从这一分析我们就可以理解，事实上公法法人占有使用的很多资产，在民法上都属于其私有财产。

近现代以来，民法学说虽然有本质的发展，但是关于物的划分种类的问题始终得到了坚持。而且世界上法制成熟国家里，这些物的分类，都成为法律的基本制度的组成部分。因为公物承载公共目的，涉及民众共享的利益，因此不论是宪法还是民法，都遵守了这些基本的原理。

唯独在前苏联法学中，公有物理论被彻底删除，传统民法中民众共享利益的法律制度也失去了踪影。在我国，本来属于民众共享利益的自然资源权利，却成为地方政府的创收渊源，甚至成为某些个人收入的渊源。[①] 每念至此，作为一个严肃的法学研究工作者，总是有一种心痛的感觉。这种情形，使我们在对我国相关法律制度的缺陷进行反思的同时，也不得不对造成这一后果的苏联法学表示由衷的愤慨。

（三）公有制的多种实现方式学说

本课题的研究采纳了课题负责人在 1992 年提出的"公有制的多种法律

---

① 记者习楠、张蕾、孙颖报道：《政协委员聚焦停车收费》，《北京晚报》2015 年 1 月 21 日。该报道揭示了北京市利用公共道路设置停车场，建立高价收费制度，其经济利益已经形成私人利益链的事实。

实现方式"的理论，① 主张废止只有"统一唯一国家所有权"才能实现公有制的前苏联法学，并从现代民商法科学的角度解释了在坚持公有制原则情形下的公共财产权利。在论文发表后，党中央文件多次提到探索公有制的多种实现方式的要求，1995 年开始的公有制企业的现代化改制，即以现代公司治理结构来重构我国公有制企业的管理机制，应该说和本课题负责人的观点相一致。而 2013 年中国共产党提出的发展现代企业的混合所有制的要求，也是这一理论的延伸。

之所以要探讨这个问题，那是因为在理解我国的公共财产所有权制度的时候，我们会遭遇到一个一般市场经济国家不存在的问题，这就是所有制与所有权的关系问题。受前苏联法学的影响，我国几次重大立法都没有能够解决所有制和所有权的关系问题，他们都一再强调，把坚持"统一唯一国家所有权"当做坚持公有制的唯一道路，结果，在国际的法律实践中屡屡碰钉子（如本书"序言"所引用的案例那样）；在国内的公司法等法律中，不承认政府投资人享有股权，坚持政府一直享有所有权；不承认公司法人所有权，别扭地只承认公司法人财产权。

但是就中国自己法律而言，它所说的所有制、公有制也是模糊概念。1956 年的"社会主义改造"中，自然人或者法人以实物或者货币进行投资、入股方式产生的经济组织比如城镇信用合作社、消费合作社、手工业合作社等，均被当时的政策定义为公有制组织，享受公有制的法律地位。② 但是改革开放之后以同样方式组建的经济组织，却被定义为民营企业或者私营企业，属于非公有制性质的组织，不能享受公有制企业的待遇。更有甚者，我国立法还将公有制标准拿来界定劳动者，将其分为是否"全民所有制职工"。法律将中国的企业分成九种所有制，每种所有制都有一个专门的法律规制，所有制还渗透到刑法、民法、破产法、诉讼法等之中。"所有制"区分在中国造成了无数谁也说不清楚的法律问题。

在这种情况下，在本课题的研究过程中坚持我国宪法确认的公有制原

---

① 孙宪忠：《公有制的法律实现方式问题》，原载《法学研究》1992 年第 6 期；亦发表于作者文集《论物权法》（修订版），法律出版社 2008 年版，第 491 页以下。

② 法学教材编辑部《民法原理》编写组：《民法原理》，法律出版社 1983 年版，第 149 页。

则，就成为首先必须要解决的大问题。我们首先要说明的是，所有制的科学意义到底指什么？它和物权法意义上的所有权的关系是怎样的？对这个十分严肃的问题，本课题负责人在 1992 年发表的《公有制的法律实现方式问题》（载《法学研究》1992 年第 6 期）一文中，对此进行了比较细致的探讨。论文指出，所有制的科学意义是马克思的创造。马克思始终坚持区分生产关系范畴的所有制和上层建筑范畴的所有权。他认为所有制是一定的生产关系的总和，要说明所有制，就必须把社会的全部生产关系描述一番。[1] 所以，按马克思的本意，所有制就是渗透在社会的生产、分配、交换和消费领域里并且起决定作用的经济基础。所以根据马克思的观点，所有制可以被上层建筑领域里的财产所有权反映和实现出来，但是它们不是一回事。从社会生产的宏观控制的角度来认识所有制问题，是非常正确的，事实上社会生产的宏观控制，是任何一个国家都非常重视的基本问题。

但是在 20 世纪 30 年代的前苏联，斯大林改变了马克思关于所有制和所有权的关系的论断，他把生产关系的分析方式归纳为著名的"三段论"，即生产资料的所有制形式即所有权、分配关系即生产中人与人之间的关系。就是这个观点，把生产资料所有权理解为经济基础领域里的所有制了。因此，斯大林看到的所有制和马克思所认识的所有制是根本不同的。根据斯大林对所有制的认识，前苏联的法学家得出了一种所有制必然反映为一种所有权、而一种法律上的所有权也必然反映着一种所有制的理论。[2] 这种理论上最终在前苏联民法学家维涅吉克托夫 1948 年出版的《论国家所有权》一书中得到完整的表达，并得到斯大林的肯定。该书提出，全民所有制只能由国家所有权来反映，国家是国有企业财产的"统一的"、"唯一的"所有权主体。这种观点给国家依据纯粹行政性质的计划手段管理企业、任意调拨企业资产提供了理论依据。

本课题负责人在 1992 年时提出，在我国经济体制改革已经发展到市场经济体制的条件下，我们必须重新认识所有制的实现方式问题。我们可以看到，财产所有权在自然经济体制下、在计划经济体制下，可以是所有制的实

---

[1] 《马克思恩格斯全集》第 1 卷，第 191 页。

[2] 参见《苏联法律辞典》第一分册，法律出版社 1957 年版，第 110—112 页。

现方式之一；但是在现代市场经济体制下，当然不能排除其他的所有制实现方式。比如，股权控制作为生产关系中一项有效的控制方法，它在实现所有制需要方面，从社会化大生产的角度看，实际上发挥着比所有权更大的作用。股权控制的基本特点，是不再控制具体的物，而是控制生产经营；它不仅仅可以用来实现一些具体的人控制一个具体企业，而且可以用来实现一些人对于更多企业的控制。这种观点是符合马克思看法的。

从民商法的角度看，股权控制可以表示为现代化企业之中的"股权—所有权"的结构模式。本研究成果在"国家投资"一章中，对股权拥有者通过法人治理模式操控着企业，从而实现公有制需求的情形做了比较多的探讨。这样，我们就从根本上否定了"统一唯一国家所有权"的学说。同样，依据"股权—所有权"的现代民商法原理，企业法人享有财产所有权是毫无疑义的。

不过我们在此要补充说明一下：企业法人享有的所有权，只是从法律关系科学、从法人有限责任原则做出的技术性制度设计。他不是终极所有权。如果企业清算，剩余资产要返还给投资人。所以投资人是终极所有权人。

（四）公法法人所有权学说

所谓公法法人所有权，就是由公法法人依法享有的对于具体物的所有权。权利的主体，是一个个具体的公法法人，而不再是"统一唯一"的国家。因为民事法律关系的主体必须明确肯定，标的物必须是特定物，而且公法法人享有的对物的支配权，已经达到了所有权的程度。在本课题的比较法资料介绍中，我们可以看到，公法法人所有权是国际上普遍采纳的学说。

公法法人所有权学说和前苏联法学中"国家统一所有、政府分级管理"的公共财产的法权制度学说有着显著的差别。

首先，在公法法人所有权学说中，权利主体是一个个具体的法人，而不是抽象的国家。因此公法法人所有权学说最大的科学性和现实意义就在于，它在公共财产之上建立起了真正的民法意义的权利主体和责任主体。而"国家统一所有，政府分级管理"中，法律意义的权利主体和现实制度中的权利主体是完全不一致的，责任主体则完全模糊化。

其次，公法法人所有权建立在对于特定的公有物之上，公法法人对于特定的公有物行使实际的占有、使用、收益以及处分的权利。公法法人和具体的特定物之间，没有行政法上的分级管理关系。因此这一理论建立的法律制度，和"国家统一所有，政府分级管理"体制的最大不同，就是公法法人依据民法科学方法行使所有权，而后者，则是强调政府依据行政管理的方法行使所有权。所以，在前苏联法学的这种理论中，并没有真正意义的国家所有权，而只有十足的中央政府行政管理权。

再次，公法法人所有权理论下，必须在公法法人内部建立民法法人机构，比如大学董事会、国家公园董事会，等等，这些董事会成员中除有政府代表之外，还有相当的社会代表，以此实现公有物的社会公共目的。即使是某物属于中央政府所有或者地方政府所有，在政府机构内也要建立民法性质的董事会。比如，美国的属于联邦政府的国家公园，也要建立由多个部委派出人员组成的董事会，以体现不同职责部门的协商一致。再如，在德国，属于政府的大学、基金会等，其董事会也是由各个职责机关的比较固定的人员组成的。

最后，公法法人所有权的权利主体和责任主体是完全统一的，享有权利者必须承担相应的法律责任。这些理论和制度的优势，是前苏联法学"国家统一所有，政府分级管理"的体制完全不可以比拟的。

所以我们说，公法法人所有权的理论是科学的，而"国家统一所有、政府分级管理"的理论是不科学的。我们相信，在了解了公法法人学说、公有物学说、公有制的法律实现方式的学说之后，我国社会理解公法法人所有权的学说，不应该再有理论阻碍。而且从我们的分析可以看到，在我国法学界一直十分陌生的公法法人所有权学说，并非离经叛道之说，而是法制成熟国家认可的成熟法理，而且这些国家根据这些法理也建立了成熟的法律制度。这些法律制度，在应用于法律实践之后，所取得的社会成就，也远远超过了前苏联法学上的"统一唯一国家所有权"学说。

我国法学界不理解公法法人所有权的主要原因是包括了多个方面的原因。前苏联法学对于传统民法科学原理的违反是最主要的原因。前苏联法学在民法科学的一系列重大问题上违背了法学科学原理，它不承认公法法人学说，不承认社会主义国家里的公共权力机构、事业单位必须享有自己的民事权利、必须独立承担民事责任这些最基本的民事规则。这些重大的理论缺陷，虽然给我国的公有物的法律实践造成极大的问题，但是这一理论在我国至今没有得到认真的检讨反思。

前苏联法学不承认民法上的财产所有权作为法律上的技术规则的理论，这一点导致他们对公法法人所有权发生了本质的质疑。其实财产所有权在现代化投资体系中就是一个技术规则：股东投资企业，股东享有股权，企业享有法人所有权。这里的法人所有权就是一个法律技术规则，它解决了股东的有限责任和公司的无限责任问题。这些规则，在前苏联法学建立的计划经济体制中是看不到的。

前苏联法学不承认公法法人所有权，还有一个理由，是公法法人不能有私的权利和利益。但是，这只是一个简单化的臆想。自古以来，不论是政府还是法院等，都是有其私的权利和利益存在的。因此，在罗马法中，国家、政府等公共机构同个人一样，可以作为私人出现的。公法法人从市场上购买为自己办公或者消费的物品，这种行为是典型的私的行为，它们在其中享有权利也承担义务。

在本课题负责人主张公法法人所有权理论所受到的质疑之中，还有一个疑问需要做出解答。那就是，一些法学家和立法工作者认为，在我国，机关法人、公立事业单位法人和公立社会团体法人的活动经费常常来自政府的财政拨款，这些钱应该属于国家，怎么能够认为这些法人享有所有权？对这个疑问，回答其实很简单：政府财政拨款的目的就是把具体财产的所有权拨付给公法法人，这只是一种特殊的财产所有权转移方法。这些经费对公法法人而言，只是财产所有权的取得方式。公法法人取得这些经费之后，会占有、使用甚至彻底消耗这些经费，这就是典型的所有权的状态。从公法法人所有权取得这个角度看，政府的财政拨款，其实本质上和邵逸夫先生、霍英东先生的捐赠性质一样。这些经费捐赠给公法法人比如大学之后，就不能还认为仍然应该由邵逸夫先生、霍英东先生享有所有权。

正如我们在上文分析的那样，指出我国法律的缺陷并不是我们的研究目的。指出解决问题的出路才是我们应该的初衷。在我国的公共财产法律制度中承认公法法人所有权，目的就是要解决我国我国公共财产支配秩序中权利主体和责任主体模糊不清的问题。而采纳国际上通行的公法法人所有权制度，就是要以科学的民法原理来解决我国公共财产支配秩序所面临的严重问题。对此我们有三点说明。

（1）在我国应用公法法人所有权理论，就是把机关法人、事业单位法人、社会团体法人已经享有实际所有权合法化、正当化。本课题研究通过对我国 1995 年以来实施的中央地方分税制、现实中实际操作的法律措施，以及法律实践的大量事实，证明我国的公法法人已经真实地享有了对于具体物的所有权。所以我们建言，我国的公法法人所有权，可以从我国《民法通则》确定的机关法人、公立事业单位法人、公立社会团体法人这三个方向展开。当然，对于公共财政支持的基金会法人等，也应给予足够的承认和保护。

（2）在我国应用公法法人所有权理论，首先需要对我国的公法法人实行民法主体再造。这种再造，指的是这些公法法人应该按照法人治理结构的原理，建立公共财产的权利人的董事会或者理事会制度，并且在法人内部实行决策人、执行人和监督人相互分离而且互相制约的制度。通过这样的治理结构，使得我国的公共财产不但在权利行使方面、而且在权利保护方面实现真正的法治化。而且，这种公法法人的主体再造，不仅应该包括自然景观、国立学校、国立文化体育团体等事业单位，以及公立社会团体的资产方面，甚至也应该包括政府包括中央政府和地方政府享有所有权的资产领域。比如，现在我们就不妨先从我国社会争议比较大的公立大学、中学开始，建立学校法人的董事会，其成员不仅要有投资人政府的董事，也必须有能够代表社会公益的董事（建议由全国或者地方的人民代表大会选派）。由董事会选择校长，校长对董事会负责。这种体制，无论如何要比目前教育部统管教育要好得多。

（3）在建立公法法人所有权的法律制度中，应该制定真正意义的公共财产所有权的立法。目前这种把公共财产仅仅规定为国家所有权、但是并没有建立真正的民法意义的所有权法律制度的做法，对公共财产实际上是很不负责的。这个重大的法律制度建设问题，需要我国社会的立法者、决策者和有识人士认真思考。

三　研究成果基本结构

本项研究成果的基本机构，可以分为总论性探讨和分论性探讨两大部分，包括"序言"、正文十五章、本书结语共十七个独立的章节。每一章节都包括问题的提出、正文的探讨和本章小结（最后的结语除外）。

总论部分，探讨的是关于我国国家财产所有权制度建设的一般理论和制度建设问题。在"序言"部分，我们对于支持我国国家财产所有权制度的主要理论"统一唯一国家所有权"学说的科学性、实践效果提出了全面而深入的质疑，尤其是在我国已经全面建立市场经济体制的今天，在经济基础和整个社会经济结构已经发生了本质的转变的情况下，这一理论给我国最为重大的法律制度建设、即公共财产权利的制度建设带来的损害。我们在此指出必须从民法科学的角度来解决这个问题，而且提出了解决问题的基本进路，即按照公法法人所有权的理论来重建公共财产权利制度的设想。

总论的正文部分，从民法科学和国际法律实践的角度探讨了公法法人、公法法人财产所有权理论的大体内容，也探讨了公法法人所有权制度建设的主要内容，包括权利的内容，权利变动、权利的保护等细节的制度。

分论部分，则从法理、比较法的借鉴、制度建言的角度，对我国"国家财产所有权"应用于具体物的法律制度展开了细节的讨论。这一部分内容中，首先是关于"国家投资"或者"政府投资"中的公共财产权利的行使，以及因此而产生的"国有企业"的财产权利制度的探讨。其次我们探讨了事业单位的财产权利问题、博物馆的财产权利问题、自然资源权利问题、自然景观所有权问题、公路财产权利问题、文物所有权问题、无线电频谱资源所有权问题等具体的财产权利制度建设。最后，我们从"国家财产"涉及侵权导致的诉权的角度，探讨了这种权利的侵权法救济问题。

本书最后的结语，则是对全书基本内容尤其是学术观点的总结。

四　本书主要不足

对中国法律制度稍有了解者，都会知道本课题的研究题目大、困难多、涉及复杂的历史和现实问题，在有些人看来属于不敢触摸的政治问题。但是本课题负责人认为，面对我国公共财产法律制度建设的严重缺陷，面对我国社会上上下下各个方面对于公共财产领域里必须贯彻依法治国原则的强烈要求，我们出于一片爱国的忠诚和对于法律科学的追求，严格按照科学理论来研究这里的问题，为自己的国家贡献良知，应该不会出现什么问题。但是在接受这一项目的研究任务之后，我们发现困难比我们想象的还要多。因为有些不可克服的困难，课题成果原来的设想并未彻底完成。这些内容，包括对于国家专营体制下涉及的公共财产的法权问题研究、重要稀缺资源矿藏的法权问题研究、涉及国防产业的法权问题研究等，一些是半途而废，另一些是根本无法展开。这些是本成果内容完整性方面的不足。

另外本项课题的研究内容还有一个明显的不足，就是已经吸纳为课题成果的一些内容，理论讨论深浅不一，有一些显得比较肤浅，漏洞甚至错误也在难免。对此我们衷心期待批评和指正。

从研究生求学时代开始，课题负责人就已经十分关注公共财产领域的法权问题，有些问题的跟踪探讨至今已经超过了三十年。因此我们深知，在公共财产的法权问题上，我国主导性的理论，与世界上法制成熟国家相比，基本上属于自言自语的不科学状态。依据这种理论建立的法律制度，无法实现国家治理科学化、现代化的目标。数年来，课题负责人在中国法学界提出我国法理尤其是民法理论"体系化、科学化"奋斗目标，本课题的研究可以说是朝着这个奋斗目标努力迈出的一步。

—完—

参考文献

一　中文参考文献

（一）中文著作书目（以姓氏拼音排名）

白津夫：《现代公司制度与国有企业改革》，中共中央党校出版社 1996 年版。

陈朝璧：《罗马法原理》，法律出版社 2006 年版。

程和红、刘智慧、王洪亮：《国有股权研究》，中国政法大学出版社 2000 年版。

程明修：《行政民法》，《月旦法学教室》（创刊号）。

《辞海》，上海辞书出版社 1999 年版。

崔建远：《我国物权立法难点问题研究》，清华大学出版社 2005 年版。

崔建远：《物权：规范与学说——以中国物权法的解释论为中心（上册）》，清华大学出版社 2011 年版。

崔建远：《准物权研究》，法律出版社 2003 年版。

法学教材编辑部、中国法制史编写组：《中国法制史》，群众出版社 1982 年版。

法学教材编辑部《民法原理》编写组：《民法原理》，法律出版社 1983 年版。

樊纲、张曙光等：《公有制宏观经济理论大纲》，上海三联书店、上海人民出版社 1994 年版。

樊志全：《土地确权理论与制度》，中国农业出版社 2003 年版。

高富平：《物权法原论》，中国法制出版社 2002 年版。

高富平：《中国物权法：制度设计与创新》，中国人民大学出版社 2005 年版。

顾功耘：《国有资产法论》，北京大学出版社 2010 年版。

郭广辉、王利军：《我国所有权制度的变迁与重构》，中国检察出版社 2005 年版。

郭明瑞主编：《中华人民共和国物权法释义》，中国法制出版社 2007 年版。

韩德培：《国际民法》，高等教育出版社、北京大学出版社 2003 年版。

何真、唐清利：《财产权与宪法的演进》，山东人民出版社 2006 年版。

胡海涛：《国有资产管理法律实现机制若干理论问题的研究》，中国检察出版社 2006 年版。

胡建淼：《行政法学》（第二版），法律出版社 2003 年版。

胡建淼：《行政法学》，法律出版社 2010 年版。

胡康生：《中华人民共和国物权法释义》，法律出版社 2007 年版。

黄立：《民法总则》，中国政法大学出版社 2002 年版。

黄松有主编、最高人民法院物权法研究小组编著：《中华人民共和国物权法条文理解与适用》，人民法院出版社 2007 年版。

黄右昌：《罗马法与现代》，丁玫勘校，北京大学出版社 2008 年版。

江平、［意］S. 斯奇巴尼：《罗马法、中国法与民法法典化（文选）——罗马法与物权法、侵权行为法及商法研究》，中国政法大学出版社 2008 年版。

江平、米健：《罗马法基础》，中国政法大学出版社 1991、2004 年版。

江平：《民法学》，中国政法大学出版社 2007 年版。

江平主编：《法人制度论》，中国政法大学出版社 1994 年版。

江平主编：《新编公司法教程》，中国政法大学出版社 1994 年版。

江平主编：《中国公司法原理与实务》，科学普及出版社 1994 年版。

蒋碧昆主编、许清副主编：《宪法学》，中国政法大学出版社 2005 年 11 月修订版。

金自宁：《公法/民法二元区分的反思》，北京大学出版社 2007 年版。

康德琯、林庆苗：《国有企业改革的经济学与法学分析》，法律出版社 1998 年版。

孔祥俊：《公司法要论》，人民法院出版社 1997 年版。

李昕：《作为组织手段的公法法人制度研究》，中国政法大学出版社 2009

　　年版。

李芳:《慈善性公益法人研究》,法律出版社 2008 年版。

李建伟:《国有独资公司前沿问题研究》,法律出版社 2002 年版。

李俊清等:《自治县政府管理》,人民出版社 2009 年版。

李双元、温世扬:《比较民法学》,武汉大学出版社 1998 年版。

李松森:《中央与地方国有资产产权关系研究》,人民出版社 2006 年版。

李新华、张树中、刘怡、田小白:《外国国有资产管理理论与实践》,中国
　　环境科学出版社 1993 年版。

李延明、刘青建、杨海蛟:《马克思恩格斯政治学说研究》,人民出版社
　　2002 年版。

李永军:《海域使用权研究》,中国政法大学出版社 2006 年版。

厉以宁:《股份制与现代市场经济》,江苏人民出版社 1994 年版。

梁慧星:《民法总论》,法律出版社 2001 年版。

梁慧星:《中国民法经济法诸问题》,法律出版社 1991 年版。

梁慧星:《中国物权法研究》,法律出版社 1998 年版。

梁慧星等:《中国物权法草案建议稿——条文、说明、理由与参考立法例》,
　　社会科学文献出版社 2000 年版。

梁慧星主编:《民商法论丛》(第一卷),法律出版社 1994 年版。

梁慧星主编:《中国物权法草案建议稿附理由》,社会科学文献出版社 2007
　　年版。

刘军:《国家起源新论——马克思国家起源理论及当代发展》,中央编译出
　　版社 2008 年版。

刘剑文等:《中央与地方财政分权法律问题研究》,人民出版社 2009 年版。

刘剑雄:《财政分权、政府竞争与政府治理》,人民出版社 2009 年版。

刘志坚等:《自然资源保护法原理》,兰州大学出版社 2007 年版。

柳经纬主编、朱炎生副主编:《民法》,厦门大学出版社 2008 年版。

梅夏英:《财产权构造的基础分析》,人民法院出版社 2007 年版。

梅仲协:《民法要义》,中国政法大学出版社 1999、2004 年版。

孟勤国:《物权二元结构论》,人民法院出版社 2002 年版。

漆多俊:《中国公司法教程》,四川人民出版社 1994 年版。

钱阔、陈绍志：《自然资源资产化管理——可持续发展的理想选择》，经济管理出版社 1999 年版。

钱明星：《物权法原理》，北京大学出版社 1994 年版。

钱卫清、徐永前主编：《国有企业改革法律报告》（第二卷），中信出版社 2005 年版。

钱卫清主编：《国有企业改革法律报告》（第一卷），中信出版社 2004 年版。

秦醒民：《国有资产法律保护》，法律出版社 1997 年版。

丘汉平：《罗马法》，朱俊勘校，中国方正出版社 2004 年版。

屈茂辉：《中国国有资产法研究》，人民法院出版社 2002 年版。

全国人大财经委员会办公室：《人大财经工作的回顾与展望》（1998 年下卷）。

全国人民代表大会常务委员会法制工作委员会民法室：《物权法立法背景与观点全集》，法律出版社 2007 年版。

任进：《比较地方政府与制度》，北京大学出版社 2008 年版。

任进：《政府组织与非政府组织》，山东人民出版社 2003 年版。

沙安文、乔宝云：《政府间财政关系》，人民出版社 2006 年版。

沈中元：《艺术与法律》，五南图书出版公司 2009 年版。

施天涛：《公司法论》，法律出版社 2005 年版。

史际春：《国有企业法论》，中国法制出版社 1997 年版。

史尚宽：《物权法论》，中国政法大学出版社 2000 年版。

苏明：《政府采购》，中国财政经济出版社 2003 年版。

孙宪忠：《德国当代物权法》，法律出版社 1997 年版。

孙宪忠：《论物权法》，法律出版社 2001 年版。

孙宪忠：《物权法》，社会科学文献出版社 2005 年版。

孙宪忠：《争议与思考——物权立法笔记》，中国人民大学出版社 2006 年版。

孙宪忠：《中国物权法总论》，法律出版社 2009、2014 年版。

孙宪忠主编：《中国物权法：原理释义和立法解读》，经济管理出版社 2008 年版。

陶百川：《最新六法全书》，三民书局股份有限公司民国七十年九月增修版。

佟柔主编：《论国家所有权》，中国政法大学出版社 1987 年版。

佟柔主编:《中国民法》,法律出版社 1990 年版。

涂晓芳:《政府利益论——从转轨时期地方政府的视角》,北京航空航天大学出版社 2008 年版。

王宏钧:《中国博物馆学基础》,上海古籍出版社 2011 年版。

王利明、杨立新、王轶等:《民法学》,法律出版社 2008 年版。

王利明、尹飞、程啸:《中国物权法教程》,人民法院出版社 2007 年版。

王利明、房绍坤、梅夏英:《物权法专题研究》(上),吉林人民出版社 2002 年版。

王利明、周友军、高圣平:《中国侵权责任法教程》,人民法院出版社 2010 年版。

王利明:《国家所有权》,中国人民大学出版社 1991 年版。

王利明:《国家所有权研究》,中国人民大学出版社 1991 年版。

王利明:《物权法论》(修订本),中国政法大学出版社 2003 年版。

王利明:《物权法研究》(上卷),中国人民大学出版社 2007 年版。

王名扬:《法国行政法》,北京大学出版社 2007 年版。

王名扬:《美国行政法》,中国法制出版社 2005 年版。

王名扬:《英国行政法》,北京大学出版社 2007 年版。

王明扬:《法国行政法》,中国政法大学出版社 1988 年版。

王绍光:《分权的底限》,中国计划出版社 1997 年版。

王胜明主编,姚红、杨明仑副主编:《中华人民共和国物权法解读》,中国法制出版社 2007 年版。

王文杰:《国有企业公司化改制法律分析》,中国政法大学出版社 1995 年版。

王远明、蒋安:《国有企业改革的经济法视野》,中国人民公安大学出版社 2001 年版。

王泽鉴:《民法物权》,北京大学出版社 2010 年版。

王泽鉴:《民法物权:通则·所有权》,中国政法大学出版社 2001 年版。

王泽鉴:《民法总则》,中国政法大学出版社 2001 年版。

王泽鉴:《民法总则》,北京大学出版社 2009 年版。

王泽鉴:《侵权行为》,北京大学出版社 2009 年版。

魏振瀛:《民法》,北京大学出版社 2010 年版。

文政：《中央与地方事权划分》，中国经济出版社 2008 年版。

翁岳生：《行政法》，中国法制出版社 2009 年版。

吴高盛主编：《中华人民共和国物权法解析》，人民法院出版社 2007 年版。

吴晓波：《激荡三十年——中国企业 1987—2008》（下），中信出版社、浙江
　　人民出版社 2008 年版。

肖泽晟：《公物法研究》，法律出版社 2009 年版。

谢次昌：《国有资产法》，法律出版社 1997 年版。

谢在全：《民法物权论》，中国政法大学出版社 1999 年版。

谢哲胜：《准财产权·财产法专题研究》，三民书局 1995 年版。

邢鸿飞、徐金海：《公用事业法原论》，中国方正出版社 2009 年版。

徐国栋：《罗马法与现代意识形态》，北京大学出版社 2008 年版。

徐晓松等：《国有企业治理法律问题研究》，中国政法大学出版社 2006 年版。

鄢一美：《俄罗斯当代民法研究》，中国政法大学出版社 2006 年版。

杨立新：《中华人民共和国侵权责任法条文解释与司法适用》，人民法院出
　　版社 2010 年版。

杨勤活：《现代企业权利制度》，中国国际广播出版社 1994 年版。

杨瑞龙主编：《国有企业治理结构创新的经济学分析》，中国人民大学出版
　　社 2001 年版。

杨文：《国有资产的法经济分析》，知识产权出版社 2006 年版。

杨泽伟：《主权论——国际法上的主权问题及其发展趋势研究》，北京大学
　　出版社 2006 年版。

杨刚等：《财政分权理论与基层公共财政改革》，经济科学出版社 2006 年版。

姚艳霞：《政府采购国际法律制度比较研究》，山东人民出版社 2006 年版。

尹田：《法国物权法》，法律出版社 1998 年版、2009 年版。

尹田：《物权法理论评析与思考》，中国人民大学出版社 2004 年版。

游劝荣主编：《物权法比较研究》，人民法院出版社 2004 年版。

于吉：《企业国有资产法问题解答》，企业管理出版社 2008 年版。

郁光华：《公司法的本质——从代理理论的角度观察》，法律出版社 2006
　　年版。

张力：《法人独立财产制研究：从历史考察到功能解析》，法律出版社 2008

　　年版。

张越:《英国行政法》,中国政法大学出版社 2004 年版。

张宏生编:《西方法律思想史》,北京大学出版社 1983 年版。

张树义:《行政法与行政诉讼法》,高等教育出版社 2002 年版。

张晓、郑玉歆:《中国自然文化遗产资源管理》,社会科学文献出版社 2001
　　年版。

张新宝:《侵权责任法原理》,中国人民大学出版社 2005 年版。

张梓太:《自然资源法学》,北京大学出版社 2007 年版。

章迪诚、张星伍:《中国国有企业改革的制度变迁研究》,经济管理出版社
　　2008 年版。

赵德馨:《中华人民共和国经济史》,河南人民出版社 1988 年版。

赵梦涵:《新中国财政税收史论纲》,经济科学出版社 2002 年版。

郑国安、赵路、吴波尔等主编:《非营利组织与中国事业单位体制改革》,
　　机械工业出版社 2002 年版。

郑立、王作堂主编:《民法学》,北京大学出版社 1995 年版。

政府间财政关系课题组:《政府间财政关系比较研究》,中国财政经济出版
　　社 2004 年版。

《中国大百科全书(简明版)》,中国大百科全书出版社 2004 年版。

周枏:《罗马法原论》,商务印书馆 1994 年版。

周伯煌:《物权法视野下的林权法律制度》,中国人民大学出版社 2010 年版。

周鲠生:《国际法》(上册),商务印书馆 1981 年版。

周小明:《信托制度比较法研究》,法律出版社 1996 年版。

朱维究、王成栋:《一般行政法原理》,高等教育出版社 2005 年版。

左然:《中国现代事业制度建构纲要——事业单位改革的方向、目标模式及
　　路径选择》,商务印书馆 2009 年版。

(二) 中文译著

[奥] 哈耶克:《个人主义与经济秩序》,邓正来译,生活·读书·新知三联
　　书店 2003 年版。

[奥] 凯尔森:《法与国家的一般理论》,沈宗灵译,中国大百科全书出版社

1996 年版。

［德］《马克思恩格斯选集》第 1 卷，人民出版社 1995 年版。

［德］《马克思恩格斯选集》第 3 卷，人民出版社 1995 年版。

［德］《马克思恩格斯选集》第 4 卷，人民出版社 1995 年版。

［德］《马克思古代社会史笔记》，人民出版社 1996 年版。

［德］ M. 沃尔夫：《物权法》，吴越、李大雪译，法律出版社 2004 年版。

［德］鲍尔、斯蒂尔纳：《德国物权法》，张双根译，法律出版社 2004 年版。

［德］迪特尔·梅迪库斯：《德国民法总论》，邵建东译，法律出版社 2001
　　年版。

［德］迪特尔·施瓦布：《民法导论》，郑冲译，法律出版社 2006 年版。

［德］恩格斯：《家庭、私有制和国家的起源》，人民出版社 1999 年版。

［德］汉斯·J. 沃尔夫、奥托·巴霍夫、罗尔夫·施托贝尔：《行政法》（第
　　二卷），高家伟译，商务印书馆 2002 年版。

［德］卡尔·拉伦茨：《德国民法通论》，王晓晔等译，法律出版社 2003
　　年版。

［德］卡尔·拉伦茨：《法学方法论》，陈爱娥译，商务印书馆 2003 年版。

［德］罗尔夫·克尼佩尔：《法律与历史——论〈德国民法典〉的形成与变
　　迁》，朱岩译，法律出版社 2003 年版。

［德］萨维尼：《当代罗马法体系 I》，朱虎译，中国法制出版社 2010 年版。

［德］雅科布斯：《十九世纪德国民法科学与立法》，王娜译，法律出版社
　　2003 年版。

［法］莫里斯·奥里乌：《行政法与公法精要下册》，龚觅等译，郑戈校，辽
　　海出版社、春风文艺出版社 1999 年版。

［法］弗朗索瓦·泰雷、菲利普·森勒尔：《法国财产法》，罗结珍译，中国
　　法制出版社 2008 年版。

［法］孟德斯鸠：《论法的精神》，张雁深译，商务印书馆 1982 年版。

［法］蒲鲁东：《什么是所有权》，孙署冰译，商务印书馆 2009 年版。

［法］让·里韦罗、让·瓦利纳：《法国行政法》，罗豪才主编，商务印书馆
　　2008 年版。

［古罗马］查士丁尼：《法学阶梯》，徐国栋译，中国政法大学出版社 1999

年版。

［古罗马］查士丁尼：《法学总论》，张企泰译，商务印书馆 1989 年版。

［美］B. J. 理德、约翰·W. 斯韦恩：《公共财政管理》，朱萍、蒋洪等译，中国财政经济出版社 2001 年版。

［美］艾伦·沃森：《民法法系的演变及形成》，李静冰、姚新华译，中国政法大学出版社 1992 年版。

［美］道格拉斯·C. 诺思：《经济史中的结构与变迁》，陈郁、罗华平等译，上海三联书店、上海人民出版社 1990 年版。

［美］康芒斯：《制度经济学》，于树生译，商务印书馆 2009 年版。

［美］尼尔·布鲁斯：《公共财政与美国经济》，隋晓译，崔军校译，中国财政经济出版社 2005 年 3 月第 2 版。

［美］约翰·E. 克里贝特等：《财产法：案例与材料》，齐东祥、陈刚译，中国政法大学出版社 2003 年版。

［美］约翰·L. 米克塞尔：《公共财政管理：分析与应用》，白彦锋、马蔡琛译，高培勇、马蔡琛校，中国人民大学出版社 2005 年版。

［美］詹姆斯·M. 布坎南：《民主财政论》，商务印书馆 2009 年版。

［日］北川善太郎：《日本民法体系》，李毅多、仇京春译，科学出版社 1995 年版。

［日］川岛武宜：《现代化与法》，王志安等译，中国政法大学出版社 1994 年版。

［日］大村敦志：《民法总论》，北京大学出版社 2004 年版。

［日］大塚芳司：《日本国有财产法律、制度与现状》，黄仲阳编译，经济科学出版社 1991 年版。

［日］冈村司：《民法与社会主义》，刘仁航、张铭慈译，中国政法大学出版社 2003 年版。

［日］和田英夫：《现代行政法》，倪建民、潘世圣译，中国广播电视出版社 1993 年版。

［日］近江幸治：《民法讲义 Ⅱ 物权法》，王茵译，北京大学出版社 2006 年版。

［日］南博方：《行政法》（第六版），中国人民大学出版社 2009 年版。

［日］三潴信三：《物权法提要》，孙芳译，中国政法大学出版社 2003 年版。

［日］田山辉明：《物权法》（增订本），陆庆胜译，法律出版社 2001 年版。

［日］我妻荣：《日本物权法》，有泉亨修订，李宜芬校订，台湾五南图书出版公司 1999 年版。

［日］盐野宏：《行政法》，杨建顺译，姜明安审校，法律出版社 1999 年版。

［日］盐野宏：《行政组织法》，杨建顺译，北京大学出版社 2008 年版。

［苏］В. П. 格里巴诺夫、С. М. 科尔涅耶夫：《苏联民法》上册，中国社会科学院法学研究所民法经济法研究室译，法律出版社 1984 年版。

［苏］В. В. 拉普捷夫主编：《经济法》，中国社会科学院法学研究所民法经济法研究室译，群众出版社 1987 年版。

［意］阿尔多·贝杜奇：《从罗马法到现行意大利民法典》，载杨振山《罗马法·中国法与民法法典化——物权与债权研究》，中国政法大学出版社 2001 年版。

［意］彼德罗·彭梵得：《罗马法教科书》，黄风译，中国政法大学出版社 1992、2005 年版。

［意］桑德罗·斯契巴尼选编：《物与物权》，范怀俊译，中国政法大学出版社 1999 年版。

［意］朱塞佩·格罗索：《罗马法史》，黄风译，中国政法大学出版社 1994 年版。

［英］F. W. 梅特兰：《国家、信托与法人》，樊安译，北京大学出版社 2008 年版。

［英］R. K. 米代勒等编：《世界各国公营企业》，东北财经大学出版社 1991 年版。

［英］V. V. 拉马德哈姆：《国有企业组织结构研究》，东北财经大学出版社 1991 年版。

［英］巴里·尼古拉斯：《罗马法概论》，黄风译，法律出版社 2000 年版。

［英］彼得·斯坦、约翰·香德：《西方社会的法律价值》，王献平译，郑成思校，中国法制出版社 2004 年版。

［英］霍布斯：《利维坦》，黎思复等译，商务印书馆 1985 年版。

［英］简·莱恩：《新公共管理》，赵成根译，中国青年出版社 2004 年版。

［英］梅因：《古代法》，沈景一译，商务印书馆 1995 年版。

［英］齐格蒙特·鲍曼：《个体化社会》，范祥涛译，冯庆华审校，上海三联书店 2002 年版。

［英］亚当·斯密：《国民财富的性质和原因的研究》（下卷），商务印书馆 2009 年版。

［英］朱迪·丽丝：《自然资源：分配、经济学与政策》，蔡运龙、杨友孝、秦建新等译，商务印书馆 2002 年版。

（三）会议论文

梁文婷：《国家森林公园的法律问题探讨》，中国法学会环境资源法学研究会编：《林业、森林与野生动植物资源保护法制建设研究——2004 年中国环境资源法学研讨会（年会）论文集》（第三册），2005 年。

林纯青：《论水资源国家所有权的法律性质》，《水资源可持续利用与水生态环境保护的法律问题研究——2008 年全国法学研讨会论文集》，2008 年。

马方立：《无线电频谱资源的本质与属性探讨》，《全国无线电应用与管理学术会议（CRAM2007）论文》，中国通信学会。

（四）期刊论文

［德］汉斯·哈腾豪尔：《民法上的人》，孙宪忠译，《环球法律评论》2005 年冬季号。

黄真燕：《由行政主导的日本博物馆的发展概况与现状》，《博物馆简讯》2003 年第 24 期。

［意］波尔多：《罗马法和现行意大利民法典中的共用物及其保护》，丁玫译，载杨振山等编《罗马法·中国法与民法法典》，中国政法大学出版社 1995 年版。

Giampaolo Rossi：《公产和用于公共利益的私产》，《第 3 届罗马法·中国法与民法法典化国际研讨会论文集》（2005 年中国北京）。

蔡定剑：《谁代表国家所有权》，《社会科学报》2004 年 10 月 28 日第 1 版。

柴振国：《论企业法人所有权》，《河北月刊》1994 年第 6 期。

常健：《国家所有权制度改革的阶段性特征：分析与前瞻》，《社会主义研究》2008 年第 3 期。

常健、饶常林：《当代俄罗斯国家所有制：法律形成与特定评析》，《首都师范大学学报》（社会科学版）2009 年第 4 期。

常鹏翱：《论林业物权客体的确定——中国法律经验的总结与评析》，《政法论丛》（济南）2008 年第 1 期。

陈璞：《国有财产神圣不可侵犯考评》，《社会科学论坛》2009 年 3 月。

陈甦：《试论海滩在法律上的性质》，《辽宁师范大学学报》2000 年第 9 期。

陈可：《英国无线电频谱监管新机制》，《全球科技经济瞭望》2005 年第 7 期。

陈维达：《论政府产权制度的完善》，《重庆工商大学学报》（社会科学版）2007 年第 2 期。

陈旭琴：《论国家所有权的法律性质》，《浙江大学学报》2001 年第 2 期。

陈旭琴：《论国家所有权的法律性质》，《浙江大学学报》（人文社科版）2001 年第 3 期。

陈雪娇：《机关法人的独立责任探讨》，《广西政法管理干部学院学报》2005 年第 3 期。

程淑娟：《论我国国家所有权的性质》，《法律科学》2009 年第 1 期。

程淑娟：《确信与限制——国家所有权主体的法哲学思考》，《河北法学》2009 年第 5 期。

崔建远：《论渔业权的法律构造、物权效力和转让》，《政治与法律》2003 年第 2 期。

崔建远：《所有权的蜕变?》，《复旦民商法学评论》第 3 集。

崔铭中：《享有财产所有权是国家的基本属性》，《唯实》1996 年第 4 期。

单飞跃：《论行政权限结构与国家所有权》，《法学评论》1998 年第 6 期。

樊纲：《九十年代后期仍将是渐进式改革唱主角》，《改革内参》1995 年第 16 期。

樊静、张钦润：《海域使用权问题研究》，《烟台大学学报》（哲学社会版）2004 年第 1 期。

高富平：《国家所有权实现的物权法结构》，《前沿论坛》2007 年第 8 期。

高富平：《国家所有权实现的物权法框架》，《理论前沿》2007 年第 8 期。

高富平：《建立国有资产分类规范的法律体系》，《华东政法学院学报》2000年第 5 期。

高吉利：《论我国行政赔偿主体范围及其拓展》，《连云港职业技术学院学报》2004 年第 3 期。

高利红：《"绿色"物权的法定化林业权物权法体系构造》，《法学》2004 年第 12 期。

葛云松：《法人与行政主体理论的再探讨》，《中国法学》2007 年第 3 期。

龚柏华、阮振宇：《我国追索非法流转境外文化财产的国际法律问题研究》，《法学评论》2003 年第 3 期。

郭玉军：《圆明园鼠兔两兽首所有权争议问题研究》，《武汉大学学报》（哲学社会科学版）2010 年第 1 期。

韩松：《我国农民集体所有权的实质》，《法律科学》1992 年第 1 期。

胡昌银、谢红：《公有制实现的理论与制度探寻》，《扬州大学学报》（人文社会科学版）2008 年第 3 期。

胡向斌：《对搞活地方国有企业的几点认识》，《市场经济管理》1996 年第 4 期。

黄军：《国家所有权的行使原则》，《中央民族大学学报》（人文社会科学版）2007 年第 2 期。

黄军：《论国家所有权的私权性》，《湖北社会科学》2007 年第 9 期。

黄桂琴：《我国自然资源国家所有权属性研究》，《石家庄经济学院学报》2006 年第 29 卷第 3 期。

黄军、李琛：《国家所有权的分类立法分析》，《探索与争鸣》2005 年第 5 期。

黄磊：《法国博物馆管理体制、发展现状的启示》，《中国文物报》2005 年第 5 版。

黄速建、余菁：《国有企业的性质、目标与社会责任》，《中国工业经济》2006 年第 2 期。

黄哲京：《关于制定博物馆法的几点认识》，《中国博物馆》2002 年第 1 期。

蒋海勇：《企业国有资产法的立法修订建议——从国有资产保护视角》，《广西财经学院学报》2010 年第 6 期。

蒋建湘：《出资人股权诉讼与企业国有资产保护——兼评我国〈企业国有资产法〉的实施》，《法律科学》2009 年第 6 期。

焦建国：《国有资产管理体制中的中央与地方关系——历史评价、现实操作与未来选择》，《财经问题研究》2005 年第 4 期。

金海统：《"绿色"物权的法定化论水权物权立法的基本思路》，《法学》2004 年第 12 期。

金连民：《论我国事业法人的公法法人属性》，《法制与经济》2010 年 2 月总第 231 期。

景朝阳：《我国国家所有制回溯：中央与地方关系以及国有资产管理体制的演进的视角》，《兰州学刊》2008 年第 5 期。

孔祥俊：《企业法人财产权研究——从经营权、法人财产权到法人所有权的必然走向》，《中国人民大学学报》1996 年第 3 期。

李凤章：《国家所有权的解构与重构》，《山东社会科学》2005 年第 3 期。

李国强：《相对所有权观念在所有权平等保护中的解释论应用》，《法制与社会发展》2009 年第 3 期。

李康宁、王秀英：《国家所有权法理解析》，《宁夏社会科学》2005 年第 4 期。

李琳、陈维政：《企业国有资产的内涵及界定》，《商业研究》2011 年第 6 期。

李满枝：《机关、事业单位、法人和社会团体法人所支配财产的物权》，《广西政法管理干部学院学报》2011 年第 1 期。

李如生：《美国公园的法律基础》，《中国园林》2002 年第 5 期。

李胜兰：《国家所有权行使的经济分析》，《中山大学学报》（社会科学版）2010 年第 1 期。

李喜和、刘新：《国家所有权解析》，《岱宗学刊》2007 年第 4 期。

李玉雪：《文物的民法问题研究——从文物保护的视角》，《现代法学》2007 年第 6 期。

李志伟：《略论文物的个人所有权》，《社会科学家》1998 年增刊。

李志文、耿岩：《论公用物公法与民法层面上双重法律规制》，《暨南学报》（哲学社会科学版）2007 年第 6 期。

李中圣：《经济行政权、国家所有权和国有企业经营权的几个问题探究》，《吉林大学社会科学学报》1988 年第 5 期。

梁慧星：《以股份公司和有限责任公司形式改组国有大企业》，《法学》1996 年第 9 期。

梁慧星：《论企业法人与企业法人所有权》，《法学研究》1981 年第 1 期。

林刚：《物权理论：从所有向利用的转变》，《现代法学》1994 年第 1 期。

刘建：《中外行政主体制度比较第分析》，《齐齐哈尔大学学报》（哲学社会科学版）2007 年 9 月。

刘霞：《事业单位法人治理结构问题初探》，《中国人才》2007 年第 11 期。

刘春华：《也谈〈毛主席去安源〉的幕后风波和历史真实》，《晚霞》2007 年第 12 期。

刘国良、邵建云、汪异明：《国外国有资产管理体制研究》，《经济研究参考》1995 年第 3 期。

刘书明：《中国政府与企业关系及其变革》，《社科纵横》2009 年第 11 期。

刘云升：《国家所有权面临新的挑战——评〈中国物权法草案建议稿〉对国家所有权制度的建构》，《河北法学》2001 年第 1 期。

娄耀雄：《论无线电频谱使用权的准物权特征及面向技术进步的制度变革》，《法律科学》（西北政法大学学报）2009 年第 5 期。

卢修敏：《论国家所有权与法人所有权》，《财贸研究》1996 年第 3 期。

陆建松：《论国有文物的国家所有权——对文物单位所有权与经营权分离现象的质疑》，《中国博物馆》2002 年第 3 期。

吕瑞云：《公法法人财产所有权的法理解说》，《广西政法管理干部学院学报》2011 年第 1 期。

吕忠梅：《"绿色"物权的法定化物权立法的"绿色"理性选择》，《法学》2004 年第 12 期。

吕忠梅：《物权立法的"绿色"理性选择》，《法学》2004 年第 12 期。

马常娥：《韩国的国有资产管理及其对中国的启迪》，《世界经济与政治论坛》2005 年第 6 期。

马俊驹、刘卉：《论法律人格内涵的变迁和人格权的发展——从民法中的人出发》，《法学评论》（双月刊）2002 年第 1 期。

马骏驹、宋刚：《民事主体功能论》，《法学家》2003 年第 6 期。

马睿君：《浅谈法国高速公路管理体制》，《公路运输文摘》2004 年第 9 期。

毛广：《论国家与集体在物权法上主体地位的实现路径》，《法制与社会》
2008 年 1 月（上）。

倪旭佳、王峰：《法律视野中的无线电频谱资源——我国无线电频谱所有权
制度完善方向》，《北京理工大学学报》（社会科学版）2009 年第 3 期。

宁红丽：《继受与创新：高科技时代物权法的发展》，载吴汉东主编《高科
技发展与民法制度创新》，中国人民大学出版社 2003 年版。

牛立夫：《论我国国家所有权的法律完善》，《广西社会科学》2005 年第
8 期。

裴建国：《严格区分政府的经济权利与经济职权》，《经济论坛》2004 年第
4 期。

裴建国：《也谈我国国有资产所有权的主体》，《海南师院学报》1997 年第
3 期。

漆多俊：《对国有企业几个基本问题的再认识》，《经济学家》1996 年第
2 期。

邱秋、张晓京：《当代自然资源国家所有权制度发展的新趋势》，《湖北经济
学院学报》2010 年第 5 期。

屈光：《浅谈行政事业单位国有资产的有效管理》，《湖北财经高等专科学校
学报》2005 年第 5 期。

屈茂辉、刘敏：《国家所有权行使的理论逻辑》，《北方法学》2011 年第
1 期。

屈茂辉：《制定中国国有财产法的基本思路》，《湖南社会科学》2004 年第
1 期。

荣振华、曲卫彬：《企业国有资产法律监管制度的出资人视角分析》，《广西
政法管理干部学院学报》2009 年第 6 期。

邵薇薇：《论法人的分类模式——兼评民法典草案的有关规定》，《厦门大学
法律评论》第 7 辑，厦门大学出版社 2004 年版。

佘志勤：《略论我国国家的法人资格及其特征》，《法律科学》1995 年第
1 期。

申卫星：《构建公权与私权平衡下的中国物权法》，《当代法学》2008 年第 4 期。

史际春、邓春、姚海放：《国有制革新的理论与实践》，《华东政法学院学报》2005 年第 1 期。

史际春、姚海放：《国有制度新的理论与实践》，《经济法学、劳动法学》2005 年第 4 期。

舒圣祥：《国有财产：从"全民所有"到"政府所有"》，《就业时报》2007 年 3 月 29 日。

苏梁：《法人财产权的性质问题研究》，《法制与社会》2009 年第 2 期（下）。

孙宪忠：《〈物权法〉立法争议》，《法人》2005 年第 2 期。

孙宪忠：《当代不动产法评述》，《中国土地》1996 年第 4 期。

孙宪忠：《德国民法对中国制定物权法的借鉴作用》，《中外法学》1997 年第 2 期。

孙宪忠：《我国物权法所有权体系的应然结构》，《法商研究》2002 年第 5 期。

孙宪忠：《物权法制定的现状及三点重大争议》，《金陵法律评论》2002 年第 4 期。

孙宪忠：《物权基本范畴及主要制度的反思》，《中国法学》1995 年第 5 期。

孙宪忠：《政府投资企业的物权分析》，《中国法学》2011 年第 3 期。

孙宪忠：《中国物权法制定的现实性与科学性》，《浙江工商大学学报》2007 年第 5 期。

谭甄：《国家所有权概念辨析及物权法中的国家所有权》，《法学论坛》2001 年第 5 期。

藤卉荣：《域外县的改革：日本》，《中国县域经济报》2010 年 4 月 19 日。

万翠英：《尚待完善的企业国有资产法》，《理论研究》2009 年第 23 期。

汪传海、张静：《浅析无线电频谱的法律性质》，《法制与社会》2008 年第 35 期。

汪家星：《国家资产形态所有权的探索》，《经济体制改革》1991 年第 4 期。

王鹏：《行政机关行使国家所有权若干问题研究》，《求实》2006 年第 2 期。

王保树、崔勤:《论国营企业厂长的法律地位》,《中国法学》1984 年第
  5 期。

王保树:《国有企业走向公司的难点及其法律思考》,《法学》1995 年第
  1 期。

王保树:《论全民所有制工业企业法在企业立法的突破》,《中国法学》1988
  年第 4 期。

王东升:《国有出资人机构面临的问题》,《沈阳师范大学学报》2004 年第
  2 期。

王继远:《我国机关法人财产立法保护初探》,《特区经济》2009 年 4 月。

王开国:《论国家最终所有权的管理》,《经济纵横》1993 年第 12 期。

王克稳:《企业国有资产法的进步与不足》,《苏州大学学报》(哲学社会科
  学版)2009 年第 4 期。

王克稳:《论国有资产的不同性质与制度创设》,《行政法学研究》2009 年第
  1 期。

王利明:《国家所有权的法律特征研究》,《法律科学》1990 年第 6 期。

王利明:《论国家所有权的民法保护》,《中国法学》1991 年第 2 期。

王通平:《国有企业经营者薪酬制度困境的法律分析》,《国家行政学院学
  报》2010 年 2 月。

王新红:《论企业国有资产的诉讼保护》,《中南大学学报》(社会科学版)
  2006 年第 1 期。

王泽鉴:《物权法上的自由与限制》,《民商法论丛》第 19 卷。

吴文龙:《论〈企业国有资产法〉的几点不足与完善》,《西藏民族学院学
  报》(哲学社会科学版)2011 年第 2 期。

夏金祥、范平志:《无线电频谱利用面临的问题、机遇与对策》,《中国无线
  电》2006 年第 5 期。

肖瑶:《关于企业国有资产流失的现状分析及法律对策》,《经济与法》2009
  年第 13 期。

肖泽晟:《公物的范围——兼论不宜由国务院国资委管理的财产》,《行政法
  学研究》2003 年第 3 期。

肖泽晟:《社会公共财产与国家私产的分野》,《浙江学刊》2007 年第 6 期。

谢屹、李小勇、温亚利：《德国国家公园建立和管理工作探析》，《世界林业研究》2008 年第 1 期。

徐国栋：《市民社会与市民法—民法的调整对象研究》，《法学研究》1994 年第 4 期。

许俊平：《博物馆藏品利用存在的问题及对策》，《中原文物》2001 年第 3 期。

颜心：《行政事业单位国有资产管理研究概述》，《长春理工大学学报》（社会科学版）2007 年第 3 期。

燕春：《国家所有权的公权性质与民法行使》，《法制天地》2008 年第 5 期。

燕春：《国有资产出资人制度批判与重构——从国资委到人民代表股东会》，《社会科学研究》2008 年第 2 期。

杨洁、杨育：《无线电频谱资源管理研究现状分析》，《无线电工程》2008 年第 9 期。

杨秀超：《论国有资产出资人制度的完善》，《湖南社会科学》2010 年第 5 期。

杨烨、施继红、宗容黄、刘燕、陈云生：《无线电频谱市场化初探》，《中国无线电》2011 年第 2 期。

尹田：《民事主体论纲》，《现代法学》2006 年第 2 期。

尹田：《评我国〈物权法〉对国家财产权利的立法安排》，《浙江工商大学学报》2008 年第 1 期。

尹田：《物权主体论纲》，《现代法学》2006 年第 2 期。

应松年：《行政权与物权关系研究——主要以〈物权法〉文本为分析对象》，《中国法学》2007 年第 5 期。

余睿：《论行政公产的法律界定》，《湖北社会科学》2009 年第 9 期。

余耀军：《"绿色"物权的法定化物权法中渔业权特质》，《法学》2004 年第 12 期。

张纯：《我国国家所有权形态："公有"的法理探源》，《探索》2007 年第 11 期。

张红：《国有财产取得方式的类型化论纲》，《长沙铁道学院学报》（社会科学版）2005 年第 2 期。

张力：《国家所有权的异化及其矫正——所有权平等保护的前提性思考》，《河北法学》2010 年第 1 期。

张力：《论国家所有权理论与实践的当代出路》，《浙江社会科学》2009 年第 12 期。

张力：《论国家所有权"政治意味"于物权法中的去留》，《浙江社会科学》2006 年第 4 期。

张力：《社会转型期俄罗斯的公共所有权制度——兼论公共所有权与私人所有权的制度关系》，《法律科学》2009 年第 2 期。

张纯：《我国国家所有权形态："公有"的法理探源》，《求索》2007 年第 11 期。

张建：《对发达国家博物馆管理的学习与借鉴》，《博物馆研究》2011 年第 1 期。

张建文：《试论国家统一调用处置权》，《中国酿造》2008 年第 10 期。

张健美、梁涛、李淳：《美国频管改革的举措及存在的障碍》，《中国无线电》2007 年第 11 期。

张力：《当代公用物法律关系的演变及其公用性的保持》，《广西社会科学》2003 年第 3 期。

张南鸣：《法人所有权问题探讨》，《暨南大学学报》2003 年第 6 期。

张树义：《行政主体研究》，《中国法学》2000 年第 2 期。

张晓：《国外国家风景名胜区（国家公园）管理和经营评述》，《中国园林》1999 年第 5 期。

赵许明：《论国家所有权的平等保护》，《福建论坛》（人文社会科学版）2004 年第 6 期。

周力：《法人财产权与法人所有权》，《山东社会科学》1994 年第 2 期。

周林彬、李胜兰：《试论我国所有权主体制度改革与创新》，《云南大学学报》（法学版）2001 年第 3 期。

周林彬、王烨：《国家所有权制度浅析》，《兰州大学学报》（社会科学版）2000 年第 4 期。

周林彬、王烨：《论我国国家所有权立法及其模式选择——一种法和经济学分析的思路》，《政法论坛》2002 年第 3 期。

周树怀:《德国的国有林和森里公园建设与管理》,《湖南林业》2003 年第
　7 期。

朱丽珍:《刍议行政主体的私产》,《重庆科技学院学报》(社会科学版)
　2008 年第 2 期。

朱涛、唐志容:《国家的物权法主体地位——从国家所有权性质探析》,《南
　京审计学院学报》2007 年第 4 卷第 1 期。

(四) 学位论文

陈刚:《文物的国家所有权研究》,华东政法学院 2006 年硕士学位论文。

陈谨:《论我国风景资源管理体制》,四川大学 2003 年硕士学位论文。

丰婷:《国家公园管理模式比较研究》,华东师范大学 2011 年硕士学位论文。

谷晓峰:《南京国民政府时期中央与地方财政体制的划分》,厦门大学 2008
　年硕士学位论文。

胡丽:《无线电频谱资源用益权制度研究》,重庆大学 2010 年硕士学位论文。

黄军:《国家所有权行使论》,武汉大学 2005 年博士学位论文 (已出版)。

黄军:《国家所有权行使论》,武汉大学 2005 年硕士学位论文。

李如生:《美国国家公园与我国风景名胜区比较研究》,北京林业大学 2005
　年硕士学位论文。

李伟芳:《论日本公益法人制度及其对我国的启示》,湖南师范大学 2011 年
　硕士学位论文。

刘红兵:《论文物保护法的物权规定及其完善》,山东大学 2006 年硕士学位
　论文。

刘红丽:《公共公物利用主体的权利研究》,首都师范大学 2011 年硕士学位
　论文。

吕瑞云:《公法法人财产所有权问题研究》,中国社会科学院研究生院 2011
　年博士学位论文。

马允:《美国公共信托理论评介》,中国政法大学 2011 年硕士学位论文。

苗颖:《无线电频谱资源用益物权法律问题研究》,北京邮电大学 2009 年硕
　士学位论文。

王军:《国家所有权的法律神话》,中国政法大学 2003 年博士学位论文。

魏静芳：《我国国有企业领导人任用法律制度研究》，山西财经大学 2006 年硕士学位论文。

吴晓静：《民事法律关系网络论》，西南政法大学 2008 年博士学位论文。

徐智鹏：《中外公路管理体制比较研究》，长安大学 2003 年硕士学位论文。

杨海燕：《 中西方博物馆比较研究》，山东大学 2009 年硕士学位论文。

姚伟达：《事业单位法人治理结构建设研究》，中央民族大学 2011 年博士学位论文。

寨利男：《事业单位的行政法地位研究》，中国政法大学 2006 年硕士学位论文。

张建文：《转型时期的国家所有权问题研究：面向公共所有权的思考》，西南政法大学 2006 年博士学位论文（此文已正式出版）。

张建文：《转型时期的国家所有权问题研究》，西南政法大学 2006 年博士学位论文。

张力：《国家所有权理论问题研究》，西南政法大学 2002 年硕士学位论文。

章磊：《中国国有博物馆的效率体制和市场关系研究》，北京化工大学 2005 年硕士学位论文。

赵建文：《转型时期的国家所有权问题研究：面向公共所有权的思考》，西南政法大学 2006 年博士学位论文。

周平：《 国家所有权辨析》，武汉大学 2004 年硕士学位论文。

朱宇：《国资委的“出资人”定位及法律制度完善》，湘潭大学 2008 年硕士学位论文。

（六）媒体文章

蔡山帝：《日本博物馆的困惑与求变》，中新网：http：//www. chinanews. com/cul/news/2009/02 - 18/1568392. shtml，访问时间：2012 年 8 月 22 日。

《国家频率资源分配实行重大改革》，《人民日报》2003 年 3 月 3 日国民经济版。

《蒋孝严批大陆景点门票价过高，发改委回应将免费化》，台海网：http：// www. taihainet. com/news/twnews/bilateral/2010 - 07 - 17/560146. html，

2010 年 7 月 17 日，访问时间：2012 年 8 月 13 日。

李新华：《加强国有资产监管与"政企分开"不矛盾》，《中国高新技术产业
　　导报》2008 年 11 月 3 日第 A07 版。

林双林：《增加地方政府财力势在必行》，《第一财经日报》2009 年 1 月 5 日
　　A14 版。

毛磊、黄庆畅：《国有资产是我们的家底——全国人大常委会组成人员审议
　　国有资产法草案》，《人民日报》2007 年 12 月 26 日第 6 版。

庞岚：《徐霞客家产够买多少门票》，新浪网：http：//news. sina. com.
　　cn/pl/2011 - 12 - 30/104323723453. shtml，2011 年 12 月 30 日，访问时间：
　　2012 年 8 月 13 日。

乔汉容：《对企业国有资产保护机制的思考》，《中国纪检监察报》2009 年 8
　　月 1 日第 4 版。

时寒冰：《全民资产要永远虚拟下去吗》，《上海证券报》2006 年 6 月 8 日

张和清：《美国博物馆的管理与运作》，《中国文化报》2008 年第 7 版。

二　外文文献

1. Aaron, Henry, *Who Pays the Property Tax? A New View*. Washington, D. C. ：
　　Brooking Institution, 1975.

2. Akai, N. and M. Sakata, "Fiscal Decentralization Contributes to Economic
　　Growth：Evidence from State-level Cross-section Date for the United States",
　　Journal of Urban Economics, 52, 2002, pp. 93 - 108.

3. Altshuler, Alan A. , and Jose A. Gomez-Ibanez, with Arnold M. Howitt, *Regu-
　　lation for Revenue：The Political Economy of Land Use Extractions*, Washington,
　　D. C. /Cambrige, Mass：Brookings Institution/Lincoln Institute for Land Poli-
　　cy, 1993.

4. Arrowsmith, Suan L. , *Regulating Public Procurement：National and Internation-
　　al Perspectives*, Kluwer Law International, 2000, p. 10.

5. Bardhan, Pranab, "Decentralization of Governance and Development", *Journal
　　of Economic Perspectives*, Vol. 16, No. 4, Autumn, 2002, pp. 185 - 205.

6. Berle, Adolf A. & Gardiner C. Means, *Modern Corporation and Private Property*, *New York*: *Harcourt*, *Brace & World*, *Inc.*, *Rev.* 1968.

7. Bland, Robert, and Irene Rubin, *Budgeting*, *A Guide for Local Goverments*, Washington D. C.: International City/County Management Association, 1997.

8. Buchanan, James M. *Fiscal Theory and Political Economy*: *Selected Essays by James M. Buchanan*. Chapel Hill, N. C.: University of North Carolina Press, 1960.

9. Buchanan, James M., "Federalism and Fiscal Equity", *American Economic review*, Vol. 40, No. 4, September 1950, pp. 583 – 599.

10. Clark, R, *Corporate Law*, Boston: Little Brown and Company, 1986.

11. Conlon, Timothy J., Margaret T. Wrightson, and David R. Bean, *Taxing Choices*, *The Politics of Tax Reform*, Washington, D. C.: CQ Press, 1990.

12. Dante A. Caponera, *Principles of Water Law and Administration*, A. A Balkema Publishers, Netherlands, 1992, p. 32.

13. Keen, M. and M. Marchand, "Fiscal Competition and the Pattern of Public Spending", *Journal of Public Economics*, 66, 1997, pp. 33 – 35.

14. Laffont, J. J., "Public Economics Yesterday, Today, and Tomorrow", *Journal of Public Economics*, 86, 2002, pp. 327 – 334.

15. Lee, Robert D., Jr., and Ronald Johnson, *Public Budgeting Systems*, 4th ed. Rockville, Md.: Asper, 1989.

16. Ma, Jun, *Intergovermental Relations and Economic Management in China*, England: Macmillan Press 1997.

17. McGuire, Therese, J., "Federal Aid to States and Localities and the Appropriate Competive Framewok", in Kenyon, Daphne A., and John Kincaid, *Competition among States and Local Goverments*: *Efficiency and Equity in American Federalism*, Washington, D. C.: The Urben Institute Press 1991.

18. Mikesell, John L., "Lotteries in State Revenue Systems: Gauging a Popular Revenue Source after 35 Years", *State and Local Government Review*, 33, (Spring 2001): 86 – 100.

19. Mullins, Daniel, and Philip G. Joyce, "Tax and Expenditure Limitations and

State and Local Fiscal Structure: An Empirical Assessment", *Public Budgeting & Finance* 16, Spring 1996, pp. 75 – 101.

20. Musgrave, Richard A. , *The Theory of Public Finance* , New York: McGraw-Hill, 1959.

21. Musgrave, Richard A. , and Peggy B. Musgrave, *Public Finance in theory and Practice*, Fourth Edition, New York: McGraw-Hill 1984.

22. Randal David Orton, *Inventing the Public Trust Doctrine: California Water Law and the Mono Lake Controversy*, University of California, 1992, pp. 25 – 26.

23. Rubin, Irene S. , *Balancing the Federal Budget*, New York: Chatham House, 2002.

24. Schick, Allen, *The Federal Budget: Politics, Policy, Process*, 2nd ed, Washington, D. C. : The Brookings Institution, 2000.

25. Schultze, Charles L. , *The Politics and Economics of Public Spending*, Washington, D. C. , 1968.

26. Shelanski and Peter W. Huber, "Administrative Creation of Property Rights to Radio Spectrum", *Journal of Law and Economics*, Vol. 41, No. S2, October 1998.

27. Tanzi, Vito, and Ludger Schuknecht, *Public Spending in the 20th Century: A Global Perspective*, Cambridge: Cambridge University Press, 2000.

28. Thurmaier, Kurt M. and Katherine G. Willoughby, *Policy and Politics in State Budgeting*, Armonk, N. Y. : M. E. Sharpe, 2001.

29. Tibout, C. , "A Pure Theory of Local Expenditures", *Journal of Political Economy*, 64, 1956, pp. 416 – 424.

30. Tullock, Gordon, Private Wants, *Public Means: An Economic Analysis of the Desirable Scope of Government*, New York: Basic Books, 1970.

31. U. S. Department of Treasury, *Blueprints for Basic Tax Reform*, Washington, D. C. : Government Printing Office, 1977.

32. Webber, Carolyn, and Aaron Wildavsky, *A History of Taxation and Expenditure in the Western World*, New York: Simon and Schuster, 1986.

33. Wong, Christine, "Central-local Relations Revisited: The 1994 Tax Sharing

Reform and Public Expenditure Management in China", Paper for the International Conference on "Central-periphery Relations in China: Integration, Disintegration or Reshaping of an Empire?" Chinese University of Hong Kong, March 24 – 25, 2000.

34. Zhang, T., and H. Zou, "Fiscal Decentralization, Public Spending, and Economic Growth in China", *Journal of Public Economics*, 67, 1998, pp. 221 – 240.

三　法典文献

《德国民法典》，郑冲译，法律出版社 2001 年版。
《日本民法典》，王书江译，中国法制出版社 2002 年版。
《瑞士民法典》，殷生根译，中国政法大学出版社 1999 年版。
《意大利民法典》，费安玲、丁枚译，中国政法大学出版社 1997 年版。

索　引

自物权 56,125,186,320,537,538
总有 69,88,91,92,270

全书涉及法律、法规、规章和其他规范性文件：

涉及的外国法律：

德国：

写作分工

项目负责人:孙宪忠

协助项目负责人参加撰写的研究生名单(按照撰写内容为序)

　　法学博士吕瑞云:协助撰写第一章、第二章、第三章、第四章、第五章

　　法律硕士张世俊:协助撰写第六章

　　法律硕士梁爽:协助撰写第七章

　　法律硕士李欣倩:协助撰写第八章

　　法律硕士项佳媛:协助撰写第九章

　　法律硕士李冬枫:协助撰写第十章

　　法律硕士刘畅:协助撰写第十一章

　　法律硕士边小娟:协助撰写第十二章

　　法律硕士刘艳霞:协助撰写第十三章

　　法律硕士聂敏:协助撰写第十四章

　　法律硕士钟涵:协助撰写第十五章

　　全书由课题负责人确定结构、观点的内容,由协助撰写者完成但多已由课题负责人重新撰写。在此对各位撰写者表示衷心感谢。

　　项目进行过程中,中国社会科学院法学所谢鸿飞研究员、北京大学常鹏翔教授协助本人完成了对于研究生的指导。在此也表示衷心感谢。

孙宪忠

2015 年 1 月

后　记

　　本书是国家社会科学基金项目的最终成果,项目编号04AFX004。项目结项的评价是优秀。在此首先对国家社会科学基金、基金评委对于本项目的支持表示衷心感谢,同时对中国社会科学出版社在该书出版时所做的大量工作表示感谢。

　　这一项目的立项比较早,结项比较迟延,修改出版也比较迟延。虽然这些迟延都办理了批准的手续,但其中的缘由还是要说清楚。首先的原因,是这个题目在我国属于"超大型"课题,而本人能力有限,所以研究需要很多时间。另一个原因是,这个题目同时属于高度政治化的题目,国家所有权在我国属于宪法、民法中的核心权利,在国计民生中具有至高无上的政治地位和法律地位,也就是因为这样,我国法学界长期以来习惯于从政治评价而不是法律科学的角度看待它。加上前苏联法学的强大影响,国家所有权的法学理论已经带有强烈的政治惰性的观点,这种情形严重妨害了现在对这个问题的科学研究。所以现实中,我们一方面可以看到国家财产的种种法律制度弊端,诸如重大资产浪费和流失等都已经热议多年,一方面却看到还有不少人不断地把这种权利的法律制度神秘化、虚无化。

　　本书试图从制度科学性入手来探讨国家所有权的行使与保护问题,希望从制度规则的角度找到解决问题的方法。这个问题最初的设想,其实是为了当时正在制定中的中国物权法做出制度设计,本课题负责人在那个时候确实也已经依据法律科学原理提出了解决国有资产保护问题的方案。但是因为2005年"物权法政治风波"等原因,这些方案并没被中国《物权法》采纳。2008年国家制定的《企业国有资产法》在制度科学性方面甚至出现明显退步。

　　事实上,本课题的研究成果那个时候也基本就绪。但是因为政治上的不合时宜,本课题的继续研究以及按时结项都面临环境的压力。只是在改革开放发展到现在,随着物权立法时激烈的观念分化已渐成过去,该项目的成果才能够面世。延误多年,在此首先请求谅解。

我的导师王家福教授以前多次教导我,作为中国的法学家要好好研究中国的现实重大问题。本书的出版也算是我对导师所交的一份作业。在此衷心祝愿病床上的老师康复长寿。

谨以此为后记。

孙宪忠　2015 年 2 月

图书在版编目（CIP）数据

国家所有权的行使与保护研究：从制度科学性入手／孙宪忠等著．—北京：中国社会科学出版社，2015.4

（国家哲学社会科学成果文库）

ISBN 978 - 7 - 5161 - 5599 - 8

Ⅰ.①国…　Ⅱ.①孙…　Ⅲ.①国有资产—所有权—法律保护—研究—中国　Ⅳ.①D922.291.04

中国版本图书馆 CIP 数据核字（2015）第 037462 号

出 版 人	赵剑英
责任编辑	王　茵
责任校对	李　楠
封面设计	肖　辉　郭蕾蕾　孙婷筠
责任印制	戴　宽

出　　版	中国社会科学出版社
社　　址	北京鼓楼西大街甲 158 号（邮编 100720）
网　　址	http://www.csspw.cn
	中文域名:中国社科网　　010 - 64070619
发 行 部	010 - 84083685
门 市 部	010 - 84029450
经　　销	新华书店及其他书店

印刷装订	环球印刷(北京)有限公司
版　　次	2015 年 4 月第 1 版
印　　次	2015 年 4 月第 1 次印刷

开　　本	710×1000　1/16
印　　张	40.75
字　　数	626 千字
定　　价	132.00 元